無陂不成鎮

上册　文化卷

裴高才　王凤霞　等著

中国社会科学出版社

图书在版编目（CIP）数据

无陂不成镇：全二册/裴高才等著．—北京：中国社会科学出版社，2018.5

ISBN 978－7－5203－2463－2

Ⅰ．①无…　Ⅱ．①裴…　Ⅲ．①文化史—黄陂区　Ⅳ．①K296.31

中国版本图书馆 CIP 数据核字（2018）第 091036 号

出 版 人　赵剑英
责任编辑　刘志兵
特约编辑　张翠萍等
责任校对　赵雪姣
责任印制　李寡寡
封面题字　张善平

出　　版　中国社会科学出版社
社　　址　北京鼓楼西大街甲 158 号
邮　　编　100720
网　　址　http://www.csspw.cn
发 行 部　010－84083685
门 市 部　010－84029450
经　　销　新华书店及其他书店

印　　刷　北京君升印刷有限公司
装　　订　廊坊市广阳区广增装订厂
版　　次　2018 年 5 月第 1 版
印　　次　2018 年 5 月第 1 次印刷

开　　本　710×1000　1/16
印　　张　54
字　　数　750 千字
定　　价　198.00 元（全二册）

上册目录

文化卷

无陂不成镇，惟楚有高才

樊　星

在高手如云的湖北文学界，裴高才先生以潜心钩沉乡贤“史记”、妙笔多产而闻名。虽然各地都有热衷书写本土文化的志士仁人，相关成果也相当可观，但像高才兄如此多产且影响远及海内外者，似不多见。能够深入挖掘本乡本土的历史文化遗产，勤奋笔耕，为广大读者奉献出累累硕果，殊为不易。从《无陂不成镇》到《首义大都督黎元洪》《程颢程颐传》《田长霖新传》《胡秋原传》……一部一部，气势恢宏，既重现出乡贤文化的光辉，也不断彰显了湖北黄陂深厚的文化底蕴，为研究荆楚特色文化——黄陂文化现象，增强文化自信、弘扬人文精神，做出了蔚为大观的贡献，有些作品在海外也产生了不一般的影响。他的满腔热情、丰硕著述是湖北地域文化研究的重要收获，也为书写、光大本乡本土的文化事业竖起了一根引人瞩目的标杆。

“无陂不成镇”这一文化现象，源远流长，名满天下。可是，长期以来人们却只知其然，不知其所以然。好在高才兄集十数年之功，并会同王凤霞女士三易其稿，终于完成了《无陂不成镇》这部文化专著。是作引经据典，以散文的笔触，对“无陂不成镇”的历史源流与文化特征进行了系统解读，颇有识见。窃以为，概括起来，该书的显著特点大抵有三。首先，作者将“无陂不成镇”放在世界文明的坐标——古代文明带的中轴线北纬30°——的视域里，结合长江文明与黄河文明的交融发展过程进行解读，揭示其“南人北相”与“楚风豫韵”的地名、语言等文化特征。其次，作者广采博览，旁征博引，在史料开掘上多有用力。通过爬梳《诗经》《楚辞》《史记》等中华文化经典，探寻“无陂不成镇”的地名、语言等文化源头。同时，搜索考古成果、方志、笔乘以及诗词名篇，从中发现相关历史碎片，并以多重证据将其串联起来，进行深入浅出的解读。如，首次独家披露了有关盘龙城的最早官方记载——明嘉靖三十五年（1556年）《黄陂县志》，引起广泛关注。最后，穿插人文掌故与民间传说，叙介“无陂不成镇”现象，文史交融，脍炙人口。一言以蔽之，通过探寻文化现象，意在启发文化自觉，提高文化自信，弘扬敢为人先、南人北相等正能量，从而走向文化自强。

在荆楚的文化版图上，黄陂有着非比寻常的影响力——它孕育了殷商盘龙古城，又是木兰文化、程朱理学与辛亥首义文化的发源地，还是“诗歌之乡”“楚剧之乡”“泥塑之乡”“大鼓之乡”；既默默创造了“九佬十八匠”走遍天下的奇迹，使“无陂不成镇”的俗语家喻户晓，也是许多文化名人的故乡。今天的大武汉，根基可以上溯到盘龙城；而武汉方言也与“陂调”密不可分（所谓“汉腔陂调”）；武汉美食好些也来自黄陂……如此说来，研究武汉，不可不从研究黄陂开始。而黄陂之所以能创造出一个又一个的文化奇迹，显然也与那里不寻常的民风以及那民风中闪烁的精神有关，黄陂古属楚地，民风必然延续了楚风的热烈、强悍，所谓“敢为天下先”的精神，本源于此，所以，才有“九佬十八匠”闯荡世界的美谈，才有黎元洪就任“首义大都督”的传奇，才有一批又一批有志青年通过读书、考试，或者通过经商改变命运、走向全国乃至世界的壮伟奇观（以作家胡秋原，诗人彭邦桢、曾卓、绿原，科学家田长霖等为代表），才有“信义兄弟”孙水林、孙东林和“孝义兄弟”刘培、刘洋那样感天动地的孝行义举。这民风，这精神，值得提倡，值得发扬光大。同时，黄陂人创造的文化奇迹、商业奇迹、政治奇迹，再次证明了楚人的有才、多才，正所谓：“无陂不成镇，惟楚有

高才。”（罗向阳集句）

由“无陂不成镇”，也很容易想到“无宁不成市”“无徽不成商”“无绍不成衙”……在中国社会正在经历的这场巨大转型中，“无陂不成镇”的现实意义何在？我想起了30多年前，著名社会学家费孝通先生那篇很有影响的文章《小城镇，大问题》，其中关于“小城镇怎样成为农村的服务中心、文化中心和教育中心”的思考，至今仍具有发人深思的力量。既然黄陂人早就创造过“无陂不成镇”的奇迹，那么，“九佬十八匠”的成功经验不就依然具有现成的参考价值吗？在我们这个社会又响起了倡导“工匠精神”的声音时，“九佬十八匠”的故事也重新放射出历久弥新的光芒。黄陂成功的经验应该可以复制，黄陂人“敢为天下先”的精神可以常说常新。

就这样，黄陂文化一头连着古老的楚魂，一头通向生机勃勃的现实与未来。而这本书在问世7年之后得以再度重印，不也正好成为“无陂不成镇”的故事可以常说常新的证明吗？

说到我自己，也与黄陂有着深深的情感联系。家父曾是军人，军营就在黄陂。我幼时在那里生活过。后来家父转业到武汉，一度在黎黄陂路上的“优秀历史建筑”三合里安家。我的小学时光就是在黎黄陂路小学（“文化大革命”中一度改名延安小学）度过的。因此，我对黄陂的历史、文化掌故一直很感兴趣。虽早就知道“无陂不成镇”一说了，却一直要到这本《无陂不成镇》的书出版，才得以全面了解黄陂文化的来龙去脉、方方面面。因此，借此书由中国社会科学出版社绣梓之机，向所有关心黄陂与武汉文化、对荆楚文化有兴趣的读者真诚推荐！也相信高才兄在研究荆楚文化、书写乡贤春秋方面会取得更大的成就！

数年前，《无陂不成镇》三部曲初版时，武汉与台湾文艺界、出版界在台北举办了作品首发式与研讨会，曾引起海内外广泛关注。此后几年间，作者仍孜孜以求，继续打捞史料，并反复考订，结合新史料、新成果，提炼新观点，尽可能对“无陂不成镇”这一文化现象做出合理的诠释，同时在文字上认真打磨，力求以平实与颇富灵性的语言贴近普通读者。总之，新版《无陂不成镇》之史实、史裁，还有史笔、史识，均值得称道，而今佳构面世，嘉惠书界，相信会在读者中引起共鸣。

2016年8月16日于珞珈山

（樊星：著名批评家，湖北省作协副主席，武汉大学文学院博士生导师）

究心乡邦人文，解读“黄陂现象”

皮明庥

“无陂不成镇”内涵丰富，饮誉中外。黄陂裴君高才，究心乡邦人文，才思敏捷，学养亦丰，且笔耕不辍，故著述日增。其选题立足乡土，挖掘地域文化资源。举凡北宋理学家程颢、程颐，民国大总统黎元洪，当代杰出华人教育家、科学家田长霖等，均有专著叙介。其文、情、理兼具，生动可读，是光大荆楚乡土文化，增益大武汉文化光焰的难得文本。

如果说，前此种种作品，多以缕述人物为主题，为乡贤杰士立传，今裴君又推出《无陂不成镇》之新作，从社会、经济、文化之多重视角，首次系统地解读了“无陂不成镇”这一“黄陂文化现象”。

所谓“无陂不成镇”，指的是各地市镇多有黄陂人入驻和谋生定居。这些祖籍黄陂的人，把周边和各地市镇作为创业乐园，其中不乏成功人士。

“无陂不成镇”彰显出黄陂的开放度和黄陂人走出去、闯世界的开拓力。这种黄陂品格其来有自，与黄陂几千年人文地理、经济土壤息息相关。黄陂地当古代江、汉二水交汇之处。在明代成化初年汉水改道至龟山北注入长江之前，古汉水多从汉阳郭茨口流入汉口后湖一线约40里，在黄陂、汉口交界处注入长江。

3600多年前的商代黄陂盘龙城，就是因为得到江汉交汇的水利，方便了物流，大冶的铜矿石和周边的粮食运至盘龙城后，盘龙城涌现了铸铜、酿酒、石器、玉器、陶器作坊和各行各业能工巧匠。他们制造的产品成就了黄陂彪炳千秋的青铜文化，留下了精美绝伦的青铜礼器、兵器、容器，并输入到长河上下，大江南北。这些工匠可视为黄陂“九佬十八匠”的祖先。

黄陂山清水秀，风光宜人，但荒山野林多，农业开发不易。不少乡村地瘠民穷，生计维艰，这也促使了黄陂人外出谋生，产生了木匠、泥瓦匠等打工族。有了这些百工匠作，黄陂人就能走出去，落户各地市镇谋生创业。黄陂人在各地开商店、设旅栈、摆地摊、卖手艺，乃至沿街叫卖，为广大百姓献出绝活。黄陂的泥塑、版画，曾经远走外市外省乃至外国，丰富了各地经济文化生活。

武汉三镇，尤其是汉口镇，更是黄陂人创业的天堂，经营的重镇。明清时的黄孝河，岸柳成行，商船衔连，从黄陂直达汉正街地区。富有地方色彩的黄孝花鼓戏，不断渗入汉口，终于在1926年形成今天的楚剧。紧接着汉正街，由于黄陂人大量移入，创建了一条黄陂街，民国时又出现了一条纪念黎元洪的黎黄陂路。黄陂的木刻版画占据了汉口半边街的书画市场，连黄陂豆腐、黄陂三鲜也成为汉口众多餐馆的主打菜。可以说，汉口成为巨镇，黄陂人居功甚伟。

在这里，高才先生与王凤霞小姐通过破万卷书，行万里路，广采博览，引经据典，首次对“无陂不成镇”文化现象进行系统解读，把黄陂人外向型的开发力量，黄陂人的经营传统和多才多艺、吃苦肯干、苦心经营的作风，陈述在读者面前。这不仅是追思往事，留下历史记忆，而且在当今武汉大发展，黄陂大提升的时势中，对读者也会有很好的现实启迪。从学术上讲，这本书也颇具社会学、文化学与文学等多重价值，对荆楚文化更是有益的积累和探索。

己丑年孟春于汉上

（皮明庥：著名史学家，历任武汉社会科学院研究员、副院长）

钩沉黄陂风情，辐射人文炁场

严昌洪

读者案头这部《无陂不成镇》，讲述的是湖北黄陂的人文问题，说白点儿就是介绍黄陂的人物与文化。“无陂不成镇”这一文化现象千古流传，其人文炁场辐射海内外。作为武汉人，我们会广泛地接触到黄陂人和黄陂文化。就我而言，同学、朋友、同事、认识的或不认识的人中就不乏黄陂人，像美国波音公司的“设计巨匠”田长焯与武汉图书馆的徐明庭诸公，以及同事华中师范大学副校长彭南生教授……他们都有着黄陂人的精明干练，成就了一番事业，为武汉经济文化的发展做出了贡献，是黄陂人中的佼佼者。

我最早接触到黄陂文化，恐怕是在少儿时期对我家附近归元寺五百罗汉塑像的瞻仰。这五百尊形态各异、栩栩如生的罗汉，据传是黄陂工匠王煜父子花了12年时间塑成的，由于使用了脱塑工艺，质地坚而重量轻，虽经百年的烟熏火燎而不坏，甚至经1954年特大洪水浸泡月余而未损，至今仍为香客朝拜、游人鉴赏。

稍长，对楚剧产生了浓厚兴趣，想看戏而没有钱，则帮人捶瓜仁赚钱去买戏票，迷恋之深，连《葛麻》的台词都能够背下来。楚剧源于黄陂花鼓戏，不仅唱腔承袭了“哦呵腔”，而且唱、白均用黄陂方言，风趣、幽默，为广大市民所喜闻乐见。楚剧也是黄陂文化对武汉城市文化的一大贡献。

后来学习、研究地方史，神交了一批黄陂名人，从民国大总统黎元洪到中国女神童、少年书法家冯铸，从著名教育家陈时、余家菊到老字号企业曹正兴（菜刀）、高洪泰（铜锣）的创始人曹月海、高青庵等，并逐步认识到黄陂人和黄陂文化对武汉（尤其是汉口）城市文化的巨大影响，黄陂人之于武汉，就像苏北人之于上海一样。我就想，海外有人研究上海的苏北人，上海交通大学设立了苏北研究院，我们为什么就不能研究武汉的黄陂人？于是，为了引“玉”而抛出了一块“砖”，在手头资料并不多的情况下，写作了一篇小文章《汉口的黄陂人与黄陂文化》，在收入我主编的《武汉掌故》和刊于《武汉春秋》后，皮明庥先生又将其收入他所主编的《汉口五百年》一书中。

我这块“砖头”之所以引起了一些注意，是因为我提出了一个课题，就是武汉的黄陂人与黄陂文化研究，这是一个很有意义的课题。由于自己精力有限，难以深入，就寄希望于学生。曾在寒假里带着研究生去黄陂，到文史办、党史办、方志办和图书馆搜集资料。当时一来因为已近年关，人们忙于年终事务，无暇与我们详细交谈；二来各单位确实缺乏有关黄陂与武汉关系的史料，因此，我们除了得到一部新修的《黄陂县志》外，所获不多。该生在其学位论文中未能以汉口的黄陂人与黄陂文化作为主线，不能不说是一种遗憾。我仍不死心，又让一位博士生来考虑这个问题，也是由于有关资料的缺乏，她将学位论文的主题扩大为汉口的客商，黄陂商人仅仅作为“客商”的一小部分出现在她的论述中……

我之所以希望有人能够深入研究武汉的黄陂人与黄陂文化，乃是因为我认为黄陂是武汉（尤其是汉口）城市文化的根脉之一，而武汉历史文化中蕴含着丰富的黄陂元素。这倒不仅是因为3600年前的盘龙商城是武汉城市之根，主要是因为汉口近500年来在荒洲上崛起，并逐步发展，直至今天成为华中地区大都会，黄陂人功不可没，黄陂文化贡献良多。

《无陂不成镇》披露，汉口由荒洲变市廛的过程中，黄陂人是立下汗马功劳的。因为黄陂与汉口接壤，外出谋生的人首先来到汉口，他们有的沿滠水来到今江岸区一带，多是手艺人和做苦力者，也有在后湖筑墩定居、从事渔业或农业生产的。有的则沿黄孝河来到四官殿以下沿江一带，多是船帮和经商者，他们在前花楼一带集中居住，形成了带地域色彩的街道，即黄陂街。据王葆心《续汉口丛谈》考证，黄陂街在明嘉靖以前便已出现，居肆商民多为黄陂、孝感人。1729年（清雍正七年）黄陂、孝感二县划归汉阳府管辖后，黄陂与武汉的关系更为密切。汉口开埠以后，黄陂人进城者更多，1900年前后，黄陂人又在沿江大道经洞庭街、胜利街到中山大道之间修建了一条黄陂路，后因两任民国大总统黎元洪系黄陂人，此路改称黎黄陂路。今天的武汉人很多就是那时来汉的黄陂人的后代。

黄陂人来汉，把黄陂农村文化带到了武汉。黄陂的能工巧匠在从前武汉人的生活中是不可或缺的。泥瓦匠、木匠、铁匠、铜匠以至磨剪铲刀的、修伞补鞋的、打豆腐卖水饺的，有许多都是黄陂人。他们中的佼佼者做手艺做出了名牌产品，如响彻神州、响遍全球的高洪泰铜锣的创始人高青庵，是黄陂甘棠乡人；刀青钢白铁分明的曹正兴菜刀的创始人曹月海，是黄陂祁家湾人；谈炎记水饺则是由黄孝人经营的水饺担子发展而来的，谈炎记早期的老板谈志祥也是黄陂人；曾在花楼街、江汉路一带摆摊刻字的黄陂人朱绍安、王道钦、廖华亮等都是技艺精湛的雕刻艺人。

黄陂民俗对武汉人的影响远不止于楚剧，其他如黄陂食俗中的“三合”或“三鲜”（肉丸子、鱼丸子和肉糕）已成为武汉人宴饮待客的常用菜肴；黄陂婚俗中的“三圆汤”（鱼丸、肉丸、汤圆），科举时代取连中三元（解元、会元、状元）之意，也被武汉人所模仿。到木兰山去朝山进香更是往日武汉人的一项重大活动，今天的武汉人春游的首选之地之一就是木兰山。所以，我在《武汉历史文化风貌概览》一书中，将木兰山金顶图片作为封面。

“无陂不成镇”，哪里有城镇哪里就有黄陂人，哪里有人群哪里就有黄陂人。而且，国有大事，与其役者亦莫不有黄陂人，黄陂人与黄陂文化的影响早已超出武汉、湖北的范围。试看，黄陂籍的政治家、军事家、教育家、文化人以及企业家，对辛亥武昌首义的成功和民国的建立，对中国革命的胜利和人民共和国的缔造，对中国文化教育事业的进步，对经济社会的发展，均做出了重要的贡献。

我在那块“砖头”中曾写道：“总之，黄陂人在汉口的开发中发挥过重要作用，黄陂文化丰富了武汉人的生活，影响着武汉的风俗习惯与民众心理，黄陂文化与汉口文化的融合，是城乡文化互相影响的典型一例。”可以说，不了解黄陂的风土人情与历史文化，就不能深刻理解武汉（尤其是汉口）的历史文化。读了这部专著，我更坚信这一点。

作为首部解读“无陂不成镇”现象的专著，该书堪称有关黄陂历史文化的小型百科全书，亦可视为黄陂地方志的浓缩版。作者打通时空隧道，将历史与现实衔接起来，将古人与今人联系起来，将黄陂人与黄陂文化置于武汉乃至全国大背景下全方位地描写与展示。面对这本内容丰富、史料翔实、选材广泛、开掘深厚的黄陂人文著述，我那块“砖头”实在有些浅薄。

作者写文化，从各种典籍中爬梳钩稽，搜集大量素材，在古邑探幽的基础上，全面而系统地介绍了黄陂的各种特色文化现象：从盘龙城文化、木兰文化、二程理学、辛亥首义文化、民俗文化等，简直是异彩纷呈，琳琅满目。作者还钩沉了一些人文掌故与民间传说，不仅丰富了本书的内容，也增加了可读性。

作者写名人，广泛搜罗，精心挑选，做到入选人物具有代表性、典型性。书中所涉及的人物，从文人雅士、资政经纶、学界精英、杏坛宗师、民国闻人，到辛亥功臣、华人翘楚、匠心筑梦等，简直是群星璀璨，光彩照人。作者笔下的这些人物都各具特色，从而避免过去一般人物小传那种履历表式的千人一面、千篇一律的弊病，使历史人物变得鲜活起来，充分地发挥出传记的教育功能。

此书不仅使读者加深了黄陂“地灵人杰”的印象，从而更加喜爱这一方热土，也使读者进一步了解了黄陂人与黄陂文化对武汉历史文化的影响和贡献，从而更深刻地理解武汉城市文化的底蕴。这就为解决我所提出的深入研究武汉的黄陂人与黄陂文化，探讨黄陂农村文化与武汉城市文化互动关系的课题奠定了基础。我要感谢本书的作者，也期盼着有人利用这本书中的素材以及其他资料，对我所抛出的“砖”做出回应，对上述课题进行研究，拿出一块“玉”来，贡献于大家。

以上是我读了《无陂不成镇》后所想到的，权且作为本书的序言吧。不知读者朋友读后，是否另有一番感受？

丁酉年夏日于忍斋

（严昌洪：著名史学家，华中师范大学教授、博士生导师）

守望人文乡土，呼唤“工匠精神”

吴祖云

物华天宝钟毓秀，筚路蓝缕启民智。黄陂是中华古邑、武汉新城，素有“无陂不成镇”之美誉。这部《无陂不成镇》是对黄陂人“敢为人先”精神，以及“九佬十八匠”走南闯北的“工匠情怀”的真实写照，作者既对“无陂不成镇”的文化源流与文化特征首次进行了系统解读，又精选了古今中外百名人杰的精彩故事，人文交融，相得益彰。

《无陂不成镇》是一套人文书系。在《文化卷》中，作者回答了“无陂不成镇”是什么、为什么、怎么样的问题，阐发了“无陂不成镇”的精神内核与中华文化、民族精神是相通的。《人物卷》中收录的黄陂名流俊彦，大都在中国历史发展进程中产生过重要影响，有的甚至创下中国或外国之最，他们是历代黄陂精英的缩影，体现了古往今来黄陂人敢为人先的精神风貌。

作为千年古邑，早在古代，黄陂人就曾创造了中华乃至世界文明奇迹：打造了商代宏伟的盘龙城宫殿建筑、创造了美轮美奂的青铜文化；孕育了巾帼英雄木兰将军，程朱理学的奠基人程颢、程颐……到了当代，名贤硕儒也是彬彬济济，诸如“海峡两岸破冰第一人”胡秋原、美国首任华人与亚裔大学校长田长霖、意大利首位外侨加勋爵士万子美、中国首批“载人深潜英雄”叶聪等。

“良田百顷，不如薄艺在身。”千百年来，黄陂乡民认为，再多的财富也有失去的时候，唯有一身手艺，方可保证衣食无忧。代代相传下，就形成了一家一绝技、一村一品牌等“九佬十八匠”的百作工匠，而“百艺好藏身，百工能养家”也成为一种执着、一份坚守的“工匠情怀”。久而久之，那份耐心专注的态度，那份臻于至善的追求，那份出类拔萃的卓越，又由物质生产领域推向精神文明建设领域，形成了中国“无陂不成镇，惟楚有高才”的奇观。古往今来，在文化、教育、科技、政治、经济、军事、商业等各界涌现出的黄陂名人，层出不穷，震古烁今。正所谓“满眼生机转化钧，天工人巧日争新”。

“一个国家、一个民族的强盛，总是以文化兴盛为支撑的。”没有文明的继承和发展，没有文化的弘扬和繁荣，就没有中国梦的实现。而乡土文化是中华优秀传统文化的组成部分，也是涵养和培育社会主义核心价值观的重要土壤。钩沉乡土文化，抢救文化遗产，就是为了让文化血脉滋养一代又一代人，通过这种源源不断的文化接力，让乡土文化长久赓续，星火燎原，更为复兴中华文化、实现“文化小康”添砖加瓦。

时代呼唤“工匠精神”，现实需要“工匠情怀”。七年前，《无陂不成镇》初版在中国台北首发与研讨，曾在海内外引起强烈共鸣。如今，新版图书又列为湖北省社会科学界联合会重点课题。我相信，新书的面世，必将为黄陂人民恪守并弘扬这种工匠美德，为八方宾客了解并爱上这片神奇的土地，开启一扇明亮之窗。

（吴祖云：中共武汉市黄陂区委书记、区人大常委会主任）

第一章　楚风豫韵

久浴文化，则渐悟人类之尊严。

——题记·鲁迅

千年古邑湖北黄陂，说大不大，只不过方圆两千多平方公里。说小不小，其面积相当于两个香港特区或三个新加坡；以城市文明史论，则有悠悠3600载了。

国之修史、州县修志、宗族修谱是中国素有的文化传统。历代治史，国人不乏效法春秋笔法者，尤其推崇《史记》。作为一部文化散文，这里力图运用直陈、对比与互见的笔调，再现人文黄陂风流，阐发“无陂不成镇”文化精神就是泱泱中华文化长河中的重要支流之一，是祖国悠久历史、灿烂文化、民族灵魂的一个缩影。

数千年来，根植于斯的乡土文明，让“树高千尺，叶落归根”的文化血脉，滋养、激励和慰藉了一代又一代黄陂赤子，从而使这片古老而神奇的土地，人文荟萃，千古奇观：百工匠作始建了历史上最早的“九省通衢”——盘龙城、打造了天下“四大名镇”之一的汉口镇，彰显了黄陂人的开放度与开拓力；走出了巾帼英雄木兰将军，形成了国家级非物质文化遗产、民间文学《木兰传说》，又有国家5A级旅游景区——木兰文化生态旅游区的文化场，让木兰精神与时俱进，历久弥新；孕育了程朱理学的鼻祖程颢、程颐（世称“二程”）兄弟，尊师重教承道统的遗风代代薪传，人才蔚起；铸就了黎黄陂、蔡济民等辛亥革命志士的敢为人先的铁血精神，激励着人们继往开来、勇着先鞭！难怪民国大总统黎元洪曾亲口对英文报纸记者说：“长江流域的中游，要找到一个文风甚盛的县份，这便是我的故乡黄陂。尤其是发端于斯的程朱理学，让我受益终生！”

一　凤立文明中轴线

鸿鹄高飞，凤凰挺立。

细心的游客前往国家5A级景区木兰山观瞻“唐木兰将军坊”时，就会发现，在“忠孝勇节”四个大字下面嵌有两方石雕：一为“双凤朝阳”，居于上；一为“双龙戏珠”，列于下。异于“龙在上、凤在下”的常规构图。

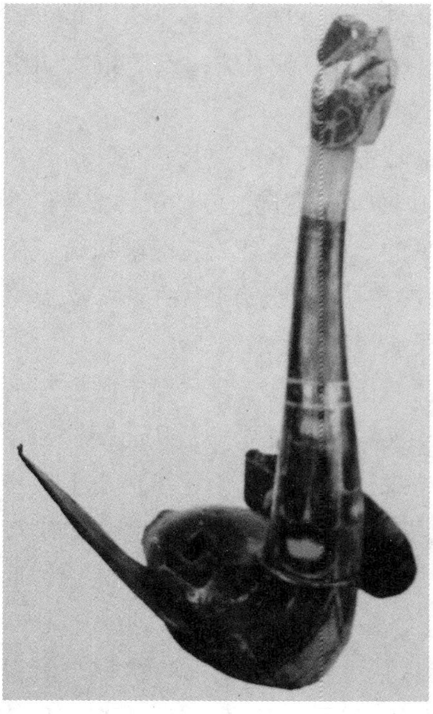

战国漆木凤鸟文物

“唐木兰将军坊”是明代巡抚张涛上奏朝廷所立，这到底有何玄机？首先，“凤”是楚人崇尚的文化图腾。在古代，楚人独具慧心，视凤为一种至真、至善、至美的形象。春秋五霸之一的楚庄王，便自称是“不鸣则已，鸣将惊人”的凤鸟；屈原也常以凤自喻：“凤凰在兮，鸡鹜翔舞。”木兰山地处长江北岸之楚国故地，以凤为尊，凤立木兰将军坊“双龙戏珠”之上，就理所当然了。后来，人们将“龙”视为阳刚、威武的象征，故用龙来形容男人；而凤的柔美与艳丽，又成为女人的化身。木兰山以巾帼英雄木兰将军冠名，自然就以象征女性的凤为尊了。而木兰山正好处于人类文明中心线北纬30°线，木兰将军牌坊上的“双凤朝阳”不就是“凤立世界文明中轴线”吗？

明代建木兰山木兰将军牌坊之“凤在上、龙在下”

当你翻开中国文化经典之首的《周易》，即可看到“无陂不成镇”的雏形；爬梳我国最早的浪漫主义诗歌总集《楚辞》，不难发现黄陂方言的印迹；通览中华民族五千年的文化丰碑——唐宋诗词，又可欣赏描写古邑黄陂的诗词名篇：盛唐大诗人崔颢笔下的《黄鹤楼》，点明了黄陂武湖之“烟波江”；晚唐大诗人杜牧畅游木兰山吟咏的《题木兰将军庙》，千古绝唱，成为木兰文化的镇山之宝；宋代思想家程颢对黄陂的纪游之作《春日偶成》，被列为明代启蒙诗教读本《千家诗》卷首，自古家喻户晓，妇孺皆知；而唐代诗人刘商为黄陂桃花夫人庙所作的《题黄陂夫人祠》，则把“黄陂”地名直接嵌入诗中。诗云：“苍山云雨逐明神，唯有香名万岁春。东风三月黄陂水，只见桃花不见人。”此外，还有元代名儒、诗人郝经（字伯常）

曾写下了《宿黄陂县南》的诗篇，北宋文学家、史学家欧阳修的《集古录》，则收录了唐代侯喜复撰《黄陂记》，以及明代诗人陶允宜之《黄陂葛》，如此等等，不一而足。清同治《黄陂县志》将《黄陂记》作为黄陂由来的依据。

其实，黄陂是一个介于长江文明与黄河文明之间的交会地带，其文化内涵丰沛，枝繁叶茂。“无陂不成镇”是黄陂特有的文化现象，我们既可从古代的历法谜语中，又可从20世纪的重大考古成果里，还可从史志典籍、笔乘、谱牒等史册上，找到它绚丽多姿的身影。

天有偏覆，地有偏载。当你爬梳人文地理，会赫然发现：黄陂地理位置正处于世界古代文明带的中轴线——北纬30°线的区间内。所谓“北纬30°”，主要是指北纬30°上下波动5°所覆盖的范围内。而黄陂不仅位于北纬30°40′—31°22′，又在长江流域（北纬25°—35°）的中轴线上，可谓得天独厚。

当你纵览古邑黄陂的历史沿革，它又是交融发展的。早期的黄陂县域以木兰山为界，南部属于荆州（今湖北省一带），北部隶于豫州（今河南省一带）。黄陂是介于黄河中下游和长江中下游的交汇地带30°—35°线。换句话说，黄陂自古以来是在黄河文明与长江文明交融中生长。

如若沿着地球北纬30°线前行，即可大开眼界：这里既有许多奇妙的自然景观，又存在着许多令人难解的神秘现象，以及许多地球文明信息。从地理布局大致看来，这里既是地球山脉的最高峰——珠穆朗玛峰的所在地，同时又是海底最深处——西太平洋的马里亚纳海沟的藏身之所。世界几大河流，比如埃及的尼罗河、伊拉克的幼发拉底河、中国的长江、美国的密西西比河，均是在这一纬度线归入大海。

更加神秘莫测的是，这条纬线贯穿世界上许多令人难解的著名的自然及文明之谜的所在地。诸如恰好建在精确的地球陆块中心的古埃及金字塔群，以及令人难解的狮身人面像之谜，神秘的北非撒哈拉沙漠达西里的“火神火种”壁画、死海，巴比伦的“空中花园”，传说中的大西洲沉没处，以及令人惊恐万状的“百慕大三角区”，让人类叹为观止的远古玛雅文明遗址等。

北纬30°线为我们打开了古代文明的记忆大门。从考古成果看，在北纬30°线上，仅在中国，旧石器和新石器文化遗址遍布，黄陂的盘龙城文化与大溪（四川三峡）文化、屈家岭（湖北京山）文化、三星堆（四川广汉）文化、河姆渡（浙江余姚）文化、良渚（浙江杭州）文化，以及神农架之谜等，交相辉映。还有炎帝发明和领导了流域民族种五谷、辟市场、制麻衣、造五琴、做木弓、烧陶器等。而盘龙城的城市文明在南方的辐射作用，促进了长江流域崛起了33座历史文化名城。

你可曾知道，在这条神秘而奇特的纬线两侧，黄陂古代文明景观美不胜收：长江流域第一古城盘龙城在北纬30°41′，三国古战场“烟波江（武湖）”在北纬30°40′，纪念宋代理学大师二程“鲁台望道”之双凤亭在北纬30°52′，《木兰传说》的“文化场”、佛道合一的木兰山在北纬31°05′……黄陂因此成为中华文明乃至世界文明的摇篮之一：孕育了以商代盘龙城文明为特色的长江城市文明之源，产生了国家级非物质文化遗产《木兰传说》，哺育了影响中国8个世纪的理学文化奠基人程颢、程颐，还是推翻两千多年专制帝制、建立亚洲第一个共和政体的辛亥首义文化重镇。

二 楚风豫韵交响曲

古书云：北人南相，南人北相者贵。北人南相者，是厚重而又机灵；南人北相者，不消说是机灵而又能厚重。鲁迅在《北人与南人》中对此评说道，这“并不是妄语。这是中国人的一种小小的自新之路”。北方人的优点是厚重，南方人的优点是机灵，南北交流即可互补，实现双赢。正如萧伯纳所说：“如果你有一种思想，我有一种思想，彼此交换，我们每个人就有了两种思想……”

早在开发盘龙城时期，南北文化就在黄陂大地交融，即北方王都郑州先民将其厚重的“豫韵”，带到荆楚方国之盘龙城，与黄陂先民机灵的“楚风”交融，形成楚风豫韵交响曲。到了三国时期，荆州与豫州又分别将黄陂南北一分为二，再加上境内的黄金水道滠水与府河沟通南北，使长江文明与黄河文明在黄陂交会。故这里先民们的生活，既有浓郁的江汉色彩，又有黄河中游文化的某些特征，呈现出“楚风豫韵”的二元耦合特色。

换句话说，南人北相、楚风豫韵是“无陂不成镇”经久不衰的内在因素，也是黄陂人特有的人文精神，即兴建长江流域第一城——盘龙城、开发中国四大名镇之一的汉口镇的开拓精神，大孝大勇之献身精神，融合儒、道、佛，穷理识仁的求索精神，敢为天下先的首创精神。这些黄陂精神集中反映到文化层面上，那就是“楚风豫韵”特色。

清代黄陂地图

在空中俯瞰黄陂，整个地势北高南低，自北向南逐渐倾斜。呈现在我们眼底的是西北低山区、东北丘陵区、中部岗状平原区和南部滨湖平原区的四级阶梯。而且纵长横短，由南及北远眺，犹如巨人挺立。境内南北最大纵距104公里，东西最大横距55公里，境域周长273.5公里，国土总面积2261平方公里。

黄陂位于长江中游北岸，大别山南麓，湖北省东部偏北，武汉市北郊。东与将军县、红安县及新洲区接壤，西隔小悟山、界河与董永故里孝感市毗邻，南抵府河与万里长江，与江南三名楼之一的黄鹤楼隔江相望，北与从黄陂析出的大悟县山水相连。

据考古发现，黄陂境内先秦遗址76处，包含商、周以前各个时期的文化遗存，即以红陶系为主的早期文化、屈家岭文化、龙山文化以及商周时期的文化。这些文化遗存展示了黄陂古代历史的序列，人们从中不仅可以了解黄陂古代历史的序列，还可以看到黄陂古文化发展的轨迹。

早在6000多年前的新石器时代，就有先民在这里定居、劳作与生息，并创建了原始农业。到距今5000多年，已出现农业、狩猎与原始纺织业相结合的综合经济形态。又经过千余年的艰苦创造，这里的农业生产已有了一定的规模。

是的。历史上的黄陂是一个典型的移民之地，除一部分原住民和北方移民外，明代以来的黄陂居民，大都是“江西填湖广”迁来；同时，黄陂自古又是一个人口迁出的大县，除“湖广填四川”的移民大潮外，还有“九佬十八匠”外出闯天下而在外落地生根的传统。正是居民的迁徙、人口的流动，促进了黄陂与各地的文化交流，从而增加了居民的开放度。目前区内居住着汉族、土家族、回族、壮族等18个民族，其宗教信仰主要包括道教、佛教、天主教和基督教等。其中蔡店张河村大富庵田家湾，是武汉市唯一的土家族聚居群落。

这里的地质结构颇具特色，拥有木兰山国家地质公园。其中，木兰山蓝片岩变质带，属低温高压变质作用的产物，更是板块消亡带、陆地碰撞带和构造埋深作用的重要标志，其丰富的构造变形记录了这一区域地质演变的历程。黄陂地质以新华夏构造体系为主，地貌属鄂东北丘陵地区与江汉平原结合区域。

黄陂山水相连，纵横交错，素有“五分山水五分田”之称。据20世纪80年代初土壤普查结果显示，全区总面积339.15万亩，其中农用面积256.15万亩。在农用面积中，耕地124.77万亩。山林（含草场、园地）93.97万亩，其中海拔最高点、也是武汉市最高点——双峰尖山脉873.7米，最低处为16.5米。全境有滠水、界河、府河及注入北湖的5条河流和由武湖（仅存北湖）、后湖、童家湖、任恺湖、涝口湖5个主要湖泊的自然水系，水域37.41万亩，是著名的鱼米之乡。全境呈“三分半山，一分半水，五分田”的格局。

“南人北相”是黄陂人走向成功、黄陂文化一举成名天下扬的关键因素之一。它使黄陂文化呈现出南方播种、北方开花结果的特色。从境内的文化遗存来看，大抵分布在南、中、北三个区间内。黄陂南乡的商代古城盘龙城，既是历史上最早的“九省通衢”，也是孕育长江文明的“长江流域第一城”；既是古代一个地域性的政治与军事中心，也是南方与北方的一个经济和文化的交会中心，还是中国20世纪的百大考古发现之一。同时，盘龙城文明还具有明显的中原黄河文明的元素，如盘龙城与河南安阳发掘的青铜器，就何其相似。

黄陂的政治、文化中心前川地区，则是宋代理学家二程兄弟生长与学习的故地，在他们身上打下了长江文化的烙印。诸如二程在洛阳创立融佛、儒、道于一体的理学，与他们早期经常光顾的佛、道一体的木兰山，具有某种对应关系。而二程的四传弟子、程朱理学的四传弟子朱熹，又长期接受着长江文明的熏陶。如此南北交融，也许就是理学能够成为影响中国8个世纪的官方哲学原因之一。

黄陂北部的木兰山，既是木兰将军出生、练武、传道和长眠之地，又是道教与佛教和睦相处的名刹，也是辛亥革命首义大都督黎元洪幼年成长的故地，还是中国工农革命军第七军诞生的圣地。而木兰将军的功成名就，黎元洪两任民国大总统，以及中国工农红军的大本营，又都在我国的北方。所有这些，均是“南人北相”的典范。

作为拥有3600年的城市文明史、2230年的置县史，以“黄陂”之名置县，也有1500年的历史，“黄陂”之名，因何而来？为什么会产生“无陂不成镇”现象？只有从“无陂不成镇”的源流入手，梳理黄陂的人文历史，解读其文化特征，才能洞悉黄陂的开放度，黄陂人敢为人先、勇闯世界的开拓力与影响力。

第二章　文化源流

文化者，人类心能所开释出来之有价值的共业也。

——题记·梁启超

中国台湾新党主席

郁慕明为《无陂不成镇》题

黄陂是一片人文内涵十分深厚、人文景观十分丰富的热土。所谓人文，即“人之道”。程颐在《伊川易传》中云：“人文，人理之伦序，观人文以教化天下，天下成其礼俗也。”而“文化”的本义是“以文教化”，是人类在社会历史发展过程中所创造的物质财富与精神财富的总和，特指精神财富。按照梁启超说法，“文化者，人类心能所开释出来之有价值的共业也”。这“共业”包含知识、信仰、道德、文学、艺术、法律、习俗等。

一个没有文化自信的民族或地区是不可想象的，也不可能真正崛起！国学大师钱穆在《中国文化精神》一书中说：“文化即是一种生命，生命应在我们各人自己身边，生命不外生，而且急切也丢不掉。”“心的凝聚与团结，就成为一种‘时代精神’，也就是我们的民族文化精神。”社会学家费孝通则提出了“文化自觉”的概念，他说：“文化自觉是一个艰巨的过程，只有在认识自己的文化，理解并接触到多种文化的基建上，才有条件在这个正在形成的多元文化的世界里确立自己的位置。”

通观“无陂不成镇”的文化现象，大抵表现在两个方面：一是“物化”现象，即文化方面各种各样的物质产品；二是“人化”现象，即人的精神及其产品。其实，“物化”现象也是“人化”现象，因为物质产品都是人创造的，是人的力量的对象化。人创造了文化，文化也创造了人，对文化与人之间的互动以及共生关系的认识与把握，是审视文化价值的一个十分重要的现代视角。“无陂不成镇”的文化现象，是黄陂独具魅力的精神财富，其文化源头可远溯到黄帝御赐“西陵”地名起。不论是在《史记》中还是历代方志笔乘，以及民间史料，我们都可以找到一些历史碎片。

一般而论，对于名传千古的“无陂不成镇”现象，人们大都只知其然，不知其所以然。那么它最早出现于哪部典籍？它是怎样演变为黄陂文化现象的？这一文化现象为什么能历久弥新？在这里，从文化经典、考古成果、史志笔乘、诗词名篇，以及民间传说等方面，介绍“无陂不成镇”的源流、含义、形成、特点与影响。

国人常说，我们都是炎黄子孙。从正史、野史和实物等多重证据表明，黄帝“圣母”在黄陂古邑——西陵县“始桑”，是不争的史实。这也许就是“无陂不成镇”这一文化现象的最早源头。

那么，“黄陂”的名称因何而来呢？

有人说，这里的“黄”即是黄帝子孙之意，“陂”则是指黄陂拥有名山（木兰山）秀水（滠河）之故。这是因为黄陂最早属于古邑西陵，相传西陵氏之女嫘祖即黄帝的正妃，西陵即黄帝御赐给西陵氏的封地。在汉语辞典里，“陂”有三个读音，其中“pí”的读音为黄陂专用；同时，“陂”有三层意思：池塘、水岸、山坡。

“陂”字虽然目前在黄陂以外的地方不常用，以至于有人将“黄陂”念为“黄坡”。但在古汉语中，“陂”却非常常见，甚至出现在谜语与成语之中。如被誉为中国“群经之首，大道之源”的《周易》里的“无平不陂，无往不复”，后来演绎成为一条历法谜语。又如《后汉书·黄宪传》云：“叔度汪汪若千顷陂，澄之不清，淆之不浊，不可量也。”并由此形成了“陂湖禀量”或“叔度陂湖”的成语，以此比喻人的度量宽大恢宏。若持黄陂是“黄城”与“武湖”之组合说，我们又可演绎为黄陂人是很有雅量者。

当然，我们现在所说的“无陂不成镇”，同“无徽不成商”一样，则是指天下有市镇的地方就有黄陂人，凡是有人群的地方就有黄陂人，意即黄陂人遍天下，绝不能望文生义，将“无陂不成镇”曲解为“无池塘不成市镇”“无山坡不成市镇”“市镇在圩岸”等。

一 《史记》钩沉：黄帝御赐“西陵”名

《史记》是中国历史上第一部纪传体通史，被列为“二十四史”之首。鲁迅先生曾在《汉文学史纲要》中，称其为“史家之绝唱，无韵之离骚”。《史记·五帝本纪》云：“黄帝娶于西陵之女，是为嫘祖，为黄帝正妃。”2230 年前，黄陂首次置县即以“西陵”为名，此系朝廷乃至皇帝钦命，全国唯一。同时，这里相传曾是中华民族的人文始祖——黄帝的正妃嫘祖（亦称雷祖）——西陵氏之女的故地。是故黄帝就御赐“西陵”之名。自此，在古代的全国地理总志、地方志、谱牒资料，以及诗词歌赋的名篇中，大都称黄陂为“西陵”。

据《古今图书集成》《四库全书》《事物原始》等数十种典籍中记载，嫘祖的确是我国养蚕治丝的创始人，是被后世尊称为“蚕神”“先蚕”“西陵圣母”的伟大人物。由于嫘祖的发明创造，不仅推进了农耕文明与手工业的发展，还开辟了丝绸之路，沟通了东西方文明的交流。

（一）“西陵圣母”始桑地

千百年来，“西陵圣母”在黄陂留下了美丽的传说。那是一个春光明媚的日子，人文始祖黄帝微服私访到黄陂一户桑园养蚕的人家，但见一位身着轻柔、闪着金光衣裳的美丽女子，正侍弄着脚边一堆白色的物什。黄帝按捺不住心中的好奇，立即趋前询问女子穿的是何衣？端庄秀丽的女子此时并不知眼前风流倜傥的男子是黄帝，她不慌不忙间娓娓道来，将怎样植桑养蚕、如何抽丝织绸的道理，讲得格外动听。黄帝若有所思地听完，想起了属下的臣民还在过着夏披树叶、冬穿兽皮，一年四季衣不蔽体的生活，感觉到这是一项伟大的发明，如果推广开来，就能让天下的老百姓穿衣御寒了。于是，黄帝晓之以理、动之以情，终于说服这位女子——西陵氏之女，并通过她说服其父，黄帝将他们父女带入宫中。随后，黄帝让西陵氏父女向百官和百姓传授育桑养蚕的技术，从而促进了育桑养蚕业的发展，让天下百姓过着衣食无忧的生活。由于黄帝与西陵氏之女心心相印，黄帝封她为正妃，史称“圣母”。同时，为表彰西陵氏父女缫丝的功绩，黄帝诏告天下，将西陵氏之女封为嫘祖，还将其封地命名为“西陵”，这就是西陵县的来历。

正是有了“圣母”的“技术支撑”，黄帝在位期间，如虎添翼，国势强盛，政治安定，文化进步，还有许多发明和制作，如文字、音乐、历数、宫室、舟车、衣裳和指南车等。据《史记》记载：“黄帝二十五子，得其姓者十四人。”颛顼、帝喾、唐尧、虞舜，以及夏朝、商朝、周朝的君主都是黄帝的子孙。黄帝与西陵氏之曾孙卞明迁居南方后，成为南蛮之始祖。

也许是嫘祖的后裔给力，到了商代，黄陂南部建成了长江流域第一古城——盘龙城。经过历代繁衍，在战国后期，西陵邑就应运而生了。《史记·楚世家》曰：“楚顷襄王二十年，秦将白起拔我西陵。”《读史方舆纪要·卷七十六·湖广（二）》亦云：“西陵城在府（郓城）东北百里。本楚之西陵邑。”

不仅如此，《汉书·地理志》中亦称，西陵县为汉高帝始置江夏郡的十四县之一。这在《读史方舆纪要》也得到了证实：“汉置西陵县，江夏郡治焉。”而且《史记·正义》引《括地志》道明了西陵县城的具体位置："西陵故城在黄州黄山西二里。"从国家文物局主编的《中国文物地图集·湖北分册》的两汉地图来看，那时西陵县的县域面积广阔，涉及今湖北黄冈市黄州区及团风县、武汉市黄陂区与新洲区，以及麻城市、红安与浠水县等地。《元和郡县图志》（卷二十七）和《宋书·州郡志》则进一步补充说，在两汉时期，今黄陂区境的东南和北部属西陵县，西南部则属安陆县。古安陆县之县域也非常了得，它南抵长江，包括今云梦、应城、安陆、孝昌、孝南、汉川、蔡甸、东西湖等县（市、区）及黄陂、天门、京山县（市、区）的一部分。古西陵县和古安陆县在今黄陂区境域交界。

自汉代至南北朝年间，黄陂一直为古西陵县的一部分。宋人杨晨在《三国会要》云："西陵有黄城镇，是石阳县，及分西陵县之西南境也。"

三国时期黄陂属三国要冲

当然，国内还有许多地方也声称为嫘祖故里，如湖北的安陆、浠水、宜昌与远安，四川的盐亭与茂县，河南的开封、荥阳与西平，浙江萧山，等等。但对比自然地理、史籍考辨诸因素，嫘祖故里的古西陵县之黄陂说，更为可信。

（二）孔子问礼夫子山

如果说正史记载了黄帝圣母在黄陂始桑，开启了黄陂的农耕文明的话，那么方志则收录了孔夫子路过黄陂布道的逸闻。清同治十年《黄陂县志》称，世代相传的孔子向 7 岁孩子项橐问礼的故事，就发生在县北 60 里之夫子山。

夫子山海拔 241.9 米，山体面积 2 平方公里，位于今武汉市黄陂区木兰乡桥店村。站在夫子山极目，可东眺烟波浩浩渺渺的木兰湖，西濒黄陂的母亲河滠水河，南极荆楚名岳木兰山，北望古木兰县治所双龙镇。因其山石为青色，原名为青石山。

相传春秋时，已经名满天下的孔夫子，总觉得自己的知识还不够渊博，30 岁的时候，他离开家乡曲阜，前去楚若县（今湖北省荆门市）拜大思想家老子为师。当孔子路过楚国的青石山驿道时，7 岁的项橐（项羽的三世祖）与小伙伴们在青石山下的车马大道上，聚精会神地玩土石“筑城”的游戏。“城”筑好后，正碰上孔子至此，孔子所乘车马被项橐等筑好的“城”所阻。驾车的子路吆喝道：“喂，小朋友，快让开，我们的车要过去了!”孩子们没有理睬，仍兴致勃勃地堆砌着瓦石，就像没有看见一样。这时，文质彬彬的孔子走下车来，微笑着说道：“孩子们，车来了你们怎么不知道要让路呢？这可不安全哩!”孩子们虽觉得在驿道上“筑城”欠妥，但又不愿意将刚筑好的城池拆去。但眼前大人叫拆，又不敢不拆。正当孩子们无计可施、准备动手拆城时，项橐从孩群里走了出来，他慢条斯理地以大人的口气说：“老人家，孩儿孤陋寡闻，从古至今，只听说车要绕城而过，可未曾听说有城要避开车之事，请您老教我!”知识渊博的孔子一下子被这个孩童的问题难住了。在尴尬之余，孔子感到非常诧异：

一个乳臭未干的小孩童竟然如此能言善辩，且像成年人一样镇定自若。“日三省吾身”的孔子反过来一想：是啊，我把孩子摆城池当成玩耍，可孩子却不是这样想，他们认为这是一座真正的城池，不能说孩子不对啊！再说，城是死的，车是活的，当然城不能给车让路呀？自己倡导礼义，怎么不如这孩子懂得礼节？应该是车绕道过去才是。想到这儿，孔子心平气和地说：“你说得对！请问你叫什么名字？今年几岁了？”那孩子从容答道：“老人家，孩儿叫项橐，莒国（今山东省日照市）人氏，近期前来楚国西陵县宗亲家做客多日。”孔子见这孩童与自己的鲁国是近邻，对这个孩子产生了浓厚兴趣，决定要考考他。就问道：“小项橐，你知道什么山上没有石头？什么水中没有鱼？什么门关不上？什么牛没法生牛犊？什么马不能生马驹？什么刀上没有环？什么火没有烟？什么样的男人没有妻子？什么样的女人没有丈夫？什么时候白天短？什么时候白天长？什么树不长杈？什么样的城没有使者？什么人没有孩子？……”孔子一口气提了40多个问题。项橐认真听完，不慌不忙地一一回答：“土山，井水，空门，泥牛，木马，砍刀，萤火，仙人，仙女，冬天，夏天，枯树，空城，小孩……”

孔子所问涉及天文地理、自然现象、家庭伦理道德等各个方面，内容广泛，项橐都能对答如流，滴水不漏。于是，孔子和蔼可亲地抱起项橐，连说“善哉!”项橐并不知道自己面对的是人们所尊敬的孔夫子，他在孔子怀里用手指着天上太阳问孔子道：“老人家，请问日初出大如车盖，及日中则如盘盂，是何道理?”孔子再次无言对答。连声感叹后生可畏也！孔子又说：“我车中有棋，咱们赌一盘如何?”谁知项橐一本正经地拒绝，振振有词地说：“我不赌博！如果天子好赌，天下就不能太平，天公也不作美；诸侯好赌，就无心思治理国家；官吏好赌，就会耽误处理文案；农民好赌，就会错过耕种庄稼的好时机；做学问的好赌，就会忘了诗书礼仪；小孩子好赌博，该挨揍。赌博原来是无聊、无用的事，学它做什么?”

孔子听了项橐的一席话，顿时由赞赏变成了敬佩！遂以此为训，决心不耻下问，拜项橐为师。孔子感慨地对身旁的弟子们说："三人行，必有我师焉！项橐这孩子很懂礼节，虽然年龄小，但在这一点上可以做我的老师啊！"说罢，孔子告别项橐，和弟子们驱车绕"城"而过了。

后来，启蒙经典读物《三字经》上的"昔仲尼，师项橐"，讲的就是这个故事。从此，7岁的孩童项橐开始声名远扬了。而孔子以圣人之身，不耻以孩童为师，其举动也为天下人称赞。到了隋唐年间，黄陂人为纪念不耻下问的孔夫子，特在青石山上修建了供奉孔子的夫子庙，建筑面积300平方米。随着天长日久，青石山也因夫子庙而改名叫夫子山了。

到了北宋年间，生长于黄陂的二程兄弟，赴木兰山参加庙会期间，也前往夫子山拜夫子庙、到山洞探幽，顿感一阵清凉，极目四野，又犹腾云驾雾，于是程颢在洞中雕刻了一个"清"，程颐在洞口雕刻了一个"云"。他们成名后，乡民就将此洞叫"清云洞"。后来，又在山下的玉带河旁修筑了一座夫子台，以洞与台纪念二程夫子。

朋友，这则民间故事，是不是可以滋润你枯燥的日常生活，愉悦你的心情，充实你的民间知识呢？

（三）楚文王始建"桃花庙"

湖北黄陂一中现址，原是一个叫桃花岗的高岗。山岗上旧时有一座桃花夫人庙，简称为"桃花庙"，黄陂前川街桃花庙村亦由此得名。《嘉庆重修大清一统志》卷三三九之"汉阳府"云："桃花夫人庙，在黄陂县城北郊……唐杜牧有《题桃花夫人庙》诗，即息夫人也。"晚唐大诗人杜牧诗云："细腰宫里露桃新，脉脉无言几度春。至竟息亡缘底事，可怜金谷坠楼人。"据考，此诗为杜牧任黄州府（时辖黄陂、黄冈、麻城三县）刺史时，曾专程到黄陂县畅游木兰山与桃花庙，并题诗纪事。此诗对人们所熟知的息夫人故事重作评价，见解新颖独到，"不显露讥刺"，形象生动，饶有唱叹之音，富于含蓄的诗美。揆之吴乔的两条标准，故宜称为咏史绝句的范作。其后，历代文人墨客途经黄陂，亦专程前往咏叹。

所谓“息夫人”即是春秋时的息君夫人（息，古国名，相当于今河南省息县西南）息妫，故称息夫人，又称桃花夫人。

据《左传》载，相传在2600多年前，春秋列国争强争霸，陈宣公把两位漂亮公主一嫁蔡国（今河南上蔡）蔡侯，一嫁息国息侯，想让唇齿相依的陈（今河南淮阳）、蔡、息三个侯爵级大国结成联盟。然息侯夫人一次回陈国娘家探亲，路经蔡国顺便探望姐姐时，身为姐夫的蔡侯竟然猥亵息妫，息妫大怒，拂袖离去。息妫回到息国后，向息侯哭诉姐夫不礼之事，息侯顿时火冒三丈，发誓此仇不报非君子。但是，凭借息国的军事实力，与蔡国最多也只是平分秋色。被愤怒冲昏头脑的息侯，想来想去想了个混招：去找楚文王，请楚国假装来攻击息国，连襟蔡侯一定会发兵相救，等他来了，息、楚兵合一处，轻松干掉蔡侯。

楚国依计行事，果然顺利捉住了蔡侯。楚国把蔡侯捉住，本想交给息侯处置，但蔡侯则使出了更毒的一招，他告诉楚王，息侯之妻人面桃花，楚楚动人。楚文王本欲吞并息国与蔡国，而息侯此时已失去了对局势的控制力。于是，楚文王趁机前去息国，见了息妫后，果然被其美丽所打动，于是发兵灭了息国。息夫人被掳进楚宫，后来生二子，即堵敖与成王，但她始终不说话。楚王追问其故，她答道：“吾一妇人而事二夫，纵弗能死，其又奚言？”息夫人的不幸遭际及她无言的抗议，在旧时一向被传为美谈。

《芳林美韵》称，息夫人困在楚宫，怀念故国故夫；息侯因思念夫人如疯如癫，后来也走上“千里寻妻”之路。由于息夫人长得“人面桃花”，人们又称她为“桃花夫人”，息侯在楚之郢都手捧桃花，沿街不停地高呼“桃花归来兮”。已为楚夫人的息妫从一老婢处闻知街上有个疯子哭“桃花”，连忙追问年纪、相貌、口音等，并取早年佩戴的桃花簪托老婢前去出示给哭“桃花”者。

息侯见到故物后，叩求一见息妫。经老婢撮合，息妫与息侯破镜重圆。二人团圆后密计潜逃，返归故园。他们沿江东行，逃到今黄陂区城区北郊时，不料楚兵追来，齐呼："国母回銮!"无奈，息夫人与息侯携手投入了滠水河之桃花潭……楚文王之子楚成王听说母后投涧身亡，就来到息夫人投河处哀悼，并于桃花潭附近的桃花岗兴建庙宇，名曰"桃花夫人庙"，四时奉祀。唐代时，黄陂人见桃花庙破烂不堪，专门重修了"桃花夫人庙"。

历史上，当地曾设桃花乡或管理区，也有桃花小学与中学。也许是桃花夫人的"保佑"，从桃花庙村走出了中国私立大学的先行者陈宣恺、陈时父子，著名地质力学家、中国科学院院士陈庆宣，著名科学家、教育家和社会活动家，美国首位华人大学校长田长霖等名家。

当然，以"桃花庙"命名的庙宇与地名，省内外不在少数，仅黄陂还有两处：一是蔡家榨街桃园村。这里旧时不仅有"三清观"，庙东百米内还有一条桃花溪（又名跳家河）。蔡店街也有一个桃花村，附近同样有一条小河。

二　典籍寻根：《周易》《楚辞》谓之"陂"

中华文化博大精深，源远流长；"无陂不成镇"内涵丰富，历史悠久。它典出我国最古老、最有权威、最著名的文化经典《周易》。尽管由《周易》泰卦"无平不陂，无往不复"引申出的历法谜语"无陂不成镇"，并非专指湖北黄陂的特有文化现象。但它将黄陂的"陂"与"平"作为一对矛盾统一体来诠释，为我们探寻"陂"的含义开阔了思路。

（一）"无平不陂，无往不复"

《周易》是以八卦构成的，每卦有卦辞，每爻有爻辞。卦辞与爻辞是经文，称为《易经》；后人对卦辞和爻辞进行说明、解释，甚至加以发挥的文字叫作传文，称为《易传》。从黄陂走出的宋代理学家程颐的理学经典《伊川易传》，就是其中之一。

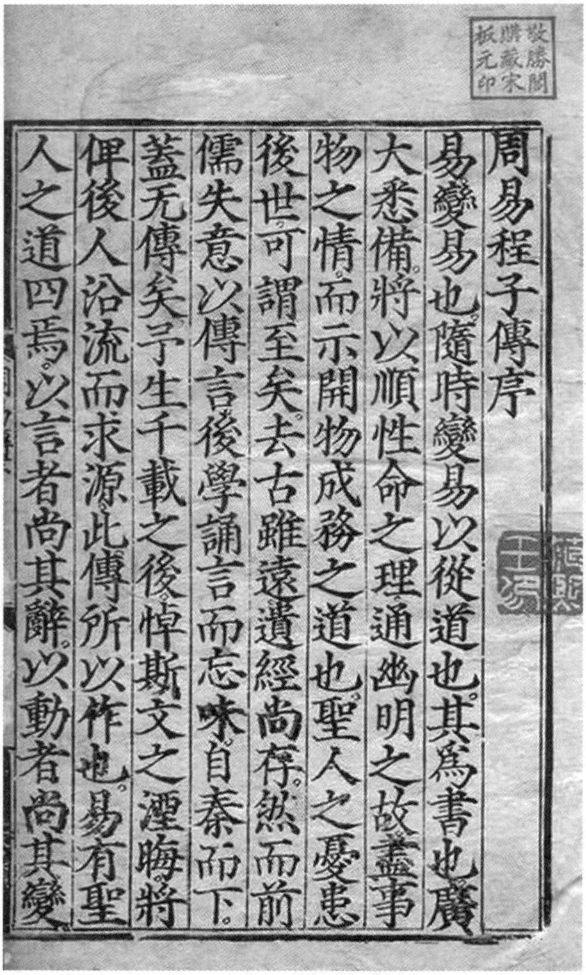

周易程子傳序

易變易也隨時變易以從道也其爲書也廣大悉備將以順性命之理通幽明之故盡事物之情而示開物成務之道也聖人之憂患後世可謂至矣去古雖遠遺經尚存然而前儒失意以傳言後學誦言而忘味自秦而下蓋无傳矣予生千載之後悼斯文之湮晦將俾後人沿流而求源此傳所以作也易有聖人之道四焉以言者尚其辭以動者尚其變

范熙壬藏宋代理学家程颐之《伊川易传》

现存的《周易》十卷，由《易经》《易传》两部分组成。甲骨文是最早的成体系的中国字. 但《周易》的卦象符号的出现远早于甲骨文，所以《周易》被视为有据可考的“文化之源”。

《周易》的泰卦，是人们向往的吉兆模式。这个模式主要有两个特点：一是“上下交而其志同”，阴阳平衡，和谐安泰。二是“君子道长，小人道消”，正气占上风，歪风邪气得到遏制。因安泰的局面来之不易，古代圣贤告诫人们要时刻警惕，保持“艰贞”，慎防泰极而否。反之，否极泰来，也是这个意思。

自然界有春夏秋冬，人世间有治乱兴衰。《易经》六十四卦之第十一卦云：“无平不陂，无往不复。艰贞无咎，勿恤其孚，于食有福。”（《周易·泰卦·九三》）这一爻已到达下卦三个阳爻的最上方，象征安泰已达到极盛，处在盛极必衰的临界点。正因为如此，“爻辞”指出世上没有只平坦不起伏之路，没有一帆风顺而不遇反复之事，告诫人们在安泰之时不可忘记艰苦奋斗的精神，这样才能持盈保泰，幸福平安。但人们往往在极盛安泰之时忘了《周易》的告诫，从而导致由盛转衰的结果。大唐盛世之所以由盛转衰，就是因为唐玄宗晚年耽于逸乐，不懂持盈保泰之道。

其实，这里就是以天道推人事，认为“无平不陂，无往不复”，象征“天地交泰”“君子道长，小人道消”的泰卦，终有一日会变成象征“天地不交而万物不通”的否卦。对于人类社会而言，泰极而否的过程就是自盛而衰的过程。

一言以蔽之，“无平不陂，无往不复”颇具哲学意义，它概括地总结了自然界和社会生活方面有起有伏、有来有去、有分有合、有正有反的发展变化规律。同时，它也是天文（自然科学）与人文（社会科学）一语双关的谜语。

（二）“无陂不成镇”谜语

开卷所及，“无陂不成镇”最早是一条历法谜语①。该谜语的意思是说，能“镇”住“陂”的是“闰”，有“陂”才有“闰”，若无“陂”，“闰”就是多余的麻烦。这里所说的“闰”，即是历法中的闰年，亦即一般的年份的 2 月是 28 天，而闰年的 2 月则多一天，是 29 天。

四季更替谓之“年”。地球公转一周（即 360 度）所需的时间称

① 张哲：《易经真解》，湖北人民出版社 2006 年版。

为恒星年。1 恒星年 =365.2564 日 =365 日 6 小时 9 分钟 9.5 秒；而回归年是太阳中心在黄道上连续两次经过春分点（或秋分点、冬至点和夏至点）的时间间隔，即太阳连续两次直射于北回归线（或南回归线）的时间间隔。因此，回归年又称“季节年”。1 回归年 =365.24220 日 =365 日 5 小时 48 分 45.5 秒。由于恒星年与节气不同步，回归年才与节气同步，所以历法不用恒星年而用回归年。

历法强行取整日，平年 365 天，闰年 366 天。“无平不陂”——不置平年，历法不会与天文错位。“陂”字拆开是“乃皮”，即历法与天文成了两层皮，即二夹皮。错位了要使它复位，复位的办法是置闰，置闰陂就“黄了”（消除了）。

这也就是说，“无陂不成镇”作为一条历法谜语，所揭示的“闰年”，世人早已经历过，只不过是相见不相识而已。

（三）黄陂话自古是“官话”

“朝饮木兰之坠露兮，夕餐秋菊之落英。”有人试图用普通话朗诵《楚辞》，却难以找到感觉。可是，当改用黄陂话吟诵时，却非常动听，这到底是什么原因？

由于黄陂地处长江文明与黄河文明交会地带，黄陂话具有“南腔北调”特点，即兼有北方方言的西南官话区和江淮官话区的特点，成为古代南北交流的“官话”，它也是“无陂不成镇”的语言源头。所以，黄陂话被语言大师赵元任划为“黄孝片”方言，并称之为“典型的楚语”。

古人云，音有楚夏。早在上古时期，就有雅言与“楚语”等古语。扬雄在《方言》里所标方言地名，楚语就占了一半，其中卷十几乎全为楚语，计有 300 多个。在《说文》与《尔雅》郭璞注、《楚辞》王逸注等书中，记载楚语近 200 个。

楚语是古楚国人的语言，是指先秦时期流行于楚国（包括今湖北、湖南、安徽、江西，以及河南、江苏、浙江部分地区）的楚方言。先秦楚语为后来汉语的祖源之一。楚语又是楚辞文学作品最重要的特征之一，它和楚声、楚地、楚物共同形成了“楚辞属楚”的这一鲜明的地方特色。在国家社会科学基金项目“九五”规划重点课题“楚辞学文库”之“楚辞学通典”中，“楚语”是《通典》的重要内容之一，共收录了217条楚语词条，是楚辞楚语研究的集大成成果。著名语言大师赵元任的《湖北方言调查报告》，则将湖北方言划为四个区，其中第二区即“黄孝片”方言“可以算典型的楚语”。该区包括黄陂、黄冈市（包括今新洲）、孝感市、鄂州市、广水、竹溪、竹山等。黄孝片划归江淮官话区，该区的长入声就是继承自楚语，但是黄孝片的韵母和声母也就是发音比楚语要少，有江淮官话特点，发音更接近的是鄂东南的通城。楚语的音调有6个，跟黄陂话一模一样。因黄陂话声调（阴平、阳平、上声、阴去、阳去、入声）比普通话的声调（阴平、阳平、上声、去声）丰富。所以，著名文化学者胡秋原称，由于黄陂话有入声，用黄陂话诵《楚辞》、唱楚戏、京剧等特别悦耳动听。

在上古时期，黄陂人就为楚辞、楚语做出了重要贡献。黄陂话的许多字、词、句在《楚辞》中就能找到它的身影。《楚辞》是最早的浪漫主义诗歌总集及浪漫主义文学源头。“楚辞”之名首见于《史记·酷吏列传》，其本义，当是泛指楚地的歌辞，以后才成为专称。即指战国时楚国屈原、宋玉运用楚地的文学样式、方言声韵和风土物产等，创作的具有浓厚的地方色彩的新诗体。

由此看来，黄陂话作为古老楚语的余绪，是研究汉族语言发展的“活化石”。

三　考古溯源：盘龙文明天下惊

随着黄陂人走向天下各地，“无陂不成镇”就成为黄陂人特有的文化现象了。这里的“陂”就专指湖北黄陂人，“镇”是指村镇（村庄和小市镇）、镇集（镇市，都指集镇）或城市。意思是说，凡是天下有集镇的地方就有黄陂人憩息，凡是有人群的地方就有黄陂人。

（一）开发长江“第一城”

20世纪的重大考古成果表明，黄陂人开发盘龙古城城市文明，就是“无陂不成镇”这一特有文化现象的早期源头之一，迄今已经悠悠3600载了。

早在3600年前的商代，土著黄陂（时为黄国或方国）人，得天时地利人和，走南闯北通天下。因为黄陂境内的盘龙城是商代长江流域政治、经济、文化与军事中心，也是最早的“九省通衢”。那时的交通主要是靠水运，黄陂人便通过古代黄金水道府河、滠水与滠水，四通八达：往北穿越大别山、桐柏山的隘口，直达商朝王都郑州；又出长江，入汉水、涢水，淌过随枣走廊，通往关中地区；还借长江、汉江西抵巴蜀，南达江汉，并通过洞庭湖、鄱阳湖及其干流前往江南诸省；东乘长江又沟通吴会，通江达海。

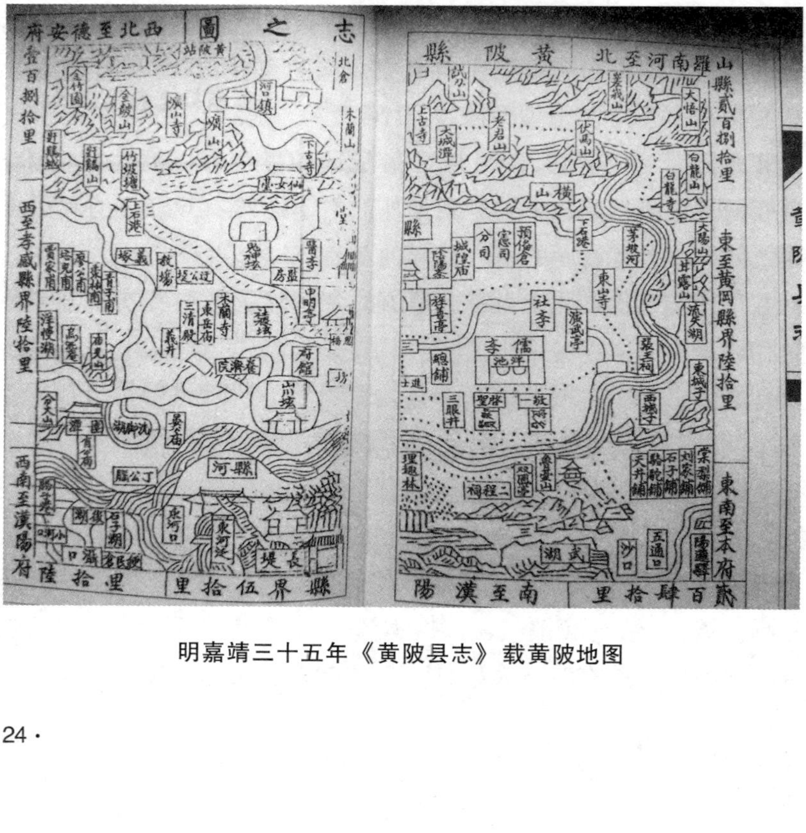

明嘉靖三十五年《黄陂县志》载黄陂地图

据考古发现，盘龙城遗址外围，散见居民区和酿酒、制陶、冶铜等手工作坊及墓地，显示出工业发达，商业繁华，具有完备的城邑形态和功能。这说明黄陂的百工匠作在3600年前，便凭借地利之便与“西陵圣母”遗传的发明创造基因，精心打造了中国南方第一城。

盘龙城出土的商代“玉戈之王”

盘龙城出土的商代前期最大的青铜圆鼎

有人不禁要问：汉水的入江口在龟山北，盘龙城边的府河怎么与汉水交汇呢？因为古代汉水有一条主要支流就是与府河交汇后注入长江的。①

原来汉水自陕西东南来，受武当山、荆山、大洪山的阻挡和制约，进入湖北后，由东南向南注入低洼的江汉平原湖沼。汉水下游因

① 皮明庥：《简明武汉史》，武汉出版社2005年版，第109页。

流经云梦泽故地，常使河道消失在云梦泽的巨大水体中。由于荆江、汉水水流所挟带泥水的冲击作用，古云梦泽渐渐被淤成平陆，汉水下游遂处于河道纵横、湖泊星罗棋布的水网景观之中。出现众水以汉为壑、汉水以长江为壑的水流倾泻方式。

在汉水下游众多的入江口中，并不存在一个很稳定的水流量大的入江口。除龟山南北外，还有一主要入江口在今盘龙城地区，与府河、滠水交汇后于谌家矶注入长江。

自“北齐以石阳镇改置黄陂县”始，黄陂人继承先民传统，凭借“九省通衢”故道闯天下，逐步形成“无陂不成镇”的文化现象。

此外，据20世纪考古发现，黄陂还拥有张西湾城址、作京城、马寨城等众多的商代、周代与春秋战国时期的古城。

（二）吴侯长眠石阳镇

“日有千帆过涝流，船灯夜泊接江楼。贾商一觉黄花梦，不去扬州与汴州。”站在盘龙城古城旁的丰荷山北眺，一座千年古镇遗址黄花涝进入视线，一幅美丽的乡村画卷呈现在眼前：鸟儿在河面上飞翔跳跃，牛群在河滩上悠闲地吃草；古镇门前有黄陂与孝感交界之府河流经，也是古代汉江交汇处，还与长江和童家湖（又名白水湖）相通。但见河中的船帆星星点点，自由移动……

旧时，这里是一个水陆重镇，往北可达孝感及三汊埠，往南经黄孝河直抵姑嫂树。一旦进入汛期，10吨以上木帆船可从黄花涝经童家湖驶进祁家湾。陆路则南通汉口，北经黄陂西部重镇张家店联络县北。周围河湖水面广阔，盛产鱼虾，是陂南粮食与鲜鱼集散地。

黄花涝的历史可追溯到2300年前的黄陂古邑石阳县治。三国时期，石阳县为荆州刘表所辖江夏郡名。《元和郡县图志》载：“石阳亦名石梵。王伯厚曰：石阳故城在黄陂县西二十三里。吴征江夏，围石阳，不克而还，即此。”石阳在三国魏嘉平年间（249—253年）被曹魏占领后为魏江夏郡。三国吴太平元年（256年），孙权堂弟的儿子孙壹（即孙坚季弟孙静第三子孙皎的儿子孙奂的庶弟）为吴江夏郡太守，率侄儿部曲及其千余口奔魏，魏以孙壹为车骑将军，仪同三司，封吴侯，并以故主曹芳的贵人邢氏妻之。曹氏原来的部下不堪其命，于永安元年（258年）遂密谋杀了孙壹及邢氏。孙壹死后被子侄部曲归葬于曾任职的夏口附近的石阳镇之黄花涝。20世纪90年代于黄花涝发现的孙壹墓，其规格非常之高，极为罕见。时过境迁，这个曾经盛极一时的石阳县城在战火中消失了，只留下一排壮观的石坡迎接着府河之水几千年的拍打。此后的黄花涝，一直是个孤岛。直至明代洪武二年，从江西迁来的王氏家族在此落地生根，从此有了人烟。春天，这里的府河河床露出，开满黄花，入夏随着高涨的河水，黄花烂漫似汪洋，于是取名"黄花涝"。

古镇三面环水，涝家湖与任凯湖盘缠两侧，府河水从古镇门前流淌。历史上的黄花涝古镇，府河里百舸争流，打鱼船、商船在渡口一字摆开密密匝匝，每年鱼汛期，抬鱼的人走成一队，高喊着号子，顺着红条石路把成千上万斤的鱼运进鱼行，再销往周边乡镇和汉口城区。经过历代王氏族人的打拼，黄花涝再现了昔日富庶、繁华的景象："日有千人拱手（纤夫），夜有万盏明灯（帆船）。"物阜民乐，商贾云集，是不可多得的水上重镇。这里曾有粮行16家、鱼行8家、杂铺与酒肆60余家，每日粮食吞吐量千余担，鲜鱼百余担。汉口开埠后，黄花涝被誉为"小汉口"。在清末民初，从这里走出的童厚安在汉经商致富，历任汉口市商会会长、黄陂旅汉同乡会会长。

不仅如此，王氏家族来此落户后，功名鼎盛，名人辈出。据清同治《黄陂县志》记载，在清代康熙己丑与乾隆戊午年间，黄花涝分别走出了王肯构和王作朋两位进士。到了当代又走出了著名学者、诗人、作家王士毅和书法家王四新。同时，还走出了著名教育家、台湾国父纪念馆首任馆长童启祥、童中仪父女。

在抗战时期，日寇为掠夺财富，修建了岱家山至黄花涝的公路。而新四军、国民党、伪军都曾分别在黄花涝设立税卡，一度形成三权鼎立的局面，反映出当时黄花涝战略位置的重要和经济的繁荣。

经过600多年的变迁，尤其是20世纪60年代东西湖围垦后，黄花涝的繁荣已是明日黄花，由商贸集镇变成了居民点。居民以渔业为主，兼营工副业。

如今的黄花涝，其名气虽然不及周庄、西塘、乌山，但它有着自己独有的质朴和安逸。这里的商代沿河古石坡、古码头，清代古墙壁，三国古墓，明末清初居家古屋、古寺院、古教堂、古祠堂等遗迹都保存完好。追寻古人遗迹，仿佛时光交错，斑驳的古墙、青石板小路，尽显犹存的古风。尽管在古色古香的老房子中间混杂着一些水泥建筑，但给人的感觉却是亲切而又真实。

（三）范石潭义助王阳明

盘龙湖，不仅盘龙城因此而得名，而且在城北还有一个碧波万顷的后湖。据黄陂天河《范氏宗谱》记载，明正德十年（1515 年），范仲淹的第十八世孙、天河范氏二世祖范文纪（字石潭，行四），功成名就后富甲一方。他为了解决后湖之滨的乡民因春夏水涨影响其出行的问题，特在交通干道处捐资兴建了一座石拱桥。由于他排行老四，乡亲们为了纪念他的善举，就将其桥命名为“范四桥”。到了清代与民国年间，范氏后人子孙相承，先后进行过 10 次维修。

1970 年，当地政府在修建通往县城公路时，遂将此桥扩建为钢筋水泥结构桥梁，有人将桥名改为天河桥，有的望文生义误写为“范泗桥”。天河通往汉口的公共汽车站的范四桥站点，站牌也写成“范泗桥”。于是，经当地绅士范正泽领衔联袂人大代表联名上书，要求更正桥名。1990 年 1 月 14 日，天河镇第四届人民代表大会第一次会议讨论决定：恢复范四桥原名。台湾诗人范延中得知后，特作《范四桥正名志喜》一诗纪事。诗云：

族人重祖迹，十修范四桥。诸公多义举，奕世仰风高。
创守皆不易，谠辩更堪褒。名正斯言顺，本原庆可昭。
先人乐为善，泽及众尔曹。坦途利商旅，长桥跨水潦。
金轮驰万里，银燕上九霄。悠悠五百载，荣盛数今朝。

诗中“悠悠五百载”即指范石潭资助王阳明平叛“宸濠之乱”往事。那是明太祖朱元璋五世孙朱宸濠，于弘治十年（1497 年）袭封为宁王后第八年，明孝宗朱祐樘逝世，15 岁的明武宗朱厚照即位，改明年为正德元年。朱宸濠不满少年皇帝朱厚照沉溺于玩乐，由宦官刘瑾等“八虎”把持朝政，故其野心开始膨胀，遂密谋取而代之。

正德九年（1514 年），朱宸濠先后贿赂太监刘瑾及佞臣钱宁、伶人臧贤等，恢复已裁撤的护卫，豢养亡命之徒，随意杀逐幽禁地方文武官员和无罪百姓，强夺官民田产数以万计，并劫掠商贾，窝藏盗贼，密谋起兵。又企图以己子入嗣武宗，企图取得皇位。太监张忠、御史萧淮等先后告发朱宸濠之罪行，武宗朱厚照因此下旨收其护卫，令其归还所夺田产。朱宸濠因此更加怀恨在心。

正德十二年（1517 年）十月，蒙古鞑靼小王子率 5 万兵马南侵，武宗调集五六万兵马亲征。由于武宗与士兵同吃同住，极大地鼓舞了明军士气，结果一举击败蒙军，史称“应州大捷”。此后蒙兵不敢南犯。武宗兴奋之余，封自己为“总督军务威武大将军总兵官朱寿”，后加封朱寿为“镇国公”。

朱宸濠得知后，更是急不可耐，于正德十四年（1519 年）六月十四集兵 10 万，妄图效仿永乐帝“清君侧”。一时间，略九江、破南康，出江西，率舟师下江，攻安庆，欲取南京，势如破竹。群臣畏其势力，人人自危，只称其为事变，不敢称其为造反。

在这千钧一发的时刻，正奉命在福建镇压农民起义军的汀赣巡抚、佥都御史王守仁（阳明），一边传檄诸郡，一边返吉安举兵勤王。范石潭闻讯后慷慨解囊 40 万两饷银，资助王守仁平叛。

王守仁在各地军兵的支持下，水陆并进，后发制人，于七月二十攻克朱宸濠的老巢南昌。朱宸濠闻风丧胆，急忙回救南昌，结果明军以火攻大获全胜，宸濠与其世子、郡王，及李士实、刘养正、王纶等束手就擒。八月，王守仁捷奏传至北京，但武宗朱厚照却于八月二十二率万余官兵南下，以亲征为名南游作乐，甚至导演了一幕闹剧，竟让王阳明将朱宸濠重新释放，由自己亲自将其抓获，然后大摆庆功宴，庆祝自己平叛的胜利。同时，武宗犒赏范石潭助饷有功，特亲书匾额一方，钦赐一品官职，诰封光禄大夫。黄陂范氏一世祖范鉴因此也被追封为光禄大夫。

到了清末民初，范鉴裔孙范轼、范熙壬父子，不仅成为“父子同科”举人，范熙壬还参加了“公车上书”、创办《新译界》、亲历清末民初立宪、反对“善后大借款”、同曹锟贿选唱对台戏，以及助推孙中山北上、营救李大钊等事件，成为辛亥志士、宪政先驱与共和健将。

四　地理觅踪：三国营建黄城镇

形符文字，是中国汉字的最大特点。这种特色，不仅有异于世界他种文字，也正是这种历代一脉相承的关系，因此保存了中国悠久的文化经典。也正因为如此，自古以来在中国众多的县名中，没有一个雷同者。“黄陂”县名就是其中之一。自从黄陂置县以来，尽管历代更迭多次，但以“黄陂”为县（区）名持续时间最长，迄今已经悠悠1500年了。

（一）营建要塞黄城镇

那么，“黄陂”之名到底因何而来呢？我们不妨先看看“黄”字的衍变，它最早是一个象形字，是一种用作佩戴的玉器。现存的甲骨文的“黄”字象佩璜形，在结构上，上为系，下为垂穗，中间为璧即双璜并联状。到小篆的黄字便成了现在的“黄”，后来便假借象形字的“黄”作为中国古代高贵的颜色——黄色的黄，如黄袍马褂、黄袍加身等，并注“皇”的读音。其次，“黄”又泛指姓氏。而“陂”，则为池塘、湖泊、水边，山坡、斜坡等义，且是一字多音，分别读bēi、pí、pō，其中只有黄陂的地名念作“pí”。自置黄陂县以来，县名到底因何而来，曾引起了文史方家的极大兴趣，历史上众说纷纭，莫衷一是，就是历代的《黄陂县志》也其说不一。现将有稽可查者列举如下。

在中国唐代，有一部全国性的地理总志——李吉甫撰《元和郡县图志》（简称为《元和志》），李在卷二十七中具体介绍了三国时期置黄陂经过："黄陂县，本汉西陵县地，三国时刘表为荆州刺史，以此地当江、汉之口，惧吴侵轶，建安中使黄祖于此筑城镇遏，因名黄城镇。周大象元年，改镇为南司州，并置黄陂县。"清代嘉庆《大清一统志》卷三三八补充道："南司州故城在今黄陂县东，即古黄城镇。"宋代乐史《太平寰宇记》卷一三一则说："大象元年开拓江淮，于古黄州西四十里独家村置黄陂县，属齐安郡。"意思是说，所谓"黄城"，先是江夏太守黄祖于此所筑、所治之城，后在此置黄陂县。上文所说筑城时间在"建安中"，即在公元210年前后。因为"建安"是东汉末年汉献帝的年号，起止时间为公元196—220年。

《元和郡县图志》是一部对中国古代政区地理沿革有比较系统叙述的官方总地志，在魏晋以来的总地志中，它是保留下来最古老的一部，也是编写最好的一部。《太平寰宇记》也是一部中国地理志史，记述了宋朝的疆域版图，是继《元和郡县图志》后又一部现存较早较完整的地理总志。二书相得益彰，颇具权威性。

两部地理总志记述表明，黄城是三国时期的口子镇，即荆州抵御吴国进攻的军事城堡，战略地位十分重要。只不过，《元和志》（包括《大清一统志》）与《太平寰宇记》（包括《旧唐书》《读史方舆纪要》和《汉阳府志》）所说的黄城镇的具体位置，各说不一：前者说在今黄陂六指店街之寨上湾，后者说在独家村（今黄陂区治处），二处相距十四五里地。

那么，黄陂的"黄"是何意呢？纵观黄陂历史沿革，既可理解此处为黄帝御赐之地——西陵，或曰这里是黄国故地，又可能是指驻守黄城的黄祖之姓氏，或指城名——"黄城"；"陂"意指黄城脚下烟波浩渺的演武湖——"武湖"，或是指黄城所辖的山水田林等。若以地名论，"黄陂"乃黄城与武湖之合称。是故1992年版《黄陂县志》持"黄城镇"说。

其次，清同治十年版《黄陂县志》，则以北宋文学家、史学家欧阳修的《集古录》收录的唐代侯喜复撰《黄陂记》作为依据。《黄陂记》云：“黄陂在汝州，汝州有三十六陂，黄陂最大，溉田千顷，盖黄陂之由来也。”此乃“黄陂记”说。

而一些明清时期的地方志和《黄氏宗谱》，大多将鄂东的黄陂、黄冈、黄安、黄石、黄梅等地名，以及黄姓的起源，都追溯到建于公元前2148年的黄国（都城在光州，今河南省潢川县隆古）。当时颛顼帝的孙子陆终，有6个儿子，次子南陆公受封于黄，建立黄国，遂以国为姓。春秋时，黄陂属黄国，楚成王灭黄归楚；秦统一中国后，分楚为四郡，黄陂属南郡。在三国、魏、晋、南北朝时，也曾一度属豫州、光州管辖，且黄陂地处武湖之滨，因先民怀念故国，故名“黄陂”。

不仅如此，还有民间传说称，黄陂南部古为云梦泽一隅，古时先民驾舟于云梦泽拓疆殖域，船抵云梦泽北岸，安全登陆之地故名“安陆”（古代安陆县得名）；船抵云梦泽南岸的黄土之坡，则称“黄陂”。因为在汉代，黄陂西南部属安陆县境，直到南北朝才置黄陂县。

至于郦道元《水经注》卷二一中之“水积为陂，世谓之黄陂”与年代不符，不足为据。因为《水经》一书写于三国时期，郦道元作注在北魏（其生卒年月为466年或472—527年），与置黄陂县的年代相隔半个世纪左右。

除湖北黄陂以外，以“黄陂”为名者，还有湖南、江西、广东的黄陂乡、镇，叫黄陂河、黄陂村的也不少。但作为县（区）名，黄陂是唯一的。故《新华字典》与《现代汉语》中，地名只列“湖北黄陂”。

自置县以来，黄陂的县名多次更迭，依次是西陵、安陆、石阳、滠阳、木兰、梁安、梁兴、黄陂、堡城。

黄陂古为荆州之域，春秋属黄国，战国归楚，秦为南郡，汉属江夏郡。今境东北部为西陵县地，西南部为安陆县地。汉末刘表为荆州刺史，使黄祖于县东筑黄城镇（又名西城子，今六指街之寨上湾）

拒吴。三国时，西南部属荆州江夏郡安陆县，东北部属豫州弋阳郡西陵县。魏又析西陵县西南，即今黄陂东南部为石阳县，隶江夏郡。晋沿魏制，西南为滠阳；南北朝之南齐（479—502 年）时，在木兰山北部与今湖北红安县大部、大悟县南部置木兰县，属司州。后曾更名梁安、梁兴。

到了南北朝时期的高齐（550 年，即大宝元年或天保元年）或北周大象元年（579 年），方正式置黄陂县，隶司州安昌郡，县治在独家村（今黄陂区新治所处）。黄陂县名由此基本稳定下来。

隋初改县为镇，后复为县，属黄州。开皇十八年（598 年）北部恢复木兰县，属荆州。东西南大部为黄陂，亦属黄州；大业五年（609 年）后隶荆州永安郡。

唐隶淮南道黄州、齐安郡。武德三年（620 年）省木兰县置堡城县，武德七年省堡城县入黄冈。五代梁、唐时属吴，后属南唐。

宋隶淮南西路黄州、齐安郡，县域相对稳定下来，但县治多次易址。嘉定三年（1210 年），县治迁至今城西，县尉刘炎曾在龙石柱记其事。南宋理宗端平二年（1235 年），为避元兵，寄治鄂州青山矶（今武汉市青山区附近）。

元隶河南江北道肃政廉访司黄州路，还旧治。明至清初属湖广布政使司黄州府，清雍正七年改属汉阳府。

作为在南北朝战乱中诞生的黄陂，古今方志和史籍对黄陂的始置具体时间说法不一。据复旦大学教授、历史学家谭其骧主编的《中国历史地图集》载，今武汉市黄陂区境域在南北朝时，处在齐、周、陈的交界点。由于战事频繁，黄陂一带为南北交战的前沿，政区建置错综繁杂，史料各说各话，甚至出现史料遗失现象。这样一来，自然其说不一了。

一是“北齐说”。清代顾祖禹撰《读史方舆纪要》云：“后汉末，刘表以地当江汉之口，惧吴侵轶，使黄祖于此筑城镇遏，因名黄城镇。晋、宋因之。高齐（550—577 年）于镇置黄陂县……”同时指出：“后周于古黄城西四十里独家村置黄陂县。唐初，置南司州治此。

今亦曰南司州城。近《志》云，南司州城在县北，误也。”

《方舆经要》是我国古代地理名著。作者用了30余年时间，查阅了二十一史、一百多部方志和大量有关文献，在康熙三十一年间完成的一部带权威性的地理学著作，应该是可靠的。

不仅如此，清同治《黄陂县志》（卷一·沿革）也说，“北齐以石阳镇改置黄陂县……治名黄陂盖自此始”。

二是“北周说”。唐《元和郡县图志》、宋《太平寰宇记》及明清以来多数地方志均称，北周开拓江淮，大象元年（579年），杞国公宇文亮伐陈拔黄城于独家村置黄陂县（清《汉阳府志》称“独家村在今黄陂县北三里”），故大象元年为黄陂县得名之始。新编《黄陂县志》（1992年版）持此说。

据《周书》列传第二十三云：“大象元年，……乃分遣杞公宇文亮攻黄城，郧公梁士彦攻广陵，孝宽率众攻寿阳，并拔之。”《周书》帝纪第七：“是月，韦孝宽拔寿阳，杞国公亮拔黄城，梁士彦拔广陵。陈人退走。于是江北尽平。”杞国公亮拔黄城说称：大成元年，周宣帝将帝位禅让给年仅7岁的太子宇文阐并改大成年为大象年；这年11月，突厥派特使请和，宣帝认为北方再无战事，便出兵南方攻打陈国，派宇文亮攻打黄城，其余人分别打寿阳、广陵。陈国人望风而走，这一带便归周所有。

不过，据有关史料称，似宇文亮拔之黄城并非今黄陂。《太平寰宇记》云：“晋义熙十二年，置小黄县，在安丰城西北三十里，或即黄城也。”《读史方舆纪要》卷二一亦云：“小黄城在（寿）州西。……胡氏曰：下蔡在淮北，黄城在寿阳西。……（太建）十一年，周韦孝宽侵淮南，分遣宇文亮攻黄城，拔之。”周出兵攻打之广陵即今河南新蔡、寿阳（今安徽寿县），而黄城在寿县西，三地均为淮河两岸。而黄陂远离淮河，由此看来，将宇文亮开拓江淮拔黄城与黄陂置县连在一起，不免有牵强之嫌。

中华民国初年，废府改道，黄陂属汉阳道。民国十六年至二十一年，直属湖北省政府。自民国二十一年起，先后属第二、第四行政督察专员公署及鄂东行署，黄冈管区。抗日战争时期，黄陂县治所先后迁研子岗余家塝、石门黄门冲、长堰翁家冲、塔耳岗仙台寺、黄安县吴家凹、三台寺、蔡店萧家湾、刘家山、冯家楼、礼山县金鼓、李家冲、麻城县张店、礼山县宣化店，民国34年还旧治。

1940年4月，在北乡蔡店陈家畈成立中国共产党领导下的抗日民主政府。1949年5月9日，中国人民解放军第四野战军第四十三军占领县城，县人民民主政府进驻城关；13日，“四野”第一一八师攻克滠口，黄陂全境解放。中华人民共和国成立后，黄陂县属孝感专员公署。1959年随专区并入武汉市，1961年，恢复原区治。1983年10月，划归武汉市管辖。1995年经湖北省人民政府批准，县治城关镇更名为前川镇。1998年5月，县政府搬迁新址（今区治）；9月15日，国务院同意撤销湖北省黄陂县，设立武汉市黄陂区。1999年3月28日，黄陂区正式挂牌。

（二）三国名将“演武湖”

在淡水湖泊众多的千湖之省湖北，湖泊面积只有22平方公里的武湖，也许算不了什么。但它的自然景色和生态环境，以及其武源、文趣等丰富的人文底蕴，却引来海内外游客的极大兴趣。

“武湖”位于黄陂与武汉中心城区接壤的长江之滨，它的全称是“湖北省国营武湖农场”和“武汉市黄陂区武湖办事处”。因这里是水陆码头重要的商品集散地、水陆通达长江五通口岸，又名“五通口”。

现在的武湖，既没有屯兵，也几乎没有什么湖泊（除与六指店共管的北湖外）可言，那么，它为何因“武”得名?

古代的武湖，三国时曾为江夏太守黄祖阅武习战之处。据《元和郡县图志·江南道三》记载，武湖为“黄祖阅武习战之所”。清同治《黄陂县志》也说，武湖是“汉时江夏太守黄祖习射处，又名黄汉湖”。又据汉至明清间的史籍，武湖一带历为金戈铁马之战场，群雄纷争之要地，古之武湖实为用武之湖。

武湖原是一湾碧波万顷的天然湖泊，它南通长江，东和西有滠水、涢水（汉水东面最大的一条支流，流经安陆起称府河）、澴水（1959 年改道流入府河）、沦河等河流相抱，汉水有一支流也在武湖的沙口进入长江。当年武湖包括今黄陂南境的武湖、三里、滠口、横店、前川、六指店、大潭等街、镇、场，还包括今新洲区武湖部分，面积在 200 平方公里以上。

历史上的武湖，河网密布，夏秋洪水泛滥、风浪甚恶，是兵家演练水军的理想之所。春冬枯水季节则为陆行孔道，仅北湖、胜家海等子湖积水。

古代的武湖也与牛湖（包括今童家湖、滠口南湖、西湖及与府河相邻的东西湖）等湖泽相连。上古时，傍水而居的先民缘水而行，人类文明依河流而兴，也沿河流扩散。武湖其连南北、贯东西的水上交通枢纽之便，也使四周地域领文明扩散之先、得洪荒开拓之利。

武湖东北岸的面前畈新石器时代遗址，占地近 3 万平方米，为湖北省重点文物保护单位。1980 年在此发掘了文化层厚 5 米的大量石斧、石凿、红陶杯、陶豆等文化遗存。武湖北岸的新石器时代遗址，还有前川程家墩、五里墩，六指小头墩、鲢鱼墩、陈墩社等多处。这些新石器时代文化遗存的考古发现，昭示着在 4500 多年前，武湖沿岸就有先民聚居繁衍和劳作生息。

与此同时，鲁台山古墓葬群，也位于古代武湖北岸。在这里，20 世纪 70 年代末，结合滠水改道工程抢救性发掘西周灰坑 1 个、西周墓 5 座、东周墓 30 座，出土了一批珍贵的青铜器、陶瓷器、玉石器。尤其是 5 座西周墓出土的 47 件青铜器中，有 9 件铸有铭文，如一方鼎腹内铸有“公大史乍姬口宝尊彝”，一圆鼎铸有“长子狗乍乙尊彝”等。铭文“姬”和“长”都为姓氏，“子”为爵称，且“姬”为周王室之姓，铭文昭示墓主为西周王朝高等级聚落。随葬品中有 90% 的青铜礼器和 60% 的陶器，与中原地区同类器物风格一致，也说明墓主人来自中原。1980 年，又在鲁台山西北仅隔滠水的椅子山，发现了文化内涵与鲁台山相当的古文化遗址。鲁台山和椅子山两处遗址总面积约130万平方米，考古工作者在椅子山遗址采集了新石器时代、商周及春秋战国时期的文化遗物，在鲁台山墓地周围及西周墓葬填土中，又发现商代二里冈期的红陶、灰陶鬲足及西周时期的红陶豆柄等。这里的考古发现，进一步打破了当时史学界关于西周政治势力是否来到江汉地区的疑惑。

专家学者称，古代武湖北岸之鲁台山、椅子山及周邻地区是西周“汉阳诸姬”中的一国；有人说此处与周昭王南征伐楚有关，是西周王朝控制南国南夷的军事据点；还有人分析，这里就是当时“荆”的政治文化中心。

在两千多年前，武湖原叫黄汉湖。明代《读史方舆纪要》卷七十六·湖广（二）云：“武湖……相传黄祖习战阅武处，亦名黄汉湖。《水经注》：武口水上承安陆之延头，南至武城入江，其入江处亦谓之武口云。宋开庆初，蒙古忽必烈侵宋，取道黄陂，登香炉山，俯瞰大江，江之北曰武湖……”又据陆应旸《广舆记》记载，东汉江夏太守黄祖常率领水军到湖中操练，并将其坐骑拴在附近的辛店马场庙，而被湖水浸湿的铠甲，则晾晒在湖心岛的山坡上。后来晾甲的小山坡改为晾甲山，黄汉湖更名为“演武湖”。因这里是水陆通达长江与汉江的五通口岸，军事要冲，土地肥沃，历来为兵家必争之地。仗打多了，久而久之，人们就干脆称其“武湖”了。

武湖以其奇特的自然景观著称。每逢清晨，水汽升腾，浓雾缭绕，形成腾云驾雾的壮丽景观。真可谓“水涨船头晓雾横，拍波鸿鹜弄春晴”。迨至夕照衔山，又是“最爱晚霞刚几点，晴光万里霎时横”之满湖烟罩残霞的景色。

黄祖的悲剧发生在武湖的一次盛大的江夏水军的酒宴中。酒席上，被阿谀奉承得飘飘然的黄祖，乜斜着醉眼呵斥手下祢衡道：“在座的诸公都说话了，你这狂妄之徒怎么不说话？”

祢衡虽是天下奇才，其代表作《鹦鹉赋》是汉末小赋中的佳作。但他却是一个狂傲之士。孔融把祢衡推荐给曹操时，谁知祢衡却不领情。他不但托病不见曹操，而且出言不逊，裸衣骂曹。于是曹操想了个借刀杀人之计，强行把祢衡押送给荆州牧刘表。刘表及荆州人士早就知道祢衡的大名，所以对他并不歧视，相反还奉为上宾，放手使用。可是，祢衡的致命弱点是目空一切。刘表本来就心胸狭窄，自然不能容忍。但他也不愿担恶名，就把祢衡打发到江夏太守黄祖那里去了。因为他知道黄祖性情暴躁，意在祸水东引。祢衡初到江夏，黄祖对他很优待，让他做秘书，负责文件起草工作。他也不负众望，颇受黄祖赏识。

再说酒席上半醉的祢衡，岂能忍受黄祖的呵斥？他不屑一顾地说："你是庙里的鬼神，坟地里的死人，有形无灵啊！"黄祖顿时勃然大怒，对祢衡杖打五十。祢衡则口喷白沫，指着黄祖大骂不止。说时迟，那时快，黄祖迅即抽出腰刀，把年仅26岁的祢衡的头颅砍落在甲板上。

黄祖酒醒后，后悔不已，遂命令给祢衡以优厚的棺殓，并埋葬在水光潋滟的鹦鹉洲上。后人有诗叹曰：

黄祖才非长者俦，祢衡珠碎此江头。
今来鹦鹉洲边过，惟有无情碧水流。

建安十二年（207年），在武湖的一次水战中，黄祖被孙权斩首。后来当地流传着这样一个说法，所谓"武湖烟涨"乃是黄祖阴魂不散，在阴曹地府重召冤死鬼，占领武湖，每天清晨如旧操练，杀得"万戟凝霜""千舸冲浪"所至。

到了唐代，武湖又成了闻名遐迩的"文"湖。当年从边塞回故乡的河南才子崔颢，路过汉阳，小船停在黄鹤楼下，他乘兴登楼，四面遥望，首先眺望了长江对岸的汉阳树，继而又北眺了"烟波湾"（即武湖烟涨），只见林木历历，云水茫茫，烟波浩渺，不见故乡，不免一阵乡愁涌上心来。于是，他信手拈来《黄鹤楼》一律。诗云：

昔人已乘黄鹤去，此地空余黄鹤楼。
黄鹤一去不复返，白云千载空悠悠。
晴川历历汉阳树，芳草萋萋鹦鹉洲。
日暮乡关何处是？烟波江上使人愁。

据南宋王象之《舆地纪胜》云：“‘烟波湾’在汉阳东北30里处，崔颢‘烟波江’上句之所指。”这就是说，“武湖烟涨”即为古“烟波湾”所在地。自此，“武湖烟涨”成为历史上武汉与黄陂的十大景观之一。而且武湖人在先贤的激励下，人才辈出，一跃成为武汉第二大“翰林村”。还相继建立了“烟波亭”“烟波湾（自然村）”等纪念性建筑，武湖的文名因此远扬海内外。

在近代，武湖成为一片泄洪区。每逢夏汛，一片汪洋皆不见，冬季水落后则是一片荒滩，而且还是血吸虫重灾区。当地民谚云：“大嘴两头尖，湖水绕半边；秀才没一个，大肚子有几千。”

到了1960年2月，人民政府开始围垦，送走了血吸虫瘟神，结束了“万户萧疏鬼唱歌”的历史。有诗为证：

武湖烟涨去日多，车水马龙伏群魔。
千姿百态开心笑，龙飞凤舞动地歌。

1962年，这里正式设立了湖北省国营武湖农场，从黄陂蔡店、姚集、长轩岭与塔耳陆续移民至此围垦，从此它的历史翻开了新的一页。改革开放后，一场中国农业的巨大变革带给了武湖翻天覆地的变化，农业示范区在武湖悄然出现了。如今，武湖既是全国首批农业旅游示范景点，全国最大的万亩丰水梨生产基地，也是连接汉口和阳逻经济开发区的“黄金走廊”，“都市郊外服装城”还是国家级台湾农民创业园、全国最大的家居物流基地、华中地区最大的种苗生产基地与奶牛胚胎繁育基地……

武湖东连阳逻经济开发区，南濒长江，西与武汉中心城区仅一桥之隔，与京广铁路、阳逻深水港码头毗邻，武汉绕城公路、汉口北大道、汉施公路纵横其间，长江天兴洲大桥和阳逻大桥雄踞左右。距汉口火车站、亚洲最大的编组站——武汉北火车编组站、天河国际机场、武汉客运码头场都只有20公里左右。

“桃红梨白春华，瓜肥果壮秋实。”而今的武湖，到处充满了盎然生机。在此登上滨江长堤，俯瞰江滩，层林棋布，芳草如茵。沿岸一望无际的防护林带，密如蛛网，映入眼帘的是一片浩瀚的绿海，而眼底浩瀚的长江，却被绿海所遮掩而不见其真面目。

武湖的现代蔬菜园，就像一棵古莲，突然间就绽开出一朵绯红的芙蓉来。作物在电脑监控下生长，它吃的喝的全是按照配方供给，如同人体一样。更有意思的是，在无土栽培的黄瓜地里，我们看到无土种植的鲜嫩小黄瓜，玛瑙似的可爱番茄，仿佛是水晶雕出来的累累甜椒，这些无公害、无污染洁净蔬菜，每亩可年产3万公斤，单位面积收入高出传统农业300倍以上。而采摘瓜果的小嫂子们，高高在上地坐在电动轨道车上滑行，就像看纱锭的女工一样。这里的另一件新鲜事儿，是“借腹生子”。就是将高产奶牛的胚胎，批量移植于黄牛的肚子里“借腹生子”。年繁育奶牛1000头，增加农民收入150万元。从而加快了良种奶牛繁殖速度，促进奶牛业的产业化发展。

作家们来这里采风后，将其概括为“五大怪”：大棚无土种蔬菜，播种上了工作台，黄瓜坐在车上摘，农家养鱼不用出去卖，黄牛怀上澳洲奶牛胎。画家们深深沉醉于眼前美景，画笔落处一张张写意的美景跃然纸上；摄影家则抓拍美好的一瞬，留下了一幅幅动人的画面；书法家们则被这世外桃源之所而蛊惑，情不自禁地现场泼墨：“秀亦可餐！”耄耋诗人王士毅更是诗情澎湃地赞叹曰：“盈眸最为葱茏悦，绿益园区绿蔽天。”

武湖以农业生态园为轴心，整合资源，将集高档蔬菜、种苗栽培、生态旅游、科普教育于一体的武汉现代蔬菜园、田田科普农业园、开隆高新、维生种苗等科技含量高、设施装备水平强的工程农业项目，在武湖捆绑推出，面向城市、学校、机关团体，组织开展观农家景、吃农家饭、干农家活、购农家货为主要内容的“农家乐”旅游活动。

这里引进的日本国最优良的丰水梨，万亩连片，是国家级的星火计划项目。推广种植的早春红玉、早花蜜王、日本甜瓜等中棚小弓棚西甜瓜种植面积4000亩，亩纯收入8000元。建有苗木繁育基地3000亩，渔鸭套养基地1000亩，其“精武鸭颈”是武汉老百姓耳熟能详的美食，年加工鸭子1800万只。“武湖渔村”是明清时的民居风格，名特优套养4000多亩，把清幽的鱼塘点缀在村边；网箱养鳝10000多平方米，把野性的鳝鱼养在网箱里，既生产财富又招徕游人，真是其乐融融！

整体搬迁到武湖的占地1800亩的武汉农科院、湖北省新技术新品种展示基地、新技术的研发基地等一批高科技农业项目落户武湖，又为全面提升武湖高科技农业水平注入了新的活力。目前，四大特色农业的面积达到全场农业面积的85%，产值达到全场农业总产值的96%。高科技农业项目的扎堆将充分发挥其示范、辐射、带动作用，成为武汉市都市农业发展的样板。

2005年6月27日至7月2日，中国台湾民意代表、两岸农业专家聚会武湖，成功地举行了以“打造两岸合作都市农业示范基地”为主题的“海峡两岸农业交流与合作研讨会”活动。台湾苗栗县大湖农会与武湖农场就农业技术、管理、加工与销售合作，签订了联合开发协议。2008年2月27日，华中地区首家国家级园区——武汉黄陂台湾农民创业园正式落户武湖；7月6日，海峡两岸嘉宾在这里举行了揭牌仪式。

啊，武湖！你像个小家碧玉，风姿绰约：风静，平展如川，纤尘不染；风动，则波光浩渺，摇波荡绿，简直让人生死相随……

走进武湖，走进自然。将身心融合在武湖的生态里，像武湖农业发展有限公司、像台湾农民创业园一样，带着时代心跳的节奏，编织着武湖新的美丽的童话！

（三）陂邑城垣冠荆楚

旧时的中国城墙，是一座城市地位的象征，也是城池或城堡的抵御外侵防御性建筑。黄陂古城的城墙建设，经历了由土城（黏土夯筑而成）到砖城的过程。作为军事设施，城墙主要由墙体、女墙、垛口、城楼、角楼、城门和瓮城等部分构成，城墙外围还有护城河。起初的土城，其建筑原材料为版筑夯土墙、土坯垒砌墙。直到明万历元年（1573 年），才在土城的基础上修建砖城。只是历经战火天灾，几经坍塌，多次维修。最后重修于清同治四年（1865 年）。

1. 虎踞龙盘椅子山

古时的县城选址，首先要讲究建筑风水。是故黄陂县城选址于北枕椅子山（今前川街双凤大道电力大楼至大南街黄陂区档案局一带），南濒滠水河（滠水县河段原流经县城南，1977 年将县河改道城西，筑高堤护城）的一片河滩高地，呈虎踞龙盘之状。这一选址在 20 世纪的考古成果得到印证：椅子山遗址的出土文物表明，此地原来是周代之长国都城遗址，中心区面积达 3 万平方米。当然，这里的一片高岗地带，则是适宜于筑城的前提条件。明清《黄陂县志》亦云，南宋前，黄陂县治所迁徙不定。随着滠水渐淤，河道南移，宋嘉定三年（1210 年）县治由独家村（今黄陂区治所所在地），南迁至椅子山南之滠水河淤积的高地上。

由于历经战乱，城池多次维修，清同治四年（1865 年），大兴土木，于次年建成占地近 1 公顷的新城池。

站在鲁台山上俯瞰黄陂古城，呈四方形，外有护城河环绕，城中北侧县署建筑林立，其中署前的园林式建筑——鼓楼（又名“大观楼”或“谯楼”）与圣庙，前后呼应，翼角飞展，气势恢宏。古城墙直径东西长 1067 米、南北长 676 米，周长 3277 米，城墙高 5 米，址宽 5.3 米、顶宽 4.7 米，有城垛 1327 个，城域面积 0.7 平方公里。城墙外墙由条石砌基、大古青砖到顶，内墙则为石灰糯米浆三合土凝固体，既可抵御强敌，又可防洪抗洪，固若金汤。

现在通称的大东门、小东门、大南门、小南门、大西门、小西门等，原是黄陂古城的6个城门。当初，它们各有一个文雅的名字，分别是昭明、文昌、丽中（景福）、康阜、豫城（豫泰）、丰亨等。大东门位于城郭东方，即是太阳升起的地方，故名“昭明”。昭明又是星名与炎神名，意即城池的吉兆。大东门在今黄陂一桥西桥头，即黄陂城东北角的前川大道东端。之所以称小东门为文昌门，因为它位于东门巷与今滠河街相接处的西南约40米，这里旧时是出城去鲁台双凤亭的主要通道。前往纪念二程夫子的名亭，当然是希冀功名显达，道德文章名满天下，故名“文昌”。在文昌门，城墙由向南延伸改为向西，城墙大体上也与今人民道平行，南距滠水旧河道30米左右。城墙与今大南街相交处为丽中门，也称景福门。城墙与今小南街相交处为康阜门，又称小南门。城墙在今人民道与共和巷相交点为大敌台，过大敌台后城墙走向又由向西改为向北。今共和巷与前川大道相交处为豫泰门，也称豫城门，俗称大西门。大西门之北，城墙依接驾湖西岸向东北方向延伸，在今民安街社区居委会附近与民安街相交，相交处为丰亨门，俗称小西门。小西门之北的城墙与今板桥大道和双凤大道基本平行，分别相距80米左右，位于今双凤中学处。此处城墙走向由向东改为向南，沿今区直机关幼儿园东侧到东门巷抵昭明门。6座城门中，大西门和小西门还分别建有月城，大西门月城朝南设城门一处，小西门月城则设南北两处城门。古时，县署驻北城椅子山，城池不设北门，这也是黄陂县城的特色。

县署建筑群自南而北，首以鼓楼屹立，后为仪门（七间），仪门甬道建有戒石坊，过戒石坊则为三间的大堂。大堂后及两侧，还有川堂、三堂、自公堂、古贤堂、龙亭库、班房、土地祠等建筑，规模颇为壮观，有《清同治四年的黄陂县城池图》为证。在清代，湖北省曾在全省举行各府、县城垣评比，黄陂县城仅次于省城武昌城，一举夺得亚军。或者说，黄陂城位列全省县城之冠。

民国年间，国民党县政府曾设于旧县署，后因战乱连年，县署破敝不堪而废弃。1920年冬，私立前川中学以此为校址，创办黄陂第一所完全中学。

1938 年 10 月，日军进攻黄陂县城时，首攻不下。因黄陂是武汉的北大门，战略位置十分重要，日军不得不动用飞机，进行狂轰滥炸，黄陂城墙被毁，城池从此失去了抗洪屏障。前川中学一度沦为日军司令部。日人《东史郎日记》曾经感叹道：“黄陂城高大难攻，远过邻县。”

1949 年 5 月 9 日，黄陂县人民民主政府（11 月更名县人民政府）进驻城关，治所在老县城裴家巷与正街、西街交汇处之“五层楼”，后迁入今大南街西之土木结构四合院二层楼，20 世纪 80 年代后，曾在旧楼前建钢筋水泥结构办公大楼，1998 年 5 月迁往今黄陂区治所，即黄陂始设县署的原独家村一带。

作为老县衙旧址即前川中学旧址，新中国成立初，湖北省革命大学曾设于斯。1952 年，随着黄陂一中迁入前川中学旧址，这里一直是校园。1997 年一中迁桃花庙新址，现为实验中学校园。

改革开放以来，黄陂县城先由 0.7 平方公里扩大到 11 平方公里，复扩展到 34 平方公里。2003 年经武汉市人民政府批准，到 2020 年，黄陂城区总体规划面积为 87.64 平方公里。

2. 鼓楼借光吕蒙正

钟鼓楼（钟楼和鼓楼的合称）是汉族传统建筑之一，在中国古代主要是用于报时的建筑。一般建于城市中心地带，多为两层建筑。黄陂于南宋嘉定年间在东城街（今民主街）始建鼓楼（1920 年创建前川中学，曾为学校门楼）。相传是沾光于宋代名相吕蒙正。

吕蒙正（944 年或 946—1011 年）于北宋年间曾三次为相。传说吕蒙正幼年被父亲赶出官邸，与母亲流落黄陂，寄住在椅子山的破窑里。当年，破窑东有“木桥落瓜”的落瓜桥（今前川大道与东门巷相交处），西有闻钟赶斋的西寺（又称木兰寺或西陵寺，清同治十年《黄陂县志》云：“西寺系唐贞观年间襄州都督尉迟恭所修。”遗址在今西寺大道东端的木兰公路客运大楼一带）。相传，穷困潦倒的吕蒙正每闻钟声，就去西寺赶斋，填饱肚子。该寺住持见状，遂与寺僧密

清代建黄陂古县城之钟楼

约，先开饭后敲钟，待吕蒙正照例闻钟进膳时，膳堂已经鼎无残羹，吕氏羞愧不已。于是，他一边发奋苦读，一边以卖字书写对联度日。

有一年年关，家里揭不开锅了，悲伤之余，吕氏别出心裁地创作了一副由数字组成的对联，贴在家门口。顿时，围了一大群看热闹的人。大伙儿猜不出对联何意，都站在那儿瞎嘀咕……原来这是一副漏字联，也是一副谜语联。上联“二三四五”缺什么？缺一；下联“六七八九”，少什么？少十。简而言之，是缺一少十。一与衣、十与食谐音，其意就是“缺衣少食”。而横批是“南北”，不正是“没有东西”吗？一位过路的先生猜透了作者的用意之后，顿感作者构思奇妙之余，欣然解囊让他度过年关！接下来，又资助他进军科场。宋太宗太平兴国二年（977 年），吕蒙正进京赶考，一举高中丁丑科状元。

当时朝廷规定，各地只有出了状元方有资格建钟鼓楼，而黄陂人自开科取士至南宋，虽然中了 7 名榜眼，却没有中过状元。正在这时，有人灵机一动，称吕蒙正就是从黄陂走出的状元呀！朝廷这才应允。于是，黄陂于南宋嘉定三年（1210 年）在古县署前兴建了城门式钟鼓楼（又称鼓楼）。

黄陂鼓楼为砖木结构，下为高 5 米的砖墙台基，台基中央有拱门贯通南北，上有 5 间砖木结构房屋；青瓦白墙，屋顶两层飞檐高高耸起，气势恢宏，高过一般县城。

吕氏功成名就后，京剧及楚剧、汉剧、川剧、黄梅戏等都将吕蒙正的故事搬上舞台。其中越剧剧目《彩楼记》则将吕蒙正苦居寒窑、中彩成亲、木兰寺赶斋、状元及第的故事演绎得更全面。如《吕蒙正赶斋》等剧目明确赶斋之处就在黄陂木兰寺。

“陂邑四四方，九街十八巷；巷巷有来历，街街有名堂。”据明、清《黄陂县志》记载，黄陂城内原建的“九街十八巷”虽然现在面目全非，但仍有许多文化遗存。

历史上的“九街”是指玉带街、城隍街、圣后街、十字街、厅上街、正街、河街、后街、西街。而“十八巷”则包括裴家巷、甘家巷、姜家巷、吴家巷、钟家巷、周美巷、戴家巷、罗家巷、冯家巷、席家巷、郭家巷、柳家巷、叶家巷、大火巷、小火巷、东城街、西城街、永丰仓。清代康熙年间的《黄陂县志》地图，有专页纪事。

据清康熙五年《黄陂县志》和民国九年《裴氏宗谱》记载，裴家巷系明末榜眼郎裴宗范和京官裴宗德兄弟，以及办理荆州右卫黄陂东船军务的裴三后裔所建。而裴宗范的一支后裔——六指裴氏曾居于斯。

裴家巷位于县城西南，北与正街（今中山大道）和最热闹的西街（今公安街）相通，南通河街（今人民街），还与八角石相对。当年黄陂闻名的“五层楼”就在裴家巷与西街、正街的交会处，1949 年，黄陂县民主政府（后更名为县人民政府）曾设于此。

（四）巡抚捐建救命寺

清康熙五年《黄陂县志》载：“生洲寺，一名救命寺，在县南二十里武湖（今三里街救命寺村——引者注）中。”此寺为辽东巡抚张涛于明代万历三十七年（1609 年）斥资首建，清代四川巡抚姚缔虞重建。

康熙五年《黄陂县志》载生洲寺图片

相传，康熙二十四年夏汛，姚缔虞乘坐的木舟须从长江经“烟波江”（即武湖烟波湾）回黄陂。当舟行至武湖湖心时，突遇暴风骤雨。木舟颠簸动荡，摇摇欲沉。危急时刻，姚氏跪于舟舱，面对苍天祈祷许愿：若神明保佑弟子平安脱险，到达彼岸，来日定修寺庙报答大恩。无巧不成书，当他祷告完毕，天空顿时雨止云散，湖面风平浪静，船下且生一洲，托住船身。事实上，这里的盛夏，雷暴乃常态，且来去匆匆，并非“天生一洲”，而是湖中本来就有一土丘高墩，这里是湖中一处高出湖底平面十余米的制高点。早在明代，巡抚张涛曾在此兴建用于救生避难的生洲寺。只是历经沧桑，风推浪移，该寺被冲毁。但底座坚固，所以姚缔虞所乘之船就被冲到此处搁浅，并非神灵保佑。

姚缔虞知道，每逢汛期，武湖浊浪滔天，不知吞噬了多少个无辜生命。如今，先贤所修生洲寺被冲毁，而自己在此遇险时曾有承诺，故在此重修救生之寺，刻不容缓。于是，他慷慨捐资在原址重修了“生洲寺”。由于此寺发挥了救难功能，后来就改为“救命寺”了。

寺庙建成后，长年香火不断，禅钟长鸣，特别是长江两岸一带的官民尤为敬奉。此后，船民还利用它作为航行指示方向和避难的港湾。抗日战争时期，这里则成为“湖工委游击队”水路交通驿站。1950 年间，曾在此寺的正殿与偏殿设小学，正门前有 24 级台阶。直到 1954 年，救命寺庙顶才被特大洪水冲毁。后来，武湖围垦移民时，小学搬迁，才将庙墙砖石拆除，但救命寺遗址处的高土墩至今依然耸立。

五　方志笔乘：汉口拓荒五百载

从有稽可查的方志与笔乘史料记载来看，“无陂不成镇”这一文化现象，自明代成化年初在开发汉口的过程中就彰显出来，从而显示出黄陂的开放度与黄陂人的开拓力，至今已经有 500 年的历史。

黄陂地处南北要冲，屡遭兵燹，黄陂人在乱世中磨炼出闯天下的意志与谋生的本领。在《史记》《资治通鉴》《三国志》及《旧唐书》《陈书》《宋史》《清史稿》等诸多史籍中搜索黄陂历史战事碎片：早在战国时期，秦国名将白起率部攻克西陵；后汉末，刘表命黄祖于此筑黄城镇，抵御东吴；唐天复三年（903 年），杨行密遣将李神福围鄂州，州帅杜洪求救于朱全忠，全忠遣兵屯滠口；宋末，忽必烈南寇，亦取道于黄陂……明嘉靖三十五年（1556年）《黄陂县志》载，因战乱频仍，黄陂居民“于元末遭兵，逃亡殆尽”。元代名儒、诗人郝经（字伯常）在《陵川集》中有《宿黄陂县南》一诗，记录了当时的荒凉景象。诗云：

茅屋攲斜竹径荒，稻畦残水入方塘。
营屯未定夕阳下，雁点秋烟不著行。

自明初起，由于黄陂人口甚少，官方与民间同时移民至此。据清代谱牒载，今黄陂大部分居民的先祖，系由官方强制移民——从江西南昌筷子巷迁入，即所谓“江西填湖广”。另外，外出逃难存活的黄陂人也陆续返乡，重建家园。到了成化八年（1472年），黄陂人口由洪武二十四年（1391年）的42068人，增加到121900人。

（一）汉口名片黄陂街

靠山吃山，靠水吃水。在汉口尚未淤成前，历经磨难的黄陂人，为了与命运抗争，毅然突破当朝行政区划（当时黄陂隶属于黄州府）的限制，就近乘舟楫之便，直接通过滠水、府河、黄孝河与五通口，进入汉阳与武昌等地谋生。

据明嘉靖二十五年（1546年）立的《汉口北课旧碑记》和清乾隆《汉阳府志》所载，明代以前，汉口即汉水入长江之口，为长满芦苇的水洲。至天顺年（1457—1464年）间，始有少数渔民居住。明成化（1465—1487年）初，汉水改道，从汉阳龟山由南入江的汉水支流之一淤塞，山北的支流成为汉水入江主流，汉口从汉阳析出，将汉阳县地域一分为二。本来汉水之南应称汉阴，因汉水上游有陕西省汉阴县，故汉阳县名称不变，汉水之北就叫汉口。遂形成两江交汇、龟蛇对峙、三镇鼎立的地理格局。从此，不仅结束了汉水下游河道游移不定的历史，也揭开了黄陂人开发汉口的历史。

如果说盘龙城文明是“无陂不成镇”形成的古代源头，武湖与滠口的屯兵，让黄陂人懂得用兵之道的话，那么汉口黄陂街则是“无陂不成镇”发展的跳板或窗口。黄陂人以此广交天下客，然后凭借黄金水道，卢汉、粤汉铁路大动脉，走南闯北，通江达海，营建市镇，谱写了“无陂不成镇”的天下传奇。

在汉口形成的过程中，由于汉水入江新水口两岸地盘开阔，港湾水域条件良好，堤防坚固。黄陂南乡居民，利用地利之便，于明朝天顺年（1457—1464 年）间，率先在这“占水道之便，擅舟楫之利”的汉水北岸，即今小硚口到集稼嘴一带营建码头。至 1861 年汉口正式开埠，这一带的大小码头达 30 多个。其中黄陂人参与建设及其营运的码头有集稼嘴下码头、流通巷码头、沈家庙码头、宝庆码头和萧家巷大小码头等。

与此同时，黄陂的百工匠作纷纷前往汉口荒岛上搭棚拓荒，从事搬运、航运、渔业与小本经营。一些手艺人和民工沿滠水来到今江岸一带开店、办厂、做手艺，有的沿黄孝河进入今四官殿以下沿江一带务工经商……

随着汉口的黄陂人越来越多，从明弘治（1488—1505 年）到正德（1506—1521 年）初，便在汉口建成集商贸、民间工艺与地域文化于一体的黄陂街。清道光年间，浙江乌程（今湖州市吴兴区）人范锴在《汉口丛谈》中，所列汉口街道的明细表中也有黄陂街（今民权路江边附近）。他在注释中写道：“正街（今汉正街）至此分而为二，一稍南而东为打扣巷，一由北而东为黄陂街。”据王葆心《续汉口丛谈》考证，汉口黄陂街在明弘治与正德年间就已出现，是当时汉口唯一以县名命街名的街道。

黄陂街最繁华时拥有“八大行”，即盐行、茶行、药材行、什货行、油行、粮行、棉花行、牛皮行。一般的街道做生意，皆为门市零售，但在黄陂街则可做转手批发，灵活经营。而且黄陂人还打造了一批人们至今仍耳熟能详的“老字号”：“曹正兴”菜刀、“高洪泰”铜锣、“白海记”旗袍、“蔡林记”热干面、“谈炎记”水饺、黄陂

“三鲜”等，其中高洪泰铜锣与京锣、奉锣、苏锣并称全国“四大名锣”，距今已有百年历史，其主要特点是造型古朴、发音洪亮、吃锤省力、调门准确，深受国内外用户的好评。国内一些知名的剧团、乐团，以及一些世界著名的交响乐团都使用“高洪泰”的产品。2007年4月1日，高洪泰铜锣制作技艺被湖北省文化厅公示为第一批湖北省非物质文化遗产名录，高永铨入选首批省级非物质文化遗产传承人。

聪明的黄陂人在解决了温饱后，又与毗邻的孝感人一道，逢年过节，在家乡唱起了“黄孝花鼓戏”。自从汉口的黄陂街粗具规模后，他们又在此搞起了夜市文化，诸如街面的茶馆、酒楼等，将农村的草台班子“黄孝花鼓戏”、说善书（今湖北大鼓），带到这里，让顾客边品茗、喝酒，边欣赏花鼓戏与大鼓，颇受顾客欢迎。

黄孝花鼓戏之所以受欢迎，一是忙碌了一天人们茶余饭后消遣的方式不多，花鼓戏正好满足其需求，二是受众大都是黄陂与孝感人，而唱腔与道白均采用黄陂方言、俗语，风趣、幽默；三是在没有空调的年代，汉口人素有露天纳凉的习惯，花鼓戏与大鼓成为纳凉民众的精神快餐。

黄孝花鼓在黄陂街一展风采后，为广大市民所喜闻乐见。据《中国戏曲志·湖北卷·楚剧志·大事记》记载，1912年宁波人郑善生等见花鼓戏受市民欢迎，将其在法租界经营的东华园浴池楼上改建为演出场所，取名“共和升平楼”，邀朱福全、严少卿、江秋屏等组班唱戏，是为黄孝花鼓戏在汉口的第一家专门戏园。接着，黄陂“江秋屏班”的楚剧表演在租界茶园演出立住脚跟并负有盛名。尤其是黄陂泡桐艺人江秋屏以扮相俊美、嗓音清亮、咬字行腔乡土风味浓郁，为中外花鼓戏迷所倾倒。而号称“戏才子”的李百川，不仅在唱腔上创“鼻音小花腔”，在声腔上创“西江月”曲调，还率戏班到上海演出，使楚剧在大上海打下了印记。

1926年，经黄陂花鼓戏代表人物李百川、王若愚、陶古鹏与汉剧教育家、社会活动家傅心一积极斡旋，在汉口血花世界游艺场（今民众乐园）主任李之龙的支持下，黄孝花鼓终于登上大雅之堂，进入民众乐园演唱，并更名为楚剧，从此成为湖北颇具地方特色的主要剧种。

黄陂鼓书艺人王鸣乐，先后在黄孝河书棚、罗家墩、蔡甸、新沟、武昌、汉阳、汉口的茶馆，演唱黄陂鼓书和说书。1950 年，经他倡议，改黄陂鼓书为“湖北大鼓”。

还有一种说法，汉剧（明末叫“楚调”）中的“二黄”，是因为源于黄冈、黄陂两地的民间曲调，故称“二黄”。

黄陂民间艺术在汉口的崭露头角，有力地促使汉口的文化产业与商贸的齐头并进。清光绪二十八年（1902 年），清地方政府在汉口镇黄陂正街大董家巷下首（今民权路黄陂街口）设都司衙门，兼管文化活动，将日益发展的各种戏剧演出、茶园戏院、公所会馆、草台地摊等民间文化活动及其作业人员纳入管辖。

1916 年，黎黄陂就任大总统后，力主让黄陂话竞选国语。尽管此说曾成为人们的一种谈资，但的确有据可依。因为黄陂方言属楚语系，从语言学的角度看，许多黄陂话与《楚辞》中出现极多的字、词、句有某种相通之处，还有相应的声母、韵母、声调、词汇和语法。而且其语言魅力，通过黄孝花鼓与黄陂鼓书在湖广地区广为传播，再加上天下黄陂人加以推广，颇具可操作性。

黄陂县虽然在明代隶属于黄州府，但由于黄陂人为开发汉口（汉阳府所辖）立下了汗马功劳，也为了官民两便，在明代中后期就有人动议，黄陂县和孝感县应归属汉阳府管辖。明万历《汉阳府志》云：“孝感、黄陂去伊府治三百里，界汉阳仅数十里，士民称便，兼以汉口黄陂街大率黄、孝人也。”但在明代一直未果。直到清雍正年初，湖广总督迈柱的上疏才促成此事。其上疏云：“查湖北黄州府属之黄陂县，地处南北交通要道，到黄州陆路 240 里，水路 300 余里，迈涉大江有风涛之险，而去汉阳府仅 90 里。今据黄州府详称确访，以为将黄陂改辖汉阳府，与官民两便。更兼黄陂在黄州府为边陲之地，统辖难周；而隶汉阳府为附近之区，管理甚易，易寡裒多，允宜改隶酌繁就简。”于是，在雍正七年（1729 年），朝廷正式批准，将黄陂隶归汉阳府。自此。黄陂与汉口的关系更为密切了。

“货旺连三江，物丰贯四海。”到了明末清初，由于资本主义经济萌芽，聪明的黄陂人利用四方商会带来的信息灵、市场近、商品成本低、资金周转快的优势，与来汉的商人共同打拼，使汉口成为“户口二十余万，五方杂处，百艺俱全”之“楚中第一繁盛处”了。一时泊岸码头应运而生，形成“二十里长街八码头”，“商贾云集、帆樯林立、不分昼夜”，成为湖广漕粮储存与转运之中心。邻近诸省之特产大多聚散于此，米、盐、茶、竹木、棉花是贸易大宗，明政府旋在汉口置行政机构巡检司。

由于黄陂生意人与能工巧匠大量涌入汉口，促进了汉口的繁荣昌盛。此时的汉口，不仅人口约占武汉三镇的半壁河山，还与广东佛山镇、江西景德镇、河南朱仙镇，并称“天下四大名镇”，也与北京、苏州、佛山并称“天下四聚”。

在汉口的街道，除黄陂街外，位于汉口江岸区的黎黄陂路，也系旅汉黄陂人建于清光绪二十六年（1900 年），故名黄陂路。

此地于 1896 年划为俄租界，曾称阿列色耶夫街、夷玛街。此街全长 604 米即从沿江大道（原河街）到中山大道（原亚历山大街）。交会道路有洞庭街（原鄂哈街）、鄱阳街（原开泰街）、胜利街（原玛琳街）。1925 年 3 月 2 日租界被正式收回，改称汉口特区。黎黄陂路和沿江大道交会处的华俄道胜银行，大革命时期为武汉国民政府财政部和中央银行，据传 1927 年宋庆龄也在此工作生活过。1946 年元旦，国民政府在收回全部租界后，为纪念武昌首义，考虑到此路是黄陂人所修，而民国大总统、首义大都督黎元洪被称为“黎黄陂”，故命名为“黎黄陂路”。

如今，黎黄陂路两侧仍保留了大约 17 处租界时代遗留的欧式建筑。包括华俄道胜银行旧址、俄国巡捕房旧址、中华基督教信义大楼旧址、美国海军青年会旧址、俄租界工部局旧址、高氏医院旧址、基督教青年会、顺丰洋行、邦可花园、惠罗公司、巴公房子、首善堂和万国医院旧址等。1997 年，江岸区政府建设黎黄陂路街头博物馆，以资纪念。

“砍头不要紧，只要主义真。杀了夏明翰，还有后来人。”夏明翰烈士的这首就义诗，也写于黎黄陂路上的俄国巡捕房旧址。

（二）黄陂葛布进皇宫

“此地从来无土著，九分商贾一分民。”天然的汉口大商埠，独特的码头位置，至鸦片战争前，随着四面八方商贾前来“淘金”，汉口乡帮商会也应运而生。在汉口的各地会馆多达 36 个。诸如安徽会馆的所在地，即名安徽街；福建会馆的所在地，即名福建街；而黄陂会馆、黄陂行帮公所则分门别类，还附设黄陂小学……黄陂素有“九佬十八匠”之称，自清康熙年间起，黄陂人陆续在汉口设有铜匠、铁匠、泥瓦匠、木匠、鞋匠等各行公所。从《武汉手工业精英集》，就可见识黄陂“九佬十八匠”捷足先登闯汉口，打工卖艺、开设作坊、经营店铺的业绩。如清康熙年间成为“汉帮铜器”集散地的今汉口统一街一带，有条横街至今仍称打铜街，旧时这里铜器业工匠和商人多系黄陂人。称为“大脑壳”的黄陂人方氏，清同治年间从晋帮学得制锣手艺，开本籍铜匠掌握制锣关键技术之先河，使汉口成为全国铜响器的制造中心之一，这里响遍全国的高洪泰响锣就为黄陂甘棠人高青庵创牌。如新中国成立前的汉口铁匠（又称红炉帮）也绝大多数为黄陂人，汉口仅以制作“八匠”工具盛名的黄陂铁匠铺就有罗义顺、潘乾大、胡正兴、席祥兴等十多家。武汉传统名牌产品曹正兴菜刀，就是黄陂祁家湾人曹月海清道光二十年（1840 年）始创；曾名噪武汉的黄云记棕床，创牌人黄云山的棕床手艺也为祖传，其祖父咸丰五年就从黄陂到汉口棉花街开设棕床作坊。武汉集剪纸艺术之大成者，当为新中国成立初被武汉市政府授予“老艺人”称号的黄陂雕花匠蒋在谱，其祖父蒋传德也于清光绪年在汉口经营木版年画和雕剪花样，后来汉口新火路的蒋复泰剪纸作坊又由其父亲蒋芳康开设。由做手艺到经商，旧时汉口的黄陂人中，经商者也称众。清光绪年间汉口江家院、打铜街一带兴起的牛皮行业，黄陂帮就为主力，黄陂商人经营的复慎昌、炳泰元、协义隆等牛皮行在此颇有名气。再如，江汉路的上海村口曾有黄陂城关人喻子和开设的农民银行，经营赓裕钱庄的黄陂武湖人王一鸣，20 世纪 30 年代转业开办胜新丰记面粉厂，在汉口传为“工业兴国”佳话。

黄陂本是黄帝圣母首桑之地，自古以来，这里的千家万户均从事手工纺织或刺绣，诸如木质纺线车、织布机，每个家庭必备，有的甚至是女子出嫁的嫁妆。而纺线织布则是每个家庭妇女的必做功课，所织布匹少则家用，多则拿到市场上交易。

到了明清时期，黄陂人就将饮誉海内的纺织业，带入汉口经营。从而使质地精美的明代贡品——黄陂葛布传统产业得以进一步发展。清代《黄陂县志》选载了明万历二年（1574 年）绍兴进士、兵部员外郎、诗人陶允宜之《黄陂葛》。诗云：

楚人种葛不种麻，男采女织争纷拿。
黄陂所织尤精嘉，光洁匀细眼不斜。
皎如白苎轻如纱，进之内宫传相夸。

《中国商会的起源》载，清乾隆年间于汉口大郭家巷所建的袜业公所，就是黄陂织袜业集会议事之场所，也是全国最早的手工业行会组织会所之一。

清咸丰年间重修的汉口老君殿，则是黄陂烟袋帮之公所，坐落在广益桥港边正街。正是黄陂人的助推作用，至清末民初，汉口的行帮增至近 200 个。

随着行帮的发展与码头的繁荣，相应的洪帮组织也应运而生。“江汉闻人”杨庆山与周汉卿，就是近代武汉洪帮的两大头目。据《武汉方志》记载：黄陂横店人杨庆山（1887—1953 年），又名杨震，其父是皮匠，在汉口华景街（今华清街）一带谋生。杨庆山跟父亲学会了绱鞋手艺，但却不安本分，时常呼朋引类，自称“英雄好汉”。光绪三十三年（1907 年）加入洪帮“栖霞山”，成为洪帮大爷文志广的“兄弟”。民国初年，洪帮由秘密转向公开，杨庆山由“栖霞山”跳到势力更大的“太华山”，投靠大爷黄子丹。1924 年“开码头”到上海，拜在张啸林名下，又加入青帮，进而结识青帮大亨黄金荣、杜月笙和杨虎。宁汉分裂后，他指使在汉的“兄弟”们，不断把武汉的军事情报通过外国轮船带到上海，他因此于 1927 年当上了上海禁烟局吴淞口检查所所长。接着，他利用权势，篡了文志广、黄子丹的位，当了“栖霞山”“太华山”的“寨主”。不久，经杜月笙等人引荐，加入 CC 组织，成了国民党的将军，后又当了行政院某部“专员”与“国大”代表。武汉即将解放时，逃到灌县青城山出家当道士。1953 年 10 月 13 日被判处死刑。

不过，杨庆山也有爱国行为，1911 年秋，正是他率领帮会兄弟捣毁了黄陂滠口一带的铁路，造成南下镇压武昌起义的清廷军车车翻人员伤亡，为起义军赢得了时间。

另一个洪帮头目周汉卿（1888—1950 年），又名慎裕。因其父早亡，随母到汉口华景街卖水果，年长后在德租界码头当力夫，不久拜在洪帮“大爷”潘义名下当了一名“兄弟”。潘被杀后，接替其“天目山”寨主之位，并开设宁汉茶馆、宁汉戏院；以华景街为依托大开香堂，广收门徒，其势力遍及汉口戏院、茶馆、妓院、轮船码头等处。民国初年，在汉口五芳斋餐馆开设赌场。北伐军进入武汉后，常邀集洪帮兄弟聚集龙泉池澡堂，密商破坏革命活动。武汉沦陷后，带领一帮“兄弟”至四川万县，借组织湖北同乡会当上该会理事；组织寄卖行，巧取豪夺，成为万县一霸。1950 年被人民政府镇压。

也许是汉口的黄陂人众多的缘故，进入民国以后，当局为了便于统治，起用了一批黄陂军人担任武汉警备司令，如阮齐、叶蓬、彭善等。

黄陂街因历经战乱与天灾而多次重修。相传清代的一次重修是以捕杀慈禧太后宠信太监安得海而闻名的“振威将军”、黄陂长堰人王正起捐资兴建。

因王正起在治理黄河、平定倭寇屡次建功，官至“九门提督”，晋封一品，赐良田千顷，据说当年王正起骑马衣锦还乡时，马到之处都是自己的地盘。因王正起在山东攻破黄崖寨擒拿土匪头目张积中时，获得金银财宝无数。当年滠水长年通航，他曾用商船运回大量财宝。为了报效家乡，他曾捐出农田 100 石（旧时耕地面积计量单位分别是石、斗、升，1 石 =10 斗，1 斗 =10 升）资助家乡的树人工程。

只可惜，他养了一个败家子“狗娃”（本名王幼海）。狗娃挥霍无度，专吃油炸鱼须、麻雀胆冲汤，吃一餐竟要花 30 两银子。狗娃还将金元宝令人打成“金叶”在黄鹤楼顶上往下飞。武汉的传说“黄鹤楼飞金”就是狗娃所为。

王正起唯恐这个不争气的儿子日后饿死，于 19 世纪 60 年代出资，为旅汉的黄陂商人重建了一条黄陂街，一共 365 家门店。他对这些同乡讲：“以后若是看到我儿到此讨饭，请你们每家轮流养他一天。但千万不能说房子是我修的，否则他会卖掉的。”

在武昌首义的汉口保卫战期间，清军头目冯国璋在汉口纵火，导致黄陂街化为灰烬。重建后，1938 年又遭日寇蹂躏，沦为军火仓库，从此灭了此处的财路。

20 世纪 50 年代，黄陂街位于大兴路一段被大火所毁，重建后，新黄陂街东北起江汉路，南穿民生路，西南抵民权路，全长 770 米，东北段宽 8 米，西南段宽 20 米。

到了清末民初，随着京汉铁路和汉（口）黄（陂）公路的通车，黄陂人既可以在境内的祁家湾或横店乘火车进货到汉口经营，又可在黄陂县城乘汽车前往汉口，形成了以汉口为店、黄陂为厂（场）的“前店后厂”格局。

即使是民国年间，武汉市硚口十码头的粮行、福新面粉厂，统一街的鞋帽店，文书巷的黄陂酒楼、牛皮行，南京路口的皮毛店，清芬路的旧货一条街等，都是黄陂人所开。如今，武汉市江岸区与江汉区的部分辖地原本就属黄陂，还居住着一大批黄陂后裔。其中 1955 年 1 月，滠口金银滩、胡家栋两个村被划入武汉市；1956 年 6 月，谌家矶、接金乡，西起姑嫂树、大金潭、小金潭，东至钱家岭、王家墩、萧家墩，北至二道桥与三道桥之间，以及岱家山等，也从黄陂改属武汉市所辖。

（三）黄陂会馆开“五大”

美不美，家乡水；亲不亲，故乡人。随着移民的流动与工商业的发展，在明清时期的中国都市中，出现了由同乡或同业组成的民间性团体——同乡会会馆。随着越来越多的黄陂人在汉口安家落户，当官、做生意、教书读书等，黄陂旅汉同乡会馆（简称“黄陂会馆”）也应运而生了。

兴建于20世纪初的黄陂会馆，坐落在汉口府北一路（一说在今双洞口门附近，另说在自治街西段）的中心地带。黄陂会馆是一幢当时比较流行的西式风格的两层楼建筑，呈长方形，一头开着派头很大的大门，有两扇大铁门；一头立着三开间平房，中间是气势宏伟的大厅，大厅架着门板的戏台。那时，公开演戏的场所很少，大部分戏剧的演出是在会馆的戏楼里举行。台后翻轩为休息讨论处。台下是可容纳数百人的观众席。从大厅至大门隔着一个长方形院子，当中一条石路，两旁为草地，草地之外就是围墙。大门旁边有两间房子，那里住着几名便衣卫士，每天三班轮换24小时执勤。

起初，由于黄陂到汉口没有通车，不少做小生意者，大都是肩扛手提徒步到汉口，少则半天，多则一天，来往极不方便。卢汉铁路通车后，人们大都又是肩扛手提到横店或祁家湾火车站转车到汉口。若遇上落雪下雨，举目无亲者，大都求助于黄陂会馆暂栖身。

黄陂会馆是黄陂在汉各界人士政治和文化活动的中心。在汉的黄陂籍官吏及家人、商人、学生等，他们常常利用同乡会馆，维护其自身利益，打击排挤劲敌；协调工商业务、应对同行竞争；联络同乡感情、抒怀政治见解。当然也有暂借一隅之地小住一时的乡亲和故人，来此或集会，或宴请，或祭祀乡贤，或照顾乡民，或联络乡谊。

在中共历史上，有许多黄陂元素，除中共“一大”会址在上海黄陂南路外，中国共产党第五次代表大会则在汉口黄陂会馆成功举行。

那是1927年4月27日，中国共产党第五次代表大会在国立武昌高等师范学校附属小学（今武昌都府堤20号的武昌第一小学）风雨操场举行了开幕式。由于当时汉口较武昌更为安全，同时大多数代表居住在汉口，过江开会不太方便。经中共湖北省委常委、农民部长、黄陂籍人士蔡以忱，会同辛亥元老潘康时与刘赓藻、刘昌群父子斡旋，28日大会休会，秘书处移到汉口济生三马路黄陂会馆办公，29日至5月9日会议在黄陂会馆大厅（戏台）进行。

会议主席台上方并排挂着马克思和列宁的肖像，旁边墙上张贴很长的红标语，都是大会秘书长蔡和森的杰作。标语的大意是“工农小资产阶级联盟”，“争取非资本主义前途”一类的话。

台下座无虚席，约有300人，其中很多着军服、挂皮带、缠绑腿的人。会后，共青团代表的那些小孩子，模仿上海小报体裁，写了许多字条传观，报告会场种种笑话。瞿秋白的演说并没有他4月30日在会场散发的小册子《中国革命之争论问题》里那样锋芒所向，彭述之的答辩使人觉得他与瞿秋白的意见相差不多。陈独秀则作了长达6个多小时的《政治与组织的报告》。

“五大”开幕后第三天，尚未“分共”的汪精卫突然要亲临会场祝贺，大会秘书长蔡和森等赶紧撤去墙上的旧标语，换上“国共合作，革命必胜”一类意思的标语。

5月7日至8日，大会讨论了组织、修改党章、农民土地、职工运动等问题。9日，是大会的最后一天，会议通过了《中国共产党接受共产国际第七次扩大会议关于中国问题决议案的决议》等5个决议案和《中国共产党第五次全国代表大会宣言》，选举产生了第五届中央委员、候补中央委员。与此同时，首次建立了中共中央监察委员会，蔡以忱等当选为首任监察委员。

在五届一中全会上，陈独秀、张国焘、李维汉、李立三、蔡和森、瞿秋白、谭平山7人被选为中央政治局委员；苏兆征、张太雷、陈延年、周恩来4人为政治局候补委员；陈独秀、张国焘、蔡和森3

人为常委，陈独秀蝉联总书记。

与此同时，黄陂旅汉同乡会于1933年创办的黄陂小学，1956年后一度更名双洞门小学、红卫中学，现为武汉市第七十五中学，校舍新修时，校门改在侧边仁厚里口。

抗战胜利后的1946年初，国民参政员胡秋原返乡准备恢复前川中学，第一届董事会就是由旅台同乡会在黄陂会馆主持召开的。

“文化大革命”期间，黄陂会馆被当作“四旧”关闭，人去楼空。直到两岸开放后，旅台黄陂同乡会理事长张我风先生返乡时，曾提出收回会馆产权的动议，未果。

（四）上海有条黄陂路

“我一到上海，就知道有一条黄陂南路，那里有一座中共一大会址纪念馆；我一到武汉，就要寻访一下黎黄陂路，那是纪念从黄陂走出的民国大总统黎元洪的街道……”这是中国光彩会台商考察团骆先生的开场白。

开放的自然环境，悠久的文明积淀，便利的区位优势，使黄陂商人通过与各地商人交流与合作，从而借船出港，走向全国各地。从汉口的黎黄陂路到上海的黄陂南路，其实就是黄陂人利用长江黄金水道走出去、闯天下的历史见证。

爬梳明清《黄陂县志》与谱牒资料发现，从明朝中期至清初，黄陂外迁人口达4万人之众。即县内人口由嘉靖二十一年（1542年）的15660人减少到清康熙五年（1666年）的11667人。黄陂人到外地创业，既有利用传统手艺及亲情纽带的自发行动，也有官方强制移民，以及任命官吏等因素。

首先，那些从事航运业的黄陂人，借助舟楫之便，上至重庆朝天门，下至上海码头经营，天长日久，黄陂籍码头工人大都在浦东十八间和山城定居；事业有成的商人，则在沪上十里洋场立足。黄陂籍教育家吴注东还在此创办了浦东码头工人子弟小学和吴氏循实小学。

正在此间，太平天国起义战起，迫使江南商人纷纷迁往上海租界寻求庇护，外国的房产商乘机大量修建“石库门”（房屋用传统木结构加砖墙承重建造，外门选用石料做门框，故名）住宅。为此，精明的黄陂商人就组织黄陂的能工巧匠，于 19 世纪末 20 世纪初，参与兴建了中西合璧的石库门民居。这些建筑，外墙青红砖交错，镶嵌白色粉线，门楣有矾红色雕花，黑漆大门上配铜环，门框围以米黄色石条。由于系黄陂人参与兴建，又有一批黄陂人在此落户。于是，后来就将今上海市中心城区（卢湾区）石库门一条街命名为黄陂路。接下来，又因中共一大会址位于今黄陂南路，使“黄陂”之名更是远扬。

中共一大会址楼，于民国九年（1920 年）夏秋建，与左右紧邻的 4 幢同类房屋同时建成，属贝勒路树德里（今黄陂南路 374 弄）的一部分。

该会址纪念馆成立于 1952 年，1961 年 3 月 4 日公布为全国重点文物保护单位。1996 年 6 月，中共上海市委根据建设历史风貌保护区的规划，决定实施中共一大会址纪念馆扩建工程。在改善了其内部设施条件的同时，完整保留其本来面貌，以凸显其革命史迹保护区的特色。1999 年 5 月 27 日，纪念馆扩建工程在庆祝上海解放 50 周年纪念日竣工并正式对外开放。与孙中山故居、周公馆、韬奋故居等主要革命史迹、旧址和优秀近代建筑及特色公园相得益彰。

同时，上海地铁 1 号线也设有黄陂南路站，位于上海市卢湾区淮海中路黄陂南路，于 1995 年 4 月 10 日建设并投入使用。

不仅如此，黄陂商人还在长江、汉水流域创业落户。诸如在成都、襄樊、黄州、麻城、九江、景德镇、南京、杭州等地建有公所、会馆或同乡会，其店铺产业也广为分布。如南京下关一带就有黄陂人开设的板鸭连锁店，芜湖鹅卵石路有黄陂人开的皮毛店，安庆大西门外有黄陂人开的作坊：如钉秤的、制麻袋的等整条街，以及芜湖鹅卵石街的皮货商等，几乎都是黄陂人。

其次，随着黄陂人丁兴旺，官府在明、清二朝推行“湖广填四川”的移民政策时，也把黄陂作为重点。清同治年间四川《新宁县志》称：“邑多楚人，各别其郡，私其神，以祠庙分籍贯，故建置相望。”据西南大学蓝勇教授介绍，湖北许多州县的移民还有大量独立的会馆，最常见的便是湖广黄州人兴建的帝主宫，也称黄州会馆。还有石阳（今黄陂东南部三国时属石阳县）会馆，成都和叙府的湖北黄陂人的会馆。

最后，京汉铁路、粤汉铁路（今京广铁路）建成后，黄陂人又不断向大江南北和黄河上下扩展“无陂不成镇”的范围。随着黄陂人在当地的不断增多，黄陂会馆就成为黄陂人联系的纽带。如北京的黄陂会馆，就设于宣武门外潘家河沿。

也许是黄陂人在外思乡之故，他们便以黄陂为地名纪念之。诸如湖南省邵阳市邵东县黄陂桥乡，江西省宁都县、抚州市宜黄县与广东省有梅州市兴宁市、清远市英德市等四个地方均有叫黄陂镇或黄陂乡的，广州市则有黄陂农工商公司、广州开发区萝岗区联和街黄陂社区居委会，广东惠州市博罗县和福建长汀县都有个黄陂村，安徽庐江县的黄陂湖，各地叫黄陂河、黄陂塘、黄陂坡、黄陂站、黄陂新村、黄陂小学的也不少。这些地名是否源于湖北黄陂，似难确证，但应该与“无陂不成镇”有着千丝万缕的联系。

六　实证分析：继往开来建殊功

“筚路蓝缕，以启山林”，“楚虽三户，亡秦必楚”。这16个字概括了楚人自古以来的奋斗与反抗精神。

黄陂地处“九省通衢”，黄陂人素有“不服周”、敢为人先的楚人禀性。在明、清时期，他们首先冲破当朝的行政区划的限制，毅然通过滠水、府河与黄孝河，开发大汉口；随后，他们不断冲破朝廷“片帆不得出海”的禁锢，沿着长江大河出海，走向四面八方，甚至到境外或国外落地生根，创造了一个个惊天动地的奇迹。

（一）借船出海闯世界

黄陂素有“九佬十八匠”之称，历代流传着黄陂人以“工匠精神”闯荡世界的美谈。清末年间，黄陂六指店有一位姓袁的剃头匠，他刚开始在汉口挑着剃头担子给人理发，由于热情周到，被人介绍到邮轮理发。随着积累的增多和结交人员广泛，后来便带着幼子袁范宇随船到日本横滨市闯荡。他在日本开了一家美发院，续娶了一位日本夫人，也生有一子，后成为日本军政界的一位很有权势的人。袁范宇因此也有一个日本名字叫作“福本一善”。袁范宇早年就读于燕村私塾、横滨华侨小学、横滨大同高小、东京正则中学、东京模范英语夜校、东京商科大学。1912 年加入同盟会东京支部。1914 年从东京商科大学毕业，获得商学士位。1915 年回国参加孙中山领导的中华革命党，并在汉口与董必武、蔡济民等人组织打倒军阀王占元的运动。失败后，用其日本名潜伏在日本商行——汉口中江实业银行，任总务处长，继续进行地下革命工作。诸如在日租界设立交通站，掩护同志、传递信件等。大革命失败后，他们兄弟成功营救董必武逃出魔掌，黄陂沦陷初期，他以日军大佐身份驻陂期间，打着“东亚共荣”旗帜，安抚民众，使黄陂免遭涂炭。

当代中国工程院院士、国产歼击机总设计师李明，他的祖父李宝卿出生于黄陂长轩岭的一个贫民家庭，因天灾人祸，13 岁就成为孤儿。为了谋生，他独自一人逃荒到汉口，当起了剃头匠。他靠挑着剃头挑子浪迹于码头、市井、陆地和商船之间，勉强维持生计。因常年与水手、舵手打交道，日积月累，颇有悟性的李宝卿逐渐掌握了操舵和领航的相关知识。一次巧合的机缘，船东喜欢他的勤快聪明，安排他做了水手，往返于武汉和上海的长江航道上。在无数风浪的颠簸中，凭着对水道的熟悉和技术的掌握，他成为一名精明的领航员。

有了稳定而优厚的工作后，李宝卿在上海浦东买房、置地、成家。当子女到了入学年龄，李宝卿就让其接受良好的教育。李明的父亲不负众望，在上海民立中学高中毕业后，又考入上海海关专科学校。毕业后相继在上海、广州三水与香港九龙海关工作。少年李明也因此能够享受良好的教育，为他后来成为院士打下了坚实基础。

早在古代，中国官场就有回避制度，其中官员任职须在离乡千里之外的地方。那些通过科考取得功名的士子因此被朝廷派往全国各地做官，其后裔、亲友和弟子也因此分布各地，“无陂不成镇”的美名传遍四方。清代的黄陂“二金”（进士金光杰与榜眼金国均父子），其后裔遍及海内外。金永炎留学日本士官学校，回国后参加辛亥革命，历任黄兴、段芝泉参谋顾问，黎黄陂大总统的陆军总长，晚年定居日本。其后裔做道尹、县长、局长的有多人。金唯信在美国哈佛大学获经济学位后，回国历任台湾“财政部赋税署长”“中央信托局长”。金永炎之孙金宗麟，曾任台湾“驻美中信局”主任。清咸丰壬子恩科进士周恒祺，历任直隶布政使、山东巡抚、漕运总督，其后裔分布在湖北、上海、四川、东北、海峡和大洋彼岸。晚清戊戌进士范轼的后裔，竟有范熙壬、范熙申与范熙绩三人留日学成归来，后分别任民国国会议员、海军舰长和陆军军长，世称“范氏三杰”。

民国大总统黎元洪，正是随父到北塘，才有机会在北洋水师学堂上学，并投身于甲午海战。接下来，因其开明谨厚为张之洞所赏识而飞黄腾达。武昌首义爆发，他作为清军将领毅然顺应历史潮流，与革命党人合作，就任首义大都督，号召天下反对清廷，终于使天下归心。在他任都督与大总统期间，身边云集了一批黄陂人或湖北老乡。黎晚年大力兴办实业，产业庞大，先后投资银行、厂矿等金融、实业近70家，投资总额超过300万银圆，而且形成系列，诸如他在金融业的投资包括银行业20家、证券类5家、保险类2家。在实业方面，他投资煤矿8个、矿产类8家、森林类3个、纺织类6家、面粉及食品类5家。还包括运输、造纸、贸易、市政、文教等各业。投资的地域覆盖全国京、沪、津、鄂、鲁、豫、浙、苏、冀、东北和香港等地14个省市。时下，黎氏的后裔分别在天津、美国和加拿大落户。

当代国家领导人、第九届全国政协副主席王文元，因其祖父早年到新疆打拼，后来其父又在河南漯河经商，他因此生长于斯。新中国成立后，他先在民营企业当会计，接着又先后考入华中钢铁公司、东北会计统计专门学校（后并入东北财经学院、辽宁大学），后留校任教。生平撰、编、译及审定出版的会计类专著及高校教材、工具书达30余种，成为一名享誉中外的会计学家与经济学家。他在东北和北京生活60年间，历任辽宁大学教授、经济管理学院首任院长，辽宁省副省长、最高人民检察院首位民主人士副检察长，三任九三学社中央副主席、九届全国政协副主席等职。其兄王实曾任湖北省档案局长，其弟王定元为高级工程师。其后裔分布在北京、上海、武汉与黄石，以及美国等地。

改革开放后，农民工“小炉匠”潘仁志从黄陂李集走进新疆、甘肃创业，不仅创办了多个铸钢厂，成为当地的一支“铁军”。他致富不忘乡亲，30年来共捐款500多万元扶贫帮困办实事，被武汉市人民政府授予“五一”劳模奖章和突出贡献奖。

（二）天上有颗“黄陂星”

有人形容黄陂是一个“造星工厂”，孕育了一批世界级巨星。古往今来，黄陂孕育巾帼英雄朱木兰，理学鼻祖程颢、程颐，中华民国第一中央大都督、第一位海陆军大元帅、唯一两任大总统黎元洪，辛亥首义发难第一人李鹏升，“首义大总管”蔡济民，民国首任关外大都督蓝天蔚，中国私立大学先驱陈时，美国一流大学的首位华人与亚裔校长、首位美国科委委员田长霖，意大利首位外侨“加勋爵士”万子美，海峡两岸“破冰第一人”胡秋原，台湾“国父纪念馆”首任馆长童启祥与台湾广告鼻祖张我风，瑞典皇家歌剧院首位华人终身职业歌剧歌唱家蔡大生，“载人深潜英雄”叶聪，“中国最优秀的天使投资人”龚虹嘉，“信义兄弟”孙水林、孙东林，“孝义兄弟”刘培、刘洋……

武昌首义，正是一批黄陂人延续楚人的精神传统的卓异表现，走出了首义大都督、“大总管”、点燃“第一把火”、组建首支“娘子军”……大革命期间，又是蔡以忱、潘忠汝、吴光浩，刘赓藻与刘昌群父子等一批黄陂人，力挽狂澜，先后打响了秋收起义“第一枪”，领导了“黄麻起义”，创建了中国工农革命军第七军……

当代黄陂人不断延续着“无陂不成镇”，屡创中外之最，为黄陂赢得了湖北第一台乡、第二侨乡的美誉。1996 年 10 月，田长霖返乡时说：过去，因为黄陂人贫穷，才出外闯天下，赢得了“无陂不成镇”的美称；如今，黄陂人居安思危，顽强拼搏，更让“无陂不成镇”名噪中外。如果以 1949 年为分界线，海峡两岸的黄陂人各有千秋，相得益彰。国民党退居台湾时，由于黄陂人在南京国民政府“五院”（行政院、立法院、监察院、司法院、考试院）及“部会”中任职者，以及在军中任少将以上者数以百计，他们率其亲属前往台湾达 8 万人之众，居港澳者也为数不少。其中大都到美国或欧洲求学，学成后大部分在欧美打拼。大余湾的余家菊、余传弸、余传韬等余氏家庭就有 40 多户分布台港澳及海外。当年赴台的田长焯、田长霖兄弟姐妹的 8 个中生代家庭中，就有 6 家旅居美国，1 家在加拿大，1 家居台。其中田长霖 1976 年当选为美国工程科学院院士。1990—1997 年任伯克莱加州大学校长，成为美国历史上第一位华裔和亚裔大学校长。后当选为中科院与中国工程院外籍院士，1997 年被聘为香港创新科技委员会首任主席。1999 年，经国际小行星命名委员会批准，中科院紫金山天文台将 1978 年发现的国际编号为 3463 号的小行星，命名为“田长霖星”。至此，在浩瀚的天空中，有一颗以黄陂人命名的小行星。

新中国北京外国语学院培养的首届意大利语大学生万子美，1943 年 1 月出生于武汉市黄陂区祁家湾街冯李塆，从黄陂一中考入北外，毕业后历任北京人民画报社任意大利语文部负责人、光明日报社驻意大利首任首席记者。自 1991 年起，在意大利从事国际贸易，并任职于欧洲华侨华人社团联合总会、意大利罗马华侨华人联合总会、意大利华商总会、欧洲中国和平统一促进会与意大利中国和平统一促进会等多个侨团。1993 年 6 月 2 日，意大利总统斯卡尔法罗授予他意大利共和国功勋骑士称号；2002 年 7 月 22 日，意大利总统钱皮授予他意大利共和国加勋爵士称号，并颁发爵士证书和勋章。有“东方的马可·波罗”之誉。其女儿继承其遗志，常年行走于中、意之间。

在人文方面，黄陂拥有“长江流域第一古城”盘龙城，古城内还出土了商代前期的“玉戈之王”、最大的圆鼎、最早的铜簋，高达1米的大陶缸，也堪称商代同类陶器体积之冠。有华中地区最大的古山茶花王（木兰山茶花王500年，胸径49厘米）、有全省最大湖北山楂王（350年）、有武汉地区最古老的千年古柏（1200年）。在近代，黄陂蔡榨镇蔡官田村又成为“辛亥革命第一村”，该村至今仍然保存着辛亥首义的十八星旗。“天下第一锣”——黄陂“高洪泰锣”名扬

高洪泰锣（原名“高洪泰锣”，后俗称为“高洪太锣”）

海内外。到了当代，黄陂拥有两座国家森林公园（素山寺与木兰山），一座国家地质公园（木兰山）；位于黄陂天河街的武汉天河国际机场，是中国民航总局指定的华中地区唯一的综合枢纽机场和最大的飞机检修基地；地处横店与滠口之间的武汉北铁路编组站是世界最

大的铁路编组站；而华中第一个国家级园区——武汉黄陂台湾农民创业园则落户武湖。在长轩岭则建有中国最大的葛根专业合作社——湖北省木兰葛产品专业合作社。

（三）尊师重教出人杰

黄陂自古是教育家的摇篮，从这里走出了古代教育家与思想家程颢、程颐，近现代教育家刘凤章，陈宣恺、陈时父子，当代台湾教育家余传韬与美国教育家、科学家与社会活动家田长霖……在这些教育家的影响下，历代黄陂人形成尊师重教之风，黄陂因此科名鼎盛、人才辈出。在科举时代，黄陂举人、进士之多，在湖北首屈一指。据《明清进士题名碑录》载，在明清540年里，平均每县30人，黄陂则有81人。尤其是嘉（庆）、道（光）、咸（丰）年间，黄陂中举人数共106人，占全省第三位；中进士者27人，位列全省第二。在清代的进士中，走出了3名巡抚、2名布政使、2名乡试正考官、3名学政、14名知府（州）、26名知县。

据明清县志与谱牒记载，相继涌现了元朝官至江西行省左丞的管如德，明代的榜眼裴宗范、裴宗德兄弟，任云南知府的嘉靖进士郑佶，清代"文武三榜眼"曾大观、刘彬士、金国均，任四川巡抚的顺治进士姚缔虞，任梧州府同知的顺治进士陈光龙、山东巡抚与漕运总督周恒祺、振威将军王正起等。还有"父子同科"的举人范轼、范熙壬，其中范轼后中进士，成为江西知府；而范熙壬高票当选民国首届国会众议院议员，后为国会非常会议主席。进入20世纪初，黄陂学子走出国门留学日本与美国、欧洲等地，他们因此在当地设立黄陂同乡会或同学会。

自清末以来，田庆芬、田永谦、田长霖祖孙三代，也是通过十年寒窗后而走上政坛和学坛的。其中田庆芬是从二程书院考取举人，复考入京师法政学堂，毕业后又以第一名考取法官与地方官。田永谦则从望鲁学堂考入北京大学，后来成为银行家和政治家。田长霖在两岸完成基础教育和高等教育后，留学美国成为美国首任华人与亚裔大学校长，以及美国首任亚裔国家科学委员会委员。

当代享誉中外的书画家冯今松、意大利首位外侨“加勋爵士”万子美、创造深海“中国深度”的“载人深潜英雄”叶聪等，都是从黄陂一中毕业的。

在黄陂南乡下集冯家塝，清末时因村中的冯元斌进京赶考一举金榜题名，族人为了纪念这位冯氏骄子，遂将原来的“冯家塝”更名为“冯家榜”。冯元斌于民国三年任河南汝阳道泌阳县知县，次年转任伊阳（今汝阳）县知县。1949 年任湖南宁远县司法处主任审判官等。其子冯焱培（又名建）成人后经商，由汉口经台湾到香港定居。其孙女冯明珠于 1970 年考入台湾大学历史系就读，1974 年毕业后，赴屏东县玛家国中任教一年。1975 年考入台湾大学历史研究所攻读硕士学位，1978 年毕业即进入台北“国立故宫博物院”服务。历经约聘研究人员、助理干事、编辑、处长与常务副院长。2012 年 9 月—2016 年 5 月，出任台北“故宫博物院”院长。

据 2016 年对中国科学院、工程院之院士总人数（含已故）统计，全国每百万人口中两院院士不到 2 人，113 万人的黄陂则拥有两院院士 8 位，他们是余家菊、涂治、陈庆宣、涂光炽、田长霖、李明、肖培根、梁骏吾。

改革开放后，随着恢复高考制度和留学热，每年数以千计的学子分别在全国各地或海外落地生根，不断延续着“无陂不成镇”的传奇。诸如，从长堰中学考入高校的中国水产科学研究院水产生物技术领域首席科学家陈松林博士，他潜心研究水产生物技术 30 余年，填补了诸多空白，取得了多项位居世界领先水平的科技成果。其中他以第一完成人的“海水鲆鲽鱼类基因资源发掘及种质创制技术的建立与应用”成果获 2014 年度国家技术发明二等奖，成为我国水产渔业领域 2011—2016 年期间唯一获得国家技术发明奖的成果。在实际生产应用中，他为水产企业突破了难以逾越的难关，给产业的发展带来科技动力，产生了 60 多亿元的经济效益和社会效益。而毕业于黄陂一中的杜金成，2004 年获得留美博士，现为美国北得克萨斯大学终身教授、国际玻璃协会玻璃计算机技术委员会主席。

楚剧界第一个考入中国戏曲学院的楚剧表演艺术家彭青莲，数十年凭着“一步一个性空世界，一脚一个水月道场”的演技，成为楚剧艺术首位问鼎“梅花奖”和“文华表演奖”得主，享有“楚剧的看家女”之誉。

时下，黄陂籍人士遍及世界30多个国家和地区，总数大抵为500万人。即黄陂境内100万人（实际113万人），武汉中心城区100万人，中国大陆各地200万人，台、港、澳及海外100万人。而北京、上海、天津、广州、武汉、海南、新疆与台北、澳门等地，均设有黄陂同乡联谊会或黄陂商会，就连西藏山南地区也有一条黄陂路。再加上武汉天河国际机场，成为黄陂人通往世界、广迎天下客走进国家5A级木兰生态旅游区的空中走廊。一言以蔽之，“无陂不成镇”已经成为海内外关注的文化现象。

（四）商贸新宠“汉口北”

当你从黄陂境内的天河国际机场，乘坐飞机在空中鸟瞰黄陂，发现这里的山水田林路，犹如一张蜘蛛网。其中，亚洲最大的铁路编组站——武汉北铁路编组站，京广线、京九与京广武麻联络线，岱黄（岱家山—黄陂）、机场（汉口—天河）高速、汉口—汉口北之轻轨一号延长线等6条城市环线和高速公路纵横交错，滠水河、府河与长江新港相连。可以毫不夸张地说，这里是武汉、湖北乃至华中地区的交通枢纽。

货到黄陂活。便利的交通，精明的管理，使黄陂武湖、三里、滠口、盘龙城、天河、横店等境内一半国土面积已融入大武汉经济繁荣圈，汉口北周边具备1000平方公里的发展空间。如果说近代汉口的黄陂街，打造了汉口开埠的商业名片的话，那么近年来兴建汉口北商贸城，正谱写着新时期“无陂不成镇”的传奇。

汉口北商贸城的全称为汉口北商贸物流枢纽区，位于武汉北端、横跨汉口至黄陂武湖（途经盘龙城开发区、滠口街）的汉口北大道，故名。介于武汉天河国际机场、武汉北铁路编组站、武汉阳逻长江新港之间的金三角地带。自2006年开始，规划建设大规模的专业批发市场、物流综合园区、产业配套基地。

汉口北商贸物流枢纽区占地面积50平方公里，核心区16.8平方公里，建设有小商品、汽车配件、农副产品、电子数码、家具、建材、农机、钢材、成品油、中药材10个专业市场；航空、铁路、公路、水运10个综合物流基地；农副产品加工、家具、服装、石材、轻工类小商品、珠宝6个工业园，建设总面积1800万平方米，总投资720亿元人民币。全部建设运营后，年可实现商贸物流收入5000亿元，税收60亿元，从业人员50万人。截至2016年5月，汉口北累计完成投资500亿元，累计建成面积1167万平方米，市场开业面积890万平方米，引进商户6.4万户，引进物流企业373家，实现商贸物流总收入320亿元。从业人员13万人，累计实现税收50亿元，全口径电子商务交易额100亿元。成功举办第六届汉口北商品交易会，本届汉交会实现交易额238亿元。

经商务部批准，汉口北每年与湖北省人民政府在此联合举办一届“中国汉口北商品交易会”；农业部将汉口四季美农贸城列为“全国定点市场”；中国市场学会授予汉口北“中国最具投资潜力市场集群”“全国市场承接转移示范基地”称号；中国商业联合会授予汉口北“中国优秀示范市场”；湖北省将汉口北定位“省级服务业示范园区”；湖北省商务厅授予汉口北“全省电子商务示范基地”与“湖北省内外贸结合市场商品试点”，同时启动国家级内外贸结合商品市场试点申报工作。《武汉物流空间发展规划》将汉口北定为武汉六大物流园之首；武汉市政府将汉口北规划为武汉市汉口北新城。中国市场学会批发市场发展委员会授予汉口北“2015年度全国商品交易市场系统先进市场管理委员会”称号。

作为商务部2015年6月批准的“国家电子商务示范基地”，汉口北电商大厦已建立了平台联运、网店服务、创业孵化、快递服务、金融服务和人才服务的运营模式，创立了电子商务支付体系。目前，工商银行融易购、建设银行的善融购、支付宝、财付通都进入汉口北电商大厦。2016 年 1—5 月，汉口北电商平台入驻企业6690 家，实体市场商户转为线上电商企业 829 家，实现线上销售额 68.5 亿元。同时，利用汉口北电商平台，打造汉口北大学生创业基地，先后有 400 多名大学生在汉口北“网上创业”。

自 2015 年 8 月起，卓尔集团推出了“批发市场 + 互联网”的“卓尔云市场计划”，至 11 月 28 日，“卓尔购”“卓金服”“卓集送”三大线上交易及服务平台上线。2016 年 3 月 17 日，卓尔入股兰亭集势成为第一大股东，创下中国电商圈第一并购案，开创了“互联网 + 批发 + 跨境贸易”的新模式。5 天后，卓尔收购深圳新三板智能硬件公司“汇茂科技”，并将其更名为“卓尔智联”，打通了电商交易平台的支付环节，逐步形成国内领先的智能化 B2B 交易生态。4 月 12 日，阿里巴巴公司前 CEO 成为卓尔独立董事，构建智能化商业交易生态圈。四季美农贸城正在策划水果市场的运营，农机大市场也在筹备中部农机博览会在汉口北举办。

武汉创客中心（创谷）2016 年将启动试运营。该项目定位为电子商务与智能制造生态圈的产业链创新商贸平台，项目一期于 2014 年动工，2015 年 11 月整体封顶，总投资约 10 亿元，已完成建筑面积约 25 万平方米，建设内容包括：3 栋创客公寓、2 栋孵化大楼、1 栋创业酒店，以及各裙楼内的大学生创业专区、创客空间、创客咖啡、路演中心、创客实验室、智能产品展示基地和云电商基地等。项目已构建电子商务和智能产业“高价值双核生态圈”为方向，已形成从“内陆贸易、县域农村、外贸出口”全面覆盖的电子商务产业孵化体系。

与此同时，汉口北具有全新的物流业态。菜鸟、普洛斯、圆通、越海等知名物流企业落户汉口北地区，全国货运节点之一的汉口北公路物流“甩挂”项目将建成投入运营。汉口北物流中心挂牌成立，被授予湖北省首批“电子商务示范基地”，汉口北小商品市场和四季美农副产品市场价格纳入“武汉价格指数平台”，与汉口北形成差异化业态的上海百联“奥特莱斯”落户汉口北地区，2014 年销售收入 15 余亿元。

汉口北还具有较强的产业支撑。按照“以贸促工，以工兴贸”的模式，在汉口北周边形成了农副产品加工、家具制造、服装加工、石材精加工、电子产品制造、小商品加工等一批产业园，并直接带动周边地区孝感、汉川、潜江、红安、麻城等一批配套产业基地的发展。

此外，被誉为“天下第一街”的汉正街正在向汉口北搬迁，武汉中心城区的服务行业、物流企业正有序向汉口北地区转移。市场和产业集聚带动金融业的发展，目前，已有 11 家金融机构进入汉口北，设立 23 个金融网点。未来，汉口北将成为中国中部地区商贸物流金融中心。正在规划建设中的 2. 5 产业园将是中部地区规划最优、规模最大、辐射最强的产业服务平台。

（五）长江新城绽新蕾

进入新时代，中央要求武汉成为长江经济带的脊梁，成为中部崛起的战略支点，成为国家中心城市。2017 年初，武汉市委、市政府提出规划建设长江新城，7 月正式宣布启动长江新城建设，其起步区选址黄陂武湖—汉口谌家矶之约 30—50 平方公里。目前，武汉市已向中央申报以“长江新城”为核心的国家级长江新区。新城起步区具体方位是东至武湖泵站河，南至长江北岸，西至黄陂母亲河——滠水河、府河，北至江北铁路；中期发展区规划 100 平方公里；远期规划面积 500 平方公里，其中，在黄陂境内 313. 75 平方公里。

规划愿景显示，长江新城将围绕“生态”与“智慧”两大核心主题，打造高效高新产业集聚的创新名城、大江大湖魅力凸显的生态绿城、新一代信息技术领先应用的现代智城、对外开放合作水平一流的国际友城、百姓富裕安居乐业的创富民城。

3600 年前，黄陂的先民创造过长江流域第一古城——盘龙城；500 年前，黄陂人缔造过大汉口传奇；进入新时代，黄陂人将打造长江流域一座现代化国际大都市——长江新城。届时，黄陂将形成木兰生态旅游区、“智慧”产业新城与临空产业新城相得益彰的新格局。

综上所述，从文化经典、考古成果到地理总志与方志，将一串串“无陂不成镇”的历史碎片连接起来，重聚记忆；从嫘祖始桑到开发盘龙城，从营建黄城镇到打造大汉口，从发展木兰生态旅游到开发汉口北，其开放度与开拓力，振奋人心……这正是：“陂邑好儿郎，楚魂义帜张。天上‘黄陂星’，光芒照四方。”

第三章　文化特征

文化即是一种生命……

——题记·钱穆

文化是一个民族的精神与灵魂，是一个国家或地区振兴的动力。“无陂不成镇”这种文化现象之所以能与时俱进，经久不衰，就在于历代黄陂人特有的人文精神。即“圣母始桑”的创造精神，兴建长江流域第一城（盘龙城）的开拓精神，木兰替父从军的大孝大勇之献身精神，程颢、程颐糅合儒、道、佛，穷理识仁的求索精神，蔡济民、黎元洪等辛亥首义元勋推翻帝制、创立共和的敢为人先的精神。从而形成了盘龙文化、木兰文化、理学文化与辛亥首义文化等主要文化特征。

一　盘龙城与盘龙文化

碧水一湖飞玉龙，半城烟云半城风。

少年不识英雄胆，敢钓青云上九重。

——题记·罗向阳《咏盘龙城》

伫立于历史上最早的“九省通衢”——盘龙城古城遗址，极目远眺，南极大汉口，一衣带水，多桥相通；西观天河国际机场上空，银燕频飞；东连万里长江，一泻千里；背靠荆楚名岳木兰山，坐北朝南，藏风聚气。收眼近看，由古代文明之湖盘龙湖三面环抱，甲宝山、露甲山、丰荷山等毗邻，相映成趣。

盘龙城地形图

作为处于世界古代文明带的中轴线北纬30°线上、最早发现的长江流域的第一古城，盘龙城可与中国第一古城——河南安阳古城媲美，是研究中国古城不可多得的标本，被列为中国20世纪百大考古发现之一。时下，徜徉于盘龙城国家考古遗址公园与盘龙城遗址博物馆，不禁让人遥想当年，流连忘返。

（一）一湾月湖抱“蛟龙”

一湾湖水，轻波如澜，涟漪时起，韵味无穷；一湾湖水，叔度汪汪，足以让尘世中的许多事物，瞬间黯然失色。

这座千顷陂湖，就是长江文明之湖——盘龙湖。它激荡着阴柔的灵秀之美，宛如一弯明月，半抱城垣，给盘龙城几分深沉；而盘龙城，则充满着阳刚之气，顶立于天地之间，把这块神圣之地，点缀得顾盼生辉。

由于盘龙城在国史中鲜有记载，关于它的由来，给学界以巨大的探究空间。迄今共有三种说法：一说系形似于蛟龙的盘龙湖，环抱城池而得名。又有“藏龙卧虎”或“龙盘虎踞”之意，二者相得益彰；二说因盘龙城三面为水，为江、河、湖水系所盘旋而得名。因为古代汉水在此城附近入江，使长江、汉水、府河、滠水恰似四条“白龙”盘旋于兹，故名“盘龙城”。上述说法符合古代地名之人与事、形与水的命名原则，还与龙凤图腾相关，形象而贴切。另有专家以1932地图上标有“盘土城”为据，认为“城是土筑，其形为方盘”，故名。不过，这与最早标明“盘龙城”的明代《黄陂县志》的官方记载，以及清代《张氏宗谱》的民间谱牒记载不符。而商代均为土城，此名不能彰显盘龙城的形胜。

爬梳史籍发现，盘龙城的最早图文记载，并非出自国家正史，而是方志与谱牒。迄今发现，有关盘龙城的最早记载，出自460年前的明嘉靖三十五年（1556年）《黄陂县志》卷上之《山川·名迹》篇。文中云：“盘龙城在县西五十里。”这比皮明庥先生查证的《张氏宗谱》记载的年代提前了312年。清康熙五年（1666年）、同治十年版（1871年）《黄陂县志》亦然。

皮明庥主编《武汉通史》载，最早图文并茂地描述盘龙城者，则见之于清同治七年（1868年）黄陂《张氏宗谱》。谱云：“宋元鼎革之际，吾祖德一公携弟国四公，由江右饶州余干迁徙楚黄陂，落住陂南盘龙城。”在张氏家谱上，还附有一张地形图，详细地描绘有盘龙城的四个城门，以及东边的盘龙湖和西北的护城山。刘松余亦查证，清末民初著名教育家与国学大师刘凤章（1865—1935 年）编纂、1934 年刊印的《刘氏宗谱》（民国甲戌年敦睦堂），卷首之《里居图》采用五万分之一比例描绘，地域在东经 114°7′—114°18′、北纬 30°30′—30°40′，地名在“盘龙湖”西标注有“盘龙城”；《祖墓图》载黄陂刘氏第十三世祖刘阳光与王氏夫妇葬于下新集之南、“盘龙湖”东侧的岗地；又辑录清嘉庆九年《盘龙城坟山来龙契约》，记载了黄陂刘氏第十四世祖刘五魁与鲁氏夫妇葬于“盘龙湖”西侧墓葬图，墓地西北绘有“盘龙城”城址，城厢轮廓清晰勾画，四个城门清楚标示。城北杨宅、城西甲宝山等周围景地均有绘注。

无独有偶，清光绪十二年（1886 年）《萧氏宗谱·续刊谱序》亦云：元代至正进士萧武營于明洪武二年（1369 年）自江西吉水迁湖北，始祖居黄冈中和乡沙湫口，旋分徙黄陂南盘龙城及滠口，终定居武湖高车畈。

在清末民初的军用地图上，亦标明了“盘龙城”。1899 年（光绪二十五年），跟辛亥革命有不解之缘的湖北常备军第一镇工兵营制作了一张地图，上面清楚地标明了盘龙城高地。1932 年、1935 年，湖北省陆地测量局五万分之一的军用地图，均标注了盘龙城、盘龙湖及其周围的山水地理。后来，侵华日军绘制的武汉地图上，也标明了盘龙城的方位。

《周礼》云：“九州之图，掌于地官。”盘龙城亦然。从明清到民国时期，官方县志与民间谱牒，以及军用地图，不但对盘龙城城址名称均有准确的图文记载，遗迹也可完整辨认。

盘龙湖三面拥抱着盘龙古城，真谓“犹抱琵琶半遮面”。早在 3600 年前，这里便是我国南方联通南北、纵横东西的“九省通衢”。从盘龙湖出发，通过古代黄金水道府河及其黄陂境内的干流滠水、漂水，穿越大别山、桐柏山的隘口，往北可直达商朝王都郑州；又可出长江，入汉水、涢水，淌过随枣走廊，跨越南阳盆地，通往关中地区；还可通过长江、汉江西抵巴蜀，南达江汉，并借洞庭湖、鄱阳湖及其干流通往江南诸省；东乘长江一泻千里，又可沟通吴会，通江达海。也正是这一得“水”独厚的优势，又面对广袤富庶的江汉平原，从而使盘龙城这座商代长江流域的政治、经济、文化和军事中心古城应运而生。

在古时候，盘龙湖水面开阔，万顷碧波，包括前湖与后湖两个部分。因涢水、滠水、澴水交汇于东山沦河，而后湖又是沦河源头之一。关于后湖的来历有两种说法。一说此湖位于盘龙城与沦河之北，当地习惯称“南”为“前”，称“北”为“后”，故称“后湖”（明代县志有载）；一说为“皇后湖”，简称“后湖”。相传盘龙城建成以后，居于盘龙城的方国王后，夏季常到城北的后湖沐浴。有一天，王后正和妃子们在湖中畅游、沐浴，突然狂风大作，雷电交加，倾盆大雨，她们惊恐万分，赶紧跑到湖边的山坡树丛中藏了起来。不一会儿，但见一条蛟龙从湖中跃起，盘旋腾飞，在甲宝山、露甲山与丰荷山之间翩翩起舞，最后又飞向了东南方。风雨过后，但见霞光万道，气象万千，王后遂将此湖命名为“后湖”。随着历经沧桑，水面退化，前、后湖中间凸起一片陆地，将古盘龙湖一分为二为今盘龙湖与后湖。现在的后湖形如一位美女静静地躺卧在盘龙城北。

如今的盘龙湖，位于武汉市盘龙城开发区境内，南接府河，东通长江，犹如一条蛟龙盘踞在“九省通衢”的武汉城区与武汉天河国际机场之间。而2.1万亩的后湖，则是武汉市最早的城市湖泊。

在地下沉睡千年的盘龙城，直到1954年因防汛起土，才被揭开神秘的面纱。20世纪70年代正式发掘，2001年列为中国20世纪百大考古发现之一。盘龙城的发现，推翻了以往公认的“商文化只存在于中原地区”的理论，再次证明黄河流域和长江流域从商代早期起就共享着同样的文明。

来饮盘龙湖中水，只缘能为腾龙人。近年来，盘龙城开发区充分发挥区位、交通、历史人文三大优势，以广招徕；提高经济、社会、生态环境三大效益，与时俱进。海内外客商纷至沓来，斥巨资开发。区内的科技产业、商贸物流和生态居住功能粗具雏形，连接市区的盘龙大桥和区内交通网四通八达。随着国家级台湾农民创业园、亚洲最大的铁路编组站——汉口北站和临空经济港的相继建成，一个集工业经济、商业流通区、观光田园居住、休闲娱乐于一体的盘龙城新区，正逐渐发展为继武昌、汉口、汉阳之后的“武汉第四镇”。

“挥如椽之大笔，辐射中华；展旷代之宏图，蜚声世界。”盘龙人正在紧锣密鼓地围绕着境内11个湖泊，做“水”文化文章。届时，在外环线和中环线之间聚集的大型湖泊巨龙湖、盘龙湖、武湖等，构成武汉市以水环境为特色的生态环，形成主城区外围的一道绿色屏障。

如今，镶嵌在盘龙湖秀美田园风光之中的中华瑰宝盘龙城，不仅闪烁着古代南方文明的智慧光芒，而且作为新兴的人文旅游开发的风水宝地，又展示着现代人文荟萃的英姿。盘龙湖、蓝天、绿树、碧水、红莲，山之青，水之秀，林之茂，鸟之欢，恬静而温馨；如丹青画卷，似瑶池仙境，风情怡人；荡舟其上，令人飘飘欲仙，乐不思归。难怪诗家赞曰：“洞庭之大，莫若其博大；西湖毓秀，难比之钟灵。”

（二）“国宝之王”甲天下

城市的出现是人类文明的象征，商文化是我国进入文明时代的标志。而青铜铭文、大型礼仪建筑及大型青铜礼器构成了这一地区的商代文明。盘龙城的横空出世，推翻了以往公认的“商文化只存在于中原地区”的理论，雄辩地证明了黄河流域和长江流域从商代早期起就共享着同样的文明。换句话说，如果称黄河是中华民族的母亲河，那么长江则是中华民族的父亲江，长江文明与黄河文明共同构成了中华文明的双亲大家庭。

那么，盘龙城到底出土了哪些代表当时科技文明的罕世珍品？半个世纪的考古成果证明：盘龙城当时已是一个手工业中心，开百工匠作先河。在那些粗具规模的铸造作坊里，先民们创造了辉煌的盘龙城青铜文化，代表着商代南方文明的最高水平。而制陶业、制玉业及土木建筑业等手工业，也颇具规模。盘龙城木雕是我国已发现的最古老的木雕作品，表明了武汉先民创造木雕艺术的悠久历史，“武汉制造”之源亦可上溯至此。迄今，盘龙城共出土了各类文物3000余件，其中陶器1500余件，青铜器400余件，玉器100余件，石器100余件。

盘龙城发掘现场

观瞻商代“玉戈之王”——盘龙城李家嘴贵族墓中出土的94厘米长、1厘米厚的玉戈，不禁让人联想到《三字经》中的“玉不琢，不成器”。其实，玉是中国传统文化的一个重要组成部分，以玉为中心载体的玉文化，深深影响了古代中国人的思想观念，成为中国文化不可缺少的一部分。玉文化包含着有“宁为玉碎”的爱国民族气节；“化为玉帛”的团结友爱风尚；“润泽以温”的无私奉献品德；“瑕不掩瑜”的清正廉洁气魄。而商代的贵族就把生和死寄托于玉，所谓“葬玉以死而不朽”。作为我国出土商代前期的“玉戈之王”，凝聚着黄陂人的智慧，蕴含着黄陂人高尚的品格。

鼎是我国青铜文化的代表，又是旌功记绩的礼器。作为传国重器、国家和权力的象征，“鼎”字被赋予“显赫”“尊贵”“盛大”等引申意义。如一言九鼎、大名鼎鼎、鼎盛时期、鼎力相助等。盘龙城杨家湾11号墓葬中通高85厘米、口径55厘米的青铜圆腹大圆鼎，是商代前期的圆鼎中的中国之最，故这个大圆鼎是商代文明的见证，也是中华民国文化的载体。

李家嘴1号墓出土的提梁卣是已知我国最早的用分铸法铸成的实用器。李家嘴2号墓出土的大圆鼎为商前期之最，还有一件我国青铜发展史上最早的铜簋。发掘的金片绿松石镶嵌龙形器，是迄今中原文化系统中发现的年代最早、器形明确的金器。王家嘴出土的饕餮纹铜尊是我国已知最古老的铜尊精品，而高达1米的大陶缸，堪称商代同类陶器体积之冠。盘龙城还出土了我国迄今发现最早、最完整的一批青铜农具……

所有这些表明，当时的琢玉、铸造、制陶工艺水平已经相当高超，可以与黄河文明比肩。而且城外散见居民区和酿酒、制陶、冶铜等手工作坊及墓地，显示出完备的城邑形态和功能。在1.39平方公里的范围内，常住人口达1万多人。难怪考古专家称，盘龙城的青铜器的质量和制作工艺在当时中国居于领先地位。美国普林斯顿大学教授贝格力在盘龙城文明研讨会上说："盘龙城遗址为中国南方青铜文化研究开辟了一条新的通道。中国北方文化首先在盘龙城扎根，然后才向南方继续传播，它是北方文化南下的一个主要据点，这是我们首次窥测到的一个大现象，只是历史文献对此却没有任何记载。"

盘龙城不仅是长江流域发现的第一个能在地面上看到的商代早期城址，而且其城池、宫殿建筑艺术，也代表着我国南方商代最高建筑水平，与黄河之滨的郑州商城遥相对应，被考古界公认为"中国古城之标本"。盘龙城是黄河文明到达长江流域之滥觞。

这座荆楚方国城池，在当时属一个地域性的政治与军事中心，也是南方与北方的一个经济文化交汇中心。盘龙城在当时的地位，相当于之后武汉的地位，应该是整个华中腹地政治、经济、军事之重镇。中原地区发达的经济文化和长江流域的经济文化互相融汇吸纳，使这一带远在3600年以前，就出现了相当程度的文明。曾经率队进行发掘盘龙城的北京大学教授、中国夏商周断代工程首席科学家李伯谦如是说，盘龙城最初是商王朝军事扩张的据点，稳定后，慢慢发展到地方城市，并往西影响到了荆南寺，向东影响至铜绿山，一直到江西。盘龙城改变了长江流域的文明进程，不仅是武汉城市之根，也是长江中游地区甚至长江以南逐步纳入华夏文明系统的根据地。

盘龙城为武汉城市的兴起，形成了最原始的源头。它所显示的交汇土著文化、中原文化和其他文化的兼容力，与武汉自古迄今的人文演进也是相继相承的。自盘龙开城后，武汉地区先民一直在此繁衍生息，且日益显示出其在军事形态和战略资源上的重要地位。

美国著名人类学和社会学家克拉克洪（Kluckhohn）认为，人类文明的出现包含三个重要因素，即城市、文字和大型礼仪建筑。这其中，城市出现是文明产生的基础，文字的产生和使用是文明成熟的标志，而大型礼仪建筑是文明成熟的一个重要因素。盘龙城正好具备上述“三大标志”，因而它不仅是武汉城市之根，有城有邑、有市有肆，无疑是原始的城市雏形，而且是黄陂先民对人类文明做出的贡献。

（三）早期“故宫”活标本

盘龙城在地底下沉睡了3600多年，它是如何被“唤醒”的呢？

那是1954年武汉遭受特大洪涝灾害之后，武汉市文物部门的工作人员开始实行文物普查。因为汛期各地四处取土筑堤时，发现了很多古墓葬，武汉市文物管理委员会迫切需要作一次文物调查。时任市文管会秘书的青年蓝蔚，在查找地图和翻阅文献资料时，找到了一张复制的地图。原来这是一张民国二十一年（1932年）由湖北省陆地测量局实测的五万分之一军用地图，上面标有“盘土城”和城墙的标志符号，他决定亲自去看看。

同年初冬的一个早晨，蓝蔚与同事游少奇一道，骑车结伴前往黄陂盘龙城实地踏勘。两人北出岱家山，已是田野荒芜，人烟稀少，野径难行，后经猎人指点，直到中午时分才辗转找到城址的方位。

对一般人而言，由于盘龙城古城城垣在这一年的防汛抗洪中，因为取土筑堤而遭到严重破坏。同时国内史学界当时几乎一致公认：商代文明的疆域和势力范围主要是在黄河流域，而在地处长江流域的武汉境内发现了一处古城遗址，即使发现者的联想能力再丰富，也很难将它和商代文明联系起来，遑论宣布它就是一座商城。蓝蔚正是能将二者联系起来的人。

原来，20 世纪 50 年代初，蓝蔚参加了国家文物局举办的考古短训班。几个月间，他亲耳聆听过郭沫若、梁思成、郑振铎、夏鼐等国内一流大师讲课。同时，他还到河南参加过郑州商城的考古发掘，接触了大量二里岗文化期的陶片，而盘龙城和二里岗文化上层期的年份相若。

蓝蔚和游少奇在一个三面环水的半岛似岗地上找到盘龙城遗址后，开始进行步测城墙、绘制草图、拍照和文字记录等工作，凭着一定的专业眼光，他们初步判断遗址的年代属新石器时代晚期或殷商时期。当时，他兴奋得跳了起来！随着在 1955 年第 9 期的《文物参考资料》杂志上首次披露了盘龙城被发现的消息。次年，盘龙城遗址位列湖北省公布第一批 101 处省级重点文物保护单位名单之中。随后分别于 1963 年、1974 年和 1976 年进行了 4 次大型发掘。盘龙城遗址东西长 1100 米，南北宽 1000 米。而城址坐落在整个遗址的东南部，平面形状略呈方形，南北长 290 米，东西宽 260 米。盘龙城城墙呈“外陡内缓”形，四面城墙的中段各有一处城门，城门豁口宽度 5 米左右，外窄而内宽。由此可以看出，这样的设计更利于防守，军事目的较为明显，是为商王朝控制南方的战略资源的中转站。

由于盘龙城是新中国诞生后最早发现的古城址之一，它比发现马王堆汉墓至少要早 18 年，比西安兵马俑早了整整 20 年。那时，国内考古工作刚刚起步，考古人才十分匮乏，盘龙城事实上成为新中国第一代考古工作者的实习基地和人才摇篮。1974 年，湖北省考古队和北京大学历史系考古专业的师生对盘龙城遗址进行大规模的考古发掘，饮誉当代中国文坛的著名作家张承志，当年作为北京大学考古专业的学生，参加过一号宫殿——一座属商代二里岗时期的古城址的考古发掘。他在《诗的考古学》中回忆道：“盘龙城是我参加过的实习中时间最长的一次。那次发掘后来那样激动人心，可是，在发掘过程中充满无数怀疑。到了柱基出土那天，大家都要疯了。那种兴奋外行人不能想象。测绳一拉，提起探铲，隔两米五打下去，当、当、当，下面是一块石头，当、当、当，又是一块石头，表土一揭，掀开就清楚了，一座二里岗宫殿出来了……”当发现朱砂清理出有饕餮纹和云雷纹的椁板时，北大历史系的考古教研室的俞伟超教授喊了一声“我的天啦”！一下子匍匐在地，激动得不停地颤抖。

盘龙城一号宫殿基址面宽 39.8 米，进深 12.3 米。台基略向四面倾斜，上铺陶片，可能是为建筑起散水作用。从残存的柱洞及墙基推断，是一座由中分四室排列的宫殿。四室由木骨泥墙分隔，中间二室较大，两端二室较小，中间二室前后各开一门，两端二室只正面有一门，应有后窗，此乃国王、王后等高级贵族办公与寝居之所。四室之外有一周宽约 2 米的回廊围绕，回廊外沿有 43 根木柱，回廊与主体建筑之间，组成重檐层叠的宫殿，屋面向四面斜披。这与《考工记》等古代文献叙述的“殷人重屋，堂修七寻，堂崇三尺，四阿重屋”及“茅茨土阶”等形制是相符的。这里的四阿即四披顶，重屋即重檐，茅茨即茅草盖顶。

1976 年 9 月，在一号宫殿之南约 13 米处，北京大学考古队会同湖北省博物馆，又发掘了盘龙城二号宫殿，其基址东西长 27.5 米，南北宽约 10.5 米，四周有大檐洞 8 个。由于基址中间未见隔墙，应是一座大空间的厅堂。从一号宫殿在后、二号宫殿在前及其结构来看，可能是“前朝后寝”或称“前堂后室”的布局。《考工记》追述周代宫廷是“内有九室、九嫔居之，外有九室、九卿朝焉”。盘龙城一号宫殿有四室，为后嫔起居处；二号宫殿中间没有隔断，则是臣僚们参谒议事的地方，或是举行庆功、赏罚、婚丧、祭祀的场所。城内被发现的三处大型宫殿基址，其“前朝后寝”以及廊庑、城垣环绕的格局，成为此后 3000 多年中国宫廷建筑的基本样式。学术界认为，现在北京故宫的“前朝后寝”式的建筑布局，就是从盘龙城这种宫殿布局演化而来的。

可以想象，当年的王宫侯府，必是灯火彻夜，廊腰缦回，望断歌台舞榭。盘龙城内，车水马龙，列肆繁错；铸剑之铺，其声铮铮；土窑制陶，绝艺纷呈；玉雕作坊，妙趣横生。作为商王朝重要的青铜冶炼与铸造基地，先民们的“工匠精神”创造了盘龙城青铜文化辉煌。

不仅如此，这里还是我国南方最早联通南北、纵横东西的“九省通衢”。这里的古代黄金水道府河及其黄陂境内的干流滠水、滠水，与长江、汉水、涢水以及洞庭湖、鄱阳湖及其干流四通八达。也正是这一得“水”独厚的优势，又面对广懋富庶的江汉平原，从而使盘龙城首先成为商代长江流域的军事中心城堡，后来的“因武而昌”的武汉因此继承其衣钵，继而成为南方政治、经济和文化中心。

盘龙城到底是“军事据点”“商朝南土（南部疆域）”，还是“方国都城”？历来学界聚讼纷纭，时下，有关专家学者从已有历史文献和考古发现证明：盘龙城商文化与荆楚民族紧密相连，盘龙城就是荆楚方国都城。

因为，在我国最早的文化经典《诗经·商颂·殷武》，以及甲骨卜辞中，即有商王武丁南征荆楚（包括赴盘龙城平叛）的记述；武丁时期至西周早期甲骨文中，也有代表方国的“楚”字出现。

从出土文物看，中国古代的鬲文化，有北方中原式鬲与南方楚式鬲（古代炊具，形状像鼎而足部中空）两大类型。楚式鬲的外形以连裆为主要特征。长江中游地区的连裆鬲最早见于盘龙城遗址，年代比此地出现的中原式分裆鬲要早。楚式鬲在整个盘龙城文化发展期间一直延续，并与后来东周楚文化有着不可分割的重要联系。

由于北方的黄河流域崇尚“龙图腾”，南方的长江流域崇尚“凤图腾”。凤鸟形花纹图案也是楚文化的一个重要特征。盘龙城遗址多次发现陶塑鸟首形象，2016 年初在杨家湾 M17 出土的铜兽面纹牌形器，其花纹以长勾喙凤鸟形图案为主体，与后世楚人的凤鸟图案有直接渊源。

荆楚民族向来活动于长江中游地区，在这一区域内，商代前期唯有盘龙城遗址的规格最高。且盘龙城有内外两重夯土城垣，有城有郭，达到了方国都城的规模；盘龙城宫殿建筑采用“前朝后寝”格局，二号宫殿外围有陶质排水管道，该建筑格局与规模只在殷墟等都城遗址发现过；盘龙城遗址的高级贵族墓中，如李家嘴 2 号墓和杨家湾 13 号墓，随葬都是四鼎，说明当时的高级贵族级别达到了方国诸侯一级。

至于盘龙城商代文明衰落的时间，其直接与武丁南征相关。商代早期荆楚一直臣服于商，但在商人势力衰微时试图独立，因此在武丁中兴后遭到了无情镇压。

（四）遗址公园现雏形

盘龙城在长江文明、中国文明及东亚文明的地位，引起海内外学界的广泛关注。故宫博物院院长单霁翔曾提出：盘龙城可以申报世界文化遗产。

1988 年，盘龙城遗址被国务院公布为第三批全国重点文物保护单位；2001 年 5 月，列为中国 20 世纪百大考古发现之一。2006 年，盘龙城遗址被定为全国大遗址保护之中国南方示范遗址，并由中国建筑设计研究院历史研究所制定了《盘龙城遗址保护总体规划》。保护范围 3.95 平方公里，其中核心保护区 1.4 平方公里。

盘龙城比西安的秦始皇兵马俑发现早了 20 年，但其展示工程却滞后了 30 多年。直到 2013 年盘龙城国家考古遗址公园核心区本体保护展示工程才在原址开工，目前公园核心区基本完工。预测项目建设资金 29.6 亿元。如今，游客可乘 4 条公交车线路与地铁 2 号线延长线前往遗址公园。

2017 年 12 月 2 日，国家文物局已经向武汉市颁发了盘龙城国家考古遗址公园匾牌。遗址公园总面积6.55 平方公里，分三个“圈层”布局：第一圈层即核心保护区，为 1.4 平方公里，进行遗址本体保护工程和考古发掘；第二圈层即一般保护区，为 2.55 平方公里，进行保护展示工程和遗址博物馆建设；第三圈层即建设控制地带，为 2.6 平方公里。以满足考古遗址公园管理和服务功能的需要，开建容纳同考古遗址公园主题相适应的功能项目。保护区内盘龙湖水面占地 1.113 平方公里。

时下，可探访区域包括盘龙城遗址陈列室、夯土城垣（即城墙）、北城壕、大型宫殿基址等。而盘龙城的小嘴遗址、李家嘴墓葬等仍在进行考古发掘，遗址公园开放后，一旦条件成熟，考古现场将逐步对观众开放。

（五）考古研究硕果丰

为了汇集发现、开发与研究盘龙城的成果，半个世纪以来，相继出版考古成果，文史、文艺作品多种。湖北省文物考古研究所组织编写了大型考古报告《盘龙城：1963—1994年考古发掘报告》（2001）、《盘龙城青铜文化》，著名史学家皮明庥将盘龙城考古成果写入《武汉通史》，陈贤一撰写了《商代盘龙城——武汉城市之根的考古历程》（2015）。盘龙城遗址博物院等编辑出版了《武汉城市之根》（2002）、《商代盘龙城学术研讨会论文集》（2014）、《南土遗珍——商代盘龙城文物集萃》（2016）、《盘龙城与长江文明国际学术研讨会论文集》（2016）。相关研究成果有刘森淼《荆楚古城风貌》（2012），郭静云著《夏商周：从神话到史实》（2013）等。出版的文艺作品有：王士毅诗集《黄花集》、罗向阳主编《盘龙城诗词集》《盘龙城辞赋集》《盘龙城文物精品图录》，以及明德运小说《盘龙城》等。下面特选录盘龙城赋三篇：

盘龙城赋

王士毅

城号盘龙，源溯殷商之址；诗颂荆楚，本追武汉之根。位居汉口北郊，灵钟秀毓；坐落黄陂西陲，湖抱山环。出土于一九五四年，距今三千六百载。城址崔嵬千仞，远瞩高瞻；宫殿迢递百寻，前朝后寝。筑城垣于四周，固邦畿以千里。筚路蓝缕，辟长江政经之胸腹；拓土诛茅，扼南国军事之咽喉。墓穴多型，阶级社会之缩影；棺椁各异，贵贱身价之象征。贵族命丧，竟以奴隶殉葬；平民身亡，忍教沟壑填尸。城外乃庶众聚落，周边为手工作坊。青铜浇铸，技艺高超，产品精湛。戈、矛、镞、钺，坚韧流光，临阵及锋而试；锛、镬、刀、镰，古朴绚彩，备耕磨砺以须。陶器制作，种类纷缊，品位高雅。酒器爵、觚、斝、杯，造型精美；食具鼎、鬲、簋、盘，体貌玲珑。琢玉刻木，技绝而工精，丝丝入扣；雕花饰纹，心灵而手巧，栩栩如生。文化底蕴之厚，探知百工匠心之苦，斫轮造诣之深，闪烁奴隶睿智之光。华夏史传万代，岂可数典而忘祖；盘龙名列百强，须当继往以开来。

曩昔盘龙之褐土古城，而今栖凤之黄金宝地。……挥如椽之大笔，辐射中华；展旷代之宏图，蜚声世界……

（摘自《黄花集》，武汉出版社 2005 年版）

盘龙城赋

苍生

长江北岸，滠口南端，张公堤外，龙湖之畔，盘龙城在焉。此城号曰大武汉之根，三千六百载由商迄今，历战火几度，而旧貌犹存，列次南方古城之第一，华夏考古之奇珍。其城也，三面水转，一面山展；城呈方形，鹰嘴突显；夯筑城垣，外陡内缓；城壕阔深，削壁如剪。诚为金汤之固，铁崖之险。

遥想汤师北来，甲车轰隆，平原撼动；旌旗高扬，暗云乍笼；步伐嘈急，山岳栗悚；战鼓咚咚，发聩振聋；戈矛曜日，黄尘弥空。怒喝声可遏于行云，刀枪鸣而鬼神夜哭。大江汤汤，涛声郁郁。府河汩汩，默默而续。盛极人世，缚虎逐鹿。汉南四十余国，莫不俯伏。

盘龙一城，遂起于泰岳之势。城内驻兵，可左撼夷越之器，右慑羌戎之卫，前控荆蛮之地。

盘龙城内，曾为繁华地带，万贾之家。车水马龙，古屋乱鸦。楚男湘女，扛羊卖鲨，寻路问价，不觉日已西斜。王宫侯府，灯火彻夜，廊腰缦回，望断歌台舞榭。城东王子晨起，纵马持弓，路人避让，前引后拥，识者指曰：北门打猎去也。城南列队奏乐，民人夹道，旌旗林立，兵甲亮曜，或曰：班师还城也。城西忽闻骚动，喝斥声起，瞬间出城，直传百里，曰：奴隶潜遁也。城北锣声喧闹，嬉笑频传，吆喝声里，鼓掌愈欢，曰：要杂技也。更兼酒肆开张，暗香遂兴。铁铺铸剑，其声铮铮。土窑制陶，绝艺纷呈。作坊玉雕，妙趣横生。码头河道，舟楫纵横。潮浮潮退，穿梭航行。东达扬越，南下蛮荆，西登巴蜀，北抵王城。成汤之德，遂被于海内……

先祖创业，后人承之。乃惜毫厘，必较铢锱。业业兢兢，敢循皇穹好生之德，遂壮而巍。倘有怠懈，即始倾颓。而时人我行我素，懵懵而不知然也。

（原载《盘龙城辞赋集》，罗向阳主编，武汉出版社2005年版）

盘龙湖赋

钱明锵

汉水之北，黄陂之阳。龙盘泽国，水潴云乡。陂埭四竭，樯橹中航。汇百派之黛蓄，开千顷之方塘。环龙城，十湖围抱；绕垣曲，三面流潢。南北通漕，连河接壤；东西呼应，奔注入江。观其深广，邈乎浩浩；径其延袤，漫乎洋洋。明湖止水，潋滟映空，晖晖兮与丽日并曜；寒渚澄波，缥碧见底，朗朗兮与皓月同光。岚影清幽，逢深宵而愈静；縠纹滉瀁，遇回风而轻扬。春夏秋冬，风光迥特；阴晴雨雪，景色殊常。

若夫湖上春回，晴光明媚；天街雨霁，叠巘葱青。和风骀荡，渟渊湛碧；平波极目，淑气穆清。对对翩翩，穿花舞燕；关关恰恰，隔叶啼莺。柳之依依，垂垂其绿，曳柔丝而拂岸；桃之夭夭，灼灼其华，炜芬葩而扬英。爱侣谈情，嚼花眠草；骚朋觅韵，催酒坐茵。真乃春风得趣，赏目怡神者也。

迨及夏风拂拂，卿云缦缦。日炫晃以胧光，草葳蕤而葱粲。重峦耸翠，落山光于碧湖；嘉树连阴，摇清影于曲岸。鱼翔浅底，若织女之抛梭；萤飞腐草，疑流星之坠汉。菡萏凌波，挺翠盖之千幢；圆荷贴水，叠青蚨以万贯。俊男鼓枻，舟动萍开；靓女狎鸥，波惊鱼散。歌采莲于菱渚，避炎威于泽畔。或移席于槐荫，或置枕于竹院。荷风扇暑，凉生昏旦。实令人气爽神宁，闲适旷澹也。

若其时逢秋序，天高水平。遥山碧瘦，别浦寒清。镜花净洁，月影晶莹。湖涵螺翠，波漾云青。红蓼乱兮侵岸，绿萍浮兮满津。浩霜空兮一色，横霁色兮齐明。雁飘飘兮北返；蝉嘒嘒兮长吟。驾小舠兮一叶，听渔歌兮数声。望乾坤兮满眼，惊岁月兮迭更。嗤悲秋之宋玉，耻浅俗之鲰生，且逍遥兮放旷，与人世兮无争。

迨至三冬，斗转北陆。羲和少驻，乾风渐肃。玉壶轻冰初凝，霜树黄叶尽落。盐虎舞风，飘飘兮千里飞琼瑶；玉龙批鳞，密密兮九霄散银甲。登楼远眺，遍龙城尽裹银装；倚阁翘瞻，漫长空徐垂素幕。更喜雪霁湖滨，梅开东阁。横枝香盈于烟渚，冷蕊气霭于林薄。罗浮梦断，若师雄之情痴；艳曲歌成，似何逊之饶乐。踏雪寻梅，围炉浅酌。风流潇洒，神仙奚若耶！

是以四时异景，览物动情。灵湖胜概，四海蜚声。时逢盛世，百废俱兴。问鼎世遗，重迈新程。追寻殷商龙脉之轨迹，重倡荆楚重镇之文明。发掘中华文化之瑰宝，继承传统国粹之遗薪。跻身四海名湖之行列，享誉世纪百强之殊荣。谨缀俚词以为颂，聊申蝼蚁之微忱。（同上）

二 木兰山与木兰文化

木兰耸翠，绝俗于仙河之东岸；巾帼传奇，借名于大别之南陬。山储王气，青狮岭之雄霸；岳有谆风，牛头山之壮猷，天象藏玄，沧海桑田之造化；地质露真，玉皇金顶之来由。

——题记·潘安兴《木兰山赋》

木兰山，是《木兰传说》与木兰文化的天然文化场。明清《黄陂县志·山川》载：木兰山，在县北六十里，木兰将军生长与长眠圣地，隋因此设木兰县；山上层峦叠嶂，林木森然，七宫八观三十六殿林立，四方之民竞相朝觐览胜。正所谓“将军烈气通山泽，草色轻寒犹自夭”。

《汉阳府志》载乾隆十二年木兰山胜景

在中国古代民族关系史上，有两位风华绝代的杰出女性各自写下了光辉的一页，一位是代父从军的安边女将朱木兰，另一位是出塞和亲的和平大使王昭君。在中国古代的诗歌史上，又有两首叙事诗（史称“乐府双璧”）享有重要地位：一首是千古传唱的《木兰诗》，一首是民间文学的光辉诗篇《孔雀东南飞》。

木兰从军的故事成就了《木兰诗》，《木兰诗》的形成过程，传承了木兰精神。黄陂自古以来是忠义之乡，木兰将军就是从这里走出的巾帼英雄；黄陂也是诗歌之乡，《木兰诗》也是从这里传唱开来的；黄陂还是文化遗产的重镇，其流传千年的《木兰传说》，自从

2008 年 6 月 7 日列为国家级非物质文化遗产后，更是吸引了海内外人士的眼球。

《木兰传说》是一个流传广远、家喻户晓的民间故事。在从古至今口耳相传地传承、加工、丰富中，打下了深厚的民间基础，成为这里人们仰慕英雄、追求正义、崇尚美德的精神寄托和世代奉为经典的保留活剧。《木兰传说》的讲述在黄陂全部使用本土方言，情节皆以主人公木兰为主角展开，绝大多数以叙事方式讲述故事，也有以诗体语言或说唱形式表述的。除女扮男装、替父从军、征战十二载、晋升将军凯旋后不受朝禄、愿归故里、事奉双亲、最后终老故里等主干情节外，这里还流传着许多有着鲜明黄陂特色的民间木兰故事。通过此种持续不断的故事增衍，《木兰传说》历久弥新。

以木兰山、双龙镇为文化场的《木兰传说》，在黄陂这片文化沃土里生根、发芽、开花、结果，以至长成枝繁叶茂的参天大树，从而形成蔚为大观的木兰文化。改革开放以来，黄陂以木兰山为中心陆续开发了木兰湖、木兰天池、木兰古门、木兰草原、木兰云雾山、木兰清凉寨、锦里沟和木兰花乡等十大旅游景区的系列木兰生态旅游，进行旅游传承。其中有 4 个景区已经建成国家 5A 级旅游景区。同时赋予优美的《木兰传说》内涵，让世代沐浴其泽辉，恒久吸纳其精华。

（一）五帝钦定木兰县

千百年来，黄陂的《木兰传说》历经原生期、次生期、定型期、衍进期、弘扬期、流变期等发展阶段，流传形式在口耳传承的基础上，又发展出行为传承和信仰传承，不仅沉淀下了丰厚的文化资源，而且还使这种传说凝练为一种以“家国情怀”为精神内核的文化传统。

也许是木兰精神的感召，全国各地女扮男装的巾帼英雄层出不穷，到了清代关于木兰的姓氏出现了多种版本：或姓木（河南虞城说），或姓花（陕西延安说），或姓魏（安徽亳州说），或姓朱（湖北黄陂说）。但湖北黄陂说拥有正史、方志、民间史料与实物等多种证据支撑，更有五位皇帝的钦定——

在黄陂置县2000多年以来，县名多次变更，其中从南北朝到清代，先后有5位皇帝多次钦定黄陂为木兰故里，三朝设立木兰县。这在全国是绝无仅有的。

那是在南北朝南齐建元元年（479年），南齐开国皇帝萧道成为纪念木兰将军，特地将黄陂木兰山以北地区（包括今大悟县南部）及今红安县大部设立“木兰县”，县治在双龙镇。萧道成是西汉丞相萧何之第二十四世孙，他年少时师从名儒雷次宗，钻研《礼》及《左氏春秋》。性情深沉，通习经史，为南朝宋将军，被封为齐王，后受禅为帝，改国号为齐。他为了重振朝纲，弘扬忠孝仁义，故以木兰冠名。《南齐书·州郡志》云：“南齐司州安蛮左郡辖七县，第一个便是木兰县。”不仅如此，历史上还将古木兰县地域内之木兰山东北的塔耳寺一带，正式冠名为木兰乡，只是在新中国成立后又更名为塔耳乡。到了1992年，随着黄陂将木兰将军饮马之木兰湖开发为木兰湖风景区，到20世纪末，民政部门将以木兰湖为主体的原塔耳乡恢复为木兰乡。北宋《太平寰宇记》也曾记载黄州（黄陂古属黄州）有木兰县、木兰乡、木兰庙等建置或胜迹。述曰：“旧木兰县，取此为名。今有庙，并木兰乡。”

只是后梁统治时期，由于连年战乱，亲伦相残，忠孝沦丧，于是后梁当局于天监元年（502年）废木兰县置“梁安县”。

隋文帝杨坚就位后，决定重建忠孝立国朝纲，乃于隋代开皇十八年（598年）诏命恢复黄陂之“木兰县”。唐高祖李渊，即唐朝的第一个皇帝即位后，以“武德”为年号，继续沿袭“木兰县”名，直到唐武德三年（620年）。

如果说南齐朝廷还只是一个割据一方的局部政权，那隋、唐王朝就已是威披九州的大统一了。隋、唐王朝复在今武汉市黄陂区北部设木兰县，可想对弘扬木兰精神的巨大推动力。

时至300年前的清康熙、雍正年间，官方为了统一界定木兰故里，在清代康熙四十年（1701年）至雍正六年（1728年），由康熙皇帝钦赐书名，雍正皇帝写序，由著名大臣和学者陈梦雷、蒋廷锡历时两朝28年，编纂的《古今图书集成》，将历代有关木兰将军的史事、山川地志与诗文全部列入“职方典1174卷黄州府郡黄陂县”。其中收录山川名胜、诗文史事条目颇丰。首先收入的就是《木兰诗》，意即表明木兰诗所叙述的木兰故事发生在黄州之黄陂。换句话说，官方大典对木兰作了明确的界定，钦定黄陂为“木兰故里”。

这部被康熙誉为“清朝第一大书”与“中国之瑰宝”的大型类书《古今图书集成》，正文10000卷，目录40卷，共分为5020册，520函，42万余筒子页，1.6亿字，内容分为6汇编、32典、6117部。是清雍正以前中国历代图书的总汇，也是中国现存最完整、用途最广、规模最大的类书，其规模比《大英百科全书》（第十一版）还要大三四倍，堪称中国古典文化的结晶、人类文化史上的巨著，颇具权威性。

在民间流传的木兰传说的多种版本中，清代的版本内容丰富，影响广泛。其中《木兰奇女传》自清光绪四年（1878年）常州乐善堂刻印后，共有7种刻本流传至今。在该书的序文中，修庆氏引用《唐书》的说法，称木兰为西陵（今湖北黄陂）人。他说：“予幼读《木兰诗》，观其代父从军，可谓孝矣；立功绝塞，可谓忠矣。后阅《唐书》，言木兰唐女，西陵人，娴弓马，谙韬略，转战沙漠，累大功十二，何其勇也。”这种说法不仅与元代的碑文相吻合，也与明代《焦氏笔乘》与《木兰古传》如出一辙，且拥有文献、实物与口传三重证据印证。

（二）“双龙戏珠”耀古镇

千古传颂的巾帼英雄木兰将军的人物原型名叫朱木兰，出生于古代江夏郡西陵县之双龙镇，即今湖北省武汉市黄陂区姚家集街之大城潭村——一个民风纯朴的千年古镇。明代著名史学大家焦竑在其《焦氏笔乘》里叙曰：“木兰，朱氏女子，代父从征。今黄州黄陂县北七十里，即隋木兰县。有木兰山、将军冢、忠烈庙，足以补《乐府解题》之阙。”文中涉及的古木兰县的地理坐标直指被认定为木兰故里的今大城潭村。

双龙镇东、南、北三面环山，西临直通长江的滠水河，可谓“犹抱琵琶半遮面”。每当春夏之交，漫山遍野的木兰树盛开木兰花。在古代，滠水是长江流域第一古城——商代盘龙城，通往王都郑州的黄金水道，河面常年船帆云集，车水马龙。

远眺古镇，这里前后的两支山臂，自东向西向滠水河伸展，蜿蜒起伏，犹如两条巨龙，直插河心；滠水西岸则矗立一座形如球体的巨石（一说指一潭碧水），在阳光照耀与河水波光的映衬下，就像滠水河畔的一颗璀璨的明珠，熠熠发光。随着滠水的流动，两条“巨龙”时隐时现，与对岸的“明珠”，构成一幅奇特壮观的“双龙戏珠”动感画卷，故名“双龙镇”。

镇东还有一座千年古刹、佛教道场——观音寺。观音寺坐落在大寨山与小寨之间，古木参天，庙宇巍峨；寺前兰山耸翠，松柏横枕于背后。砂环水转，松茂竹苞；常年梵音绕梁，香火旺盛，为西陵第一名境。

雄峙于牛头山（今木兰山）峭壁之上的三清殿、玉皇阁等八大道观，同是当地驰名的宗教道场。周边州县的信众，每年结队而行前来参加庙会、从事法事活动，形成从双龙镇到牛头山的“两点一线”朝觐方式，即春夏之交（农历四月初八）到观音寺祈祷诵经，金秋时节（农历八月初一）到牛头山上“开山门”。

当你前往探幽，首先闪入眼帘的就是巨石碑上的七个大字：木兰故里双龙镇。继而，阵阵清脆悦耳的童音合唱，伴随着潺潺流水声，犹如一首田园交响曲，由远而近。民歌歌词云：

> 日出东方观音佑，滠水百舸竞争流。
> 虎踞龙腾抛绣球，一幅双龙戏珠图。

双龙镇坐落在总面积约800亩的盆地，数百间民居建筑，为典型的徽风赣韵流派风格：一排排土木结构、青砖灰瓦的房屋，南倚小寨山，北枕大寨山；古镇护城河环绕，柳密竹茂，石板铺就的主街，呈东西走向；商家店铺，顾客摩肩接踵。因该镇以朱姓为主，原是朱氏家族所筑城池，故称朱城寨。又因双龙镇是当地的一座遐迩闻名的大城镇，紧靠的滠水河中有一潭清水，深不可测。因此，又称双龙镇为“大城潭”，且一直沿用至今。有民谚为证：

当街铺面数百家，陆路运货有车马；
百舟夜宿大城潭，千帆清晨逐浪发。

在历史上，双龙镇还是镇守一方的军事要塞与政治中心。古镇周边筑有坚固的砖石城墙，且有宽阔的护城河，易守难攻。自西汉初年起，这里相继设有烽火台、驿站、盐局、巡检司。双龙镇也是古木兰县的县治。

跨过护城河的石桥，穿过由一条条麻石砌成的城门门楼，进入双龙镇城内，闪入眼帘的就是木兰出生与幼年生活的故居。

故居是一栋九进九重的民居建筑，前有门楼，中有天井，两边是厢房，后是一排排“明三暗六”式的土木砖瓦结构的正屋平房。平房内有木板阁楼，楼下堂屋的神龛上，分列朱若虚、朱天禄与朱木兰祖孙三代人的牌位。

唐代会昌二年（842 年），时任黄州（辖黄陂、黄冈、麻城）刺史的杜牧专程拜谒双龙镇时，受到了朱氏族长的热情接待。族长从阁楼里请出一木盒，在焚香祷告之后，双手从木盒中取出用红绸包裹的唐初版《朱氏宗谱》，然后低头拱手呈献给杜牧。杜牧毕恭毕敬地浴手后，方打开宗谱浏览，但见宗谱上的《若虚公传》中写道：“（木兰）将军祖公盈川，名若虚，道号实夫。祖母黄氏，名仪贞，居于湖广黄州府西陵县双龙镇。若虚公天性至孝，善事父母，勤俭持家，和平处世。春耕秋读，积日而月，积月而岁，不数年竟至钜富。当时汉文帝下诏求贤，屡举孝廉。公闻知当朝奸臣，专权用事，只推亲老，不肯应诏。惟爱日惜阴，以事父母。遇父母稍有未适之处，便痛加责刻，手书一诗，悬于中堂以自勉。诗曰：‘父母养育恩，匪只如天地。

天地生万物，父母独私我……’”

瞻仰了木兰故居后，杜牧又前往镇东的观音寺采风，寺中住持与杜牧泼墨交流后，热情地留他在此住了一宿。醉月长老对杜牧讲述了木兰的身世。

双龙镇上有一位朱天禄将军，耕读传家，家庭和睦，事业有成，造福桑梓，有口皆碑，美中不足的是年近半百而膝下无嗣。

有一年农历八月初一，牛头山庙会（俗称“开山门”）前夕，朱天禄与夫人赵氏商量，决定前往牛头山祈嗣顶拜香许愿。为了抢烧第一炷香，在庙会的前一天下午，天禄就踏上了前往牛头山的征程。到了牛头山脚下，遂三步一拜、九步一叩地登临牛头山之祈嗣顶，终于抢到了头炷香，并默默地许下了求嗣之心愿。

祈嗣完毕，因彻夜未眠，朱天禄已经十分疲劳，就来到一棵木兰树下坐下来靠着树干歇息。他一边放眼牛头山上满山遍野的鬼斧神工奇石，一座座烟雾缭绕、梵音四起的庙宇，以及郁郁葱葱的翠竹野花，一边连续打了几个呵欠，就不知不觉地进入了梦乡。

朦胧中，朱天禄看到木兰花丛中走出一个人来，这人慈祥和善，面带微笑，由远至近，来到天禄身边——原来是玉皇大帝下凡！玉皇大帝在牛头山亲自召见自己，随即手捧一子，授予天禄，天禄连忙虔诚地跪谢后，毕恭毕敬地接过男婴。就在天禄低头与玉帝告别的一霎，待他再抬头时，忽然发现手中的男婴不翼而飞了。天禄急得直跺脚，使劲拍打脑袋，打着打着竟把自己打醒了。原来是南柯一梦。

天禄回到家里，便一五一十地对妻子赵氏如实道来梦中的情境。赵氏听后，满心欢喜，认定这就是菩萨显灵，从此她便每天在家吃斋祈祷。有一天夜里，赵氏早早入睡，就做了一个美梦，梦中见到牛头山山神赐给她一个千金。她大喜过望，一下子笑醒了。也许是心诚则灵，事隔不久，赵氏真的怀有身孕了，两口子喜上眉梢。过了一段时间，赵氏在十月怀胎之后顺产了一个可爱的千金。明代手抄本《木兰古传》写道：“木兰将军，黄郡西陵（今黄陂）人也，姓朱、父寿甫，母赵氏，无子，祷于建明山（即木兰山）。赵氏梦山神抱一女入室……遂有娠，如期生女，是为木兰。”

长女出世那天，朱天禄目不转睛地注视着爱女稚嫩的小脸蛋，恰似那牛头山上生长之木兰花蕊。顿时，心花怒放，产生灵感：既然爱女长得如花似玉，为何不以木兰花名给爱女命名呢？在欣喜之余，他不禁脱口而出：“木兰，爱女就叫木兰！”朱家添人进口的喜讯不胫而走，乡亲们奔走相告，纷纷登门贺喜。

时间如白驹过隙，一晃又快到了农历八月初一——牛头山“开山门”的时候。妻子就对天禄说：“去年八月初一，官人在牛头山的祈嗣顶许愿，并做了一个美梦，如今果然有了孩子，算是圆了梦，该是我们到牛头山还愿的时候了。”天禄觉得妻子言之有理，而木兰尚在襁褓中，离不开妻子，他一人重上牛头山还愿。

小木兰幼时即娇俏机敏，一旦有人逗她，她就报以一脸的微笑。当地民间有一种说法，只要能博得婴儿一笑，你就会交好运。所以，邻里乡亲均喜欢逗乐小木兰。而且族中长幼尊卑，双龙镇的乡亲，在呼唤小木兰时，往往将姓氏“朱”字省略，直呼“木兰”。而当地又有称女孩为“村姑”或“仙姑”之类的习俗，所以又给木兰冠以“花姑”之名，意为“如花似玉之仙姑”。不仅如此，也有人将“木兰花”，倒过来念，称之为“花木兰”，谓之“如木兰花一样美丽之木兰”。久而久之，人们就习惯于称“朱木兰”为“花木兰”或“木兰”了。

木兰从军后，一次俘获一番女将军花阿珍，为了和好息战，二人义结金兰，木兰遂改姓“花”。这也是明代杂剧《雌木兰》称“花木兰”的缘故。

（三）木兰对诗扮男装

据清光绪四年（1878 年）常州乐善堂刻印本《忠孝勇烈奇女传》记载，有一年农历四月初八，观音寺的醉月长老迎来了大悟山的佛家高僧丧吾和尚，举行了隆重的佛祖诞辰吉日之法事活动。

丧吾和尚俗名伍云召，原是驰骋沙场的一名宿将，因看不惯奸臣当道而遁入空门。由于他潜心向佛，虔诚修行，乐善好施，一跃成为蜚声佛教界的道德高僧。

是日上午，众僧簇拥着丧吾和尚参佛升座。但见他头戴玉佛冠，身披大红袈裟，足踏云鞋，坐定后口中念念有词……

丧吾和尚吟诵完毕，大堂顿时鸦雀无声，左右僧士与信众均无人应对。于是，和尚依然闭目，以“我”“大道”“月”“水”为题，吟咏道：

未生我兮谁为主，既生我兮主我谁？
大道不明空费力，水中明月自修持。

丧吾和尚话音刚落，只见信众中走出了一位翩翩少年。他，头戴青巾，身穿蓝衫，年纪不过十岁，步至禅座下，合掌作揖，毕恭毕敬地对着丧吾高僧答道：

未生我兮天为主，既生我兮心为主。
大道若明不费力，水中明月好精神。

丧吾高僧虽然双目紧闭，但他从这天真童音判断，极有可能是一位少年男生。丧吾不禁满心欢喜，所以，他接着“水中明月好精神”，赞扬少年如“万点星”。诗云：

水中明月好精神，风送波摇万点星。
不尽浮云蔽月色，清池里面影沉沉。

少年听在耳里，铭记心头，对长老的文采与道德修养更是暗暗称奇。在若有所思后，少年则口占“性静如水慧如月”之七言诗答道：

性静如水慧如月，六欲不生万念寂。
浮云生灭空往来，寥寥太虚无挂碍。

丧吾高僧听后不禁一惊，这少年竟如此文思泉涌，出口成章！为了继续考考其诗词歌赋的唱和能力，丧吾便以“龙”“虎”“莲”“家”等关键字，即席口占一首五言禅诗：

龙从火里出，虎向水中生。
九叶莲台上，自度自家人。

小男生仔细聆听，他并未机械地以五言诗应对，而是灵机一动，通过“龙”“虎”“水”“火”步其原韵“出”“生”“人”，以七言诗慨然奉和道：

心中炼性龙火出，性中立命虎水生。
心花灿烂莲花生，元神却是自家人。

如此信手拈来，再次打动丧吾高僧，丧吾连声称赞道：“善哉，善哉！神童也！”但他又觉得这位少年似乎是女扮男装。于是，他通过吟诗提问，希望少年去掉头巾，让大家一睹真容。丧吾口云：

元神真又真，空寂见无生。
返我真面目，净土好安身。

机敏的少年听到“返我真面目”这一句时，唯恐大师识破自己的庐山真面目，便一边作揖，一边悄悄地缓缓而退，随后从侧门溜之大吉。

这位与名僧对答如流的小男生不是别人，就是女扮男装的朱木兰。原来木兰为了既想上午一睹丧吾和尚的风采，又想聆听下午醉月长老诵经。所以，她就进行一番乔装打扮入场。这也许是木兰首次在公开场合乔装打扮、女扮男装。

正是这次机缘，木兰因此成为丧吾和尚等人的嫡传弟子，为接下来代父出征奠定了武功基础。

木有根本，水有源流。民间在叙介木兰的传奇身世时，内容丰富多彩，传播版本五花八门，流传形式多种多样。在流传甚广的三个版本（一说木兰生活在西汉文帝刘恒统治期间，即公元前166年与公元前158年，北方匈奴犯边之时；一说生活在南北朝之北魏孝文帝时期；一说生活在隋唐之隋炀帝任内）中，参加木兰国际文化学术论坛的历史文化学者大都认定：木兰生活在西汉时期。

回望西汉王朝200余年的历史，汉王朝与北方匈奴之间的民族矛盾十分突出，几乎有过100年的“和亲”和100年的“战争”。木兰传说与昭君出塞，就是对“战”与“和”的典型写照。清代《大清一统志》曾援引《大明一统志》记载云：“汉文帝时，匈奴寇北边，发内郡戍之。木兰代父为戍卒，以功为小校，所戍是完县，故完人祀之。孝烈将军，唐所封也。”

（四）山并木兰争万古

“木兰胜景，扬威世界。”这是美国首位华人与亚裔大学校长田长霖畅游木兰山后，写下的八个大字。木兰山，系大别山南麓之余脉，海拔582.1米，方圆30平方公里，距武汉市中心约50公里。木兰山是香火缭绕的宗教重地，更是一座彰显华夏民族精神的人文名山，这里众多的宫、殿、堂、碑和史载、传说，展示着驰骋疆场的巾帼英雄木兰将军形象，为武汉市黄陂区带来富有地方色彩的木兰文化。木兰山原曾称青狮岭、牛头山和建明山，后以纪念木兰将军易今名（一说因山上生长木兰树而得名）。明代诗人徐承颐在《木兰山》一诗中道出了木兰与木兰山的关系：

未有木兰先有山，山名偏借木兰补。
木兰与山名俱在，山并木兰争万古。

木兰山的古庙，始于隋，兴于唐，盛于明，先后曾出现过七宫八观三十六殿、古佛千余尊的壮观场景。晚唐大诗人杜牧前来木兰山拜谒木兰将军庙、木兰殿，并写下了千古传诵的诗篇《题木兰庙》。诗云：

弯弓征战作男儿，梦里曾经与画眉。
几度思归还把酒，拂云堆上祝明妃。

明代将木兰庙扩建为木兰殿。那是明万历三十六年（1608 年）初，明代辽东巡抚、都察院右副佥都御史兼管倭备臣张涛，给明神宗皇帝朱翊钧上书《题建木兰山将军庙奏疏》，捐资重建。奏章云："辽东巡抚、都察院右副佥都御史兼管倭备臣张涛，为启建祠宇以光山岳事。窃以名山、大川，圣朝隆封祠之典；灵坛、古社，群黎修烝尝之仪。有湖广省黄州府黄陂县木兰山，乃真武修炼之所；唐节度使朱异家于其下，其女代父出征，功封木兰将军。启建祠宇于其上并立。真武庙貌，世远年湮，香火颓废。臣叨生兹土，感将军之贞烈，沐真武之威灵，欲捐资未敢擅便。伏乞陛下念真武功在国本，将军勋立唐朝，臣得以重修鼎建。一以动神人护国之念，一以启土民忠孝之心。臣诚惶诚恐谨奏。"

得到神宗恩准后，张涛于次年（1609 年）斥巨资，大兴土木，修建了木兰山木兰庙（今名木兰殿）、木兰坊、木兰祠、祖师金顶、玉皇阁、娘娘殿、无量殿及八宫二观等主体建筑。同时在木兰山东南坳，分别修建供奉观音大士和关王神像的藏珠阁、凉亭各一座。另建东宝塔、西寺佛场、文昌寺、了心庵、生洲寺、西陵寺、闵家寺、滠水镇寨门码头。如此大规模地重建木兰山，又有皇帝的御旨，从而使木兰山威名远扬，成为湖北周边地区以及沿江、沿海各省香客与文人墨客游览朝觐的圣地，促进了木兰精神的传扬。

在木兰殿内供奉着三尊木兰将军塑像：正面的五彩塑像，身着将军战袍，明盔亮甲，托剑而坐，半文半武，目光炯炯，眉宇间英气勃勃，粗看是男儿，细察为女郎。这是木兰挂帅出征的造型，威武雄壮。左边是青年木兰投军之初，一身戎装，手牵义孝明驼在行军中的飒爽英姿；而右边则是木兰将军解甲归田后，重着女装的肖像，纯朴善良。众将校分列左右，如群星伴月，更烘托出木兰将军的英武伟岸。在殿堂两侧山墙上，是一组组色彩明丽的仿古壁画。壁画将志载与传说融为一体，分别以“登山祈嗣”“涧畔习武”“代父出征”“凯旋归省”等为题，生动地描述了木兰幼年田园诗一般的生活，突显了这位妙龄闺秀，以高度的爱国热忱，冲破封建世俗观念的束缚，女扮男装，奔赴沙场，英勇杀敌的高风亮节和她尊敬父母、热爱家乡的传统美德。

走出木兰庙，庙门正门左右两边石块上，各刻有骆驼和白马图像，展现了木兰将军当年驰骋疆场，立功异域的勃勃英姿。

正对木兰庙门还有一个标志性建筑——雄伟大气的木兰将军坊。牌坊北面的“唐木兰将军坊”六个大字非常醒目，顶上立匾所刻“灵杰”，横额刻“忠孝勇烈”四字，高度概括了木兰精神实质。牌坊南面上方浮雕上刻“双凤朝阳”，下刻“二龙戏珠”图案。一般说来龙在上，凤在下，但牌坊却有意将凤与龙的位置互换，这既表明凤为楚文化的图腾，又意含家乡人民对木兰巾帼不让须眉的崇敬之情。

清同治十年（1871 年）《黄陂县志·山川》介绍木兰山曰：“上有玉皇阁、真武殿，四方朝谒者多灵验。”同时，明人屠达也在《登木兰山记》中称木兰山为“西陵之最胜，三楚之极观”。

木兰山的宗教建筑颇具特点：一是“佛中有道，道中有佛”，把佛教与道教建筑融为一体；二是寺庙建筑注重结构，用石块交错嵌压而成，不用泥浆，即干砌石墙，有“木庐干砌”之誉。

至于木兰殿的“忠、孝、勇、烈”与牌坊上的“忠、孝、勇、节”，虽然有一字之差，但其字义却相近。“烈”者，“刚直，坚贞”也；“节”者，“气节，节操”也。故不论是前者，还是后者，都是对木兰文化或木兰精神的高度概括。

综观木兰将军的一生，以“孝”始，代父出征；继而在战场上，以“勇”实现其“忠”；凯旋后，又以高风亮“节”功成身退，实现其完美的道德理想。

木兰山也是点燃革命烽火的圣地。生长于斯、学于斯的中共中央农民运动委员会委员、中共中央首任监察委员蔡以忱，曾领导了著名的秋收起义，被董必武誉为“农运领袖”；潘忠汝（总指挥）、吴光浩（副总指挥）领导了黄麻起义，起义失败后在木兰山创建了中国工农革命军第七军，吴光浩为首任军长。同时，木兰山地区还走出了中共北平市委学委书记、鄂中特委书记、新四军将领杨学诚，汉口工人运动纠察队长范正松以及新中国开国中将杜义德、陈庆先、韩伟，少将袁学凯、张广才、熊伯涛、雷震、陈福初、叶超、李大清、方明胜、唐凯、童陆生 14 位开国将军。木兰山北的叶家田是中共早期领导人李先念战斗过的地方；而蔡店乡姚家山，则是李先念时任新四军第五师师长兼政治委员的驻地。后任中共中央政治局常委、中央军委副主席的刘华清，也曾是中国少年共产党黄陂塔耳岗区委首任书记。

旧时木兰山地区主要是靠宗教追祭木兰将军、传承木兰精神。改革开放后，黄陂形成了以旅游传承木兰精神的特色，陆续开发了以木兰山为中心的木兰湖、木兰天池、木兰古门、木兰草原、木兰云雾山、木兰清凉寨、大余湾、锦里沟和农耕年华等十大旅游景区的系列木兰生态旅游。其中木兰山、木兰天池、木兰草原、木兰云雾山 4 个黄陂木兰文化生态旅游景区，于 2014 年底获批国家 5A 级旅游景区；木兰湖、木兰古门、大余湾、木兰清凉寨、锦里沟、农耕年华 6 个景区为国家 4A 级旅游景区，居全国区县级第一。

在国家 5A 级景区中，除木兰山外，木兰天池为木兰幼儿练剑之所，也是黄陂首个国家 4A 级景区，还是素山寺国家森林公园的一部分，武汉地区最大的森林峡谷；木兰云雾山是木兰为民祈祷祝福的地方，也是武汉市唯一的城市郊野公园，还是木兰将军泥塑四代传人的地方——王家稻场（即“泥人王”村）；木兰草原则是纪念木兰将军在塞外征战的地方，是华中地区目前唯一的蒙古草原特色景区。这些景区不仅山清水秀，风光旖旎，还有木兰代父从军的传奇故事，以及黄陂泥塑、花鼓戏、佛道和谐相处等民俗文化。

作为国家4A级景区，木兰湖乃木兰饮马处，位于黄陂区木兰乡，是湖北省最大的省级旅游度假区之一，也是华中地区最大的白鹭珍禽奇观与都市郊野旅游度假区。木兰古门为木兰幼时练习骑射的地方，也是武汉市唯一的生态奇石景区。木兰清凉寨系既是木兰与师傅丧吾和尚前往大悟山，中途歇脚之处，又是他们练兵布阵的千年古寨。

从木兰山东下山，来到黄陂王家河街，则以木兰山为骨、仙河水为脉、绿为容、文为魂发展木兰乡村生态旅游特色，诸如木兰草原、胜天农庄、木兰竹海、木兰玫瑰园、葡萄庄园、特色观光农业等，形成了一条木兰生态旅游休闲度假走廊。木兰花乡景区又引进木兰文化博物馆，自然景观与人文场馆相得益彰。人们远离喧嚣到此一游，还可通过生生不息的“文化的物化”洗礼，净化心灵。

（五）地质公园新体验

木兰山国家地质公园占地340平方公里，外围涉及木兰乡、长岭街道、姚集街道及蔡店街道等乡镇一部分地域，其中核心区位于木兰山风景区，面积23平方公里，囊括石景园、古庙区两个旅游板块，以及西门楼至胜景广场、胜景广场至祈嗣顶、胜景广场至东泉庵三条游线。

木兰山地质公园的石景，姿态万方，雄奇伟岸，五光十色，观赏性极强：双模式火山岩、长英质片岩、绿片岩、蓝片岩、蓝闪岩、红帘石片岩、浅粒岩及赋存于绿片岩中的火山弹等旷古地质奇观。

这里有红帘石伴生，双模式火山作用明显，构造变形强烈，变形期次分明，岩石露头极佳。还有大量不同类型的高压蓝片岩出现，其地质现象既独特又复杂。木兰山蓝片岩变质带属低温高压变质作用的产物，更是板块消亡带、陆地碰撞带和构造埋深作用的重要标志，其丰富的构造变形记录了这一区域地质演变的历程。陆陆碰撞，洋壳消亡不仅造就了秦岭—大别—苏鲁碰撞造山带和高压超高压变质带，而且还使之成为中国中东部地区南北地质构造、岩浆活动、地球物理、成矿作用乃至自然物理分野的一道长垣，对研究大别高压、超高压变质具有重要的地质意义。该地质公园是大别—苏鲁造山带的重要组成部分，具有重大的科研与科普价值，是研究高压、超高压变质带，研究中央造山带的重要基地，是地质科普教育的重要场所，在国内具有无与伦化的优势。有潘安兴《木兰山赋》为证：

祈嗣顶之蓝片岩，洪荒瑰宝；棋盘石之火山弹，罕世奇观。华北交欢扬子，八亿朦胧；流星突吻地球，五彩斑斓。造山赶海之宏模，无人亲睹；流光溢彩之良宵，有谁买单？起舞翩翩跹之地翘，飞星陨落；鸣金磅礴之雷轰，顽石新鲜。侏罗纪之乱石崩云，残存碎屑；吕梁期之侵岩淫雨，小染锦团。悬空翘起之龙尾，周天寒彻；凝眸低思之猴头，满树嚣喧。穿箭岩之一线天光，蓝光红火；打儿窝之六甲身怀，金榜桂冠。匝地山腰以下马，抖擞精神；张嘴岭头之雄鹰，吞吐云烟。龙泉之晶莹碧透，含珠喷玉；风洞之幽深黯远，接海通天。青山如削之舍身崖，千寻绝壁；蓝田维妙之赤足印，三界大仙。

目前，这里投资400多万元，建成1800平方米的地质博物馆，馆内采用声、光、电等高科技手段演示地球演变、木兰山形成原因，模拟断层、褶皱等地质现象，并且收集全世界特别是木兰山国家地质公园园区内的岩石标本展出。

风景区强化了地质科普景观，本着保护、建设和开发的原则，重新调整园区内地质科普旅游线路，着力打造地质景观。

2005年3月，木兰山风景区被评为省级地质公园。同年9月，木兰山通过国家地质公园的评审，成为湖北省三家国家地质公园（另二家为神农架国家地质公园、郧县恐龙蛋化石国家地质公园）之一，同时也是武汉唯一的国家地质公园。

时下，木兰山与台湾阿里山结为“姊妹山”。

（六）木兰庙会“亮子会”

“奇峰千丈抹烟青，突兀凌霄可摘星。树色郁葱开望眼，梵声嘹亮出禅肩。”这首清代诗人高昌鸣诗中的“梵声嘹亮”，即是指的木兰山庙会的景观之一。“梵声嘹亮”中，烛摇黄幔，炉生紫烟，伴随着雄奇庄严的庙宇殿堂，漫山云蒸雾绕中，更显出木兰仙山的神灵与肃穆。

木兰山庙会因木兰将军生葬于此而闻名，又与佛、道教在此和谐相处同缘。自隋代起，在木兰山开始兴建寺、观、庙、庵，后经唐至明代扩建，形成“七宫八观三十六殿”的宏伟建筑群落，建筑面积三万余平方米，风格奇特，供奉神像千余尊。虽历时千年，仍香火鼎盛，名播遐迩。而由此流行于民间的木兰庙会，从古代一直到民国时代，每年数十次庙会，吸引四方信士和游人香客纷至沓来。尤其是“亮子会”等宗教文化，也渗透到社会生活的各个方面，对政治思想、道德观念和社会风尚产生过一定影响。

木兰庙会始于唐代盛于明清。名目繁多的庙会使木兰山形成了一个天然的“民众乐园”。诸如：正月初九的玉皇会；二月、六月、冬月十九的观音会；三月初三祖师会；四月、腊月初八的如来会；四月二十八日的药王会；五月十三的关帝会；五月十八的天佛会；六月初八的杨泗会；六月十四的雷祖会；七月十五的盂兰会；七月十八的娘娘会；七月十二的财神会；七月三十的地藏会；九月初九的斗姆会；冬月初三的太阳会；腊月二十九的华严会等。相传，如来佛和观音大士佛法无边，千变万化，他们一年有几次生日（诞生日、得道日）。

木兰庙会流传千载，历经沧桑后，由原来一年四季都有，发展到以“亮子会”（即闪亮、响亮、漂亮）规模最大、持续时间最长（农历八月初至重阳节共40天），辐射的范围最广。流传至今，由从前单纯的朝山活动已经发展到今天集朝圣、经济、文化的交流、农产品展示、民间技艺的表演等于一体的多元性活动。

每年农历八月初一，是木兰山庙会开幕的日子，当地人把它叫

“开山门”。那天沿海沿江以及中原诸省的香客（佛、道信徒），就以地方会庙标名，组成亮子会纷纷前来朝山进香，邻近省、县内外的朝木兰山的亮子会，每年朝山的香客不下10万人次。

所谓“亮子”，并非菩萨实名，而是由朝山进香者组成的“三亮”，约定俗成的会名。三亮即一是各地亮子会在结队朝山途中的锣鼓声、鞭炮声、唢呐声、土铳声以及一唱众和的诵佛声，声声响亮；二是队伍中高举黄绫大盖伞，整个木兰山山上山下，人海茫茫，飘着彩色旌带和五颜六色旗幡，相映如画，壮观漂亮；三是黄绫大盖伞上镶嵌的各色珠粒和祖师爷及五百罗汉金身，在日光下熠熠闪亮。同时，五彩缤纷的民间艺术和当地土特产也“闪亮”登场，好一派欢乐、祥和、繁荣的景象。

“开山门”前，有的虔诚信徒，甚至提前一个月徒步前往木兰山，到了山下便一步一拜地来到木兰殿，排队坐等到八月初一零时，抢先敬献第一炷香，许下一个美好的愿望。翌日凌晨一过，庙观殿阁等大门打开后，届时木兰山上灯火辉煌，香烟缭绕，磬声悠扬，鞭炮声响彻山谷。香客游人纷纷入庙观抢进香。朝觐木兰殿的香客游人入殿后，燃香朝拜，抽签许愿，听打醮祈祷作法事。道教提倡行善、积善、达到“积善功以通天神”，认为天下之事，唯孝忠诚信为大。木兰将军是具有孝忠思想和行为的楷模，香客游人顶礼膜拜木兰殿，经师在打醮念《道德经》《玉皇经》等道经的同时，更念赞美木兰将军忠孝诚信之经。有诗为证：

朱女木兰孝在先，不做侍郎归园田；
侍奉父母尽孝道，天伦之乐皆欢颜。

信众们如此虔诚肃穆参拜的壮观场面，把整个木兰山灵感四方的特点刻画得淋漓尽致。

大的亮子会，由数人抬举鎏金祖师像，祖像尺许的护法灵官由众香客分别擎举。小的亮子会，用铜箔贴成尺许的祖师像，其四周环置

500 个玟许的灵官像，由头人们轮番捧举上山。大的亮子会常有千余人，小的亮子会则百人左右。亮子会无论大小，上山前三日都要在头人家做醮迎神，随行香客，要沐浴净身、隔绝房事、戒荤吃斋、焚表烧香。

亮子会沿途演奏的乐曲尽是当地久负盛名的牌子家业。吹打乐曲，以唢呐为主，配以笛、箫、锣、钹、鼓等，悠扬动听，十分悦耳。一队队细打的小班演奏，常使路人听得如醉如痴，行者停步，劳者休工。

每年八月初一，各地亮子会相继结队上山，分东西两路并进，东路由梳店、德兴店上山，西路从长轩岭上山。从长轩岭方面上山的香客到了山下的“仙河”（滠水），要焚香进表，跪地叩首，高声诵佛。并到河边捧水洗眼，祈求心明眼亮，然后涉水而过。登岸后又叩跪诵佛，头人领唱：“南无——通天教主。”众香客齐声接应：“无量寿佛。”一直礼拜到准提阁（山脚一座庙宇）停下。至此由随行道士在阁里做一场法事后即上好汉坡，三步一拜，九步一叩，鼓乐相伴，声震山谷（从东边上山的香客进入木兰川今叫柳林河后，至东泉庵亦如是）。上到凉亭（即今川心灵官殿）做短憩而后行。到莲湖（今木兰湖）从正门上大佛殿大礼参拜后经九碑石、越会仙桥，上灯台、再过八仙桥，经磨针涧、入朝圣门，至雷祖殿进香后再作大休息。这时，所有香客都必须以艾蒿熏身，换上新鞋新袜，然后再三步一拜，九步一叩，诵佛登上南天门，并依次到各庙宇中进香朝拜，唱醮祈祷，抽签许愿，做专场法事。到木兰宫就唱木兰醮，到玉皇阁就唱玉皇醮……最后在金顶大殿上做大法场、唱祖师醮。法事完毕，各会香客回到素有来往的宫观住宿。翌日争相早起，伫立庙前静候天门，抢烧头香。烧罢香，朝山祭礼活动才告结束，众香客可自由活动；游山观景，购物置货，收集山上有趣的石、草等，名之曰仙草、仙石、仙物，迎奉回家，“治百病”“镇万邪”。

木兰山上鼎盛时期，佛、道两教徒众千余人，仅大佛殿就有 500 名僧人，众僧道对施主香客极为尊重。上自道主、住持，下至道人、僧侣，待香客为一宾，尤其是对来往不甚密的施主更是热情有加。因为各方施主不仅进献油、粮、布匹，捐功德钱，有的还贴金、修庙。据《木兰志》记载：民国二十四年至二十六年，香客日高峰都在万人以上，庙会期间上山香客达几十万人次。同时，四面八方的商贾艺人也云集山上，遍地是山货特产，到处是摆摊围点及演唱的艺人，难怪人称木兰山庙会是民俗“大观园”。

改革开放后，木兰庙会与时俱进，2015 年农历八月初一“开山门”当天就达 10 万人之众。2016 年 8 月，木兰庙会被列为湖北省级非物质文化遗产名录。

（七）孝义接力有来人

《孝经》云：“夫孝，始于事亲，中于事君，终于立身。”意即一个大忠大孝之人，少年时期肯定对父母“孝”，对兄弟姐妹“悌”；长大进入社会做事工作之后，也会以“忠”“恕”对待工作，对待上级，以“信”对待朋友；最后才能成为国家栋梁之材，做出成就，实现自己的人生价值。由于以孝义为核心的木兰精神植根于黄陂沃土，孝义文化在黄陂历久弥新。到了当代先后走出了“轮椅上的天使志愿者”“信义兄弟”“孝义兄弟”等全国道德模范，他们的孝行义德昭示了新一代年轻人的责任担当，破除了人们对于道德传承的疑虑。

一位坐在轮椅上的青年教师——董明一年 365 天，都在用她的爱心，书写着无悔的奉献。自 2008 年起，她成立了“董明爱心志愿团队”，迄今已帮助了 6000 多位困难群体，帮助 200 多条绝望的生命走出阴影。她拒绝大家金钱的酬谢，鼓励用志愿服务作为感谢方式！现在，在董明的感召下，她的学生和更多人加入到志愿者队伍中。如今，董明爱心志愿者团队已有 5 万多人。其中汶川发生特大地震后，当董明看到电视里报道灾区急需专业心理危机干预志愿者时，她努力说服父母拿出了积攒 3 年的 1 万多元治疗费捐给灾区。同时，她亲自前往灾区负责心理辅导。在灾区的 1 个多月里，她经历了余震、暴雨、山体滑坡等种种困难，成功地让5位父母双亡的孩子开口说话，让40多位因为地震造成的重度残疾人重树生活的信心，帮助1000多位士兵走出阴影。先后荣膺“全国道德模范”“中国青年五四奖章”“全国助残阳光使者”“全国百名优秀志愿者”等荣誉称号。

时至2010年2月9日（农历腊月二十六），在京、津做建筑工程的孙水林，驾车带着妻子、三个儿女和26万元现金从天津出发，准备赶回老家过年，同时给先期回汉的农民工们发放工钱。次日凌晨行至南兰高速开封县陇海铁路桥路段时，由于路面结冰，发生重大车祸，20多辆车连环追尾，孙水林一家五口遇难。孙东林为了完成哥哥水林的遗愿，顾不上安慰年迈的父母，在腊月二十九将工钱送到60多名农民工手中。由于哥哥的账单多已找不到，孙东林让农民工们凭着良心报领工钱，还贴上了自己的6.6万元和母亲的1万元。“新年不欠旧年账，今生不欠来生债”，孙水林、孙东林兄弟20年信守承诺，被人们誉为“信义兄弟”。

2010年3月26日，全国总工会和湖北省人民政府在武汉，授予“信义兄弟”孙水林、孙东林全国“五一”劳动奖章和省劳动模范称号。9月，孙水林、孙东林入选“中国好人榜”“2010年度感动中国十大人物”，人民网“责任中国”评选委员会授予孙氏兄弟及其母亲“2010年度十大责任公民”。2016年8月17日，中央宣传部、中央文明办在京举办全国“诚信之星”首场发布仪式，“信义兄弟”孙东林创建的湖北信义兄弟建设集团被授予“诚信之星”企业。

2013年9月26日，在“圆梦中国，德耀中华——第四届全国道德模范”授奖仪式上，黄陂优秀儿女、割皮救父的“中国好兄弟”刘培、刘洋，荣膺“孝老爱亲”道德模范光荣称号，并受到国家主席、中共中央总书记习近平的亲切接见。次年1月30日（农历癸巳大年三十），“孝义兄弟”刘培又作为全国道德模范代表之一，出席了央视现场直播的马年春节联欢会。2014年12月27日，“孝义兄弟”刘培、刘洋，被全国老龄委办公室、中宣部、教育部、共青团中央和全国妇联联袂授予“中华孝亲敬老十大楷模”（简称为“中华十大孝子”）。

此外，黄陂还走出了“大义农民工”汪述恩等孝义楷模。而今，黄陂儿女正在为打造“信义之城、孝义之区、大美黄陂”而献计出力。

（八）名家走笔吟神韵

中国文学是一个大拼盘，里面有各种不同的花色，蕴含着无穷的宝藏。《孝经》《木兰诗》《弟子规》《董永传说》等就是这个拼盘里的一朵朵奇葩。以孝义为核心的木兰文化之所以能历久弥新，文学传承功不可没。我们可从历代的民间文学、诗词歌赋、散文、小说、传记、报告文学、故事、画册中，诸如《诗经》《论语》《庄子》《孟子》《孝经》《史记》，以及唐诗、宋词、元曲，明清传记与小说、杂剧与戏曲剧本中，均能信手拈来，俯拾皆是。

当代吟咏木兰者，名家众多，蔚为大观。著名诗人、曾任中国作家协会书记处书记、《诗刊》主编臧克家《题木兰山》曰：

> 昔读木兰辞，今闻木兰山。
> 山经人名噪，人以山代传。

著名爱国学者、思想家、史学家胡秋原，早年生长在木兰故里，晚年在《忆木兰山》一律中，对木兰山、木兰殿（“女神祠”）描绘得惟妙惟肖。诗云：

> 自古地灵出人杰，千秋传诵木兰诗。
> 危峰耸立如锋剑，巨石嶙峋似卧狮。
> 朝磬声回诸圣殿，晚霞彩照女神祠。
> 荆门遥望云山外，铁甲琵琶若个奇。

世界华人资料中心前主席、著名“玫瑰诗人”彭邦桢、梅茵·黛丽儿伉俪，1987年畅游木兰山，彭邦桢吟咏并手书了《题木兰山》一诗，还被许竹茂先生谱曲，声噪海内外。诗云：

清风鸣翠竹，云淡拢青山。
万壑歌流水，啸天花木兰。

著名诗人王士毅的《木兰湖赋》《木兰古门赋》，名动荆楚。诗人罗向阳编著《木兰湖诗词集》收录了全国各地和海外咏叹黄陂木兰湖的诗词数百首。潘安兴的《木兰山赋》与舒炼的《木兰山组歌》全国传唱。

著名作家董宏猷的散文《相约木兰》曰：“莽莽神州大地，巍巍名山大川，以人名为山名的，似乎并不多见，我所知道的，只有神农架和木兰山，而这两座名山，竟然都在湖北境内。”胡建奇的散文《美哉，木兰山》云：“‘山不在高，有仙则名。’木兰山芳名远扬，与脍炙人口的‘木兰将军’的故事有着很深的渊源。”裴高才的散文《“台湾脚”重上木兰山》名传海峡两岸，其《木兰饮马木兰湖》收入由中国地图出版社出版的《湖北的湖》一书，海内外媒体竞相转载；非遗专著《木兰传说》赴台湾交流。

各类题材的“非遗”文学专著、传说、故事集、散文集、诗集、连环画还有《木兰传说》《芳林美韵·花木兰》《无陂不成镇·花木兰与木兰文化》《木兰山》《神奇的木兰山》《花木兰传奇（小说）》《花木兰传奇（连环画）》《花木兰》《木兰山、湖和将军们的传说》《木兰烽火》《木兰古门》《木兰山诗词集》《木兰湖诗词集》等。近些年，黄陂人编撰了大量有关木兰的文艺书籍，有的还被列入湖北省青少年爱国主义教育读物。

关于木兰的邮册《木兰从军》，由国家邮政局于2000年在黄陂木兰湖首发后，影响广泛。《木兰从军》邮票分纺织、从军、征战和还乡共4枚。设计者巧妙地将整篇《木兰诗》收入画面，使之图文并茂，相得益彰。为强调民族特征，还借用了民间剪纸和皮影的表现形式，达到了简约凝练又蕴含儒雅灵秀的艺术效果。另有邮政明信片《木兰湖》则由湖北邮政局发行。

有关木兰的画册图文并茂。诸如《木兰生态旅游区》《游遍木兰》《木兰故里黄陂游》《荆楚名岳木兰山》《木兰天池》《木兰古门》《木兰清凉寨》《江城明珠——黄陂》等画册里，也有相当分量的木兰生态旅游区的内容。这些画册追求人文资源与自然资源的相衔接，颇具视觉冲击力，是灵山秀水孕木兰的直观真实写照。

与此同时，《木兰传说》还通过楚剧、大鼓、书法、雕塑、剪纸、歌舞、影视等异彩纷呈的传承方式，流传、推广开来。诸如大型音舞诗画《木兰山组歌》、新编大型楚剧《少年花木兰》、影视剧《花木兰》、52 集动画片《木兰花开》、电影《烽火木兰山》等，拓宽了木兰传说的渗透面与展开面，丰富了木兰传说的表达层次。

央视直播的《木兰组歌》（裴震烁　摄）

三　双凤亭与理学文化

孔颜乐处复何寻，淡淡春光理趣林。
望鲁苍茫连海岱，前川浩渺接江浔。
孤亭耸立留残碣，双凤长归断好音。
为仰先生遗范在，肃然瞻拜整衣襟。
——题记·屠达《游理趣林》

在中国古代思想史上，有两个伟大的时期：一个是春秋战国时期，一个是两宋时期。尤其是北宋时期从湖北黄陂走出的两位旷世大儒程颢、程颐（世称“二程”）兄弟，他们充分发扬黄陂人的首创精神，融合佛、道、儒于一体，创立了宋代官方哲学——理学，经其四传弟子、南宋朱熹集大成为程朱理学，后作为官方哲学影响了中国八个世纪。

理学已经不是原始意义上的儒家思想，而是融入了佛教与道教的某些思想观点，经过吸收、消化，形成了儒家的新体系，故被冯友兰称之为“新儒学”。尽管穿过了千年的时间隧道，理学仍是海内外学者研究的热点问题。

二程兄弟毕生潜心治学、献身理学的精神，足堪为后世钦敬与师法；他们在政治上主张重民保民、在经济上力倡以农为本、在伦理上坚持以义致利与克私为公、在教育上认定教育为兴国治邦之本等精神实质，都值得发扬光大。

自宋代起，黄陂先后兴建了双凤亭、二程祠、二程书院等，弘扬二程精神。其中双凤亭仍保存完好，并以“中国名亭”收入《中国名胜大辞典》。

（一）祖孙居陂六十载

宋代理学家、教育家程颢、程颐（世称“二程”）兄弟，世居中山博野（现河北省蠡县）、深州陆泽（今河北省深县南）、开封府泰宁坊与河南府治洛阳，二程之祖父程遹于宋太平兴国中（约 980 年）任淮南路黄州府黄陂县令，天圣中（约 1026 年）其父程珦任黄陂县尉，因任职期满不能去，于明道初（1032 年、1033 年）在黄陂县城草庙巷（今湖北省武汉市黄陂区文教巷）程乡坊思贤堂，先后生育了二程兄弟。他们祖孙三代在黄陂工作、生活、学习了 60 载，其中二程兄弟在黄陂生活、学习了十四五年。是故原籍河南伊川的旅美学者、程颐直系二十九世嫡孙程德祥说："黄陂是二程的第一故里，毋庸置疑。"下面从正史、方志、谱牒、诗词名篇与实物等方面，对二程在陂的本事以及理学在湖北的传播与影响，加以阐发。

二程兄弟的先祖生活于黄河流域的河洛地区，二程又为何生长于长江流域的湖北黄陂呢？二程的四传弟子、程朱理学的集大成者朱熹在《黄州州学二程先生祠记》中作了明确回答："齐安，在江淮间，最为穷僻。……河南两程夫子，则亦生于此邦……盖天圣中，洛人大中大夫公程珦，初任为黄陂尉，秩满，不能去，而遂家焉。实以明道元年（壬申）生子曰颢，字伯淳，又明年（癸酉）生子曰颐，字正叔。其后十有余年……"所谓"齐安"即指黄州府，辖黄陂、黄冈、麻城三县。因在唐天宝元年（724 年），黄州曾改为齐安郡，宋朝又恢复黄州建制，先属淮南路，熙宁五年（1072 年）属淮南西路。而文中的"河南"并非现在的行政区划河南省，而是指河南府之府治洛阳。这就是说，二程之所以生于黄州府黄陂县，是因为其父程珦曾在黄陂担任过县尉并安家落户。

那么，程珦又是怎样来到黄陂的呢？这得从二程的高祖程羽（字冲远）说起。程羽原居中山（今河北省定州市）博野（今河北省蠡县），在京师开封做官后，不久便把家小接到此。据元代丞相脱脱帖木儿等著述的《宋史》记载，五代后晋时期，程羽少年聪明好学，能属文。于后晋天福年间（936 年），擢进士第，授山东阳谷县主簿。此后，他携家眷走南闯北，历任（山西省）虞乡县、（陕西省）礼泉县、（成都市）新都县县令，政绩显著。赵匡胤称帝后，程羽成为宋太祖手下的一员将领，随赵氏南征北战。开宝元年（968 年），程羽被遴选为两使判官。当他应召进宫回答赵匡胤提问时，对答如流，语惊四座，甚得赵匡胤赏识，即被擢升为主管天下文章与著作的官吏——著作郎。复外放到陕西一带主持地方大计，出任兴州与兴元知州。接着，程羽奉命回京师开封任职，以知州官衔行使开封府判官职责。二程的曾祖父程希振因此从深州陆泽迁往开封，在十年寒窗取得功名之后，曾任尚书虞部员外郎，于大中祥符元年（1008 年）逝世。程希振死后，葬于河南府治洛阳，全家因此再迁洛阳。程希振配崔氏，生育了三个儿子——程适、程遹和程道。长子程适，后赐同学究出身，生育了程琳姊弟。

明清《黄陂县志》均记载，在宋太平兴国年中期（约 980 年），程希振次子程遹被朝廷任命为黄陂县令。在着知黄陂县事期间，程遹不仅勤政为民，还佳偶天成，娶毗邻黄陂的孝感县凤凰台女子张氏为妻。只是，他们夫妇在黄陂生儿育女后，程遹不幸在任上殉职，被朝廷追赠为开封府仪同三司、吏部尚书。膝下有四个儿子程珦、程璠、程琉、程瑜，年幼不能还洛，均留在黄陂县城生活。《中国通史》是这样描述的：“程颢（1032—1085 年），字伯淳，学者称明道先生。程颐（1033—1107 年），字正叔，学者称伊川先生。两人相差一岁。世称颢为‘大程’，颐为‘小程’，合称‘二程’。祖籍为安徽徽县，五世祖居中山博野，高祖程羽在宋初，官至兵部侍郎，太宗朝为三司使。曾祖程希振为尚书虞部员外郎等，死后葬河南伊川，并迁家河南（今洛阳），遂为河南人。祖父程遹，赠开府仪同三司、吏部尚书。父亲程珦以世家的荫庇为官，为黄州黄陂尉……”

程珦（1006—1090 年），原名程温，字君玉，后更字为伯温。于其父治黄陂县时生于黄陂。成人后，他先以世家的荫庇，谋得一份闲差——主管祭天地的“郊社斋郎”。宋仁宗赵祯录用旧臣后裔时，才授以黄州府黄陂县主管军事与治安的县尉，相当于今天的副县级公安局长。程珦由此得到了晋升机会，此后连续做了几十年的中央和地方官吏，官至大中大夫。有元代官方正史——《宋史》为证：“程颢，字伯淳，世居中山，后从开封徙河南。高祖羽，太宗朝三司使。父珦，仁宗录旧臣后，以为黄陂尉。……珦慈恕而刚断，平居与幼贱处，惟恐有伤其意，至于犯义理，则不假也。左右使令之人，无日不察其饥饱寒燠。前后五得任子，以均诸父之子孙。嫁遣孤女，必尽其力。所得奉禄，分赡亲戚之贫者。伯母寡居，奉养甚至。从女兄既适人而丧其夫，珦迎以归，教养其子，均于子侄。时官小禄薄，克己为义，人以为难。文彦博、苏颂等九人表其清节，诏赐帛二百，官给其葬。”

上文的意思是说，程珦祖父程羽、父亲程遹和从兄程琳等曾经都是朝廷高官，再加上程珦秉承祖训，忠孝传家，颇有口碑，朝廷先后五次颁发《任子令》，保举程珦的儿子做官。在黄陂赋闲的程珦看到几个弟弟、伯父与叔父的儿孙赋闲在家，便以自己的儿子年幼为由，把机会拱手让给了弟弟和堂兄弟及其侄儿。程珦的弟弟程璠、程瑜就是因堂兄程琳的荫庇而当官的，程璠自 16 岁走马上任，后官至比部郎中，赐五品服。程瑜则先后任荆南监利尉、知汝州龙兴县事、殿中丞等职。

古时候，受男尊女卑的影响，当地有一种说法，叫作“嫁出去的姑娘，如泼出去的水”。但程珦却不以为然，不论男女他都平等对待。哪怕是家族中失去了父亲的外甥女或外孙女，他也要竭尽全力加以抚养，为县民所称颂。程珦有一个堂姐，出嫁后刚刚生育了外甥，哪知一场疾病却突然夺去了堂姐夫年轻的生命。鉴于堂姐家境贫寒，生活难以为继，程珦在征求对方家长意见后，便把她接回黄陂，视外甥如同自己的子侄一样，把外甥教育成人。

与此同时，程珦扶困济贫，在县城颇有美名。他不仅用自己的俸禄接济一些穷亲戚，而且对于那些惨遭天灾人祸的百姓，他也竭尽全力地帮助，被当地百姓称为大善人。程珦虽然官居县尉，系全县一人之下，万人之上，但由于他要养活程氏家族数十口人，而他的俸禄只相当于程遹追认官职的 1/10，仅是一县之长的 3/5，如此杯水车薪，使他不免债台高筑。正值此时，程珦克己为义的事迹不胫而走，竟被到南方视察水灾的两任宰相文彦博知道了，他一回到京师，便联合官至刑部尚书与吏部尚书的著名天文学家、药物学家苏颂等9名高官，上表皇上，赞其清节。皇帝得奏后，立即颁诏，赐帛二百，并责令官府补助了一笔丧葬费用。程珦这才还清了债务，一时传为佳话。

二程兄弟是程珦任黄陂县尉时生长于黄陂的。程颢于宋仁宗明道元年壬申（1032年）正月十五日子时，生于淮南西路黄州府黄陂县城西草庙巷（今湖北省武汉市黄陂区前川街文教巷）程乡坊思贤堂，字伯淳，世称“明道先生”；次年八月中秋节程颐于程乡坊出生，字正叔，世称“伊川先生”。

（二）少年筑台以望鲁

关于二程生长于湖北黄陂、为学于斯十余载的经历，早在千年前的南宋绍熙三年（1192年），《二程遗书》及《伊川先生年谱》的整理者朱熹，在《黄州州学二程先生祠记》中，就说得一清二楚了。他说：“程珦，初任为黄陂尉，秩满，不能去，而遂家焉。实以明道元年（壬申）生子曰颢，字伯淳，又明年（癸酉）生子曰颐，字正叔。其后十有余年。”

不仅如此，宋代的《明道文集》《朱子全书》《伊川先生年谱》，明清《黄陂县志》《黄州府志》《湖广通志》《湖北通志》，以及当代的《程颢程颐评传》《程颢程颐传》等，均有类似记载。根据古代文献记载，二程兄弟在黄陂生活十四五年，并在此留下了“鲁台望道”，以及接受诗教、陶冶性情的动人心弦的故事。

首先，二程自幼受到家学的熏陶与良好的诗教。二程的母亲侯氏对二程早期的言传身教，是二程思想的重要源头之一。相传二程的外祖父侯道济为侯氏家族名儒，曾应黄陂宗亲之邀来到黄陂侯家垱这个幽雅的地方施教授徒。侯家垱是一个文风颇盛的村子，从这里走出了一批名扬于士林的文人雅士、达官显贵。在村子周围相继建有传播儒学的文兴寺、夫子庙等建筑，至今仍保留夫子湾的村名。侯道济在陂游学期间，县爷程遹曾设家宴款待了侯氏父女。正是这一机缘，两家因此成为儿女亲家。程颐在《上谷郡君家传》中回忆母亲说：“（侯氏）夫人聪悟过人，善女工，无所不能，好读书，史博知古。仕宦之子每每以政事问之，应答合宜。常叹曰：‘恨汝非男子！’常教以古诗，十九岁适夫……德容之盛，内外亲族无不敬爱。”

那是北宋乾兴元年（1022 年）初，17 岁的程珦与 19 岁的姑娘侯氏结为百年之好。清光绪《山西通志·列女录·贤淑》记载云：“侯氏，二程之母也，封上谷郡君……父丹徒（今江苏镇江）令君侯道济爱之过于子……年十九归河南程大中二程父，名程珦……”

程珦与侯氏生儿育女后，十分重视对孩子良好习惯的培养。尤其是侯氏，经常教育二程兄妹四人要明辨是非，知错就改，并告诫二程：“患其不能屈，不患其不能伸。”也就是说，她想要把孩子培养成“能屈能伸”的大丈夫，令她最担心的不是孩子不能伸张正义，而是孩子不能承受任何委屈。

邻里街坊的小孩子在一起玩耍，难免会磕磕碰碰，一般人家往往是不问青红皂白地偏袒自家的孩子，而侯氏却不是这样。每当遇到这种情况，她首先查清缘由，分明是非。若是自己的孩子错了，她首先向孩子讲明道理，严肃批评。同时，要求孩子知错必改。有一次，程颐不慎将邻居孩子的玩具甩到池塘里去了，侯氏得知后，主动带着程颐到对方家里道歉，并赔偿了一个等值的玩具。

据二程兄弟回忆，在培养孩子的良好行为习惯方面，侯氏从一点一滴做起，起到了润物细无声的效果。吃饭时，她常让二程兄弟俩坐在自己旁边，奴婢准备名贵的佳肴要让小主人吃，她马上制止说：“小时候就处处满足他的欲望，长大以后怎么办？”所以二程从小便对饮食衣服一点都不挑剔。一次，年幼的程颢走路不慎摔倒，她并没有立即扶孩子起来，而是让孩子自己爬起来。同时，还耐心地对孩子道出跌倒的原因。她说：“孩子，做事、做人如同步行一样，如果你是三思而后行，就不至于在人生的道路上跌倒。”难怪朱熹在《伊川先生年谱》中，称程颐“幼有高识，非礼不动”。

侯氏也是一位才思敏捷的诗人，她秉承“不学诗，无以言”的古训，与丈夫一道对二程进行诗教，培养孩子的诗学修养。他们常常带孩子出游，并即兴吟诗作赋，启发孩子自觉。一次，二程随父亲到黄河北岸走亲访友时，天色已晚，他们突然听到了大雁的阵阵鸣叫声，那大雁时而亢奋高歌，时而低回婉转，犹如一支月光奏鸣曲。二程回来后讲给侯氏听，侯氏即兴吟咏代表作《闻雁》，诗云："何处惊飞起，雍雍过草堂；早是愁无寐，忽闻意转伤……"二程听后，不禁心旷神怡，激发了诗兴。另一方面，她又同孩子们一起评诗论诗。在她的引领下，10 岁的程颢在黄陂欣赏了东晋吴隐之的《酌贪泉诗》"古人云此水，一饮怀千金。试使夷齐饮，终当不易心"之后，就提笔写出了"心中如自固，外物岂能迁"的豪言壮语，初显有志少年的飒飒风骨。《明道行状》亦载：程颢"数岁，诵诗书，强记过人"。

黄陂木兰山是佛教与道教合一的宗教圣地，两教以南天门牌坊为界，南为佛教寺庙，北为道教道观，二教因同时祭祀女神——木兰将军，而在此和谐相处。木兰山每年的盛典，莫过于农历八月初一"开山门"的木兰庙会，有"民俗文化的大观园"之誉。据明嘉靖三十五年（1556 年）《黄陂县志》记载，作为分管全县治安的程珦也曾带着妻子、儿女前往，让子女感受佛教、道教崇拜木兰将军而和衷共济于一山的胜景，以及黄陂的民俗文化奇观。清代邑令杨廷蕴于康熙五年（1666 年）主修的《黄陂县志·山川》载："白云洞在木兰山，二程夫子游衍于此。为明方舆时读书处，有记见艺文。"明代邑人方舆时所作《白云洞记》这样写道："昔二程夫子生于是邑，长于是邑，晚乃归洛，其道行于天下后世，如日中天，而钟灵之乡，独寥寥焉！此后学之责也。方其筑台望鲁之余，尝游衍于白云深处；白云之东，有山曰道明，亦因夫子而得名也。"

程颢正是在父母的诗教启迪下，在黄陂写下（或追忆在黄陂）纪游之作《春日偶成》："云淡风轻近午天，傍花随柳过前川。时人不识余心乐，将谓偷闲学少年。"后被收入蒙学教材之一《选本千家诗》卷首。旧时私塾启蒙，学生在向孔老夫子像行叩头礼之后，老师就教学生读这首诗。诗中的"乐"，并非寻欢作乐，乃指"箪食瓢饮"的"孔颜之乐"的崇高境界。毛泽东也十分欣赏此诗，20 世纪

50年代曾亲笔手书此诗，并公开出版。现镌刻于黄陂双凤公园的照壁上。而程颢的另一首哲理诗代表作《秋日偶成》：“闲来无事不从容，睡觉东窗日已红。万物静观皆自得，四时佳兴与人同。道通天地有形外，思入风云变态中。富贵不淫贫贱乐，男儿到此是豪雄。”则蕴含着既是诗人，又是哲人和政治家的伟岸气质。一代哲人冯友兰先生曾对《秋日偶成》推崇备至，认为此诗蕴含着程颢理学的精义，可当作一部哲学史来读。

风华少年程颢的故事，不知怎么传到朝中大臣耳里，以“有胆识、善断事”著称的户部侍郎彭永思，亲自到程家考察程颢后，毅然做出决定，让小女儿与年仅12岁的程颢订了娃娃亲。郭晓东之《明道先生简明年谱》载：“公元1043年，宋仁宗庆历三年癸未，十二岁。居庠序中，如老成人，见者无不爱重。户部侍郎彭永思奇之，妻之以女。”

其次，受家学渊源的熏陶，二程幼年因仰慕孔子，便筑台遥望东鲁而读书。据明清《黄陂县志》记载，程颢为了激励自己读圣贤书，同时也激发弟弟的学习兴趣，他对程颐讲：我们启蒙那天，与四海之内读书人做着同一件事——祭拜万世师表孔夫子，这说明孔圣人在读书人心目中崇高的地位。我等既习孔孟之道，何不在这鲁台上筑一高台？我们每天读书时，面朝孔夫子故乡鲁国遥拜，以表自己虔诚的心迹。程颐听了哥哥的叙说，觉得这个主意不错，他既可与兄弟们同台祭孔，又可尽兴地摆弄一番砖石瓦砾。说干就干，在二程的带领下，堂兄弟们也一起动手，在滠水东岸其母设坛祭天之处添砖加瓦。

父母得知孩子们在干一件有意义的事，便安排石匠、木匠按照二程兄弟的设计方案将祭天台改建为望鲁台。不日，便建成一座木石结构的亭榭，名曰“望鲁台”，又名“清远亭”。从此以后，二程兄弟每天清晨就跑步来到望鲁台上，虔诚地面朝孔夫子的故乡鲁国，高声朗读，声声入耳。

二程功成名就后，家乡为景仰缅怀先贤，北宋末年便在县城里修了一座清远亭，南宋时改称“双凤亭”，取程母梦“双凤投怀”而生二程之意。明清时期，黄陂多次重修双凤亭。明嘉靖三十五年（1556年）《黄陂县志·名迹》云：“双凤亭在鲁台山巅，以程母侯氏夫人梦双凤投怀，遂生二程，故名。天顺七年（1463年），按察司佥事沈靖建。嘉靖六年，楚府典善、邑人王守仁鼎修。嘉靖二十八年，知县王巨川重修。”

1962年当地政府修复双凤亭时，保持清道光二十七年（1847年）之“重檐三层，六角攒顶”风格，一代文豪郭沫若亲笔题写了亭名“双凤亭”。

从二程的家世看，他们先辈是官宦之家、书香门第，其祖父程遹自开封前往湖北黄陂就任县令多年，将北方的黄河文明迁播到南方。接着，程遹又娶湖北孝感女子张氏为妻生子育女，儿子程珦成年后也与侯氏在当地成家，程遹、程珦在黄陂生活了40多年，二程因此生长于斯、学于斯，也达十四五载。深受荆楚文明浸染的张氏与侯氏，自然对程遹、程珦及其子孙产生潜移默化的影响。

从二程的行状看，二程幼年在南方长江边受到荆楚文明熏陶。早在汉代，湖北黄陂县的行政区划，就颇具“楚风豫韵”特色，即以荆楚名岳木兰山为界，山北部分（包括今红安县大部、大悟县南部）为西陵县或木兰县，一度由豫州或司州管辖；山南地区设滠阳县，曾隶属于荆州。这也就是说，黄陂处于长江流域与黄河流域的交汇地带，具有“二元耦合”的文化特色。而木兰山是佛教与道教和谐相处的宗教圣地，二程幼年时，父母常带他们到木兰山游玩，或参加木兰庙会，二程对佛、道合一的木兰山宗教特色的认知，打下了早期烙印，这与二程后来融儒、佛、道于一体——“天人一理”思想形成了对应关系。

（三）朱熹题《二程祠记》

陈寅恪先生云：“中国自秦以后，迄于今日，其思想之演变历程，至繁至久。要之，只为一大事因缘，即新儒学之产生，及其传衍而

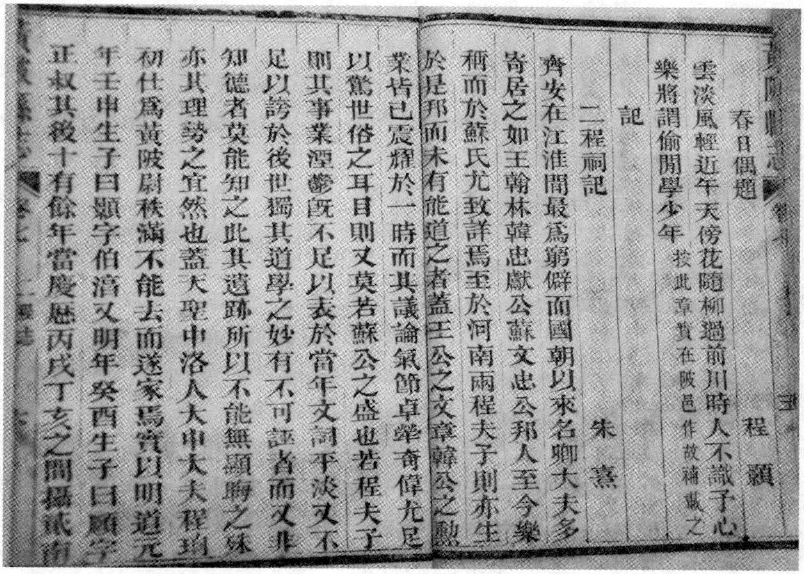

春日偶題　程顥
雲淡風輕近午天傍花隨柳過前川時人不識予心
樂將謂偷閒學少年　按此章實在陂邑作故補載之

記

二程祠記　朱熹
齊安在江淮間最爲窮僻而國朝以來名卿大夫多
寄居之如王翰林韓忠獻公蘇文忠公邦人至今樂
稱而於蘇氏尤致詳焉至於河南兩程夫子則亦生
於是邦而未有能道之者蓋王公之文章韓公之勳
業皆已震耀於一時而其議論氣節卓犖奇偉尤足
以驚世俗之耳目則又莫若蘇公之盛也若程夫子
則其事業湮鬱既不足以表於當年文詞平淡又不
足以誇於後世獨其道學之妙有不可誣者而又非
知德者莫能知之此其遺跡所以不能無顯晦之殊
亦其理勢之宜然也蓋天聖中洛人大中大夫程珦
初仕爲黃陂尉秩滿不能去而遂家焉實以明道元
年壬申生子曰顥字伯淳又明年癸酉生子曰頤字
正叔其後十有餘年當慶歷丙戌丁亥之間攝貳南

清同治十年《黄陂县志·二程志》之朱熹《二程祠记》

已。”陈公所说的“新儒学”即程朱理学。意思是说，宋代是中国学术发展到极盛的时期。

二程在黄陂生活与学习十四五年后，因其父调任赣南而举家迁赣。二程继在黄陂留下了“鲁台望道”的传说之后，又在那里有了“孔颜乐处”的故事。接下来，他们兄弟游学京都开封，尤其是于宋代文化中心洛阳讲学期间，创立了融儒、佛、道于一体的理学，声名鹊起。其中程颢讲学之“如坐春风”，程颐弟子求学之“程门立雪”，成为名传千古的成语典故。后来，二程理学经其四传弟子朱熹集大成为“程朱理学”，成为统治中国长达八个世纪的官方哲学。

作为黄州府治下的黄陂飞出了金凤凰——二程兄弟后，南宋时期的黄州知府李訦（1144—1220 年）为此深感自豪。为了弘扬二程的理学精神，他率先垂范，自己带头捐资在府衙兴建二程祠，并聘请朱熹题写《二程祠记》。这也就是朱子在文末点明：“今太守李侯，乃能原念本始，追诵遗烈，立二夫子之祠于学宫，以风励而作兴之……"

李訦之所以请朱熹题写祠记，是因为他们首先是福建同乡，又文心相通。李訦是福建晋江生人，系兵部侍郎兼直学士院李邴之孙，幼承家学，颇富文名。成人后，他初以祖上荫庇得职，因其在仙游县丞、漳州通判任上颇有治绩，被擢为黄州知府。李訦走马上任后，黄州遭到了洪涝与干旱的侵袭。为组织灾民生产自救，他采取以短补长、以工代赈的措施，不仅救济了饥民，还开挖了水利渠道与塘堰。同时，还相继修建了一批州、县学宫与二程祠。另一方面，作为二程的四传弟子朱熹，此时已在学界崭露头角，李氏认为这篇《祠记》非朱莫属。

此前，李訦和朱熹在漳州相聚时，曾留下了改名的趣闻。据朱熹于绍熙元年（1190 年）春在《李存诚更名序》透露，李訦原名叫耒忱，正是朱熹的建议，他才正式更名为"李訦"，字存诚或诚之。同年冬，李訦又请朱子为祖父李邴的文集作序。

二程理学虽然创立于洛阳，但其传播最力者，莫过于"程门四先生"游酢、吕大临、杨时与谢良佐。其中，风头最劲者当数"程门立雪"的当事人、"闽学鼻祖"杨时。他"道南行"的三代传人分别是罗从彦、李侗、朱熹；其次是"湖湘学派"翘楚，曾在河南、湖北治县传道的谢良佐。他将二程理学直传给胡安国，安国传其子胡宏，胡宏再传张栻。谢氏北宋时任应城县令期间，曾在此建学宫，并亲临学宫授课，传承二程理学，一时学风大兴，学者蜂至。南宋重修学宫时，亦是朱熹作《德安府应城县上蔡谢先生祠记》。在南宋传承理学颇具影响的书院中，湖广地区占有 23 所，与福建、江西呈鼎足之势。

上述乃黄州立祠及朱熹题记的时代背景。关于黄州立祠的具体时间，《黄州府志》称："宋河东书院旧址。乾道（1165—1173 年）中，郡守李訦建，以祀二程者也。"《湖北通志》亦云："二程子祠在奎星楼下，旧在文昌祠前，宋乾道间李訦建。"而明代湖广提学陈凤梧则在《二程书院记》中说："宋淳熙（1174—1189 年）间，李诚之知黄州，尝祠二程于学宫。文公先生实为之记。"而《四库全书》本《晦庵集》卷八十朱熹祠记的落款为绍熙三年（1192 年）秋九月戊子。经比较分析，应为淳熙年间建祠、朱熹绍熙三年（1192 年）题记。

（四）历代薪传承道统

作为二程故里，黄陂首先于北宋年间，在二程筑台望鲁读书的地方修建了一座清远亭。南宋之所以更名为“双凤亭”，是因为程母之“双凤投怀”之兆，正好与孔母尼山之祈祷，“麟吐玉书而降孔子”，遥相呼应。而宋代的双凤亭造型只是一层六角亭，意思很明确，只是为了纪念一代先贤二程兄弟。当双凤亭被大风掀倒后，明清年间重建时的建筑风格方改为现在的“重檐三层，六角攒顶”造型，意思是纪念二程要追根溯源到他的祖父与父亲那里，故以蕴含佛教的吉祥数字“三”“六”造型，特指二程祖孙三代在黄陂生活了 60 个春秋。而底座的 12 根石柱，所表达的是黄陂乡亲对二程夫子的十二分诚意。到了明洪武三年（1370 年），鉴于朝廷颁诏立“理学名儒坊”，黄陂因此在二程故居草庙巷立“程乡坊”纪念。明景泰年间（1450—1456）建二程祠于鲁台山下，特将朱熹为黄州作《二程祠记》全文勒碑于祠内。明正德三年（1508 年），湖广提学陈凤梧将二程祠改建成二程书院，并题《二程书院记》。万历二十年（1592 年）重修二程祠时，湖广巡抚李桢亲笔撰述了《重修二程祠记》。

从此，“鲁台望道”作为尊师治学的美谈，在黄陂代代相传。二程书院于明末清初毁于战火，清康熙五年（1666 年），黄陂知县杨廷蕴与县丞李成纪在原址上重建书院，更名为“望鲁书院”。随后不断扩建，学舍达数十间，师生可在此讲读住宿。望鲁书院不仅人才辈出，还造就了一个个望族。从这里走出了明代榜眼郎裴宗范、裴宗德兄弟；清代“一门两旗杆”金光杰与金国均，“文武三榜眼”——曾大观、刘彬士、金国均等名士。福建道监察御史、前翰林院编修金光杰，于道光二十八年（1848 年）仲冬所写《重修双凰亭记》的碑文，至今仍镶嵌在双凤亭的底座上。碑文云：

> 陂邑旧有双凤亭，所以纪昔贤之遗躅，而树一邑之文峰也。宋明道、伊川两夫子，生于斯邑。太夫人曾梦有双凰之祥，两夫子幼即志道，城东南有山，巍然常登其巅，筑台以望鲁。后人遂名其山曰望鲁山，台曰望鲁台焉。明景泰间，于山麓建立祠堂，崇祀两夫子。天顺佥事沈靖，建亭于台上。然读正德间给事中戚贤，谒二程祠记云，进观双凤亭，开后门登望鲁台。是台在山上，亭固在祠内也。清国康熙初，邑侯杨廷蕴重修二程祠，始移建亭于山椒。乾隆时，邑侯邵公大业，复增修之。此后人文蔚起，科甲鼎盛。……

正是历代传承二程精神，黄陂文风蔚起。在科举时代，黄陂科名鼎盛，名列全省前茅。据《明清进士题名碑录》一书记载，在明清540年里，全国共有进士52624人，平均每县为30人，黄陂则有81人，在湖北各县中名列第七位。在清代嘉（庆）、道（光）、咸（丰）年间，黄陂中举人数共106人，占全省第三位；中进士者27人，是整个湖北中选人数的9%，位列全省第二位。

与此同时，在县城东十里甘露山下，明代武皋、武滨兄弟捐资创办了甘露书院，知名学者纷纷前往讲学。书院中设祀二程牌位，秉承二程治学理念办学。明代理学宗师蔡石麓曾在这里担任主讲。

在继承二程遗风的同时，黄陂还与时俱进。在清光绪二十九年（1903年），张之洞在湖北实行新政，提倡新学，黄陂率先响应，将望鲁书院改为师范学堂，加强了全县的师资建设。1905年复改为县模范高等小学堂。当代科坛泰斗、美国首任华人与亚裔大学校长田长霖的祖父田庆芬与父亲田永谦都是在该校毕业后，先后考入京师大学堂和北京大学，而后一跃成为政治精英与教育家的。

不仅如此，黄陂还在县北长轩岭兴建了一所以程颢之名命名的小学——道明小学。该校由潘正道、胡康民、彭寿明、易哲明创立于1907年（黄陂三中前身），该校堂长（校长）雷尊吾是当时名宿，学宗二程夫子。余家菊在《道明学校》中说："（望鲁与道明）这两个

（学校）名字的来源，是因为北宋大儒程明道、程伊川两先生都是生长于黄陂，关于他们的遗迹很多。黄陂城河（滠水）对岸，有一个望鲁书院，望鲁学校用此校址。北乡长轩岭（街南坡下田恒福支祠，分上下两堂，每堂各60名学生），则取道明以为名。……当时两校学风，望鲁较多经世气味，道明较多志士气味。'各敛精神肩大难，书生愿作纪功篇'。"

道明小学桃李芬芳，不仅走出了辛亥首义志士、民国大总统秘书蔡极忱，中共中央首任监察委员、"农运领袖"蔡以忱，"国家主义"教育家余家菊、陈启天（南京政府经济部长），还有民国大学毕业后官至陆军少将的王汉揆，中华大学毕业后留英学者田树香，北京大学毕业的工程师陈彰官、检察官胡家荦等。

到了1920年冬，黄陂县教育会长、劝学所长（相当于今教育局长）胡康民与辛亥首义志士赵南山（均腾）、黎澍，以及陈景芬、喻子和等发起创立了黄陂第一所中学——私立前川中学。校名以宋代理学家程颢之诗句"傍花随柳过前川"而摭取。胡康民为首任校长，黄陂末代翰林涂芥庵（福田）任名誉校长，首义都督、民国大总统黎元洪不仅为首任董事长，还将其在黄陂银行股款捐作学校发展基金。次年春学校正式开学。

1923年，学校盖西式小洋楼校舍，还添置了一批新式教学设备、仪器和图书，并附设小学。总共投资26000银圆，其中1/3系胡康民个人积蓄，其余来自社会捐赠。因1928年白色恐怖，1938年日军侵占，学校曾一度停办。

1946年2月，胡康民哲嗣、国民政府参政员、前川中学首届毕业生胡秋原回乡恢复前川中学，并任校长，直至1949年春。还聘请曾参加首义、后任湖北省主席、陆军上将夏斗寅出任董事长，请著名书法家、辛亥革命报刊活动家、教育家于右任书写了"勤仁诚勇"的校训。1948年胡秋原在校长任上当选南京政府第一届立法委员。同时，胡秋原还为前川中学的校歌填词。此间，有一批学子或一跃成为世界文坛泰斗和科坛巨匠，或成为一代革命精英。其中著名的黄麻起义总指挥潘忠汝、副总指挥和工农革命军第七军军长吴光浩，都曾在该校学习过，后来毕业于黄埔军校，成为一代名将。国际原子能研究所的科学家李长庚、留德水利专家陈克诚博士等也是从该校走出的名流。而胡秋原家里就出了8名留美博士。难怪民国大总统黎元洪的长子黎绍基曾经用英文向国外介绍说：“长江流域的中游，要找到一个文风颇盛的县份，那便是我的祖籍地黄陂……”

1949年4月底停办，1952年9月黄陂一中迁入前川中学，同时将创办于1921的教会学校——储材中学学生并入，还将创办于滠口的信义中学改为黄陂一中滠口分校（次年撤销）。1956年更名为湖北黄陂第一中学，改为完全中学。1969年5月停办，后更名为城关中学。1978年恢复为黄陂一中，1982年改为单办高中。

1988年秋，胡秋原作为“海峡两岸破冰第一人”首访大陆，并专程回母校访问，轰动世界。他抚今追昔，欣然泼墨挥毫，吟哦一绝：

一别校园四十年，欣看黉宇信倍添。
勤仁诚勇当年训，地隔时移心自联。

1998年黄陂一中搬迁到桃花岗新校址后，城关镇（后更名前川镇，今属前川街）辖城关二中迁入，后该校为区属黄陂实验中学。现在这两所中学均是黄陂的初中、高中的名片。

二程兄弟在陂求学时“鲁台望道”，在洛阳讲学使学生“如坐春风”，其弟子尊师慕道“程门立雪”等千古佳话，在黄陂这片热土上深深地扎下了根，并激励着一代又一代黄陂学子茁壮成长。

如今，黄陂不仅将双凤亭扩建为公园，还先后建有鲁台中小学、双凤中学等薪传二程精神，且正在重建二程书院。其中双凤中学自创办以来，连续9年重点高中升学率居全区第一，2013年在黄陂一中优录考试中，71名学生榜上有名，优录率位列全区第一，学生连续三年夺取全区优录考试状元。

此外，黄陂至今仍保留与二程相关的理趣林、前川街道、鲁台等地名，成立了二程文化研究会，创办了《黄陂春秋》《人文前川》内刊。而与黄陂毗邻的孝感县，也曾在城东岳庙西建有二程祠。红安县至今仍保留二程镇（原名大赵家，宋代属黄陂县滠源乡，为纪念二程曾叫二程区或二程公社、二程乡）的地名，纪念二程夫子。

（五）二程一脉念陂根

据清康熙五年《黄陂县志》载，二程居洛时常怀思乡之情，曾言："吾梦寐恒在西陵（即黄陂）也！"[①] 而他们的裔孙，于元末明初起，陆续迁居黄陂及其周边地区。据笔者寻访湖北黄陂、孝感、英山程氏谱牒，发现二程此支世系在三地有数万人之众。而民间学者黎世炎一行则先后寻访了黄陂35个程姓自然村，以及原黄陂北乡夏店（今大悟县刘集镇）的左程河4个湾子，原孝感县丰山镇黄孝河边（今黄陂李集街泡桐店对面）的港边程上下8个湾村与红安二程镇等，搜集了多支《程氏宗谱》45卷。再经与河南、安徽二程世系表核对证实：分居在黄陂的程氏后裔大都属二程后裔，也有一脉相承的程氏宗亲。即自元末明初起，共有六支程氏迁居黄陂，其中二程后裔就有五支[②]。

第一支：程颐七世孙程梧之子万一、万二兄弟，分别迁居黄陂西乡黄孝河畔与北乡姚家集。据"古贤堂"《程氏宗谱》程氏黄陂派序中记载："明洪武二年，吾祖万二从河南洛阳至安徽六安霍山过籍到黄陂插草为标。叔伯兄弟8人以万字排号，万一居黄孝河畔老屋湾（原为黄陂，今为孝感），次房万二看中巴陵市畈（今黄陂姚家集街道程家林子一带），市畈田地大殷，因住其地。万三、万四住黄冈

① （清）杨廷蕴主修：《黄陂县志》卷8《二程志·重修二程祠记》（校注线装本），康熙五年版，第242页。

② 程浩华：《黄陂程氏家族来历的考证资料》，程氏宗亲联谊会总网，2005年10月5日。

（今新洲）等地。”[①] 而巴陵市畈经堂乃程氏公祠，清同治末年改为吉言祠，清朝末年，庙墙损坏。程万二为今姚集街道程家林子的程姓始祖。

第二支：程颐直系裔孙程天赐、程金榜，迁居黄陂西乡李家集。据澴北《程氏宗谱》卷二《原序》记载：“伊川（即程颐）公七世孙万一公于明洪武二年，从河南洛阳迁居黄陂西黄孝河边的老屋湾，改湾名为港边程（原为黄陂，后划归孝感）。长祖第十四代孙程天赐，怀念先祖二程夫子的出生地黄陂，带着儿子由港边湾（程）迁黄陂李集镇泡桐店驻程岗定居。长祖第十四代孙程金榜带着全家人，乘牛车迁居到黄陂李集的民安集地区创建家园，取湾名牛车程。此地田地宽阔，全家人勤扒苦做，农业生产蒸蒸日上，人丁兴旺，传十二代，发展成500多人的大湾村。”[②] 现居黄陂李集街道的程氏后裔，如驻程岗、牛车程、夏家田、草原湾等自然村，都以程万一为来陂的始祖。

第三支：程颐长子端中第十六世孙程朝俊率子希哲从庐阳英山迁往湖北孝感[③]，后有一支迁往黄陂李集赵家院一带。《孝感义门程氏续修宗谱序》载：义门程氏，由明道、伊川衍到程太乙（字希哲），为伊川嫡派。元时遭乱，从父程廷玉由庐阳英山徙楚黄冈中和乡，再徙孝感洪乐乡之芦林冲，历元迄清，人文蔚起，冠盖相望，世敦孝义。程希哲传至五世程昂（字文轩），被明孝宗旌表七世同居义门，予建坊，有旌表。目前，义门程氏后裔有1万余人[④]。

第四支：程颐直系八世孙程德用之长子祖一，迁居黄陂县东乡王家河长堰社区的鹿儿山，创建路边程。据“古贤堂”《程氏宗谱》载：“祖一，号顺泉，自江西迁楚北陂邑崇义乡子强村鹿儿山周家社

---

① 《程氏宗谱》“古贤堂”，2001年编修，第6页。

② 《澴北程氏宗谱》，光绪九年编修、民国八年续修，第9页。

③ 英山“豫洛堂”《二程世谱》康熙四十一年卷23，第61页。

④ 《湖北孝感义门程氏宗谱》明万历三十一年版卷2，第1页。

下创业，垂统家声，丕振以传后世，瓜瓞绵绵，而获贤之庇阴矣。”[①] 据史料考证，鹿儿山周家社下就是现在的路边程。明朝万历年间，祖一九代孙有程文炳和程文焕两兄弟，兄程文炳在路边程辛苦创业，其子孙先后创建祠堂程、馋头程、牌坊程和程铺，以及王家河的响山程，创建程氏宗祠，奉祀二程先祖。至今程氏人口达3000余人。弟程文焕同黄陂北乡夏店（今大悟刘集镇）地区的左氏成亲，后迁到岳父家落户，起湾名左程河。由于天时地利人和，子孙繁衍极盛，又创建了程家冲、梁家冲、范家畈、赵家岗等湾，至今人口达800多人。

第五支：二程后裔程圣与程伯贤，迁陂创下了程家大畈望族与程家墩族群，于清光绪九年创修了“四箴堂”《程氏宗族》。“四箴堂”乃程颐为其子孙所订堂号。源自《论语》卷六《颜渊》第十二之子曰：“非礼勿视，非礼勿听，非礼勿言，非礼勿动。”该宗谱辟有《二程传》《二程记》《二程祠记》《二程纪略》《二程道脉》[②] 等，上面记载的二程祖孙三代在黄陂的行述、遗迹等，与明清《黄陂县志》上的记载完全吻合。其中，原籍江西省九江府治义宁（今修水县）程家庄人程圣，于洪武二年（1369年）春奉旨，率先前往湖广省黄州府黄陂县滠源乡（今黄陂区蔡店街道）山区火冲塔选址。程圣看中了此地三面环山、东西两河交汇的一片盆地，犹金象驮印。他拟在盆地开基建房，取村名为“程家大畈”，为周边各山峰取名为源基山、太基山、永基山、统基山[③]。随后，程圣立即返回江西办理移民手续。程圣定居程家大畈后，三至四代，人丁昌盛，五到六代，富贵荣华，到明朝嘉靖、万历，清朝康熙、雍正年间，俨然名门望族。而生于明正德三年（1508年）的河南洛阳的二程第十九世孙程伯贤（即程德用之第十一世孙），迁居黄陂丰享门外长港千工堤，创建程

---

① 《程氏宗谱》“古贤堂”，2001年编修，第7页。

② 《程氏宗族》“四箴堂”卷2，光绪九年创修，第4—6页。

③ 程胜军：《黄陂蔡店一支程姓宗谱》，《程氏宗族》“四箴堂”卷1，1995年续修，第5页；参见程氏宗亲联谊会总网2011年1月7日“谱牒世系”之“新谱连载”。

家墩，专奉二程祠祀。民国十八年续修的《黄陂程氏续修谱新序》中写道："宋天圣中大中大夫程珦，少侍其父遹为黄州府黄陂县令，清谨卒于官。赠开封府仪同三司吏部尚书加封司空。未几，录用功臣嗣，补珦为黄陂尉，秩满不能去，遂寓居于陂邑西偏程乡坊。实以明道壬申生颢，明年癸酉生颐。二祖以道学嗣圣传后，还洛传十九世伯贤公仍迁居黄陂。以为我明道、伊川祖所生之乡，修业之处也。考其遗迹，至今有二程祠、望鲁台、双凤亭存焉。"① 在程伯贤年迈之际，他就将专奉先祖——二程祠之事托交于次子程尚仁打理，自己返洛养老。程尚仁遵从父命，专门考证了程氏唐、宋、元、明、清各代诸公所著旧谱，筹划官民修复二程祠。在清康熙五年（1666 年）间，他到县衙拜访县令杨廷蕴，就宗祠废颓请求重修。二人见面后各自报家门：一位是二程的后裔，一位是二程嫡传弟子杨时的裔孙。于是，杨氏当即拍板，顺利重修了专奉"祖师爷"二程祖孙的二程祠②。此后，程尚仁承担起专奉二程祠祀之责。年老体弱后，程尚仁又将护祠重任交给其子一言、二言、三言分担。经历代繁衍，现已经传至第十五代。目前，程家墩遗址已经列为湖北省级文物保护单位。

此外，还有一支程氏后裔程旺世系，迁居黄陂东大门六指店。只是他们与二程同属一脉——均是程文季裔孙，并非二程后裔。程旺是湖北黄冈（今新洲孔埠镇）与黄陂两地的共同始祖。他于明洪武初年奉诏迁湖广黄冈孔家埠，一支居住在今黄陂区六指店街甘棠社区，经历代繁衍当地程氏家族有 5 个自然村。2014 年 4 月编修的《中华程氏宗族世系表》，亦将程旺列为黄陂甘棠程氏始祖。据清乾隆四十八年（1783 年）续修《程氏宗谱》之《序》载："威悼公文季其长也（程文季为程灵洗的长子，也就是新安太守程元谭的十五世孙），枝繁派盛，唐末黄巢之乱，由新安而徙江西者，皆公位下裔孙也。即河南中山博野二夫子亦皆公所自出，由唐及宋，科弟连绵，文德武

① 《程氏宗族》"四箴堂"卷 1，民国十八年续修，第 6—7 页。

② 程浩华：《黄陂程氏家族来历的考证资料》，程氏宗亲联谊会总网，2005 年 10 月 5 日。

功，理学名儒，昭然列史册者，指不胜屈。明洪武初年，奉诏徒丁，自江西饶州来黄陂者 9 人，吾祖乃旺祖后也。其余徙居者各立宗纪未暇联牍。”① 程旺来陂后大兴家业，始建程望湾，三世孙程志刚创建程家岗，九世孙程宗恩建马家弄。其后裔于乾隆四十八年（1783 年），与黄冈族人一道创修“寻乐堂”《程氏宗谱》，还聘请山东正考官充大清一统志馆纂修官万年茂手书《程氏族谱序》，刊于卷首。自乾隆四十八年（1783 年）到 2011 年间，该宗谱共 8 次编修。程旺和二程夫子同属于程文季之后代，但程旺却不是二程的后裔。据统计，自二程祖父于公元 980 年来黄陂起，到 2011 年的千余年间，程氏在黄陂繁衍了 40 余代，其裔孙分居在黄陂的 35 个自然村，总数达 15000 余人②。

（六）二程故里人渐识

黄陂作为“二程故里”，拥有正史、方志、谱牒、名家诗文与实物等多重证据支撑，历代湖广巡抚、州、县官方载入方志，且有二程四传弟子证词及直系裔孙认可，毋庸置疑。窃以为，长期以来，黄陂为二程故里之所以藏在深闺人未识，概括起来有多重因素，但学界忽视人物少年行状研究，是一个重要的因素。具体表现大抵有四。

首先，河南省洛阳市所辖嵩县程村，拥有明景帝朱祁钰诏封为“两程故里”的“金字招牌”。程村是程颐晚年定居讲学故址与升天的地方，明景帝朱祁钰于景泰六年（1455 年），即距离二程时代 350 年，特诏封程村为“两程故里”。1462 年，明英宗又在村东官道敕建“两程故里”石坊，上有“圣旨”二字，明清时期官员从此经过，有“文官下轿，武官下马”的规定。同时在此建二程祠，为五进大院，现存有棂星门、诚敬门、道学堂三进院落，后面的著书楼、启贤堂等尚未修复。棂星门为正大门，雕梁画栋，庄重威严；诚敬门为第二

① 《程氏宗谱》“寻乐堂”，乾隆四十八年创修，2011 年八修，卷之首，第 78 页。

② 杨佳峰：《万余“二程”后裔分布黄陂》，《武汉晨报》2004 年 10 月 19 日第 2 版。

进，古碑林立，古柏参天；道学堂是祭祀两程的正殿，内有两程塑像，上悬宋理宗敕封的“理学亢宗”匾额和清康熙钦赐的“学达性天”匾额，两边还有光绪皇帝和慈禧太后书写的“伊洛渊源”和“希踪颜孟”两块匾额。两侧伴以“和风甘雨”“烈日秋霜”二亭。祠堂内尚存宋、元、明、清碑碣25块。也许因程村是程颐讲学之所，也许因这里是他辞世之地，也许因“圣旨”“御书”在上，程村的“二程故里”之名就喊得价响震天了。而同属“二程故里”的黄陂，虽然早在明洪武三年（1370年）就奉诏立了“程乡坊”，比程村要早25年，但由于影响有限，只能龙藏虎卧、声名暂隐了。

其次，洛阳是北宋的文化中心，二程、张载等北宋五子在此“五星聚奎”传道授业，其“洛学”也是在那里创立的，且御赐的程园——二程父子的墓园，亦在洛阳市之伊川县。伊川的县名，又正好与程颐的字相同。所以人们一提起二程，自然就与洛阳或伊川联系在一起了。

再次，中国历史上素有以祖籍或始祖地来称籍贯，而忽视其出生地的习惯。而按照《辞海》里对“故里”的解释，它包含出生地、故居和原籍几层意思，不少国家的法律，则以出生地来确定个人的籍贯。值得一提的是，河南省社会科学院研究员卢连章先生著述的《程颢程颐评传》，以及洛阳、伊川、嵩县的二程简介，均标明二程生长于黄陂，有的地方甚至称“二程为湖北黄陂人”。是故，黄陂与洛阳同属二程故里，相得益彰，二者不可偏颇。

最后，学界忽视人物少年行状研究由来已久。由于学界自古以来注重研究名人的学术思想鼎盛期，而忽视少年时期的倾向，导致历史人物少年行状知者寥寥。朱熹曾在《黄州州学二程先生祠记》中，不仅点明了二程父子生长于黄陂，也对人们忽视二程少年行状的倾向不以为然，并发出了喟叹：“二程夫子，则亦生于此邦，而未有能道之者！”作为二程嫡传弟子杨时的后裔、清康熙五年（1666年）黄陂邑令杨廷蕴，也在其撰述的《重修二程祠记》中写道，他早年就知先祖龟山（即杨时）“程门立雪”的故事，却不知二程生长于黄陂，直到他就任黄陂县令后方知实情。他在文中说："予家龟山公尝立雪程门，其称二夫子者最悉，亦未言所生何地，初未尝一语及陂。自予承乏是邑，乃知邑有程乡坊，当二夫子住处。因叹从前称二夫子者，殊未详其本末也。后登鲁台见一古碣横卧山间，扶拭视之，则为考亭，朱子二程碑记。益知二夫子常读书此山，筑台望东鲁故名。初建祠学宫，朱子记之。"这位原籍江苏武进（今属常州市）的黄州府黄陂县令，在治陂期间，曾捐资修武庙、学宫、二程祠及城池，续修县志、兴义学等，留下了诸多德政遗迹，尤其是他在县志中，专辟《二程志》将宋明时期的湖广、黄州、黄陂名卿巨公为黄陂二程所撰祠记、诗词与文章收入，并亲自题跋。清代同治十年版《黄陂县志》，沿袭杨氏做法，以《二程志》集成二程史料，给我们留下了宝贵的文化遗产。

穿过千年时间隧道，追诵朱子的《二程祠记》，邑令杨廷蕴的话语似乎仍在我耳边回响："嗟呼！二夫子之还洛也，犹曰：吾梦寐恒在西陵（即黄陂）！是夫子未尝一日忘陂也。二夫子不能一日忘陂，而谓陂能一日忘二夫子乎！?"于古，陂人未曾忘二程夫子；于今，黄陂与时俱进，不断薪传二程精义。二程故里，黄陂古邑；双凤重归，好音梦忆！

（七）名亭公园祭先哲

龙年阳春，纪念宋代理学家程颢、程颐（世称"二程"）的文化公园——双凤亭公园（又称"二程公园"）落成，著名书法家沈鹏亲笔泼墨题名。

公园以古意盎然的双凤亭为中心，在占地百亩的新园又添新景，蔚为壮观。新塑主题铜像二程兄弟，出生于北宋年间黄州府齐安郡黄陂县城草庙巷程乡坊（今黄陂前川街文教巷）。其祖父程遹、父程珦曾先后任黄陂县令、县尉，祖孙三代在陂生活了六十载。后来，二程创立了融儒、佛、道于一体的理学，再经程颐的四传弟子朱熹集大成为"程朱理学"，成为统治中国800年的官方哲学。而程颢的《春日偶成》收入《千家诗》卷首后，成为旧时学子启蒙开读的第一首诗。

屹立于鲁台山巅的双凤亭，系二程幼年时尊崇鲁国孔子，筑台东望读书之处，故称“望鲁台”或“鲁台”。此亭始建于1110年，初名清远亭；南宋时，取程母“双凤投怀”之兆，更名为“双凤亭”。恰与“麟吐玉书而降孔子”之曲阜孔庙，遥相呼应。

明清《黄陂县志》载，双凤亭历经沧桑，多次重修。明朝景泰元年（1450年），在鲁台山麓建二程祠。祠前临聪明池，中为涵虚亭，后枕鲁台山，巅立双凤亭，还有流矢湖、理趣林与花柳前川分布于滠河两岸。双凤亭原为两层，至道光二十七年（1847年）扩建为三层，即现在亭貌。1962年县政府修复时，当代文豪郭沫若亲题亭名。

人以亭趣，亭以人闻。相传历代名宿苏轼、朱熹、杨廷蕴、屠达、闻政、瞿秋白等曾相继登亭咏叹或题记。苏轼的“题凤凰台”，朱熹的《二程祠记》，杨廷蕴、金光杰之“亭记”，郭沫若所题亭名等，均与名亭交相辉映。

双凤亭为木石结构，形若宝盖，翼角飞展。亭身通高12.5米，底座直径9.3米。顶端金色圆葫芦，似腾云驾雾；亭面灰色筒子瓦，如朵朵白云。亭上之楠木和梓木，六角攒顶；亭下由12根石柱，鼎立支撑，表达黄陂人对先贤的十二分虔诚；亭身系花岗岩石柱，四周则三道回廊，六角石鼓抱柱，意即二程祖孙三代在陂生活了60个春秋。亭中央直立四面勒碑，上刻二程浮雕、下镌名流碑文，图文情并茂。是故，双凤亭以“中国名亭”入编《中国名胜大辞典》，现为省级文物保护单位。

纪昔贤之遗躅，树一邑之文峰。自1508年将二程祠改为二程书院以来，滠水两岸相继建有甘露书院、望鲁书院、师范学堂、望鲁学堂与前川中学等，黄陂文风蔚起，名人辈出：“文武三榜眼”、一门“双旗杆”，美国首任华人大学校长、中国花鸟画大师、意大利加勋爵士等，滠水后浪推前浪。还流传着亭兴而科名鼎盛，亭塌而文风低迷之趣闻。

进入21世纪，黄陂区人民政府与时俱进，集思广益，斥巨资将双凤亭故址拓展百亩，进行保护式扩建。工程自2010年启动，先期建成双凤亭文化墙、公园照壁、二程铜像、环园林荫石板路及文化广场等景观，粗具文化、景观与休闲功能，成为居民陶冶性情的好出处。业已竣工的二程书院，即将成为武汉大学、华中师范大学国学院的基地，它与陆续兴建诗林、礼园、义园、石景以及湖池水榭，形成以双凤亭为中心的一河两岸文化走廊。

双凤亭新貌

园以亭生辉，亭以园重光。名亭凤立高岗，朝晖夕阴；公园烘云托月，气象万千。凭亭极目四野：盘龙古城，木兰八景，前川新姿，汉口北商贸城，皆收于一亭；滠水傍公园，一线穿南北：北枕大别而锁中原，南出长江而通东西；园前国道，绿荫掩映，直通天河国际航空港，走向海内外。

值此程颢诞辰980年、程颐逝世905周年，并公园首期竣工之际，为勒其功，是为记。

（八）二程“回家”入《荆楚》

2005年3月11日上午，在武汉市黄陂区二程文化研究会举行成立大会上，第九届全国政协副主席王文元贺词云：“研究二程理论，弘扬中华文化，发展黄陂经济，再铸武汉辉煌。”著名诗人绿原题：“穷理识仁。”诗联学家白雉山撰、著名书法家陈义经书贺联：“穷理识仁，双星棠棣，绝学创新篇，一代宗师承泗水；传薪振铎，尺雪春风，故园逢盛世，五洲俊彦仰前川。”

十余年来，黄陂出版了关于二程的首部传记文学作品（裴高才著《理学双凤·程颢程颐》，中国文史出版社2007年版；《程颢程颐传》，湖北教育出版社2014年版）。2011年，《理学双凤》参加中华炎黄文化研究会在北京举办的“中华炎黄文化优秀成果暨书画精品展”，并被评为参展优秀成果。2017年3月，《程颢程颐传》被中共武汉市委、武汉市政府授予优秀社科成果奖。

自2012年起，裴高才连续5年率团出席中华文化促进会在河南举行的宋学国际论坛，并两度在会上演讲，且《程颢程颐传》在大会上首发与研讨。同时，徐怀章、裴高才、刘芳等撰述的《〈程颢程颐传〉赏析》、《诗教动心弦，二程唱大风》《程颢缘何与王安石渐行渐远》等，收入华东师范大学出版社的论文集。此外，吴方法、胡育华、黎世炎、李忠洲等编著的《二程文化研究》《双凤亭诗词集》《二程语录新解》等也由中国文联出版社出版。

2016年春，经著名文化学者、《荆楚文库》总编冯天瑜策划，将裴高才撰《程颢程颐与黄陂本事考》（详见《荆楚文库》杂志2016.5）长文，交由《荆楚文库》编委讨论，促成将《二程集》及记载二程的方志史料等正式入选湖北的“四库全书”——《荆楚文库》，为二程“回家”画上了一个圆满的句号。

四　黎黄陂与辛亥首义文化

武昌首义建殊功，翊赞共和天下公。

一代英雄时势造，黄陂黎氏出元洪。

——题记·王士毅《黎黄陂颂》

1912 年 1 月 1 日，在中华民国临时政府成立的开国大典上，孙中山在就任临时大总统的誓词中向世人宣示："武昌首义，十数行省，先后独立。"这里的"武昌首义"全称是"辛亥革命武昌首义"，亦简称为"辛亥首义"。

"两湖"（湖北、湖南）是武昌首义策源地，武汉是"首义之区"，黄陂则是辛亥革命风云人物的重镇。1911 年 10 月 10 日（农历辛亥年八月十九），在起义司令部的 21 名革命党人或伤亡或走避了 19 人之际，另两名黄陂籍辛亥志士蔡济民、吴醒汉，会同李鹏升、熊秉坤等一批党人，毅然扛起了发动起义的大旗。他们经过一夜的浴血激战，一举攻克了清廷湖广地区的政治中心——湖广总督署，"因武而昌"的武昌光复；两天后阳夏（汉阳、汉口）光复。继而，湖北各州县亦纷纷响应。

武昌起义得到全国各省、海外华侨与海军的响应。自武昌首义到汉阳失守的 48 天中，先后有湖南、陕西、江西、山西、云南、浙江、贵州、江苏、安徽、广西、福建、广东、四川 13 个行省，宣布独立；清军海军反正。海内外各种志愿团体相继率敢死队、义勇军、奋勇军等纷纷来汉投身战斗。就连驻汉外国领事，也发表联合声明，承认起义军为交战团体。最后迫使清朝政权土崩瓦解，清帝退位。

武昌起义建立了亚洲第一个民主共和政体——中华民国军政府鄂军都督府，即湖北军政府，废止了清朝国号、国旗与纪年，恢复黄帝纪年，九角十八星旗军旗飘扬在武昌城头，推举黄陂人黎元洪为鄂军大都督，制定、颁布了中国民主共和的第一部法典《鄂州约法》。继而，全国独立各省推黎元洪为中央大都督兼海陆军大元帅。中华民国成立后的1912年9月24日，北京政府临时参议院通过首义志士李廉方等的提案，正式将武昌首义日（10月10日）定为中华民国国庆日，又称“双十节”。

辛亥首义既是近代中国最伟大的历史事件之一，又是继法国大革命、美国独立战争之后，亚洲首次成功的民主共和革命。谈到辛亥革命首义，黎黄陂是绕不过去的人物，叙介民国史，不能不谈到黎黄陂。黎黄陂与一批黄陂人在辛亥首义的过程中，以敢为天下先、把皇帝拉下马的“亡清必楚”的首创精神，推翻帝制，创造共和，孕育了颇具特色的辛亥首义文化。黎黄陂与辛亥首义文化是黄陂一张独特的文化名片。

（一）孙中山缘何称“首义”

辛亥革命武昌起义，狭义是指1911年10月10日之起义日或指辛亥年光复与捍卫武汉三镇的暴力革命。广义的武昌首义则是自湖北辛亥革命的第一个组织花园山聚会（1903年）建立开始至“二次革命”（1913年）失败的10年间。那么为什么称“武昌起义”为“武昌首义”？

最初称“武昌首义”者，源自1912年1月1日孙中山在中华民国开国大典上就任临时大总统的誓词。他向世人宣示：“武昌首义，十数行省，先后独立。所谓独立，对于清廷为脱离，对于各省为联合。”①

在此前的一段时间内，一般均称武昌起义。诸如自1895年起，兴中会、光复会及后来的同盟会领导的前十余次起义，大都称“起义”或“起事”或“之役”。像广州起义、汉口自立军起义、惠州起义、萍浏醴起义、潮州起义、黄冈起义、七女湖起义、安庆起义、防

① 孙中山：《临时大总统就职宣言》，《临时政府公报》第一号；《孙中山全集》第2卷，第2页。

城起义、汕尾起义、镇南关起义、河口起义与黄花岗之役等。

自从孙中山明确提出“武昌首义”后，中国内地、香港和台湾的辛亥革命回忆录、辛亥革命史与中国国民党党史等，几乎皆沿用此称谓或“武昌革命”或“湖北革命”。诸如，参与创办湖北第一个革命团体——花园山聚会的李廉方著《辛亥武昌首义记》，资深同盟会员曹亚伯著《武昌革命真史》，日知会员张难先著《湖北革命知之录》，文学社党人章裕昆也曾作《文学社武昌首义纪实序》等。

这里的“首义”，不能简单地以辛亥年起义时间先后界定。因为在辛亥年，武昌并非率先起义之地。同年 3 月 29 日，在广州发生的黄花岗起义，比武昌要早半年；同年爆发的保路运动中，四川还发生了成都起义，且有四川各州县与邻近省份起而响应。由此可以看出，武昌首义可诠释为“辛亥革命武昌起义首次一举成功”。

那么，黄花岗起义为何不叫广州首义或黄花岗首义？成都起义为什么不叫成都首义呢？关于这个问题，学术界鲜有权威的解读，很少有学者专门论述。这是因为辛亥革命武昌首义，是全国性的革命运动，而且是由全国各省先后响应，相继独立和起义的组合行动。否则，就无所谓“首义”了。

的确，尽管辛亥年的广州起义早于武昌起义，但因为没有推翻清廷广东当局的统治而夭折；在辛亥年掀起的四川保路运动中，虽然鄂、湘、粤三省纷纷响应，只可惜遭到四川总督赵尔丰的镇压而失败，更没有推翻清廷在四川的统治。继而，党人又在四川资州起义，同样未能动摇全川的清朝统治。

而武昌首义有别于其他的起义，它一举砸碎了清廷湖广总督的国家机器，建立了亚洲第一个共和国政权，实现了辛亥革命的初步目标。笔者综合冯天瑜、皮明庥等先生的观点，将武昌首义的主要标志概括为以下 6 个方面。

第一，武昌起义取得了革命性胜利。攻克了湖广总督署，光复了武汉三镇：武昌、汉阳与汉口。“因武而昌”的武昌，是湖广地区的政治中心，湖广总督府与布政司设于斯；“汉水之阴”（本想按方位更名汉阴，因陕西有汉阴县在先，只好以“汉阳”将错就错了）的汉阳，是近代中国军事工业与民用工业重镇，也是汉阳府所在地；全国第二大通商口岸汉口，设有汉黄德道、江汉关道与湖北巡警道。

第二，武昌起义得到全国各省、海外华侨与海军的响应。自武昌首义到汉阳失守的48天中，先后有13个行省宣布独立；清军海军反正。海内外各种志愿团体相继率敢死队、义勇军、奋勇军等纷纷来汉投身战斗，就连驻汉外国领事，也发表联合声明，承认起义军为交战团体。

第三，武昌起义建立了亚洲第一个民主共和新政权。11月11日，革命党人在武昌建立了中华民国军政府鄂军都督府，即湖北军政府，废止了清朝国号、国旗与纪年，恢复黄帝纪年，九角十八星旗军旗飘扬在武昌城头。紧接着，全国各省推举首义都督黎元洪为中央大都督兼海陆军大元帅。继而选举孙中山为临时大总统，正式成立中华民国。

第四，武昌起义成功后，制定、颁布了中国民主共和的第一部法典《鄂州约法》。由首义人士主持，宋教仁起草的这部法典，为中国实现共和奠定了法制基础。中华民国临时政府颁行的“中华民国临时约法”，就是以《鄂州约法》为基础制定的。

第五，全国各地纷纷效法“武昌模式”。由于武昌首义后的军政府都督，是推举前清颇孚众望的“南洋名将”黎元洪为都督，独立各省大部分都是推举前清开明人士担任都督。组织机构也效法武昌模式。

第六，武昌起义日为民国国庆日。1912年7月，辛亥首义志士李廉方在“征集全国教育家于北京”的全国临时教育会议上，面对北洋政府提案拟定了三个日期作为国庆日候选：清廷下诏逊位日、袁世凯就任大总统日和南北议和协定日。他当即提出抗议，另提“武昌首义日案”①。他申述预案三个日期之非，以及武昌首义日当为唯一国庆日之理由。当时与会者，不尽同情革命，颇多附和北洋政府反对李说。后经李廉方引经据典，历述法国大革命与美国共和国庆均是首义日，全场态度为之一变，湖南、安徽、江苏代表纷纷表态力挺。在表

① 《教育杂志》12号“记事”，1912年12月。

决时，与会者四分之三举手通过，推李廉方、黄炎培、贾丰臻三人修正提案，提交临时参议院审议。同年9月28日，北京政府将李廉方的提案，交由临时参议院审议，正式通过以武昌首义日——10月10日——为中华民国国庆日，又称“双十节”①。

诚然，对武昌首义一举成功，也有人认为是侥幸取胜。其理由是发难时间的偶然性，清廷湖北当局没有进行有效的抵抗，就连孙中山一度也持此种观点，有人甚至说是孙中山或同盟会领导的武昌首义。为此，笔者特作如下澄清。

首先，武昌首义是湖北革命的必然结果。辛亥武昌首义不仅有坚实的革命组织，持续的革命运动与完备的起义计划，而且在军队、学校与会党中有普遍的群众基础。早在1903年，吴禄贞就在武昌建立了第一个革命团体——花园山聚会，继而有以吕大森为所长的科学补习所、刘静庵领导的日知会，直至担任发动武装起义的两大革命团体文学社与共进会，历经多次失败才成功。起义司令部在1911年9月24日就已经确定了举义日期，只是10月9日发生了孙武炸弹爆炸意外事件而改期。在进攻督署过程中，民军遭到了清军的负隅顽抗，历时8小时后才以血的代价得手。

其次，武昌起义的组织发动者是共进会与文学社，并非同盟会或1911年7月成立的同盟会中部总会。尽管共进会、文学社，与同盟会有千丝万缕的联系，其宗旨、目标大体一致，都视孙中山为精神领袖。尽管同盟会及其领导人一直视文学社与共进会为自己的组织，但共进会与文学社是两个独立的革命团体，即是现在所说的独立法人团体。他们有自己独立的组织、领袖和旗帜等，与同盟会只是合作关系，不存在隶属关系。这也就是说，同盟会同共进会与文学社的关系，如同国共合作时期的国民党与共产党的关系，或者说就像当今中国台湾的中国国民党同亲民党、新党的关系一样。

不仅如此，同盟会及其领导人，对文学社与共进会，乃至湖北革

① 贺觉非、冯天瑜：《辛亥武昌首义史》，武汉大学出版社2006年版。

命不甚了解。当时曾经闹了一个笑话。那是辛亥年春，资深同盟会员谭人凤带着1000元革命经费考察湖北，他按照事先黄兴交代，湖北革命是同盟会员居正负责，就给了居正800元。接下来，通过接触共进会后，方知孙武是领导人，无奈就将仅剩的200元交给了孙武。当他见文学社社长蒋翊武其貌不扬时，不仅分文未给，甚至不想再见。殊不知，蒋翊武实际领导着3000人的革命同志军队，而且同盟会多数领导人主张在南方及其边疆举事，只有同盟会中部总会诸君主张在长江中下游举义。在酝酿武昌起义时，同盟会中部总会只是配角，发动时没人参加，直至成功后，同盟会的主要领导才纷纷赶到湖北共襄盛举。至于孙中山，当时人在国外，而首义后武汉的《大汉报》与《中华民国公报》上的“孙中山告同胞书”，都是革命报人胡石庵、蔡良村等人杜撰的。是故，只能说，孙中山是辛亥革命的精神领袖，而不应将武昌首义说成是孙中山直接领导或发动的。

1911年10月10日，武昌首义的一举成功，揭开了辛亥革命胜利的序幕，推翻了统治中国296年的清王朝，结束了中国两千多年的专制帝制，建立了亚洲第一个民主共和政体。

武昌首义时，群龙无首，颇孚众望的晚清“南洋名将”黎元洪被推举为都督，为震慑清廷，号召天下，为武昌首义一举成功，为中国从半封建半殖民地过渡到民主共和起到了别人不可替代的作用。故孙中山称他为“民国第一伟人”，章太炎赞其“功比孙黄”。

武昌首义从成立起义领导机构、制订起义计划到起义爆发和胜利，以至保卫首义胜利成果，一批黄陂籍仁人志士与参加首义的各界人士一道，用赴汤蹈火、前仆后继的革命行动，谱写了许多可歌可泣的壮烈事迹，焕发了扭转乾坤的辛亥首义精神。

（二）大都督四两拨千斤

以辛亥首义一举成功为标志的辛亥革命，是20世纪最伟大的政治事件，是一场使国体与政体发生根本改变的政治革命与社会革命。回顾世纪历程，著名史学家章开沅将其高度概括为“百年锐于千载”。

回望辛亥首义，推举“无党派人士”黎元洪的出山，堪称湖北革命党人的伟大创举。实践证明，这对于威震清廷，号召天下，起到了四两拨千斤的作用。

黎元洪何许人也？因他是湖北黄陂人，史称“黎黄陂”。他北洋水师学堂毕业，曾身经甲午战争的腥风血雨，后成为张之洞推行新政的决策参与者与忠实的践行者。这位颇具文人气质的清军“鸽派”将领，在声势浩大的立宪运动与如火如荼的保路风潮中，以清廉的形象开始进入革命党人视野。

由于众所周知的原因，以往谈及黎氏出任首义都督，大都认为是革命党人的临时抱佛脚。而且长期以来，对这位辛亥巨人盖棺难定论，评价两极：曾褒为“首义元勋”“功比孙黄”“开明谨厚”，又贬为“床下都督”“柔懦误国”与“黎屠夫”……

的确，黎氏一生扮演了多种角色，既是“黎菩萨”，又似“泥菩萨”；既上过袁世凯的贼船，又誓死捍卫共和；既知书达理、尊师重教、爱惜人才，也有附庸风雅之嫌……他得意时，门庭若市，各派竞相拥戴，桂冠加身，成为民国唯一两任大总统、三任副总统，先后与民初5位总统同台的政治家与军事家。他失意时，门可罗雀，各方则弃之如敝屣……

如今，我们重新审视那段历史，发现黎氏的出山，尽管有其偶然性与历史的局限性，但也确有其必然性与合理成分。

当20世纪晨曦微露之际，历经200多年风雨沧桑的大清帝国，正步履蹒跚地走向其历史的尽头。统治者为了苟延残喘，便在全国范围内大规模地编练新式军队，北方直隶和南方武汉的两支陆军精锐因此脱颖而出。北方是袁世凯编练的“北洋新军”，南方则是张之洞主持的“南洋新军”。

自1906年以后，清廷所举行的历次军事演习（秋操）中，南北两支劲旅在各军中争领风骚，令中外刮目相看。特别是“南洋新军”，尽管它只是湖广地区的“地方军”，可是，在盛况空前的太湖秋操中，竟然将武装到牙齿的“中央军”——北洋军，打得三战皆北，因此被誉为新军之冠。而几次临阵指挥的南军统帅黎元洪，因此成了举国公认的“南洋名将”。

关于党人为何将一个“无党派人士”推出来当领袖，以往的资料往往说成是党人幼稚，或曰“群龙无首”不得已而为之。根据近年来发现的大量的第一手资料，以及一些研究成果表明：“群龙无首”只是导火索，在当时的历史条件下，推黎元洪出山是最佳的选择，而且湖北两大革命团体文学社与共进会早有预案。究其主要原因，大抵表现在如下几个方面。

首先，黎氏是颇具“仁柔”情怀的“开明人士”，容易与党人合作。黎氏虽是行伍出身，但他在私塾与新式学堂受过良好的中西教育，思想并不保守，有“开明谨厚”之誉。而且常常手不释卷，对文人当兵者非常器重，让其“因材得职”。当时一大批革命党人都是从农村走出的知识分子：秀才、举人与留学生等，他们来到黎氏统辖的二十一混成协属下当兵，不少人在他的提携下，或被“转干”，或被保送军校，或被选送出国留学，这批人士大多成为辛亥首义的中流砥柱。

其次，黎氏作为“南洋名将”的“人望”，是党人借以号召天下、威震清廷的重量级“统战”对象。当时党人最基本的革命目标很简单，那就是“驱除鞑虏，恢复中华”，即排满革命。这样一来，使党人争取作为汉人知名人士的黎氏，成为可能。尤其是在立宪派的推动下，尽管晚清政府实行了君主立宪，但仍是皇族政府，排挤汉族官员，这激起了立宪派与大多数汉族军政高官的愤慨，再加上保路运动的此起彼伏，形成了一股巨大的反清浪潮。而湖北新军的实力派人物黎元洪因不愿与清廷湖广当局同流合污，总督瑞澂处处为难他、参劾他，军中的头号人物张彪给他穿小鞋。所有这些，让黎氏对当局心灰意冷。

最后，加强统战是总结了同盟会历次起义失败之后作出的正确决策。反思同盟会与光复会领导的历次起义之所以失败，一个至关重要的原因就是，仅仅是革命党人的单兵作战，没有建立可靠的同盟军。湖北两大革命组织文学社与共进会，通过认真总结教训后认为，举黎督鄂不仅争取了一个革命对象，而且可以形成一支附和革命的同盟军。

故他们于辛亥年首义前夕，不约而同地曾有推举黎元洪督鄂的动议。

由于上述动议是秘密进行，一般革命同志均不知晓，“无党派人士”黎元洪更是被蒙在鼓里。所以，武昌首义一举成功后，当党人逼他执掌军政府时，毫无思想准备的他自然会惊恐、焦虑、犹豫交织在一起……以至于在逼上梁山的前三天，他不划一策，形同木偶。

三天后，黎元洪剃了辫子后当众宣布：“我前天未下决心，昨天也未下决心，今日上午还未下决心，这时我已下定决心了。众意难辞，自应受命；成败利钝，死生以之；决心革命，毋庸有贰！”

实践证明，在武昌首义中，争取黎元洪与汤化龙的出山，不仅赢得当时颇有影响的立宪派的同情，也争取了一批汉族军政人员的支持，同时也促使西方列强在南北交战中保持“中立”……从而建立了广泛的同盟军。

黎氏虽然不是政治强人，然而，敦厚的人一旦认定目标，就会为此而死心塌地去做。果然，他督鄂后虽不完美，但他退二进三，不负众望，四两拨千斤，继而风云际会，做出了不少可圈可点的大事。

第一，他如法炮制党人的“统战”手法，促成清廷海军反正，令清廷丧胆。因当时的清廷海军统制（司令）萨镇冰是黎氏在北洋水师学堂的班主任，他们又一同参加过甲午海战，结下了深厚情谊。而前来镇压武昌起义的舰长及要员也与黎有交谊。故黎三次派员前去接洽后，萨镇冰即率海军退出武汉战场，后在九江宣布起义。接着，全国十数行省相继响应独立，形成了南北双方谁也吃不了谁的相持局面，为南北议和，最终南北统一创造了条件。

第二，他率先提出的“军民分治”“废督裁兵”等主张，开民国“军政分开”先河，对当代的党政分开具有某种借鉴作用。

第三，黎氏旗帜鲜明地反对帝制，坚持共和，没有放弃政治和道德的底线，可称得上“共和磐石、乾坤正气”。他本人的个性虽属“仁柔”，但却也是软中有硬。有人觉得他像棉花团一样，其实不然。“泥菩萨”只不过是他用来保护自己的手段而已。诸如，他断然拒绝袁世凯封他为“武义亲王”，坚持了共和，这就不简单，换别人可能就屈服了。

第四，他选贤任能，大胆起用蔡元培，开创了北京大学的百年传奇。

第五，他息影津门后，“下海”经商，开创了诸多中国商界之最。

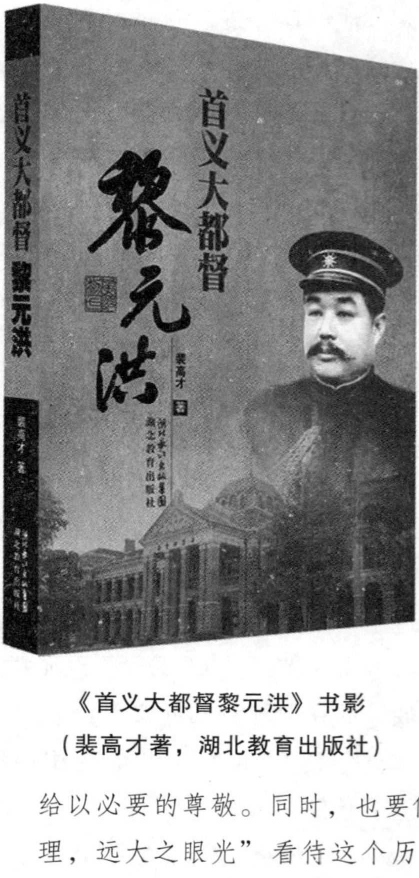

《首义大都督黎元洪》书影

（裴高才著，湖北教育出版社）

尽管黎元洪一生没有摆脱任人摆布的命运，但他的名字毕竟与中华民国史上一系列重大的历史事件紧紧地联系在一起。他的俭朴、他的谦逊，与其他北洋军阀的横征暴敛、不可一世，形成了鲜明的对比。因此，我们应该归还其历史公正，正如史学家章开沅先生为裴高才著《首义大都督黎元洪》所作序言中说：

> 武昌是辛亥革命武昌首义之区，黎元洪在中国人走向共和的道路上，尽管步履蹒跚，坎坷曲折，但毕竟也是迈开第一步的先行者之一，我们理应给以必要的尊敬。同时，也要像张謇所说的那样，以“公平之心理，远大之眼光”看待这个历史人物，“勿爱其长而因护其短，勿恨其过而并没其功；为天下惜人才，为万世存公正”。

在新时代，我们重温这段百年沧桑的历史，评介这位时势造就的历史人物，旨在鉴往知来。

纵观中共走过的90年历程，在建立统一战线方面，也与辛亥首义何其相似。不论是在革命战争年代，还是和平建设时期，统一战线作为“三大法宝”之一，厥功甚伟。诸如当年和平解放北京，就是利用与黎元洪类似的起义反正人物傅作义的重要作用，以最小的代价，赢得了平津战役的胜利。新中国成立后，傅作义出任国家水利部长，又为社会主义建设做了一些开创性的工作。而同为“无党派人士”的黎元洪的长子黎绍基，也为新中国的工商业恢复重建与社会主义改造做出了杰出贡献。

在当今错综复杂的国际形势下，如何弘扬辛亥首义精神，打好“统战”牌，驾驭风云变幻的国际局势，为我所用，也是一个值得深思的问题。

（三）“双十”节一波三折

辛亥首义，两岸同庆，百年承袭。孙中山是辛亥革命的精神领袖，他就任临时大总统是在民国开国大典的 1 月 1 日，那么民国同庆之日为何选在武昌首义之 10 月 10 日，又称“双十”节，这到底是什么原因呢？

事情是这样的。1912 年 7 月，在“征集全国教育家于北京”① 的全国临时教育会议上，北洋政府拟定了三个日期，作为中华民国国庆日候选提案。即清廷下诏逊位日（2 月 12 日）、袁世凯就任临时大总统之日（3 月 10 日）、南北议和协定日（2 月 20 日），这三个日子均与袁世凯有关，显然北洋政府意在为袁氏表功。会上，亦有代表提出中华民国临时政府成立之日（1 月 1 日），作为国庆日补充提案。

正在大家七嘴八舌议论纷纷之际，来自湖北的教育家、辛亥首义志士李廉方（步青）拍案而起，对北洋政府预案提出严正抗议。他从法理的角度，申述预案中的三个日期于情于理都说不通，而且他另提“武昌首义日案”，并简述了武昌首义日当为唯一国庆日的理由。

由于李廉方与两湖书院同学黄兴留日时，就追随孙中山，襄助黄陂籍辛亥革命志士蓝天蔚创办革命刊物《湖北学生界》。回国后，他

① 《教育杂志》12 号“记事”，1912 年 12 月。

一方面利用私宅配合吴禄贞，筹组了“辛亥首义的革命源头”——花园山聚会，黄陂人万声扬、蓝天蔚是聚会的骨干。李氏主要负责接待、组织和经费筹措，以及联系学界人士。通过组织联系武昌军界、学界进步人士，在这里秘密集会，成建制地运动新军的“抬营主义”的革命方略，就是此间提出来的。

另一方面，他利用其公开身份（历任湖北师范堂长、方言学堂监学、艺师养习所总理、省视学），暗中从事革命活动，为党人提供许多方便和帮助。还会同黎元洪、蓝天蔚等全力营救遭受“丙午之狱九君子”中的刘静庵、季雨霖等志同道合的革命党人。

武昌首义时，李廉方先后出任以黎元洪为大都督的都督府首席秘书（秘书长）、襄阳卫戍司令兼署襄阳道、湖北省教育司副司长等。作为编辑出版家，他历任中华书局编辑、教育部编纂员，在中华书局出版修身、教授法、教育史等大量教科用书。

此次教育会议是由北洋政府召集的，会议地点又在北洋的地盘上，而与会者亦不尽同情革命。北洋政府的意图很明显，意在使预案三选一通过，不愿节外生枝。而不明真相的同人甚至认为，李廉方的建议带有狭隘的地方主义色彩，故不少议员多附和北洋政府预案，反对李氏提案，尤以浙江人、前清翰林邵章多次发言，与李氏争辩得脸红脖子粗，一时双方相持不下。

李廉方坚信，理不辩不明。于是，他引经据典，进行耐心的申述。他说，武昌首义不只是一个地方性的武装起义，而是继法国大革命、美国独立战争之后的世界上第三次民主共和的革命性义举。武昌首义的成功，标志着中国，也是亚洲首次走向民主共和。孙中山在就任临时大总统时，曾向世人宣示：“武昌首义，十数行省，先后独立。所谓独立，对于清廷为脱离，对于各省为联合。”① 南北首次议和时，南方也是由首义大都督黎元洪领衔，与袁世凯派出的代表对等谈判。

① 孙中山：《临时大总统就职宣言》，《临时政府公报》第1号，《孙中山全集》第2卷，第2页。

接着，李廉方历述法国大革命与美国共和国庆均选定于首义之日。

经李廉方据理力争，大家都是教育家，知书达理，全场态度顿时为之一变。湖南、安徽、江苏代表纷纷表态力挺李说。李廉方见大家态度出现逆转，就趁热打铁，建议大会进行表决。表决结果显示，与会者四分之三举手通过了李案。1912 年 7 月 18 日，天津《大公报》以《民国大纪念日之决定》为题报道说：尽管会议“争执颇甚”，最终“经全体赞成，作为正式通过”以武昌起义之日为民国纪念日的意见。

不过，这一决议仅为教育行业会议之决议，并不具备法律意义。于是，会上又众推提案人李廉方、江苏省都督府教育司长黄炎培、江苏省立第二师范首任校长贾丰臻三人，依据临时教育会议的修正文修正提案①，提交临时参议院审议。可是，时间过了四五十天，临时参议院却没有审议该提案的消息。

随着武昌起义周年临近，国庆日问题遂提上日程。尤其是身为民国临时副总统兼湖北都督的黎元洪，刚刚与袁世凯联手屠杀了首义元勋张振武，昔日的“黎菩萨”变成了“黎屠夫”。为了转移社会舆论的注意力，黎于 9 月 9 日致电临时大总统袁世凯，提出于武昌起义周年之日，在武昌举行隆重首义周年庆典，以“追悼前徽，特表纪念”，并请袁氏以中央政府名义派代表出席。②

到了 9 月 16 日，刚刚辞去南京临时政府留守的国民党领导人、“民初四巨头”之一的黄兴，亦发表通电：数十年来之斗争，至武昌起义，全国赴助，而告成功，“当以是日为民国一大纪念日”③。同是 9 月中旬，旅京的湖北籍人士以“共和祝典为民国盛仪，万国观听所系，不可不悉心商议”而聚会。

这时，离孙中山与袁世凯首次北京相会，甫一月有余，袁氏尚未

① 李廉方：《辛亥武昌首义记》，第 100—101 页。

② 《黎元洪：上大总统并致京外各机关》，《黎副总统政书》卷 14，上海：古今图书局 1915 年版，第 176 页。

③ 《黄兴通电》，毛注青《黄兴年谱长编》，中华书局 1991 年版，第 333 页。

正式当选大总统，需要南方革命党人支持，故不便“霸王硬上弓”地干扰首义庆典。有鉴于此，便由总统府军事参议罗虔等人出面，正式向袁世凯和盘托出教育家的提案：法国国庆日之7月14日，为巴黎民军起义之日；美国国庆日之7月4日，为十三州宣布独立之日。故民国应以武昌起义之10月10日为“国祭日”[①]。

无独有偶。正在此间，参议院鄂籍议员、“同盟会先天会员”刘成禺与张伯烈为声援李廉方提案，亦提出以10月10日“为武昌起义纪念之日”的建议案。此外，还有“主张民国政府正式成立及列强承认中华民国之日者”[②]。

由此可见，设立中华民国国庆日或国节或纪念日，虽然说法不尽相同，但这一问题成为社会各界人士的共同要求。只是究竟定于何日，意见迥异。

在此种背景下，北京临时政府以“民国应有国庆及纪念日期”，提出《国庆日及纪念日咨询案》，咨交临时参议院审议[③]。《国庆日及纪念日咨询案》称，法、美两国分别以革命爆发和宣布独立之日为国节，“我国国节亦应效法法美”，故提出以武昌起义之日为国庆日。此咨询案的内容包括国庆日应行之事：一、放假休息；二、悬旗结彩；三、大阅；四、追祭；五、赏功；六、停刑；七、恤贫；八、宴会等。此案通过后，上述事项成为民国北京政府时期国庆活动的主要内容。同时，还提议以南京临时政府成立之1月1日和北京宣布共和、南北统一之2月12日为纪念日。

1912年9月24日，在临时参议院审议此咨询案过程中，又有议员强烈主张将黄花岗起义之4月27日，也作为纪念日，但未获通过[④]。

“咨询案”经临时参议院第八十次会议正式通过后，9月25日袁

① 《共和祝典规定纪闻》，《申报》1912年9月23日。

② 《国节日效法法美》，《申报》1912年10月1日。

③ 《公电·国务院电》，《申报》1912年10月1日。

④ 《参议院第八十次会议速记录》，《政府公报》第171号，1912年10月19日。

世凯以临时大总统令公布施行。即以武昌首义日——10 月 10 日为中华民国全国同庆日。

当时汉语既有词汇中，并无“国庆日”一词，故于此日，最初并没有一个统一、确定的名称，而在报章和公文中出现“国节”“国节日”“国祭日”“国庆日”等种种称呼。因这一节日是舶来品，是从西方文字直译过来，可称为“国节”或“国节日”。而最后确定将这一天称为“国庆日”，是按照中国文化观念的译法，故为大家所接受。因国庆日为 10 月 10 日，人们又习惯称之为“双十节”。

（四）黎黄陂铜像黄陂立

黎元洪（1864—1928 年），字宋卿，史称“黎黄陂”或“黄陂”。他是一位充满传奇色彩的开国都督、“民国三杰”与三任副总统、两任大总统的政治家与军事家。

民国三年版《黎氏族谱》记载：在明洪武年间，黎家的两兄弟黎旭、黎旦住在江西豫章（今南昌）碎瓦墩，黎旦生有 5 个儿子，长子黎舜臣和三子黎舜元后随伯父黎旭迁往湖北，先在黄陂中和乡（今黄陂祁家湾街道张家店一带）黎旭处短暂落脚。黎舜臣后来迁往黄陂县城小西门外大板桥（今前川街老城区小板桥西）定居，数十年后迁东乡黎家岗（今属黄陂区王家河街道），不几年迁居北乡黎家河（今大悟县彭店乡）。黎元洪即是黎舜臣的直系后裔。由黎舜臣传到黎元洪的曾祖黎世义已历九代。

1864 年 10 月 19 日（清同治三年农历甲子年九月十九），黎元洪生于湖北汉阳府黄陂县（今武汉市黄陂区）木兰乡之东厂畈。他毕业于北洋水师学堂，曾身经甲午风云，后成为张之洞推行新政的决策者与实践者。这位颇具文人气质的清军“鸽派”将领，在保路风潮中，开始进入革命党人的视野。在武昌首义时被推举为大都督之后，风云际会，成为民国政坛上的传奇人物，也是中国近代史上卓尔不群、异于凡响的黄陂人。

1911 年武昌起义成功后，革命党人按照原计划，着手组建湖北军政府。因湖广总督署受战火破坏，一时不能修复，经议决以咨议局办公楼（其主体建筑为红色楼房，故称“红楼”）作为中华民国鄂军都督府（即湖北军政府）办公之用。于是，革命党人蔡济民与议员刘赓藻等簇拥着黎元洪坐镇军政府。接下来，湖北军政府一度代行中央革命政府职能，黎大都督代行总统和海陆军大元帅职权。因此，阅马场与红楼在一段时间内成为全国革命中心。1961 年，国务院将“红楼”列为全国重点文物保护单位。1979 年 3 月，中华人民共和国名誉主席宋庆龄，亲笔题写“武昌起义军政府旧址”横幅。1981 年经全面修葺的旧址被辟为辛亥革命武昌起义纪念馆，目前按原貌复原的会议厅挂着孙中山与黎元洪的合影照片、军政府都督黎元洪的住所和办公房则有黎当年的遗照与遗物。

黎元洪是中国近代重要的文化符号。武昌首义时，黎元洪被请出撑住时势，稳定军心，抗击清剿，号召天下，促成各省响应，革命成功，孙中山先生称之为“民国首义第一伟人”。他是民国政坛的传奇人物，尽管后世对其评价纷纭，但他在推翻帝制、建立共和的历史进程中，起到了极其重要的作用，扮演过无可替代的角色。他深明大义，力主共和，反对复辟，鄙夷帝制。然而作为两任民国总统，达到过权力巅峰的黎元洪，在民初风诡云谲、军阀割据的政治生态中，并不能呼风唤雨，时常受到各种力量的排挤，显得力不从心。但他又是极其重要的政治平衡器，各种权力相争不下时，他又时而被请出支撑，以至于被称作“泥菩萨”。此后，他索性逃离政坛，远离权争，兴办实业，成为“实业总统”，还乐于支持教育与慈善事业。如黄陂前川中学、武汉大学“宋卿体育馆”等都有他的捐赠。

黎元洪又是黄陂重要的文化名片。无论是民国《总统政书》《民国演义》中均称其为黎黄陂或黄陂，还是世界各地为纪念黎黄陂而命名的“黄陂路”或“黎黄陂路”，或是以黎元洪、蔡济民为代表的一大批在辛亥首义中出生入死的黄陂人，在武昌首义中烙下的许多黄陂印记。黄陂的声名在相当长一段时间内，因黎黄陂而享誉中外。著名学者易中天先生到黄陂讲楚文化时也说，他对黄陂印象就是民国大总统黎黄陂。黎黄陂生前专用的“黄陂黎氏”的印章，至今还保存在其嫡孙、天津市政协副主席黎昌晋的家中。

其实，早在1914年与1922年，湖北乡亲为纪念黎黄陂这位民国大总统，曾先后在武昌黄鹤楼公园与汉口慈善总会处，两次竖立过黎元洪铜像，只是毁于战乱与动乱年代。直到纪念辛亥革命100周年之际，由黎黄陂研究会策划，黄陂区委统战部呈报中共黄陂区委、黄陂区政府立项，斥资竖立了全国现存第一座黎黄陂铜像，同时将铜像所在的广场命名黄陂首个“黎黄陂广场”。该人体铜像高6.4米，意为黎氏出生于1864年尾数或享年64岁；底座高3.2米，即黎在湖北生活了32年，有叶落归根之意。此铜像为目前湖北省境内最高人体铜像。

当你走进黄陂黎黄陂广场，一尊身着戎装、手持指挥剑的威武铜像，闪入眼帘；铜像底座正面为黎元洪亲笔手迹“黄陂黎元洪”与“黄陂黎氏”印章；背面为当代国家领导人、第九届全国政协副主席王文元泼墨题词：“开国都督，首义元勋。”

东侧为革命家、国学大师章太炎的赞诗，他于1926年将黎黄陂与孙中山等列为民国五位豪雄，并在《民国五豪赞》中对黎氏赞词曰：

黄陂长者，爱国若性。
承彼乐推，徂以求定。
人皆贪邪，我独廉正。
不援朋党，胪言兼听。
仁而不武，陵夷为病。

左侧为中国国民党湖北省党部1935年11月24日，在武昌举行的黎黄陂大总统国葬上，吊唁黎氏的一副挽联。联云：

首义建共和，大勇若怯，大智若愚，自项城以下无余子；
平民起革命，见利不趋，见害不避，除中山而外独以公。

（五）黄陂辛亥风云榜

1911年即农历辛亥年，随着黄花岗喋血惜败、保路风潮功败垂成之后，辛亥首义志士们经过十来年实施“抬营主义”：从花园山聚会、科学补习所、日知会、同盟会湖北分会、群治学社、振武学社，到文学社与共进会等，前仆后继，持续运动军队，直至使湖北新军中有1/3的军人是革命党，1/3的人受其影响，同情革命。10月10日夜，蔡济民、吴醒汉、李鹏升等首义志士，以摧枯拉朽之势，浴血奋战8小时，首次在湖广大都会武昌古城升起了九角十八星旗。第一个共和政体屹立于世界东方，第一部民主法典《鄂州约法》于斯诞生……在持续41天的阳夏保卫战中，全国14个行省相继独立；80天后，亚洲第一个共和国——中华民国政府成立；123天后，清帝逊位，2100年的中国皇朝寿终正寝。尤其是抬出颇孚众望的清军名将、“无党派人士”黎黄陂出任湖北军政府大都督，对于震慑清廷、号召天下（包括持观望态度的军人、立宪派人士附和革命，前来镇压革命的海军反正，外国持中立态度），起到了别人不可替代的四两拨千斤的作用。湖北革命的一举成功，促使其后的独立各省，纷纷效法湖北模式，从而天下底定。

其实，早在明代，黄陂就开始与大武汉融为一体。到了清末，湖广总督、“辛亥革命保姆”张之洞，将爱将黎黄陂从南京带回湖北编练新军，官至独立旅旅长（混成协统领，简称“协统”）。蓝天蔚留日归来后亦在此担任教官，一批黄陂青年因此前往投军。尤其是后来清政府取消科考，而到军营当兵不是有机会进军校、提干，就是有机会赴日留学，当兵成为当时青年的一条重要出路。于是，黄陂知识青年以得天独厚的条件，纷纷到武昌投笔从戎，以至数以千计的黄陂子弟兵，云集在清廷的湖北新军中。

回望辛亥，从历史深处走来、从陂邑乡村走来的，是一份份献身共和的殷殷情怀。他们的潜德幽光犹存，黎元洪、蔡济民、吴醒汉、潘正道、陈时、潘康时、黎澍等50余位辛亥革命风云人物的名字，铭刻于首义青史的丰碑上——

刘赓藻、范熙壬以举人的身份，先后考取京师大学堂与赴日留学，投身辛亥革命；蓝天蔚、万声扬、陈时、周兆熊、潘康时、喻育之、彭矫等，不是留日追随孙中山，就是参与筹备花园山聚会；蔡济民、吴醒汉、李鹏升、李白贞、蔡良村、蔡极忱、潘正道、罗洪升、罗良斌、赵均腾，在首义的全过程发挥了中流砥柱作用。尤其是蔡济民临危受命主持谋略处，代行都督职权，填补了权力真空，厥功至伟；敢死队长胡慕公，铁肩担大义；姚汝婴、胡康民投笔从戎，满腔热情地为新政权效力；冯铸、吴淑卿巾帼不让须眉，或鬻书助饷，或组建“娘子军”驰骋疆场；徐凤梧、王伟、彭国瑞，组织军医队赴前线救死扶伤；蓝文蔚、陈启天、涂德麟、周长春等学生军，立马横刀；黄大伟、李新亚、童云程、吴仲行、李新华、胡庸、童焰燃、朱金元、王星福等，前赴后继举义旗；陆东祥、冯开胜、宁子亭、易锦州、李春龙、段金标、张良才、罗正发等浴血战阳夏，以身殉职；刘永清、萧昶曾、郑慧吾、阮显臣、任明彬、向衍焕等商人，谱写商团劳军曲；晚清“南洋名将”黎元洪，“逼上梁山”当都督，为首义一举成功起到了四两拨千斤的作用。新军队官李铭鼎，首义后追随黎元洪，从此与黎共进退。即使是“洪帮”头目杨庆山、周汉卿，也在汉口组织义勇军火烧清军铁路辎重，阻止清军进攻汉口……

不仅如此，这些黄陂人创下了多个首义或民国“第一”：李鹏升点燃武昌首义“第一把火”（比工程营打响的第一枪要早一两个小时），第一位谋略处长、“首义大总管”蔡济民，首义“四大金刚”之一、直接参加首义当夜战斗的起义司令部两名成员之一吴醒汉（另一位为蔡济民），民国第一个中央大都督黎元洪，首位民国关外大都督蓝天蔚，制作中国走向共和的第一面旗——九角十八星旗与刻制民国第一印——“中华民国鄂军政府大都督之印”的李白贞，首义妇女参军第一人吴淑卿，第一位首义书法女神童冯铸，还有参加辛亥武昌起义敢死队的最后一位百岁辛亥革命老人喻育之……

当然，大浪淘沙，有的参加首义的人中，后来走上了与民为敌之路。如1892年出生于黄陂木兰乡人的柳维垣（号叔戎），湖北陆军小学堂毕业后参加首义，后成为国民党军队镇压共产党的重要将领。1933年6月，蒋介石在南昌召开军事会议，研究第五次“围剿”苏维埃新生政权的新战略新战术时，他采纳了时任国民党西南政务委员会少将视导专员的柳维垣关于“碉堡推进、步步为营”的建议，决定在革命根据地周围修建碉堡。

（六）中外名家咏“黄陂”

在黄陂木兰乡工作期间，笔者常到东厂畈与雷家嘴，听到当地流传着不少有关黎元洪的母亲逃难到木兰山下，在东厂畈生下黎元洪的故事；在农民家中看到了收藏的黎元洪的书法作品与题匾。还有恩师王士毅先生创作的《木兰湖赋》，开篇即是“木兰湖者，为花木兰女将军饮马之遗址，系黎黄陂大总统出生之故园”的骈句。

2001年10月12日，裴高才著《民国第一伟人黎元洪》在木兰湖黎黄陂大酒店首发与研讨。当时，中国台湾国父纪念馆首任馆长童启祥教授，港澳中华魂基金会会长蔡锋，武汉档案馆副馆长涂文学，军事经济学院教授王松等专家学者均给予了首肯。随着《木兰湖赋》《黎元洪》的传扬，沉寂了几十年的这位民国大总统才又进入了人们的视线。一些人，特别是年轻人都惊呼：历史上黄陂还出了这样一位了不起的总统！第一位湖北籍的国家元首竟是我们黄陂人！这年冬天，新加坡新风诗协会会长余彦男先生慕名，专程前往木兰乡东厂畈拜谒黎元洪故地。当他看到黎黄陂题写的“正义”匾额仍保存在黄陂收藏家彭云清那里时，便感慨万端地对我说：“黎黄陂是走向共和的先驱，民国元勋，理应受到尊重，至今在海外仍有影响。”同时，余氏还即兴口占《黎黄陂颂》一首：“浮沉宦海涉横波，日运韬谋夜枕戈。敢瘁开心除帝制，长怀赤胆照山河。”

此后，笔者和潘安兴先生着手在海内外征稿，筹划出版《咏黎黄陂诗词集》。台湾陈冠再教授主动给笔者提供了台湾知名诗家详细地址，随后共收到14位台湾方家的20首诗作。其中姚植的《诗咏黎黄陂》云："盘龙文化咏黎公，首义元勋气自雄。革命天声歌大汉，地灵人杰鼓春风。"诗中突出歌颂了黎黄陂对辛亥革命的非凡作用。台湾林猷阳的诗句，则点明了历史人物与地理的关系，读起来让人寻味。诗曰："荆襄大邑数黄陂，代有能人出落奇。首义元勋尊极誉，民邦始奠仗仁师。盘龙有象千年上，辛亥光华百岁滋。史绽寒梅芳永世，诗家竞起缀鸿词。"

全国各地诗词学会获此消息后，亦纷纷惠寄了大作，一篇篇可谓感怀真切，佳作纷呈。如北京丁一飞的《少年黎元洪》，写出了从农家走出的黎黄陂的生活情趣。诗云："孤儿寡母两相依，苦难人生世不知。黄犊荒原聊做伴，红苕野菜暂充饥。学堂窗外偷听课，林树丛中细咏诗。感动先生招入座，小村塾学溢芳菲。"湖北英山冯伯乾的《遇难》，以诗纪事，吟咏了黎黄陂参加甲午海战的历史史实。他写道："水师毕业誓从军，渤海横遭舰击沉！险些葬身鱼腹里，吉人天相死逃生！"福建李国梁先生诗作，深沉而耐人玩味："挥师首义力翻天，主国艰如上水船。几度黄陂潮涨落，悠悠一枕卓刀泉。"北京王成钢以《诉衷情·吊黎元洪步饶惠熙韵》，透过历史的烟云，岁月的沧桑，刻画了黎黄陂的形象："丰功伟绩幻邪真，武汉建奇勋。人生多少功过，常秤是黎民。还本相，拂灰尘，面容新。楚山常记，总统襟怀，义薄青云。"同时，也体现了诗人极高的史学、史识、史才内功。浙江陈景超的《过卓刀泉》则一语中的，更显法眼公心："红楼曾主元勋席，青史常怀首义功。"湖南佘汉武在《黎元洪》中写道："一木曾经支大厦，千秋不废祭英灵。"亦是天理人心的真实题照。

如今，这部汇集中国内地、香港、澳门和台湾及20多个国家和地区480多位作者的《咏黎黄陂诗词集》面世，并于武昌举行的纪念黎元洪150周年研讨会上交流，这既是时代进步而具有的包容性和肯定勇气的表现，也是我们内心成熟与强大的表现！文末，笔者以《题黎元洪留学日本照片》来表达对这位黄陂乡贤的崇敬之情。诗云：

雄姿英发小青年，东渡扶桑有几番？
救国强兵攻武备，挑灯鏖战学科研。
几分质朴包头裹，双眼光闪着甲坚。
讵料成名辛亥夜，人皆重把草根看！

荣华富贵原无种，只待时来命运通。
偏僻山村曾炼狱，汪洋海战忽飘蓬。
归来幸得明贤力，偶尔还凭子夜风。
最幸苍天开法眼，不知不觉上高峰！
（本文根据罗向阳书面发言整理）

（七）黎黄陂文化渐成名片

2007 年 4 月，根据黄陂区人民政府〔2007〕第 0948 号批示，开始筹组黎黄陂研究会。次年 1 月 29 日由区民政局批复（陂民政〔2008〕5 号），依法注册登记（陂社证字第 0153 号）成立。学会乃学术研究与文艺创作社会团体，主要任务是联络海内外黄陂籍知名人士，以及研究黎黄陂与辛亥革命史的专家学者，研究、开发以“黎黄陂”文化资源为主的黄陂系列文化产品。2013 年 3 月 12 日，武汉社会科学界联合会以〔2013〕3 号文，吸收黎黄陂研究会为团体会员单位。2014 年，理事长裴高才以传记文学作家身份——《钩沉名人俊彦的五彩梦》，入选国家社科基金重点图书《100 个人的中国梦》（湖南教育出版社 2014 年版）。

研究会聘请享誉国际的著名学者章开沅、冯天瑜、严昌洪、皮明庥、王士毅等担任学术顾问，黎元洪嫡孙黎昌晋，罗向阳等为名誉理事长。第一届研究会理事会由理事长裴高才、常务副理事长黎世炎、秘书长许广林等组成。2013 年 1 月第二届理事会裴高才蝉联理事长，并增选魏端、任振华、邓运华、黎巴、李永芬、刘芳、夏功、翟锦等为副理事长，朱芬为秘书长。2016 年 8 月 9 日，推选朱红旗为第三届理事会执行会长，张萍为秘书长，增选杨志军、张传东等为副会长。

自改革开放以来，黄陂有一批热心人士从事黎黄陂与辛亥文化研究。王士毅教授参加了武汉市纪念辛亥革命80周年研讨会。裴高才分别参加了湖北省暨武汉市纪念辛亥革命90周年、95周年与100周年国际学术研讨会，其专著《首义大都督》《首义精魂》《辛亥首义百人传》在此间交流。迄今为止，研究会同人还出版了专著《玫瑰诗人彭邦桢》《芳林美韵》《胡秋原全传》《无陂不成镇》三部曲、《高振霄三部曲》《黎黄陂挂历》《黎黄陂书画集》《黄陂名片》《城市记忆》《“铸剑”先驱蔡以忱》《诗咏黎黄陂》《木兰传说》《孝义感动中国》《田长霖新传》《共和先驱范熙壬》《从抗战“巨笔”到台海“破冰”者——胡秋原传》等30多部专著。其中《首义大都督》《理学双凤》《首义精魂》《胡秋原全传》相继获中华炎黄文化研究、武汉市优秀社科成果奖与优秀涉台交流成果奖。《首义大都督》分别被国家出版总署与湖北省委宣传部列为国家重大历史题材与全省文艺创作重点项目。《首义大都督》《辛亥首义百人传》还被列为《荆楚文库》候选书目之一。

同时，湖北省暨武汉作协、辛亥革命研究中心、台北《湖北文献》杂志社、台北市青少年育乐中心先后举办了《首义大都督》《无陂不成镇》《“铸剑”先驱》的首发式与研讨会。裴高才先后应“荆楚讲堂”“名家论坛”之邀《用黄陂话解读黎黄陂》，还作为央视、湖北、武汉、南京等电视台特邀嘉宾，参与录制了《解读黎黄陂之谜》的10集专题片。

此外，研究会还成功策划了全国首座黎黄陂铜像、蔡济民塑像、范熙壬铜像，冠名首个黎黄陂广场；促成修复首义元勋蔡济民故居，并列为市级文物保护单位；重修“首义金刚”吴醒汉墓，设立辛亥元勋李鹏升书屋；设立孙中山少将副官彭矫陈列馆与奖学金，修复彭矫墓、竖立彭矫纪念亭等辛亥文化项目。

不仅如此，黄陂还建成全国首个黎黄陂文化博物馆。2013年秋，经黎黄陂研究会组织专家认真策划，辛亥文物收藏家彭云清、彭博翔，在李集街彭家砦村彭家细湾私宅，开办了以黎黄陂为主题的全国首个民间博物馆。11月7日上午，武汉地区知名专家学者、辛亥后裔、文物收藏家等百余人出席揭牌仪式。2014年7月，湖北省文物局、武汉市文化局批准设立“武汉黎黄陂文化博物馆”。其藏品包括有关黎元洪的铜器、铁器、瓷器、陶器、木器与文物善本，总数达1200多件，本次展出的清代与民国文物520余件。有数十件文物曾借展于国家博物馆、上海宋庆龄纪念馆、辛亥革命博物馆等。该馆还陈列了蔡济民、吴醒汉、蓝天蔚、李鹏升等30多位黄陂籍辛亥革命风云人物的图文资料与实物。2014年11月18日，京沪津汉四地专家学者在武昌举行纪念黎黄陂150周年诞辰学术研讨会，黎黄陂文化博物馆则在“红楼”举办了为期一个月的纪念黎黄陂诞辰150周年文物展。2017年该馆被列为武汉市社会科学普及教育基地。

辛亥革命史学界首次举行《首义大都督黎元洪》学术研讨会

另外，黎黄陂研究会还襄助武汉大学、武汉社会科学院与武汉出版社编纂《黎黄陂全集》，黄陂楚剧团根据裴高才著《首义大都督黎元洪》一书改编的《黎黄陂传奇》即将搬上楚剧舞台。

五　黄孝花鼓与荆楚艺术

花貌足倾城，纵云寻乐一为甚；
鼓声能作气，孰谓重敲再必衰？
——题记·彭邦桢《花鼓戏》

荆楚文化作为一种具有鲜明地域特色的文化形态，从发展的动态角度看，它是从古到今乃至未来湖北地区的具有地方特色的文化。诸如楚剧、湖北大鼓、皮影、雕花剪纸、农民泥塑和木版年画等民间艺术，都是荆楚艺苑绽放的奇葩，它们均被列为世界或中国非物质文化遗产保护名录。

楚剧作为地方戏，地方性是其安身立命之本。从黄（陂）孝（感）花鼓戏发展为楚剧的过程，一直烙有深刻的地方印记，它是湖北乃至两湖地区地方文化的重要载体和缩影。湖北传统民间艺术文化向来发达，花鼓戏为楚剧的诞生与发展奠定了基本的样式，流行于湖北各地楚调、汉调与民歌，为楚剧提供了音乐曲调。同时，楚剧没有停滞不前，经过百年的锻造，形成了今天成熟的、具有独特艺术风格的艺术体系。最重要的是，它始终没有丧失对高雅艺术的追求，始终没有丧失对合乎当代人审美特点、艺术旨趣的追求，始终没有丧失在互联网时代寻找、提炼与当下流行文化具有共性的元素的追求，保持着与时俱进的动能。

（一）黄陂“国语”天下传

黄孝花鼓戏与黄陂大鼓之所以为人们喜闻乐见，就在于它们都是用黄陂方言演唱。黄陂话的源头最早可追溯到最早的九省通衢——商代盘龙城，早在3600年前，黄陂方言作为方国王都的官话就在大江南北传播。

黄陂方言属楚语系，历史悠久，直白易懂。黄陂话在北方方言的西南官话和江淮官话交界处，兼有两个官话区的特点，黄陂话阴去调尾很高，且韵尾有紧喉现象，保留了古汉语中古去声的声调特征。黄陂话的去声分阴阳，并且保留入声，这些特征都属于江淮官话，但又因其音质音位系统与西南官话接近。从语言学的角度看，许多黄陂话与《楚辞》中出现极多的字、词、句有某种相通之处，是最古老的楚语的产物。黄陂话中的一些字或句式，硬硬朗朗却又拿腔拿调，展现出黄陂话的魅力。

黄陂话有23个声母（包括零声母），黄陂话古全浊声母已清化，节结不分尖团，书虚均读舌尖后音，“泥”“来”二母字洪混细分。如“年”“连”难分，北乡还f、h相混，“房”“黄”不辨。

黄陂话有41个韵母和6个声调。韵母有一组完整的组韵而没有撮口呼，复韵母ei读齐齿i韵。如将“陪”“对”“岁”分别读作“皮”“帝”“细”音。在声调方面，古平、去声，今称阴阳；调值基本上表现在去声调值较高，其他调值较低；入声自成一类，但不短促，与湘方言入声相似。

在词汇方面，古语词较丰富，楚方言的遗存也较多，亦与邻省的方言相似。熟语丰富，且具有浓厚的地方特色。如把“撒谎”叫“拆白”，称“天气”为“天道”，将“吵架”叫“闹冤”等。

在语法方面，黄陂话口语中有一种常用而独特的语法方式：及物动词+不+补语+宾语，一般将宾语插入“不”的后面，从而改变句子的结构和宾语的词性。如“我今天看不成电影了”变成“我今天看不电影成”。

黄陂话十分生动。一个地道的黄陂人若用普通话向一个人讲述一件事情，他往往只能做到把事情讲清楚；而要他用黄陂方言去说，他的语言便立即生动起来，一件并不好笑的事情，能在他的嘴里变得绘声绘色，妙趣横生。这里面除了与他操作语言的熟练程度有关，还因为黄陂话本身就富有幽默感。像黄陂人将闲聊叫作“聒天”。“聒”字在黄陂方言里读作“kua”。“聒”字本身就具有声音杂乱、使人厌烦之意，倒也蛮符合黄陂人聚集在一起叽叽呱呱节奏飞快的说话状态；而“聊”字则带有悠闲舒缓的意味，显得不太生动。

黄陂话诙谐有趣，富有幽默感，也十分形象化，一旦真正懂得黄陂话后，听他们说话，常常会忍不住想要发笑。于是，黄陂话就迅速扩展到武汉、湖北以及华中地区，又由于“无陂不成镇”的缘故，黄陂人在全国各地落户以后，人们就都来欣赏、模仿黄陂话。比如外地人最喜欢学的黄陂话的“冇得”，“冇得”意思是指“没有”，经黄陂话提高八度显得十分生动、形象、有趣。

方言是地域文化、历史的重要载体，尤其是戏曲、曲艺、民歌等领域，如果离开了方言，将会严重影响其表现力。随着近几十年来普通话的大力推广，如今的黄陂方言已经发生了很大变化。当然，语言就是在相互融合中不断发展，有旧元素消失，就会有新元素产生，希望某种方言千年不变，这是不现实的。

到了民国初年，又因为大总统黎元洪生于黄陂木兰乡之故，相传黄陂话差一票成为国语。

黎氏一生特别重视乡情，尤其是他担任大总统期间，他身边的谋士大都是湖北人，如总统府“四大金刚”哈汉章、金永炎、蒋作宾、黎澍等，其中金永炎和黎澍则分别是黄陂六指人和木兰乡人。秘书瞿瀛、万德尊（曹禺的父亲）、郭泰祺，以及家庭教师王义麟也是家乡人。

他之所以乡情依依，首先得益于他幼年感受到了乡亲的温暖。早年，他祖父落难时，是黄陂木兰乡的雷老汉相救。后来他身怀六甲的母亲逃难木兰乡东厂畈，也是乡亲们收留，他因此出生于斯。为此，黎当选民国副总统后，曾对当年搭救黎家的雷老汉关怀备至，将其后人带到都督府做事。

黎元洪一生乡情依依，先后有七所大、中、小学或场馆在他的支持与帮助下，兴建、改建或扩建，捐资总额达 15 万银圆。如黎以如夫人的名义创办了湖北第二女子师范学校，黄陂第一所中学——私立前川中学，北塘第一所学堂——北塘贫民小学，黎家河下塆“孝义小学堂”，江汉大学（后因故改建为武汉大学宋卿体育馆）等。

而黎就任大总统时，拟将黄陂话定为“国语”，更是天下家乡人耳熟能详的话题。

当时，毕业于北师大的语言文字专家黎澍就黄陂话的语言特点，向黎元洪进行了专题汇报。他说，在声母方面，黄陂话古全浊声母已清化；在韵母方面，有一组完整的组韵；在声调方面，调值基本上表现在去声调值较高，其他调值较低，入声自成一类，但不短促，与湖南方言相似；在词汇方面，古语词较丰富，楚方言的遗存也较多，亦与邻省的方言相似。

在国会表决时，为了做到公平公正，黎提议将计票人、监票人和唱票人都由北京和湖北籍以外的人担任。但由于时间仓促，竟把“一”“二”都念成“一”音的广东人定为唱票人。结果唱票表决结果时，唱票人把赞成将黄陂话定为国语的152念成“一百五十一”，北京话得票151唱为“一百五十一”，这样一来，把本来多一票的反而搞成票数相同，国会只好决定举行第二轮投票。

本来议员有318名，由于当时正处于“府院之争”（黎元洪的总统府与段祺瑞的国务院政潮），段系人员极力阻挠，造成参加第二轮投票的议员由第一轮的303人减少到255人。更令人啼笑皆非的是，正在投票的关键时刻，一位极力主张投黄陂票的议员，投票前如厕时突然中风（患脑血栓）倒在厕所里，不省人事，结果被送到医院抢救。计票结果黄陂话只得了120票，北京话得了122票，弃权2票。

正在这时，不知是谁发现了广东的口误。这样一来，前两轮投票是一比一。但是主张黄陂话者强调，应以第一次投票为准——黄陂话以多一票胜出；而主张北京话的则要求以第二次投票为准——黄陂以二票之差败北；大家经过反复讨论，最后来一个折中的办法，将前两次加在一起计算，结果黄陂话以一票之差落选。假若不是那位议员昏倒在厕所，能给黄陂投一票的话，那么黄陂与北京就打成平手，就得进行第三轮投票。

近年来，原籍黄陂长堰的国家一级演员田克兢，以字正腔圆的黄陂话表演独具特色，幽默风趣，风格独特，刻画人物准确、自然，演出火爆，是湖北、武汉地区家喻户晓的笑星。他表演的《吃不了兜着走》《鹊桥热线》《我的爱人》等10多个节目脍炙人口，录制的影碟十分畅销，曾多次获得全国、省、市比赛一等奖。其中，独角戏《吃不了兜着走》获全国首届“曲艺小品大奖赛”金奖，从此一炮走红。他是每年中南六省及湖北省春节晚会的常客；中央电视台《曲苑杂坛》以及《周末喜相逢》的座上客；武汉市各种小品大赛他几乎囊括了全部一等奖。

（二）“草台”跃然“大舞台”

湖北古称“楚”，又名“荆楚”，宋代始称“湖北”。古往今来，含“楚”字的文化名词十分丰富，诸如《楚辞》经典，影响中外，“四面楚歌”的成语流传千古，还有楚舞、楚风、楚调，如此等等，不一而足，而“接地气”的楚剧艺术，更是魅力四射。

关于楚剧的源头，可追溯到明末清初。那时，随着南方经济的繁荣，在黄金水道长江流域与京杭大运河两岸，昆曲、秦腔、徽调、汉调、花鼓戏、梆子腔等剧种应运而生。在花部（民间戏曲）与雅部（昆曲）争胜的过程中，黄孝花鼓也独树一帜。

楚剧，旧称“黄孝花鼓”或“西路花鼓”。清代中叶，湖北黄陂、孝感一带的民间艺人，将高跷故事与玩灯节目演绎成一种简易的小生、小丑、小旦的“三小”土戏搬上民间舞台，从而形成了一种民众喜闻乐见的地方剧种。

楚剧的形成也与地域息息相关。黄陂、孝感地处鄂东北，这里曾被称之为“吴头楚尾”，既界近中原地区，又以长江为西上东下之出入孔道。南朝的吴声、西曲，明清民歌时调先传到此地，再由此地传南传北。所以鄂东北民间音乐非常丰富，如畈腔、栽田锣鼓、推草锣鼓等。早在北宋，苏东坡就谈到过鸡鸣歌，即今田歌，他说：“黄人二三月皆辟聚讴歌，其词固不可分，而其音亦不中律吕，但宛转其声，往返高下，如鸡唱耳。”楚调就是在鄂东北民间歌舞音乐的滋润下，逐步生发成长起来的。而且楚调在鄂东北各县，同各县方音结合，形成同源而调异的地方声腔，所谓“锣鼓不出乡，各是各的腔”。如鄂东黄梅的黄梅戏；黄梅、广济的文曲戏；麻城、黄安、黄冈、英山、罗田一带东路花鼓戏；鄂北应山的北路花鼓戏，黄陂、孝感的西路花鼓戏等。

同时，花鼓戏也是清代末叶流行于湖北、湖南，以及安徽、江西、河南等省的各种花鼓戏剧种的统称。两湖的花鼓戏除黄孝花鼓戏(西路花鼓)、东路花鼓戏外，还有荆州花鼓戏、沔阳花鼓戏、远安花鼓戏、兴国花鼓戏、长沙花鼓戏、衡阳花鼓戏、岳阳花鼓戏、常德花鼓戏、邵阳花鼓戏等，各因地域而得名。

花鼓戏之所以盛行于清代，与当时两湖及皖、赣、豫等省人口密集、经济丰裕、城镇发达的地域特色有很大关系。稳定而相对富足的社会生活使闲暇成为可能，于是发育了农业社会的娱乐形式——民间戏曲。

旧日花鼓戏地位低下，常被封建的卫道士和官府斥之为“伤风败俗”。

1926年，国民革命军北伐攻克武昌，武汉成了国民政府所在地。湖北剧学总会委员长傅心一响应总工会号召，组织武汉艺人配合北伐开展文化宣传活动。参加学会的也有黄陂花鼓戏代表王若愚、陶古鹏等。可是，花鼓戏演员一度被称为“下九流”的“戏子”。旧政府把黄孝花鼓戏划属“花部”，与妓女同类进行登记。黄陂人李百川、王若愚，孝感人章炳炎、黄冈人陶古鹏等楚剧名角，十分生气，立即找湖北剧学总会委员长傅心一诉苦：“把我们艺人打到妓女行业登记，你说这该多丑！”

“真是岂有此理！”傅心一听后，也义愤填膺。同时，他突然想起李百川、章炳炎于1922年间在上海演出时，曾用过“楚歌社”的名字。他稍停片刻，突然计上心来，说：“你们刚才说‘丑’提醒了我，花鼓戏中不是也有‘小丑’吗？我们不妨将‘丑’就‘楚’(丑)，把黄孝花鼓就叫楚剧，如何？”经傅这么一说，在场者连声称道："这个建议好！文源，古有'惟楚有才'；戏源，昔年汉剧也叫过楚调。"于是，剧学总会于1926年8月4日开会讨论时，傅心一正式提出，黄陂花鼓戏进化社应该定一个剧种的名字才好登记。他说，昔年楚国首都在湖北，称湖北为"楚"，历代众人口碑"惟楚有才"，黄陂花鼓戏叫"楚剧"比较好。总会采纳了他的建议。从此"楚剧"正式命名，影响不断扩大。

北伐军会师武汉时，汉口血花世界游艺场（今民众乐园）主任李之龙，见楚剧是广大劳动人民喜爱的剧种，再加上时为中共湖北区（省）委宣传部长蔡以忱的推介，李之龙决定让楚剧到"血花世界"公演。1927年2月2日，以陶古鹏、李百川为首的天仙班走出租界，以楚剧进化社的名义在血花世界二楼首场公演。演出的广告标为"革新楚剧"。至此，历代官府对楚剧艺人的禁锢正式被打破。很快，租界外的满春戏园、美成戏园、长乐戏园和老圃游艺场也相继邀请楚剧班去演出，而且观众异常踊跃。李之龙借助民主革命的浪潮，促使楚剧获得了在汉口"本地街"（租界以外的市区）公开演唱的合法地位，也因而赢得了楚剧改革的第一个胜利。1928年2月8日，李之龙英勇就义于广州黄花岗，年仅31岁。噩耗传至武汉，白色恐怖中的楚剧艺人们义愤填膺，大家冒着生命危险偷设灵堂，以寄哀思。

抗战期间，楚剧艺人在王若愚、沈云陔等带领下，组织楚剧抗敌宣传队，前往四川、重庆等地进行抗日宣传，演出过《岳飞》《太平天国》等激励抗日士气的楚剧。1951年著名京剧表演艺术家梅兰芳率团来汉演出时，于4月20日特地观看了楚剧《太平天国》，对楚剧的传统唱法和身段给予了高度评价。

（三）楚剧盛开孝义花

楚剧是楚苑艺坛中的一朵奇葩。不论是早期的自娱自乐，还是后来登堂入室，它一直发挥着社会教育的功能。回顾百年来楚剧传承孝义的教化过程，可谓内容丰富，剧目类型众多，为民众喜闻乐见。

首先是社会伦理剧熏陶。此类楚剧以社会生活中不同身份、职业的人物以及发生在他们之间的故事为表现题材，根据人物身份和主要情节的不同，运用公案剧、行业剧、恋爱风情剧、其他社会剧等，进行以孝义为主的社会公德教化。

公案剧主要以社会生活中的各种诉讼案件为题材，或赞扬清官的孝廉公正与勇敢机智，或嘲讽贪官的贪婪无耻，或暴露状师的懦弱无能，或歌颂狱卒的正直。诸如《大清官》《鸡人血》《何叶保写状》《告堤坝》《狱卒平冤》等。行业剧以社会生活中纷繁复杂的行业生活为表现对象，楚剧着墨较多的是社会生活中较为活跃的基层职业人员，如教书先生、店家、货郎及打工族等。从而产生了《讨学钱》《葛麻》《卖棉纱》《红梅装疯》《讨牛钱》《王大娘补缸》《讨亲赶酒》《瞎婆算命》等众多精彩的剧目，劝导人们弃恶从善，勤俭持家，孝以事亲，义以待人。恋爱风情剧是以表现男女之间感情纠葛为主的剧目，有些表现了青年男女之间活泼轻松的恋爱生活，有些则侧重表现男女间的风流故事，且大都是以“夫义妇顺”为主题，其代表剧目有《张二妹赶会》《纺棉纱》《张监生调情》《卖杂货》《小采桑》等。此外，还有其他社会生活剧目，主要有《墙头记》《清风亭》《打瓜园》《张古董借妻》《九相公闹馆》《王婆骂鸡》《中秋画饼》等。

其次，家庭伦理剧感化。楚剧除了善于表现社会场所中发生的事情，家庭生活更是其关注的重点对象，因此在众多剧目中，家庭伦理小戏占据了非常重要的地位。由于每个人在不同的家人面前，都扮演着不同的角色，因此导致了家庭生活中人际关系的错综复杂。既有表现夫妻鸾凤和鸣或喜新厌旧的剧目，又有表现父母与子女孝顺关系或忤逆关系的剧目，还有表现兄弟妯娌和睦或反目关系的剧目等，由此产生了数量庞大的代表性作品。主要有《打豆腐》《双怕妻》《假报喜》《赵义烤火》《打懒婆》《唐二试妻》《朱氏割肝》《望娘滩》《黄香》等。

再次，历史经典剧教化。历史剧主要是以历史事件或历史人物为题材的剧目，这类剧目在楚剧中，较多是以长篇幅的连台本戏的形式出现。通过《木兰从军》《少年花木兰》《吕蒙正泼粥》《包公铡侄》《梁红玉闹辕门》《薛丁山征西》《杨家将》《孟母三迁》《秦琼招亲》《鱼腹生》等剧目，以古喻今，劝导人们崇尚忠孝节义，“勿以恶小而为之，勿以善小而不为”。

最后，神话传说剧劝导。神话传说剧顾名思义是将我国传统的神话传说，改编入楚剧戏剧中的剧目。主要通过《梁山伯与祝英台》《断桥》《百日缘》《水漫蓝桥》《林英自叹》《刘海戏蟾》《宝莲灯》《晒罗裙》《郭丁香》等，大都以弘扬孝义与情义为主题。

总之，以上楚剧剧目，都是通过民众喜闻乐见的喜剧性形式，来表现忠孝节义的主题思想，寓教于乐。

孝义热土孕育了黄孝花鼓，黄孝花鼓传承了孝义文化，孝义文化的熏陶，又催生了一批楚剧名家。如黄孝河东岸黄陂的江秋屏、李百川、王若愚等，黄孝河西岸孝感的章炳炎、关啸彬等，都在湖北乃至全国戏剧界享有盛誉。

木兰山地区既是木兰传说的故事场，也是孕育黄陂楚剧名角的“戏窝子”。一个“戏窝子”是位于梅店水库边的王家长冲。王氏花鼓戏祖师爷是王家长冲的塾师王家福（1811—1900 年），“王家班”就是他创办的。他的侄儿，也是他的第一代传人王大顺，则是王家班小丑之师祖。大顺之子王顺泰，同治年间行艺，继承其父丑角的真传；大顺之孙王亲福，光绪年间跟随祖父练习丑角功夫，结果青出于蓝而胜于蓝，他所表演的《瞎子闹店》《卖棉纱》《葛麻》《打懒》《访友》等在祖传能戏上不断创新，一时间被誉为一代名丑；王亲福之幺儿子王庆安、孙子王友国亦为王家长冲家园戏班丑角演员。在辛亥革命成功后，“王家班”为庆祝黄陂人氏黎元洪当选中华民国第一中央大都督演出专场，一时间轰动武汉三镇，黎都督还亲笔题写条幅“梨园名角”相赠。

王家长冲村走出的王月芳（1897—1936 年），有“楚剧界的梅兰芳”之称。他是在汉口大舞台唱红的，大舞台也因他而出名。一代楚剧名角李雅樵，就是他的嫡传弟子。

王月芳艺名小街花，先唱花旦，后兼习小生，从师王祥贵。在客观环境影响下，月芳幼年就爱好花鼓戏，但因家境贫寒，无力款待艺师，未能进入科班，然而他并不气馁，刻苦求进，常在科班门外视听学习，许多戏都是他自己听熟的。因而满村赞叹：王月芳聪敏过人！民国初年，他初次出现在灯班草台上，表演《柳林写状》震动四乡。他嗓音秀丽明快，身段娇柔，扮相俊美，群众说："月芳化了妆，就像观音菩萨一个样。"他口齿伶俐，唱腔婉转跌宕，表演洒脱，善于刻画"祝英台""兰玉莲"及《卖棉纱》中之大嫂等不同女性青年性格，为乡班中他伶所不及，村里老人记忆犹新，津津乐道："王月芳一出台就满场轰动。"他在乡班期间，就勤奋习艺，爱戏如命。有一年其父正月十九猝然病逝，可王月芳照样唱完会戏后才回家安排丧事。他 18 岁（1915 年）离开分班去汉口茶园献艺，先后在"老圃""玉壶春""美成戏院"等处搭班，曾与江秋屏、王若愚、余翠云、江南容、陈月仙、胡喜堂、严少卿等黄陂楚剧名人在共和舞台同台演出，名闻汉皋，声名鹊起。王家长冲为本村能有这样的名角输送至武汉引为自豪。

"王家班"的传人王若愚（1890—1964 年），也是楚剧的杰出代表。他原名元宝，长轩岭街道方家潭人。初始工旦角，艺名小桂清，改丑行后更名若愚。幼读私塾 5 年，喜玩灯戏。光绪三十四年（1908 年）拜陈浩伢为师，在汉口德租界美利茶园搭班演出。1912 年转入法租界共和升平楼，饰演《游春》《龙凤环》等剧中的彩旦，他边跑圆场边梳头的表演，受人称道。1925 年任共和升平楼老板，聘高月楼、金大力等排练武功戏。王热心公益活动，有正义感和斗争精神。1926 年北伐军会师武汉时，王为花鼓戏争取合法地位而奔走，被选为楚剧进化社委员兼交际组组长，并以楚剧代表身份参加湖北剧学总会。1928 年，汉口市公安局召开禁演楚剧会议，王代表楚剧界据理力争，申辩被禁剧目的社会价值，但仍有 69 个剧目被公安局禁演；同年，带领楚剧同人向戏园老板提出增加工资，将包银改用银圆支付，使大批演员收入增加。1929 年，楚剧训练班主任李一风贪污公款，王等领头控告，致使李被撤职。1930年任共和舞台后台经理。1934年任第三期楚剧演员训练班教务、经济委员，次年任楚剧同学会主席。全面抗战爆发后，王积极动员楚剧艺人投入救亡运动，组织劳军义演和救济难民、难童，并热情参与各地来汉进步人士的社会活动。1937年底，王被选为中华全国戏剧界抗敌协会常务理事，并在周恩来、郭沫若、田汉等主持的国民政府军事委员会政治部第三厅领导下，率队赴孝感等地宣传演出。1938年，与沈云陔、高月楼等参加战时歌剧演员讲习班学习，组成问艺楚剧宣传二队，王任队长，辗转于四川重庆、泸州等地，坚持八年抗战。抗战胜利后的1947年，他还写成《楚剧奋斗史》，记述楚剧界人士艰苦创业的历程。1951年任武汉市楚剧工作团副团长。1956年在湖北省第一届戏曲观摩演出大会上，获省人民委员会奖状。

木兰山麓另一个楚剧“戏窝子”李家集街泡桐店，也是名角辈出。如首先到汉口英租界美观茶园组班演唱楚剧的男伶江秋屏（1886—1945年），艺名小宝宝，黄陂泡桐店祝家湾人。江从小在“戏窝子”受艺人熏陶，10岁左右以善唱灯戏扬名故里。后拜师江长玉（别号江洋人），16岁搭职业戏班在农村集镇唱戏。光绪二十九年（1903年），与小年红、夏世燮在英租界美观茶园组班演唱。江扮相俊美，嗓音清亮，咬字行腔黄陂乡土风味浓郁，花鼓戏迷为之倾倒，常“赶包”（即赶场）在几个茶园连续演出，方能满足众多观众的要求。茶园时兴点戏，他常被点名登场演唱。其拿手戏《十二想》《吃醋》《雪梅观画》曾由百代公司灌成唱片。1912年，与朱福全、胡喜堂等人在法租界首家黄孝花鼓戏戏园共和升平楼组班献艺，以出售门票演出方式取代茶园的卖茶点戏。江的艺名“小宝宝”亦制成巨幅金字匾额悬挂在戏园门口。他所演角色多为闺秀、村姑和家庭少妇。“打连响”是其绝活，他手持镀铬的铜管连响，以双手打满花，载歌载舞，连响声脆，铜管闪光，令人眼花缭乱，赢得满堂喝彩。王若愚在《楚剧奋斗史》中说“那时红得发紫的小宝宝，已是鹤立鸡群、所向无敌”，成为“前台老板的聚宝盆”。1919年，梅兰芳初来汉口公演，看他演出后，授以化妆技术，并赠送点翠头面及水片。黄孝花鼓戏演员自此始用贴水片、梳古装大头等发式。1930 年，他因倒嗓一度息影舞台。1935 年，因不满天仙戏园老板周老九的欺辱，他愤然组班赴湖南常德、衡阳等地演出。抗日战争爆发后，1938 年其戏班改名为曙光抗敌流动宣传队，后在常德与黄楚材率领的楚艺抗敌流动宣传队合并，到广西桂林演出，得到欧阳予倩解囊相助，并安排剧场演出。1945 年流亡到贵阳，终因私蓄用尽，无力维持一班人生活，忧郁成疾，于 3 月 5 日病逝。

楚剧名角李百川

梨园大师李百川（1896—1943 年），原名祖赐，字荫庭，艺名小官宝，后改百川。黄陂泡桐店袁李湾人。幼时嗜灯戏，常抄写唱本自学。14 岁时，湾里醵金办“科班”，李率先报名，习花旦，学艺 3 月即登台。后从师陶阳，入四季班，走乡串岭演出。1914 年到汉口，与张银铃、夏世夔等人在法租界玉壶春茶园组班演唱。1926 年与江秋屏等组织同业公会。1927 年春节，与陶古鹏率班进“血花世界”（今民众乐园）演出，在李之龙领导下，从事楚剧的改革活动。1934 年，汉口各楚剧班子竞相上演有机关布景的连台本戏，李遂以通俗小说为素材，相继编写《天宝图》《三门街》等 20 多部连台本戏。抗日战争爆发后，任中华全国戏剧界抗敌协会理事，参加战时歌剧演员讲习班学习及劳军公演、七七献金义演等活动。日军侵占武汉，未及撤离，仍以演戏谋生。1942 年在汉口美成戏院（今清芬剧场）演出全本《杨家将》，以古讽今，借剧中角色四夫人之口，痛骂日军与汉奸，受到日伪的“警告”。李擅演小家碧玉，声腔流畅清新，采用黄陂方言，显示地方特色，所创鼻音小花腔独树一帜，新腔“西江月”传唱至今。其《酒醉花魁》《送友》《十里凉亭》《卖棉纱》等，曾被上海“百代”“高亭”两公司分别灌制唱片。1943 年因病返乡，不久病故。

楚剧名角关啸彬，则是从董永传说发源地孝感的“戏窝子”飞出的金凤凰。他的出道源于唱灯戏、楚剧《百日缘》。那天饰七仙女的演员突然发病，由关啸彬临时救场。他出台后，一抖水袖，亮起嗓子，顿时轰动乡里。后随章炳炎到汉口民众乐园演出，在上演《送友》《百日缘》时，他以扮相之美丽，身材之窈窕，嗓音之甜润，表演之细腻而声名鹊起。有诗为证：“一场《分别》动江城，不了回思不了情。楚剧园中花绽放，风和日丽抖芳芬。”1952 年，他主演的《百日缘》一举在中南地区第一届戏曲会演中获奖，并有“楚剧张君秋”之誉。

在师徒历代相承下，楚剧教化与时俱进，推陈出新。在 1984 年举行的武汉市中青年演（奏）员会演中，黄陂楚剧团夺得了“三个之最”，即参赛剧目最多、演员最多、得奖最多。剧目《中秋月》还在央视播放。进入 21 世纪，由武汉市戏曲艺术研究中心和黄陂楚剧团等编排演出的《少年花木兰》，演绎了一曲大忠大孝的巾帼英雄壮歌。剧团到红安县八里镇刘明村宋家田演出期间，观众每场两三万人，而且唱进北京人民大会堂、走进央视。孝感楚剧团主演的《孝子情》，则重新将董永与七仙女的故事搬上楚剧舞台，以孝行孝情感天动地。云梦县楚剧团大型原创楚剧《云梦黄香》，取材于东汉著名的孝子贤臣黄香。该剧以“扇枕”“寻药”“哭灵”等故事，生动再现了黄香少年时代的孝行。让观众在欣赏楚剧艺术的同时，接受传统美德熏陶。

正是民间与官方持续推动楚剧高台教化，在湖北城乡拥有成千上万的楚剧戏迷，他们或粉墨登场，或茶余饭后哼上一段《百日缘》《天仙配》《木兰从军》《杨家将》等，孝义文化因此在民间广为传播，并融入人心。当代“信义兄弟”“孝义兄弟”，就是自幼在“楚剧之乡”——黄陂李集的“戏窝子”的潜移默化下，一步步成长起来的。

（四）“楚剧村”与楚剧团

黄陂楚剧原来纯粹是农村自娱性质的“家园班”，他们农忙种田，农闲卖艺，逐步演变成了向职业化过渡的民间“草台斗戏班”。黄陂著名的“楚剧村”梅店王家长冲就是农村发展楚剧的缩影。

这个村子的春节灯戏传统习俗是每年元宵节持续3天玩龙灯、高跷戏、舞狮子等，每日傍晚玩灯后开锣唱戏，该村对面陈家河湾是每年正月十三日就请有黄陂灯戏班开始玩龙灯唱戏，到正月十五日结束。

由于当时戏班不多，所以每到元宵节日，这两个村子常出现争请戏班的矛盾。为了出人头地，取胜于别村，王家长冲于清道光二十五年（1845年）由本村第十五代祖辈、塾师王家福（嘉庆十六年至光绪三十二年）承头，到毗邻地区孝感请来师傅教灯戏（又称花鼓戏），从此，该村就有了自己的家园灯戏班。王家福为第一代戏班组织者，其后裔又相继请过杨德安、王祥贵、魏青寿等艺人为师，举办科班，并分别订下合同，规定教师、学员均不得半途而废，出科后，每年春节必须为本村尽义务唱灯戏，然后由全体师生签名，遵为“圭臬”。他们如此前赴后继，王家长冲已是人来八代相沿成习，继承自办花鼓戏班的传统，历经140余年。

旧日花鼓戏地位低下，常被封建的卫道士和官府斥之为“伤风败俗”，但王家长冲人愈挫愈勇，奋然前行。

有一年春节期间，王家长冲按照例规演唱灯戏，不料黄陂县行政当局突然派一批军警包围戏场冲向舞台，抢走了戏具衣箱。可王家长冲的戏班并未因此而垮台，他们重整旗鼓，坚持行艺，在漫长的历史长河中演出过楚剧所有的传统小戏及许多本头剧目，走出了一条从业余家园班到半职业班，从灯戏到楚剧，从散戏到本头戏，从接腔到胡琴伴奏的发展道路，为研究楚剧的源流沿革提供了重要的历史资料。为了方便演戏，全村格外虔心，那时他们特地做了能插旗斗的古朴巨型板凳六条，同时设置了五寸厚的宽幅台板一副，专作演戏搭舞台之用。

王家福的后学王大顺，系其侄，出生于清道光七年（1827 年），于道光末期习艺，为王家长冲戏班小丑之师祖；大顺之子王顺泰，出生于道光二十七年（1847 年），同治年间行艺，继承其父丑角的真传；大顺之孙王亲福，清同治六年（1867 年）出生，光绪年间跟随祖父练习丑角功夫，结果青出于蓝而胜于蓝，他所表演的《瞎子闹店》《卖棉纱》《葛麻》《打懒》《访友》等在祖传能戏上不断创新，一时间被誉为一代名丑；王庆安 1912 出生，系王亲福之幺儿子；亲福之孙王友国亦为王家长冲家园戏班丑角演员。他们以五代世袭之家，著称于荆楚大地。在辛亥革命成功后，他们为庆祝黄陂人氏黎元洪当选中华民国第一中央大都督演出专场，一时间吸引了武汉三镇的戏迷前来助阵。黎都督还亲笔题写条幅“梨园名角”相赠。

无独有偶，在木兰山东麓的王家河街道有一个名为“戏夫子湾”的楚剧村——王尚湾。相传，在清末的一年正月初八那天，是这个村子的锯匠、木匠、屠夫、买杂货的五个王家手艺人王宏礼、宏义、宏升、宏银（俗称疯子二爹）、绍成（其孙子王文华是武汉楚剧团现任团长）等，在汉口打工开张的日子。于是，他们一起前往汉口四海茶楼喝茶，当听说京剧已经唱到了汉口后，他们就开始合计：我们几个人不是都会唱几出灯戏（即黄孝花鼓戏）吗？不如，我们正月十三回家闹元宵时也唱一出灯戏《纺棉纱》。这一下被精明的茶楼老板听到了，他们当即一拍即合：五个人先回家唱灯戏，编写一部新戏《田埠基打懒婆》的楚剧剧本，元宵节过后就到四海茶楼首唱。

他们五人说干就干，正月初十他们就到谭元寿处借道具，正月十二回王家河搭台，正月十三正式开锣唱戏，一直唱到正月十九。顿时，在三乡四邻引起反响。他们到汉口后，就信守承诺，先在四海茶楼夜场首唱，结果一炮而红，汉口的天一、德华、清芬茶楼，以及循礼茶楼等，纷纷邀请他们演唱，他们先后唱了《王婆骂鸡》《送友》《访友》《葛麻》《讨学钱》五出戏。天长日久，人们就将王尚湾昵称为“戏夫子湾”。

随着规模不断扩大，水平不断提高，“楚剧村”最后发展成为湖北农村文化生活的一大特色。1921 年这一特色剧种又到城市舞台上过把瘾，同样受到城市观众的青睐。其中在汉口的共和舞台（由共和升平楼改建，现为人民剧院）最叫座，以至于当时有人称之为“黄孝花鼓舞台”。而且“黄孝花鼓”又不断从京剧、汉剧中吸取营养，在剧目、舞美和音乐等方面得到了丰富发展。黄陂农村楚剧班也得到了空前的发展，他们流动演出，除本省大部分地区城乡外，还到河南、陕西、江西、湖南、上海等地巡演。1926 年黄陂楚剧草台班冲破封建礼教的束缚，首次出现女演员，开楚剧坤角之先例。

正因为有着楚剧赖以生存的土壤，再加上此时的武汉成为全国国民革命的中心，革命军总政治部主任邓演达下令没收北洋军阀所有的戏院，其中将“新市场”更名为“血花世界”，并任李之龙为“血花世界”主任。李之龙走马上任后，立即设立楚剧进化社训练班，对楚剧进行改良，并采纳了傅心一的建议，将“黄孝花鼓”更名为楚剧，楚剧因此成为湖北省一个有代表性的新兴地方大剧种。

楚剧因舞台而振兴，舞台因楚剧而扬名。1933 年，汉口市政当局对共和舞台进行了重新修建，将场内的座位改为横向排列，是当时武汉最时髦的剧院，并更名为汉口大舞台。从此，该剧院成为以表演楚剧为主，京剧、汉剧交叉粉墨登场的专业舞台。时至今日，国内著名剧团来汉表演戏曲，仍将此剧院作为首选。

楚剧唱腔以哑腔为主，包括板腔、小调、高腔三类。楚剧不仅在创立共和、反对帝制，为弘扬中华民族的传统道德等方面发挥了舞台教化作用，而且在抗日战争期间，也成为鼓舞人民抗击侵略者斗志的号角。

1938 年，一代文坛、戏剧泰斗郭沫若、田汉亲自在武汉创办了歌剧演员战时讲习班和向艺楚剧宣传队，从王家长冲走出的一些名角纷纷加入这支爱国团体。这支楚剧队伍不论是在武汉，还是在陪都重庆，既演出传统剧目，又演爱国与抗战题材的《岳飞》《新雁门关》

的新编剧目，几乎成为人们不可或缺的精神快餐。不仅如此，一些楚剧界的名角还纷纷为抗日战争募捐义演，对于日本侵略者炸毁的戏园，他们又慷慨解囊修复。郭沫若目睹了这一幕幕感人的场面，不禁诗兴大发，吟咏七绝一首：

一夕三军唱楚歌，霸王垓下叹奈何。
从兹艺事浑无敌，铜琶铁板胜干戈。

抗日战争胜利后，当时武汉楚剧界七零八落，王月芳爱徒李雅樵与后起之秀关啸彬一道从大局出发，分别师从沈云垓、高月楼，从而加强了楚剧界的团结，促进了楚剧的再次振兴。

1949 年后，在人民政府的关怀下，王家长冲的楚剧迎来了春天，男女老幼纷纷一试身手。如今，在全村的百余户人中，40 岁以上的农民 80% 以上会唱楚剧。

他们坚持业余演出活动，又相继聘请过李五云、王登贵（王月芳之弟，后在大冶楚剧团）、张楚燕（著名楚剧演员张鸿奎之女）、李青松等黄陂师傅教戏。在聘李五云为师时，仍按他们的传统例规订下合同教戏三月，学演了《双牡丹》《合同记》《全家义》《打銮驾》《铡国舅》《大游龟山》《珍珠塔》《龙凤环》《闹东京》，以及《水擒花蝴蝶》《四下河南》《九件衣》《郭丁香》《送香茶》等剧目，而且还演过《红灯记》《三世仇》等一批现代戏，又自编自演过《血泪仇》《鲍家寨》等剧，以配合当时的中心工作。为了巩固业余班底，该村骨干女演员王安丽（旦角）宁可坐堂不嫁，至今传为佳话。而王家长冲由“七紧八松九偷闲”的家园戏班，发展成为拥有 27 名演员和服装（含蟒袍 5 件）道具齐全的业余楚剧团。

“会唱三曲戏，一生不怄气。”1950—1952 年，黄陂全县完成土地改革，实现“耕者有其田”，农民不仅在政治上，而且在经济上也得到翻身。各个区乡农民自发地组织农村业余剧团，演出新、旧剧目，为土改服务，欢庆“田地回到老家”。全县农村剧团发展到

118个。

新中国成立之初，黄陂的职业楚剧团有3个，分别在县城、祁家湾和长堰演出。为了集中统一领导，更好地贯彻党的文艺方针政策，进行戏剧改革，县文化馆决定把在乡间演出的两个剧团调到县城，对演职员工进行短期培训，然后改组为民营公助的黄陂县楚剧工作团。县委宣传部同意了文化馆的报告，并且拨给小麦1000斤，作为集训的经费。

三个专业剧团齐聚县城，演职员工白天开会学习，晚间演出，消息一经传出，轰动了县城。连续三天，位于大西门城外堤边的西陵剧场，场场爆满。三个剧团的员工100多人，其中主要演员有近20人。为了让每位主要演员都有出场亮相的机会，每晚的压轴戏为《花送十里凉亭》，主要演员生角有阮海洲、陶德彪、朱忠南、杨少培，旦角有沈艳南、鲍月楠、王艳霞、曹楠春、汪玲阶，分别扮演蔡鸣凤、胡秀英，依序出场唱一段。演员们都有一个比拼的劲头，格外卖力，台下观众不断喝彩，热烈鼓掌。

在白天，演职员工到文化馆开会学习，学习的主要内容是党的文艺方针政策。在旧社会，艺员被称为"戏子"，社会地位极其低微。通过学习，大家认识到新社会的艺员是劳动人民的一部分，是革命文艺队伍中的一员，是"人类灵魂的工程师"，极大地提高了自尊、自重、自信的阶级觉悟，增强了为人民服务的信念。

20世纪50年代，县政府对三个演出团根据自愿的原则，建立了62人的黄陂县楚剧工作团，实行民营公助体制。通过民主选举，曾任楚剧同业公会理事、县城附近王白鹤湾人王焕章，全票当选为团长。1956年县楚剧团创作的《狗油锥子》参加省戏曲观摩会演，女演员易红珠获二级劳动模范奖章。1959年，县楚剧团转为地方国营，演职员扩充到86人。1960年黄陂县戏校李咏珍、李青松、胡道发、李大仙合演的《打金枝》，首次参加湖北省青年学员会演，获得集体优秀表演奖。同年5月，省长张体学视察黄陂，观看了戏校学员汇报演出的《打金枝》和《木匠迎亲》后，十分高兴。张省长说："黄陂是楚剧的发源地，民间艺人和剧团遍及农村。楚剧是湖北的文化品牌，也是广大群众喜闻乐见的剧种；今天我看了你们精彩的演出，使我看到了振兴湖北楚剧的希望……”次日下午，张省长在县委大院亲切接见全体戏校师生，并赠送锦旗一面，还与师生一起合影留念。当时《湖北日报》《长江日报》《孝感报》等进行了专题报道。

其后，体制几经更迭，1966年改名“黄陂县工农兵楚剧团”。“文化大革命”中，传统戏行头、道具等被毁，剧团组织机构全部瘫痪，业务活动完全停顿。1968年底，剧团成立革命委员会。1971年剧团与县文艺宣传队合并，改名“黄陂县毛泽东思想文艺宣传队”，随即复转国营，定编82人。

1972年，“文宣队”集体创作的湖北渔鼓《送胶鞋》、湖北道情《军民鞋》、湖北大鼓《丰收场上》、湖北评书《红色邮递员》参加全省曲艺会演，主要演员李和发、何忠华、曹作珊、张家富均获优秀演出奖。《湖北日报》刊载了文学脚本、湖北人民广播电台录音、湖北电视台录像，广为播放。尤其是提倡勤俭节约、反对铺张浪费的湖北大鼓《丰收场上》一时间唱遍黄陂乃至湖北城乡，几乎是妇孺皆知。《丰收场上》与《送胶鞋》向省委汇报演出后，又在全省掀起了大鼓热和道情热。1974年，大寨大队党支部书记、国务院副总理陈永贵一行到黄陂视察，晚上楚剧团特地在县电影院为领导进行了专场演出，由剧团骨干李青松、邱小枝、易红珠、许邦顺、冯桂珍、晏春堂、黄敏华、胡道发等主演了《双盖印》《一块花布》《渡口》。陈永贵看后兴奋地说：“难怪黄陂楚剧名声在外，我终于过了一把楚戏瘾了！”随后，他与演员一一握手并合影留念。

打倒“四人帮”后，黄陂楚剧迎来了第二个春天，楚剧在黄陂得到了空前的发展，民间剧团如雨后春笋遍及城乡。1977年，县楚剧团恢复原建制，一些传统剧目纷纷搬上了舞台。当年，湖北省省长陈丕显在孝感地区检查工作时，久闻黄陂楚剧的大名，想过一过戏瘾。于是，黄陂楚剧团派出了夏瑞林、李青松、胡道发、蔡光旭、晏春堂、王锦、易春生、冯桂珍、黄敏华、孙良夫、李雅君等强大阵容，在地区大礼堂为领导演出了《送肥记》、折子戏《葛麻》《武松打店》。陈省长看后赞不绝口："黄陂楚剧名不虚传，演员表演情真意切，富于生活气息，简直把那个葛三哥、武松给演活了……"

1982年文化战线推行经济体制改革，黄陂楚剧团打破了大锅饭碗，试行了"一团二队三定（定演出场次、定经济指标、定上交积累）包干"办法，调动了演员的积极性。到了1983年3月，又进一步完善承包责任制，与县文工团混合进行自愿组班的优化组合。4月10日引入竞争机制，将原来的一个团组建成县楚剧一团、县楚剧二团，编制各56人，按照"全民所有，集体经营，单独核算，盈余提奖"的协议方案签订承包合同，从而初步改变了以往"吃大锅饭"的弊端，演员的技艺也跃上了一个新台阶。

1984年，在武汉市中青年演（奏）员会演中，黄陂楚剧团夺得了"三个之最"，即参赛剧目最多、演员最多、得奖最多。参赛剧目有：《送香茶》《二堂审子》《杀狗惊妻》《推车赶会》《义责王魁》《庵堂认母》；其中演员李咏珍、王井、谌齐荣、邓美兰、李旺珍获二等奖；李青松、邱友林、龚腊芳、李幼春、胡家红获三等奖。1986年则百尺竿头更进一步，由王锦、李青松、李咏珍、王少东、胡道发、肖卫民、张四清、熊仁清等主演的剧目《绣花女》参加湖北省首届楚剧展演，技压群芳，一举夺得了特别奖。

与此同时，黄陂楚剧团演出的剧目《四下河南》四集、《一条桂鱼》参加省电视台录音、录像。1985年参加省电视台录像，其中剧目《中秋月》还在中央电视台播放。

1987年两团合二为一，组织骨干打造精品，创作并改编了一批在全省能叫得响的剧目；也是这一年，经省文化厅考核，将黄陂楚剧团命名为"湖北省重点剧团"。1990年5月，为了剧团后继有人，剧团定向送武汉市艺术学校委培生20名，四年学习期满毕业回团。1993年，由于戏剧不景气，剧团部分主要演员外流，为应燃眉之急，从业余剧团选拔了五名演员（二男三女）充实剧团。还先后被省文化厅、人事厅授予"全省文化先进集体"。

不仅如此，黄陂楚剧团演出的《四下河南》《一条桂鱼》《中秋月》相继搬上电视荧屏，湖北电视台数次播出，引起轰动效应；《小媳妇回娘家》《郭丁香》《吴汉杀妻》《庵堂认母》等剧目的唱腔选段被中国唱片社、扬子江音像公司、武汉黄鹤音像社制成盒式磁带和光盘，行销全国，流传海外。《少年花木兰》参加第八届艺术节会演，受到好评。自建团以来，剧团共培养人才 5 批，计 140 人，在省、市历次会演比赛中获各类奖项 70 个，而且走出了像国家一级演员胡道发那样在全国有影响的两栖演员。

1959 年 8 月，国家二级演员李咏珍参加黄陂县楚剧团，攻习花旦、青衣，是湖北省戏剧家协会会员，是第七届、第八届黄陂县人大代表、常务委员。1984 年参加武汉市中青年演奏员会演，在《二堂审子》一剧中饰演王桂英获表演二等奖，她演唱的《四下河南》田氏唱段不仅参加省电视台录像，还入选全国地方戏曲唱腔集。

不仅如此，黄陂楚剧的一代新人正在茁壮成长。青年演员郝爱萍、刘海波在 2001 年元月举行的湖北省第二届楚剧艺术节上，在《魂系三郎》中分别饰演惜姣和三郎，均获个人表演一等奖。2002 年 9 月，剧团与武汉市艺校挂靠，开办了黄陂定向班，招收楚剧学员 34 名，由他们主演的《少年花木兰》饮誉中外。其中夏芬、何非等新秀还荣获湖北省戏剧牡丹奖。

近年来，由于受到流行音乐的冲击，楚剧的市场不是十分景气，为此，剧团根据市场需求即时作出调整，以平民化、地方化、通俗化、生活化的演出风格，演出的剧目有连台本戏、单本戏、小戏、小品等多种类型，满足了各阶层人们的需求。这几年每年演出近 200 场，所到之处，深受广大观众的喜爱和欢迎。

不仅如此，剧团还走出了武汉，冲出湖北，建立了一批根据地。到孝感魏家坝湾、高颜湾演出，一演就是三四年（灯戏），且场场叫座。戏迷们看了戏后说：“黄陂是楚剧发源地，你们剧团阵容强大，作风优良，演艺上乘，风格别具，唱腔原汁原味，百听不厌。”

2001 年春，剧团到红安县八里镇刘明村宋家田演出，看戏的观

公演楚剧的汉口“大舞台”

众每场达3万余人，有的观众是从20余里以外坐汽车和拖拉机赶来的，有的连饭也顾不上吃，他们看日戏，头顶烈日一坐就是四五个小时……观众看戏非常投入，他们时而伴随着剧中人物哭，时而随着剧中人物笑，有时情不自禁地鼓掌欢迎，口中还高喊：“唱得好！好！”每场戏结束演出后，当地群众在公路边排了近500米远的长队相送，鼓乐齐奏，鞭炮鸣响，依依惜别……热心的戏迷拉着演员说：“你们黄陂楚剧团的戏唱得好，我们早闻剧团《四下河南》的大名，真是名不虚传，今天让我过足了戏瘾。”戏迷钟必林先生不仅场场戏必看，看后必夸，并赠送剧团锦旗一面，上面写着：“正宗楚剧，艺苑奇葩。”

在送戏下乡的过程中，《四下河南》演出场次为5820余场，《郭丁香》演出场次2400余场。黄陂楚剧成为民众的一道开心的精神快餐。

（五）湖北大鼓出黄陂

湖北大鼓是一种深入千家万户传承孝义文化的特色艺术形式，已被列为第二批国家非物质文化遗产名录。

湖北大鼓作为一种有说有唱的民间曲艺，原称黄陂大鼓或黄孝大鼓，又称打鼓说书、打鼓京腔、说善书等，由北方的“犁铧音”演变而来。相传湖北大鼓源于清咸丰年间，是由河南光州流入湖北的一种北方鼓书。从师承关系来看，可追溯到清道光末年。当时北方犁铧大鼓艺人丁海洲（艺名丁铁板）由山东到武汉卖艺，传授给黄陂艺人黄玉山，孝感人赵保亭，黄冈人胡少甫、李世雅（今新洲）等弟子。

鼓书艺人走南闯北，传唱二十四孝子等故事，久而久之分为南路与北路两个流派。南路将北方语言改用当地方言黄陂话，将伴奏乐器大鼓改用小鼓，以木质云板取代铁质犁铧尖，逐渐形成了富有湖北地方特色的鼓书品种，艺人称之为“南路鼓书”或黄孝大鼓。北路只流行在毗邻河南的大悟、应山地区，仍以北方语音演唱，使用大鼓、钢镰击节。1950年，经从黄陂走出的“湖北鼓王”王鸣乐倡议，始将“黄陂大鼓”改为“湖北大鼓”。

王鸣乐（1920—1980年），黄陂蔡家榨人，10岁就拜汉口市评书宣讲公会理事长、优天影戏班著名男花旦潘汉池为师。他演唱鼓书，同时也说评书，先后在黄孝河书棚、罗家墩、蔡甸、新沟、武昌、汉阳、汉口的茶馆演唱，被誉为“湖北鼓王”，名满荆楚。

20世纪30年代，大鼓受评书冲击，有的大鼓艺人纷纷改说评书。新中国成立后，王鸣乐从事专业演唱湖北大鼓，成为南路子大鼓的代表人物。湖北大鼓也成为本地主要曲种之一。王鸣乐与陈谦闻、张明智等艺人不断创新，将原来缓慢的悲腔改成旋律激昂、节奏欢快的音调，创作了《怎不叫我乐开花》《木兰从军》与《孝子》等一批新型鼓书唱本。王鸣乐于1951年加入全国曲艺协会，并任省曲协理事，1953年参加武汉市说唱曲艺队任副队长，曾任防汛慰问团杂技曲艺分团副团长。因他演唱的大鼓曲调优雅，具有汉韵、汉腔的特点，表演生动、幽默风趣，曾多次在武汉市、湖北省和全国会演中获奖。他表演的湖北大鼓《漫游记》，曾在1958年全国曲艺会演中获奖。弟子张明智继承了他的演唱风格，嫡传弟子李和发演唱的《丰收场上》，以及家庭伦理题材，更是唱响全国。

湖北大鼓的唱词以七字句、十字句为主，间有五字句穿插其间。其主腔为“四平调”。说唱时，艺人立于鼓前，左手执云板击节，右手拿鼓槌敲击鼓面或鼓边，并附以手、眼、身、步的表演。说唱段落间常插以多变的鼓板牌子，以渲染气氛，或借以思考唱文，或得以片刻喘息。

湖北大鼓早期有一个演唱善书的阶段，内容包括二十四孝故事之类。后来发展为演唱花木兰历史故事及公案、武侠一类书目，长篇有《封神》《三国》《水浒》《七侠五义》《响马传》等；中篇有《三请樊梨花》《十二寡妇征西》《杨门女将》等；短篇有《孟姜女》《木兰从军》《审财神》等。新中国成立后，随着书目内容的更新，唱腔也有新发展，并加入了丝竹伴奏。新作品有《新儿女英雄传》《血泪仇》《丰收场上》等。

湖北大鼓是黄陂民间从古至今一直较为流行的说唱艺术，作为木兰故里的木兰传奇故事，当然也是说唱艺术的重要取材资源。除传统段子《木兰从军》《天仙配》《二十四孝》外，又新创作了《天雷报》《清风亭》《琵琶记》《说唱黄陂》等曲目，唱的是木兰、董永，信义兄弟、孝义兄弟等古今孝义子女感天动地的事迹，劝的是行孝报国、弘善扬德的精神。孝义精神在黄陂这片土地上有了新的传承。

也许因为湖北大鼓是黄孝人的共同文化遗产，在艺人传承方面，黄陂人与孝感人也是交替传承。如黄陂师傅王鸣乐的徒弟张明智是孝感人，而张明智的徒弟吴健又是黄陂人。其中说唱信义兄弟与孝义兄弟的湖北大鼓新秀吴健，近年来异军突起，享誉荆楚。

由于湖北大鼓是“独角戏”，雅俗共赏，演员不仅可以在高台教化，还能深入到千家万户与老百姓面对面说唱互动，颇有亲近感。著名湖北大鼓表演艺术家张明智，还将大鼓唱到了台湾岛。“台海破冰第一人”胡秋原曾亲昵地称之为“张大鼓”，并亲笔题词云：“永忆乡情迎归客，时聆清唱在云间。”

“红日高照，农村大地如锦绣，张家湾啦，又是一个大丰收。脱粒机，咔嚓咔嚓咔嚓咔嚓咔嚓咔嚓很有节奏，稻场上啊，金黄的谷子堆得像山丘……”

如今的中老年人，都会对20世纪70年代的这段湖北大鼓记忆犹新。当时，每每电台里播送《丰收场上》，人们就会听到一个黄陂人高亢洪亮的声音，这个人就是黄陂长堰的李和发。

时间过去了30多年，这位昔日的曲坛名人依然留念湖北大鼓。

眼前的李和发黝黑敦实，一副农民形象，其实他早已是国家干部了，那是因为《丰收场上》的成功。老李1935年生于长堰西李甲村，排行老四，小名叫四苕，父亲种田兼作漆匠，家境还比较宽裕，所以李和发上过4年私塾，粗通文墨。由于自幼受乡土文艺的熏陶，他无师自通地学会了唱湖北大鼓和其他表演技能，参加过黄陂县和孝感地区的文艺会演。1959年，他因演小楚剧《五好人家》一炮打响，被省巡回辅导团看中，调到位于武昌粮道街8号的省巡回辅导团学习，跟茅贵娴等一起师从王鸣乐，还参演过《洪湖赤卫队》的合唱。1961年国家精简压缩城市人口，李和发就回到农村，在家乡当民兵连长和团支部书记。1964年经济形势好转，他又被县文化馆叫去唱湖北渔鼓《财经队长下汉口》，重返曲坛，成为县曲艺队的台柱子，户口也转到了县城。

1972年，李和发与何忠华合演湖北渔鼓《送胶鞋》十分成功，名声大噪。同年，黄陂县胜天二队（今长堰张家冲）工作组的彭锡坤，从该队的一次私分集体粮食事件中找到灵感，写出了《丰收场上》。大家觉得，《丰收场上》的表演非李和发莫属，李也非常喜欢这个段子。经过精心排练后，参加省里的大型文艺会演。在黄鹤楼剧场一开口唱出上述4句，下面观众便掌声雷动。从此，李和发首唱的湖北大鼓《丰收场上》风靡全省，在当时只有八个样板戏充满舞台的沉闷气氛中，无疑给具有浓厚乡土气息的它注入了一股清新之风。1975年10月，湖北大鼓《丰收场上》参加孝感地区文艺比赛，获创作与表演一等奖。

直到20世纪80年代初，李和发才没有唱《丰收场上》。那时已经开始实行联产承包责任制了，他还是个半边户，老婆和伢都在农村，要他回去。这样，李和发就要求调到长堰，当上了镇上的土地管理所所长，这一改行，文艺演出成了他的业余爱好，但仍常有出彩。2003年，他在武汉市金秋文艺会演中表演的渔鼓《亲上加亲》就获得了一等奖。近年，《丰收场上》原创作者彭锡坤又找上门来，要老李看看他写的新段子《麻将魔》。

（六）农民泥塑创经典

泥塑艺术是中华民间艺术的瑰宝。在民间流传甚广的农民泥塑，尤其是黄陂农民泥塑，时至今日仍然十分吸引眼球。在明清时期，著名的天津“泥人张”和无锡的“惠山泥人”走出国门之后，为越来越多的国家和人民所接受与喜爱。而湖北黄陂泥塑艺人，就是通过创作木兰将军像、关公像与观音菩萨像等代表着孝、义、善的塑像，在民间家庭神龛、寺院庙堂的雕像塑造方面而广为人知。

泥塑俗称彩塑、泥玩。泥塑艺术是我国一种古老常见的民间艺术。它以泥土为原料，以手工捏制成形，或素或彩，所塑对象以人物、动物为主。可是，泥塑艺人在历史上地位低下，曾被视为“江湖乞丐”“下九流”，生活极其艰难。恶劣的生存环境，致使泥塑传统工艺日渐衰落，濒临失传，残存的少数艺人农忙种地，闲时从艺，被称为“杵师”。

自清末以来，黄陂农民泥塑创下了制作归元寺五百罗汉塑像与“红色经典”两大纪录。据《归元丛林罗汉碑记》，归元寺的五百罗汉，是黄陂泥塑艺人进行加工提炼创造而成的。工艺上采用“脱胎漆塑”，又称“金身托沙塑像”。先用泥胎塑成模型，然后用葛布生漆逐渐沾巾套塑，称为漆布空塑，最后饰以金粉。它的特点是抗潮湿，防虫蛀，经久不变。两百年间罗汉堂几次受水灾侵袭，但水退后罗汉仍完好无损。

“先有上古，后有归元。”所谓“上古”，即指黄陂泡桐境内矿山巅峰之寺庙。明清时香火旺盛，建有九宫十八殿，分为矿山寺、下古寺、竹林寺、大士阁，其供奉的佛像群塑均为泡桐前辈泥塑艺人所作。据明清《黄陂县志》记载，闻名于世的汉阳归元寺五百罗汉于清道光、光绪年间两次塑修，就是今黄陂李集街道云雾山下“泥人王”村先人王煜、王胤父子的杰作。

清顺治十五年（1658 年），浙江僧人白光、主峰来到湖北武汉创建了汉阳归元寺道场。不久，寺内收藏了清嘉庆三年（1798 年）常州天宁寺石刻五百罗汉像拓本。到了清道光三十年（1850 年），归元寺拟建罗汉堂而招聘塑师，应聘者中只有黄陂县王家店民间艺人王煜、王胤父子荣聘。王氏父子获聘后，以拓为本，再行创作。为确保形象逼真，王煜、王胤父子又先后到宝通寺、龙华寺、栖贤寺、灵隐寺、兴国寺、七方寺、黄龙寺、头陀寺、寒溪寺等地，揣摩高僧大德的行动坐卧，历时九个寒暑，五百尊罗汉大部分塑成，雕塑艺术之高为国内所罕见。咸丰二年（1852 年）毁于兵燹，光绪二十一年（1895 年）重建，1902 年完成。

关于五百罗汉的来历，在佛教中有多种说法：一是如《十诵律》中载，释迦在世时，常有五百弟子随侍听法传道。一是在释迦涅槃后，参加第一次结集或第四次结集的五百比丘。在《舍利弗问经》中又说，弗沙秘多罗王毁灭佛法后，有五百罗汉重兴圣教。唐玄奘《大唐西域记》中则记载：摩揭陀国有一千名佛僧，其中五百名是修成了正果的罗汉僧，另五百名是凡夫僧，国王名叫无忧王，对他们都很敬仰。由于五百罗汉僧平时不露真相，无忧王不知道他们是罗汉僧，只当一般佛僧看待。有位叫摩诃提婆的凡夫僧发表违背教规的言论，造成佛僧思想混乱，无忧王决定处死这一千名佛僧。这时，五百罗汉各显神通，腾云驾雾而去，在迦湿弥罗国的一个山谷里隐居起来。无忧王知情后专程来道歉，并在国都按五百罗汉模样塑造了五百尊像。从此，五百罗汉像就流传下来，并传到中国。尽管说法不同，但罗汉被认为是“断尽烦恼，堪受世间供养之圣者”。归元寺的罗汉堂布局成“田”字形建筑格局，“田”字四个口为四个小天井，给庞大深邃的殿堂提供了良好的通风和采光条件。罗汉依“田”字排列，尽管殿堂里安放了五百多尊塑像，却一点没有拥挤的感觉。

王氏父子制作五百罗汉的过程，也是一个儿子孝敬父亲的过程。相传王煜呕心沥血，没等五百罗汉塑完就病故了。其子王胤在悲痛之余，认为对父亲的最大孝道就是完成父亲的未竟塑像。于是，王胤以虔诚之心，废寝忘食地工作。待他塑到第499尊罗汉时，忽然心念一动，这么多罗汉倾注了父亲的心血，应该把他老人家也供奉于此才是，于是王煜便成了第500尊罗汉。

由于信众对王煜、王胤父子的热爱，当地还流传着另一种说法：王煜、王胤既是一对雕塑技艺精湛的大师，又是一对父严子孝的楷模。他们历经九个寒暑，塑成498尊罗汉时，父子二人皆积劳成疾，相继病倒。方丈无奈，便请来新塑师。新塑师对照拓本，发现王煜、王胤父子已经照拓本塑完了全部罗汉神像。方丈心悟：王煜父子功德无量，其孝义精神应尊为罗汉，受人间供奉。于是让新塑师仿王煜父子形象塑为罗汉，当新塑师塑完最后两尊罗汉（即第430尊和第500尊）时，王煜父子才安详离开人世，现在人们在罗汉堂看到的韦驮像左右两尊塑像，一尊擎日，一尊托月，相传就是王煜父子。

王煜父子手下的归元寺罗汉堂群像，是一座推陈出新的艺术宝库。走进罗汉堂，但见五百罗汉群像呈田字形，均为男性坐像，头顶多为光秃，身上披的、脚上穿的一般是布褡、麻鞋。他们或老或少，或胖或瘦，或坐或卧，或哭或笑，千姿百态，坐卧起立，栩栩如生，无一雷同。而且以善、慈、义、孝命名的塑像有数十座，一个紧挨一个，流露出丰富的人文气息。罗汉本是凡人做，归元寺的罗汉堂演绎的是人世百态图，感受到的是浓厚的生活气息：有的盘腿端坐，有的卧石看天，有的研读佛经，有的瞑目思过。或腾云驾雾，仙风道骨；或降龙伏虎，壮志凌云；或棋逢对手，难解难分；或抱膝苦吟，呕心沥血；有的勇武，有的温良，有的天真憨厚，有的饱经沧桑。或愁眉不展，心事重重；或笑逐颜开，得意扬扬；或举杯邀月，肆意癫狂；个个惟妙惟肖，活灵活现。生活气息浓厚，人情味道纯朴，蕴含了强烈动人的生命本色。特别有趣的是一尊被称作飒陀怒尊者的罗汉，四周有六个童子，围着罗汉挖耳、掩嘴、遮眼，肆意捣乱，佛家称之为“六贼戏弥勒”，六贼者，眼、耳、鼻、舌、身、意也。塑像把孩子的天真烂漫、娇稚顽皮和罗汉的慈祥憨厚的神态刻画得淋漓尽致，用含蓄的语言告诫人们：只有摒弃“七情六欲”，才能修成正果，让人们在会心一笑中深受教益，让人们从心底发出赞叹的笑声。

民间有谚：“上有宝光（成都），下有西园（苏州），北有碧云（北京），中有归元（武汉）。”只有这四座寺院的五百罗汉堂才称得上佛家的至宝、艺术的精华。而归元寺的罗汉更以形象生动、神采飞扬、充满浓厚的生活气息，让人感到生命的力量和人生的灿烂。

此后，归元寺还衍生愚人迷信和寺庙另类的收取香火钱的方法——罗汉堂“数罗汉”。许多青年人则把“数罗汉”作为一种游戏乐趣。归元寺罗汉堂内五百金身罗汉千姿百态，具有浓厚的生活气息与淳朴的人情味，是一幅人间生活画卷。所谓数罗汉，即从自身年龄这一号罗汉数起，如当年20岁即从第20号罗汉数起，依次顺数到第20个罗汉（即四十号罗汉）止；还有一种数法，即随便选一尊罗汉数起，数到当年年龄那一号止，其大小年龄，均依此类推。两种数法，均要数到自己的序数的那一尊罗汉，对照罗汉神态来应验心事。当数到面貌带笑者，以为必有好运，喜滋滋；当数到面貌哀愁或盛怒者，便认为不吉利，心存不快。当然，这些纯属巧合，不必当真。欲以此来卜知自己或亲友的命运，实乃笑话。这种活动虽盛行，但信者不多，如今已成为一种游戏。早年，每届农历正月初，善男信女赴罗汉堂拜佛，有如潮涌，所烧檀香，烟尘如雾，无法张目，但游客仍源源而入，挤得水泄不通，多半是为数罗汉问卜而来。如今，前来归元寺罗汉堂参观的游客如织，往往以其不同身份、不同年龄、不同兴趣，在这里指指点点，品评自己数着的罗汉。喜怒哀乐，各自心领，并讲述着各自采集的神话故事，谈到动情处，往往引起一阵欢笑，实乃一桩乐事。

谈及黄陂农民泥塑20世纪70年代的“红色经典”，不得不从冯今松的“泥雕普及运动”说起。那是1972年，刚刚由华中师范学院美术系调任湖北美工队副队长的冯今松教授，兼任湖北省美术摄影展览办公室负责人，负责组织全省的美术创作，并向全国美展推荐作品。

1973年仲秋，冯今松与美工队画家陈立言合计，选派湖北艺术学院雕塑专业老师前往黄陂木兰山下的铁矢墩，以“三同”（同吃、同住、同劳动）的名义体验生活，并以师徒形式培训了农民泥塑人员。冯今松见大家下乡收获不小，决定进一步因势利导。

早在清道光到光绪年间，长江发过两次大洪水，将归元寺全部淹没。归元寺的五百罗汉尽管经历了两次洪水的浸泡，却完好地保存下来。眼光独到的冯今松，从“黄陂的泥菩萨能过江”中得到启示，他根据当时的政治大环境，大胆决定改变思路，指导基层创作。即利用现实革命题材，让泥塑作品由庙堂走进陈列馆，以此抢救传统泥塑工艺。为此，他亲自深入黄陂农村作调查研究，拜民间艺人为师，随后会同黄陂文化馆馆长曹家顺，于1973年10月底在黄陂县文化馆举办了首批农民泥塑训练班。农民泥塑学员结业后回到各自的社队，马上动手创作。这支农民泥塑创作队伍，利用业余时间，深入田间地头创作，以家史、村史、农民翻身做主人的故事等为创作内容，用肩挑、手提“泥塑担”的形式，将小泥人送至村头田边巡回展出，所到之处群众争先观看。一时间全县各个生产大队即行政村，相继出现了“泥塑担”“泥塑篮”“泥塑陈列室”等不同形式的泥塑创作和展览方式。

1974 年，当冯今松在湖北省美术作品（草图）观摩展上，看到黄陂选送的两件农民泥塑小稿后，他十分自信地对大家说："黄陂农民泥塑一定能推陈出新!"果然，同年黄陂农民就有 60 件泥塑作品在湖北省博物馆展出。湖北电影制片厂拍摄了《泥塑担》新闻纪录片，在全国播放。

与此同时，冯今松联合专业院校，会同黄陂县在基础较好的"泥塑之乡"李集与泡桐，开办农民骨干泥塑工艺"提高班"——"社来社去试点班"。试点班于 1975 年 5 月在李集中学（今黄陂二中）开班，招雕塑、美术青年农民学员 30 名，学制一年。学员学习期间，一批创意精美、造型夸张、充满泥土气息的作品诞生了。

接下来，黄陂泥塑首先在全省打响了名号：湖北省委书记韩宁夫率全省各县县委书记、省文化局长带领各县文化局长先后参观黄陂农民泥塑；《湖北日报》发表了长篇调查报告，中央新闻电影制片厂到黄陂拍摄了《泥塑新花》和 1975 年第 29 号《新闻简报》，湖北电影制片厂拍摄了纪录片《山花烂漫》；湖北人民出版社出版了《黄陂农民泥塑》与《湖北黄陂农民泥塑选》。

1975 年夏天，中国人民的老朋友、著名社会活动家路易·艾黎，专程到泡桐参观农民泥塑。他看了后异常兴奋，临时提出要求给他塑头像，当时公社党委宣传委员陈继光点名易厚庆给艾黎塑头像。胸有成竹的易厚庆满口应承，他一边陪同艾黎参观泥塑，一边前后左右观看艾黎的面部，经过仔细端详，手托泥坯揉捏，认真塑像。刚开始塑时，艾黎看了一下手表，参观完后易所塑头像基本完成，艾黎又看了一下手表就伸出四个指头说："Forty minutes!"在场的翻译立即说，艾黎老人讲这尊塑像共花了 40 分钟。翻译话音刚落，艾黎又伸出大拇指连声称道："OK，OK!"易厚庆自孩提时代爱好美术、泥塑与木工等，在老前辈艺人易长情、易宜洲和兄长们的影响下，1968 年开始从事泥塑创作。1974 年春，他雕塑的两件颇具乡土气息的泥塑作品轰动了三乡四邻。

集作家、诗人、社会活动家于一身的路易·艾黎老人，回去后成为黄陂泥塑的义务“形象代言人”，以图文并茂的形式在海内外推介。同时，冯今松也向中国美术家协会秘书长华君武等推荐，希望让黄陂农民泥塑在全国巡展。当华君武看了湖北送审的“木兰从军”草图后，兴奋不已，他力邀著名美学家王朝闻、著名雕塑家刘开渠一起，亲临黄陂参观指导，并当场拍板，将黄陂农民泥塑作为特色典型在全国巡展。1977 年 10 月，黄陂选送的 100 件农民泥塑作品与重庆工人雕塑一起，在武汉展览馆参展，反响不错。

1978 年 8 月 10 日，黄陂泥塑首次在北京中国美术馆展出。党和国家领导人以及国际友人观看后，给予高度赞赏。年底，文化部在成都召开了黄陂农民泥塑与重庆工人雕塑现场会。华君武笑称，这是“中国美术界的又一颗‘工农联盟号’原子弹”。

随着人们思想解放，包括木兰将军、关公、董永与观音等一批历史题材泥塑又重放异彩。农民泥塑的题材可谓古今中外，异彩纷呈。现在的欧洲美术界依然将中国《收租院》、工人雕塑、农民泥塑排在罗丹的作品之前。

1979 年，黄陂正式兴建了泥塑工艺厂，投入批量生产后，年产量达 400 万件，农民泥塑产品行销 29 个省市区，以及亚、欧、美等 17 个国家，享有“泥塑照相机”的美誉。黄陂农民泥塑更造就了项金国、傅中望、陈育村、李三汉等一批湖北专业雕塑家。

1982 年，路易·艾黎再次来到黄陂泥塑厂现场体验，他又要求厂方再给他塑一个半身像。农民泥塑家易厚庆满口应承，又为其塑制出了一尊形象逼真的半身像。后来，艾黎专门带来了中央新闻电影制片厂摄影师，摄制了《中国黄陂泥塑》电视纪录片，随后在中央电视台热播，并传播到海外。此后，美国、日本、加拿大、英国等国际友人，带着对黄陂农民泥塑的向往，相继造访黄陂泡桐这个中国内陆小镇。此厂承接了一批批海内外订单，从而让以孝义为主题的木兰系列泥塑走向海外。

1993 年，黄陂泥塑厂从 513 个候选厂家中脱颖而出，成为全国旅游商品的定点生产企业。改制后，泥塑厂虽然关闭了，但该厂培养出来的200多名身怀绝技的艺人，开始以不同形式，将泥塑工艺传遍四方。

2009年国庆节期间，黄陂农民泥塑参加湖北省书画工艺作品展。其中由黄陂泡桐泥塑老艺人易厚庆、梅俊先创作的泥塑作品，不仅工艺精湛，而且饱含浓郁的乡土气息，既展现黄陂泥塑的艺术特色，也反映了改革开放后农村的巨大变化。2012年12月1日，时隔30余年，易厚庆、梅俊先、彭发生、彭贵洲、王水金5位当年土生土长的农民艺术家再登“大雅之堂”——湖北美术馆。原来这是现任湖北美术馆馆长傅中望对根的回报。20世纪70年代，傅中望作为知识青年下放到黄陂农村，让他首次接触到雕塑这门艺术，在师友的帮助下，他如鱼得水，直到走上职业艺术生涯。著名雕塑家、湖北美术学院雕塑系教授项金国，也是从黄陂农民泥塑群体中走出来的艺术家。当时还只是美术爱好者的项金国，结缘黄陂泥塑，在黄陂县组织的泥塑培训班进行专业艺术培训之后，逐渐成为专业的雕塑家。

黄陂农民泥塑这门古老的手工技艺，不仅有着显著的地域特点和时代印记，更是湖北雕塑史上的一段重要记忆。湖北美术馆通过对黄陂农民泥塑的历史进行梳理，尽量还原作品，收集资料，让这门艺术更好地传承推广。诸如《喜看新猪场》《雨夜擒敌》反映农业现代化的欣欣向荣；《朵瓣归仓》《又是一个丰收年》呈现了生动的劳动场景；《欢庆解放》展现了广大人民群众喜笑颜开的欢快场面，人人喜笑颜开。这些作品，具有鲜活、朴实以及时代特色。深圳雕塑院院长孙振华也现场观看了黄陂农民泥塑的创作过程，他认为，和西方雕塑一样，中国也有自己的雕塑传统，黄陂农民泥塑是中国传统民间泥塑的代表。

2016年8月2日，由湖北省美术院主办，黄陂区文化局和湖北省美术院美术馆承办的“黄陂泥塑黄陂人作品展”在湖北省美术院美术馆开幕。本次展览通过现场展出的黄陂泥塑培训班教师作品和学员作品约60件，完成了湖北省美术院与黄陂区文化局合作的“黄陂泥塑黄陂人”培训班成果展示，同时也实现了对湖北黄陂泥塑的一次阶段性回顾。

如今，由“泥人王”公司王启新领衔雕塑的有关木兰的塑像与工艺品，不仅木兰山庙宇中都有供奉，而且是黄陂区域内各重要路口、风景区作为木兰故里的标志性装饰，也是黄陂赴外展出、展示活动时作为木兰故里的象征性形象标识。另外，在木兰山“木兰文化城”内，还有大型《木兰传奇》组画式浮雕38幅，内容连贯，构图宏大，动感极强。由著名雕塑家项金国、王启新等主创的木兰题材雕塑，以“木兰戎装弯弓骑射”和“木兰戎装站立”“木兰戎装坐像”等形象最有代表性。黄陂农民泥塑通过雕塑艺术形式，再现木兰风采，弘扬孝义精神。

“北有泥人张，南有泥人王。”近年，企业家王启新回到故乡开发云雾山自然生态旅游区，并在云雾山景区内建起泥塑生产基地和泥塑博物馆，将旅游与泥塑产业相结合，先后开发出恭喜发财、琴棋书画、花开富贵、木兰从军等系列泥塑产品，每天有近千件黄陂泥塑产品进入中百仓储等大型超市。目前，黄陂泥塑被列入湖北省非物质文化遗产保护名录，云雾山泥塑馆被命名为武汉市社会科学普及教育基地，泥人王村被列为第一批国家非物质文化遗产传统村落。

“今楚奇才画坛痛失冯夫子，松风独步莲说媲美周哲人。”如今，吟诵着诗人与书法家罗向阳吊唁冯今松远行的挽联，更加怀念冯老重振黄陂农民泥塑雄风，弘扬民间工艺文化的“红色经典”创举。

（七）雕花剪纸绽新蕾

作为中国最为流行的民间艺术之一，湖北雕花剪纸从南北朝始，经过了漫长的岁月，流传至今。黄陂剪纸从工艺制作特点来说，属于湖北武汉刻纸或湖北武汉雕花剪纸，它源远流长，孕育于精彩绝伦的楚文化沃土，承“镂金作胜”“剪彩为人”之古荆民俗，造就了众多剪纸艺人。艺人们以刀剪代笔，剪刻并施，创造了湖北武汉雕花剪纸艺术。在当代，黄陂人蒋在谱则是武汉雕花剪纸艺术推陈出新的奠基人。他历任汉口雕剪花样职业公会主席、武汉市工艺美术研究室民间剪纸研究员，其作品先后在27个国家和地区巡展。享有“中国工艺美术大师”“湖北美术名人”称号。

蒋家雕花剪纸史，可追溯到100多年前的清朝光绪年间。蒋在谱的祖父蒋传德率全家从黄陂东乡凤凰山（今属王家河街道）迁至汉口，在利济路宝善堂一带做木版年画生意，兼营雕花样。如《木兰将军》系列、《十大孝子》系列，以及《秦琼、尉迟恭门神像》《黎元洪攻打汉阳》《大清国地图》等。

其实，黄陂自古就是木版年画与剪纸之乡。木版年画为民间画匠、雕刻匠、印刷匠纯手工工艺制品，作品产生于一匠多艺制作或多匠合作而成的简易家庭作坊。主要表现形式有门画、中堂画、连环画、吊屏画、屏风画、单幅画，有黑白、三彩、五彩套色不等。内容主要反映历年、民间故事、山川风貌、神仙佛像等。如《木兰从军》《木兰山万古长新胜境图》《二十四孝图》《福禄寿喜图》等。

在家乡文化与祖传技艺的熏陶下，蒋在谱的父亲蒋芳康，用心揣摩，推陈出新，青出于蓝而胜于蓝。他于1919年在汉口新火路设蒋复泰剪纸作坊，经营木版年画和雕剪花样。因蒋家技艺高超，剪刻精细，其《木兰从军》尽管所售花样价格高于他人，但大家仍然争相购买，蒋家生意日益兴隆。

经过刻苦磨炼，蒋在谱的雕花剪纸技艺日益精进，很快崭露头角。无论是单幅、双幅、分块式或连续性雕花，都对称、均衡，富于图案特点。雕出的花草、禽兽和人物，形神兼备，千姿百态。1948年，32岁的蒋在谱被同行推举为“汉口雕剪花样职业公会”主席，主持全汉口雕剪花样行的工作。

新中国成立后，他带头组建武汉地区最早的剪纸雕花小组，开始从技艺与内容上推陈出新。1956年上半年，武汉市设立工艺美术的专管机构，组织行业归口，帮助艺人归队；11月，由市人民委员会授予蒋在谱等9人为“老艺人”称号，并发掘整理包括蒋在谱剪纸在内的传统技艺。蒋在谱作为武汉民间艺术家代表，三次出席了全国工艺美术代表大会，将湖北、武汉、黄陂的剪纸艺术向全国推广。华国锋、邓小平、李先念等党和国家领导人曾亲自接见蒋在谱并与之合影。时下，其女蒋梅华继承剪纸艺术，并申报了非物质文化遗产。

一衣带水的湖北孝感，其雕花剪纸作品多次出国展览、展销并获奖。1988 年摄制的专题艺术片《一剪美人间》，获“第五届里约热内卢国际电影电视节”特别奖，其中雕花剪纸《槐荫记》被选为本次艺术节宣传画插图。而且孝感雕花剪纸继列为国家非物质文化遗产名录（与鄂州、仙桃共享）之后，于 2009 年又入选世界级非物质文化遗产名录。

此外，黄陂民间版画，也享誉中外。民间版画是由民间工匠雕刻木版然后刷色着墨，印在纸上的一种民俗艺术品。这种木版画按功能可分为年画、历画、灯画、纸马、符咒等，主要满足广大民众祈福祛灾、装点年景、美化环境的需要，具有较高的艺术价值和文化价值。

历史上的木兰山庙会非常壮观，各地的江湖艺人从长江沿滠水河溯水而上直达木兰山脚，“山前门神字画，山后叫吹喇叭”，宗教祭祀和商贸活动相互促进，促使了木兰山民间木版画的发展。

据考，自明清以来，木兰山下滠水河畔的傅家大湾、易家湾等 30 个自然村，有近 200 多户农家祖祖辈辈从事门神、神马的刻制印刷，当时是“湾湾有作坊、户户有草画（草画，当地对木版年画的俗称）”。清道光年间，木兰山脚的张家湾一条街就有 45 家经营木版年画，多为自产自销。全盛时期其销量可达 30 万张。所产木版年画除在木兰山供香客、游人买作纪念品外，还销往本省各地。

不仅如此，其产销方式也灵活多样。他们运用机巧开放的商业意识、善于利用长江水网密布，自带印版，到陕、豫、赣、滇、川、甘、青等省游走销售；有的举家迁徙到安徽九华山开业经营。少数青壮艺人走得更远，经川、黔、滇越过边界到印度、缅甸、越南等东南亚地区，个别甚至落籍国外。如傅家大湾的傅荣学曾到越南印卖木版年画12年、徐起国到越南卖木版年画而落户越南。他们不仅因木版年画而致富，还将中国的传统工艺推广到东南亚，成为民间文化交流的使者。

六 民风食俗与民俗文化

尖黄陂，绞孝感，又尖又绞是汉川。

——题记·民俗《尖黄陂》

“百里不同风，千里不同俗。”千百年来，黄陂人在黄陂大地上形成的民俗文化斑斓多姿，独具魅力。它是黄陂人在不同的生态、文化环境和心理背景下创造出来的，并在独特的历史发展过程中积累、传递、演变而成的丰富多彩的地域文化。它既包括以生产、交换、交通、服饰、饮食、居住等为主要内容的物质民俗文化，又包含社会民俗文化与精神民俗文化等。集中体现在衣食住行、文化生活、生产活动、礼仪、信仰、节令等各个方面。所以，现在到黄陂旅游的客人，往往会探究“尖黄陂”到底“尖”在何处？或光顾以木兰山庙会为代表的宗教文化，或一睹以大余湾民俗村为代表的民居文化风采；或品尝黄陂“三鲜”、热干面、糍粑豆丝等美食，体验“舌尖上的黄陂”……

（一）“尖黄陂”的“尖板眼”

在湖北民间，尤其是在武汉街头巷尾，常常有一句耳熟能详的话敲着黄陂人的耳鼓：“奸黄陂，狡孝感，又奸又狡是汉川。”相关史书、方志，以及口述史料显示，上面一句话是对黄陂与孝感人的曲解。其实，这句话的原意是：“尖黄陂，绞孝感，又尖又绞是汉川。”或“尖黄陂，佼孝感，又尖又佼是汉川”。是一句描述黄陂匠人“尖板眼”的民谚。

1.“尖黄陂”与“绞孝感”

历史上以黄孝河、府河、滠水河为纽带的古木兰县（今湖北省黄陂区北部、红安县大部、大悟县南部）、孝昌（感）县，民间有许多将黄陂与孝感联系在一起的掌故。

记事起，就有句话敲着笔者的耳鼓。长大成人，还经常被敲。什么话啊？那就是：“奸黄陂，狡孝感，又奸又狡是汉川。”经典俗语把黄、孝、汉如此绑在一起，让人有点哭笑不得，也很有趣。

经考订，这一民谚俗语的正确写法应为“尖黄陂，绞孝感”，原是对黄孝河畔的民间斗笠工艺的形象描述。斗笠，又名笠帽、箬笠。它是用竹篾编织，里面铺布、绞口做成的，也有加光桐油的，是一种古老的挡雨遮阳的器具。

自古至今，在江南农村几乎每家每户家中都有斗笠。在外出中，他们不管天晴下雨，都戴在头上，成了自己生产生活中不可缺少的必需品。笔者年少时，家里的一顶斗笠被祖孙三代人使用。笔者曾戴着斗笠上过学、放过牛，也曾穿蓑衣插秧、戴斗笠割谷。

对编织斗笠的竹篾的选择，十分讲究：立体编织篾为水竹、隆箍篾为楠竹、帽圈为桃竹，其他竹子均不能替代。斗笠的编织一般经编织、铺布（纸）、绞口、上苔四道工序。按制作工序来分，为粗制斗笠、细制斗笠和精制斗笠，从功能看，可分为实用型斗笠和工艺型斗笠。

相传斗笠历史悠久，其发展经历了汉代的雏形期、明代的成熟期、清代的鼎盛期、民国的兴盛期至新中国成立以来的繁荣衰败期。乾隆年间斗笠一度成为贡品而声名鹊起。

斗笠在湖北黄陂、孝感的掌故，可追溯到清代初年。那时，在两县交界的界河边，有一家篾匠铺的两个同岁的同门师兄弟篾匠，他们的父亲也同岁。这两个篾匠一个是黄陂人，一个是孝感人，他们不仅技艺精湛，而且都是三乡四邻出了名的孝子。

有一天，当师兄弟看到在黄陂到孝感的驿道（今黄孝公路）上，朝廷官员鸣锣开道，头戴红顶官帽的官员耀武扬威，别具一格。他们觉得好奇，均想试做一顶类似的帽子，作为孝敬即将年满六十的父亲的寿庆礼物。于是，两个篾匠就来了一场比赛，开始试做。他们经过劈、刮、编、刹口、铺、锁口、缠顶多道工序，编了拆，拆了编，黄陂篾匠终于做成了一顶圆不圆、扁不扁，草帽不像草帽，官帽不像官帽的只有尖顶、薄薄绞边的斗笠；而孝感篾匠做成不是尖顶，而是圆顶，且有厚实绞边的斗笠。后经反复改进，他们将斗笠做成对径为50厘米左右，每个由9片篾逐渐变成11片篾或20片的斗笠。但经过下雨天试戴发现，因斗笠的中间只有一层牛皮纸，一场雨下来就湿透了。既然斗笠是用竹子做的，夹层何不用宽大的竹叶来替代？于是，他们就用竹叶代替牛皮纸。这样，两顶完整的斗笠终于大功告成了。从此，黄陂的“尖斗笠”与孝感的“绞斗笠”，成为中国民间竹编斗笠设计的两大特征。

由于这对师兄弟所做的斗笠优于草帽，既能遮蔽太阳，又能挡风雨，很受民众欢迎，纷纷前来定制，一时间生意红火。两地的县官见两个家庭的老人培养了两个孝顺与能干的儿子，特地授予他们“孝廉”的称号。

随着开发大汉口，大量的黄陂、孝感人乘舟楫之便，从黄孝河涌入汉口。尖顶斗笠与圆顶斗笠等传统工艺，也在汉口名镇走向全国。据传，一次乾隆下江南垂钓，湖广总督特献给两顶斗笠给他遮风挡雨，乾隆非常喜欢，随后带入宫中，一时间声名鹊起。汉口行业帮会因此特地授予黄陂与孝感篾匠为“尖板眼篾匠”与“佼佼者篾匠”匾额。这里的“尖板眼”方言，是“顶尖”之意。“佼”即是“好”。“尖黄陂，绞孝感”因此变为“顶尖黄陂，佼佼孝感”了。

“襄河府水弯又弯，湾了黄陂湾汉川，要问船家哪里来？只见斗笠不见衫。”聪明的汉川人看了黄陂人与孝感人做的斗笠后，来了个综合，做成既有尖顶又有不厚不薄绞边的斗笠。于是就有“尖黄陂，绞孝感，又尖又绞是汉川”的说法。不过，也有人将“尖”解读为“尖酸刻薄、吝啬”之意，还有人演绎为奸诈的“奸”；而将“绞”或“佼”变成了狡猾的“狡”。如此“奸黄陂，狡孝感，又奸又狡是汉川”的说法，后来又有人补充一句：“不怕你尖，不怕你狡，十个汉川佬，赶不上一个沔阳（今仙桃）佬。”常常让黄陂、孝感、汉川与沔阳人哭笑不得。

2. “黄陂到孝感——现过现”

黄陂与孝感山水相连，习俗相近，当地还有一句口头禅：“黄陂到孝感——县过县。”这句话的本意是说，湖北黄陂与孝感一衣带水——有一条分界线的河流——人们习惯称之为“界河”（以下称“黄孝河”），跨过这条河，就从黄陂县境进入孝感县境了。

黄孝河发源于孝感山坡岭（今属孝昌县），高程364米，河口白水湖（黄陂与孝感各占一半），河全长110.4公里。此河从黄陂李集街的河头李入黄陂境，流经河边王、官家寨、宋集、朱家铺，及祁家湾街的同兴集、杨家湾、双墩，注入天河街境内的童家湖，归至自孝感经彭家嘴流入黄陂境内的府河，最后分南北两支，南支由黄陂谌家矶注入长江，北支经民生闸汇入滠水注入长江。

黄陂与孝感交界的河流流域涵盖黄陂西部、南部，孝感东部，包括支流面积在内，全流域面积近500平方公里。

明代成化年间，汉水改道，江水在低洼处形成河淌，河道连通可行船。至1861年，汉口开埠，河道被拓宽，形成一条河流。因此河直通黄陂、孝感，故人们又将此河称之为“黄孝河”。当年，每天清晨，连绵不绝的黄陂、孝感船队经府河、黄孝河直达汉口都市中心六渡桥。

据《武汉通史》记载，横穿汉口市镇的这条“黄孝河”，是在天然水道基础上随城市发展逐步改建形成的。

明崇祯八年（1635年），由汉阳府通判袁焻主持，在上自硚口，下至堤口（今汉口市区以北、后湖以南），修筑了一道半月形的长达11里地的长堤（时称“袁公堤”）。堤外因起土筑堤形成了一条人工河，起名玉带河。此河上通汉水，在通汉水处建有桥，此乃硚口的来历。而将老城外的18个泄洪的洼地或湿地的季节性湖（当地人习惯于叫湖为淌子），由连通港串成了一道河流，时称“十八淌子”。由于那时人们交通主要是靠水运，得天独厚的黄陂人与孝感人，大都坐船经府河至十八淌子来到汉口，直达汉口的中心“土垱”（今民众乐园西南有土垱巷），往北可达鸭蛋壳（今汉口模范路内亚单角），在此打工做生意、搞运输，并形成了“黄孝帮”。随着天长日久，这条十八淌子河流两岸形成了闹市区，并且还有一条黄陂街。于是，人们就将这条河称之为“黄孝河”了。

横贯汉口市区的黄孝河道，宽窄不一。在窄的地方，两船要相擦而过。每临秋冬水浅之时，还需人工拉纤才能行走。光绪三十一年（1905 年），湖广总督张之洞主持修建后湖长堤，切断黄孝河的清水源头。京汉铁路通车后，汉口与黄、孝间的水运逐渐为铁路所取代。黄孝河的功能转变为蓄水泄洪后，逐渐变成地下的暗流，黄孝河上面成为一条沿街的大道，故名“黄孝路”。

随着黄陂人与孝感人共同开发了大汉口，他们经商做生意讲信誉，说到做到，现钱现货，不打白条（俗语称“现过现”或“搭白算数”）。于是，“黄陂到孝感——县过县”就变成“黄陂到孝感——现过现”了。

如今，从黄陂走出的“信义兄弟”“中国好兄弟”，再次印证了黄陂人“搭白算数”的秉性。

3. 黄孝人变“丑”为“楚”

作为国家级非物质文化遗产的传统戏剧——楚剧，也源于黄陂与孝感。楚剧是楚苑艺坛中一枝独秀的奇葩。由于它源于民间，贴近群众，体现了平民化、地方化、通俗化、生活化，特色鲜明，被广大群众所喜爱。

孝义文化就是经过楚剧这一民间喜闻乐见的表演形式，通过《木兰从军》《天仙配》《杨家将》《百日缘》《墙头记》《朱氏割肝》《望娘滩》《黄香》《清风亭》（写不孝的）等传统剧目历代相传，广为传播的。曾几何时，由武汉市戏曲艺术研究中心和黄陂区楚剧团等编排演出的《少年花木兰》，别有风味。它选取木兰出征前的一段生活经历，视角独特，地方味道浓烈，木兰山等背景资源，峥嵘峻秀，令人神往，音响配器充分考虑到传统与现代的衔接与融合，体现了木兰精神常释常新的持久魅力。它选取木兰出征前的一段生活经历，视角独特，散发着浓烈的地方味道；截取木兰山峥嵘峻秀的背景资源，呈现了唯美的自然环境；融合了传统与现代音响配器的特点，很好地体现了木兰精神常释常新的持久魅力。该剧2005年创作排演，已在湖北省内及北京人民大会堂多次演出并获奖。中央电视台戏曲部还专门录制与播放。孝感楚剧团表演的《孝子情》，则重新将董永与七仙女的故事搬上楚剧舞台，颇有影响。

正是孝义文化的熏陶，在黄孝河两岸走出了一批知名楚剧表演艺术家。如黄孝河东岸黄陂的江秋屏、李百川、王若愚等，西岸孝感的章炳炎、关啸彬（其墓在黄陂）等，都在湖北乃至全国戏剧界享有盛誉。从黄陂走出的美国世界诗人资料中心主席彭邦桢，20世纪30年代曾为黄陂泡桐店的楚剧戏班作一副嵌字联。联云：

花貌足倾城，纵云寻乐一为甚；
鼓声能作气，孰谓重敲再必衰？

楚剧名角章炳炎（1893—1967年）原名章得贵，艺名筱桂芬，今孝感市孝南区杨店镇高兴村高岗人。1914年与张银林等在汉口组织第二家演出黄孝花鼓戏的剧院——玉壶春。后与李百川等组织赴上海，演出于大、小世界。回到武汉后，与陶古朋、李百川等合作改革楚剧唱腔，改人声帮腔为胡琴伴奏，还与同人一道为黄孝花鼓戏改名为楚剧鼓吹。新中国成立后，一直在武汉市楚剧团工作。章氏一生传徒很多，还经常到汉口民众乐园“楚剧训练班”、中山公园戏剧学校义务教学。章曾多次获得全国、省、市会演表演奖，以及荣获劳动模范、防汛功臣等荣誉。

正是民间与官方持续推动高台教化，在楚剧的发祥地黄陂、孝感乡村，拥有成千上万的戏迷，他们或粉墨登场，或茶余饭后哼上一段《百日缘》《天仙配》《木兰从军》《杨家将》等，孝义文化因此通过楚剧在民间广为传播，并发扬光大。

4. 黄陂孝感“一家”亲

说起来你可能不相信，从古代到当代，黄陂与孝感曾经融为一体，在抗战期间两县曾合并，叫作“陂孝县”。

据历代《黄陂县志》与《孝感县志》载，湖北黄陂与孝感古时同为荆地，战国归楚，秦为南郡，汉属江夏郡。黄陂今境东北部为西陵县地，西南部与孝感等属荆州江夏郡安陆县，南齐时同属弋阳郡。清雍正七年（1729 年），黄陂与孝感一起改属汉阳府。民国初年同属第五行政督察区，1933 年，黄陂与孝感又将其北部划出一部分成立礼山县（今大悟县）。

1940 年 6 月，由于日伪军纠集反动势力在黄陂、孝感抗日根据地进行大“扫荡”，中共黄陂县工作委员会、黄陂县抗日民主联合政府被迫撤入孝感境内，与孝感县合并，1941 年上半年成立汉孝（感）（黄）陂县抗日民主政府。1942 年 7 月至 1949 年 3 月，成立中共（黄）陂孝（感）县委，其中 1944 年 2 月至 1945 年 4 月又将礼山县南部划入，组成中共陂孝礼中心县委。直到 1949 年 4 月才撤销陂孝县，恢复黄陂、孝感两县建制。7 月，孝感地委与行署机关由黄陂迁往孝感。新中国成立后，黄陂隶属于孝感地区几十年（其中 1959 年 2 月 14 日至 1961 年 5 月孝感地区撤销，属武汉市）。虽然自 1983 年 11 月 1 日起黄陂在行政区划上属武汉市管辖，但随着武汉“1 + 8”城市经济圈的启动，尤其是 2012 年兴建的以天河国际机场为中心的武汉临空经济区，又将黄陂与孝感紧密相连。

由于黄陂与孝感的母亲黄孝河、府河与长江文明之湖盘龙湖，以及滠水相通，而滠水河又是商代盘龙城沟通王都郑州的黄金水道，因此这些河流又成为长江流域与黄河流域孝义文化交流的通道。从这里走出的花木兰、二程兄弟与古代孝子董永、孟宗，享誉全国，震古烁今。

（二）大余湾“大”在何处？

在荆楚名岳木兰山南麓，有一个明代村落、国家级历史文化名村——大余湾，该村缘何叫“大余湾”？这里的“大”，到底是指其规模，还是村史，抑或是其文化容量？

民俗村大余湾一角

一

那是一个云淡风轻的日子，我作为文化顾问随台湾中天电视台“台湾脚逛大陆”节目组，专程来到大余湾的后山——武汉市黄陂区木兰山，实景拍摄“台湾脚逛木兰山”。

山不在高，有仙则灵。

木兰山虽然海拔不足600米，与世界屋脊珠穆朗玛峰相比，可谓是微不足道的小弟弟。可是，由于它是以巾帼英雄花木兰的名字命名的山脉，又以佛教与道教在此和睦相处而享誉海内外。有明代诗人徐承颐的诗为证：

未有木兰先有山，山名偏借木兰补。
木兰与山名俱存，山并木兰争万古。

到了当代，世界诗人资料中心两位主席彭邦桢与梅茵·黛丽儿伉俪联袂畅游木兰山，写下了《题木兰山》的瑰丽诗篇。诗云：

清风鸣翠竹，云淡拢青山。
万壑歌流水，啸天花木兰。

世界著名科学家、教育家与社会活动家，美国首任华人与亚裔大学校长田长霖，也曾在此泼墨挥毫，写下了“木兰胜景，扬威世界”八个大字。

当我陪同台湾客人一行，乘缆车登上木兰山之巅——“金顶”，放眼俯瞰山下的国家级历史文化名村——明代村落大余湾时，他们被一幅瑰丽神奇的“藏龙卧虎”画卷深深吸引！编导迫不及待地询问道：“裴老师，请您给我们介绍一下，山下那个神秘的小村落！”

我顺着编导手指的方向，引用当地民谣描述起大余湾颇具特色的地貌——

两翼“青龙”游，村旁“白虎”守，前面“双龟”朝北斗，后面“金线”钓“葫芦”，中间流水“太极图”。

这里的“青龙”是指动与静相映成趣的“双龙”：静者，即是村子左边那座青龙山，当地流传着一个关于青龙的美丽传说；动者，是指右边那条古代沟通长江流域与黄河流域的黄金水道——滠水，其中木兰山至大余湾段称之为仙河。由于此河长年不断流，在阳光的照耀下，河水熠熠闪光，形如青龙一样游动。所谓“白虎”“双龟”与“葫芦”，是对村边山丘的形象描述。“金线”是指木兰山脊岭所形成的峰线，“太极图”则是对全村水陆地貌的描述。

置身于此，我的耳边仿佛响起了著名华人建筑大师贝聿铭先生的话语——

建筑师都是相信建筑风水的。……比如说：我们建筑要摆房子，要背山傍水，这就是建筑风水。我觉得建筑风水我们是应该相信的。

与此同时，经我如此描述，摄制组人员顿时均围拢来，远眺大余湾的地貌美景。于是，节目组临时决定，将外景地再增加一个——大余湾。

下得山来，我们穿行于十里田垄，宛如画廊一般的木兰川，收眼近看，大余湾犹如武汉后花园的一朵木兰奇葩，绚丽多姿：那一排排青布瓦、线石墙的明清民居，飞檐翘角；一幅幅屋檐诗书壁画，交相辉映；一条条青石铺就的石板路，纵横其间……

此时此刻，也印证了《周易》中的一句名言："先天而天弗违，后天而奉天时。"这句话说的是，人们在自然变化未发生之前对自然加以引导和改造，在其变化之后应尽量与它相适应，从而做到天遂人愿，人不违天地，与大自然和谐共生。

在这里，中国古代朴素的生态哲理和现代生态学的观点不谋而合，但在时空上却大大地超越了现代生态学的形成。难怪联合国教科文组织专家团慕名前来考察后，不禁叹为观止：这里不愧为古代民居的文化大观园！

进入21世纪，大余湾被建设部与国家文物局公布为全国第二批历史文化名村，也是湖北省首个获此名号的村落。

二

也许是木兰山地区道教与佛教和谐相处的缘故，抑或是生长于斯的程颢、程颐兄弟，创立的融合儒、道、佛三教合一的理学文化的影响，大余湾的建筑群整体布局及其建筑风格，体现了"天人合一"与厚德载物精神的哲学思想。

在中国思想史上，"天人合一"是一个基本的信念。最早起源于春秋战国时期，经过汉代的董仲舒等学者的阐述，由宋明理学总结并明确提出。其基本思想是：人类的政治、伦理等社会现象是自然的直接反映。

这里“天”是无所不包括的自然，是客体；“人”是与天地共生的人，是主体。“天人合一”即主体融入客体，形成二者的根本统一。著名东方学大师季羡林先生对“天人合一”的解释说得更明白：“天”，就是大自然；“人”，就是人类；“合一”，就是互相理解，结成友谊。亦即人类只是天地万物中的一个部分，人与自然是息息相通的一体。“天人合一”的思想无处不在，大余湾的民居建筑就是明证。

通观大余湾村落的选址、布局和建筑形态，充分体现了天人合一的中国传统哲学思想和对大自然的向往与尊重。这些典雅的明、清民居建筑群，与大自然紧密相融，创造出一个既合乎科学，又富有情趣的生活居住环境，是中国传统民居的精髓之一。

大余湾村落以“负阴抱阳”——背山面水为最佳选择，具有生态自然环境和相对封闭的空间，有利于形成良好的生态循环的小气候；背山，屏挡冬季北向寒风；面水，迎来南向季风；朝阳，具有良好的日照；缓坡，避免淹涝之灾和保持水土，并易在农副业的多种经营下，形成良好的生态循环。

这里，村前以溪壑为堑壕，村后以山寨为屏障，外御盗匪，内连各户。村里五口池塘、三座花园、一湾流水，呈现出一派“流水穿村过，过溪搭桥梁，出门到田间，观鱼清水塘”的桃花源景象。

全村保存较为完好的42栋古民居，坐北朝南，背靠纪念巾帼英雄木兰将军的仙山——木兰山，村正面是一湾清滢澄澈的池塘与一片阡陌纵横的田野。

与此同时，大余湾村落独特的水系，是实用与美学相结合的水利工程典范，深刻体现了人类利用自然、改造自然的卓越智慧。其布局之工、结构之巧、装饰之美、营造之精、内涵之深，为国内古民居建筑群所罕见。

村里的排水管道匠心独具：村中明沟与池塘相连，村四周的石砌壕堑，又直通塘堰、河港，可抵御山洪侵袭。故尽管大余湾群山环抱，毗邻古代黄金水道滠水，但村子从未遭受过洪涝灾害。这里的阴沟与天井相通，如同现今的下水道，具排污功能，以保持门前的清洁卫生。整个排水管网与村中池塘，构成为一幅天人合一的太极图案。细细玩味，可以窥视古人规划的城市功能雏形。

三

我曾逛过北京的四合院，它是中国北方的传统院落式民居。因其有正房（北房）、倒座（南座）、东厢房和西厢房四座房屋四面围合，形成一个口字形，里面是一个正方形的中心庭院，故称这种民居为四合院。北京四合院的东、西、南、北四个方向的房屋各自独立，东西厢房与正房、倒座的建筑本身并不连接，而且正房、厢房、倒座等所有房屋都为一层，没有楼房，连接这些房屋的只是转角处的游廊。

如果说北方四合院蕴含“四平八稳”的话，那么南方的三合院则有“（福、禄、寿）三星拱照”之意。大余湾的民居，就是中国南方典型的三合院。此间的三合院为中国传统古厝的基本形制，由北面正房（正身）、东西厢房（护龙，或称横屋）和天井组成。由于房屋坐落于三个方向，故名三合院。

这里的天井，俗称“天井凼”（池），用条石铺砌，具有调节室内空气、阳光及排水排污功能。整个房屋是以天井为中心，高墙封闭的基本形制。雨天落下的雨水从四面屋顶流入天井，俗称“四水归堂”，也形象地反映了户主“肥水不流外人田”的心态。

大余湾的三合院中，北面是三间正房，俗称“明三暗六”，似乎蕴含佛家“三六九”的吉祥数字。而正屋、两厢与天井构成一幅“一正两厢房，四水落丹池”的画卷。

考察这里的房屋分配，也体现了中国传统的“长幼有序，左尊右卑”的伦理观念。正房为中间一大间，经古皮隔扇一分为二：前大后小，前为堂屋，后为灶房。堂屋为祭祀与接待宾客之所，在厅堂的北侧，也就是后部是木质的太师壁，正中设神龛（亦称春台），是供奉祖宗和“天地君亲师”牌位的地方。太师壁的两侧为不装门扇的门。太师壁的前面放置长几、八仙桌等家具。厅堂东西两侧，分别放置几组靠背椅与茶几，人们常常将一些器具放置在上面作为装饰。

正厅左右两间居室相对堂屋窄一点，为卧室；亦用古皮隔扇隔为四间，按左宽右窄，前大后小，分长幼而居。左房是长房居室，右房是长辈居所；东西厢房之左护龙为长子所住，右护龙为次子所住；若家中人丁旺盛，则于左右护龙外，再加盖“外护”，屋舍高度则随正厅（房）、护龙依次下降。

当地将厢房二间，加上五间正房共七间，叫作“联五转七”。堂屋正门正对天井。房屋四面外墙一般不设窗户，而是通过天井和屋面明瓦（俗称“阳瓦”）来采光。

不仅如此，在阴阳全成的观点下，大余湾民居塑造了以院落为中心和单元的基本平面格局。即屋宇为阳——实，而院落为阴——虚。这种阴阳相成、虚实相间的院落序列空间，在密集的居住状态下，较好地协调了人与自然的关系，解决了日照、通风、保温、隔热、反光和防噪等问题。

这里的院落非常重视“藏风聚气，通天接地”的功能。即院落的大小与屋宇的比例适当，院落承接阳光雨露，日月精华，以便纳气通风。院落和室内过厅穿堂等连在一起，形成一个较大的气流网络，院落空间是气流集散的汇合处。

大余湾全村整个民居大体分为四大房群：第一个房群为余氏宗祠，是族人祭祖之地。第二房群为“百子堂”，即余氏族人中学有所成、功成名就之“名人堂”。第三房群并排于村里一条横贯东西的主街两侧，一般为九佬十八匠居住。第四房群为“德记院”，此乃积善成德者的院落。四大房群中每个房群合一大院，由二十余条小巷纵横分隔。

大余湾的主街呈线性地将村落的四个房群串接起来。街巷小道成网状与主街相连，广场或池塘作为道路骨架支点，房群围绕道路节点展开布局。道路接点中第二节点，为村中的小广场，旁边是池塘，这是村里的晒场和人们聚会、聊天、休息的场所。

这里的三合院的大门，十分考究，它是居户身份的象征。地位显赫者单独建有门楼，一般居民则直接在前墙“开门”，但大门与前墙均不在一个平面，即后退两步“开门”，呈现“凹”字状。似有“退一步海阔天空”之意。因南方多雨，大门内侧建有走廊，人称廊沿。与正房和厢房的廊沿相接，以利于雨天通行。

大门的朝向也是有讲究的，均朝向村口的一湾清水大池塘。笔者特地翻阅了明代地理风水专著《张宗道地理全书》，张宗道云：“大门者，气口也。气口如人之口，气之口正，便于顺纳堂气，利人物出入。”这就是说，大门是家宅的气口，吉气自大门而入，煞气也是从大门而入。大门朝向须对吉气而避煞气，门外明堂要宽阔，有水为上吉。原来大余湾民居的头道大门朝向，均以水为“大吉”。

单体建筑外墙，为厚重的石犀头封火墙，用于户与户之间的相连与分隔。具有防火防盗、家庭救援自保功能。两边人家都朝火巷“开门”。“火巷”即是人行通道，全天候使用。既便于旧时起轿落轿，又是两家之间的消防隔离带。上面夹层还可用作储藏间，体现了古人抵御天灾人祸的防患意识。

四

大余湾民居的外墙，即两侧山墙与前后墙的石材，均采用清一色的长方体坚硬石块。石块的大小整齐划一，每一个石块留下的钻凿痕迹，密密麻麻，非常匀称。整个墙体犹如一面镜子一样平整、排列整齐。山墙最高处达 6.3 米。

这里的建筑方法，工艺颇具特色。一般说来，当时的普通民居建筑大都采用泥浆砌土砖或青砖，而大余湾则采用糯米与石灰灌浆之法黏合石块，既缝隙严密，又可防治虫害。屋后的院墙与村周的壕堑，则采用木兰山地区常用的“木庐干砌”（又称“木兰干砌”）之法，不用泥浆，直接将石块垒压而成。

提起木庐干砌，在当地还流传着一个十分有趣的故事。相传隋唐仁寿年间，官府广征能工巧匠修建金顶神殿。一木匠顺枫树上匾书“金殿凌空不用钉”。有一石匠路过，见后讥之曰：“木头好锯石难雕，木匠不如石匠高。”于是双方商定各自拿出看家本领，一较高低。石匠只一把锤子一个凿子，叮叮当当，横压直嵌，那些大小石块在他手中格外听话，不用水沙泥浆就干砌成了墙。木匠见状才知遇上了高手，赞叹不已。

木庐干砌之所以盛行于木兰山地区，是因为这里属于副热带季风地区，夏季炎热，冬季严寒，四季分明，雨量偏多。若用泥沙砌墙，不能久经风刀霜剑，日晒雨淋。加上山势嵯峨，登道陡峭，运灰挑沙非常困难，故采用干砌不仅省工而且耐用。“木庐干砌”虽历经沧桑，但迄今仍基本保持原貌。这种建筑工艺，后来被当地工匠用于建筑民居。

大余湾民居的造型，属于徽式建筑格调，也有赣北流韵。屋顶上是飞流青瓦，屋檐仿鸟兽状造型，翼角飞展。更令人叫绝的是，门前檐廊上，彩绘的人物故事与花鸟国画图案，形象逼真，韵味无穷；而且画末还以诗题款，熔诗、书、画“三绝”于一炉。专家们称，因彩绘颜料取材于自然植物，故其历久弥新。虽经百年风蚀，诗、书、画及其印章的红、黄、黑三色，依然清晰分明。有一题诗“高山流水最关情，稳坐闲弹调已成。倘使钟期不再听，谁堪一笑话生平”，充分体现了主人诗情画意的高雅情调。

“无陂不成镇，余家藏巧匠。”大余湾民居的设计与建筑、材料的加工与制作、诗书画作品的创作等，都出自大余湾人之手。时至今日，这里的民间雕匠、画匠、石匠、木匠仍然远近闻名，特别是窑匠居多，当地曾有“十汉四窑匠”之说。

我们来到村民余传松家，亲眼目睹了那张雕花大木床。据说经过专家考证，此床为明代打造，距今已500余年。这张床长

2.5米，宽1.5米，分天顶和睡铺两部分，天顶的四周刻着龙凤、八仙，睡铺的床架上，则刻着各种花鸟虫鱼。时至今日，这张床仍然十分结实，可以承载1000公斤的重量。

这张床的文物价值，是由美国、德国、丹麦等8个国家的专家组成生态旅游考察团发现的。刚开始，他们在另一个村民家看见了一张古床，个个赞不绝口，有人说余传松家的那张床更好。于是，专家们在村民的导引下见到了余传松家的床。他们都说这是一件罕见的文物，随即纷纷拍照、收集资料。后经考证，判断至少已有500年历史，用料为极其珍贵的红木，尤其是雕刻技艺非常高超，非一般雕刻家具能及。余传松告诉从台湾来的记者："已经有好几拨外国人到这里来看了，要出高价买走，我硬是没有同意，因为卖了会对不起祖宗。如果是政府要的话，我将无偿捐出。"

不仅如此，从这里还走出了一批享誉中外的工程学专家。首屈一指的当数铁路工程专家余传典，当年余传典因参与中国至朝鲜的铁路设计，为国家节约资金200亿元人民币，曾荣获国家勋章与朝鲜国家的最高礼遇。当时朝鲜的国家元首金日成主席不仅设国宴答谢，还邀请余氏参加国庆观礼，并在主席台就座。

神游至此，不难发现，大余湾的选址规划体现了《宅经》之"宅以形势为骨体，以泉水为身脉，以土地为皮肉，以草木为毛发"之四要素，可谓"天人合一、山水成趣"。

这里的居所布局，糅合了儒家理念与道家思想。有民歌为证："前面墙围水，后面山围墙。大院套小院，小院围各房。全村百余户，穿插二十巷。家家皆相通，户户隔门房。""流水穿村过，过溪搭桥梁。出门到田间，观鱼清水塘"。

此间民居建筑的形制、风格与石作、木作工艺，充分借鉴了安徽、江西与湖北三地之长，呈现出"方块石板路，滴水线石墙。顶有飞琉瓦，檐伸鸟兽状。室内多雕刻，门前画檐廊。鼓皮隔扇做内墙，中间天井水归塘"特色。难怪武汉大学的建筑学专家说，大余湾古建筑群虽属明末清初的民俗建筑，但它融合了我国各个时期的建筑手法及工艺，具有极高的建筑史学研究和观赏价值。

当我们走进室内，又可观赏“雍正朱批谕旨”木盒、钦赐“四豆同荣”贺寿匾，清代雕花木床、石碾、石磨、织布机、纺线车、太师椅等文物珍品，让人目不暇接。其中54号民居所存“四豆同荣”匾中的“豆”字，颇让人费解。

《辞海》对“豆”的诠释是，在古代，分别充作名词（如植物、食用器青铜豆等）与量词。其中量词又分为两种：一是与钟、釜、区、升充作量器。它们之间的换算是：1钟=10釜，1釜=4区，1区=4豆，1豆=4升。二为衡制中的重量单位。汉代刘向在《说苑·辨物》中云：“十六黍为一豆，六豆为一铢，二十四铢为一两，十六两为一斤。”原来我国在历史上曾通用的十六两（现为十两制）秤衡器，就与“豆”有关。但大余湾的余永奇老人则称，他们姊弟披阅古籍时发现：“二十年为一豆。”如此说来，此匾所授寿星，应是七八十岁的耄耋老翁。

这里是一片恬静、淡泊与温馨的家园。大余湾村人至今仍然保持着淳朴的民俗民风，让人身临其境，大有穿越时空之感。

五

一方水土养一方人。“天人合一”的民居环境，培育了大余湾人勤劳、勇敢、聪慧、善于创新的性格。他们秉承“勤俭能创千秋业，耕读尚开富贵花”的家训，不断书写余氏族人的荣光。

无巧不成书，不仅我的祖母与大余湾一脉，就连当年以“自由人”蜚声文坛的“两岸破冰第一人”胡秋原，也是大余湾的外甥。所以，此次畅游大余湾，我特地翻阅了明清年间的《余氏宗谱》。宗谱上清楚记载：大余湾先民认定春秋战国时期晋国上大夫、古代琴师俞伯牙为余姓祖先，宗谱中为此专门录入了高山流水觅知音的檐画图谱。相传岳飞的世系曾到大余湾隐居，故有“俞伯牙先祖发祥地，岳鹏举后昆遁隐村”的说法。黄陂余氏始祖余荣甫从江西婺源始迁湖北武昌，明洪武二年（1369 年），二世余秀三复迁黄陂木兰山南豹子岩（今大余湾）。从此，开启了大余湾绵延 640 载的发展史。

其实，早在宋元祐八年（1093 年）中秋之日，北宋著名诗人与书法家黄庭坚曾在一篇跋文里写道：“长阅族系，溯源委而知：余氏名节之高，甲于江西。后自翰林稽姓苑，观科书显要，又见余氏之繁，甲于天下。”

南宋理学集大成者朱熹于宋淳熙六年（1179 年），为《余氏宗谱》所作序言中说：“御笔亲封一门三太守（余良肱的三个儿子分别长徇州、杭州、明州三州），廉保勋名之振，四代五尚书（兵部余侃、吏部余爽、刑部余怒、工部余良肱、礼部余彦明），能为帝王分忧。守俸禄如井泉，抚百姓如妻子。”

值得一提的是，大余湾人历代传承着一股儒雅之风，人们酷爱棋琴书画，崇尚耕读，许多人都能背诵古诗古词。每至农闲，村里的人总是聚在一起唱社戏、玩龙灯。特别是到了年关，村里更是一片沸腾，家家户户贴对联、放鞭炮，每当唱戏、玩龙灯的班子敲锣打鼓地从门前经过，每一家都会拿出一万响的鞭炮来放，过后，门前青石板上的鞭屑积得比鞋底板还要厚。

大余湾还传承着一种“晒书”的习俗，那就是每到梅雨季节，家家户户都要将自藏的古籍、书画、信函等拿到太阳底下曝晒，以防霉变。当一本本、一幅幅、一页页在门前摆出时，巷道里黄黄的一片，场面非常壮观，整个村子里都飘荡着书香。

村民们的这些收藏中，不乏岳飞的手迹。村里的长辈们说，当年岳飞率部从这里经过，留下许多手令信函，而且数量非常大，几乎每家都有珍藏，具有极其珍贵的文物价值。

近 20 年来，台湾著名教育家、台湾“中央大学”前校长余传韬先生，每年返大余湾探亲谒祖。同时，他又在黄陂一中、华中师大一附中等海峡两岸 6 所中学实施诗化工程，迄今已经举办了 11 届唐宋诗词研习班。我因此有机会与先生相识，并成为忘年交。我从余先生签赠的其父、教育家余家菊的文集中，对大余湾的近百年发展史有了进一步的了解。据《余家菊（景陶）先生回忆录》载："献廷公（即余文发，余家菊祖父，大余湾余氏16世孙）机警笃厚，读书明理，乡党不称其名，而呼曰余四爹。壮年回乡，置田产二百石，造住屋十栋，皆石墙到顶。造研子岗'同顺'典当铺屋，'永兴号'铺屋，'黄土泥木料行'铺屋，王家河'永兴福号'铺屋……资本共约银十万两。"由此可知，早在百余年前，余传韬的曾祖父就富甲一方。

奕世簪缨，人才炳炳然。大余湾素来重视子女教育，常常高薪延揽名师授课，秉承"重礼法轻文艺"的教育思想，培育人才。百年间，共走出了百名秀才、百名专家学者。其中晚清武举人余学庸之子余家菊为南京国民政府"国大"主席团主席，嫡孙余传韬、余传珊、余传强等均在美国名校获得博士后，成为闻名中外的教育家与语言学家（联合国传译）。

为了持续培育余氏家族及湖北家乡英才，余传韬博士在湖北大、中学校设立了专项奖、助学金与教育基金，激励学子奋力拼搏，传承中华文化。十余年来，他不仅资助了50余名大余湾学子进入高中、大学或研究院所深造，还在武汉大学、华中师范大学、黄陂一中设立"余家菊教育思想研究奖学金"等，奖掖绩优与清寒学子。这正是：自古地灵人杰出，民居奇观大余湾。

六

当下，缘何古民居旅游成为旅游的一大热点？子曰："生生之谓易。"意即强调生活是宇宙，宇宙就是生活。这是因为古民居领略了大自然的妙处，也就领略了生命的意义。

大余湾民居正是选址于木兰山麓的青山翠绿、秀水秀流的境地之中，体现了天人合一、以人为中心的思想。故这里将崇尚自然，争取自然，借鉴和发挥自然的思想应用达到了极致，它负阴抱阳、藏风聚气地把崇山、秀水、峻石、绿树、竹林、村街、小路与建筑，融合成为一个整体，使民居与大自然相映成趣。这里典雅的明、清民居建筑群与大自然紧密相融，它创造出一个既合乎科学规范，又具文化意蕴，更富有生活情趣的居住环境，对当前城镇化建设具有借鉴作用。

漫步于大余湾的青石板路，随处可见石墩、古井，以及油漆斑驳的木亭、古宅檐下的壁画。在村子东面的大碾坊里，兀自挺立着一人多高的大石磨，石磨上刻着“嘉庆廿二年立”字样，那一道道风雨磨砺出的褶皱，似乎在唱着一首岁月的老歌。

行走在大余湾水墨般的田园诗式民居，不论是哪户人家，都会发现几样古董，如年代久远的太师椅、雕刻精美的鼓皮屏风，甚至还可以从书架上翻出一部部泛黄的线装古籍。如果穿过过道，还能看见几代媳妇传下来的纺车，摇一摇，兴许还能够转动。在村里许多家庭里，都可以看到旧时的梳妆奁、厚重的石砚台、古秤、古斗以及青花和粉彩瓷器等，如果有兴趣还可以拿在手中把玩一番。

在这里，既蕴含北方四合院民居的深沉厚重，又具南方三合院民居的洒脱秀丽，富于诗的韵律和画的意境，洋溢着洒脱的生活气息、动人的民俗风情和亲切宜人的空间尺度。如此藏风聚气、通天接地，给人以情与景交融、理性与浪漫相结合的境界。

在这里，山光、水影、月色、绿荫与鸟语花香，都成为有情之物，并与古色古香的民居建筑群融为一体，令人陶醉，流连忘返。

置身于此，不禁让我想起了明代文学家归有光《项脊轩志》中一段动人的文字：“前辟四窗，垣墙周庭，以当南日，日影反照，室始洞然。又杂植兰桂竹木于庭，旧时栏楯，亦遂增胜。借书满架，偃仰啸歌，冥然兀坐，万籁有声；而庭阶寂寂，小鸟时来啄食，人至不去。三五之夜，明月半墙，桂影斑驳，风移影动，珊珊可爱……”

（三）婚嫁习俗有名堂

我国古代婚俗有纳采、问名、纳吉、纳征、请期、亲迎“六礼”。

实际上各地的婚嫁习俗有所整合，简化了相亲、订婚阶段，而重视亲迎之后的过程。如将请期（商定迎娶日期）并于纳吉（送礼订婚）中，加重了合卺（新郎新娘喝交杯酒）、闹洞房和婚后的回门过程。旧时黄陂的婚俗，包括订婚、报日子、搬嫁妆、迎亲、拜堂、闹新房、回门等程序。

那时的订婚遵从“父母之命、媒妁之言”，讲究门当户对，相信生辰八字。一般由媒人代表男方到女方家说媒。若双方生辰八字相合，双方父母同意，便可定亲。定亲时男方备酒席，请亲族中有名望者陪媒。女方用红纸写好“庚书”（生辰八字），置于拜盒，由媒人交男方，称“发八字”。男方据女方提供的尺寸做好衣物等，由媒人送给女方做信物。亦有血盆定亲、指腹为婚者。同意定亲，即为亲戚。每逢端午、中秋和春节，由男方带上礼品到女家去送节礼；农村家庭农忙季节，男女双方互相给对方帮忙；双方中某一方家中有红白喜事，另一方也得依礼前往。订婚之后，也有退婚的。如果是女方提出退婚，则应退还男方的礼金与礼品；如果男方提出退婚，一般不要求退还礼金。

所谓“报日子”，是男方在征求女方同意之后，用大红纸写成“龙签”“凤简”（即婚期通知书）书面通知女方。行文格式统一，一般引用《诗经》之“文定厥祥”之类吉祥用语。同时，男方也要将彩礼一并送到女家。婚前一年的春节，男方也要带上彩礼拜年，女方将其礼品分发给至亲，以示女儿即将出嫁（即“出阁”）。黄陂北部习惯上送糍粑和腊肉，民间称此糍粑为“腊粑”（“辣粑”谐音，意即吃了糍粑要送礼）。

婚前两天，男方到女方搬嫁妆。搬嫁妆时，有燃放鞭炮、男方向女方“求门”、女方要红包等程序。开门后，女方事先将嫁妆摆在客堂中，女方的嫂子们还有将锅灰等脏物藏在手上，涂擦在男方人脸上的习惯。嫁妆搬回男方家后，晚上铺床时还说吉利而诙谐的彩词，众人在旁附和。在新娘入洞房前，新郎要选一儿童（一般是男童）陪睡，谓之“压床”。铺床时还将数个煮熟后染红了的鸡蛋藏在床上的某些角落，让孩子上床翻找，找到了意味着好的“运气”。男方打着花轿前去迎亲前，先对花轿敬香、放鞭炮、照轿，而后锁轿、发轿。迎亲队伍一路放鞭鸣铳，敲对子锣。到达女家门前，须投帖叫门，女方则拿到“喜钱”方开门迎入。新娘上轿前梳妆打扮，头顶一块大红绣花方绫的“盖头”。临上轿时须痛哭惜别父母，称“哭嫁”。上到花轿后，由新女婿为其换上带来的新鞋子，预示着将走全新的路。花轿入宅、鸣炮奏乐。新郎打开轿门，牵出新娘一起拜堂：一拜天地，二拜家神、祖宗、父母，最后夫妻互拜，入洞房。新郎先向新娘行大礼，然后揭去新娘的盖头；夫妻并排坐床沿、喝交杯茶、交杯酒后，新郎出房招待宾客。客人散后，新郎回房，新娘斟茶敬新郎，并行大礼。其中，以踩堂最为热闹。黄陂的踩堂歌别具一格，被《中国民间歌曲集成》收录。新娘入洞房后，开始闹新房，男女老幼均可与新娘嬉笑打闹，所谓“三天无大小”。用衣服兜些红枣、豆子、花生，掺杂苦楝砣等涌进新房，向床上和新娘的身上撒去，意为“早生贵子”。随后，众人或坐或立，七言八语戏谑新娘，直至深夜方散。

婚后第三天，由新娘的兄弟去新郎家接姑爷、姑娘双回门，并在当天日落前送回新郎家。婚后第一年春节，男方还要送去许多礼品给女方，让她分发给亲戚，以示感谢，此次的糍粑改叫“甜粑”了。

黄陂的年俗也是千年流传，人们通常将春节称作“过年”。其实，进入农历腊月就开始筹备过年了。如说话有禁忌：“腊时腊月，不能瞎说。”神龛上换上新写的“天地君亲师位”牌位，敬神敬祖。妇女们则赶做新鞋，意即“过年穿新鞋，喜事一起来”。腊月初八吃“腊八粥”，打扫扬尘（墙角瓦缝的灰尘）。腊八粥的原料一般是大米、玉米、南瓜、红苕、糯米、绿豆、花生、芝麻等。腊月二十四“过小年”，将家中的便桶倒掉，清洗干净，并点燃一把稻草进行短暂熏烤。“送灶神”时，即嘱咐孩子们不要说不吉利的话。有“腊八日，打扬尘，二十四的打伢们”之说。这一天要烧香敬神，晚上煨汤吃肉，表示过小年了。关于过小年，有“君三民四王子二十五”之说，即皇帝二十三、王子大臣二十五、老百姓二十四过小年。

腊月三十，张贴春联、门神，除旧布新。全家大团聚，祭祀祖先、吃团年饭。此时须关上大门，吃完年饭才能开门。祭祖时，在桌边摆上三张椅子、三个饭碗、三双筷子、三个菜碗、三个酒杯。以敲磬为号，磬响放鞭、烧纸、叩头。吃年饭时须在天亮以前开始，意即“越吃越亮”，前途光明。饭桌上的全鱼不能吃，有“年年有余”之兆。饭也不吃完，意即“有吃有剩”。除夕之夜，全家围坐“谈年”，通宵不睡，谓之“守岁”；长辈给小孩“压岁钱”，希望能“压祟”。

正月初一凌晨一天亮，燃放爆竹辞旧迎新就可以半开大门出门。清早，晚辈给长辈拜年，同姓族人则向族长拜年。正月初二是外孙、外甥向外公、舅父拜年，初三为女婿向岳父拜年。其中新女婿给丈人拜年时，有人向新女婿脸上搽黑戏闹，以示亲昵热闹。新年三天内，家家的水缸满储清水，寓意“福水长流，子孙富足”。

（四）黄陂“三鲜”热干面

一方风水，一方人情，一方饮食。

中国饮食文化分成两大流域系统。早在公元前5000多年就已形成，并由此形成了南北迥异的饮食习俗和有各自风格的饮食文化类型。黄河流域人民的主粮是黍、稷，春秋战国以后，黍、稷的主食地位逐步让位给麦。而在长江流域，稻米始终是人们的主食。

黄陂地处联南通北要冲，“五分山水五分田”，既是鱼米之乡，又盛产大小麦、大豆、花生和红苕等，是一个南北“通吃”的美食之乡。自古以来形成了以米食为主，以面食为辅的饮食文化。尤其是黄陂人首创的黄陂“三鲜”、热干面等特色美食流传甚广，耳熟能详。如今外地人到武汉，仍将热干面作为首选。

黄陂“三鲜”又称黄陂“三合”，是武汉市郊黄陂民间的传统佳肴，已经流传了数百年。三合是鱼丸、肉丸、肉糕三样菜合而为一的统称。民间把三鲜作为品评筵席的起码标准，有“没有三鲜不称席，三鲜不鲜不算好”之说。

三鲜各有其制作传统技艺。三鲜中以鱼丸最具特色，鱼丸在选料上，一般用草鱼，以鲢鱼最佳，去皮取肉剁碎，再配上蛋清、葱白、姜汁等，随后用手工搅拌而成。这样做出来的鱼丸吃起来有弹性，咬开后还有汤汁温润唇齿。

肉丸选用猪腿夹肉剁碎，配上鱼茸和各种调料，酥炸而成。肉糕的原料和肉丸相同，区别是做成糕状，蒸制而成。在淀粉的选择上，以红苕粉最佳。若将三菜合烧，鱼有肉味，肉有鱼香，别有风味。

由于三菜中有鱼、丸、糕三字，“鱼”与“余”谐音，“丸”的方音为“圆”，“糕”与“高”同音，人们便赋三合以“年年有余、家家团圆、步步高升”的寓意，为图吉庆，一般家庭逢年过节必备。

1941 年黄陂人在汉口打铜街开设黄陂合记餐馆，把黄陂三合传到武汉，把乡土菜的质量进一步提高，使得鱼丸滑嫩、肉丸松泡、肉糕软柔，颇受广大食客的欢迎，从此也成为黄陂享誉海内外的一道特色菜肴品牌。

黄陂人发明创造的另一著名早点小吃热干面，也有五六十年的历史。当年，它与我国山西的刀削面、北方的炸酱面、四川的担担面、两广的伊府面齐名，合称五大名面。

热干面既不同于凉面，又不同于汤面，质量上乘者，上口时香气浓厚，耐嚼有味，具有独特的风味。关于热干面的发明有两种说法。

一说是在 20 世纪 30 年代初，汉口长堤街住着一个名叫李包的黄陂人，他在关帝庙一带靠卖凉粉和汤面为生。盛夏时节的一天，天气异常炎热，气温达 38℃，可是，仍有不少剩面没有卖完，他怕面条发馊变质，便将没卖完的面条煮到七成熟时便捞起，凉在案板上，一不小心将油壶里的麻油泼在了面条上。他灵机一动，索性多倒一些油在里面，拌匀后在案板上摊凉。第二天早上，他就将这种拌了油的熟面条放入沸水中烫几下，然后放入碗中，加上卖凉粉用的芝麻酱、葱花、酱萝卜丁等佐料，热气腾腾的面条立即散发出扑鼻的香味，诱人食欲。人们争相前往，吃得津津有味。别人问他卖的什么面，他随口说道："热干面。"此后他便专卖热干面，并向求教者传授手艺。

另一说是，热干面乃黄陂蔡家榨人蔡明伟首创。1929 年，他在黄陂的小吃绝活"担子面"的基础上进行改进——先把面煮七八成熟，然后快速降温并均匀抹上油，这样卖面时，出货量就快了。有一次蔡明伟在长堤街看到一家麻油作坊从芝麻中提取麻油后，芝麻酱闲弃在一边，香气扑鼻，他灵机一动，何不将芝麻酱加进面里试一下呢？于是蔡明伟向麻油作坊老板购买了些许芝麻酱回家，经过多次反复试验，直到他觉得满意了，身边的人都说好吃，这时候他才信心满满推出他的新产品上街叫卖。热干面——这个武汉人民最爱的小吃就这样诞生了。此时蔡明伟给这个面起了个名叫"麻酱面"。

蔡明伟做生意很诚信，而且很会动脑筋。后来根据当时武汉的顾客中湖南、河南、四川人较多，且多是码头搬运工人，就餐时间较短的特点，他创新性地加入芝麻酱等北方特色佐料和小葱、酱萝卜等南方特色作料。此外，还添加了酱油、盐、味精、葱花、胡椒粉，喜欢吃辣和食醋的人还可以选放辣椒汁和醋。这样一来，既加重了面的口味，又去掉面汤，从而形成了独具武汉地方特色的一种面食小吃。过了几年，蔡明伟在中山大道满春路口开设了一家热干面面馆，生意一直火爆，方圆几里都知道蔡老板的麻酱面好吃，成为武汉市经营热干面的名店。后迁至汉口水塔对面的中山大道上。1945 年抗战胜利，生意更加稳定，蔡明伟决定为自己的面馆取一个寓意美好的名字。由于面馆门前有两棵楝树双木成林；自己此时已有两个儿子，蔡汉文、蔡汉高取成才之意，叫作"蔡林记"。又因蔡明伟脸上有麻斑，别称"蔡麻子"，麻酱面有犯讳之嫌，故 1950 年工商登记时，他正式改名为"热干面"。

热干面原为蔡氏家族式独家经营。后来，因它味道好，价格低廉，生意很好，本地人纷纷模仿，于是，热干面在武汉遍地开花。20 世纪 50 年代至 80 年代初，热干面馆均为国营，之后才转为自由发展方式。2000 年，“蔡林记”面馆与武汉富思德公司合作发展加盟连锁后，市场非常广阔，最多时在全国有 145 家连锁店。其中，仅郑州的一家连锁店的营业面积即达 2000 多平方米，2013 年武汉热干面被评为十大名面之首。

据悉，目前打着“蔡林记”招牌的热干面馆有三种：一是武汉蔡林记商贸公司的老字号蔡林记，目前开店 20 来家；其次是“老蔡林记”，也开张营业了数家；另有常青、麦香园也在用此名号，并计划在三年内开店 100 多家。

黄陂另一特色菜糖蒸肉，则与宋代著名文学家和美食家苏东坡相关。相传，在北宋神宗元丰二年（1079 年），苏东坡因“乌台诗案”被贬，谪居湖北黄州时，曾游黄陂木兰山讲学。其时慕名求学者甚多。此事却又为权贵得知，上疏朝廷诬蔑苏东坡：聚众黄陂，诽谤当朝。

宋神宗偏听奸言以后，派人明察暗访来至黄陂讲学处所时，并未搜集到诽谤之词，于是别出心裁，以面试学生来寻找破绽加罪东坡。随即，那考官遂远指小塔曰：“宝塔尖尖七层四面八方。”学生一时窘迫，纷纷举手摇头无言。这时，来人向东坡叱责道：“你哪里是在讲学，分明是借古讽今别有所图，为何竟无一人能对答上来？”东坡听后，冷冷一笑道：“你的上句，学生不是一一以手势作了答对吗？”来人不禁追问：“所答何词？”东坡轻蔑地答道：“学生纷纷以手答曰‘玉手摇摇五指二短三长’，何以说无人答出？”

至此，来人一听便哑口无言，灰溜溜地离开东坡而去，在场的学生却对东坡的学识胆略更加钦佩。当时，为了酬谢老师，学生们买来东坡喜食的猪肉和红、白糖。粗心的学生一时不慎，将糖和猪肉混在了一起。正在抛留难定之际，东坡见此状况，慢步走来口占道：“咸闲官客不屑去，甜添豕豚堪称鲜。”暗示帮闲客人已走，现有糖和肉何不混同就餐以饱口福呢？于是，在东坡指导下，学生们将猪肉、糖加入其他调配佐料等，拌匀后一起蒸而食之，别有风味，众皆叫好。从此，糖蒸肉的制食法便在当地沿传下来。天长日久，“黄陂糖蒸肉”就不胫而走了。

此外，“谈炎记”水饺，也是黄陂人谈志祥1920年首创，由水饺担子发展而成。当时，汉口有300余人挑担子游街经营水饺。面对异常激烈的竞争，谈志祥等人采取薄利多销的经营方法，逐渐取得顾客信任，不久便打出“煨汤水饺”和“水饺大王”的招牌，并正式开办了“谈炎记水饺馆”。其水饺最初以汤鲜、馅多取胜，以后发展成筒子骨煨汤混合牛肉馅水饺，并配以十余种佐料。由于所用原料纯真、煮法考究、味素丰富，形成独家风味，远近闻名，荣获中国烹饪协会颁发的《中华名小吃认定证书》，因而生意异常兴隆。

现今“谈炎记”已发展为拥有东、西、雅三个营业大厅的饮食企业。经营以传统的风味水饺和新开发的花色水饺以及其他风味小吃为主，兼顾风味炒菜、承包筵席。同时，以中式快餐连锁形式发展分店，因该小吃为“土生土长”的地道黄陂风味，所以深受武汉民众的喜爱。

在21世纪初，黄陂在发展传统饮食业的同时，还致力于打造以芦笋为主的蔬菜业、以小龙虾为主的水产业、以茶叶为主的茶业与葛根业、以台湾农民创业园为主的都市生态农业、年出笼肉鸭达400万只以上的养殖业等产业带，开发新型饮食产业。其中“汉口精武”鸭脖则成为推陈出新的全国名牌。

位于黄陂武湖的汉口精武食品工业园有限公司，是研发汉口精武鸭脖为主，是我国目前最大的专业生产和销售鸭系列制品的公司。尤其是由著名作家池莉的小说《生活秀》改编、由陶红主演的同名电影上映后，精武鸭脖系列产品更是名噪全国。

该公司厂房全部按照国际食品安全标准建设，采用国际最先进的“冷链生产、冷链运输、冷链销售”的现代生产营销模式，生产能力达年深加工2万吨鸭系列风味制品。“汉口精武”已通过ISO 9001国际质量管理体系认证、中国绿色食品认证、中国食品质量安全（QS）认证，获“湖北省著名商标、湖北名牌产品”称号，为湖北省农业产业化重点龙头企业。

“汉口精武”汲取了中国传统饮食文化的精华，突破地域饮食观念，创造出独具特色的汉口精武鸭文化，把汉口精武鸭发展到登峰造极的地步。目前公司生产的“汉口精武”牌鸭系列卤制品以其独特的风味深受全国广大消费者喜爱，产品畅销全国，市场占有率全国第一。

据传，鸭脖子的传奇来自一个经营“靠背酒”小摊的“突发奇想”——将一份川菜中的“卤方”用在了卤“鸭脖儿”上。没想到一举成功，卤出来的鸭颈被食客一抢而空。正宗的精武卤鸭颈的制作方法十分讲究，用产自福建、四川等地的上等辣椒，外加陈皮、八角、党参、砂仁、丁香、草果、桂皮、木香、白芷、山柰、良姜等30多种中药材经过近1个小时的煎煮，制成汤，再将鸭颈放入汤中煮近两个小时，方能制成地道的精武卤鸭颈。

时下，在黄陂的大街小巷和武汉三镇的各大街道、车站、码头、机场等，均设有精武鸭脖的专卖店。其中以位于汉口新华路长途汽车站附近的汉口精武路夜市大排档最为出名。在这条不足500米的小巷里，数十家经营鸭颈的小店一字排开，门口都是成堆颜色红亮、浓香扑鼻的鸭颈。

同时，“精武”鸭业也促进了黄陂养鸭业的大发展。迄今黄陂共建成年存笼18万套的肉种鸭生产场，年向社会供商品代苗达2000万羽，扶持了885家肉鸭养殖专业户，发展了5个年出笼肉鸭达80万只以上的专业村。

（五）高洪泰锣响四方

敢为人先的黄陂人其首创精神是多方面的，这里不仅是物质文明的生产基地，也是非物质文化产生、传承与发展的高地。融铜锣锻造与乐器生产于一体的高洪泰铜锣生产工艺就是实证之一。以高洪泰铜锣为代表的汉锣，曾与京锣、奉锣、苏锣并称全国“四大名锣”，是著名的“老字号”，距今已有百年历史。其主要特点是造型古朴、发音洪亮、吃锤省力、调门准确，深受国内外用户的好评。国内一些知名的剧团、乐团，以及一些世界著名的交响乐团都使用“高洪泰”的产品。2007 年 4 月 1 日，高洪泰铜锣制作技艺被湖北省文化厅公示为第一批湖北省非物质文化遗产名录，其工艺传承人高永铨又于 2008 年 10 月 14 日入选首批省级非物质文化遗产传承人。

300 年来，武汉就是全国铜响器制造中心之一。近代武汉响锣业始于清道光末年（1850 年），由山西长治县制锣工匠先后在汉阳高公街、汉口长堤街一带开设铜锣作坊。熔铜、套活（即成型）、插锤（即定音）等关键技术皆由晋人掌握，其产品由鄂商喻洪泰铜锣店包销。同治九年（1870 年），有黄陂人方某，人称“大脑壳”，在晋人作坊帮厨挑水，利用工余，偷学制锣，十年后学得制锣手艺，并传其子方世海。从此，武汉制锣悉由本地籍人掌握。19 世纪末，武汉已成为全国铜响器的制造中心之一，从业者 200 余人，大都来自黄陂、孝感农户。形成农忙务农，农闲“打锣”的生活状态。当时汉口的主要制锣作坊有“德昌生”“黄义兴”“王宏昌”“永大昌”“天成昌”等名号。

高洪泰响锣的创始人高青庵，系湖北黄陂甘棠人，12 岁从舅父王家重（“王宏昌”号老板）学艺。十余年后，深谙制锣诀窍。宣统元年（1909 年）“王宏昌”倒闭，高氏返乡务农。民国三年（1914 年），高青庵来汉在长堤街 262 号（今 1045 号），以“高洪泰”之名独资经营，初为响器店。他工于心计，善于经营，注重信誉；进货务必亲躬，售货认真校音，稍有小疵，当即为客户加工定音，渐得用户信任。1931 年始自设作坊生产，先以班锣、马锣等小件响器为主，后扩大生产规模，品种增至 20 余种，年产量 20 多吨，雇工最多时达 40 人。对产品质量，高青庵一贯要求甚严，每道工序都亲自过问，不合格者决不流入下道工序。“高洪泰”因此经营有道，发展成为当时武汉规模较大的锣厂。

在经营上，高青庵重视用户意见，尽量满足用户需要。凡未安排生产的产品，宁可微利或无利，也代外购配套，供应专业剧团。高还派其子明汉专事对外联系，掌握市场动态。梅兰芳、周信芳等戏剧大师改革京剧后，京剧呈发展趋势。高青庵得此信息，及时扩大京剧常用的苏锣、奉锣、虎音锣等品种的生产，适应市场需要，销售增加，供不应求。

1949年前，武汉的高洪泰、周洪大、德昌生、熊顺泰四家锣厂，共雇工1300余人，年产量70多吨，品种计有双光钹、加官钹、白锣、京镲、川钹、铙等50余种，其中，“高洪泰”被誉为名牌。

“高洪泰”响锣的扬名，得力于该店工人高永运。他13岁在“高洪泰”学徒，因勤奋好学，两年内尽悉制锣奥秘，尤善校音定音，在同行中崭露头角，为高青庵所赏识。不久，便破格提拔为定音师傅。1946年，梅兰芳剧团乐师王褒元，有一次在上海“老德泰”购锣，谈及剧中官老爷升堂历来是由衙役呐喊助威，壮声势。“老德泰”店主屠德隆便函告高洪泰老板高青庵。高氏即令掌作师傅高永运用大古锣改制，经高师傅反复琢磨、试验，终于改制成一种音质纯、虎味浓，适合京剧黑头、花脸配戏用的锣，梅剧团试用后非常满意。因此，“老德泰”就将这种锣命名为“虎音锣”。30多年里，高永运与其艺徒高永铨等人，特制和改造的成果满足了多种需要，被剧团尊为“一锤定音”的“制锣王”。

新中国成立后，高洪泰锣厂仍独自经营，公私合营后，产量、质量均有提高，1957年产量达41.6吨。1958年8月，高洪泰锣厂、市第一五金乐器生产合作社、市第一响器生产合作社并为“国光乐器厂”。当时划归市机电局，改产平板车为主，响锣仅留一个车间生产，其产量和质量大为下降。1962年为国光乐器厂分出，“高洪泰”和市一响器社原班人马也从国光乐器厂分出，回归市手工业局。重建公私合营高洪泰锣厂，时在职职工60多人，年产量达70余吨。到1965年有职工近百人，年产量达120吨。1965年在全国第3次铜锣质量评比中，武汉的手锣、虎音锣、苏锣等均被评为特等、一等和二等。翌年经市决定，企业改为全民所有制，定名国营武汉锣厂，厂址迁至武昌石牌岭。20世纪70年代，武汉锣厂对几种戏曲专用锣进行改革，使武锣的“锵”音更足，虎音锣的“虎”味更浓；研制出的小苏锣，也比原有苏锣的“拱”音更高，深受各剧团欢迎。因而生产任务饱满，销路极好。高洪泰响锣不仅过去名扬四海，改革开放后，更是响遍天下。

为使制锣技艺后继有人，高永运、周吉安、周吉德、高永铨等艺人之子均随父学艺。1978 年 8 月，市二轻局技校还在锣厂设有制锣班，他们中的佼佼者已能独立操作，成为制锣业的新生力量。1979 年应柏林交响乐团之请特制的大抄锣，直径为 135 厘米，被誉称为“世界铜锣之王”。1980 年武汉锣厂生产的大抄锣、虎音锣、广钹、苏锣、武锣 5 个产品已先后荣获湖北省和轻工部的优质产品证书。1982 年 6 月在全国铜响器评比时，武汉苏锣得满分获第一名，中虎音锣、武锣均获声学品优质奖第一名；1983 年 9 月“高洪泰牌”大抄锣荣获国家最高奖银质奖。1985 年，制作了两面直径为 142 厘米的大抄锣，每面重达 60 多公斤，成为当时世界上最大的抄锣。其中的一面东渡日本，与世界上最大的鼓相匹配，另一面特留厂供人们参观。这几面大抄锣发音像春雷滚动，气势磅礴，尾音悠长而浑厚，能最好地烘托出乐曲雄浑的音响效果。

“高洪泰”铜锣凭借灵活运用正锤、反锤、实锤、虚锤、轻锤、重锤等技巧准确定音。波士顿交响乐团、德国柏林交响乐团等许多世界著名乐团的演出用锣都出自“高洪泰”。有些外国轮船则购买这种大抄锣做报警器。武汉“高洪泰”锣厂共生产锣、钹、镲、铃、钟、板、铙七大类铜响器，满足国内外市场的需要。产品畅销全国 29 个省市自治区，远销 20 多个国家和地区。

与此同时，黄陂艺人打造的“曹正兴菜刀”也是湖北武汉手工业传统名牌“老字号”。曹正兴菜刀的创始人曹月海（1807—1877 年），是黄陂县祁家湾郝家庙大曹湾人，在兄妹四人中行三。幼年时家贫，他于道光十年（1830 年）到汉口为人挑水、学打铁。道光二十年（1840 年）正月，筹办一盘行炉在汉锻制菜刀，取标记为“曹正兴”。曹月海根据湖北人爱剁骨煨汤的特点，摸索出前薄后厚、口薄背厚，切剁兼用的锥形刀板。在制作上非常考究，在选料、锻坯、夹钢和淬火等工序上，他都严格要求，形成了以“走得稳、夹钢紧、贴得平”为特征的技术操作方法。他总结出了一套“三钢”（试钢、锻钢、夹钢）、“四口”（铲口、提口、直口、磨口）、“一淬火”（涂泥后烧刀背再下水淬火）的传统生产工艺。创造了两种独特的验刀方法。一种叫“菜刀熏烟法”，就是将刀坯平放在煤油灯上，缓缓移动，从烟尘的浓淡来检验刀板是否平正，厚薄是否合乎要求。另一种叫“石击火花鉴别法”，就是用火石在刀刃上摩擦，刃口现红光，表明钢火硬度不够；呈白光，则表明钢火太硬；若光呈金黄色时，表明钢火恰到好处。经过这样精心制作出来的菜刀，青钢白铁分明，既刚且柔，刀刃锋利。用起来得心应手，又能包退包换，很快便声名鹊起。曹月海便在汉水边搭起了草棚，改行炉为定炉，正式挂起了“曹正兴刀铺”的招牌。

同治六年（1867 年），由曹氏第二代经营。次年，在汉口张美之巷买了一栋楼房（今民生路 172 号）开设曹正兴刀店，以“钢火纯正，货真价实，夹灰卷口，包掉回换”而取信于顾客，生意极为兴隆。民国初年，传至曹氏第三代，改变经营方式，大量收购刀坯，经整形、淬火后镌上曹正兴牌子，以高于同行 30%—50% 的价格出售，旺季时日获纯利达 60 块银圆。而后，因曹氏后裔贪图安逸、不思进取，再加上时局动荡，营业日渐衰落。武汉解放前夕，由第四代曹文治筹资复业，终因资金短缺，勉强支撑门庭。

1955 年合作化运动中，老二房曹正兴、曹正大、曹正太等组成第四刀具生产合作社。同年 5 月，改名为“武汉市曹正兴刀具生产合作社”，有职工 39 人，6 盘红炉。合作社囊括了汉口各擅所长的 5 家刀店，有以菜刀驰名的老二、三房曹正兴，以屠宰刀著称的曹正文，长于厨刀的曹正大，精于书简刀具的曹正太，并会集武汉刀剪行业中有声望的汤先柳、雷元福、曹兴汉、胡家万、戴国保、刘友清等名师巧匠，发挥其技术优势。1959 年，菜刀质量跻身全国先进行列，荣获湖北省红旗单位称号，并出席全国群英大会。1961 年以机械生产和传统工艺相结合，从下料、锻打到冷作，逐步形成流水作业生产；

在材料上亦改用复合扁钢，变红炉夹钢生产工艺为红轧压坯、气锤锻制代替人工锻打。次年，市手工业局对曹正兴菜刀作质量鉴定：刀口利、钢火好、刀面光、刀柄牢、品种多，并被命名为名牌产品。产品行销内蒙古、陕西、广西等地，还远销港澳、日本、毛里求斯等国家和地区，年产能力达12万把。从1961年起连续5年在全省同行业历次评比中均获第一名，列为全国优质菜刀。

可是，自20世纪70年代以后，曹正兴刀厂发展缓慢。资金短缺，厂房狭小，设备陈旧落后。到1985年底，曹正兴刀厂有职工134人，厂房建筑面积1800平方米，各种专用、通用设备42台（套），有50%带病运转，唯一的一台自制齿轮剪板机已使用20多年。生产品种有民用菜刀、餐馆厨刀、杂件刀、屠宰刀、工业用刀及各种异形刀六大类，300余种规格，年产能力31.5万把。1988年，曹正兴刀厂发明的组合菜刀成功申请国家专利。自1990年之后，国际国内刀具生产的新工艺新材料日新月异，且沿海地区各路利刃长驱直入武汉市场，其刀光剑影早已遮蔽了百年曹正兴的锋芒。1995年后，曹正兴刀具厂生产量锐减，直至完全停摆停产。如今，大曹湾雕梁画栋的曹家老屋成了牛棚，曹正兴菜刀只能是老一辈人的念想和记忆了。

（六）风光不再“白海记”

“白海记”旗袍是湖北黄陂人白海山首创的具有中国民族特色的一种传统女式服装名牌。1938年，白海山在汉口华清街新康里开设了白海记时装店。白海记汲取众家之长，首创了有腰翘的合身贴体旗袍。

清末时的旗袍是沿袭满族妇女的直统型服式，辛亥革命后，虽做多种改良，但均不能显示妇女体形的曲线美，而白氏则注重研究样式和花色品种的变化，设计有腰翘的紧身旗袍代替直统旗袍，并能按顾客体形确定式样，经顾客满意后再缝制。其所用面料依质而异，缝制单夹皮棉各式旗袍时均采用镶绲、嵌牙工艺，配上时新的各种空花扣、实心扣。其款式有海派大襟、胸褶大襟和紧扣立领、开花领等，自成一家。还采用不同的面料和工艺方法，缝制不同季节的旗袍。武汉沦陷后，白海记迁店于法租界境内（原胜利街205号），维持营业。抗战胜利后，白海记又重展宏图。白海山采用不同的面料和不同的工艺方法，缝制不同季节的旗袍。如春天做灰鼠皮的，夏季做绸料小纺、花石纱的，等等。此时白海记的缝纫手艺已经在江城首屈一指，其旗袍的缝制技术已是炉火纯青，门庭若市，顾客盈门，甚至上海、南京等地的贵妇亦纷纷慕名而来，香港的太太小姐们也来此定做旗袍。

白海记在量尺码上亦与众不同，除量腰围、衣长、领围、袖长外，还按比例测量上腰、中腰及臀围等部位的尺寸。裁剪时，由裁剪师傅画好衣片，经白海山过目后再动剪，如有不当之处，白则自行修改。其缝制工序均有严格要求。

新中国成立后，白海记的声誉不减当年。20世纪50年代，白海记时装店参加合作社，从1964年起，白海记旗袍开始出口。

到了20世纪70年代初，旗袍一度减产甚至停产，但对高级旗袍或便装的单裁、单制从未间断，故招徕不少知名人士、港澳同胞、国际友人上门定制。1982年，重新启用白海记招牌——武汉市白海记时装厂厂址设在中山大道1028号，并设有来料加工门市部和产品自销门市部。同时，采取中装西做的方法，尤其在领型上颇多变化，从中式便装立领发展为半开胸领、燕式领、飘带活结领、圆领、尖领等。衣褶工艺则有腰褶、肩褶、奶褶、胸褶，以及连袖式、装袖式、长短袖，对开襟、斜开襟、圆大襟、开胸琵琶襟，高衩、低衩等几十种样式。衣长可及膝盖以下直到脚背处各不相同，产品行销海内外。2000年，有着60多年历史的白海记时装厂停产关门，内部员工纷纷下岗。

2009年2月，历时近两个月，江岸工商分局大智所的工作人员，终于找到了武汉老字号——白海记时装厂的企业负责人许鄂川，双方签订了商标转让协议。为此闲置了9年的“白海记”商标，才得以延续，而此时的白海记服装厂已奄奄一息。2010年，“白海记”正式由国有企业改为民营企业，老店“白海记”服装厂已经换成“南南招待所”，风光不再。白海记时装厂办公场地只是不到10平方米的小屋。

（七）元宵灯会满堂彩

黄陂自古以来群众文化娱乐活动十分活跃，久而久之形成了灯会民俗。每逢春节和元宵节，其欢庆活动有玩龙灯、板凳龙、跳狮子、“将狮子”、划采莲船、跑竹马、耍罗汉、玩蚌壳精、打莲厢、踩高跷、唱乡戏、赛吹打乐等。下面简要介绍黄陂几个最有名的地方灯会娱乐方式。

张家冲龙灯是黄陂灯会的代表之一。张家冲位于木兰山西麓，滠水河东岸，自明初以来，这里民众欢度春节的主要娱乐方式就是玩龙灯。张家冲高龙灯头高丈余，呈“S”形。龙身描龙绣凤，缀鳞刺甲。龙头龙身均由绸布和精纸料做成，内可插放蜡烛。张家冲是个千余人的大湾，共有16条龙灯、8只狮子、1条彩船。改革开放以来，随着旅游胜地木兰山的修复与开放，全湾群众依托木兰山，经营旅游工艺品、开办旅社饭店、从事建筑和开山修路获利走上富裕道路后，农民们参与文化娱乐的心情更加迫切。这里的元宵灯会祭祀木兰将军的民俗活动规模最大。明末祭祀活动达到鼎盛。据传，万历后期的一年新春，众道聚玉皇阁，观峰下将军庙祭祀木兰将军的活动，道长玉宗感慨曰：“热闹热闹真热闹，木兰山快比不了将军庙。”说者无意，听者有心，同辽东巡抚张涛交情深厚的道长一年后与张涛谈及此事，张涛才萌发了奏疏朝廷、题建木兰殿、木兰将军坊、娘娘殿的举措，使木兰山的道教在万历时得到了较快的发展。明末清初时，将军庙周边十余里的百姓在元宵节朝觐将军庙、将军墓的同时，更是通过开展民间文化娱乐活动表达对木兰将军的敬仰之情。其祭木兰庙女神的龙灯彩词云：

木兰庙内朱木兰，出生西陵大城潭。
忠孝勇节是本性，替父从军女扮男。
驰骋沙场十二年，征番凯旋得升迁。

不愿为官归故里，孝敬双亲心诚虔。
侍奉父亲茶和饭，母亲病了把药煎。
精心照料知冷热，英雄忠孝得双全。
玉皇大帝爱木兰，下到凡间选神仙。
朱女自是头一个，木兰庙里坐中端。

此外，将军庙百姓在玩狮子、划彩船、唱乡戏之前，也有贺木兰女神的彩词。有一段彩词云：鞭炮锣鼓闹腾腾，特来拜贺木兰神。木兰女神最忠孝，卫国卫家后人敬。今来朝拜木兰神，庙内神钟响三声，一愿将军保国昌，二愿百姓享太平，三愿风调雨水顺，年年岁岁有余盈。木兰保佑众黎民，黎民世代敬女神。敬拜女神得保佑，黎民欢笑庆升平。

凤凰寨龙灯是黄陂东乡的元宵盛会。凤凰寨坐落在蔡家榨镇街西，其山高不过40米，长不过500米，每逢春节，这里庆祝上元节的龙灯赛蔚为壮观。届时，龚家大湾、蔡姓40个村湾及汪西湾、熊家大湾、朱家大湾、喻家大湾等百余个村湾的民众组成浩浩荡荡的龙灯队伍，有序地汇聚山寨，在焰火冲天、烛光如昼、震耳欲聋的锣鼓鞭炮火铳和喝彩的人声中，玩龙灯者手握灯柄，或立舞、或跪舞、或单手舞、或双手舞，尽显舞龙赛龙之技艺。凤凰寨所玩龙灯极具特色，各领千秋。

蔡官田湾是辛亥革命首义元勋蔡济民的故里。蔡官田湾人玩灯打的是一面写有“辛亥革命首义旗”的大旗，数十条龙灯、数十只狮子紧跟旗后上寨。喻家大湾赛灯锣鼓最引人注目：一面大锣两人抬，一个鼓面可睡四个人，大鼓一击，声震十里，如雷贯耳！随后，龙灯在震耳的锣鼓声中如蛟龙出海，鱼贯而出直登凤凰寨。刘家湾的墨鱼龙灯节节燃有蜡烛，从龙头到龙尾，闪闪金亮，挥舞时，更光亮刺眼……

凤凰寨虽小虽矮，玩灯场面却十分壮观，数百条龙灯齐聚同一山寨，这在鄂东北乃至全中国并不多见。真是“山不在高，有龙（灯）

则名”！

黄陂舞板凳龙，则是黄陂南乡的民俗。板凳龙始于明代，每年元宵节前后或农历八月初一“拜乡会”期间，黄陂滠口一带都会举行舞板凳龙活动。木兰山“开山门”时，由头人在板凳上搁香炉，里面插上三炷香，三步一拜地前行，间或将板凳托着转八字圈，口里念念有词，祈求木兰女神保佑。

板凳龙不同于其他地方的“龙”。它由龙头、龙中段、龙尾三部分组成，龙身则是几十乃至上百个形似板凳的木板连接而成，每个板凳上均装有彩色灯笼。舞龙手们都是当地百里挑一的壮汉，个个穿草鞋、打绑腿、扎腰带，生龙活虎般勇猛。舞龙时，前有大红灯笼开道，后有五彩旗幡拥随，鼓乐喧天，长号动地，流光溢彩的巨龙，时而似游龙嬉水，排成一字长蛇阵；时而似蛟龙出海，山呼海啸般飞旋于村头街巷，好生雄壮、闹猛！近年，由民俗专家黎世炎指导的黄陂板凳龙表演，多次在武汉市竞赛中喜捧金杯。

关于虾子灯的来历民间也有说法。相传历史上有一年大旱，乡民在挖井寻水的过程中发现了虾子，并引发浪滚水流。人们以为神虾送水，遂用竹篾扎制成虾子形状祭拜玩舞，编创了虾子灯这一民间舞蹈，逐年玩起了虾子灯，果然以后风调雨顺，五谷丰登。

灯会除舞龙灯、散灯、唱灯戏外，舞狮子是必不可少的。舞狮子，又叫要狮子或跳狮子或玩狮子，在黄陂最为普遍。一般玩灯必玩狮子，自古就有“龙灯狮子一路走”之说。玩狮子分玩天狮子、地狮子、“将狮子”和武打高跷狮子等多种。狮子制作工艺讲究，分毛皮、麻织、绣花三类，有灵活的大口、耳、眼睛，头顶突出九个大包，颈系数枚铜铃。每只狮子一般由两人表演。黄陂玩狮子以罗汉镇花石桥的板凳狮子、前川街靳家湾的高梯狮子、长轩岭镇短岭村董家河湾的滚地狮子和李集的“将狮子”最为有名。董家河湾的滚地狮子属麻织狮子一类。近几年春节，该湾玩狮子常引来三乡四邻的近万群众观看。

黄陂李集一带的“将狮子”，充满了神秘和原始气息。之所以称

黄陂民间的舞狮表演

为“将狮子”，是因为舞狮子者都由事先通过法事挑选被“将”下来的“马脚”担任。

“马脚”是被称为能够通神灵的人。选“马脚”时，每个村都供有不同的神仙牌位进行祭拜。有时候唯恐请到太厉害的神仙控制不住，还要选个吉日，送到寺庙里面去。“马脚”没有被“将”下来之前，跟普通人一样。当天上的将军被请下来附身后，“马脚”就成为神仙的化身，他完全变成了另外一个人，就可以轻易做到一个正常的普通人不可能完成的任务。尽管寒气逼人，但“马脚”仅穿一条短裤，打着赤脚，玩遍整个村庄。“马脚”常常举着80多斤的特制狮头玩几个小时，赤脚在烧红的砖头上面自由行走，烧红的铁链在手上把玩自如，至于吃搪瓷碗、吃蜡烛，身上缠满鞭炮炸那更是常事……据说，“马脚”显示的神通，取决于请下来的神仙的大小跟法力的高低。有时，还会有两个村庄里的“将狮子”互相斗法。

高跷这一民间灯会娱乐活动，在黄陂全区流行。高跷高度2—4

米，表演者的双脚分别绑着木棍，脚踩在棍中上部的小踏板上，脸上涂彩化装扮演各种角色。表演题材多以神话故事、英雄义士、民间机智人物为主。如《猪八戒随唐僧西天取经》《牛郎银河边》《关公骑马霸凌桥》《时迁火烧翠云楼》《顽童戏财主》等。历史上，木兰山北麓、今木兰乡将军庙以及李集街刘彭家砦的高跷踩得最好。抗日战争胜利后的第一个春节，将军庙一带的民众为欢庆胜利，他们所表演的高跷节目吸引了距此150里之遥的汉口民众前往欣赏。“将军庙的高跷高又高，走场穿花不弓腰”，这是人们对将军庙高跷的赞颂。每年春节，将军庙除有玩龙灯、跳狮子、玩蚌壳精等娱乐活动形式外，踩高跷仍是民间娱乐活动的“重头戏”。

欢庆新春佳节，黄陂民间的群众玩乐活动自然少不了划采莲船。划采莲船有二人表演、三人表演等多种。若是二人划船，击乐声中，艄公画成彩脸，银须上翘，齐眉彩篙，船姑浓妆艳抹，脑后甩着齐臀部的两条发辫，身着裙装，脚穿绣花鞋，迈着碎步，提着彩裙，扭着腰肢，踩着鼓点表演。采莲船彩词有表现劳动和爱情生活的单个段子，也有因人因事因行业随意变化而表达吉祥、恭贺新禧富贵福禄的“散混短段子”。20世纪70年代初，长轩岭镇创造村洪关山下湾邱昌浩划采莲船在当时的长轩岭公社颇有名。后来，他与“船姑”杜腊梅真的喜结良缘，成就百年之好。

王家河镇白龙寺村路边程湾的采莲船在黄陂东乡久负盛名。春节期间，表演者程克章到长堰街等处作表演，前往观看的群众逾万人。

跑竹马也是黄陂灯会的娱乐形式之一。历史上，长轩岭镇鸯鸡坡村鸯鸡坡湾的竹马较有名。在黄陂北乡，有“鸯鸡坡的竹马张家冲的灯”之说。竹马表演者为7人，以“马童”为中心人物，另配6人，由锣鼓唢呐伴奏，能歌善舞的马童指示他人作唱、做等多种动作表演。一般选一段故事为内容。20世纪30年代初，鸯鸡坡湾艺人所表演的《三国故事刘关张》深受武汉和黄陂民众的欢迎。1999年，武汉市举办首届木兰文化节，鸯鸡坡艺人表演的传统竹马节目，赢得了前来木兰山、木兰湖旅游观光者的喝彩。

舞“蚌蚌精”最为出名的地方是黄陂天河街一带。历史上天河多水泽，一衣带水的渔民在捕鱼捞虾的生产实践中，根据自己长期观察，在灯会期间创作构思了民间舞蹈“蚌蚌精”这一民间艺术作品，表达渔民们欢乐的渔猎生活和欢愉情趣。

打莲响又名打花棍，在黄陂各乡的灯会活动中盛行。黄陂海拔最高的蔡店刘家山村早在300多年前就盛行打花棍、舞狮和跑竹马等民间文化活动。相传打花棍的来由与一段明朝皇帝朱元璋的孙子建文皇帝到黄陂避难有关。时下，蔡店乡已将传统打莲响项目开发于清凉寨旅游文化事业之中，并在全区民俗活动展演中获得金奖。

赛龙舟民俗则是端午节期间的娱乐活动。龙舟一词，最早见于先秦古书《穆天子传·卷五》：“天子乘鸟舟、龙舟浮于大沼。”赛龙舟是端午节的一项民间传统水上体育娱乐项目，是多人集体划桨竞赛，已流传两千多年。史书记载，赛龙舟是为了纪念爱国诗人屈原而兴起的。比赛是在规定距离内，同时起航，以到达终点先后决定名次。黄陂的龙舟赛以黄花涝最为有名，在每年端午节举行，船长一般为20—30米，每艘船上约30名水手。民国国会议员范熙壬年仅11岁时，因观黄花涝龙舟赛，作《龙舟竞渡赋》曾传为佳话。此外，还有长堰的龙舟会等民俗。

七 《春日偶成》与文学教化

云淡风轻近午天，傍花随柳过前川。
时人不识余心乐，将谓偷闲学少年。
——题记·程颢《春日偶成》

文学是用语言文字形象化地反映客观现实的艺术，是文化的重要表现形式。它以不同的形式表现人们内心和再现一定时期、一定地域的社会生活。按历史演进顺序，依次是诗词、散文、传记、戏剧、小说、报告文学等。

“诗言志”“文以明道”。诗歌是最早的文学表现形式，在有文字以前便有了诗歌。最初的诗歌，与故事一样，是民众共同的作品。这样一来，《诗经》就成了中国人的“圣经”。到了宋末明初，《千家诗》就成为私塾诗教启蒙的教材了。

文学与地域文化至深至远，黄陂自古有崇文尚武之民风。清同治《黄陂县志》载：“府志宋苏公轼云，陂俗尊德乐道异于他邦。旧郡志曰，黄陂民皆勤农桑，寡游贩，骎慕儒术。”北宋年间，生长于斯、学于斯的程颢对黄陂的纪游之作《春日偶成》，在宋明之交列为《千家诗》第一首后，成为后世诗教的名篇，影响深远。到了当代，又有一批黄陂籍“诗魂”的代表作饮誉中外，甚至被誉为“无陂不成家”。

（一）《春日偶成》弦外音

文以载道。如教育的“教”字，由左边一个孝义的“孝”字、右边一个文化的“文”或文学的“文”的左右结构组成。其含义是孝道在前，文化或文学在后。也就是说教书育人应先育人——守孝道，其次才是文化的灌输或文学创作。亦即文学教化是中国传统文化不可或缺的功能。

在中国文学的大拼盘里，我们可从历代的民间文学、诗词歌赋、散文笔乘、传记小说、传说故事、杂剧与戏曲剧本中，寻找到教化的名篇。宋代哲人程颢所作的哲理诗《春日偶成》列为《千家诗》卷首后，成为后世诗教的名篇。

《千家诗》是我国自宋末明初以来流传最广、影响最深远的启蒙读物之一，与《三字经》《百家姓》《千字文》合称为“三百千千”，是明清乃至民国时候儿童的必读之书。清人蘅塘退士云：“世俗儿童就学，即授《千家诗》，取其易于成诵，故流传不废。”《千家诗》名曰“千家”，实际上只录了120多位名家之作。通行本《千家诗》撷取篇幅短小、易于记诵的五言、七言近体诗，共计选诗224首，包括不同时代、不同风格的124位作者。按朝代分，唐代65家，宋代52家，五代1家，明代2家，无名氏作者2家。其中选诗最多的是杜

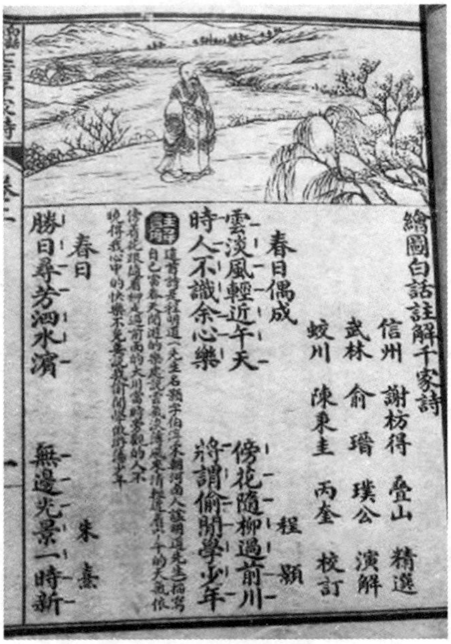

《千家诗》中的《春日偶成》

甫，达25首，其次是李白，有8首；女诗人只选了宋代朱淑真2首七绝。

历代的《千家诗》版本众多，先是有一个七言诗的选本流行，托名为刘克庄或谢枋得所选。但刘克庄的《后村千家诗》全书共22卷，内容烦冗博杂。后世流行的七言千家诗选本，当是经过许多文人之手删选而成，堪称“集体智慧的结晶”。《后村千家诗》有个特点，所选的诗作全是律诗和绝句，按时令、节候、昼夜、花木、天文、地理、宫室、器用、音乐、禽兽、昆虫、人品等分为14类，现在流行的《千家诗》中仍旧继承了这个特点。

一年之始在于春。翻开第一页，就是一些描写春天的诗句。历代诗人描写春光的诗句，多如牛毛，而《千家诗》开卷第一首选的是程朱理学中的“开山”——程颢的《春日偶成》诗，第二首就是程颢的四传弟子、程朱理学的集大成者朱熹的《春日》。这就是说，《千家诗》的七言选本诞生于明代程朱理学盛行之时。

在脱脱撰述的《宋史》中，《程颢传》位于列传《道学传》（一），排序第二，上承其师周敦颐，下启其弟程颐。只是，由于程颢过早仙逝，以文名论，他的诗文创作大概没有盖过周敦颐的《爱莲说》；以气节看，他所谓“厌科举之习，慨然有求道之志”的坚持，也全敌不过弟弟程颐“年逾五十”仍“不求仕进”的记录。不过，他的哲学思想与诗作，却是官民称颂。他创立的学说——理学，后来成为官方哲学，延续了8个世纪；他的七绝诗《春日偶成》位列《千家诗》榜首，明代至民国年间的私塾先生启蒙课，在向孔夫子行叩首礼后，就是教弟子诵读这首诗。从此，《春日偶成》进入平常百姓家，几乎家喻户晓。

在《春日偶成》中，开篇的“云淡风轻近午天，傍花随柳过前川”作了场景交代，其目的不过是烘托“偷闲”之趣。云淡风轻的午日，阳光煦暖、春光明媚，这时候诗人傍着春花嫩柳走过门前的小河，顿时，家乡父老在房前屋后种花、河边路旁植柳的场面，跳入脑际；自己在“春风杨柳万千条”的时节，于程乡坊的花园里、鲁台山上、滠水河畔，沐浴春风，植柏为林，踏青吟咏，情与景会，理与心契，虽在陋巷，而乐得其趣的情景，仿佛在眼前浮现……于是，后两句就流露出其理学“存天理、去人欲”的意蕴——“时人不识余心乐，将谓偷闲学少年”。意思是说平常人不知道我此时心中的乐趣，还以为我像贪玩的少年蒙童一般，忙里偷闲游戏玩耍呢。

一般人读此诗不大明白其中要义，认为程颢在春光中散步，不是消遣玩乐，又是在做什么呢？为此，笔者在撰述《程颢程颐传》特地交代，程颢的理学经典代表作是《定性篇》与《识仁篇》。他要求人们做到“定性”：一个人只有修炼到任何时刻都内心平静，不受外物的干扰，才算功德圆满。他强调指出，不应刻意排斥接触事物，要做到虽有外物在眼前，却毫不执着、留恋，达到“内外两忘”，超越自我的境地。有关他“座中有妓，心中无妓”的故事，就是明证。《千家诗》除收录了《春日偶成》之外，还有程颢的另一首《秋日偶成》诗，其中所谓的“万物静观皆自得，四时佳兴与人同”，包含了

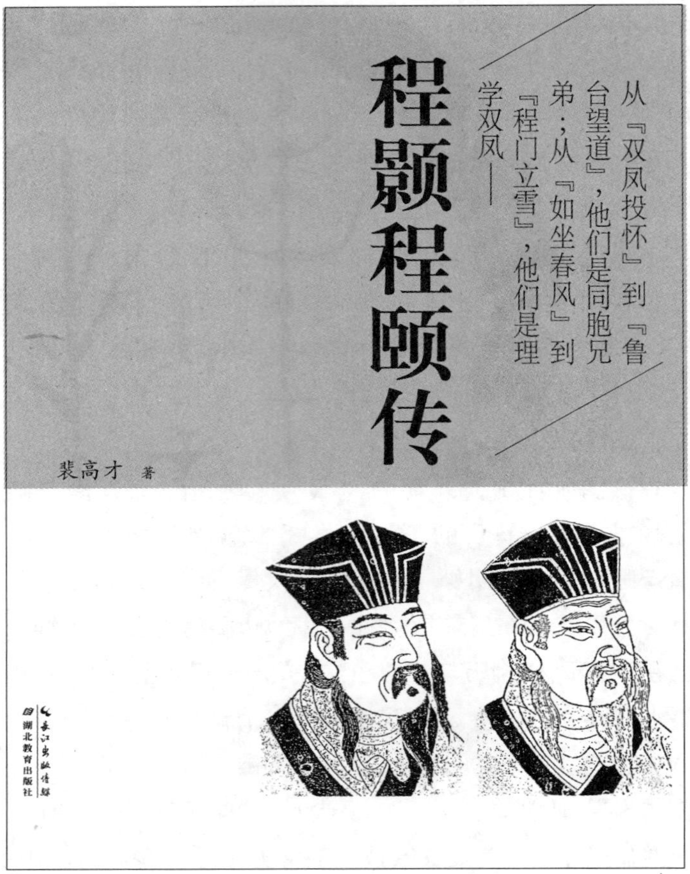

裴高才著《程颢程颐传》书影

这位诗人兼思想家的气象。

其实，由“时人不识余心乐，将谓偷闲学少年”，可串联出中国诗歌创作中一系列有趣现象——“刻意地独处”。在这里，程颢将作为自身的“余”，独立于“时人”之外，“时人”不仅指“当前的人”，更隐含着对群体的象征，而“不识余心乐”则将自己从“时人”的范围中完全独立出来，以显示他对生活乐趣的独享与独解。读到此，不禁让人联想到欧阳修在《醉翁亭记》中，也曾高唱：“人知从太守游而乐，而不知太守之乐其乐也”，将“太守之乐”从作为群体的“人”中独立出来，不是与“时人不识余心乐”如出一辙吗？而范仲淹在《岳阳楼记》里的那句千古名言，我们就更加耳熟能详了：“先天下之忧而忧，后天下之乐而乐”，将自己独立于“天下”之外，无非是想凸显自己的见识高远。

不仅如此，在《千家诗》中，有北宋诗人刘季孙所作的《题屏》，其中有一句“说与旁人浑不解，杖藜携酒看芝山”。细读之下，这“说与旁人浑不解”与“时人不识余心乐”不也十分相似吗？

《千家诗》作为儿童启蒙诗歌选本，之所以流传久远，就在于它的“易于成诵”。即所选诗歌往往浅近易懂，流畅自然，朗朗上口，易读易记。而且内容丰富，风格多样，反映了古代社会生活的方方面面。儿童在学习、诵读《千家诗》的过程中，可以识字，可以了解大千世界，可以品味千情百态，可以陶冶情操，更可以培养审美情趣和文学修养，从而达到了启蒙的目的。《春日偶成》作为《千家诗》的代表作，后两句即点明其启蒙的主题——你别看我在这里好像是赏花拂柳，可不是在玩哪，我是在修身养性，无时无刻不在修身养性！

（二）鲁迅神交胡秋原

叙介中国现代文学，黄陂作家胡秋原是绕不过去的人物，他曾以“自由人”身份享誉文坛。其中，他与一代文学巨匠鲁迅的关系扑朔迷离。

鲁迅年长胡秋原近30岁，生平也未曾蒙面，但他们均亲历或亲闻了五四运动和大革命风雨；他们都服膺“俄国马克思主义之父”——普列汉诺夫的文艺观，并有五篇应和文章；他们的学历也十分相似：先习理工后从事文学写作，且均留学日本。他们的神交，始于五四时期，互动于“革命文学”论争与“文艺自由论辩”；在鲁迅身后，胡氏或演讲，或发表文章或出版书籍追思。值此鲁迅逝世80周年之际，笔者结合采写《胡秋原传》期间查阅的原始档案，并向当事人或知情者证实，就他们神交始末加以阐发。

1919年春，胡秋原对《新青年》上刊发的鲁迅小说《狂人日记》感到好奇，并就小说中“吃人”的问题请教其父。恰巧，《狂人日记》是鲁迅从文十余年第一次署名“鲁迅”。大革命期间，胡秋原在武汉加入过国民党与共青团（不久即退出），同时接受朱执信之“求学应如马克思，做人应学尼采”信条，而服膺普列汉诺夫唯物史观。大革命失败后，胡秋原受鲁迅的影响，弃理从文，转入武大文学系，开始系统研究鲁迅。他认为，鲁迅的《狂人日记》中的“狂人”不仅规劝人们“去掉吃人的心思”，还寄希望于人类的“进化”，揭示了人道主义须与进化论相结合的哲学命题。不久，胡秋原遭受白色恐怖追捕逃沪。是陈望道教授相助，他才插班复旦大学中文系，并正式用笔名“胡秋原”取代本名“胡业崇”。

初抵沪上，胡秋原冷静观察，让他不解的是，创造社与太阳社围攻鲁迅与茅盾的笔战，充满了火药味。其中，郭沫若于《创造》月刊发表的《革命与文学》一文称，革命能带来文学的繁荣，文学就是革命，批评一切“非革命”的文学家和文学作品。

胡秋原阅读鲁迅论述“革命文学”的文章，第一篇是《革命文学》。文中鲁迅直击当时革命文学运动中出现的怪状：南方的呐喊“革命”，如同北方的“讨赤”声势一样，既热热闹闹，又偏偏非得和文艺有某种关系——“革命”侵入到文艺界里了，这与胡秋原三年后发表的《勿侵略文艺》，具有某种对应关系。

可是，“革命文学”的倡导者们则极力要求文艺成为建立统一的“中心意识的工具”，而不允许思想与文学的自由。为此，鲁迅又在《文艺和革命》一文中通过实证分析，着重阐发了文艺和革命的关系问题。在鲁迅看来，中国有着特别的国情，中国的革命家和文学家是分开的，他“不相信文艺有旋乾转坤的力量”。

作为“革命文学”主将之一，冯乃超点名攻击鲁迅“醉眼陶然地眺望窗外的人生”。鲁迅奋笔疾书《“醉眼”中的朦胧》一文，讽刺所谓革命的文学家之“艺术的武器”，与国民党“武器的艺术”的非革命武学家，如出一辙。这标志着“革命文学”展开指名道姓的正面交锋。紧接着，《太阳》《我们》及其他刊物，集中攻击鲁迅是“时代落伍者”“封建余孽”“法西斯蒂”式的“二重反革命”。对这些无端攻击，鲁迅都给予了痛击。

胡秋原认为，自己作为一位亲历过腥风血雨的中文系大学生，有责任以客观的立场表达看法。于是，他写了一篇《革命文学问题——对于革命文学的一点商榷》，其主旨是“艺术并不是宣传，文艺不是阶级的武器；而伟大的文艺家，当是革命的先驱”。文中列举了1928年初，创造社与太阳社们拿鲁迅开刀，好像不先将鲁迅打倒，革命文学就提倡不起来似的……继而，阐发“革命与文学并非不可分离，也非风马牛不相及”的观点，从理论与现实的结合上提出文学的思考。既应和鲁迅，又有自己的看法。在文末，胡秋原吁请中国的“革命文学家”们，以十月革命的文学家为榜样，打造符合中国实际的革命文学作品。这篇洋洋万言的文章写好后，胡秋原以“冰禅”的笔名投寄给《北新》杂志。该文迅速发表在《北新》第二卷第十二号（1928.5）上，并产生了意想不到的效果：多家杂志转载；反对革命文学的论者，纷纷引用其观点或文字。后来，李何林主编的《近二十年中国文艺思潮论》，则将该文收入书内。1959年，胡秋原将这篇《革命文学问题》收入《少作收残集》一书，以纪念他与鲁迅神交40载。

《革命文学问题》是胡秋原在全国性报刊发表的第一篇文艺专论。该文一炮而红后，更加激发了他写作的热情。于是，他又写成《文艺起源论》一文投寄给《北新》杂志。几天后，胡秋原接到了《北新》的采用通知，并约他一晤。

时年18岁的胡秋原一到杂志社，“北新”老板李小峰惊喜不已！他原以为胡是一位老资格的大学教授，没想到是一位风华少年。他之所以约胡面谈，是因为鲁迅看了胡的《革命文学问题》后，称赞不已，专门责成李打听胡的消息。胡秋原表示，他没想到此文能受到文坛巨匠鲁迅先生的抬爱，并请李老板代为转达对鲁迅的敬意！

随着读书写作不断深入，胡秋原觉得自己理论不足，当时上海的日文新书倒不少，但自己不谙日文。于是，胡秋原于1929年追寻鲁迅的足迹，考入日本早稻田大学留学。他留日期间翻译日文原著时，常将自译稿与鲁迅的译本作对照，颇有斩获。因他崇拜普列汉诺夫的文艺理论，因此在留日期间，完成洋洋70万言的文艺理论专著——《唯物史观艺术论——普列汉诺夫及其艺术理论》。他称普氏的“哲学与文学的理论遗产，是世界科学社会主义文献之最高峰，列宁氏也称颂不止”。

鲁迅也十分赞赏普列汉诺夫的艺术理论，认为“不愧为建立马克思主义艺术理论，社会学底美学的古典文献”。鲁迅在“革命文学”论争期间，还翻译出版了普氏的《艺术论》《车尔尼雪夫斯基的文学观》等专著。

九一八事变次日，胡秋原毅然弃学返沪抗日。当他看到鲁迅发表的《“民族主义文学”的任务和命运》，尖锐地批判了国民党御用的“民族主义文艺运动”时，胡秋原在《文化评论》的发刊词《真理之檄》中率先应和，提出了“在政治上抗日，在思想上自由”的宗旨。明确指出，今后的文化运动在批判封建意识形态之残骸与变种、批评各种帝国主义时代的意识形态的同时，“更必须彻底批判这思想界之武装与法西斯蒂的倾向”。他又在《阿狗文艺论》中，对民族主义文艺运动进行了锋棱惊人的抨击。他以“自由人”自况，独步文坛，提倡“自由的文学”，“文学与艺术，至死也是自由的，民主的”。这种文学不受党派和政治干涉，是非功利的文学。而那种功利文学，“摧残思想的自由，阻碍文艺之自由的创造”，“用一种中心意识，独裁文坛”，是党派文学和受政治控制的“留声机”。

由于胡秋原的“马克思主义的自由主义”，与国民党所谓自由主义有质的不同，国民党支持的《社会新闻》给胡坐实为“社会民主党”分子，视其为“公敌”。又因胡氏与左联的“马列主义”异同，因而受到左联的无情攻击。随着左联主帅瞿秋白发表《“自由人”的文化运动》，以及冯雪峰以左联的名义，发出了向胡氏开战的《公开信》后，一场“文艺自由论辩”运动开始正面交锋了。

鲁迅赞赏胡秋原运用普列汉诺夫的文艺观剖析中国文坛现象，他曾在《对于左翼作家联盟的意见》中，主张左联“战线应该扩大”。在鲁迅看来，此次论争不是马克思主义文艺观和自由主义文艺观的根本对立，而是怎样处理革命的优先性和文学本身的独立性问题，是可调和的。故左联应团结胡秋原，而非围攻。只是，作为左联的精神领袖，他不便公开反对左联党团的决定。所以，在论辩的前十个月，鲁迅一直三缄其口。

这时，原是左联成员的苏汶（杜衡）主动站出来为胡秋原鸣不平，他发表了题为《关于“文新”与胡秋原的文艺论辩》一文，一石激起千层浪。瞿秋白再次披挂上阵，他在《文艺的自由和文学家的不自由》中，声称文艺永远是“政治的留声机”，矛头直指胡秋原和苏汶。接着，苏汶又发表了《“第三种人”的出路》，讽刺左联“左而不作”。

此间，胡秋原的巨著《唯物史观艺术论——普列汉诺夫及其艺术理论》正式出版，文坛泰斗陈望道感慨道：“如此宏幅巨篇，岂是左联的几篇文章能攻得垮的!”陈氏还发表了《关于理论家任务的速写》，批评了瞿秋白文章中简单化的倾向，不应围攻胡秋原、杜衡。茅盾也表示了类似的看法。鲁迅看到胡秋原的新著后，颇感欣慰，美中不足的是书中没有一幅普列汉诺夫的照片。此时，正值苏联朋友给他寄来的一帧普氏照片，这在当时是颇为珍贵的，所以鲁迅特将照片送照相馆翻拍了一张，并委托冯雪峰亲手转交给胡秋原，以示友善与器重。

鲁迅虽然在政治上与左联保持一致（否定“第三种人”存在），但其文艺观同胡秋原是相通的，保持着相对独立性：接受和运用普列汉诺夫的文艺思想，尊重文学创作自身的规律，辩证地看待文学的社会政治功能，尊重作家的个性与创作自由。直至“党代表”冯雪峰的一再要求，鲁迅这才写了《论“第三种人”》一文。文中暗批胡秋原“在马克思主义里发现了文艺自由论”一语，就是冯雪峰添加的，文章的基调也是从瞿秋白那里承袭过来的，并非鲁迅本意。但鲁迅通篇只是善意地劝导，他的批胡也是象征性的。如《论“第三种人”》从标题到内容都是“第三种人”，而没有“自由人”或“胡秋原”的字样。

与此同时，鲁迅把胡秋原与托派严格区分开来。“鲁迅从来没有积极反对文艺自由。”胡秋原曾向笔者亲口证实，“鲁迅的原话‘发现了文艺自由论’是指我，‘杀尽共匪说的论客’系指给鲁迅写信的托派陈（其昌）仲山。……‘托派’本身是共产党员。我由于未参加过共产党，所以无从做托派，也不曾单独加入托派。当然，我认识许多托派的人，但并无组织上的联系。思想上也从未受过托派的影响。”

至于鲁迅文中的“在指挥刀的保护之下，挂着‘左翼’的招牌”，这是鲁迅惯用的笔法。因鲁迅曾说十九路军旗下的神州国光社是“武官们开的书店”，故此处暗指胡秋原供职于“国光”，也暗喻在“指挥刀”保护下谈自由，本身就不自由，不过只是一笔带过，并未罗列其具体事例。文中，鲁迅还声言：和“同路人”与看客“一同前进”。

经过一年多的文艺论战，中共中央宣传部长张闻天下达了“休兵令”。他在中共中央机关报《斗争》第三十期上发表了《文艺战线上的关门主义》的文章，一针见血指出左联的错误：“第一，表现在‘第三种人’与‘第三种文学’的否认；第二，表现在文艺只是某一阶级‘煽动的工具’‘政治的留声机’的理论。”随后由冯雪峰出面发表了《关于“第三种文学”的倾向与理论》，明确指出不应将胡秋原、苏汶等视为敌人，而“应看作与之同盟战斗的帮手”。这与鲁迅在《论“第三种人”》中的“一同前进”观点，何其相似，当然，张闻天也批评了胡的“超阶级论”。

随后，冯雪峰还受命发表《“第三种人”的问题》一文，直接批评瞿秋白的文章，尤其是周起应的文章没有分析“第三种人”的特性、脾气、心理，一味地打击和骂倒他们的关门主义的观点。

胡秋原认为，张闻天创造性地提出“第三种文学”这一名称，经冯雪峰系统阐述而载入史册。无疑，这丰富了中国现代文化史上关于文艺自由论的认识。

正当论辩双方准备收兵之际，左联的领导人之一周起应（即周扬），突然杀“回马枪”。他组织人马办了一份《现代文化》，其创刊号就是“批判胡秋原专号”，还作了一首白话诗，对胡进行人身攻击。周主编的左联机关刊物《文学月报》，又发表署名芸生的《汉奸的供状》。

因《文学月报》刚刚刊载了瞿秋白翻译的别德纳衣讽刺托洛茨基的长诗《没工夫唾骂》，而一·二八日军侵占上海闸北时的汉奸就叫胡立夫。于是，芸生就鹦鹉学舌讽刺胡秋原。诗开头云：“现在我来写汉奸的供状。据说他也姓胡，可不叫立夫。”

胡秋原是可忍孰不可忍，他立即公开发表了一首语体诗，痛快地将对方嘲骂了一通。该诗刊出后，冯雪峰即向胡秋原解释说，周起应、芸生的行为纯属个人行为，与左联无关。正在气头上的胡秋原哪听得进去。

其实，当时的文委书记冯雪峰觉得，周起应、芸生等人的做法有悖于张闻天的指示精神，便指令其公开纠错。周认为，当初发起对胡秋原的攻击令是冯代表左联发出的，岂能出尔反尔？冯、周因此翻脸。随后，冯同住在鲁迅家中的瞿秋白谈起此事，得到瞿的支持。鲁迅认为这是横暴的流氓作风，当即表示，由他以个人的名义出面公开纠正。于是，鲁迅于 12 月 10 日写信给周起应——《致〈文学月报〉编辑的一封信》。后来，此文更名为《辱骂和恐吓决不是战斗》。鲁迅明确指出：“我对于芸生先生的一篇诗，却非常失望。这诗，一目了然，是看了前一期的别德纳衣的讽刺诗而作的。然而我们来比一比罢，别德纳衣的诗虽然自认为‘恶毒’，但其中最甚的也不过是笑骂。这诗怎么样？有辱骂，有恐吓，还有无聊的攻击：其实是大可以不必作的。”

面对鲁迅公开“袒护”论敌胡秋原，周起应先在《文学月报》的编后，为自己辩护，又通过《现代文化》发表了首甲、方萌、郭冰若、丘东平四位党员、盟员联名文章《对鲁迅先生的〈恐吓和辱骂决不是战斗〉有言》，声称鲁迅“带上了极浓厚的右倾机会主义的色彩”。瞿秋白看到了此文后，即刻写了《鬼脸的辩护——对于首甲等的批评》，对其公开批评，肯定并进一步阐明了鲁迅的正确意见。

胡秋原看了鲁迅与瞿秋白的文章，尤其是鲁迅因为自己怄了冤枉气后，感到于心不安。

1936年10月19日，鲁迅逝世的消息传到欧洲，巴黎侨界在巴黎大学举行了隆重的追思会。旅欧的胡秋原在演讲中，从六个方面追忆了鲁迅在文艺上的不朽事业，并载入1936年12月10日的巴黎《救国时报》。文章说：“我只谈谈鲁迅先生在文艺上的事业。第一，他是一贯以写实主义作风，描写中国旧社会的一个最伟大的作家。第二，他是介绍外国（欧洲、日本、苏联）文学到中国最初人物之一，同时也是成就最大的一人。第三，他是介绍东西文艺理论和批评著作到中国最初的一人，也是功绩最大的一人。第四，他是中国无产阶级文学提倡者之一。他介绍了许多无产阶级作品及理论到中国，在今日民族危机日深之日，他就特别起来提倡民族革命战争的大众文学。第五，他不仅是一位伟大的作家，同时也组织过若干文学团体和刊物来指导青年，训练新的作家。第六，多年来鲁迅先生在他的杂感中用极深刻痛烈的笔调揭发一切黑暗，鼓励一切光明。鲁迅先生曾对一个向他问出路的青年说过：第一要生存，第二要温饱，第三要发展。这话可以说是对中国民族说的。因此我们在纪念鲁迅先生的时候，就不要忘记为中华民族的生存幸福和发展而斗争，为全人类的幸福和发展而斗争。”

胡秋原去了台湾后，一直铭记与鲁迅忘年神交之情。在胡秋原与鲁迅神交半个世纪后的1969年，胡于《中华杂志》上发表了回忆性文章《关于一九三二年文艺自由论辩》纪事。在他们神交一甲子时，他又将《阿狗文艺论》与《浪费的论争》等收入其文章类编《文学艺术论集》，并在《前记》中写道：“在国共两党战争中……我站在自由知识阶级立场主张文艺、思想之自由。”

1989 年，当胡秋原读到大陆《团结报》上发表的陈漱渝《张闻天·鲁迅·胡秋原》一文，获悉大陆学者已能客观评介文艺论战后，他深感欣慰，即在《中华杂志》1989 年 2 月号转载。此时正好是胡秋原与鲁迅神交 70 周年。

回望“文艺自由论辩”，胡秋原、鲁迅等人的文艺观，正是对左联文艺理论的有益补充。同时，“自由人”理论也在论战中得到完善，二者互为补充，相得益彰。

（三）胡风分子“三剑客”

在众多的胡风分子中，中国诗坛黄陂籍诗人“三剑客”伍禾、曾卓、绿原，颇具特色。伍禾虽以中庸之道待人，因胡风案蒙冤，而被迫害致死。热情奔放的曾卓虽曾被胡风划入“另册”，劫后余生，创作了《崖边听笛人》《悬崖边的树》《老水手之歌》等名篇。身后，与绿原同获“当代诗魂金奖”。性格内向的绿原，下狱的时间最长，也是“三剑客”最长寿者。但他浴火重生，在狱中自学德语，复出后成为问鼎斯特鲁加国际诗歌节国际金环奖的首位中国诗人。

伍禾（1913—1968 年），原名胡德辉，黄陂武湖沙口人。1933 年毕业于湖北省立师范学校。学生时代受左翼文艺的影响，开始新诗创作。先后在《申报·自由谈》及武汉地区出版的报刊上发表作品，曾自费印行诗集《梦之歌》。

抗战爆发后，伍禾在武汉参加中华全国文艺界抗敌协会，并在《新华日报》营业部工作。1938 年，他参加抗敌演剧宣传队第二队，巡回演出于鄂北、河南等战区，以后又南下，一直到香港。1940 年初，他到广西省立艺术馆工作，又在中学教书，并担任文协桂林分会的理事。在桂林 5 年，除在《抗战文艺》《文艺生活》及当地报纸的副刊上发表作品外，伍禾还先后出版短诗集《寒伧的歌》和长篇叙事诗《萧》，且与同在桂林的诗人、作家一起出版《二十九人自选集》。1942 年的端阳节，他创作一部清唱诗剧《汨罗江边》，由音乐家陆华柏谱曲演出。

1946年，伍禾从重庆经川湘公路回到武汉。同年8月，接编《新湖北日报》副刊《长江》，直到1949年5月武汉解放为止。在此期间，他以纪烟、苏眉甥、劳人、上官来等化名发表了不少政论性的杂文，并通过主编副刊联系了一批进步的青年作者。从1950年起，历任湖北省文联副主席、湖北省文化局副局长，兼任《湖北文艺》主编。1952年8月，加入中国共产党。

在1955年、1957年两次政治运动中，伍禾被划为“胡风分子”，蒙冤受屈，下放到农场“劳动改造”。1962年，他被调到湖北省图书馆，在极其困难的条件下，仍然勤勤恳恳地从事鲁迅研究工作。“文化大革命”中，他再次受到冲击和批判。1968年12月22日含冤去世。改革开放后，他得到平反昭雪，其骨灰安放仪式于1981年3月在武昌举行。

曾卓（1922—2002年），原名曾庆冠。著名诗人、作家、编辑家。原籍湖北黄陂蔡家榨曾家大湾，生于汉口，亦逝世于兹。

1936年，曾卓加入武汉市民族解放先锋队，并开始发表处女作。1938年，武汉沦陷前夕，流亡到重庆求学，继续写诗。1940年加入全国文协，组织诗垦地社，编辑出版《诗垦地丛刊》。1943年入重庆中央大学历史系学习。1944—1945年从事《诗文学》编辑工作。1947年毕业后回武汉，主编《大刚报》副刊《大江》。1950年任教湖北省教育学院和武汉大学中文系，1952年任《长江日报》副社长、武汉市文联并文协副主席。

1955年，原本被胡风划入“另册”的曾卓却莫须有地被内定为胡风分子，而被捕入狱。1957年因病保外就医，1959年下放农村。1961年调任武汉人民艺术剧院编剧。1979年底平反，复任武汉市文联副主席，并任中国作家协会理事、名誉委员，中国诗歌协会副会长、湖北省作家协会副主席、武汉市作家协会名誉主席。

自1939年发表代表作始，曾卓的文学创作大抵可分为五个阶段：青春阶段（1936—1947年）、停滞阶段（1947—1955年）、艰难阶段（1956—1976年）、回归阶段（1977—1992年）和老年阶段（1993—

2002年）。出版的诗集有《门》《悬崖边的树》《白色花》（合集）《老水手的歌》等，其中《老水手的歌》获全国第二届优秀新诗诗集奖。所著散文集有《痛苦与欢乐》《美的寻求者》《让火燃着》《听笛人手记》等，其中《听笛人手记》获新时期全国优秀散文（集）奖。还有诗论集《诗人的两翼》、剧作集《处女的心》等。1994年出版《曾卓文集》3卷，2003年上海文艺出版社出版《曾卓散文选》。其诗歌真诚朴素，饱含情感，特别是在逆境中坚持创作，如《悬崖边的树》《有赠》等，沉郁中透露着刚毅，在孤苦中表现积极向上的精神。2003年9月，在第八届国际华文诗人笔会上，他还被追授为“当代诗魂金奖”。

作为参与起草胡风“三十万言书”者，绿原（1922—2009年）本名刘仁甫，著名诗人、作家、翻译家、编辑家。1922年11月8日生于今武汉市黄陂区六指店街甘棠社区之下刘湾。1942—1944年在（重庆）复旦大学外文系学习。是时，曾遭到国民党当局的政治迫害，在大学即被通缉而不得不离校逃亡。而后做过中学英文教员，油行职员。1949年开始从事新闻工作，1953年调到中宣部国际宣传处工作。1955年，被诬为“国民党特务”和“胡风分子”，蒙难25年。1962年转做文学编辑出版工作。20世纪80年代就任人民文学出版社副总编辑，1987年离休。为中国作家协会名誉委员、中国翻译家协会名誉理事、中国诗歌学会副会长。

绿原一生虽历经磨难，却著作等身，出版有《童话》《又是一个起点》《人之诗》《另一支歌》《我们走向海》《绿原自选诗》等诗集；《绕指集》《非花非雾集》《苜蓿与葡萄》《再谈幽默》《寻芳草集》《半九别集》《绿原说诗》等文集。其主要译作有《浮士德》《里尔克诗选》《请向内心走去》《拆散的笔记簿》《德国浪漫派》《现代美学析疑》《叔本华散文选》《莎士比亚的少女和妇人》、莎士比亚新剧《爱德华三世·两个贵亲戚》等。2007年，武汉出版社出版了六卷本《绿原文集》。1998年，他成为第一位荣获斯特鲁加国际诗歌节“金环奖”的中国诗人，其译著《浮士德》则获首届鲁迅文学奖优秀文学翻译彩虹奖；2003 年获国际华文诗人笔会“中国当代诗魂金奖”，2004 年获颁文学艺术界首批“资深翻译家”证书，2007 年获首届“中坤国际诗歌奖”。

（四）“月之故乡”天下扬

“天上一个月亮/水里一个月亮//天上的月亮在水里/水里的月亮在天上//低头看水里/抬头看天上//看月亮，思故乡/一个在水里/一个在天上。”

这首几乎唱遍全球的《月之故乡》，出自台湾著名“玫瑰诗人”彭邦桢（1919—2003 年）之手，他原籍湖北黄陂李家集镇大彭湾，民国八年农历八月二十一（1919 年 10 月 14 日）生于汉口，2003 年 3 月 19 日病逝于美国纽约。

他 8 岁入私塾读书，14 岁改在故乡读书，从叔祖彭蓬郕学诗，并在黄陂老家为“黄陂花鼓戏”（楚剧的前身）戏班作一副嵌字联：“花貌足倾城，纵云寻乐一为甚；鼓声能作气，孰谓重敲再必衰?”

1937 年考入楚材中学，1938 年抗日军兴，投笔报考中央军校十六期。1940 年毕业，到重庆任国民党军少尉排长，并开始写新诗。1941—1943 年，先后任云南驿、羊街、呈贡等空军招待所文书股长（上尉），为美国飞虎队服务。1944 年，以少校军衔率青年军入印度远征，在蓝伽受美式训练后，即赴八莫、密支那等地作战。1945 年凯旋回国，任国军国防部总政治部新闻局少校参谋。1949 年随军从海南岛榆林港去台湾，1950 年在台湾发表第一首诗歌，获文艺创作奖。1953 年曾以《载着歌的船》而名噪诗坛。1955 年与墨人编辑《中国诗选》，且创作日丰。1957 年任左营军中广播电台台长，继续写诗。1958 年调任台北总台研究发展室主任、兼任节目科长。1965 年台北军中电台播发“彭邦桢先生撰稿”之“广播短评”百万言。1969 年以上校军衔退役后，与诗友创立“诗宗社”。

1973 年，他以中国台湾“诗人代表团”副团长的身份，参加在台北圆山饭店举行的第二届世界诗人大会，结识美国女诗人梅茵·戴丽尔博士（Dr. Marion E. Darrell），二人一见钟情。1975 年，应世界诗人资料中心主席路洛托之邀访美，旋与梅茵缔结连理，定居美国纽约。自 1976 年起，他们伉俪同任世界诗人资料中心主席 5 年。他曾获巴基斯坦自由大学文学博士、世界桂冠诗人奖。1977 年得梅茵之助，开始写英文诗发表，并创作传世之作《月之故乡》，还接受纽约电视 C 频道主持人专访并进行电视诗朗诵。1979 年，在纽约甘乃迪中心召开第十届世界青年少年诗人节大会，与会者千人。1993 年 11 月，在著名作家黄建中策划下，长江文艺出版社出版了《彭邦桢文集》4 卷。

他还是一位诗朗诵高手，曾以《花叫》一诗吟唱，风靡台湾。生平著有诗集《载着歌的船》《诗玫瑰的花圈》《恋歌小唱》《鹿苑》《花叫》《清商三辑》《巴黎意象之书》，散文集《情感日记》《虚空与自我》，诗论集《诗的鉴赏》《新诗的时代》《论文艺运动》《品茶与论诗》与《覃子豪诗选》等 30 余种。2007 年 6 月，第一部彭邦桢长篇传记——裴高才著《玫瑰诗人》由中国文联出版社出版，两岸著名诗人谢克强、翻译家宋颖豪作序，绿原题词祝贺。

（五）乐为作家作嫁衣

千里马常有，伯乐不常有。黄陂就是一个文学伯乐辈出的地方，除曾卓、绿原外，在这里，我们选介当代文坛的杰出代表涂光群与王士毅。

黄陂境内的王士毅（1924—2010 年），集诗人、作家、学者与编审于一身，他既是文学导师，又乐当文学人梯。历任中华诗词学会、中国写作研究会、武汉作协会员，湖北省通俗文学学会首届理事，武汉未名诗社、幽草诗社顾问，武汉老年大学与中国科技大学教授。黄陂作协发起人，并作协与文联名誉主席。生平桃李满天下，其中独步意大利直译的资深翻译家、荣膺意大利共和国“功勋骑士”与“加勋爵士”的万子美，就是其嫡传弟子。

王士毅武汉大学法律系毕业后，于1951年考入长江日报社，次年转任黄陂中学、函师教师。1956年被评为高级知识分子，享受“高知”待遇。1975年提前退休。1979年改正“右派”后，执教中国科技大学，任《大学语文》编委及另本编写组长。后任《书刊导报》顾问（代总编签发）。晚年乐当文学义工，相继参加《黄陂县志》《冯铸》《首义都督》《理学双凤》《玫瑰诗人》《无陂不成镇》《范熙壬传》《木兰山诗词集》等数十余部专著、诗文集主编或编审。

王士毅生平著作颇丰，主要有诗文集《黄花集》《楹联趣话》等500余万字。尤其是古文诗词歌赋独树一帜，其中《木兰湖赋》《盘龙城赋》《古门山赋》等打造了黄陂赋的品牌，享誉海内外。还有诗词作品分载于《中国科大》等大学校刊及中国作家网、《当代吟坛》《芳草》《长江日报》等报刊与网站。个人传略分载于《世界名人录》及北京大学中国名人丛书编委会出版之《中国当代文艺名人辞典》等30余部辞书。《老年教育》《老年文汇报》《武汉作家》等报刊均报道其事迹。

长期编辑《人民文学》与《传记文学》杂志的涂光群先生，笔名伍宇、弦柱，知名作家、编辑家。祖籍黄陂鲁台涂家大湾，1933年生于武昌。1950年毕业于武汉中原大学文艺学院文学创作专业。1951年开始编辑生涯，自1953年起，历任《人民文学》杂志社文学编辑，小说、散文组副组长、组长、编辑部副主任。1965年曾参加援越抗美战争，任战地文化工作队员；1975年加入中国登山队攀登珠穆朗玛峰活动，任文字记者，体委《体育报》副刊组长。1987—1995年任文化部《传记文学》杂志主编、社长、编审，还任中国作家协会创研室副研究员，文化艺术出版社作品编辑部主任，《百年潮》杂志编委等。在《人民文学》任职30年，共有36篇小说获得全国优秀短篇小说奖，除一篇外，均为他二审推荐。其中1977年他力排众议，编发刘心武的短篇小说《班主任》，在中国文坛产生了强烈反响。1980年编发高晓声的小说《陈奂生上城》，同样引起了轰动。

涂光群从1949年开始发表作品，1962年加入中国作家协会，

1996年离休。著有长篇报告文学《踏上地球之巅》(合作),散文集《西域探奇录》《荒漠奇缘》《浪漫的爱之梦》《中国文坛写真》《中国三代作家纪实》,中短篇小说集《两栖人》等。近年出版《人生六语》(随笔集,上海汉语大词典出版社2000年版)、《走遍神州》(游记集,河北教育出版社2001年版)、《人生的滋味》(传记文学集,中国工人出版社2002年版)、《五十年文坛亲历记》(辽宁教育出版社2005年版);主编出版了《走近名作家》(中国名作家生活写真)、《艺坛往事录》(中国艺术家生活写真)、《心灵的隐秘》(外国名作家生活的另一面)、《缪斯的背影》(外国艺术家生活的另一面)四书(上海汉语大词典出版社2000年版)。尤其是70万字的回忆录《五十年文坛亲历记》,再现了中国文坛风雨历程,在读者中引起轰动。

(六)译笔长挥意大利

"万卷丛书育子美;一枝独秀出群英。"当年,万子美怀揣梦想,从黄陂一中考入北京外国语学院意大利语班。1970年春,他被分配到了人民画报社从事编译工作。他爬梳典籍后惊奇地发现,新中国成立以来,从意大利文直译过来的文学作品几乎是空白。他认为自己作为北外新中国开设的首届意大利语专业人员,就应充当意文直译的马前卒。

一天,他获悉意大利著名女作家艾尔沙·莫兰黛创作的长篇小说《历史》,成为风靡世界的畅销书。他读了意大利文的原版书后,兴奋不已,不禁奋然提笔。经过几年努力,终于完成这部长达50多万字作品的直译。《历史》于1980年面世后,洛阳纸贵,印数竟达10万册。中、意专家学者称,万氏主译的《历史》,译笔生花,文字精准优美,气韵舒展流畅,可亲可感可叹。在这前后,万子美又相继翻译出版了意大利名著,如小说《天使岛》《安娜姑娘》和《少女奥尔索拉》,小说集《佩斯卡拉的故事》,以及喜剧《老顽固》和《女店主》。他的译作深受读者青睐,其中《哥尔多尼喜剧三种》,网上销售价竟被商家炒作到3600元/本。1993年,他的译本《老顽固》又被北京人民艺术剧院改编话剧，搬上了舞台。

作为《光明日报》驻意大利第一任首席记者，万子美的足迹几乎踏遍了意大利山山水水。他根据自己的所见所闻所感，写成《沿着马可·波罗的道路》《中意两国科学文化交流的先行者》等文章，从不同视角全方位地解读马可·波罗、“欧洲中国地理学之父”——马尔蒂诺·马尔蒂尼的中国情结，叙介中、意友好渊源。另一方面，他及时捕捉热点问题，叙介中意两国官民互动的深情厚谊。如他以《我是中国人的朋友》为题，介绍了中国冰球队参加世界锦标赛期间，一个由意大利玫瑰旅店员工组成的拉拉队，每场比赛均挥舞着五星红旗，有节奏地呐喊：“中国，中国!”颇受读者点赞。

1989年，他的《透视意大利》一书出版，洛阳纸贵，多次再版。意大利媒体将该书名译为《一个中国人眼中的意大利》，并称：“万子美是系统介绍意大利人文风情的第一位中国人，万著的价值不亚于《马可·波罗游记》。”

意大利总统科西嘉获悉《透视意大利》绣梓后，亲自为万子美举行赠书仪式。那天，万子美一走进总统府，年近七旬的科西嘉春风满面相迎，热情拥抱、握手，并亲切交谈了一个多小时。科西嘉总统手指图书说：“你以其如椽之巨笔和异彩纷呈的镜头，把美丽而友好的意大利，介绍给具有五千年文明的古老而伟大的中国，厥功至伟，我代表意大利人民衷心地感谢你!”

万子美告别记者生涯后，又在意大利步入商旅路，还在罗马领衔创办了《新华时报》，不遗余力地促进中意两国交流与合作。为此，意大利两任总统斯卡尔法罗与钱皮，分别授予万子美意大利共和国功勋骑士与加勋爵士勋章。他因此成为意大利建国以来，第一位分别获得两任意大利总统两度授勋的外国侨民。2012年，《万子美文集》三部曲面世，中外热评如潮，称他是当代“中国的马可·波罗”。

“廊桥挥别达芬奇，白云黄鹤两依依。”长期侨居意大利的万子美，依然有一颗炽热的中国心，常用黄陂方言吟咏中国诗。在他激情四射的诗词中，始终流淌着故国情怀。一次返汉，我陪他重登黄鹤楼，他凭楼远眺，不禁出口成章："西辞黄鹤今朝回，桑梓长空任情飞。汉阳树下祭先祖，鹦鹉洲畔添新晖。一楼三水催人泪，乡音楚语醉心扉。敢问深清何如此？只缘碧血浓于水。"

2016年6月8日，在同济医院住院的万子美躺在病床上噙着热泪说：几回梦中归故里，我终于回家了！原来，5月，因他身上癌细胞扩散，又不能坐飞机，他担心自己将不久于人世，就嘱托家人："就是抬也要把我抬回老家去！"于是，家人用担架将他抬上了动车，从京城坐软卧回到武汉。经医生对其紧急抢救，全身换血，他又奇迹般地延续了两个多月生命。8月2日夜驾鹤西归后，长眠于他当年牧牛的祖坟山——黄陂祁家湾街冯李塆新店山父母墓旁，实现其"依然当年放牛郎"的遗愿。

葬礼上，海内外来宾及三乡四邻的乡亲赶来为万公送行。大家人手一卷《万子美诗词选集》，默默吟诵，为诗人安魂。此诗词集是万公的第一部诗词集，在武汉的病榻上他仍在看清样。全书包括"青涩年华"、"非洲之角"、"美丽国度"、"五洲四海"、"大好山河"、"亲情乡愁"、"人生感悟"与"学友诗友"共八章，这些诗词凝聚着诗人对故国亲人的拳拳之心，表达了一个学者与作家感悟人生的真性情，体现了诗人与词家对人间真情的讴歌与追怀。同时，书中刊有他常年使外，游历世界时自拍的精美图片，以及友人的笔墨丹青。左右唱和，前后映衬，相得益彰。从中不难看出，这些中外人文与自然景观，以及感人场景，是触发诗人创作灵感的源泉；人文气质和游子情怀，又使得诗人的字里行间豪情万丈，气象万千，饱含着中华古风神韵与时代气息。

斯人长逝，译韵永存。手捧万公的绝笔之作，诗人一口地道的乡音仿佛在故乡上空回响！笔者不禁黯然神伤，提起毛笔敬书挽联志哀。联曰：译笔长挥意大利，诗才直追闻一多！

（七）校园文学编剧秀

有"中国校园文学的拓荒者"之誉的汪洋（1938—2016年），原名喻德海，1938 年 4 月生于黄陂县蔡家榨毛胡家村。中国作家协会与中国报告文学学会会员，国家一级作家。

1960 年，他武汉大学中文系毕业，留校参加工作，同年加入中国共产党。先后在武汉大学人事处、生物系、教务处供职，还是武汉大学学报编辑部负责人兼哲学社会科学版编辑，中文系教师，中国写作研究会会刊《写作》杂志副主编等。汪洋自幼酷爱文学，中学时代即在报刊发表诗文。“文化大革命”后开始发表小说、报告文学作品等。他的代表作《红烛》是一部中篇纪实小说，写了毛泽东与著名哲学家李达不同寻常的友谊。《红烛》以三个意趣不同的梦——历史的梦、探索的梦、哲理的梦来结构作品。三个梦彼此呼应，融为一体，使现实的人物翱翔在历史长河的苍穹，进入哲理殿堂，奇丽诡瑰，隽永悠长，发人深省。《红烛》在《长江文艺》发表后很快就被《小说月报》选载，并由江西人民出版社作为开卷篇收入同名小说集。因他早期创作大都是校园题材，故有“校园文学的拓荒者”之誉。

1982 年 2 月，汪洋调入湖北省文联任湖北作家协会专业作家。6 月，调任武汉市文联武汉作家协会专业作家。次年 2 月转调湖北省广播电视厅，任电视剧制作中心副主任兼文学部主任，他把陆文夫的小说《美食家》改为四集电视片，经湖北电视台首播后，又在中央电视台以及全国各省市电视台播放，《美食家》几乎家喻户晓。1986 年 4 月后，他历任湖北作协书记处常务书记、机关党总支书记、办公室主任、湖北省文学系列高级职称评审委员会首届评委兼评审办公室负责人，湖北作家企业家联谊会首任秘书长兼常务理事，长江文艺杂志社社长兼主编等职，享有湖北省有突出贡献中青年专家称号。

主要作品有长篇小说《无爱的情歌》《N 维的情侣》《授受之亲》《大绿梅》，长篇传记文学作品《张加陵传奇》，小说集《樱花雨》《花瓶人像图》《斯文物语》《汪洋情爱中篇小说选》，报告文学集《楚天风流谱》，电视文学剧本《深深的小巷》，古籍文献整理《中国历代寓言选》（与人合作）等。其中，长篇小说《N 维的情侣》《大绿梅》分别获屈原文学奖与湖北文学奖提名奖，《中国历代寓言选》获武汉大学1985年社会科学研究优秀成果奖，报告文学《李德仁的美丽脚印》获第六届中国世纪大采风金奖等。

享有小说与编剧获奖“专业户”的黄建中，笔名黄帝。现供职于湖北省歌剧舞剧院，国家一级编剧，中国作家协会会员，中国大众文学学会常务理事，湖北省作协第六届理事，湖北省楚天画院院士。

黄建中1945年生于湖北黄陂李家集黄家港，于黄陂三中考入武汉外专英语系，1968年大学毕业后历任中学教师，恩施地区文工团创作员，湖北省歌剧舞剧院编剧。1966年开始发表作品，1972年正式从事专业文学创作。著有长篇小说《黑谷》（中国文联出版公司1989年版）、《半神·半人·半鬼·半仙》、《棋盘寨大事年纪》（长江文艺出版社1990年版）等多部，大型舞台剧本《九歌—楚韵》《元神祭》《寻访神农》等数部。1995年由长江文艺出版社集结（1984—1994年所发表的作品）出版《黄建中自选文集》，共四卷：长篇小说卷、中篇小说卷、短篇小说卷与舞台文学卷。电视剧剧本《丑女堡》更名为《栖凤堡》，录制后在央视播出。2002年拟创作大型实验史诗剧《炎帝神农》。他的代表作曾四次获国家级大奖：中篇小说《534号征婚人》于1990年5月13日在人民大会堂获“首届中国大众文学奖”，并由国家副主席王震授奖；大型歌舞诗乐《九歌—楚韵》获文化部第四届“文化编导奖”，中宣部“五个一工程奖”（同时获湖北省和武汉市“五个一工程特别奖”）；1995年创作的“华夏创世纪”之大型歌舞史诗《元神祭》，由黄石市歌舞团演出，获文化部第八届“文华新剧目特别奖”。

1995年，黄建中创办并主编《炎黄》杂志。1997年重提画笔，移情丹青，并有画作问世。其中国画《抱圆守一图》获湖北省文联等20家文化单位举办的“湖北省跨世纪书画大赛”优秀奖。

享有“农村小说教父”的赵金禾出生于黄陂天河，1986年创作的小小说《宋老的感慨》发表后，安陆县委以文件转发让干部学习。

另一篇散文《陪客赋》与杂文《毛遂不避嫌疑》同被安陆市政府以文件的形式转发，开中国作家先河。小说《学习》在《人民文学》1996年第3期头条推出之后，《新民晚报》《羊城晚报》均向读者推介，称之为“赵金禾现象”。

还有以散文与文学评论著称的喻大翔博士；以长篇小说“倾城之恋系列”闻名的“70后”黄陂言情女作家叶倾城，原名胡庆云，其作品在诸多的报纸杂志中有很高的转载率。还有散文精选集“倾城十年”系列：《比目思》《苍耳心》《芙蓉锦》畅销。

（八）“黄陂文学现象”亲历记

在当代，黄陂籍文学巨匠享誉中外，但本土的文学组织却起步较晚，不过十几年历史。20世纪，由黄陂文化馆主导全县业余文艺创作，其内部刊物《黄陂文艺》出刊逾百期，为全国县级刊物所罕见。在世纪之交，文学爱好者曾策划成立官方或半官方文学组织，但由于不能解决行政编制而未果。

2003年夏，裴高才著《田长霖传奇》面世，黄陂区委书记马小援、副书记雷震亲自张罗，省市区在黄陂一中举行首发式。武汉市委副书记殷增涛、湖北人民出版社社长等出席，从而激发了业余文学创作者的热情。接着，时任宣传部部长的胡建奇又责成黄陂电视台制作了以黄陂文化为主题的“特别视点”节目：第一集《双凤亭》，专访裴高才与黎世炎；第二集《无陂不成镇》，专访王士毅与裴高才。这让一批文人看到了振兴黄陂文坛的希望。有鉴于此，2004年4月上旬，裴高才向胡建奇建议，先以民间社团筹组黄陂作协，组成人员一律义务业余兼职。胡当面首肯，并授权裴负责筹组作协与文联工作。是故，裴高才就问计于王士毅教授，年过八旬的王老激动不已，欣然表示：若成立作协，他愿拄着拐棍邀时称“黄陂四大名笔”之一的王美今等人加盟。裴向雷震汇报时，雷则推荐了李书俊等人选。同时得到《黄陂文艺》原主编魏云乔的大力支持。

当时，黄陂的省作协会员仅有裴高才、万瑰、明德运三人。当裴与万通电话时，时任蔡榨财政所副所长的万瑰十分兴奋，随后他每周数次往返于蔡榨与黄陂之间，积极参加筹组工作。4月25日，裴持起草的黄陂作协发起人书面报告，邀明一同拜访王老，王老第一个签名。随后，胡育华、王美今、谌志刚、黎世炎、陈塬乐等先后签名支持。26日，书面报告正式上报区委书记马小援。

5月4日，应姚集镇办公室主任胡剑中之邀，作协筹委会成员与区文化局长李书俊、旅游局长丁陵生一行首次聚会，到姚集古门山采风，对古门景区进行文化包装。原区委副书记吴方法看到采风的简报后，即电告裴，表示愿意加盟。15日，马小援将作协筹委会报告批转给区委副书记肖金双、宣传部长胡建奇和副区长党蓁："请金双、党蓁、建奇研究并拟意见！"17日，肖金双批转胡建奇："请建奇部长安排有关同志集中议一次。"18日，在肖、胡主持下，于宣传部会议室召开了首次筹委会，决定作协与文联同时成立。25日，区委常委会议在听取作协筹备工作汇报后，由马小援亲笔圈定了作协主要组成人员名单（名誉主席：王士毅、吴方法、王美今，主席：裴高才，副主席：胡育华、明德运、万瑰、杜有源）与周大望、喻建华等文联人选。区长袁堃则给文联与作协批拨了4万元的启动经费。

6月1日，武汉市黄陂区第一次作家协会与文学艺术界联合会代表大会，在黄陂会议中心召开。会议由肖金双主持，袁堃致欢迎词，民政局长王华灿宣读社团登记批复，明德运、喻建华分别宣读作协与文联章程，副区长党蓁宣布首届黄陂作协与文联组成人员名单。区作协创会主席裴高才、区文联主席周大望、市作协主席董宏猷、市文联党组书记陈元生、省作协党组书记韦启文等先后发言。最后由马小援脱稿讲话。中国军事博物馆书画院长袁伟向宣传部长胡建奇赠画祝贺。省作协创联部主任高晓晖、市作协秘书长张炳绍，著名诗人管用和，黄陂籍作家、安陆文联常务副主席赵金禾等前来助阵。著名诗人曾卓夫人薛如茵女士，还带一副写有曾卓诗句"长江流过我整个的生命，波涛声中震荡着我的思乡曲"的条幅相贺。

作协成立以后，通过创新观念、创新机制，呈现出文学队伍、文学阵地与文学作品齐头并进的态势。同年8月26—27日，由武汉市文联党组书记陈元生、市作协秘书长张炳绍率领，董宏猷、邓一光、田天、王新民、钱鹏喜、李修文等30位知名作家，分别到盘龙城、木兰湖和即将开园的姚集镇古门风景区采风。26日下午，在木兰湖举行武汉市作家木兰湖创作基地揭牌仪式上，裴高才以黄陂作协主席身份会同武汉作协主席董宏猷、木兰乡乡长在协议上签了字。10月，裴高才主持创办了电子会刊“黄陂文联”网，后整合为“黄陂作家”，点击率曾在百度搜索中排列第一。接下来，黄陂相继恢复了《黄陂文艺》，创办了《人文前川》《黄陂诗联》《蓝烛光》等文学内刊。

第一届黄陂作协（2004.6.1—2007.11.23）共出版了“双凤文丛”“双龙镇”和“天下黄陂星”三套书系共25部。如创作出版了相关名流的首部传记小说《首义大都督黎元洪》《冯铸》《理学双凤程颢程颐》《玫瑰诗人彭邦桢》（裴高才著）；长篇小说《风中的绿裙子》（万瑰著）、《疤痕》（邓运华著）、《木兰将军》（段鹏飞著）、《孽根》（明德运著）；诗集《嫩绿的思考》（魏云乔著）、《辙印》《教育感言》（张品正著）、《给人以路》（夏功著）；报告文学《人靠出名猪靠壮》（胡育华著）、《“林教徒”风雨六十年》（林家宏著）、《山乡红烛》（许广林著）、《城市英雄》（裴高才、丁逸枫著）；散文集《二程文化研究》（黎世炎等编著）、《教海拾趣》（李忠洲、李松波著）、《题组导学》（陈道训著）、《乡音缭绕》（丁和岚著）、《木兰古门》（裴高平与胡剑中编著）等。三年间，黄陂作协会同教育局举办了三届“盘龙根，海峡情”全区中小学生征文比赛，共有百所学校万名学生参加，326名学生获奖；发展了作协团体会员3个，个人会员110人，其中武汉作协会员36人，省作协会员7人，有10人在武汉作协专委会中担任副主任、副秘书长与委员。推出了简安然、雷道坤、邓运华、任茂华、丁华秋、魏端、任振华、李永芬等为代表的中青年作家群。2007—2016年由张品正蝉联两任区作协主席，出版了《黄陂文选》《黄陂春秋》等作品数十部，推出了喻进、翟锦、周娟、张传东、张萍等一批文学新人。

在对外交流方面，裴高才先后随湖北省作家代表团出访俄罗斯、美国与地中海沿线三国。2005 年 10 月，裴高才著《田长霖传奇》参加在香港举行的第九届世界华人艺术大会作品展，并通过初评、复评与终评，脱颖而出夺得传记文学类唯一金奖。2007 年 9 月至 2011 年 10 月，裴分别做客“荆楚讲堂”与武汉“名家论坛”，开讲代表作《首义大都督黎元洪》。同时，该书被湖北省作协与国家新闻出版署列为重点题材，并获武汉市政府优秀社科成果奖。

黄陂文学现象也在中国文坛泛起了阵阵涟漪。2007 年 8 月 17 日，中国作家协会党组成员、书记处书记陈崎嵘一行，在省作协副主席梁必文暨武汉作协主席董宏猷的陪同下，前往黄陂调研“黄陂文学现象”。黄陂区委书记袁堃一行，以及黄陂作协、文联等 13 个文艺团体代表，与中央、省、市作协进行了面对面交流。会上，陈崎嵘充分肯定了“黄陂文学现象”。随后，中国作家网、湖北文艺网、《湖北作家》《长江日报》等进行了专题报道。

与此同时，黄陂民间文化社团也风生水起，达百余个。其中，黄陂诗词楹联协会 10 年间出版了《木兰山诗词集》《中国对联集成·湖北卷·黄陂分卷》《黄陂诗联》，以及会员雷永学著《红粟集》、余新著《喜雨集》等诗联集共 73 部。书画界刘云生、李士一、陈忠德、王四新、李青宽、喻建华、张义磊、杨丽华、胡剑鸣、刘华国、李松、刘伟平等人推出了书画集。走出了吴高平、孙谦、杨春翠、王晓明、彭文斌、刘东胜、王永康、程浩华、王学文、刘飞、刘涛等新秀，有的还在海内外获奖。正所谓：二程先贤开文脉，三楚后昆走龙蛇。

结语　把根留住

通观“无陂不成镇”的源流与文化特征不难看出，“无陂不成镇”的文化内核——敢为人先、南人北相与工匠情怀等，是中华文化与民族精神的一个缩影，也是湖北、武汉、黄陂十分珍贵的文化遗产，更是当地社会发展的原动力。

古往今来，中国人与中国乡土之间，如同连着一条割不断、顾复盼的文化自信之根，脉脉相关且紧紧相连。虽然现代化的工业文明、商业文明的不断冲击，让这条根系有所松动，但只要这条根还留存故土，我们就有精神寄托、有守望、有皈依。

“欲人勿疑，必先自信。”回望历史，黄陂人正是坚守文化自信，才缔造了千年传奇。当今，我们正沿着道路自信、理论自信、制度自信与文化自信的方向奋进。在这其中，乡土文化自信是中华文化自信的根基。只有对自己的乡土文化拥有坚定的信念，才能凝魂聚气、由爱乡推及爱国。只有这样，神州大地的文化支流才能雨量丰沛，万壑朝宗，形成波澜壮阔的中华文化大江大河！

随着经济的发展，我们该如何建设与耕耘文化乡土，以留住有乡愁、有人情、有敬畏、有守望的文明之根？又如何将这种文化精神发扬光大？这是一个艰巨而渐进的过程，需要全社会共同勠力、持续推进。其中，“工匠精神”尤为重要。因为“工匠精神”就是一种情怀、一种执着、一份坚守、一份责任。时代呼唤“工匠精神”，现实需要“工匠情怀”。试想，如果当年没有那种“工匠精神”，就不可能缔造出盘龙城文明与彪炳千秋的青铜文化，就不可能出现近代大汉口的商业奇迹与文化繁荣，当然也就没有“无陂不成镇，惟楚有高才”的奇观。

换句话说，我们只有透过“无陂不成镇”这一文化现象，把握其精神内核，增强文化自信心，提高文化自觉性，从我做起、从现在做起，以“敢为人先”的开放度与开拓力，以“工匠精神”的那份耐心专注的态度，那份臻于至善的追求，那份出类拔萃的卓越，脚踏实地、与时俱进，定能实现文化自强的终极目标。正所谓：“无花不是春，无鸟不是林，无雨不是江河水，无陂不成镇……”

上 册 跋

编纂《无陂不成镇》的前因是，笔者当年参加高考时，因不知盘龙城在黄陂而落榜。在自惭形秽之余，我开始关注“无陂不成镇”文化现象。1996 年 10 月 9 日，我接待美国首任华人大学校长田长霖一行返乡寻根时，他面对记者采访开口就谈“无陂不成镇”。那一幕，至今仍让我记忆犹新。到了 2004 年春，我与王士毅、徐明庭诸公应邀做客电视台，录制《无陂不成镇》专题片。他们就人文掌故纵横捭阖，我谈的是黄陂移民的“十字线”与“尖黄陂，绞孝感”民谚。同时，二老建议我编纂一本人文黄陂的书籍，并愿鼎力相助。我不敢懈怠，开始搜罗史料。我发起成立黄陂作协后，便与教育局联合举办了三届“盘龙根，海峡情”全区中小学生征文比赛，推出了“双凤文丛”书系等，旨在普及与推介黄陂文化。

回首《无陂不成镇》一书的形成，可分为初版与再版两个阶段。

第一阶段：2007—2010 年。2007 年春夏之交，黎黄陂研究会筹备成立之初，我们拟定书名为“人文黄陂”。可是，在采写名人传记时，我与当事人一见面，对方大都会蹦出一个耳熟能详的词语“无陂不成镇”，以此肯定黄陂人闯天下的开拓力。后来，在查阅正史、方志、族谱、诗文名篇中，又找到有关“无陂不成镇”的蛛丝马迹。尤其是看到典出《周易》泰卦的历法谜语“无陂不成镇”后，这让我们兴奋不已，于是我们就正式定书名为《无陂不成镇》三部曲：《人文风情》《名流百年》与《为民喉舌》。还专门问计于著名学者冯天瑜、王士毅、严昌洪、皮明庥诸公，得到各位的激励与帮助。其中王士毅、皮明庥二公，竟在病床上审读书稿，王老作了眉批与尾批；皮、严二公还根据自己的感同身受，亲笔作序。著名书画家张善平泼墨题名，著名书画家冯今松、台湾新党主席郁慕明、书法家陈忠德等挥毫题贺。是时，黄陂区委书记袁堃不仅多次在常委会上讨论提纲，还拨冗书写了热情洋溢的前言。

该书通过引证《周易》、考古成果与方志史料，着重解读“无陂不成镇”的来龙去脉，以及盘龙文化、木兰文化、理学文化与辛亥文化等九大文化特征，撩开了“无陂不成镇”尘封千年的神秘面纱。2009 年盛夏，笔者偕董宏猷、王新民兄率武汉作家代表团赴台交流，7 月 28 日，在旅台乡贤白正亮、张诚学与《湖北文献》社长汪大华诸公的大力支持下，举行了《无陂不成镇》作品专题发表会，汉台两地作家、学者、出版家与乡贤出席。书家罗向阳还题集句联贺曰：“无陂不成镇，惟楚有高才。”著名文学评论家樊星、周新民二教授还专门撰文点评。此次新版，樊星兄又拨冗作序，并以上联为标题，先后在《湖北日报》《书屋》等报刊发表，在读者中引起强烈反响，也平添了一段佳话。

第二阶段：2011—2017 年。此书初版面世后，颇受学界与文艺界关注。此后几年间，笔者又发现了一批新史料，而随着研究的逐步深入也有一些新思考。同时原版内容过于庞杂，有的观点不够精练与准确，个别地方甚至出现错讹。于是，自 2015 年起，笔者开始对全书进行大刀阔斧的修订。除站在世界文明的中轴线北纬 30 度的视角，解读其“楚风豫韵”的文化特征外，强化了“文化源流”部分，即用六个章节引述《周易》《楚辞》《史记》《元和郡县图志》、方志与笔乘等典籍与考古成果，相互印证，还穿插千古流传的人文掌故，力图文情并茂地解读“无陂不成镇”这一文化现象。同时，将原来的“三部曲”浓缩为“全二册”。2016 年春，湖北省暨武汉社科联审读书稿后，将之列入重点课题。著名文化学者冯天瑜则点评激励道：“这是一部守望人文乡土生态、弘扬优秀文化遗产的可参照文本。”

区领导吴祖云、曾晟、陈国良、陈世刚、董丹红、周少敏、罗向阳等批复立项，万琳、刘森淼及青年作家周娟、杨志军等提出了许多宝贵意见，在此一并致谢！同时，新版的面世，也是对已经作古的冯今松、王士毅、皮明庥诸公的追怀。

作为第一部系统解读“无陂不成镇”的文本，此次补充的新内容由我拟提纲并主笔，王凤霞执笔散文部分。她文笔清新，又生长于四大佛教丛林之一的九华山麓，还是中国民盟盟员。同人戏称：“这是一部多党合作的专著。”有方家激励说，新版《无陂不成镇》上册虽说书本变薄了（只有初版的2/3），但文化含量加重了，重点突出了，可读性增强了。当然，百闻不如一见，一部作品的成功与否，读者是最好的判官。由于主客观条件所限，本书难免出现些许错误，敬请读者惠正。

裴高才草成于丙申金秋、终审于丁酉深秋

无陂不成镇

下册　人物卷

裴高才　王凤霞　等著

中国社会科学出版社

下册目录

人物卷

名卿巨公

民国闻人

资 政 经 纶

杏 坛 巨 匠

首 义 功 臣

学界精英

文艺星光

华人翘楚

匠心筑梦

将星闪烁

荆楚名师

道德模范

商旅光彩

体坛明星

楔　子

“江山代有才人出，各领风骚数百年。”南人北相的湖北黄陂人，素有敢为人先的开拓力与“工匠情怀”，历代相承，长久赓续，名贤硕儒彬彬济济，千百年来不断谱写“无陂不成镇”传奇。政、商、文、教、军界等名流辈出，随便说出一个来都如雷贯耳。这里筛选的百名闻人俊彦，是千年历史长河中黄陂精英的缩影。他们或在中国历史发展进程中作出过卓越贡献，或在某一领域创下了中外之最，或为当地的建设与社会发展发挥过引领作用……正所谓“无陂不成镇，惟楚有高才”。

乡贤文化是联系故土、维系乡情的精神纽带，是弘扬中华优秀传统文化的一种精神原动力。黄陂乡贤文化是历代名贤积淀下来的榜样文化，是具有激励作用的思想、信仰与价值的一种文化形态。这部人物卷中的百名乡贤，就是传承、弘扬乡贤文化的杰出代表。这些乡贤的经验和智慧，必将会为复兴中华文化、实现“文化小康”起到借鉴作用。

黄陂人文孕育了黄陂乡贤，黄陂乡贤丰富了黄陂人文内涵，不断将“无陂不成镇”常说常新！

名卿巨公

朱木兰：巾帼英雄千古传

黄陂千年古镇双龙镇与佛道合一的名刹木兰山，是国家级非物质文化遗产《木兰传说》的天然故事场。一代巾帼英雄木兰将军生长于斯，长眠于斯。唐代大诗人杜牧畅游木兰山时写下的《题木兰庙》七绝，更是千古绝唱。

传奇家世

史载，木兰将军本名朱木兰，出生于黄陂古邑西陵县之双龙镇（今姚家集街之大城潭村）。双龙镇位于大别山余脉之木兰山北麓，古代黄金水道滠水河东岸。当地地貌则构成一幅奇特壮观的“双龙戏珠”动感画卷。有民歌为证：“日出东方观音守，滠水河如青龙游。虎踞山寨朝北斗，一幅双龙戏珠图。”

古镇筑有坚固的砖石城墙，且有宽阔的护城河。在南北朝之南齐（479—502 年）与隋开皇十八年（598 年），两度成为木兰县治所。有民谚云：“当街铺面数百家，陆路运货有驴马；傍晚码头百舸归，清晨河面千帆发。”

据清光绪年间《忠孝勇烈奇女传》记载，木兰的祖父朱盈川，名若虚，道号实夫。其长子朱异，字寿甫，号天禄，系朝廷将军，娶媳赵氏，名桂贞。木兰就是朱天禄、赵桂贞伉俪的长女。

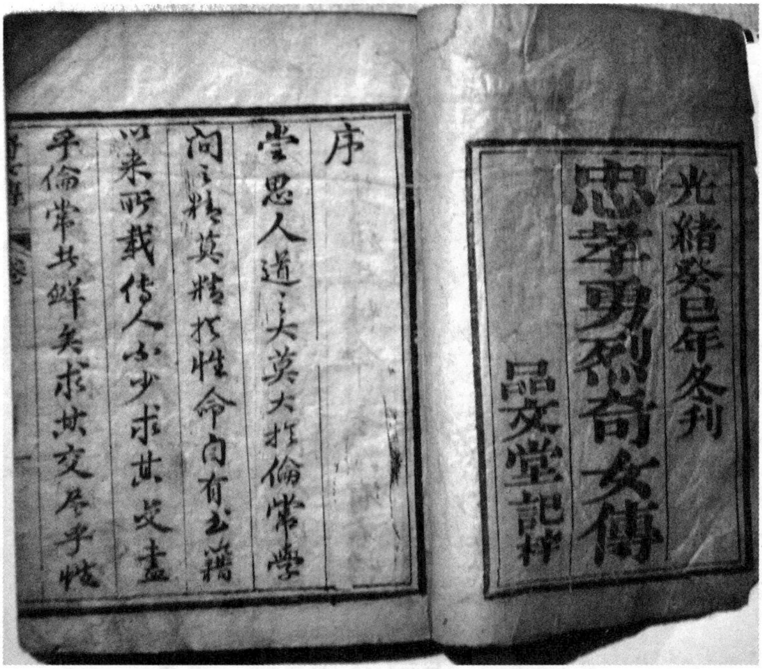

朱木兰与《忠孝勇烈奇女传》光绪四年版、
光绪十九年重刊（叶蔚璋收藏）

昵称“花姑”

朱天禄家庭和睦，美中不足的是年近半百而膝下无嗣。有一年农历八月初一，牛头山庙会（俗称“开山门”）前夕，朱天禄前往牛头山祈嗣顶拜香许愿。祈嗣完毕，因夜里久久难以入眠，朱天禄坐了一会儿，不知不觉地进入了梦乡——玉皇大帝手捧一子，授予天禄。也许是心诚则灵，赵氏在10月怀胎之后，约于公元前185年顺产了一个可爱的千金。朱天禄伉俪喜得千金，又是婚后的第一个孩子，喜不自胜。长女出世那天，天禄目不转睛地注视着爱女稚嫩的小脸蛋，恰似那牛头山上生长之木兰花蕊。他不禁脱口而出：“木兰，爱女就叫木兰!”

双龙镇的乡亲，在呼唤小木兰时，往往将姓氏“朱”字省略，直呼“木兰”。而当地又有称女孩为“村姑”或“仙姑”的习俗，所以又给木兰冠以“花姑”之名，意为“如花似玉之仙姑”。同时，也有人将“木兰花”，倒过来念，称之为“花木兰”，谓之“如木兰花一样美丽之木兰”。久而久之，人们就习惯于称“朱木兰”为“花木兰”或“木兰”了。明代文献考据学家焦竑在《焦氏笔乘》中写道：“木兰，朱氏女子，代父从征。今黄州黄陂县北七十里，即隋木兰县。有木兰山、将军冢、忠烈庙，足以补《乐府题解》之缺也。”

小木兰在阳光雨露滋润下，越长越水灵。在祖父与父亲的调教下，她开始接受诗教。稍长，除了跟随母亲学习女红外，还师从佛教的丧吾高僧、醉月长老与道教的铁冠道长、靖松道人，练就了一身武功。

替父从军

这时，匈奴单于领 14 万铁骑入朝那萧关，汉文帝一方面调兵遣将反击匈奴；另一方面移民于北方边塞，使其平时屯田务农，战时或奔赴战场，加强了边疆的防守力量。此时的木兰已经十七八岁，她每天清晨起来练武，白天种地采桑或织布，夜晚常借明月青灯跟着母亲纺线，挑花绣朵。

作为掌管着保一方平安的地方部队的将军，朱天禄素以忠于职守著称，这一年因身染伤寒，竟卧床不起。木兰专门请来丧吾大师一边为其父调理病情，一边指导自己练习枪法。几天后，突然飞骑从早到晚如车水马龙，一连送来了 12 道兵书。原来是匈奴再次犯边，朝廷点将，命朱天禄挂印出征。

军情紧急，天禄在夫人的搀扶下，吃力地起床，好不容易一步一颤，才挪动到椅子上，已是一身冷汗。他那颤抖的双手拿着兵书，暗暗发愁，不由自主地喃喃自语：天下兴亡，匹夫有责。我这老骨头怎么这样不争气呢？

夫人见丈夫如此痛苦的样子，心里十分难过，她在一旁自怨自艾道：只怪妾身的肚子不争气，没有为夫君生育一个男儿。不然，现在可以子顶父职了。

在军营中长大的木兰知道，兵书就是命令，违命斩立决！父亲病重必须找到一个合适的人代父出征。而木兰既没有哥哥，弟弟尚年幼。在旁系亲属中，虽然有两个堂兄，但都是文士，难以担当此任。她忽然灵机一动：自己学有一身武艺，为何不女扮男装前去一试身手呢？于是，木兰立刻放下织布梭子，向父母请缨代父从军。有唐代韦元甫作《木兰歌》纪事，歌云："木兰抱杼嗟，借问复为谁。欲闻所戚戚，感激强其颜。老父隶兵籍，气力日衰耗。岂足万里行，有子复尚少。胡沙没马足，朔风裂人肤。老父旧羸病，何以强自扶……"

在木兰的孝心感召下，得到了父母的支持。消息传到木兰山下的老铁匠耳里，他立即组织徒弟连夜开工，为木兰及其部下打造兵器。当地的百姓或送子入伍，或杀猪宰羊为木兰送行……元代《汉孝烈将军记》碑文所记："汉文帝时，单于侵境，大括天下以民御，神父当行成，父极痛无一男子可代抚己者。误用叹良久，竟行。神闺中，悯其父老，即洗铅粉，脱梳珥、变戎服、贯甲胄，趋赴军中……"

班师回朝

木兰率军一路披星戴月，急行军半月，来到了五台山脚下。木兰安营扎寨后便上山拜见白云观的靖松道人，转交铁冠道人与丧吾高僧两位师傅的信函。

靖松道人面授机宜后，木兰依计在燕山山麓之完县初战告捷。接着，木兰奉命扬鞭跃马率军跨出了雁门关，巧妙布阵，诱敌深入，两次擒获敌军主帅。继而，经过与敌军斗智斗勇，直至取得朔方大捷，木兰被朝廷封为关外大都尉。

打败匈奴后，木兰高功凯旋，率军回到长安。皇帝闻讯龙颜大悦，专门召见木兰，给予了高官厚禄的赏赐：颁旨敕封木兰为昭烈将军、武昭侯，兼兵部侍郎，并降诏木兰进京就职。

面对盛誉与封赏，木兰并不十分动心，而是重视生命的可贵，思念父母心切，十分珍惜家庭的温暖，更明白自己女儿本色不容于朝廷庙堂。于是，她婉言谢绝了天子的赏赐，也不愿在朝为官，将荣华富贵轻轻地抛下，“愿驰千里足，送儿还故乡”，为父母养老送终。天子听说她少年出征至今已有 12 年，又是一片孝心，特予恩准。

魂归故里

翌日，归心似箭的木兰同军中将领伍登、阿珍等人作别后，便扬鞭催马，日夜兼程踏上返乡之旅。宋朝诗人刘后村曾吟诗赞颂道：“出塞男儿面，归还女儿身。尚能降北虏，断不慕东邻。”

回乡不几年，父母双双病倒了。木兰为双亲精心调治，熬煎草药，侍饭奉水，掌灯夜半，尽孝床前。与此同时，她还种地、种菜、养蚕、纺线、织布、习武练功，并热心做访贫问苦、修桥补路、化解矛盾、制止邻里纠纷之类的事，生活过得平静而充实，且受到地方官员和百姓的崇敬与爱戴。

在木兰九十寿诞之日那天，双龙镇乡亲送寿礼、置酒宴给德高望重的木兰祝寿。木兰喝过大家敬的酒、吃过寿面后，是夜即在堂屋椅子上安详地无疾而终。有明代嘉靖三十五年《黄陂县志》为证：“木兰不受朝禄，乞归故里，终年九十，葬于木兰山北。”

为追记忠孝勇烈的木兰将军，这座承载着木兰英灵和精神的牛头山被人们更名为“木兰山”。后来佛、道两教相继在木兰山上建有七宫八观三十六殿，如木兰殿、将军庙、木兰祠、木兰将军坊、祈嗣顶、木兰祠、木兰庙、木兰宫等。木兰山因此成为沿江、沿海墨客与香客朝觐览胜的圣地。

唐会昌二年（842 年），身为黄州（辖黄陂、黄冈、麻城三县）刺史的杜牧，专门前往治下的黄陂木兰山畅游，写下了名传千古的《题木兰庙》（亦称《题木兰将军》），也是迄今发现最早记载黄陂木兰本事的名篇绝唱。诗云：

弯弓征战作男儿，梦里曾经与画眉。
几度思归还把酒，拂云堆上祝明妃。

2008年6月7日，中国国务院国发〔2008〕19号文批准文化部将黄陂《木兰传说》确定为第二批国家级非物质文化遗产名录。2014年1月，关于木兰的首部“非遗”专著《木兰传说》在汉面世。

（摘自飞翼、震烁文《双龙镇：木兰传说文化场》，
《文化月刊》2013年第12期）

程颢、程颐："新儒学"的奠基者

程颢、程颐（世称"二程"）兄弟，生长于黄陂、学于斯十四五年，是北宋理学家、教育家。他们不仅在陂留下了"鲁台望道"的千古佳话，而且程颢10岁在陂吟咏"正气歌"，还有他的《春日偶成》列为《千家诗》卷首，千古流传。

鲁台望道

二程的祖父程遹，北宋太平兴国年中期，受命执掌淮南路黄州府黄陂县县印。不久，娶毗邻黄陂的孝感县凤凰台（今闵集乡）女子张氏为妻。程遹在治县期间颇有政绩，只是天不假年，不幸在任上殉职。程遹之长子程珦，因祖上荫庇，先谋得一个闲差，即主管祭天地的"郊社斋郎"，后授以黄陂县主管军事与治安的县尉，相当于现在的副县级公安局长。有元代脱脱著《宋史》为证："程颢，字伯淳……父珦，仁宗录旧臣后，以为黄陂尉。"二程之母侯氏乃名儒侯道济之女，因夜梦"双凤投怀"，于宋仁宗明道元年（1032年）正月十五日子时与明道二年（1033年）八月十五日午时，先后在黄陂县城草庙巷（今文教巷）程乡坊思贤堂生育了二程兄弟。二程在此生活了十四五年，功成名就后，黄陂相继建起清远亭、双凤亭、二程祠、程乡坊、二程书院等建筑。建二程祠时，将朱熹作《黄州州学二程先生祠记》勒碑于此，其开头这样写道："齐安，在江淮间，最为穷僻。……河南两程夫子，则亦生于此邦……其后十有余年……”

二程的母亲侯氏是二程的第一老师。程颐在其所撰《上谷郡君家传》中道：“颐兄弟平生于饮食衣服无所择，不能晋言骂人，非天性也，教使之然也。”二程幼时与伙伴发生口角，侯氏从不袒护，并教育二程道：“患其不能屈，不患其不能伸。”随着天长日久，邻妇里姥均纷纷效法，邻里和睦。

一天，程颢对程颐讲，我们启蒙那天，与天下所有读书人做着同一件事——祭拜了万世师表孔夫子，这说明孔圣人在读书人心目中崇高的地位。我等既习孔孟之道，何不在这山上筑一高台，我们每天读书时，面朝孔夫子故乡鲁国遥拜，以表自己虔诚的心迹？

程颐听后，觉得这个主意不错，他既可与兄弟们同台祭孔，又可尽兴地摆弄一番砖石瓦砾。于是，二人会同堂兄弟们一起动手，在滠水东岸其母设坛祭天之处添砖加瓦，筑台望鲁。父母得知孩子们在干一件有意义的事，便安排石匠、木匠按照二程兄弟的设计方案筑台望鲁。不日，便建成一座木石结构的亭榭，名曰“望鲁台”，又名“清远亭”，南宋改名为“双凤亭”，后作为中国名亭收入《中国名胜大辞典》。从此，“鲁台望道”的佳话便千古传诵了。

母亲诗教

宋仁宗庆历元年（1041 年），黄陂县尉程珦带着二程从黄陂千里迢迢北上，先到洛阳寻根谒祖，再往开封瞻仰曾祖程羽的旧居，希望孩子们踏着先人的足迹前行。夫人侯氏则与女儿留守在家。

程珦抵达后，写了一封信给夫人报平安。信中还提到，他们一行到黄河北岸走亲访友时，天色已晚，他们父子听到了大雁的阵阵鸣叫声，那大雁在亢奋高歌。侯氏接到丈夫的来信后，心领神会，不禁欣然命笔即兴赋诗《闻雁》一首：“何处惊飞起，雍雍过草堂……”

孩子们回家后，侯氏为了培养他们对吟诗对句的兴趣，便拿出此诗让二程传阅。二程吟诵着母亲的诗句，回想起河朔奇特的夜景，顿觉韵味无穷。

每逢木兰山庙会，程珦夫妇又带二程前去感受佛道和谐相处于此的景观，而且二程还触景生情与道长对句，至今传为佳话。后来，程颢对黄陂的纪游之作《春日偶成》列入启蒙读本，几乎家喻户晓。

正气之歌

有一次，程颐从洗冷水脸去疲劳中得到启示，便向程颢建议，在望鲁台旁边凿一水池，疲倦时就到池中用冷水洗把脸。程颢觉得这个主意一举两得，于是他们会同堂兄弟在望鲁台旁边开凿水池。

那天，他们挖了二尺多深，天色已晚，就各自回家了。第二天，他们带着水桶和扁担，正准备向池中倒水时，发现池中已有满满一池水，且清澈见底。这时，不知是谁突然大叫一声："这里有一个泉眼！"程颢惊喜不已，不禁脱口而出："快哉！我们就叫它'聪明泉'！"就这样，"聪明泉"之名便不胫而走了。

一天，程氏兄弟在聪明泉旁放声唱读。程珦走过来问道："你们既然给这里的泉水起名'聪明泉'，那么古书上所说之'泉'有哪几种呢？"

"回父亲，我记得《晋书·吴隐之传》上记载，东晋晋安帝时，任命谢清为广州刺史，他饮了贪泉之水后，果然贪赃枉法，被处死。其后又任吴隐之为广州刺史，吴路过此地闻'贪泉'之来历，竟连饮三杯，随后即提笔题诗于碑上：'古人云此水，一饮怀千金。试使夷齐饮，终当不易心。'他上任以后，时刻记住石门村民的叮嘱，洁身自好，并严惩不法商人和贪官污吏，万民称赞，传为千古佳话。"程颢回答道。

侯氏又说："唐代名士王勃，在《滕王阁序》中有这样两句'酌贪泉而觉爽，处涸辙以犹欢'。前一句说的是人们饮了贪泉之水以后，便会萌发起贪心的念头，从此丧失正直的志气。我现在以'酌贪泉'为题，你们谁能反其意而吟哦之？"

年仅10岁的程颢沉吟片刻后，不禁脱口而出："孩儿读来，请母亲正之：‘心中如自固，外物岂能迁？’”父母听后，深表嘉许。

朝廷户部侍郎彭思永听说后，亲自前往黄陂考察，并慨然做出决定，将小女儿许配给程颢。

穷理识仁

二程十四五岁时，离开黄陂随父迁入赣南。次年受学于学者周敦颐，探寻“孔颜之乐”。1056 年，程颢赴京师应试，程颐随行，二人与吕希哲、张载等学人于相国寺论《易》，在诸儒中享有盛誉。次年三月，宋仁宗亲试，程颢作《南庙试佚道使民赋》《南庙试九叙惟歌论》《南庙试策五道》三文，一举高中进士，与张载、朱光庭、苏轼、苏辙、曾巩同第。从此，程颢在从政与治学方面颇有建树，不仅官至宗正寺丞，亦曾是王安石改革团队之一员，而且他的《穷理篇》与《识仁篇》奠定了理学的基础。又因他们兄弟创立的理学是宋代的文化中心洛阳的重要学派之一，故称“洛学”。

程颐则是落榜不落志的典型。他 1059 年春进京参加进士考试落榜后，发誓与科考绝缘，毕生投身传道治学。到了 1086 年，终于成为帝师（崇政殿说书）。而他历经磨难写成的代表作《伊川易传》，则成为理学的传世经典。

二程兄弟创立的理学，经四传弟子朱熹集大成后，成为官方哲学，不仅统治了中国七八百年，而且传到日本、韩国以及欧美，至今余响犹存。著名哲学家冯友兰将理学称之为“新儒学”，他认为，可将程颢的《春日偶成》诗当作一部哲学史来读。英国汉学家葛瑞汉的《二程兄弟的新儒学》在欧美多次再版。

双凤长归

历代正史与方志，包括河南文献与宗亲都称黄陂是二程故里，缘何有的湖北人竟将二程列入“外乡人”？这是因为明景帝曾诏封程颢晚年定居及归天之河南嵩县程村为“两程故里”。圣旨在上，当然就美名远扬了。另一方面，洛阳是北宋的文化中心，二程长期在洛阳传道授业，其“洛学”也是在那里创立的。所以人们一提起二程，自然就与洛阳联系在一起，而研究者们也有忽视二程少年行状的倾向。令人欣喜的是，即将绣梓的《荆楚文库》将二程的相关文献与方志收入其中，可谓正本清源！

千百年来，黄陂通过建亭、立坊、立祠，兴建二程书院、甘露书院、前川中学、双凤中学等，传承二程精神。进入 21 世纪，又与时俱进，将双凤亭扩建为百亩公园，且正在重建二程书院。

著名学者张岱年收藏的程颢、程颐像，作为《理学双凤》封面

穿过千年时间隧道，追诵朱子的《二程祠记》，清康熙五年黄陂县令杨廷蕴的话语似乎仍在我耳边回响：“嗟呼！二夫子之还洛也，犹曰：吾梦寐恒在西陵，是夫子未尝一日忘陂也。二夫子不能一日忘陂，而谓陂能一日忘二夫子乎！?”于古，二程未尝一日忘陂，陂人也

追念二程夫子；于今，黄陂与时俱进，不断薪传二程精义。正所谓："望鲁苍茫连海岱，淡淡春光理趣林。为仰先生遗范在，双凤长归断好音。"

（根据裴高才著《程颢程颐传》整理）

蔡完：御赐“清官第一”

蔡元培曾在民国版《蔡氏宗谱》的序言中写道：“黄陂蔡氏……于兹其间，理学名儒辈出。迄今秀出班行之士，亦济济于黉序之中。”明代监察御史蔡完就是其中一位。

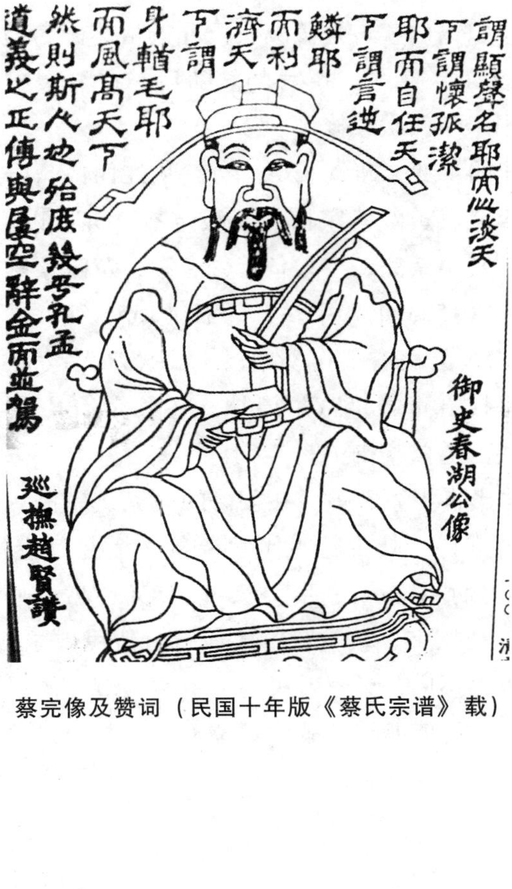

蔡完像及赞词（民国十年版《蔡氏宗谱》载）

1999年春节过后，黄陂知名教育家蔡培华会同族人决定续修《蔡氏宗谱》，并动员族人寻找老谱。此消息不胫而走，蔡培华早年的一位弟子蔡大武来函说：他发现了民国版蔡氏宗谱的下落。原来，杨店蔡氏族人是早年从黄陂蔡家榨街蔡官田村迁去的，而蔡培华是蔡官田土生土长的名士。

那是“文化大革命”初期，一位蔡氏族人的王氏夫人担心族谱被红卫兵收缴，特将宗谱装入一个陶器坛内，埋入地下秘藏。到了1974年，蔡崇胜（柏青）等四兄弟改做房屋时，他们趁夜静更深之时，秘密将宗谱从地下取出砌入墙中。就这样，民国十年版黄陂《蔡氏宗谱》数十册，就完整地保存了下来。里面记录了自明代万历四十八年（1620年）创修、清季几次续修的各种版本原始资料。改革开放后，蔡氏兄弟才从墙壁中取出，珍藏在楼上的一个箱子中。

《蔡氏宗谱》卷首印有“清廉堂”三个篆书大字，原序上面清楚记载，蔡氏创修宗谱的序言是黄陂蔡氏九世祖、著名理学家、甘露书院的主讲蔡石麓（字善图）撰写的。随后，在清康熙、乾隆、同治年间，以及民国十年四次续修。

黄陂蔡氏于明洪武二年（1369年），从江西饶州府乐平县筷子巷瓦屑墩，始迁今武汉黄陂蔡家榨大屋畈定居。五世以后，科名鼎盛，俨然黄陂望族。其中蔡完，字人备，号春湖，黄陂蔡家榨蔡氏第八世祖。明嘉靖甲午（1534年）中举，丙辰（1556年）进士及第，出任浙江兰溪知县，被县民誉为“蔡青天”。钦差大臣通过微服私访兰溪，就将实情呈报给嘉靖皇帝朱厚熜。在蔡完治县一年零八个月之后，被钦点为陕西道监察御史。

黄陂蔡氏第十世祖蔡石麓，在创修的《蔡氏宗谱》中收入了蔡完的画像、小传与赞诗。其中，明代学者蔡文燮在《春湖公传赞》中写道：“公滓污泥而不染……性孝友，以节义自高……治兰溪时，除苛政、决疑狱、勤抚字、敦教化、政简行，清民咸乐业。公余读书，俨然寒素稀粥外，不以一丝累吾民。大吏钦其节，闻于朝，天子嘉之行，取御史入都，民皆遮道焚香欢息泣下……”

当时全国共分为13个“道”，类似于现在的省，中央都察院是直属于皇帝的监察部门。朝廷派往13个道的监察御史，由都察院垂直管理，但在履行职能时又不受都察院控制，直接对皇帝负责。

在蔡完中举前的1521年（明正德十六年），武宗皇帝朱厚照驾崩，无子继位。按照“兄终弟及”的祖训，朱厚熜承统登基，改年号嘉靖，还大胆进行政治体制改革，将巡抚的职能由监察官员转变为节制三司、总领一方的地方大员。朝廷为了加强对封疆大吏的监督，就通过巡按御史对巡抚进行牵制。

蔡完任监察御史不久，被嘉靖皇帝钦点为大同宣抚巡按。巡按御史职责是代天子出巡，故其巡视地方，又叫“巡方御史”，俗称“八府巡按”。

蔡完在任期间，严格按照“大事奏裁，小事立断”的原则，而且惩前毖后，勤于教化。由于积劳成疾，蔡完倒在了工作岗位上。好友为其整理遗物时，发现唯一值钱的是一套升堂或巡察时所穿着的礼服。大中丞赵贤目睹此景，不禁感慨万端，潸然泪下，特赠赙银给蔡氏家属，蔡完才得以返乡归葬。

嘉靖帝朱厚熜获悉后，亲赐匾额“清官第一”给蔡氏亲属，以表追怀与敬仰之意。自此，黄陂蔡氏宗祠以“清廉堂”为堂号，并收入宗谱世代相传。蔡氏创修宗谱时，吏部侍郎赵贤特撰《御史春湖公像赞》。赞文云：“谓显声名耶，而心淡天下；谓怀孤洁耶，而自任天下；谓言逆鳞耶，而利济天下；谓身辅毛耶，而风高天下……”

（根据裴高才著《“铸剑”先驱蔡以忱》整理）

张涛：题建木兰山“第一人”

木兰山麓走出的明代万历年间封疆大吏张涛，生平历任四川富顺与安徽歙县县令、户部郎中、光禄大理寺寺丞、都察院右御史与辽东巡抚等，万历皇帝曾称赞他：“品居天下第二，才居天下第四。”因他奏疏并斥巨资修建木兰山胜景，成为木兰山人文旅游的开山。

落地生根置家业

明清代《黄陂县志》载有张涛的行状，以及他的《题建木兰山将军庙奏疏》与《木兰将军歌》。同时，他曾捐建纪念程颢、程颐的牌坊——“我家先生坊”，纪念木兰将军“里门奇烈坊”“唐木兰将军坊”等。

张涛，字振海，号山是。明嘉靖三十三年（1554 年）生于木兰山麓之今武汉市黄陂区长轩岭镇南洲田村张家祠堂湾。原籍江西吉安府吉水县文昌社折桂乡瓦子墩，其高祖就是明代户部尚书张必达。张必达之子张永通于正统十四年（1449 年）由瓦子墩始迁湖广黄陂，置业于境内的北乡黄土港、泊沫港与南乡什仔湖三处。万历八年（1580 年），张永通之孙张天爵，即张涛之父，偕子由什仔湖来到滠水中游东岸的张家祠堂，并买下木兰山麓玉带河两岸的大片田地、山场和包家墩田产，在此大兴土木。在随后的 30 多年的时间里，在这里修建了城堡式庄园建筑群、张都桥和河运码头，拓宽掘深了玉带

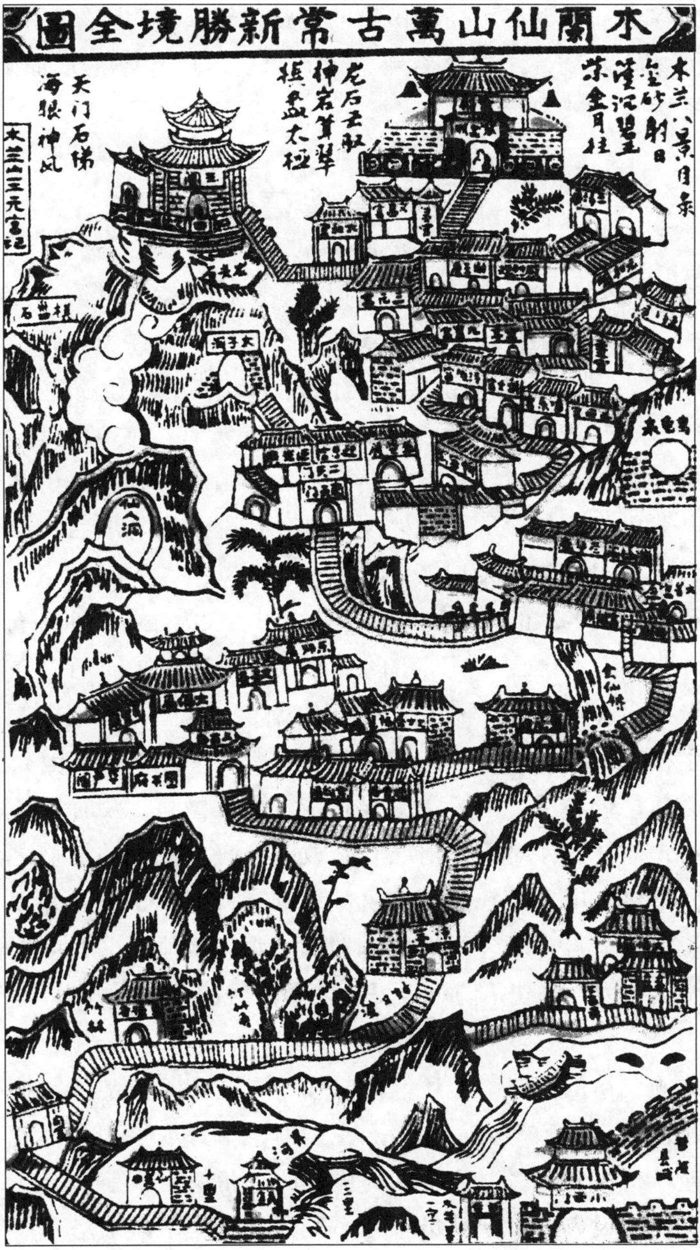

清代木兰山胜景图

河，修复了寺庙，开辟了通往田畈的道路，新垦了田地，挖掘筑修了塘堰、水渠、禾场，添置了石碾盘、石磨、木风斗等粮食加工设备，俨然一个农家“大观园”。

严明治县多德政

张涛自幼受家学熏陶，鏖战科场，于明万历十四年（1586 年）金榜题名，高中进士。初任四川富顺县令期间，复任为京师工科给事中。因他直言上疏，犯忌被罢官，回归故里著书立说十五载。直到 1601 年，万历皇帝亲政后方复出。6 年后张涛任（安徽）歙县县令。他步入歙县的第一感觉，就犹如踏入清丽的山水画廊，又仿佛走进古典建筑艺术的博物馆。同时他发现，歙县地处皖南与浙西交界处、新安江下游，也是水患频发地区。

张涛到任那年，正值歙县水潦炎旱并作的大灾之年，米珠薪桂，民不聊生。为了表示自己励精图治的决心，张涛就在县衙门口立对联一副，让全社会公开监督。联云：“百里古诸侯、功名不薄对北阙，尽一点心春生秋肃；微官旧令尹、面目难移觍紫阳，得半文钱地灭天诛。”而且言必信，行必果。他常常微服私访，深入民间，及时了解灾情民意。而后，他分别针对不同情况开仓放赈，解救灾民的燃眉之急。同时，他向都察院申请赎钱购买粮食，兼令富人买米平粜，并激励县民以短养长、生产自救。为了从根本上解决水患，他又采取以工代赈方式，举全县之力，修建了防汛大堤。他离任后，人们更名为“张公堤”纪念之。

在体恤民情的同时，他还针砭时弊，在治理赋税乱象、抑制公费开支、预防贪污腐败等方面，着眼于制度改革并取得积极成就。他还将这些改革成果写入歙县志史中，颇具时代价值。

在文化建设方面，他动员各方面的力量兴建了霞山塔，修缮了紫阳书院、孝子祠、尚贤祠等文化设施，重现人文古邑风貌。另一方面，当他得知歙县长期以来没有志书，而郡志所载六县，不能独详歙县，与人文古邑极不相称。于是，张涛于1608年，聘请史家谢陛首纂《歙志》。谢陛不负众望，他采用纪传体，春秋笔法，叙中有议，对人与事进行分析议论。即以外史氏曰的方式，对事物进行分析议论，表达撰者观点与见解，且评述的内容涉及中国朝野历史事件。专家们称，这是一套1609年刻印的文史兼备的首部《歙志》。而今，万历《歙志》刻本仍在北京、上海、南京三地图书馆有藏本。

再说张涛“重出江湖”后，德勤能绩表现不俗，深得万历皇帝赏识，他自1609年起，五年间相继被擢升为户部广东司主事、大理寺丞，以及都察院右御史。

奏疏重建木兰山

据有史可考的资料显示，张涛是黄陂木兰文化旅游的第一功臣。木兰山的庙宇始于齐、兴于唐，繁盛于明清时期，山上建成的七宫八观三十六殿胜景，都与时任都察院右御史、辽东巡抚的张涛密切相关。

张涛自幼生长于木兰山麓，并经常参加木兰山庙会。他出道后，觉得木兰山的标志性建筑，与其纪念木兰将军的佛教、道教合一的名刹，极不相称，更不能同全国各地的名刹相比。于是，他于明万历三十六年（1608年）初，为重建木兰庙特撰《题建木兰山将军庙奏疏》，上奏明神宗皇帝朱翊钧。其奏章这样写道：

> 辽东巡抚、都察院右副佥都御史兼管倭备臣张涛，为启建祠宇以光山岳事。……有湖广省黄州府黄陂县木兰山，乃真武修炼之所；唐节度使朱异家于其下，其女代父出征，功封木兰将军。……伏乞陛下念真武功在国本，将军勋立唐朝，臣得以重修鼎建……

得到神宗恩准后，张涛于次年（1609年）斥巨资，大兴土木，修建了木兰山木兰庙（今名木兰殿）、木兰坊、木兰祠、祖师金顶、玉皇阁、娘娘殿、无量殿及八宫二观等主体建筑。同时在木兰山东南坳，分别修建供奉观音大士和关王神像的藏珠阁、凉亭各一座。另建东宝塔、西寺佛场、文昌寺、了心庵、生洲寺、西陵寺、闵家寺、滠水镇寨门码头。如此大规模地重建木兰山，又有皇帝的御旨，从而使木兰山威名远扬，成为湖北周边地区以及沿江、沿海各省香客与文人墨客游览朝觐的圣地，促进了木兰精神的传扬。

作为一位满腹经纶的进士，张涛的一首描写木兰将军的《木兰将军歌》，千古传诵。诗云：

木兰山上青草发，将军冢里埋香骨。杀气应随艳魄消，贞心不向征魂没。

忆昔当年闻鼓鼙，曾抛机杼逐旌旗。即戍非女子，市鞯有男儿。

誓把雄心赴金柝，鸣鞭直抵长城窟。宝剑磨残黑水云，雕弓弯破阴山月。

英雄阵骨几成灰，十二年来百战回。故园砧杵无人怨，绝塞征衣好自裁。

绝塞烟尘一朝扫，捷书飞出关山道。含羞蔡女拍中笳，掉臂明妃坟上草。

边草胡笳别寒云，征人谁识女将军？愿题彤管篇中字，不羡燕然石上勋。

惆怅归来启故闺，空房犹闭旧支机。罗裙香冷鸳鸯死，兰帐尘生燕子飞。

……

君不见，汉寝唐陵卧鹿麋，故都禾黍叹离离；唯有木兰坟不改，青山独自属蛾眉。

张家兴衰两重天

由于张家祖上的资产颇丰，其父又善于经营，张涛从政后，更是锦上添花，成为富甲黄陂，驰名黄州的望族。张家的产业除木兰山道观与滠水镇寨门码头外，还在黄州安国寺、报恩寺有香火田地山场。夫子山麓玉带河两岸的田地山场，也大部属张家所有。

值得一提的是，张氏父子兴建的张家大厂庄园，成为当地的奇观。那是1590年，张涛选择在夫子山北麓、玉带河北岸之包家墩兴建农庄。因农庄西临滠水河，东望木兰山，周边有小耳山、夫子山、乾应山、高岗山、窑山等九座逶迤山峰相峙环绕，故有“九龙奉圣”或“九龙回头”之说。庄园建成后正式更名为张家大厂。

庄园外有石垒围墙，占地约50亩，围墙上砌有哨口、箭窗，有东南西北四个大门。围墙内的庄园建筑群全用石砌，布局十分讲究，等级区划分明：张涛九房夫人卧室、书房养源斋、客厅吉庆堂、花园等主体建筑在南西城门一带，建筑华丽高大，周边环境幽雅；佃农居室、牲口房、豆腐坊、榨坊、酒坊、柴草堆在庄园东门两侧，房屋矮小；庄园西北角和正北为庄丁、工匠、勤杂人员、张家亲朋居住处，庄园的粮食、食油等日常重要物资均贮藏在此。庄园建筑群有大小房舍300余间，建筑面积1.6万平方米，常住人口多达400人。而张家有佃农、工匠、佣人等1300余人，分别居住劳作于张家大厂周边的30多个田庄。

湾前是蜿蜒曲折的玉带河，是滠水支流一条古老的河流，河长2.5公里，宽度在40—100米。玉带河两岸土地肥沃，有良田3万亩。河畈上，港汊纵横，塘堰星罗棋布。明万历时，河床淤塞，河岸垮塌严重。张涛动用千余劳力历经两冬一春，清除淤泥淤沙，拓宽掘深了玉带河中西段的河道，整修了河岸，并在庄园正门前修建了一座长15米、宽3.6米的玉带河石板桥（1987年改建水泥桥）。该桥石拱桃形单孔，桥侧北雕龙头，南刻龙尾，石拱正中有八卦图案。因张涛时任都察院右御史，故名张都桥。

可惜，在农庄建成不到 30 年，张涛猝死于辽东。同年，张家庄园就遭到了豫西南土顽的袭击。之后，又被张献忠农民起义军抢劫和摧毁。

（飞翼根据明清《歙志》《黄陂县志》《清史稿》和杜有源著《西陵轶事》等改写）

裴宗范：刚直不阿的榜眼郎

一个人如果有真正的学问、中正的情操，那么他的名声就不只是在当时被看重，而且会流传千古。明代万历年间，从湖北黄陂姚集裴家湾走出的榜眼郎裴宗范，就是这样的一位。

一

那是在“文化大革命”期间，“破四旧”风盛行，黄陂姚集村腰石的裴学伦，看到村中的族人家藏谱牒与善本大都被付之一炬，他唯恐自己珍藏的《裴氏宗谱》被红卫兵搜去，就秘密将其砌入夹墙中秘藏。直到改革开放后，他才取出来交给儿子裴高谦，希望他妥善保存传世。《裴氏宗谱》的扉页是红纸黑字竖书四个楷书大字“家乘全书”，大字两边分别用小字注明为民国九年岁次庚申季秋月吉旦与永度堂藏版。在第一卷中，位列“传赞”第一位的是清末秀才胡竹溪撰明代榜眼郎之《宗范公传》，第二位为明代京官之《宗德公传》。经考订，裴宗范（1590—1621 年），字永度，号新安。原籍江西豫章（今南昌），世居黄陂（包括今红安），明万历十八年（1590 年）出生于黄陂姚集裴家湾。他幼承家学，继在院试、府试夺冠后，又连捷举人、贡士与榜眼。《裴氏宗谱》的堂号即是用裴宗范的字号，名曰“永度堂”。

谱载，明嘉靖十二年（1533 年），江西豫章筷子巷青年夫妻裴太一伉俪迁籍来鄂，始卜居黄陂滠源乡西寨四房湾（明嘉靖四十二年即

1563年后改属红安县，四房湾邻村至今仍有一个叫“裴家田”的村子)。裴太一经过艰苦创业，耕读传家，到了孙子这一代，士先、士宗、士荣弟兄三人成为当地的知名乡绅。他们既从事农业，又受黄陂蔡店族人委托，负责打理滠水上游的河运业，还善于骑射，肩负三乡四邻的联防联保之责。随着家业的不断壮大，四房湾地处山区，不便于屯集物资与练习骑射。而与四房湾一衣带水，隔河（滠水）相望之今黄陂姚集街李集村衬腰石，地势平坦，达七八里地，又在驿道旁，便于骑射与河运。于是，善于经商的长兄裴士先率先迁居衬腰石，饱学之士裴士宗则迁往便于耕读传家的牛脊岭山麓，并在此始建裴家湾。

二

裴士宗十分注重对子孙进行诗教，子孙均学有所成。儿子裴臻，秀才及第后在家中设馆，教授家族及邻村子弟；孙子裴宗范、裴宗德堂兄弟，则过目成诵，志趣不凡。有一次，裴臻一边吟诵宋仁宗的《劝学诗》：“安房不用架高梁，书中自有黄金屋……男儿欲遂平生忘，六经勤向窗前读。”一边给子侄讲解“金榜之眼”即“榜眼”——全国最高级别的科举考试——殿试后皇帝钦点一甲第二名进士及第的称谓。榜眼名目，始于北宋，起初第一名称状元，第二、三名俱称为榜眼，意思是第二名、第三名分立状元左右，如其两眼。后来才将二者分称。裴宗范听得津津有味，立志自己将来也要当一名榜眼郎。

十年寒窗后，裴宗范、裴宗德一举夺得童试冠亚军。接着，他们又一同进入黄陂二程书院读书，比翼双飞。万历四十六年（1618年），他们一起到省城参加乡试，均夺得了举人功名。次年，二兄弟北上京城参加会试，先双双蟾宫折桂，考中了贡士。只是在殿试中，宗德名落孙山。只有宗范进士及第，并高中一甲三名榜眼郎。

三

裴宗范成为榜眼郎的消息不胫而走，父老乡亲对其敬若神明。清末民初师范生胡竹溪于民国九年秋，在《宗范公传》中是这样描述的——

> 其父裴臻得知后，赶紧安排收拾房屋，打扫街道，准备音乐，置办酒席，喜迎朝廷使臣；妻子对丈夫荣登榜眼，既感到骄傲，又愈加敬畏，甚至不敢正面看他。堂嫂及弟媳则率领孩子们匍匐在地上，向新科榜眼公行大礼。三乡四邻的乡亲们，见家乡飞出了金凤凰，非常羡慕，都敬奉他有如对待神明一般……一个人一旦富贵显达，别人就会像这样的争相攀附靠拢啊。试想，此时此刻，裴宗范怎么能够不扬眉吐气，慷慨激昂，踌躇满志！裴公于是手持诏书，乘坐朝廷使者派来迎接他的车马，告别父母妻子与乡亲，入朝为官。

有意思的是，明代“二裴”秉承了宋代“二程”遗风。裴宗范颇有程颐“烈日秋霜”的气象，做人做官恪守古礼，不计情面。裴宗德虽在功名上逊于堂兄，但在学识、气节、品望上类似于程颢“春风和气”的境界，被任命为京官。二人同朝为官，相互激励，颇负盛名。裴宗范不论是初授编修，还是任侍讲学士，为匡扶济世，他就国计民生与朝纲等问题向皇上献良策、仗义执言，一心想使皇上达到古唐尧和虞舜的治国境界。怎奈生不逢时，他任职期间（1620 年），正值朝廷三易其主（神宗、光宗与熹宗）的改朝换代大变局时期，不是奸臣擅专权柄，宦官把持朝政，就是小人玩弄权术，排挤倾轧。刚开始，他的奏章颇得神宗重视，神宗驾崩后，他屡次上疏进奏，新皇却置若罔闻，但他依然在朝堂上情理交融地力谏。工于献媚的奸臣则当场嘲笑他。他因此遭到皇帝的呵斥，并被赶出朝堂。他因此郁郁寡欢，悲愤成疾，时隔不久的1621年就在京城仙逝。裴宗德见朝廷奸臣当道，在堂兄过世后，亦辞职归里。

四

先贤已逝，光风长存。朝野士人为纪念裴宗范，竞相传诵其道德文章，赞赏其刚直不阿的高风亮节，仰慕他犹如仰视泰山一样。一位朝中大臣沉痛地写道："裴公有撼天动地的才华，竟遭遇如此摧枯拉朽之痛，以至一败涂地，命丧黄泉，怎不令人为之扼腕痛惜！"为纪念先贤，当地贤达联名呈奏获准，特将黄陂县城裴氏旧居命名为"裴公巷"。清代时更名为"裴家巷"，并成为黄陂县城九街十八巷之一。

裴宗范与《家乘全书》民国九年裴氏"永度堂"版（裴高才收藏）

为将尘封七八十年的《裴氏宗谱》所载奇闻趣事公布于世，裴高才将裴宗范小传先后收入《黄陂裴氏家乘全书》《无陂不成镇》等书。同时，在黄陂续修裴氏宗谱的新字派一诗中，特将榜眼郎的名号“永度”嵌入。诗云：“永度开龙脉，诗书啸九天；鸿鹄怀壮志，后裔开新篇。”

（陈齐根据民国《裴氏宗谱·宗范公传》改写）

姚缔虞：康熙对他“言听计从”

从湖北黄陂姚集走出的清代名卿姚缔虞，历任知县、礼部给事中、江西主考官、四川巡抚与都察院左佥都御史等。他为官一生，以敢于直谏著称。他曾违抗康熙皇帝谕旨而升官晋级，康熙还为姚缔虞赐诗激励。

科场仕进，初试身手露头角

《清史稿》列传六十一载，姚缔虞（？—1688 年），字历升，号岱麓，顺治（十五年）己亥进士，原籍豫章（今江西省南昌市），世居湖广黄陂。明洪武二年，其先祖姚仕远与族弟姚仕显从江西新昌县天德乡始迁湖北黄州府黄陂县。其中，姚仕远落籍黄陂县滠源乡马鞍山下之姚家老屋（现属蔡店街），姚仕显定居滠源乡太极堂会之今姚家大湾。乾隆十五年《姚氏宗谱》亦有类似记载。

姚缔虞幼承家学，诵读儒家经典，过目成诵，继连捷秀才、举人之后，于清代顺治十五年中进士，开始被任命为四川成都府推官，负责审理州府的各类案情。当时的四川成都，人民困苦潦倒，不少人为了生存，聚众闹事，占山为盗，残害百姓，而后又互相揭发，许多人因受牵连被官府抓进监狱。姚缔虞走马上任伊始，立即细察民情，认真审理案件，清冤雪狱，首先释放遭受无辜牵连的在押人员 17 人，安抚民心，鼓励民众发展农业生产。姚缔虞以民为本的治绩深受民众称道，也获得四川总督苗澄、巡抚张德的赏识。张常常称赞姚廉洁奉公，才干超群，善于审理裁决案件，便向皇上推荐，不久晋升为陕西安化县知县。

冒死抗旨，康熙赐诗激励

康熙十五年（1676年），姚氏晋升为京师礼部给事中。他根据自己的田野调查和冷静思考，上疏提议严格科举选士、考核翰林等措施，大都被康熙采纳。

当他得知，经都察院左都御史艾元徵上疏，康熙却下令禁止“科道官风闻言事”之权。他觉得，这有堵塞言路之嫌，决意为此上书反对。

所谓的“科道官”，包括六科给事中和都察院各道监察御史，他们的职责是纠察、监督六部及地方官员的言行，及时向皇帝建言议事。当时的监察系统允许“风闻言事”，即根据民间调查或坊间传闻来上书进谏，或弹劾官吏。艾元徵认为，这种做法缺乏证据支撑，有听风是雨、以讹传讹之嫌。故而康熙采纳了艾氏的建议，禁止了风闻言事。七年后，康熙再次发布上谕，明确表示不允许科道风闻奏事。于是，官员们为避免招惹帝怒，上书进谏或弹劾的奏章也就越来越少了。

可是，康熙十八年（1679年）七月二十八日（9月2日），北京发生了强烈地震。地震波及范围达到河北、内蒙古、辽宁、山东、河南、山西、陕西、甘肃、江苏等省区130余县处。此时此刻，康熙皇帝这才急切地意欲让科道官员参劾不法。地震期间，礼部给事中姚缔虞毅然直言上书，要求康熙皇帝亲自检阅顺治朝的言官奏章，看看当时的谏官们多么犀利敢言。如果以风闻言事为借口钳制科道官的言论自由，会促使这些官员养成圆滑虚浮的习气，慢慢地大家都不敢说话，遇到大事也不会承担责任了。

重开科道“风闻奏事”之禁的提出，使康熙处于两难境地。于是，康熙就采取“模糊手法”，一方面发布上谕，不想恢复科道“风闻奏事”的权力；另一方面，他又召集满汉九卿、詹事、科道等官员，就科道官员如何发挥作用，在朝堂之上进行了一次大讨论。可是，很多大臣都受康熙帝前几天那个上谕的影响揣测圣意，都反对重开御史风闻言事之例。唯独姚缔虞坚持己见，继续抗争。为此，康熙特在乾清宫召见姚缔虞，说：“我并不是要限制言官议事。自康熙八年以来，何尝有大臣因言获罪呢?”姚缔虞回答道：“就算皇上不处分言官，可是条例禁令摆在那里，谁敢说话?”康熙微微点头。当时，虽然没有颁发上谕取消这条禁令，却下令把他与姚之对话宣付史馆，意在重开言路。直到康熙三十六年二月初四，康熙帝方正式发布了一道专门针对科道官员的上谕，废止“禁令”，表示对直言上疏的官吏“决不加责”。

在皇权至高无上的年代里，姚缔虞不仅没有因为抗旨而治罪，反而因“抗”得福，他很快被提升为工科掌印给事中。同时，康熙还为其宗谱赐诗一首，诗云：“承虞姚之正绪，立芳名于永世；诚为善以必昌，念前修其复志。”姚缔虞将诗作为宗族的字派，并自他起遵行。如今的姚集街道地名，也因姚缔虞而得名。

视民如伤，再现繁荣景象

在姚缔虞出任江西省主考官期间，他经过对江西民间的一番考察，回京后立即将自己了解到的真实情况上奏皇上。其轻赋税、减民灾、振科举等措施，均被皇上采纳。姚缔虞还多次上疏，奏请康熙皇帝实行公正严明的章奏制度，亦获恩准。此间，康熙通过亲自考察科道，嘉许姚氏是一位称职的能吏，并嘉奖了姚缔虞、王日温与李迥等，同时罢免了孙绪极、傅廷俊、和盐鼎三人。

康熙二十一年，姚缔虞上疏论劾地方官办事偷懒、人浮于事、公务沉阁、不务正业、溺于宴酬、铺张浪费等弊端，恳请康熙严令禁止，管束整顿。由于他忠心耿直可鉴，再次得到康熙皇帝的青睐，提升他为正四品的监察官员——都察院左佥都御史。

三年后的康熙二十四年，由于四川不靖，民不聊生，康熙再次点将姚缔虞出任四川巡抚。姚氏不负所望，一到任便四处张榜布告，严厉约束，禁止私征乱收，杜绝贿赂。因此官吏多惧怕他而不敢违犯。同时，姚缔虞还采取相应的措施，如重视科举复业，减赋税，免贡白蜡，停征铁税等，筑巢引凤，抚招四川乡宦富商回川，欢迎他们带资返家，引百姓归川，努力发展农业生产。在他的感召下，四川名士商贾纷纷返乡，重建四川，重现了“天府之国”的繁荣景象。

不仅如此，姚氏也是维护生态平衡的楷模。据《四川通志·木政》记载，早在清初，改朝换代带来了大规模的宫殿修缮，采办楠木的“木政”活动更为频繁。但由于前朝掠夺性开采，楠木资源破坏严重，采运难度越来越大。姚缔虞就任巡抚期间，屡次向康熙谏言，最终在他任上促成康熙决定停止四川采木。

武湖遇险，斥资重建救命寺

在武汉黄陂三里街道办事处东南不远处有一个村庄，名叫救命寺村。该村的由来，可追溯到明清年间所建的救命寺。

那是康熙二十四年盛夏，时任四川巡抚的姚缔虞返回黄陂老家探亲。他乘坐的木舟须从长江经“烟波江”（即武湖烟波湾）回黄陂。当舟行至武湖湖心时，突遇暴风骤雨。木舟颠簸动荡，摇摇欲沉。危急时刻，姚氏跪于舟舱，面对苍天祈祷许愿：“若神明保佑弟子平安脱险，到达彼岸，来日定修寺庙报答大恩。”无巧不成书，当他祷告完毕，天空顿时雨止云散，湖面风平浪静，船下且生一洲，托住船身。事实上，盛夏的武汉地区，雷暴乃常态，且来去匆匆。况且非“天生一洲”，而是湖中本来就有一土丘高墩，这里是湖中一处高出湖底平面十余米的制高点。由于历经沧桑，风推浪移，原建的救生之寺被冲毁，但底座坚固，所以姚缔虞所乘之船就被冲到高处搁浅，并非神灵保佑。

姚缔虞查阅康熙五年《黄陂县志》知，武湖是洪涝重灾区，不知吞噬了多少个无辜生命。早在明代，辽东巡抚张涛曾在此兴建用于救生避难的生洲寺，如今，先贤所修生洲寺被冲毁，而自己在此遇险曾有承诺，故在此重修救生之寺刻不容缓。于是，他慷慨捐资在原址重修了“生洲寺”。因此寺救生有功，又是姚巡抚死里逃生之处，后来就改名“救命寺”了。

据《清史稿·选举四》载：康熙二十六年（1687 年），康熙帝在嘉奖直隶巡抚于成龙清廉的同时，命九卿各举荐廉吏。大学士们力荐四川巡抚姚缔虞、云贵总督范承勋、山西巡抚马齐。由此可见姚氏操行。康熙二十七年（1688 年），姚缔虞在任上去世，康熙赐礼厚葬。

不仅如此，还可从姚氏的诗作《夜柬王少参舟中》，足见其忧国忧民之心。诗云：“薇省辞黄鹤，兰桡伴白鸥。岸回江月抱，天迥夕云流。银汉乘霄上，金陵逼岁遒。田租闻复减，侧识汉皇忧。”

（陈齐、浩华根据《清史稿》《清圣祖实录》《四川通志·木政》和清代《黄陂县志》改写）

曾大观、刘彬士、金国均：“文武三榜眼”卓异人生

在清代嘉庆四年（1799 年）至道光十八年（1838 年）的短短 39 年间，湖北黄陂出现过曾大观、刘彬士、金国均“文武三榜眼”奇观，他们有的立言立德，有的创建武功，至今传为佳话。

武榜眼曾大观

曾大观，字静斋，嘉庆四年（1799 年）武榜眼，黄陂蔡家榨曾家大湾人。他自幼聪颖好学，既善骑射，亦工文辞，只是他首次参加乡试名落孙山，对他打击不小。

文可安邦，武能定国。好在那时的科考，文、武两科均设有功名，立志决战科场的他毅然弃文从武。6 年后的乾隆六十年（1795 年），一举中武举人，4 年后连捷高中武榜眼。先被授御前侍卫，赏戴花翎，后被授枫岭游击军衔，负责一方治安。枫岭关地区为浙、闽、赣三省交界之地，曾是土匪逋逃之薮。曾大观有勇有谋，单骑闯匪之巢穴，捕匪首三人，匪众皆鸟兽散，疆界遂安。后荐任浙江衢州总镇、福建建宁总镇，擢升福建陆路提督。

曾大观治军甚严。道光年间，台湾不靖，曾大观派兵协剿，有某千总在途中骚扰，为严肃军纪，当场将其殴毙，全军俱怵，其治军之严，可见一斑。后因屡打胜仗，战功显赫，多次入京觐见皇帝，御赐

“我朝福将”御匾和“静斋巡海图”，官迁翟州，历嘉庆、道光两朝。清嘉庆年间，会同族人兴修曾氏宗祠，名曰“宗圣祠”，以纪念先祖曾参。曾大观还亲笔题写大匾“旧德先畴”悬于正堂中央。宗祠中殿两边之抱柱联，则由曾国藩所书。联云：

东鲁溯渊源，蔚起人文，五十七传分世系；
西陵称圣地，宏开堂构，千百万载荐馨香。

相传曾大观中武榜眼那年，外国进贡一条巨蟒，名曰“进贡”，实则是打探中原是否有人才。那巨蟒有碗口粗细，一丈余长，凶残无比。为了培养其凶性又饿了它一段时间，关进铁笼送到京城。这么一折腾，巨蟒凶相毕露，望而生畏，满朝武将无人敢出面降蟒。皇帝心想，堂堂大清帝国，岂怕一条巨蟒？于是宣诏，要新科武榜眼曾大观降服。曾大观身穿铠甲，头戴铁盔，雄赳赳气昂昂地来到现场，毫无怯意。满朝文武大员也到现场观看，连皇帝也亲自坐镇。

同年，黄陂另一位文榜眼刘彬士也在此观看人蟒大战。只见外国使者打开铁笼，那蟒“嗖”的一声，蹿了出来。

曾大观健步迎风而上，一下子卡住了蟒的七寸，那蟒顿时卷起庞大的身躯，紧紧地绞缠住曾大观。人蟒搏斗，僵持在一起，可惜曾大观一身的武功一时施展不开。

坐在一旁的刘彬士看得真切，提醒道：“曾大观，脚到成功。”那曾大观本来能文能武，只是一时情急才乱了方寸，经刘彬士这么一提醒，立刻心领神会。抬起脚，朝着蟒蛇腹部猛蹬一下。

原来曾大观所穿铁靴上安了机关，他用力一蹬，靴头立刻露出一把锋利无比的尖刀。那尖刀刺破蟒腹，划开一道几尺长的口子，如同开膛破肚，巨蟒的内脏全都掉了出来。蟒负痛，绞缠着曾大观的蟒身不觉松软了。

说时迟，那时快，曾大观双手趁机一起用力，巨蟒顷刻间变成了一条死蟒。外国使者被眼前的情景吓呆了，悄悄地溜回国，再也不敢轻举妄动了。著名民族英雄林则徐曾赋诗赞曰：

神山初日射金鳌，横海楼船下濑豪。鳀壑天风传鼓角，蛟门云水洗弓刀。

清时纵少跳梁警，劲旅休忘战舰劳。准备图形上麟阁，天吴错绣折波涛。

曾大观自幼喜欢博览群书，秀才出身，颇富文采，亦工于书法，曾辑录史鉴有益身心之内容成一书，可惜不知书名，也未流传下来。道光年间，因病疾告归故里，一年后病卒。

（陈齐根据清代《黄陂县志》《曾氏宗谱》改写）

"代驾王"刘彬士

丁酉阳春，笔者从黎世炎先生收藏的一块清代匾额"双寿同珍"上，见证了清代榜眼郎刘彬士的文采。刘彬士不仅是朝廷的史官、主考官和监察官，在民间甚至有关他代皇帝出巡——"代驾王"的传说，且黄陂有地名"接驾湖"为证。如今，台北"故宫博物院"图书文献处仍保存有他的相关史料。

刘彬士（1770—1838年），字辅文，号筱圃、筠圃，世居黄陂蔡店刘家山、罗汉街小刘湾与前川街刘家大屋。他自幼聪识谨厚，动止遵礼法，父老多器重之。继夺得秀才功名后，他于乾隆五十九年（1794年），在湖北乡试以第三十八名中举。嘉庆六年，以会试第二十名，殿试一甲二名赐进士及第，授翰林院编修。自嘉庆十二年到道光十七年，历任顺天乡试同考官、国史馆总纂官与提调、江南道监察御史、顺天乡试监试官、内帘监试官、会试同考官、稽查北新仓、京畿道监察御史、礼科给事中、巡视中城、兵科掌印给事中、湖南学政、光禄寺少卿、通政使司参议、太常寺少卿、大理寺少卿、光禄寺卿、稽查弹压赈场、稽查左翼宗学、监放芦村粥厂、大理寺卿、江西乡试正考官、磨勘试卷大臣、武殿试读卷官、都察院左副都御史、礼部右侍郎、江南乡试正考官、满洲蒙古贡监考职考试官、刑部右侍郎、会试新贡士覆试阅卷大臣、乙酉科拔贡朝考阅卷大臣、庶吉士散馆阅卷大臣、磨勘散馆试卷官、搜检大臣、浙江巡抚、浙江文乡试监临官、浙江武乡试主考官、太仆寺卿、光禄寺卿、顺天学政、都察院左副都御史、刑部左侍郎、总督仓场户部右侍郎、吏部右侍郎、刑部左侍郎、刑部尚书等职。著有《海塘纪略》《春山堂诗文》《蓺经堂时文存稿》《刘筠圃司寇自记节略》。

清代榜眼刘彬士题"双寿同珍"匾额

民间传说他曾代表皇帝微服私访，即充任"代驾王"。所以黄陂这个没有来过皇帝的地方却有"接驾湖""落驾山"（骆家山）、"送驾店"（宋家店）等一些与皇帝相关联的地名。其实这些都是为刘彬士接风、洗尘、送行之所。因为他是"代驾王"，所以才沾了一个"驾"字。

在任监察御史期间，详察案情，一丝不苟，有错必纠，制止草菅人命之事。当时安徽有两犯人缪二、李松，以故意杀人罪拟处绞刑，后刑部认为判决过重，但仍拟绞监候缓决。刘彬士在审阅案卷时发现疑点，经过深入侦查，认为二犯杀人本出无心，应依过失杀人律从轻发落。而刑部所拟与犯罪事实轻重悬殊，量刑不当，奏请改判。他的意见被朝廷采纳，缪、李二人得免一死。

在署浙江巡抚任内，仁和县（今杭州市）发生闹漕风潮，许多农民拒交漕粮，以示对官府的抗议。刘彬士分清首要与胁从，仅将徐凤山等几个为首者分别判刑，而其余胁从同行之人，一律免予查缉。这样一来，既平息了风波，又避免了一场大屠杀。

就任浙江巡抚之后，奏请添建宁海、象山等县营房烟台，以资防守；又借款兴修杭嘉湖三府水利；帮丁应行扣缴的银米，也请分别展限，以纾民力；杭州、湖州各县受灾后请缓征赋税，均得批准施行。

清同治《黄陂县志》称赞其人品与官品曰："洎居官不以结纳植私党，不以参劾沽真名，无苞直之私，无声色之好。"

（陈齐根据台北"故宫博物院"图书文献处，清国史馆传包，702002674—1—5号；清人室名别称字号索引，下册，第1633页资料整理）

"金鸡啼"金国均

在黄陂六指店金家湾，自清代道光年间以来，一家走出了两位进士金光杰、金国均父子，其中金国均还夺得榜眼。金氏祠堂因此竖有两旗杆。所以，历史上流传着"双旗杆"，以及"金家的文、童家的字"之说。

金国均（1813—1869年），字秉之，号可亭，居长。其父是嘉庆庚辰进士、翰林院编修、河南道御史、侍读与侍讲的金殿珊（光杰）。幼时贪玩，十五六岁方发愤攻读，文才出众。18岁应童子试，被提为第一补博士弟子员。后连捷中举。道光十八年赴南宫殿试，榜中一甲第二名（戊戌科会试榜眼），赐进士第，与曾国藩同榜。授职翰林院编修时，年25岁。

到了咸丰三年（1853年），金国均出任顺天府乡试同考官，次

金国均榜眼题“婺焕花龄”

年钦封学政巡视秦中，其间多有名士被选拔，门下所出文牍、奏章，皆为朝臣赞誉，故擢升为侍读加侍讲学士衔。他曾五次掌典文衡（主持考试），所得人才最盛，有的内跻卿贰，有的外任封疆，甚受朝廷青睐。

金国均性格豁达大度，不慕荣利，不屑奔竞，深得当道推重。其体魄魁梧，精力过人，办事达旦不寐，直至鸡鸣方寝，京师号其为“金鸡啼”。后因老父病危，告假侍亲。其知交曾国藩、胡林翼曾屡次函请其出山襄办军务，终因父病不忍绝袂而去，遂报书辞谢。

其后兵燹连绵，房舍被焚，中年丧子，无家可依，辗转于汴洛宛叶之间。晚年伤感，常陶情诗酒，博弈取乐。在大梁书院身患痿疾，愈后归里。道光年间，曾在京编撰《黄陂县志》沿革、人物二篇。故县内有“金家的文、童家的字”之说。

清代重修双凤亭时，金国均与周恒祺各撰写了一碑文，两碑至今仍镶嵌于双凤亭。其中金国均的碑文由女婿、武举人周国城所书，周国城的孙子周谦冲曾是知名学者、南京国民政府“国大代表”，后为联合国专员。

金氏后裔中，民初曾走出了陆军部长、黎元洪大总统总统府“四大金刚”之一金永炎，而金唯信“中央大学”毕业后留美，在哈佛大学获经济学位，回国后历任台湾“财政部赋税署长”“中央信托局长”与名誉理事主席。金永炎之嫡孙金宗麟，台湾大学外文系毕业，曾任职台湾驻美“中信局”主任。

改革开放后，周谦冲夫人刘敦勤返乡游双凤亭时，专门将周国城所书碑文拍照带回美国，周谦冲得知是自己的祖父所题，专门从美国国会图书馆借来清代《黄陂县志》查证，兴奋不已。因为他早年外出读书，后又赴美国定居，并不知道先祖题碑事。于是，以刘敦勤的名义撰《双凤亭探幽》一文，在海内外介绍周氏的双凤亭情思。

（摘自裴高才著《程颢程颐传》，湖北教育出版社 2014 年版）

周恒祺：功成身退的漕运总督

在晚清，从黄陂走出的周恒祺，历任直隶布政史、山东巡抚兼提督军务总兵官，加兵部侍郎、都察院副都察御史衔，以及漕运总督，曾是北洋大臣李鸿章的左右手，而他的孙媳妇则是中共早期领导人瞿秋白的二姑妈。

两记耳光始发愤

据王美今先生查证，周恒祺（1822—1892 年），字福皆、弗陔、潜庵。原籍江西瓦窑堡。明朝洪武初年，先祖周茂才官居兰台御史，因只言片语冒犯权贵，谪贬江夏司训，举家迁至黄陂县城河街（今人民街）。周茂才在耄耋之年，重新官复原职，老人领恩谢绝。朝廷因此赐田 400 石，准其颐养天年。其中 200 石在黄陂县城东门外的东寺畈，另 200 石在黄陂东乡甘棠许桥上下团林埠村。

周恒祺幼年时，因没有起身恭迎乘轿出巡的县太爷，被衙役打了两记耳光。他顿感“治人”和“治于人”的不平等，故而发愤攻读，决战科场。果然，在道光丙午科乡试中，他一试中举。继而在咸丰壬子恩科中，又进士及第，并充任国史馆协修。

光绪四年，周氏始任直隶布政使，此间，直隶总督兼北洋通商事务大臣李鸿章将许多政务委其署理，他案无留牍，处置裕如；拒亲谋事、廉能卓著。次年，晋升山东巡抚，兼提督军务总兵官，加兵部侍郎、都察院副都察御史衔。

查办“济南教案”

在周恒祺任山东巡抚的第三年，亦即光绪七年（1881 年），由于美国长老会传教士莫约翰、洪士提反等人选定在其附近的一块地面准备设立教堂、医院一事，遭到泺源书院和附近济南市民的强烈反对，酿成闻名中外的“济南教案”。

事件发生后，莫约翰等人前往府署与济南知府梅启熙交涉，“请将刘玉亭开释”，未果，又迭次往山东抚署求见。他们表示“愿将此房退让，但须在西大街尽头之处，另觅房间互换”。山东巡抚周恒祺只答应“将房价及伤损物件所值之价交还”，并“允嗣后如于别处寻妥房间，可以协助办理”。莫约翰、洪士提反亦未同意。

其后，周恒祺委派能够体现自己意志并熟知洋务的候补道张荫桓一行 5 人，组成专班查办此案。张氏受命后，与莫约翰、洪士提反进行有理有据有节的交涉，因双方无交集未果。莫氏遂将此案情形报告美国驻华公使安吉立，请其直接与总理衙门交涉。这些官员表示：“允于别处另觅房间互换，并将所损物件估价赔偿。惟所寻房间，若仍欲在西大街地方，则决不依允。”双方发生争执，不欢而散。周氏调离后，美国署理公使何天爵先后照会清廷总理衙门，要求查拿滋事者，赔偿传教士损失，遭到总理拒绝。直至光绪十年（1884 年），清廷在美国的压力下，方以退还房价，赔偿损失结案。

功成身退结至交

光绪六年，为拒帝俄入侵，清廷特派周恒祺为烟台、青岛、威海卫一带海防督办，周因不谙兵法，恐误国事，故连章奏请恳辞。两年后，调任漕运总督。

在漕运任上，因他看不惯官场的尔虞我诈，决定息影政坛，直到

1882 年，他才如愿致仕。离任前，督署总管财务的道员以 30 万银两馈赠。周断然拒收，并嘱其存入库中。他说："做官多年，宦囊已够生活。财产愈多愈助长子孙骄堕，有害无益。"在武昌当寓公时，曾撰联悬之座右，联云："酒后茶前任老子婆娑而舞；身闲心逸觉此中瘏痱皆憩。"同时告诫子孙：宦海浑浊，官场倾轧，无须求取功名。

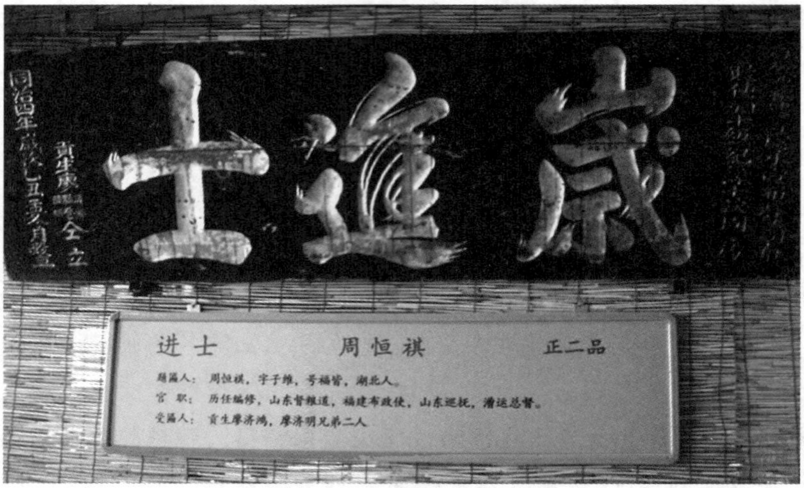

周恒祺题匾

晚年，周恒祺与湖北布政使瞿赓甫莫逆于心，结为通家之好。即周恒祺之孙、翰林院编修周世鼎（福孙），与瞿赓甫侄女（即瞿秋白的二姑妈）瞿婕青（又名阿多）喜结连理。瞿秋白 17 岁时，曾在姑母家居住了四个月。后来，瞿在其代表作《饿乡纪程》中，专门记述了他在黄陂的难忘岁月。

（陈齐根据王美今撰《周家大屋》《泉城掌故·济南教案》等资料改写）

黎大钧：晚清国库的“大管家”

在清末，从湖北黄陂东乡黎家岗，走出了一位银行家黎大钧。他先在清廷户部，任职长达十余载，继而转任户部银行、大清银行监督。荣归故里后，他不仅领衔在汉口创办黄陂银行，还是民初大总统黎元洪的“贵人”。

晚清央行“大管家”

湖北省武汉市黄陂区王家河街黎家岗之小黎湾，是黎元洪先祖从江西迁往黄陂最早的落籍地之一，也是黎大钧的出生地。黎大钧之父是前清秀才，后因多次参加乡试名落孙山，便抛下发妻及二子远游，将家中百亩田产先交由族人打理，长子黎大勋成人后，接手经营。其孙黎杜、黎少川学有所成，后分别在黄陂一中与黄陂九中任教。

次子黎大钧则走学而优则仕之路。继连捷秀才、举人之后，1883年新春，又双喜临门：春节期间，黎夫人分娩了一个胖墩墩的婴儿。即将进京参加会试的黎大钧，得知自己的第二个儿子出世，不禁喜上眉梢。顿时，司马相如《难蜀父老文》之“雨润万物名曰澍”脱口而出。于是，他就给儿子起名澍，字劭平，希冀次子将来自强不息，造福人群，光耀门楣。到了阳春三月，黎大钧进京赶考，一举金榜题名——光绪癸未科会试进士及第。从此官运亨通。

刚开始，黎大钧以清廷户部（1906年更名“度支部”）正六品官之“主事”分发，先在司官中选派出任户部广西司负责办理文牍的官员“主稿”，接着转任“北档房”文官“领办”。北档房为户部全部重要文书总汇之所，凡事关朝廷及数省财政的重要议案均属之。档房官职分为领办、会办与总办三等，每个层级职务实行双衔制，均有满、汉官员充任。黎大钧所任领办一职，即是北档房中该层级的汉族官员的首长。满洲语称之为“达拉密”。由于他熟悉部务，家学渊源深厚，又敬业乐群，为历任尚书翁同龢、赵尔巽所倚信。黎大钧因此在这里任职长达十余载。

1905 年，他被外放到山东，担任兖沂曹济道（辖兖州、沂州、莒州、曹州）道台，成为介于总督与知府之间的正四品官员。继而转任户部银行、大清银行监督（行长），行使国家银行职能。所到之处，颇有口碑。1909 年初，黎大钧告老还乡。因早年黎家在汉口、武昌拥有实业与房产，故在武昌千家街定居。

裴高才（右）专访黎大钧之孙黎棨（王凤霞摄）

一言九鼎化干戈

黎大钧、黎澍原与黎元洪虽然都是从江西迁往黄陂的黎氏后裔，但他们因各自在外打拼，却缘悭一面。直至1896年3月，黎元洪随张之洞回调湖北编练新军后，两家才开始交往。起初，黎元洪地位低下，没有私宅，得知黎大钧有房屋出租，觉得他们一笔难写，便租借黎大钧的房屋安顿家小。两人成为邻居之后，黎大均身为进士，朝中干臣；黎元洪毕业于北洋水师学堂名校，又三赴日本喝过洋墨水，张之洞曾书赠“智勇深沉”。二人你来我往，趣味相投。有一天，他们高兴之余一拍即合，黎元洪决定认祖归宗。

起初，黎大钧拟与黎元洪以兄弟相称。可是，黎大钧的太太却认为黎大钧比黎元洪年龄要大一截，又是资深老臣，二人结拜兄弟不恰当。顶多只能以叔侄相称，不应谦让为兄弟。黎元洪也认为，自己的年龄与黎大钧相差一二十岁，而黎大钧又是朝廷德高望重的耆老，自己在湖北还得依重他，还是与之叔侄相称为宜。于是黎元洪便与黎澍结为兄弟，并正式向黄陂黎氏认祖归宗。民国三年秋，针对社会上对黎元洪的身世众说纷纭，黎元洪专门委托黎大钧会同族人组织续修了《黎氏族谱》。此谱黎大钧原存放一套在武昌千家街老宅，后散失。

在编练新军的过程中，黎元洪不负张之洞所望，制定了我国陆军改革的第一个法规《湖北练兵要义》。且他以身作则，常驻军营，从严治军，所领饷粮及服装费，悉无沾染。他因此一路飞黄腾达，官至新军第二十一混成协统领（旅长）。而同驻武汉之新军第八镇统制（师长）张彪，依仗他是张之洞的“丫姑父”身份，工于钻营，巧于贪黩，而军务废弛，自顾相形见绌，他一直视黎为眼中钉。张之洞在鄂时，他曾多次为难黎，因有张之洞庇护，始终没扳倒黎。张之洞晋升为军机大臣后，张彪觉得机会来了，就在新任湖广总督瑞瀓（满洲正黄旗人）那里屡进谗言，瑞瀓亦不喜元洪不善逢迎于己。于是，在辛亥（1911年）初春，瑞瀓已写好弹劾黎元洪的奏章，准备呈报给清廷。

黎大钧得知此事后，觉得事态严重，该是为本家出面斡旋的时候了。于是，他亟往面见瑞澂，询问其中原因。瑞澂煞有介事地答道："黎大人，不是我跟黎协统过不去，是他不服从军令啊！"黎大钧说："总督乃湖广的军事主帅，黎协统作为下属安敢不遵?"瑞澂只有和盘托出："他并非不听命于我，实不服从张（彪）统制命令也。"熟知清廷官制的黎大钧据理力争地解释道："总督大人，依陆军官制，混成协为独立协，原不应受张彪节制。"黎大钧一语中的，瑞澂一时语塞，而黎大钧毕竟是朝廷致仕的大佬，且此事非其主动，故无可无不可，这个面子不能不给。因满人颇重私谊，所以，瑞澂便问黎大钧与黎元洪是何亲属关系。黎大钧遂以"从子"（嫡侄）从容答道。瑞澂就送给黎大钧一个顺水人情，将弹章搁置，黎元洪得以无事。否则，极有可能降职或调离。此事不胫而走，时湖北人称：黎大钧此一转圜之力，殊大有造于黎元洪。黎元洪飞黄腾达后，推恩于黎大钧的爱子黎澍，使黎澍官至总统府副秘书长。

首创"黄陂实业银行"

1912 年盛夏，作为资深银行家的黎大钧，为振兴湖北银行业，他会同黄陂绅商集资筹建黄陂实业银行时，特以黎元洪的原名黎秉经的名义创设，经湖北都督府批准颁照，于是年 8 月在汉口太平路（今江汉路黄陂街口附近）正式开业。银行董事会由黎大钧任总董，黎元洪任副总董，喻子和任经理。该银行享有纸币发行权，曾发行一元、五元、十元纸币。1919 年 9 月 3 日经呈准财政部、农商部注册给照，更名为"黄陂商业银行"。额定资本为银洋 50 万元，股票每股 20 元。

黄陂商业银行与湖北官钱局关系密切，官钱局一些黄陂籍的高级职员都是该行股东。这些高级职员在官钱局内以经手人身份给该行提供方便，转身又在该行内部按股分肥。官钱局还常以房地产向该行押款，给予厚息。依靠这种特殊关系，黄陂商业银行业务发展较快。该行于民国十二年（1923 年）9 月 1 日发行的编号为 916 的股票，股东为兴记，股数伍股，金额为银洋100元，总董为黎大钧，副总董为黎秉经（元洪）。次年1月1日该行发行的股票，股东是胡仰卿，股数为25股，金额为银洋500元，总董是黎大钧，副总董黎秉经。股数：25股，尺寸：23.8厘米高×14.8厘米宽。

1926年湖北官钱局倒闭，黄陂商业银行的业务受到影响，加之经营不善，营业出现亏损，于1929年停业清理。1930年曾任汉口钱业公会副会长的蒋镕卿，重新集资10万元恢复营业，1931年汉口发生特大洪灾，该行关闭。

作为文化人，黎大钧生平收藏了包括《金刚经》在内的大量古籍善本，晚年均将其捐赠给佛教协会，现藏于归元寺。

（原载《和谐》杂志2016年第4期，裴震烁文）

民国闻人

黎元洪：亲历甲午风云的大总统

黎元洪，史称“黎黄陂”，生平两任大总统、三任副总统。早年投身于北洋水师学堂，与中外名师萨镇冰、汉纳根有知遇情。1894年，他以“大车”（大管轮）身份驾驶“广甲”号军舰，亲历了震惊中外的中日甲午海战。

民国大总统黎元洪

学堂结缘

黎元洪世居湖北黄陂张店、县城、黎家岗，以及黎家河（今大悟），1864年10月19日生于黄陂木兰乡东厂畈，1877年随父黎朝相（清军千总）迁居天津北塘军营。受父亲的影响，少年黎元洪投笔从戎，于1883年考入北洋水师学堂管轮学堂。

黎元洪入学后，先试习三个月。即试习期满，按照考试、考核成绩分作两班，甲等成绩者列为第一班。作为第一班的“班主任”，萨镇冰具体负责督导日课，月底将班上学生学分数列单报送给校长，直接向校长负责。

试习之初，黎元洪对所修的西学课程，有点不适应，以致西学课业平平。所幸的是，他遇到了萨镇冰这位良师益友。萨师年长黎氏5岁，身材消瘦，个人生活极其清简，平时话语不多，但和蔼可亲可敬。由于北洋水师学堂的学生大多是贫寒弟子，所以萨镇冰常常以自己幼时家贫，而勤奋好学进行现身说法。诸如他11岁即考进马尾船政学堂，毕业时名列第一，后因绩优被派往英国格林威治皇家海军学院学习驾驶，留英归来，时年23岁的他调到水师学堂任教。萨老师经常告诫黎元洪："文字贵在自修，勿作八股式之无性灵的文章。"在黎心里，萨授课最认真，对于功课好的学生，常以私物奖赏。黎曾获赠怀表一块，在甲午海战中幸存。有的时候，事先准备奖励的物品用完了，连自己屋里的藤椅也搬了去奖给弟子，很受学生喜爱。萨老师的教法十分独特，课外常让学生用锹铲在操场上挖筑炮台。管轮学堂在水师学堂最南边，与学堂主体部分隔着个大操场。学堂总办吴仲翔是个文人，不大喜欢学生做"粗事"。所以黎元洪等弟子锹铲齐下挖筑炮台时，萨镇冰常在操场边巡风，以便随时应对吴总办的视察。

在萨镇冰的言传身教下，黎笨鸟先飞，勤学好问加苦练，终于在试习的最后一个月，后来居上，被分配到第一班，成为萨镇冰的嫡传弟子。

入堂半年后，黎元洪分别通过了春、夏、冬三季的季度小考。经监考官会同总办呈送中堂鉴定，黎分别以甲等与乙等登上光荣榜。在由总办呈请中堂李鸿章亲临阅试的西学与汉文秋季大考中，黎再登甲等光荣榜。

初入学堂时，黎元洪的身体十分消瘦，经过由萨镇冰与洋人教官隔日傍晚带赴学堂外，仿外国水师操法，排列整齐，训演步伐、马术，练习手足，经过长年累月的坚持不懈，黎终于藉壮筋力。

有一次，几个同学邀黎一起外出郊游，因返校迟到违反了校规。当校方讯问其他几个同学时，他们不是互相推诿，就是支支吾吾，或是矢口否认，而萨镇冰老师找黎元洪问话，黎二话不说，主动承担了全部责任。正是他这次代人受过的记录，萨镇冰更加对他爱惜有加。

在黎元洪看来，萨镇冰在天津水师学堂的四年，其人生轨迹从“家有健儿驰海上；国御顽夷赖栋梁”和志向舰长之梦的鲲鹏之志，转变为培育中国海军新生种子的孺子牛。1886 年，萨镇冰才正式调到“威远”号舰任管带。翌年，调任“康济”号练船管带。

在水师学堂练习马术的过程中，黎元洪遇到了恩师德国籍教官汉纳根。起初，黎元洪的骑术最差，很少有骑马机会的黎元洪在练习骑马时，常常从马上摔下来，被其他学生嘲笑。但骑术教官汉纳根并没有歧视他，而是精心教导，时常给黎元洪开小灶。经过一段时间的训练，黎元洪骑术大有长进，汉纳根还推荐他当了马队（骑兵）班长。

1886 年，为提高英文读写能力，黎几乎每天阅读汉纳根与德璀琳等创办的中英文双语报《中国时报》。该报不仅开阔了黎的视野，而且黎的英文水平提高很快，可用流利的英语直接与洋人对话，阅读有关舰艇的专业英文资料。1888 年 3 月，黎元洪以优等成绩与 18 名第一届管轮学堂学生毕业。

共赴海战

黎元洪海校毕业后上舰服役不久，调到广东水师的“广甲”号兵舰任三管轮。1891 年 5 月，他随“广甲”号被调往北洋舰队接受检阅，因他表现不俗，因此被擢升为二管轮，并获得五品顶戴与立功奖牌。

1894 年 5 月，黎元洪所在的广甲以及广乙、广丙，以及南洋水师均参加了清廷在朝鲜家门口举行的海军校阅，接着参加了甲午海战。同年 7 月，李鸿章急调昔日的顾问汉纳根来天津参谋军事。汉纳根与李鸿章商定了从水陆向朝鲜牙山运兵增援的计划，并自告奋勇随运兵船同行，然后经仁川抵汉城侦察日军情况。7 月 23 日，汉纳根与“仁字营”淮军 1100 人乘坐英国商轮“高升”号从大沽口起锚。此事被日本间谍得知，日舰将“高升”号击沉，千余名中国官兵同时遇难。汉纳根和少数英国船员、中国士兵跳水求生，于 8 月 4 日下午返回天津。不久，他被李鸿章委任为北洋海军副提督兼总教习，协助北洋海军提督丁汝昌。

9月17日，中日黄海海战爆发，汉纳根与北洋水师提督丁汝昌在旗舰“定远”号上指挥作战。

当日下午，中日甲午海战开战前却发生了意外：黎元洪驾驶的“广甲”号舰艇，在编队前进的时候走丢了。因为他的军舰排量最小、技术最落后，唯恐出现状况。当时日本军舰大多数都比中国军舰大，而且配备比较新，战斗力也比较强。“广甲”号军舰的排水量只有1290吨，而一般的日本军舰都在4000吨左右。而且“广甲”号是铁肋木壳，也就是里面的龙骨和肋胁是铁质，外边包裹的是木头壳。这种船如果真的被敌方炮火击中，一炮就穿。所以他担心：万一碰到日本军舰，后果不堪设想。不过万幸的是，他凭借娴熟的技术，最后“广甲”号终于又跟上了大队。喘息未定，就接到命令，吃完饭后准备参战。

中国北洋舰队在向敌人接近时，司令（提督）丁汝昌，副提督汉纳根、刘步蟾等，见日舰快船居前，本队居后，呈单纵阵形扑来。战斗打响后，黎元洪驾驶着“广甲”勇往直前，参加了围攻日舰“赤城”“西京丸”的战斗。是时，北洋舰队旗舰“定远”舰由于下水12年，7年未修，主炮发射时炸膛，清廷海军主帅丁汝昌摔伤，信旗被毁。丁汝昌拒绝随从把自己抬入内舱，坚持坐在甲板上督战。日军第一游击队四艘战舰，利用航速优势绕攻北洋舰队右翼“超勇”“扬威”，二舰相继被击中起火，退出战斗。日舰“吉野”也被北洋舰队击中起火，但很快被扑灭。战斗至13时30分左右，“超勇”沉没。

正当日本第一游击队绕攻北洋舰队右翼时，日舰“比叡”“赤城”“扶桑”“西京丸”遭到北洋舰队截击。黎元洪驾驶着“广甲”，配合“定远”“来远”“经远”重创日舰“比叡”“赤城”。14时15分，日舰“扶桑”“比叡”和伴随着“西京丸”的炮舰“赤城”，被“来远”“致远”和“广甲”咬住了。而且“西京丸”也暴露在火力下。五分钟后，“西京丸”连续中弹12发，遂趁起火退出战场。“赤城”舰长坂元阵亡。下午3时30分，日舰“松岛”逼近，“镇远”发一巨弹，正中敌军弹堆，日军炮台指挥官等百余人死伤……

这时，当“济远”号管带方伯谦看到，勇往直前的邓世昌的“致远”舰首先被击沉了。方伯谦竟用重锤击伤大炮，然后打出旗语说舰艇已受重创，立即掉头撤退。而且“济远”在仓皇逃跑中，还撞沉了并肩作战的“扬威”号，龟缩于旅顺港内。“广甲”号管带吴敬荣则令黎元洪驾驶“广甲”号紧步其后尘，打乱了整个作战序列。结果“广甲”号，在中日两国军舰的弹雨之中，且防且退，在大连湾三山岛附近触礁搁浅。到了23日上午，在海上游弋的日舰“浪速”号与“秋津洲”号突然发现了“广甲”的踪影，便朝着“广甲”方向驶来。吴敬荣见状吓得魂不附体，为了掩耳盗铃，即令毁舰，而后丢下士兵自己乘小艇逃之夭夭。

黎元洪见上司毁舰之后一溜大青烟，舰艇上又无攻击武器，他与其他的官兵一道抢乘了一艘小艇逃命去了。他在海上漂泊了十余个小时，才被海浪神奇地冲到岸边生还。

铩羽而归

黎上岸后，来到海军基地旅顺。此时的海军衙门正在缉拿在甲午海战中跳海逃命的广甲水兵，黎以逃兵的罪名被监禁数月后才被放了出来。

中日甲午海战爆发后，已是副将衔北洋水师精练左营游击、管带“康济”练习舰的萨镇冰，奉命守卫渤海湾口的日岛。

1895年的2月7日，在刘公岛保卫战中，萨镇冰负责防守的日岛炮台因为地处出入威海湾东口的要冲，而成为日军炮火重点打击的目标。正当萨镇冰率全台数十名官兵在与日舰浴血奋战时，一门地阱炮的炮架被南帮炮台发射的巨弹命中，失去炮架依托的炮管顿时倾倒在炮台的底部，并严重阻碍了另外一门地阱炮的射界，致使其无法操作，日岛炮台瞬间丧失了全部的远程重型火力。顿时，日舰的弹雨更加密集地倾泻到这小小的日岛之上，日岛成了喷发的火山，爆炸此起彼伏。不久，敌弹击爆了日岛炮台的弹药库，在滚滚的黑色浓烟中，日岛炮台的武备彻底被毁。值此危难时刻，萨镇冰依旧倔强地坚守在已被炸成一片废墟的炮台工事里，直到丁汝昌从刘公岛上通过电话命令日岛守军撤退。至此，萨镇冰已在这个离敌最近、又无后援、情势最为险恶的弹丸小岛坚守了10个昼夜。

甲午战争以清军失败告终，残存下的所有海军官兵遭革遣返乡，萨镇冰也回到福州。不久妻子也过世了，萨镇冰囊空如洗，只好到官绅家庭当塾师挣钱糊口。

过了半年，两江总督张之洞礼聘他当吴淞总炮台官，不久，升萨氏为自强军帮统。黎元洪也到南京，因修筑炮台有功，后来跟随张之洞飞黄腾达。辛亥革命时，黎起义武昌，又以师生之情说服时为清廷海军提督的萨镇冰促成海军反正，传为佳话。

黎元洪两任大总统、三任副总统后，晚年寓住天津。他采纳汉纳根的建议，投资中兴煤矿，并将其办成一大民族资本产业。与此同时，这对师生经常一道骑着高头大马，出城游玩，成为津门的一道独特风景。

（摘自裴高才《黎元洪的甲午之痛》，《文史精华》2014年第6期）

范熙壬：同李大钊的师生情谊

范熙壬（1878—1938 年）是张之洞的得意门生、清末举人、“海归”学者，生平参加了震惊中外的公车上书、辛亥革命与立法护法运动等，历任中华民国第一届国会众议院议员、宪法起草委员会成员、国会非常会议行政委员与会议主席等职。范熙壬营救李大钊的书信《致杨邻葛督军书》，尘封 80 年后，重见天日，弥足珍贵。

初识李大钊

范熙壬出生于黄陂天河，12 岁参加童子试，后考入两湖书院成为张之洞的得意门生。19 岁与其父范轼成为湖广乡试中的首对“父子同科”举人，获得光绪皇帝的御赐金匾。次年，范熙壬作为进京举子，参与发动了“公车上书”。1903 年与 1908 年曾两度留日，毕业于京都帝国大学法科。留日期间，他创办的《新译界》，着重政法、文学、时事类译述，探寻救国之道。又受导师河上肇教授的影响，选修德文，翻译了马克思著《资本论》，还与宋教仁过从甚密。

回国后，由座师张之洞举荐，范熙壬任清廷资政院一等秘书官兼机要科长，筹备资政院开院事宜。同时，他还往返于京津之间，兼任北洋法政专门学校与速记学堂教务长，为中央和地方培养急需的专门人才。任教期间，他对正在法政学校就读的“北洋三杰”之一的弟子李大钊非常赏识。从此，范熙壬与李大钊结下了不解之缘。1913

范熙壬留日照片

年冬，范熙壬会同孙洪伊与汤化龙力争，促成李大钊获得了公费留日资格。

1911年底，范熙壬得知孙中山当选为中华民国临时大总统，尽管当时南北交战、陆路不通，他毅然冒着炮火绕道海路南下沪宁，参加孙中山的就职大典，复任湖北军政府总务秘书主任。南北统一后，他响应孙中山号召，积极参加国会议员竞选，并在黄陂选区高票当选。从此，便全身心地投入到立法与护法的工作之中。

当北洋军阀践踏法律与丧权辱国之时，范熙壬以凛然正气，敢于同袁世凯、段祺瑞政府叫板，公开反对“善后大借款”与“金佛郎案”；曹锟贿选，他不惜抵押住宅作为活动经费，组织正义议员南下，与之针锋相对。即使是遭到搜捕与迫害，他仍愈挫愈勇，投身护法。

师生成同志

十月革命的一声炮响，让范熙壬为之一振。他回想起自己亲身经历过的国难，顿觉只有以苏俄为师，才能拯救中国于水火。于是，他吟咏《十一月望夜玩月》《赏月再赋》寄托自己的情思，表达了他在乱世中披肝沥胆，迎接俄国十月革命之“冬辉”在中国放“光明”的决心。

20世纪20年代，李大钊作为中国共产党的主要创始人与中共北方党组织的主要领导人，在国民政府要员中的进步人士、社会知名人士中，发展了30多个中共党员。范熙壬就是此间经李大钊亲自介绍，成为一名中共秘密党员的。

继而，范熙壬以国会议员与非常会议临时主席身份，掩护革命党人，致力于国共合作。他亲自前往天津欢迎孙中山北上，筹备国民大会。报界在刊发孙中山与范熙壬等各界名流在天津张园的大幅照片时称，这象征着国（国民党）、共（共产党）、群（议员）三方的真诚合作。为了纪念这一美好时光，范熙壬曾将这幅大照片挂在其宅第采寿堂内院大客厅。

同祭孙中山

1925年3月12日，中山先生出师未捷身先死，范熙壬与二弟熙申、族弟熙绩分别代表国会、海军与陆军为孙中山执绋。

当时，国民党组织的孙中山治丧处，责成李大钊担任秘书股中文主稿。3月14日，范熙壬主持召开了国会非常会议特别会议，决定为孙中山举行国葬，下半旗志哀，并要求财政部拨出治丧费10万元。3月15日天津《大公报》之《中山饰终典礼之昨闻》作了报道。

3月19日，孙中山灵柩由协和医院移至中央公园拜殿公祭。当天，陆军部鸣放礼炮33响，航空署派三架飞机绕空飞行，空撒孙中山遗像。送殡队伍壮观浩荡，前面有300名警保人员开路，接着是庞大的军乐队，之后是12万各界送葬群众，紧接着是全副武装的护卫队伍，随后是外国驻华代表、随员和旅华人士，后面是亲属百余人。亲属之后，是灵柩和执绋人员，宋庆龄乘青玻璃马车随柩行进。

3月24—27日为受吊之期。在26日的公祭大会上，李大钊怀着悲痛的心情参与组织了追悼会，并送了一副长长的挽联。范熙壬则代表国会议员起草了情切切、言凿凿的祭文——《祭前大总统孙中山先生文》，悼念伟人长逝。

情动张学良

1927年初夏，奉系军阀张作霖在北京制造白色恐怖，悍然在苏俄驻华使馆逮捕了李大钊。范熙壬得知这一消息后，连续两次探访张作霖之参谋长杨宇霆未果，便于1927年4月9日夜，给杨写下了《致杨邻葛督军书》，情理交融地劝其“消弭内争，协力对外”，不要重蹈张耳与陈余“同胞相残”的覆辙。信中说：

> 踵访两次，仅晤楞生兄一面，许多积愫，欲陈末由。……
>
> 往事已矣，现在仍有退一步之妥协时机。党军左右交哄，枝节横生，锐气大不如前。若乘此时从世界眼光着想，消弭内争，协力对外，收回国际已失利权，勿予外人以鹬蚌相争之隙。而双方所持政治主张，一听国民大会公决。各各约束自己所属军队，徐图刷新，编作国有，现役军人一律放下屠刀。南方主义虽新，当无不可降以相从。况南京羁鲍夫人，北京又获李大钊，左党以此二人为线索，右党即由梁燕生、叶誉虎二人直接沟通。既可免除战祸，又可杜佛家人死为羊、羊死为人，相互吞噬之因果报复。此念一动，吾国内四万万人中，即可保全百分之一之生命财产。希即以此言转陈雨（霖）帅，断然行之，勿贻不可追之后悔，大局幸甚！……人类皆为一祖子孙，五洲异种，犹当认为疏属昆弟，况同胞相残焉？

张学良、杨宇霆看了范熙壬的信后，觉得言之有理，均请求张作霖赦免李大钊。在范熙壬与社会贤达的斡旋下，北洋政府也曾派梁士诒、杨度、罗文干三人面见张作霖，主张将东交民巷事件中所逮捕的人“移交法庭”处理。

在奉系军阀内部也有人认为：所逮捕者悉为文人，并非军人。虽密谋赤化，虽属颠覆国体行为，唯文人与军人究不能相提并论……不可高压而迫其走险。面对多方压力，张作霖也曾一度动摇迟疑。

正在这时，从李大钊住处搜出了范熙壬加入中共的档案。如《北京益世报》1927 年 4 月 24 日之《官方续布党案文件目录》透露："介绍范熙壬加入 C·P 函一件……"及"范熙壬加入共产党"等消息。所幸范熙壬的老友、驻日公使汪荣宝返京述职，得知党案文件被搜真相，力促范熙壬走避，范熙壬才被迫逃往山西。

与此同时，不可一世的奉系头目张宗昌，则从山东前线拍来一封电报："李大钊是北方革命领袖'赤党祸根'，'巨魁不除，北京终久危险'。"（张次溪《李大钊先生传》，北京宣文书店 1951 年版）张作霖遂决心下达处死令。为掩人耳目，便只走了一下"会审"的过场。即由安国军司令部、京畿卫戍司令部、京师高等审判庭和京师警察厅联合组成"会审"。4 月 28 日上午，"会审"不到 70 分钟，就宣判将李大钊等 20 人处以死刑。

获悉李大钊就义后，范熙壬五内如焚。为保存这些史料，在北平沦陷前夕，范熙壬将上述诗文、书信与善本等打箱带回武汉，不意又遭兵燹，焚毁大半。所幸《祭前大总统孙中山先生文》与《致杨邻葛督军书》等，逃过一劫。其子范延中东渡台岛时，将其携带身边保存。

癸巳新春，范延中与胞姊范亚维翻阅范熙壬《致杨邻葛督军书》，犹如清代文学家顾贞观之"金缕曲"，绕梁三日。不禁怀念起李大钊和"戊戌六君子"谭嗣同（湖南浏阳人）等英烈。范延中根据范亚维所拟初稿，修订而成《题先父〈致杨邻葛督军书〉兼纪李大钊先生从容就义事》一首，以寄托哀思。诗云："前有谭浏阳，后有李守常，杀身祸不避，成仁首一昂！……所期固未成，留此翰墨光，恭读大义篇，余音仍绕梁。而今开盛世，国运趋富强，勿忘创始者，穆然纪国殇。"

丙申仲春，有感于海内外作家、学者与辛亥后裔聚首黄陂，为辛亥志士、清末民初诗词名家范熙壬铜像揭幕暨研讨《共和先驱范熙壬》，急就一章《楚天遥祭范熙壬》。这年 7 月 2 日，笔者做客武汉

“社科讲坛”，再次吟诵。铭文云：黄陂耆宿，爱国高旌；童年对句，壮志凌云；两湖书院，三楚鲲鹏；父子同科，名斐神京；公车上书，变法新星；学堂竞试，一鸣惊人；留学东瀛，译界创新；运筹立宪，法律准绳；民国奠基，南下沪宁；投身共和，迎接黎明；国会初开，鼎力全程；仗义执言，热血为民；质询借款，强势敢争；挥毫宪法，功败垂成；弹劾总长，历险铸魂；抵押私宅，共讨曹锟；率领议员，津门迎孙；中山仙逝，文祭伟人；营救守常，奋不顾身；北国沦陷，南下江城；受聘重大，遽尔星沉；闪光遗墨，传世弥珍；惟书传记，奉献虔诚；风姿铜像，叶落归根；中外同祭，青史留名；呜呼哀哉，伏惟尚飨！

（原载《书屋》2012 年第 10 期，《红岩春秋》2016 年第 6 期，裴高才文）

陈毅：民初外蒙古最高军政长官

晚清时，陈毅官至清学部参事、图书馆纂修、刑部侍郎等。民初，历任大总统府秘书、蒙藏院参事、中国政府驻外蒙古都护使或镇抚使即外蒙古最高军政长官，并加陆军上将衔、豫威将军、西北筹边使兼西北边防司令等。

“联吴抗曹”促回归

陈毅，字士可，清同治十二年（1873 年）生于湖北黄陂刘集。他幼年考入两湖书院，成为张之洞的得意门生。民初，始任大总统府秘书与蒙藏院参事，又作为中国政府全权专使顾问，参与签订《中俄蒙协约》谈判。1915 年6 月22 日，以都护副使佐理专员驻乌里雅苏台。

1917 年 8 月 7 日，陈毅升任中国政府驻库伦都护使兼办事大员，以陆军中将衔统领驻军。恰克图都护副使兼佐理专员由李垣继任，并加陆军少将衔；范其光都护副使兼充乌里雅苏台佐理员。

陈毅走马上任后，首先，运筹帷幄，促成被俄国侵占达五年之久的唐努乌梁海地区回到了祖国的怀抱，边民纷纷燃放鞭炮庆祝。接着，赞助内地商人景学铃等集资购买汽车 10 辆，成立行驶于张家口到库伦之间的大成张库汽车公司，并于 1918 年 4 月正式通车。到了 1918 年 12 月，在库伦设立中国银行库伦分行，以中国货币取代卢布。同时，陈毅报请中央政府批准设立阿山道，属新疆管辖，对于当

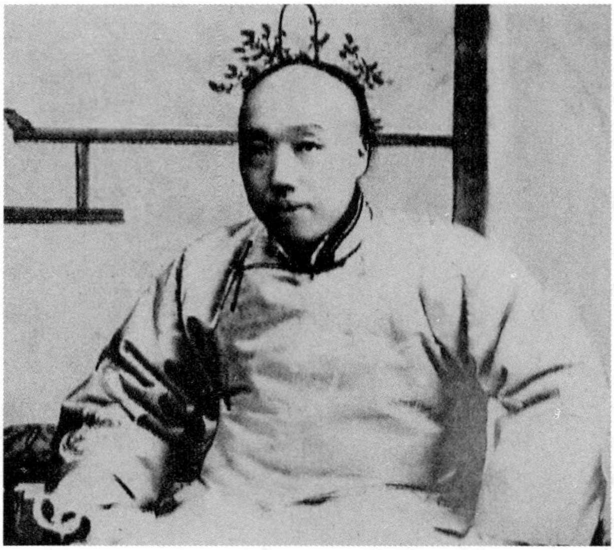

陈毅驻库伦

地经济社会发展、巩固西北国防、防止苏俄觊觎具有积极意义。

那时，以哲布尊丹巴为首的外蒙王公贵族失去了沙俄的靠山，又害怕俄国的赤化运动波及蒙古，因此决定回归中华祖国以维护自身利益。陈毅总督为了使外蒙古真正回归中国，不失时机与外蒙王公代表、外蒙古自治政府中的外务总长车林多尔济进行了艰苦的谈判，终于达成了《改善蒙古未来地位六十三条》。

外蒙古的政制是王公管政，喇嘛管教，界限分明；迨自治后，活佛哲布尊丹巴为政教领袖，于是喇嘛专权，王公受排斥，原因是喇嘛有俄人为靠山，可以为所欲为。王公此时发动撤销自治，其目的不仅在于归附中央，更在于恢复前清的旧制，借以重掌政权。

陈毅和车林是于1919年1月中旬开始商谈撤销自治问题的，但一直没有具体进展。到了8月4日，库伦大会开会，王公喇嘛之争愈烈。王公们授权车林与陈毅具体磋商，双方决定了两项原则。

此时的外蒙内向，给国务总理段祺瑞的亲信徐树铮一个施展才能的大好机会。刚好他担任西北边防筹备处处长，因此他便于1919年4

月17日提出了“西北筹边办法大纲”，拟率5个混成旅进驻蒙古。

《六十三条》大博弈

陈毅深知，自己不是军政强人徐树铮的对手，所以他抢在徐上任之前将同车林商妥的《六十三条》，于1919年10月1日送到北京。

由于外蒙古自治政府完全操纵在喇嘛手中，岂可让人夺权？于是双方展开了一场博弈。10月1日，哲布尊丹巴活佛致信徐世昌总统，声明反对《六十三条》。

正在双方进行公文战时，37岁的徐树铮率一旅边防军，挥师出塞，向库伦进发。徐树铮一到库伦，立即架空陈毅，也否定其《六十三条》。他把外蒙古的“内阁总理”巴德玛多尔济“请”到了自己的司令部，并将其他王公及哲布尊丹巴活佛加以软禁。面对大军压境，外蒙的高官们显得异常的俯首帖耳。

11月1日，徐树铮电告北京政府，对于《六十三条》表示了“七不可”。支持陈毅的内阁总理靳云鹏对徐电大为反感，认为外蒙撤销自治案，不必徐越俎代庖了。陈毅有了尚方宝剑后，底气更足了，而王公们已势成骑虎，于是陈毅便绕过活佛，因势利导，于10月29日、30日将王公们单独具名递交的呈文电达北京。

哪知，徐树铮于10月23日由北京启程赴库伦，动身前一天，往谒徐世昌大总统，大总统令他向国务院秘书厅去调外蒙古撤治事卷案。卷调来后，原来是陈毅送来的密件，上面有外交部所加的签注。徐树铮因此奉命携带该件北行，于10月29日抵达库伦。

徐树铮率80辆大型汽车，浩浩荡荡开进了库伦，使一般蒙古人对这位徐将军敬若神明一般。接着，徐树铮于1919年11月6日见到了哲布尊丹巴活佛。10日和陈毅谈到《六十三条》问题，陈还是吞吞吐吐。于是，徐电告徐世昌，认为陈毅处理外蒙撤治案抓不到重点，继而于11日向北京政府参了陈毅一本。

此间，徐树铮在强夺了陈毅的交涉权的同时，还对外蒙统治者哲布尊丹巴发动攻势，向巴德玛多尔济大施压力。针对王公、喇嘛和活佛的弱点，各个击破。

11月15日，陈毅和车林交涉了10个多月未果的撤治问题，徐竟在这一天解决了。17日，外蒙古正式上书中华民国大总统，呈请取消“自治”，废除中俄蒙一切条约、协定，回到中华民国怀抱！同时，徐树铮将军队派驻外蒙各地，完成了对外蒙古的统一！尤其是唐努乌梁海，被沙俄侵占达七年之久，终于回到祖国的怀抱。22日，徐世昌以大总统身份发布命令，接受外蒙古自治官府的请愿。

徐树铮在短短22天内，不费一枪一弹，完成了外蒙重归版图的工作。他除向北京政府报告外，还于11月24日电告孙中山。孙也于26日回电祝贺。

库伦沦陷铩羽还

外蒙古取消自治不久，白俄匪军二万余人被苏联红军击败，匪军派布里亚特到库伦宣传反华运动。活佛哲布尊丹巴就与之勾结。而北京政府派驻外蒙的部队，对于这种种情况则毫不知悉。白俄匪军于1920年9月4日对库伦进行突然攻袭。

当时驻库伦的中国军队不满6000人，因得到当地华商的大力协助，极力抵御，敌人未能得逞。北京政府为权宜计，特派中央陆军第二十五混成旅旅长褚其祥为库防总司令，并晋升其为陆军中将，同时加派中央陆军第四师骑兵第四团团长高在田为副司令，授以陆军少将，共同对敌。连战14昼夜，终将匪军击溃。可是，褚其祥与高在田之间却发生内讧。

1920年8月15日，北洋政府再次起用陈毅，初任命为筹边使，授上将衔；9月10日，北京政府改“筹边使”为“库乌科唐镇抚使”，仍由陈毅担任，主持库伦、乌里雅苏台、科布多、唐努乌梁海全部事务。镇抚使设置总务、军务二厅，陈毅的同乡好友、国会议员范熙壬之族弟范熙绩出任军务厅长。

陈毅哪里知道，他复职之时，外蒙则暗潮汹涌。因为外蒙统治集团本来就不愿取消“自治”，徐树铮用武力取消自治后，根本不提供保障蒙人权益的措施，使原来支持取消自治的王公们立场也发生了动摇。同时，苏联也开始插手外蒙，培植亲信进行分化活动。

11 月上旬，陈毅乘汽车前往库伦支撑危局。首先，他立即召开军事会议，决定由褚其祥率混成旅在库伦迎敌，高在田率部开往库伦与恰克图之间，保护粮道。而未同褚其祥、高在田商讨关于肃清乌吉尔巴伦匪军的问题。正在这时，因活佛屡次称病被放回宫，而褚其祥和高在田也在各自扩编。在这种情况下，仅退集于库伦东 120 华里的乌吉尔巴伦匪军，突然袭击中国驻军东区的防地毛头庆口。

褚其祥对此次敌人行动没有侦察清楚，结果中了敌军圈套。褚其祥亲自在东营子架设大炮，一面向毛头庆口发射，一面馈令援库支队司令袁天顺率全军火速向毛头庆口增援。而身为库防副司令的高在田不但不派兵支援，反而阻止袁天顺的军队开赴前线，并向库乌科唐镇抚使公署开炮。顿时，库伦市内大乱，以为匪军已攻入库伦。于是，陈毅带领数万官民于 1921 年 2 月 3 日夜仓皇向恰克图方面逃去。外蒙古的首府库伦沦陷。

这时，控制恰克图北面的苏军将领提出出兵帮助中国收复库伦，遭到陈毅的拒绝，他只同意将边界两侧开辟 25 公里的协防区。不久，陈毅以患病为由，请北京政府以李垣代理其职。

1921 年 3 月 18 日上午 11 时，恰克图在紊乱中失守。陈毅经西伯利亚铁路绕道东北返京，职务被罢免。7 月，蒙古建立君主立宪政权，哲布尊丹巴为首领。

1924 年 6 月，蒙古人民共和国正式成立。1945 年 8 月 14 日，蒋介石政府与苏联签订了《中苏友好同盟条约》，接受了“外蒙古（蒙古人民共和国）的现状须予维持”条款。同年 10 月 20 日，外蒙古经“公民投票”宣布独立，正式从中国分离出去。

（根据裴高才著《名流百年·陈毅》整理）

蓝天蔚：孙中山任命的关外大都督

蓝天蔚留日组织拒俄义勇队、创办《湖北学生界》、加入同盟会；回国曾在军营创办学友会、读书会，襄助花园山聚会、日知会；武昌起义成功后，他发动“滦州兵变”，领导东北起义；民国肇端，被孙中山任命为关外大都督、北伐军总司令，直捣幽燕；护法军兴，他出任鄂西联军总司令。

“拒俄义勇”誉东瀛

1878年1月，蓝天蔚生于湖北黄陂天河蓝家大湾，字秀豪。1897年2月，湖广总督张之洞奏请设立湖北武备学堂，蓝天蔚旋被选送入学。1899年冬，他被选送赴日本留学。初入成城学校，结业后又到日本陆军联队实习半年，于1902年考入日本士官学校工兵科，为中国第二期留日士官生。

留日期间，蓝天蔚与吴禄贞、张绍曾因学习成绩突出，志趣不凡，被师生们称为“士官三杰”。1902年底，他与刘成禺、李书城等鄂籍留日先进青年十余人，在东京组织了同乡会，并创办了留学生界第一个以省名命名的刊物《湖北学生界》。

1903年春，沙俄妄图永久霸占我国东北，蓝天蔚会同黄兴、钮永建等同学筹组“拒俄义勇队”（复改名为学生军），并任队长。清朝政府深为恐惧和恼怒，立即密谕驻日公使勒令解散学生军。为此，蓝提出了改变面目、精神不解散的主张，被孙中山赞赏为“于革命推进与有力焉”。

筹谋起义肩重任

1903 年 5 月，清政府湖北巡抚端方下令将蓝天蔚召回国内，准备对他严加惩处。他却淡然一笑道：“救国者，国人之责，吾一身安足惜哉。”返汉后，端方为了笼络他，任命他为湖北防营将弁学堂军事教官。于是，他会同在湖北军营供职的好友吴禄贞经过一番策划，决定在武昌花园山设立秘密革命机关——花园山聚会。许多革命青年如吕大森、朱和中、胡秉柯、曹亚伯、李书城等都加盟，“抬营主义”（成建制地运动新军）的战略思想于斯应运而生。这年 10 月，端方再次派蓝天蔚赴日学习，蓝便悉心安排一同留日的 50 名进步学生，分别学习军事、辎重、军医等专业。

接下来，中国东三省成了日俄强盗厮杀的战场，清政府竟然宣布“局外中立”。蓝天蔚随即联络吴禄贞、张绍曾拍电报给清政府，强烈要求回国组织义勇军与俄作战，遭到清政府断然拒绝。

1904 年 6 月，蓝天蔚提前回国任职。湖广总督张之洞在行营以开中门的特别礼遇相迎，并任命蓝为湖北新军训练营务处（督练公所）教练兼军校军事教官。不久，武昌花园山聚会革命组织解体。蓝天蔚趁在新军工程第八营中设立随营学堂之机，创办了“学友会”的革命团体，并策应科学补习所的活动，门下聚数千人。1904 年黄兴因举行长沙起义事泄，遭通缉，在沅江船上遇蓝天蔚，蓝自告奋勇，力保黄兴安全经过汉口。

蓝天蔚被提升为湖北新军暂编第一镇正参谋官后，又在镇司令部内成立了一间“自习室”，暗中集结了新军内一批革命志士开展革命活动。如三十二标队官许兆龙、工兵八营队官吴兆麟、排长姚金镛等 50 多人，每逢星期六下午晚操毕后，均是风雨无阻地前往镇司令部自习室受训。同时，蓝天蔚还暗中支持日知会的革命工作，如介绍人员入会、捐助经费，曾巧妙地利用其公开身份掩护、营救党人。季雨霖因辱骂第八镇统制张彪，蓝天蔚先出资让季等逃出鄂境，再请张彪按名通缉，以息其怒。彰德秋操期间，熊十力运动革命，为当局侦知，蓝也暗中相告，助其安然远走。

1906年冬，蓝天蔚升任湖北新军第三十二标统带兼湖北督练公所参谋。他上任伊始，以整顿部队为名，招募大批富有新思想的知识青年入伍，特别在家乡黄陂募兵96人，其中有12个廪生、24个秀才。他还在标内成立“读书会”，亲自制订教育方针与内务计划，刊印《教育杂志》，对士兵灌输革命知识，吸引了许多革命青年参加。一日，在武昌石牌岭进行秋季演习，蓝天蔚针对日本强逼清廷签订《马关条约》为题，慷慨激昂地进行爱国演讲。官兵听之同声呼号：“复国强兵，铲除仇人!”这年12月4日，萍浏醴起义爆发。蓝天蔚此前正好奉命前往萍乡考察，打算在此设立大规模兵工厂。有人借机向第八镇统制张彪告密。张彪即令派人监视其行动。蓝天蔚一怒之下，辞职离开了湖北。

“滦州兵变”震敌胆

1908年春，蓝天蔚应吴禄贞之邀前往沈阳，与宋教仁、吴禄贞、张绍曾在东北成立同盟会辽东支部。次年2月，蓝再度被清廷选派赴日本考察军事，并考入日本陆军大学。1910年学成归国，被任命为新军第二混成协统领，驻扎于奉天北大营。有一次，一名中士进城采购货物，日本警察无理干涉他的行动，结果该中士一人打伤日警十余人，并安全回到部队。当时日驻奉天领事出面交涉，要蓝天蔚惩办这名中士。蓝天蔚回复说：“此种士兵的小冲突，谈不到交涉，否则，就约定地点，我们来干一下亦可。”所有的官兵对蓝天蔚愈加敬仰。

他在做好发动新军工作的同时，还不忘广泛联络东北各地的农民武装和“马侠”。如庄河、复州、凤凰城等地的农民组织——联庄会，以及辽北的绿林首领，如专抢日本人的于春圃、专抢帝俄大车的刘单子，辽西的郑梅生、刘景双等，都在蓝天蔚的影响下加入了革命队伍。

1910年底，经蓝天蔚与同志的共同努力，同盟会辽东支部已发展到100多人，联系的群众达35000人。这时吴禄贞已调任新军第六镇统制，驻扎在保定、石家庄一带；张绍曾调任新军第二十镇统制，驻扎在奉天、直隶东部沿海一带。蓝天蔚常以诗言志，有其曾手书四条屏《夜归北大营》为证："下马入门情更远，手提长剑待鸡鸣。"

1911年春夏之交，蓝天蔚获悉武昌正在酝酿起义，即与新任第二十镇统制张绍曾、第三镇第五协协统卢永祥等屯兵滦州，共谋响应。同年秋，清廷在永平和滦州举行东军与西军秋操（演习）。东军驻滦州以东至山海关一带，西军驻开平以西至丰润一带，于10月8日开始演习。蓝天蔚与吴禄贞、张绍曾等革命同志秘密决议：乘秋操之际，先将禁卫军扫清，再整军攻入北京，约武汉同时举兵，使清廷首尾难顾，一举灭之。

10月10日，武昌打响了摧毁清王朝的武装起义的第一枪。惶恐万分的清廷风闻秋操新军革命计划后，慌忙下令停止秋操，阻止新军的集中，并将禁卫军撤回北京防护京城。

对清廷来说，滦州的地位要比武昌起义重要得多，因为它在清廷心脏地带。在清王朝与革命军生死搏斗的关键时刻，手握重兵的蓝天蔚与张绍曾屯兵滦州，于10月24日与11月2日两次联名电奏朝廷，提出"请愿意见政纲十二条"。清廷不得不下"罪己诏"，完全接受了上述政纲，史称"滦州兵谏"。

再说北洋军冯国璋为镇压武昌起义，攻下汉口后即纵火焚烧，哀魂遍野，吴禄贞立即电劾冯国璋等，同时在石家庄截留清廷南下的辎重。

清政府为了防止"士官三杰"对北京夹击，使出了一箭双雕的毒计，乃派吴至滦州宣慰，意在调虎离山。吴到滦州后，张绍曾正好借重他的威望来加强第二十镇官兵内部的团结，请他向全体将士发表了一场动人的演说。同时滦州方面则积极部署，以滦州张绍曾的第二十镇为第一军，奉天蓝天蔚的第二混成协为第二军，新屯卢永祥的第三镇为第三军。三军同时发动，会师丰台，进逼北京。不料泄密，清廷乃密调滦州火车来北京，以阻止滦州运兵。结果，吴不幸遇难，时年仅 32 岁。

此时的蓝天蔚虽心痛不已，但他并没有被吓倒，而是继续抗争。11 月 6 日，同盟会骨干张榕、徐镜心、左雨农、陈干、商震等，集合在蓝天蔚的驻地北大营进行密谋筹划。大家共推蓝天蔚为关外革命军讨虏军大都督，计划于中旬驱逐清朝的东三省总督赵尔巽，宣布奉天独立。12 日，革命党人在奉天的谘议局召开各界和各自治团体大会，蓝天蔚布置他的部下从北大营开进城内，准备占据总督署及重要库房。然而，此时的炮兵竟将炮口对准了谘议局。原来起义计划已被告密，赵尔巽急调张作霖的旧军巡防队入城镇压革命。

就在这十分危急关头，好友蒋百里伸出了援助之手，助蓝改头换面逃至大连。蓝天蔚到大连后，在南满铁路的日本旅馆中所设的秘密机关内设立总指挥部，代表关外革命军政府与奉天省内各地革命力量联系，积极筹划全省起义。

11 月 26 日，东北各地的革命组织、革命团体发动起义，柏文蔚、商震、方刚、刘乾等正式举蓝天蔚为中华民国军政府临时关东大都督。蓝天蔚发布起义檄文，革命的烈火迅速燃遍东北三省。由于清廷勾结日本政府，破坏大连革命指挥机关，搜捕蓝天蔚等革命党人。蓝天蔚不得不于 11 月底由大连乘船经烟台前往上海。

关外都督建奇功

孙中山就任中华民国临时政府大总统后，先委任蓝天蔚为参谋总长，蓝向孙提出了占领东三省，进而从侧背直捣幽燕，一举推翻清王朝的战略设想。孙中山、黄兴等采纳了蓝天蔚的北伐计划。1912 年 1 月 3 日，孙中山大总统正式任命蓝天蔚为关外大都督、北伐军总司令。1 月 16 日蓝天蔚率敢死队员以及青年学生组成的北伐民军数千人，分乘“海容”“海琛”和“南琛”三艘军舰及运输船由沪北上。北伐军首先攻克烟台，与山东、关外民军会师，声势大振，直窥京津，把革命的烽火烧到了清王朝的大门前。

1912 年《共和人物》一书中之蓝天蔚

蓝天蔚在烟台设立了北伐军根据地，并立即命令部队星夜兼程，分兵声援了刚刚光复的山东登州、黄县，打通了北洋门户。

1912 年 2 月 1 日夜至 2 日晨，蓝天蔚指挥北伐军主力分别在辽东半岛的貔子窝、花园口、大孤山、安东等处同时强行登陆。在当地民军的密切配合下，北伐军与清军展开了激烈的战斗，清军连遭重创，节节败退，溃走庄河方向。4 日，清军试图反扑，遭民军有力反击，清军大败，统领被俘。

在北伐军浴血奋战长城内外，连战连捷之际，2月12日，清帝被迫宣布退位。蓝天蔚接到临时政府陆军部的电报，撤回烟台，等候改编。于是，他向临时政府寄去辞职书，客居沪杭。

3月，唐绍仪组阁，任蓝天蔚为海军总长，遭到蓝的断然拒绝。这年10月被授予陆军中将加上将衔，并由国家资助出国游历。

“二次革命”期间，蓝本人虽在国外未归，但所藏枪械为袁世凯军警搜获，蓝归国后以此而坐罪。是袁氏亲信、湖北安陆人陈宧说情，方逃过此劫。

1915年，袁世凯密谋称帝，但又怕革命党人有异议，特别是对蓝天蔚更加警戒，而蓝将计就计，表面上假装饮酒赋诗，悠游玉泉山水间，暗中伺机潜回湖北，占三县宣布湖北独立。不久，蔡锷发动护国运动，致使袁世凯宣布取消帝制。5月，北洋政府加封蓝天蔚为“达威将军”。

张勋复辟时，寓居津沽的蓝天蔚闻讯后，紧急赶往小站，召集原东北旧部吴大洲的部下解利民旅长等，为了招募军队，筹措饷械，蓝变卖了自己的全部家产，又负债借来许多钱款，全部充作军费。许多有志之士在他的感召下，纷纷参加了讨逆队伍。

这时，大总统黎元洪重新起用段祺瑞，在马厂起兵，组成讨逆军。蓝天蔚见其兵力不足，于是他悉数将自己募集的军队加入段氏讨逆军行列。哪知，段祺瑞平定北京后，再要阴谋诡计，蓝不愿同流合污，愤然离津返乡。

1917年7月，蓝天蔚参加了孙中山在广州发动的护法运动。1919—1920年，孙中山任命蓝天蔚为鄂西联军总司令。他率部对湖北军阀王占元部发动了猛烈的进攻，鄂西的恩施、鹤峰、郧阳等县光复。不幸，蓝天蔚于1921年4月1日，在重庆被军阀暗杀。

黎元洪复任大总统后，曾下达总统令：以蓝天蔚护法捐躯，开复原有官爵，追赠陆军上将，从优抚恤，并将蓝天蔚生平事迹立传。1923年6月10日，由北京政府国务总理张绍曾领衔，在京师湖广会馆为蓝天蔚举行了隆重的追悼大会，蓝夫人邓观智，携女蓝五福（蓝晓蔚）及其亲眷，肃立会场。蓝天蔚的遗像四周摆满了花圈和挽联、挽诗、挽文近300幅，黎元洪亲笔撰写的挽联为："蜀山未许埋忠骨；汉水犹闻咽恨声！"横挽："英灵不泯。"1926年春，蓝天蔚灵柩还鄂，公葬于卓刀泉伏虎山麓，由邓观智书魏碑"陆军上将蓝公天蔚之墓"。1981年，湖北省人民政府重修蓝天蔚墓，碑刻董必武所书"蓝天蔚先生之墓"。

辛亥百年之后，蓝天蔚的外孙蓝煜专程自南京前往湖北老家与东北，重走烈士路；其曾外孙女蓝薇薇则编写了《蓝天蔚将军年谱》一书，缅怀一代英豪。

（摘自裴高才《辛亥首义百人传·蓝天蔚》，参考了
蓝薇薇编《蓝天蔚将军年谱》）

黎澍：总统府的“大总管”

从黄陂王家河黎家岗走出的黎澍，历任民国大总统府副秘书长、湖北省财政司（厅）长、南京政府监察院监察委员等，还是享誉两岸的书法名家。

黎澍

黎家兄弟如手足

黎澍（1883—1954 年），字劭平，生于湖北黄陂东乡黎家岗一个书香门第，其父黎大钧为癸未科进士，官至大清银行监督。黎澍幼承家学，十年寒窗后，连捷秀才、举人。1905 年考入京师大学堂师范馆（今北京师范大学），毕业后历任候补道尹、大清银行江西分行总理、贵州知府。武昌首义时参加革命，其妻张仲英为女子北伐队队长，姻兄则是民国第一届参议院参议员张大昕（又名真吾）。

因黎元洪感念黎大钧的再造之恩，在他出任鄂军大都督后，于 1912 年委“本家兄弟”黎澍为湖北军政府财政司司长，倚信有加。黎澍也不负众望，倾力相助。当时，军政府百废待举，经费短缺，常常是捉襟见肘，但他竭力为黎元洪排忧解难。有一次，黎元洪急令黎澍筹措 40 万银圆，但国库空虚，黎澍就以自己的名义借贷了 40 万圆。后来债权人找黎澍还款，黎澍只好将自家的房产抵债，一时传为佳话。

1912 年 8 月，黎元洪与袁世凯联手杀害了张振武后，顿时舆论哗然。黎澍居间做了大量的调解工作，才使黎元洪治下的湖北没出大的乱子。1913 年底，黎元洪被袁世凯“请”到北京瀛台冷坐，形同俘虏。黎澍随后赶赴京城，利用自己在书法界的影响，组织同人前来公府濡墨交流，既助素好书法的黎元洪陶冶性情，又可让他打发时光。同时，黎澍还以黎元洪家人的身份，代其同社会名流与同乡联络。此外，通过黎澍的大太太张仲英收张学良为义子等方式，沟通黎元洪与张作霖等军阀之间的关系。

1916 年 6 月 7 日，黎元洪继任大总统，作为自家兄弟，黎澍自然随侍左右，亦为公府中重要策士之一、总统府副秘书长，遇事咨商，参与机密。同时，黎澍的特殊身份也为政敌所嫉，张勋曾称之为“公府四凶”之一。四人中其他三人都是行武将军，只有黎澍是文人，可见他在总统府中是个举足轻重的人物。

“黄陂国语”之智库

相传黎元洪首任大总统期间，曾仿效西方国家，让谋士们就国旗、国徽、国语等搞几个提案。黎元洪与段祺瑞发生“府院之争”之后，一些策士为了提高总统的威望，就在黎氏面前鼓噪将湖北黄陂话列为国语提案，借以在气势上对抗北洋集团。

因国会议员中大部分是南方集团的人，倾向于黎，又有范熙壬斡旋中间派；军中又有黄陂籍将领金永炎前去做工作，最后联络到百余名支持黎的议员和阁员联名上书总统，抛出了“国语提案”。黎元洪责成在京师大学堂师范馆毕业的语言专家黎澍领衔，组织语言专家进行论证。专家们称，黄陂方言属楚语系，历史悠久。从语言学的角度看，许多黄陂话与《楚辞》中出现极多的字、词、句有某种相通之处，是最古老的楚语的产物。在声母方面，黄陂话古全浊声母已清化；在韵母方面，有一组完整的组韵；在声调方面，是六声，比北京话多二声；在调值基本上表现在去声调值较高，其他调值较低，入声自成一类，与湘方言相似；在词汇方面，古语词较丰富，楚方言的遗存也较多，亦与邻省的方言相似……又由于“无陂不成镇”的缘故，黄陂人在全国各地落户以后，人们就都来欣赏、模仿黄陂话。

为更具说服力，以黎澍为首的语言专家就编写了黄陂话与北京话两套语音声母表、韵母表、声韵拼音规律表和声调表，提交议员们讨论。只可惜，后来黄陂话以“一票之差”落选。

恭迎孙中山北上

1922 年，手握重兵的直系将领曹锟、吴佩孚，因资历不够不能直接登上总统宝座。他们便先抬出各方均能接受的前大总统黎元洪复位过渡，然后自己再来挟天子以令诸侯。由于前车之鉴，黎元洪采纳黎澍、瞿瀛等谋士的建言：以“废督裁兵”作为复职的条件。在得到曹锟、吴佩孚信誓旦旦的保证后，黎元洪于是年6月11日复任大总统。

那时的中国处于分裂分治状态。南方的孙中山非常大总统正在组织北伐之际，与其意见相左的陈炯明亲信叶举竟然炮轰总统府，孙中山被逼离粤至沪。黎元洪得知后，乃派总统府副秘书长黎澍及秘书刘钟秀为其私人代表专程赴沪，恭迎孙中山北上，共商国是。因孙婉拒未能达成使命。

1923年6月，曹锟为了贿选总统，黎元洪被“逼宫劫印”下野。为了做最后一搏，黎元洪曾南下上海，组织“反直大同盟”。同时，经黎澍建议，黎元洪还专门致电给在广州的孙中山：“共伸正义，解决时局。”孙中山接电后，特派汪精卫持其亲笔信前往上海邀请黎元洪赴穗。因黎在上海受到多方政客冷遇而心灰意冷，婉言谢辞了孙的美意。1923年11月，黎先到日本度假，返国后息隐津门，从此不复问政。

1924年孙中山北上，黎元洪与黎澍亲自到天津行馆看望。孙逝世后，黎又在津设灵堂志哀。

前川中学凝乡情

1920年冬，黎澍会同原湖北军政府审计科首任科长胡康民，以及陈景芬、赵南山、涂福田（芥庵）和喻子和等黄陂名宿，创办了黄陂县第一所中学——私立前川中学。在筹备建校期间，由黎澍出面争取到黎元洪捐资3万银圆助学，并愉快地接受出任该校首任董事长。黄陂末代翰林涂福田出任名誉校长，胡康民为执行校长。黎澍、赵南山等发起人为校董。

此后，该校升入全国名牌大学的人数高居全省前列，一跃成为湖北名校，有一批学子或成为文坛泰斗和科坛巨匠，或革命精英。诸如著名的黄麻起义总指挥潘忠汝、工农革命军第七军军长吴光浩，著名爱国学者胡秋原、陈克诚、李长庚等中外名流。

不幸，1938 年 10 月黄陂沦陷，前川中学沦为日军司令部。直到抗战胜利后的 1946 年 9 月，胡秋原返乡子承父业，恢复前川中学。在旅汉黄陂同乡会会议上，当胡秋原说明这个想法时，黎澍以辛亥革命元老与前川中学前校董的身份，首先发言极力支持，其还为前川中学汉口办事处题写了一副对联，联云：“生民同凶吉；板荡见刚柔。”中华人民共和国成立初，黎澍与胡秋原父子先后到了台湾。

洁身自好励后昆

1947 年，经黄陂同乡陈启天援引，黎澍复出任南京国民政府监察院监察委员。不久，陈氏由国府委员转任经济部长，黎澍改任经济部特派为上海（证券）交易所监理员。那时的上海是中国的金融中心，以黎澍的身份无须他出面，捞钱十分容易。但黎洁身自好，甘守清贫。1947 年武汉发大水，他的三个子女到上海躲避，但黎澍却没有子女的安身之所。后来黎元洪的长子黎绍基（重光）开车过来，在虹桥饭店宴请本家弟妹后，又接到他家小住。

1948 年 7 月，沈云龙奉调接替黎澍之职。交接之先，沈前往礼节性拜访，二人一见如故，遂许为知音，黎还亲自手书一联赠沈。联云：“黄龙驾云腾沧海；紫凤矫翮凌清霄。”在官场习惯上，前任书联赠后任，甚为少见。

1949 年春，黎与沈赴台，因黎亲历武昌首义并民初政坛风云，他的现身说法，促成沈云龙著述《黎元洪评传》一书，成为黎元洪的首部评传。1954 年，黎澍撒手人寰后，沈云龙在台湾《中国时报》发表了《谈黎澍生平及其书联》一文，纪念一代名家。

黎澍与黎元洪的关系也延续到了下一代。1960 年黎元洪长子黎绍基随华侨代表团赴汉参观武钢，还专门约见黎澍的五儿子黎橥，重叙亲情。上海文史馆资深馆员薛民见为编纂《黎元洪年谱》采访黎绍基时，黎曾嘱咐年谱印行后，需送一册给黎澍的后裔。果然，后来黎橥收到了薛氏赠送的油印本《黎元洪年谱》，且一直保存至今。

黎澍与赵秀珍生育了五男二女，其中三子一女已经去世。时下四女黎棻侨居美国，五子黎棨、七子黎杰居汉。葬于黎家岗的黎大钧坟墓在“文化大革命”中被破坏，近年由其裔孙重修。

（根据裴高才著《首义大都督黎元洪》整理，参考黎澍之子提供材料）

陈启天：入阁行政的青年党要员

陈启天是现代教育社会学家、社会活动家，先后参加少年中国学会、国家教育协会等，历任国民参政员、中国民主同盟中央执行委员、中国青年党中央秘书长与主席、南京国民政府经济部长与工商部长等职。

选定目标

陈启天

陈启天（1893—1984 年），字修平，谱名声翊，笔名翊林、明志，别号寄园。1893 年 10 月 18 日生于湖北黄陂研子岗鲁班山陈牌楼榨屋一个举人世家（其祖父见山、父亲子俊均为举子，母李清心）。他 7 岁于家塾启蒙，后进入黄陂道明小学、武昌高等农务学堂附中新式学校就读。1911 年秋武昌起义，学校停办，遂投笔从戎，南北统一后退伍还乡。次年秋考入武昌中华大学，深受学长刘凤章“致良知及知行合一”影响。1915 年中华大学毕业后，他应邀相继在汉口民新学校、中华大学附中、湖南一师担任国文教员。次年又考入南京高等师范学校（今为南京大学）深造，并在此参加了由李大钊和王光祈等人发起成立的少年中国学会。学会成员分布在国内各大城市，他们大都同情或直接参加了五四运动。学会学术氛围浓厚，会员可在会议或会刊上自由畅谈自己的观点，即使因学术观点不同而争得面红耳赤，但大家仍保持个人私谊。如主张以共产主义救中国的刘仁静、恽代英，同主张在中国实行国家主义的陈启天、余家菊等人，都曾是中华大学志同道合的好友。1923 年，陈启天在李大钊主编的《少年中国》发表了《国家主义与中国前途》一文，开始系统鼓吹国家主义学说。

摇旗呐喊

其后，少年中国学会分裂成共产主义与国家主义两大阵营，陈启天则是国家主义的急先锋。1924 年 6 月东南大学毕业后，他任上海中华书局编辑，主编《中华教育界》。他会同余家菊、李璜等同人力倡“国家主义教育”，使之成为当时极有影响的一种教育思潮。同年 10 月，他又与曾琦、余家菊、李璜等联合创办《醒狮周报》，组织了国家教育协会，认定“教育是一种国家主权、国家事业、国家工具、国家制度”，号召并发起收回教育权运动，同时在教育实践中，抵制激进思想的传播。他说，教育是一种国家主权，不是私人主权，不是地方主权，不是教会主权，更不是外国主权。面对教育权部分被日本殖民教育分割，部分被欧美教会和私人分割的状况，他主张收回教育权。

在国家仍是国际关系的基本主体的今天，如何发扬中国文化在世界文化中的独立价值和地位的课题，克服轻个体独立价值的不足，陈氏理论仍然具有借鉴意义。

投身抗战

陈启天于1925年正式加入了中国青年党。青年党的发起人曾琦、李璜、何鲁之、李不韪、张子柱等12人，大都是在法国勤工俭学的“少年中国学会”的骨干分子。此后，陈启天历任青年党中央委员兼训练部主任，审查委员会委员长，青年党中央常委、中央执行委员会秘书长、主席。1928年，陈氏就任四川大学教授，主讲近代中国教育史、社会学与教育社会学等。次年转任青年党党务学校——上海知行学院院长，并主讲社会学、政治学、国家主义及其党务。

九一八事变后，陈启天会同青年党一同人提出：“国事至此，一切政见异同已成次要之问题，当前急务，惟如何团结全国已涣散之人心，共临大敌。”1931年10月，他会同友人在沪主编《民声周刊》，出版了《国防中心论》一书，大声疾呼“新战国时代”到来，号召全民抗日。此间，他还与左舜生在上海组织“抗日急进会”。与熊希龄、马相伯、沈钧儒、黄炎培等于1932年1月，组织中华民国国难救济会等，投身救亡运动。

“一·二八”淞沪抗战爆发，驻守上海闸北的青年党员翁照垣指挥十九路军第一五九旅，不待军命，奋起抗击，而后转守吴淞，浴血奋战。陈启天一方面通过参加国难救济会、上海各团体联合会声援。另一方面会同青年党同志组织了240余人的青年铁血军（又称义勇军铁血团），由戴天人率领开赴淞沪前线，受翁照垣指挥。此后，李璜受青年党中央派遣，携各方人士捐献的14万元巨款到北方，负责组织青年党员2000余人，由青年党员苗可秀大队长率领进入东北抗日。

1935年9月，陈启天因触犯国民党当局党禁而下狱，两次自杀未遂。出狱后游东瀛，潜心著述，次年编成《中国法家概论》一书。

参政议政

卢沟桥战起，陈启天提出“决心战、整个战与持久战”的抗战观。自1938年起，他出任历届国民参政会参政员。参政会是抗战时期由国民党、共产党、青年党及其他抗日党派和无党派人士代表组成的最高咨询机关，是一个具有广泛政治影响的议会机构。他在参政议政一面支持抗战，一面促进宪政，出版了《民主宪政论》《中国政治哲学概论》等专著。

1941年3月，陈启天参加了中国民主政团同盟（今中国民主同盟），并任民盟中央执行委员。11月17日，第二届国民参政会第二次会议在陪都重庆举行，他会同张澜、余家菊、董必武等12位参政员作为提案人，沈钧儒、史良、陶行知、邓颖超等11人为副署人，向大会正式提案：《实现民主以加强抗战力量，树立建国基础案》。提案明确向国民党方面提出要求：实行政治民主化。要求“政府明令于最短时期结束训政，实施宪政”，可谓是一套健全的民国国家建设方案。

蒋介石动用各种手段，阻止大会讨论此份提案，并指责张澜说：你张澜完全把我蒋某人当成宣统了！张澜公开与蒋介石叫板，不仅联袂民主人士拒绝出席此次会议，还自行油印散发该提案，将这份提案广而告之，搞得蒋介石哭笑不得。

入阁行政

抗战胜利后，陈启天于1946年参加国民代表大会。此后，历任南京国民政府经济部长、政务委员兼工商部长。1948年底，陈启天辞去工商部长职，于1949年1月举家迁往台湾。次年创办《新中国评论》，并在台湾大学法学院教授“中国政治哲学概论”。后历任“反侵略大同盟”首届执行委员、“东南军政长官公署”政务委员、“总统府”国策顾问、“光复大陆设计研究委员会”副主任委员。还兼任“中国大陆灾胞救济总会”常务理事等职。1969年夏当选为中国青年党主席。1980年任“宪政研讨委员会”常务委员，于1984年8月病卒。

陈氏自幼酷爱文学，少年即有文字跃然于报端，生平著作多种，有《最近三十年中国教育史》《张居正评传》《商鞅评传》《中国法家概论》《韩非子校释》《近代中国教育史》《中国政治哲学概论》《民主宪政论》《寄园回忆录》《寄园存稿》《纺建概览》等著述存世。

复兴国学

1966年11月，为了保护中华文化，身在台海的陈启天作为“中华文化复兴运动推行委员会”（简称“文复会”）常务委员，会同孙科、孔德成等1500名人士，联名发起了“中华文化复兴”运动。次年7月，台湾各界举行文复会发起大会，以每年11月12日的孙中山诞辰日，为中华文化复兴节，并推举蒋介石为会长。

文复会设有众多专门机构，各司其职，如学术出版促进委员会负责整理出版古代思想典籍，向年青一代普及学术精华。负责伦理道德之发扬工作的是国民生活辅导委员会等。

与此同时，陈氏襄助台湾的教育部门为增强民族认同，实施以“民族教育”和“道德教育”为重的政策，自小学至大专院校，均讲授《生活与伦理》《中国文化基本教材》《国民思想》等课程，冀使中国文化和道德“得以生根阐扬”。

如今，每逢孔子诞辰日（9月28日），岛内各界均会在台湾孔庙举行释奠庆典，由台湾地区领导人亲临上香；在其他传统节日，社会名流也要举办诗歌雅集，而普通百姓也常常会朗朗成诵，相沿成习。

（陈齐根据台湾版《寄园回忆录》和《中华民国名人传》第8册等资料改写）

涂允檀：新中国首位易帜的台湾“大使”

从湖北黄陂涂家大湾，走出了一批教育家、外交家、科学家、农学家与高级工程师。其中留美博士、民国驻缅大使涂允檀祖孙三代，可谓名流辈出。

翰林之后，留美归国

涂允檀之父涂芥庵（字福田），是黄陂最后一位翰林公，人称“末代翰林”。历任翰林院庶吉士、晴川书院监督、巨鹿知县与遵化县长、湖北省长公署秘书、黄陂县私立前川中学首任校长等。涂氏诗书传家，他的四个儿孙都是留美归来的知名学者。其中儿子涂允檀1897年出生于黄陂故里，1913年以优异成绩进入中华大学预科班读书，后考入北京大学英文系，于1918年毕业。几年后，他考取公费留美，获得哥伦比亚大学政治学博士学位。

涂允檀留学归来，回到武汉时，因汉口收回了英租界，他懂得国际法，又会英语、法语，因此参加了武汉政府的工作。历任汉口市教育局长、国民党汉口特别市党部执行委员、武汉市社会局长、武汉大学筹备委员与武汉卫戍司令部秘书长等职。1930年去杭州续弦，随后到北京大学当讲师。

投身外交，共赴时艰

青年涂允檀

1935 年，涂允檀调任国民政府外交部秘书、外交部条约委员会专任委员，开始了他的外交生涯。1937 年，他被任命为驻菲律宾首都马尼拉总领事。6 月 6 日到任时，当地华文报纸《公理报》发表了一篇《对涂总领事贡献数言》：希望他剔除积习，树立良风。面对侨胞的进言，涂首先根据国际通则，向菲当局频繁交涉，解决了歧视华人和华侨移民的诸种苛刻限制与陈规陋习。其次，他明确提出领事馆“办事以不分派别为方针，相互团结，精诚合作”。在任期间，他以总领事的职责为重，不囿于党派偏见，广泛团结侨胞共赴时艰。1937 年 11 月，华侨劳工团体代表前来咨询成立劳工团体联合会事宜，他当即表示赞成并协助办理立案手续。同时，他对菲侨界在中共地下党影响下，进步青年的抗日救亡活动，也给予真诚支持。作为国际法学专家，七七事变后，他应马尼拉市远东大学中国学生会之邀，用英文演讲“远东时局”时，揭露日本践踏国际公约、公法，天理难容。

1938 年底，当地侨胞听说涂允檀即将回调国内，纷纷以侨团和个人的名义函电重庆慰留，建议当局“收回成命”。次年初，涂回到陪都重庆履新，隔年 3 月起任中国外交部条约司司长。1942 年涂允檀受命派驻巴拿马当公使，还兼任哥斯达黎加、萨尔瓦多、洪都拉斯等中美洲三国公使。抗战胜利后，美国政府赠送中国8艘军舰，国民政府派出一支海军部队前往接收。当中国海军舰队在巴拿马城靠岸，涂允檀和巴方领导人分别代表中国和巴国政府，对中国海军首访中美洲及巴拿马表示欢迎。当地华侨，兴高采烈。

缅甸1948年1月4日脱离英联邦，宣告独立，建立缅甸联邦。涂允檀被任命为驻缅甸大使，缅甸派吴敏丁为驻华大使。涂允檀到达仰光就任时，正是国民党在内战中节节惨败之际。他从当地各种报刊了解、判断中国国内局势及人心向背。

率先易帜，弃暗投明

1949年10月1日，中华人民共和国成立。10月至11月初，缅甸国内几乎所有左派政治团体都在向政府不断施压，要求尽快承认中华人民共和国。此间，印度原驻国民党政府的大使K. M. 潘尼迦途经仰光赴京，涂允檀设宴接待。潘对涂说，缅甸与印度可能即将承认中华人民共和国。涂立刻想到：国民党政府驻加尔各答总领事许孟雄回到北京后，写信给驻缅使馆参赞李秉汉，说中华人民共和国成立后的北京情况很好。李遂向涂辞职，经香港回到了北京。

同年12月，缅甸政府外交部负责人巴令顿正式通知涂允檀，表示即将承认中华人民共和国。经过反复的考虑，涂允檀终于下定决心：起义。于是，他首先与平日有进步倾向的一等秘书李体乾和庄去病密议。三人不谋而合，决定立即起义。涂即让庄起草起义通电。第二天一早，涂通知全体使馆人员开会时，将有特殊背景雇员的武官何某有意撇开。

会议一开始，涂允檀就开门见山地说，缅甸即将承认中华人民共和国，而且还介绍了国民党政府驻法公使凌其翰等人，于10月10日在大使馆门前降下了国民党的“青天白日旗”，首次在巴黎悬挂起了五星红旗。到底是起义，还是到台湾去？他请大家发表意见。大家各抒己见后，最后涂允檀代表多数人表态，决定正式起义，并当即责成庄去病前去发通电，又嘱咐大家保守秘密。这一天是1949年12月16日。电文云：

中华人民共和国政务院总理兼外交部长周恩来钧鉴：

使馆全体同仁接受中央人民政府领导。中、缅关系素密，请即派遣使节，以敦睦谊。使馆人员谨当照料侨务，保管公物，以待后命。

国民党政府驻缅甸大使涂允檀率全体使馆人员

同是这天，缅甸外长伊蒙也照会中国外长周恩来，表示缅甸希望与中国建立外交关系。1950年1月8日，缅甸外长藻昆卓致电周恩来：本人荣幸接到由本府驻南京办事处转来阁下1949年12月21日的通知。缅甸声明承认中华人民共和国之日，国民党驻仰光大使已获得与他们断绝关系的通知，因此他们的大使馆即告关闭，随之第二天台北国民党“外交部部长”也证实了断交。

与此同时，周恩来对涂允檀的义举给予嘉勉，并让外交部李克农副部长复电，表达欢迎之意并对使馆人员将量才录用。但涂归国心切，又致电北京外交部，盼新政府尽快派人来接收。周恩来于1950年1月2日复电，电文如下：

驻缅大使涂允檀先生及全体馆员钧鉴：

去年12月17日电悉，甚为欣慰。我对你们脱离国民党反动残余集团表示热烈欢迎。希望你们团结一致，坚持岗位，维持现状，并负责保管公物文件，以待后命。原驻缅使馆及各地领馆近情，盼即扼要电告。

涂允檀等通电起义后，此时在台湾的蒋介石当局竟一无所知，其“外交部”还要涂允檀等在缅甸政府承认中华人民共和国后就撤退到泰国或菲律宾，并寄给他们一部分拖欠的工资。

1950 年 6 月，中缅达成互换大使建立外交关系协议。由于涂允檀等使馆人员大都已归属新政府，故照常继续办公。涂允檀、李体乾、马廷伟三人一直坚守到 1950 年秋，新任驻缅大使姚仲明到达仰光，新旧交接后，才作别仰光。

这年 10 月 1 日，涂允檀和新任同事于仰光市政府大礼堂共同举办了隆重的国庆招待会，邀请缅甸政府高级官员，以及已承认人民政府的各国驻缅使节和社会上中外知名人士参加。随后，涂允檀及其随员乘船离开仰光，于 11 月 1 日由香港启程到达广州。

抵广州后，由广东省副省长李章达代表省府设盛宴洗尘。于 11 日乘火车北上到京就任。涂允檀、周鲠生、梅汝璈、陈翰生等破例地被任命为新中国外交部的四大顾问，直接上班。随后，涂允檀还担任第二届、第三届全国政协委员。

蒙冤而去，兰桂芬芳

不料，1964 年 9 月，涂允檀从青岛度假归来，突遭逮捕，被长期监禁。“文化大革命”十年，涂允檀一直过着监禁生活，于 1976 年 8 月 10 日撒手人寰。

粉碎“四人帮”后，中央统战部、外交部于 1979 年 8 月 9 日，在京为涂允檀举行了骨灰安放仪式。10 月，外交部政治部发出通知，“根据我党对原国民党起义人员的一贯政策，此案（指涂允檀案）经统战部报经国务院批准，按起义人员对待，应予平反撤销原判，恢复其名誉”。最高人民法院亦宣布，撤销 1966 年度对涂允檀判刑的刑一字第 2 号判决，至此涂允檀冤案得到昭雪。

涂允檀虽然不幸远去，但他膝下的三个儿子都是中华人民共和国成立初留学归国的知名学者。其中长子涂光炽是享誉国际的地质学家、中国科学院学部委员（院士），曾荣膺“为两弹一星做出杰出贡献奖”；次子涂光涵系林业部高级工程师，三子涂光楠则是中国社会科学院拉丁美洲研究所研究员。

涂氏三兄弟 1980 年摄于北京（左起：光炽、光涵、光楠）

（根据《人物》2009 年第 11 期裴高才文整理）

彭运生：南沙首位军政长官

在木兰山麓之彭家坳，一家走出了三位将军：彭矫为孙中山的贴身少将副官主任，彭俊为黄埔抗日将领，彭运生则是中国驻南沙群岛首位军政长官。

辛亥烈属投笔从戎

彭矫1889年5月3日生，先后就读于湖北陆军特别小学堂与保定军校，留日加入同盟会，辛亥首义成功后为团级（标统）教官。自1912年4月起一直随侍孙中山左右，官至孙中山大元帅府少将副官主任。1916年7月15日，长子出生，给儿子起名“运生”，意为国运、家运，应运而生。

1922年6月，在广州平叛中，彭矫为营救宋庆龄身负重伤，8月9日，又带病护送孙中山夫妇经香港返回上海。结果积劳成疾，于1923年6月11日在上海英年早逝，年仅34岁。孙中山颁大总统令抚恤彭矫烈士遗属。

为了继承其父未酬之志，彭运生毅然投笔从戎，于1940年在青岛海军军官学校第五期乙班航海科毕业。

少校主政太平岛

1946年岁末，国民政府依照《开罗宣言》《波茨坦公告》，遣派专员随同四艘军舰，前往接收南沙、东沙及西沙群岛，行使管辖权。1948 年春，海军少校彭运生奉命乘“中海”号军舰从上海出发，前往太平岛，出任海军南沙群岛管理处主任，即首任南沙军政长官。海校同学张君然回忆道：“我任海军西沙群岛管理处主任后，便推荐海总训练处参谋彭运生为南沙群岛管理处主任。”

那时的太平岛上，没有生活淡水水源，缺乏新鲜水果蔬菜。为了改变这里的生存环境，行前彭运生就从广州运来了 100 多麻袋土壤，交由部队种菜养猪。登岛后，他率部将日军留下早已淤积的水井清除，挖出地下水，使太平岛成为南海唯一有地下水的岛屿。他还率军环岛游泳、潜水，以锻炼身体排遣寂寞之苦。同时，在涨潮之际，则率员迅速登岸，在太平岛上竖旗立碑，作永久纪念。

驻岛行使主权

1949 年 1 月 28 日，彭运生在南沙太平岛接待过一艘寻找美军失事的飞机和飞行人员的兵船 Cap FS－504 号。他以国家授予的神圣职权，对来岛寻找的美国与菲律宾人员表示：太平岛是中国的神圣领土，你们只有征得我方同意后才能进行找寻工作。当时及事后菲、美人员均未有异议。

次日，在取得我方许可且由彭运生率领的海军武装人员陪同，他们才进行找寻工作。当天下午 4 时许，那艘军舰驶离该岛，随舰同来担任翻译的一位华侨说，那是菲律宾人第一次到南沙列岛。彭运生将那一次登岸、交涉以及找寻的情形，都做成详细报告，存于海事处的档案之中。

国民政府军队退守台湾后，驻守南沙及西沙的军队也于 1950 年一齐撤离。之后的 5 年，那里呈现无政府管辖状况，给邻国以窥伺之机。1951 年 9 月 8 日，第二次世界大战盟军国与战败国日本在美国签署《旧金山和约》，涉及南沙与西沙群岛。“和约会议”约定，有关中国领土的事项，因中华人民共和国被排除在联合国大门之外，遂决定由以“中华民国”身份的台湾当局与日本双方签订，而与前来参加《旧金山和约》会议的法国或越南没有牵涉。

1952年4月28日，日本代表川田勇与台湾当局代表叶公超，依《旧金山和约》在台北友谊会馆签署了《中日和约》。在《中日和约》条文中的第2条（b）项中，重申《旧金山和约》的条文规定，即日本放弃台湾、澎湖岛的主权。另在《中日和约》条文的第2条（f）项中，日本明确表示放弃南沙群岛及西沙群岛主权。其和约中的条文规范，自然属中日两国承担。至此，台湾和南海诸岛屿的主权归属，已经完全由法律条文正式确定：均是中国的神圣领土。

彭运生向台湾记者谈南海风云，1995年

现身说法护“三沙”

到了1955年，居住在菲律宾的美国退伍上士米兹登上太平岛，宣布该岛为“人道王国”领域地，并称该宗教组织拥有该岛主权。

消息传到台湾后，台湾当局“外交部”发表声明：太平岛一向隶属于中国。菲国政府对此未发表任何申明。

时至1956年，菲律宾某海事学校校长克洛马，派其弟豪费立蒙带领数十名学生，登上了太平岛，称之为“自由国”岛，并于1956年5月17日向菲外交部提交文件，要求拥有该岛屿的所有权。菲国外交部在接到克洛马的信件后，菲副总统兼外交部长的加西亚即宣称，这些岛屿距离菲国很近，既然不属其他国家，又无人居住，有权予以占领。

台湾当局获此消息后，彭运生应邀参加了由“外交部”召集的研究对策会议，他列举了中国拥有南沙群岛主权的历史资料及证据。同时，他拿出当年接待美菲兵船Cap FS－504号的照片与文件，现身说法，说明南沙主权在我。于是，台方一方面发表了声明抗议菲国副总统主张占领太平岛，阐发南沙群岛自古以来就是中国领土。另一方面由“外交部长”叶公超于1956年5月28日，召集“外交部”东亚司长李琴，以及“菲律宾驻台大使”罗慕斯，举行对质座谈。罗氏在1946年中国政府官员前往南沙群岛时的勘察资料及国疆石碑照片，以及彭运生展示的图片面前哑口无言。叶公超说，菲国也有许多无人居住的小岛，但并不表示这些都是无国属的岛屿。会议中，叶公超郑重地请“菲国罗慕斯大使”转告菲国政府：“南沙群岛主权属于中国。”

“立威”重登太平岛

在叶公超召见“菲驻台大使”的第二天，中华人民共和国外交部严正声明：南中国海上的上述太平岛和南威岛，以及它们附近的一些小岛，统称南沙群岛。中国对这些岛屿具有无可争辩的合法主权。

随后，“台湾海军舰队”“立威”编队赴南沙群岛巡视。担任“立威”指挥官的是10年前随林遵收复南沙群岛的姚汝钰少将，时为海军中校的彭运生为参谋长。彭运生随“立威”号于1956年6月2

日上午9点36分，从台海军基地高雄左营港驶出。“立威”出航当天，北京《光明日报》刊发了《别有用心的“发现”》一文，文中说：“马尼拉消息说，菲律宾政府的一个委员会在举行会议之后，确认这群岛屿（南沙群岛）并不在菲律宾的领土范围之内。”

经过四天的航行，彭运生一行于6月6日重登太平岛。此次旧地重游，他感慨万端，原来充满生机的“绿岛”几成一片废墟：管理处警卫排的房子只剩下钢筋骨架，放电台的地方门窗没了，能供人饮用的11口淡水井只剩下一口可用……好在营房右边立下的“固我南疆”巨碑还在。次日，彭运生会同姚汝钰率“立威”部队完成了一项庄严仪式：立碑及升旗典礼。所竖主权碑高约1米，官兵们又在岛中央竖起6丈多高的旗杆。

返台后，彭运生会同姚汝钰将书面汇报《海军立威部队南沙侦巡报告》，于当月呈报给了蒋介石。

第三次巡弋植碑

面对菲人再次到太平岛上生事端，1956年7月初，台湾“威远”编队重登太平岛。此次上岛设置的灯塔，以显示中国在此海域所担负起的国际通航责任。对于克洛马摘去太平岛上“中华民国国旗”的行为，“台湾驻菲大使”陈之迈曾告诉美联社：“已构成了侵犯‘中华民国’主权的行为。”

1956年9月24日，“台湾海军”派遣“宁远”编队出发，赴南沙侦巡中，于10月2日发现一艘小艇快速驶向北子岛附近，那里泊锚着一艘不明国籍的船只。太和舰用灯号向他们发出询问，没有收到任何答复，在相距3300码时，太和号看清了那艘船上的菲律宾旗帜。太和舰副舰长刘和谦带着14名官兵，登上菲船检查。与此同时，菲船船长费立蒙和轮机长段斯柯被带上了太和舰。太和舰上校胡嘉恒问菲方：“贵国是否支持贵船驶入我南沙领海之行动?”费立蒙说，这是他个人的行为。费立蒙和段斯柯还在太和舰上用了晚餐。此时，检查小组正在菲船上检查航海日记、航行报告、航行执照等。离去之前费立蒙主动问，是否还能再上太平岛。胡上校令费立蒙签署文件，承认南沙群岛为中国领土，并保证今后不再进入该区。如果想上岛，须事先获得同意方可。

一直到1957年5月，克洛马于香港新闻发布会后近一年，他既没有获得菲政府对他在南沙群岛建“自由邦”的支持，也没有受到菲政府的阻止。

时至1958年，“台湾海军”派“中”字号军舰由少将姚汝钰为舰队司令，彭运生为参谋长，巡航南海诸岛，将菲律宾所立石碑一一敲碎推入海中，并在太平岛等十数岛屿各植明、暗两块石碑，其中一块为埋于地下之“秘密石碑”，以免再遭毁坏。返航后，彭运生撰写一本100多页的《海军巡弋南沙群岛报告书》，详述中国经营南沙的经过，成为中国与南沙历史关系的重要见证人。

彭运生在南沙卸任后，历任海军士官学校总教官、海军参谋学校教学教官，“太和”“永泰”“丹阳”等军舰舰长，驰骋于东南海疆。1964年底，他结束了舰长生涯，调任台“国防部”统一通信部任少将副指挥官。1966年退役前，仍驾“丹阳”舰再次侦巡南沙群岛一周，给他的海军生涯画上一个圆满的句号。

（原载《人物》2012年第6期，裴高才文）

资政经纶

蔡以忱：秋收起义的风云人物

蔡以忱肖像

在第一次国共合作期间，蔡以忱是中国国民党“二大”代表及中共中央农民运动委员会委员，董必武称他为“农运领袖”；作为中共“五大”代表与中共中央首任监察委员，他是中共纪检监察制度的理论构建者和实践的先行者；在土地革命战争时期，身为安源市委书记，他襄助毛泽东成功打响了秋收起义“第一枪”，后任中共湖南省秘书长、湘西特委常委、军委书记。他还与董必武、罗章龙等合作共事。1928 年 10 月 25 日在湖南澧县壮烈牺牲。中华人民共和国成立后，他被追认为革命烈士，也是重大革命历史题材电影《忠诚与背叛》的主要人物原型之一。

毛泽东点将去安源

蔡以忱于 1899 年 1 月 29 日出生于湖北黄陂蔡家榨白家嘴。幼年先后在家乡蔡家塾馆、望鲁学堂与道明小学读书，1915 年考入湖北省立第一师范学校（以下简称为“一师”）深造。在“一师”5 年间的历次期终考试中，他连续 10 次夺冠，成为著名教育家、“一师”校长刘凤章的得意门生；作为学生运动领袖，他参与组织发动了武汉地区的学生运动。毕业后，相继在武昌南楼蒙正小学与中华大学任教，并开始职业革命生涯。

1923 年春夏之交，经董必武介绍他加入中国共产党。后参与创办了中国国民党湖北省党部，历任国民党湖北省党部执行委员、中共湖北区（省）委常委、组织部长、宣传部长、农民部长，国民党“二大”代表并青年运动审查委员会委员等职。成为国共两党元老董必武的“左右手”。

1927 年 5 月 21 日“马日事变”后，局势非常严峻。6 月 24 日，毛泽东被任命为中共湖南省委书记。行前，他与中共汉口市委书记罗章龙商量，决定物色几位懂军事的同志一道去长沙筹备武装起义。罗章龙即向主持中央工作的瞿秋白汇报，选择了中央监察委员、中共中央农民运动委员会委员蔡以忱。罗章龙在《回忆湖南省委领导秋收起义》中回忆说：“有一天，我和毛泽东从中央开会出来，一路步行到毛泽东住处，他邀我到湖南去工作，组织对敌进攻。我们两人请示了中央，中央同意了我们的意见。于是我以五届中委的身份，巡视和指导湖南省委的工作。毛泽东先离开武汉赴长沙，临行前，他对我说，你找一个有作战经验的军事干部一道来湖南。我说：这里很难找到既熟悉湖南情况又有武装斗争经验的军事干部。毛泽东说：只要你认为可以就行。以后，经过物色，与中央商量的结果，加派了一个蔡以忱。”

蔡以忱明知山有虎，偏向虎山行。他与革命伴侣丰俊英一同前往湖南省委工作。罗章龙回忆说：“蔡以忱担任党的安源市委书记。他去湖南是有决心的，所以家眷都带去了。他的妻子姓丰，是党员，也同我熟悉。”

7 月下旬，由蔡以忱任书记，前特区委书记宁迪卿、前地委宣传部长杨骏等为委员的中共安源市委正式开展工作。市委直辖17个支部，另设3个区委，分别指挥紫家冲分矿各支部和上栗市等处农村各支部。丰俊英也随蔡以忱一同前往安源工作。

蔡以忱抵达安源后，经过深入调查发现，这个被誉为“东方小莫斯科”的安源，已经集结了2000余人的武装力量。蔡以忱听取了中共浏阳县委书记潘心元的情况汇报后认为，策动武装起义的时机业已成熟。蔡以忱当即综合安源与平阳、浏阳的情况，形成了一份军事行动方案，并迅速派市委委员宁迪卿送往湖南省委。

8月30日晚，毛泽东收到蔡以忱上报的军事报告后，喜出望外。当即召开省委常委扩大会议，决定湖南省的秋收暴动在以安源为中心的湘赣边界发动，带动全省。同时组成了以毛泽东为书记的前敌委员会，以易礼容为书记的行动委员会。同时，省委还决定在安源召开部署湘赣边界秋收起义军事会议。重任在肩的蔡以忱，为了确保会议安全举行，与一班人经过认真研究，选址于安源山下的安源街尾贴近农村的今萍乡市安源镇一个不出名的小村子——张家湾，一所僻静的房子里举行。毛泽东乘火车于8月31日晚抵达安源后，蔡以忱就安排他居住在张家湾工人夜校里。

“安源会议”筹备者

9月1日，根据毛泽东的意见，秋收起义军事会议如期在张家湾召开，参加会议的有安源市委、浏阳县委主要领导，赣西农民自卫军总指挥王新亚等人，史称“安源会议”。

会上，蔡以忱首先介绍了会议议程：传达中共“八七”会议精神和中共湖南省委关于秋收暴动的决定，讨论平江、浏阳、醴陵和安源各地农民暴动问题。接着，毛泽东诙谐地说：谢谢同志们的支持和信任，本帅就挂帅点兵了……随后，各路人马汇报了各自的准备情况，尤其是蔡以忱报告的安源工人暴动的准备工作和集结在安源的各路军队情况，以及王新亚报告的袁文才、王佐与贺学敏、贺子珍的农民自卫军联合行动的经过，令大家欢欣鼓舞。末了，前委书记毛泽东庄严地宣布：9月9日为秋收暴动日。中国工农革命军第一军第一师也于今天正式成立了！

这支起义部队的主力包括两个部分：一部分是没有赶上参加南昌起义的原国民革命军第四集团军第二方面军总指挥部警卫团（是叶挺独立团的新兵组建的）；另一部分是湖南平江和浏阳的农军、鄂南通城和崇阳的部分农民武装、安源煤矿的工人武装等，共约5000人，统一编为工农革命军第一师第一、二、三团。为防万一，会议同时决定：整个起义部队以萍乡、安源为退路，然后转向井冈山开辟革命根据地。

此间，毛泽东以他那诗人的特有气质和浪漫，写下了这首著名的诗篇《西江月·秋收起义》，诗末云："秋收时节暮云愁，霹雳一声暴动。"

战前锄奸定军心

到了9月4日晚上，安源矿警队的排长刘先胜突然气喘吁吁地跑来报告："蔡书记，蔡书记，不好了！矿警队营长陈鹏正在串联队员投敌。"

陈鹏原是矿警队大队长、共产党员，1927年8月，全队进行改编时，陈任营长，因陈是湘乡人，所以大多数的连长、排长都由其同乡担任。如果把队伍拉走，对秋收暴动来说在政治上和军力上将会功亏一篑。消息突然，正在市委开会的蔡以忱、王新亚等十分震惊。蔡以忱连忙说："先胜，莫急，莫急，你慢慢说！"

"这些日子，我经常看见大队长陈鹏同一些不三不四的人来往，就留心观察他们的动静。刚才，他们醉醺醺地从陈鹏家出来，我悄悄跟在后头，听见他们说，'只要陈大队一拉队伍离开安源，程（潜）军长就会重赏100块大洋'。我跟上去，他们发现了我，就什么都不说了。我想起后天矿警队就要演习，陈鹏定想利用演习的机会，拉走队伍。”刘先胜说。

“陈鹏这个败类，非把他抓起来不可！”王新亚一时急了，忍不住打断刘先胜的话。

王新亚，又名黄南生，湖南宁乡人，黄埔军校二期毕业生。1926年加入中国共产党，北伐时任第一军营长。北伐军进入江西安福县时，他被党派到安福县农民自卫军任大队长，1927年7月他率部参加了永新暴动，被任命为三县暴动联军总指挥。袁文才、王佐自卫军退守井冈山后，他率部来到安源集结。

此事迫在眉睫。蔡以忱在听取大家意见后，当机立断：首先他与刘先胜如此这般地交代一番之后，让刘不动声色地迅速返回矿警队。接着，蔡以忱对大家说：“为了不打草惊蛇，我们立刻协同研究锄奸行动方案，让矿警队第五连连长、共产党员杨士杰具体组织行动。因杨身在矿警队，不会被敌人怀疑。他还与朱少连是连襟，此次毛泽民就住在他家，绝对可靠。”

再说刘先胜奉命找到陈鹏的住处。陈鹏喝醉了，眼下还有几分没醒。“陈营长不讲交情，这么好的酒不请我喝！”刘先胜以对酒为名稳住陈鹏的同时，又以小便的名义出去，密派队员向蔡以忱报告敌情。

杨士杰得到蔡以忱的指令后，奉命作了周密部署，士兵一律不准外出，由非湘乡籍士兵负责警戒。原准备让矿井队班长易汉钦处决陈鹏，因考虑到易是新兵，唯恐失手，便由杨亲自带兵执行。

当日深夜，万籁俱寂。萍矿总工会代理委员长程昌仁与杨士杰等共产党员按照市委决定，手持驳壳枪，埋伏在陈鹏住宅的窗下。透过窗户，只见昏暗的灯光下，陈鹏正在慌慌张张地收拾文件，整理行装。他已察觉到外边风声很紧，准备趁夜色马上离开安源。

按照事先的约定，狙击手在午夜12时偷袭，从窗口对准陈鹏连打三枪，结果了这个叛徒。狙击手们又转到山上的三大队，惩处王雁。另一批狙击手也在同一时间里，在二大队击毙了其他叛徒们。

到了9月5日凌晨3时，在8个叛徒就地枪决后，当天宣布将驻安源的各路工农革命军和矿警队合编为工农革命军第一军第一师第三团（复更名第二团），由王新亚任团长，蔡以忱任党代表（“前敌军委”）。同时以工农革命军第三团的名义张贴布告，以正视听。布告云：“本团查明陈鹏等人，原系反动军官，近日进行公开活动，聚众上山为匪。本团奉上级命令，为重申军法，就地处决，以申军纪……”

霹雷一声天下惊

部队整编后，蔡以忱担任党代表的第二团，由安源工人纠察队和改编为国民革命军第二方面军总指挥部警卫团的矿警队等2100余人组成，拥有千余支步枪和3挺机关枪。刘先胜在肃反中立功受奖，由排长晋升为连长。

9月9日，王新亚和党代表蔡以忱、副代表张明三召开了二团营长、连长会议。王新亚作了行动部署：第一，命令连长刘先胜带领突击排和100多名有爆破经验的矿工将安源至株洲的铁路及铁路桥梁炸毁。第二，命令爆破队长杨明率爆破队潜入萍乡城内，炸开城墙，协助团主力攻占萍乡。同时决定，趁中秋节之夜即9月10日连夜攻城。

蔡以忱、王新亚率第二团按计划出动，将萍乡团团包围。守军一个营闭城固守不出。因杨明率领爆破队过早地暴露了目标，致使爆破失败，爆破队被敌人密集的枪弹杀伤了一半，被迫撤出城外。

王新亚见爆破失败即令部队实行强攻，一营营长张友林带领战士拼命登城攻击，第二团人多枪少，多是些土炸弹、土抬枪，战士伤亡很大，张友林也被城上射来的子弹打瞎了左眼。

这时，天已大亮，城上增援的敌人又来了一个营的兵力。蔡以忱会同王新亚、张明三召开紧急会议决定：放弃萍乡，改攻醴陵，得手后向长沙进攻。于是，他们绕过萍乡县城，乘火车向“吴楚咽喉”醴陵进发。

9月12日，第二团在八里坳下车，和当地暴动的农民一道进入醴陵城郊阳山石一带，与醴陵县委书记邓乾元取得联系。邓派易足三带领醴陵农民自卫军与二团过去会合了。易足三首先介绍了醴陵的敌情：醴陵城东、西、北三面紧靠渌江，背面只有一座石拱桥横跨在江上，同江北面的县城相连，盘踞在城内的敌人，一面派重兵守卫桥头，一面在东门的营盘山制高点架设机枪封锁江面，沿江有巡逻队巡逻。

蔡以忱、王新亚看过地形后，制订了三路攻城战斗计划，左边派一营从大西滩过河，夺取城西的凤凰山制高点，防堵敌人西逃；中路二营主攻渌江大桥，醴陵自卫军随中路部队行动，夺取城中心；右边三营从东门袭击渡口，抢占营盘山制高点，截断敌人东逃之路。

王新亚首先指挥二营佯攻渌江大桥，把东西两翼敌人的火力吸引过来。桥头佯攻部队和醴陵农民自卫军高喊“打倒蒋介石、打倒许克祥”的口号，守桥敌军惊慌失措，乱成一团。

东路三营在连长刘先胜带领下，找到三条木船，战士隐藏在船后边，推船前进，当接近敌人时，战士们一齐向敌人投手榴弹。敌人被炸得血肉横飞、四处逃散。刘先胜带领三营突击队占领东门渡口，又抢占了营盘山，左路一营战士涉水泅渡，游向对岸，经过激烈的战斗，夺取了凤凰山制高点。

中路守桥敌军腹背受敌，顿时指挥失灵，兵丁纷纷回退，这时工农革命军第二团冲锋号吹响，总攻开始了，二营战士和醴陵自卫军战士攻下渌江大桥，潮水般地涌进了城中心。

当天下午，第二团完全占领醴陵县城，缴获枪支80余支，这是秋收暴动中攻占的第一座县城，可谓成功打响了秋收起义的“第一枪”。

醴陵县城攻克，二团战士砸开大牢，救出了100多名被捕的革命同志和200多名无辜群众，醴陵城一片欢呼声，贫苦农民扬眉吐气。次日，醴陵县革命委员会宣告成立，贴出了第一张打击敌人保护人民的布告。人民政府打开土豪的谷仓、盐仓，将胜利果实分给贫苦的农民，人民敲锣打鼓欢庆胜利。

以安源工人为主的工农革命军第二团，在秋收起义中连攻萍乡、醴陵和浏阳三县城，先后打了六仗，战斗最激烈，战绩最大，也是唯一建立过县级革命政权的部队。秋收起义以及南昌起义、广州起义，使中国革命战争“进入了创造红军的新时期”。“可以说，秋收暴动颇具声色，还是安源工人的作用。”

秋收起义失败后，蔡以忱受命转战湘西，历任中共湖南省秘书长、湘西特委常委、军委书记等。1928 年 10 月 25 日，正在湖南澧县组织武装暴动工作的湘西特委常委蔡以忱，因叛徒出卖，于澧县县城小南门壮烈牺牲。就义前赋绝笔诗一首：

申鸣大义臣，仗剑扫烟尘。
横刀眉梢笑，忠贞掩昆仑。

（摘自裴高才著《“铸剑”先驱蔡以忱》，
中国社会科学出版社 2013 年版）

王文元：从会计员到国家领导人

2014年6月22日上午10时许，北京八宝山革命公墓礼堂，庄严肃穆，哀乐低回，王文元安详地长眠于鲜花丛中。习近平、张德江、俞正声等党和国家领导人出席其遗体告别仪式。顿时，王文元的逝世在海内外引起广泛关注。

家世家教

王文元是著作等身的会计学家，又是活跃于政坛、学界与法律监督界的社会活动家。他祖籍湖北黄陂王家旱塘，1932年1月24日（庚午年腊月初六），生于河南省郾城县城老街38号（今漯河市煤市街）。谱名秀纯，字文元。其父王寅阶虽出身望族，但不忘初心，要求子女谨记王氏宗谱的字派“闻远忠德，毓秀昌明”，讲解“玩物丧志，玩人丧德”的道理。同时，还曾带领王文元姊弟前去拜谒许慎祠，希望他们要像“五经无双”的“字学宗师”许慎那样，勤奋好学，学有所成。其母则带着孩子到外婆家——舞阳袁集小居，参观那里的果园、猪舍、牛棚，并形象地比喻说：“家人不读书，好像一窝猪。”

稍长，王文元又随父亲返乡祭祖、拜谒纪念二程幼年遥望东鲁读书的故址胜迹——双凤亭，现场体验“鲁台望道”的刻苦攻读意境。

“如果大好时光不用来读书，那简直是罪过！”少年王文元明白了一个道理：读书须发奋，做事须勤勉，将来生活要靠自己创造；做人则以诚信、善良为本。所以，他读小学时因成绩优秀被保送进初中，后来又以中考季军考入武汉一中高中部。

1949 年春夏之交，武汉即将迎来新生，王文元参加了全校师生员工联合成立的安全互助委员会，投身于护校与保产的活动之中。5 月16 日上午，他会同校内的数百名学生一道，打着“热烈欢迎解放军进城”“迎接解放”的横幅与小旗子，抬着美术老师创作的毛泽东主席、朱德总司令的画像，来到中山大道六渡桥，扭着秧歌欢迎解放军进城。至下午 6 时许，解放军一一八师主力已经全部开进汉口市区。至此，汉口成为武汉三镇率先迎来新生的一镇。

高中期间，他的国文与物理成绩尤为突出。1949 年夏，同学们相互传唱由左弦作词、罗忠熔作曲的《山那边哟好地方》那首歌。颇富文采的王文元就将歌词中的“山那边”改成了“解放区”，并在军民联欢时以大合唱亮相，颇受欢迎。即使到了晚年，王文元对那首歌词仍能朗朗上口。

正在此时，王父寅阶的眼病术后复发，直到完全失明，19 岁的王文元不得不放弃报考大学，返乡挑起养家糊口的重担。

会计生涯

1950 年 10 月，经王寅阶与朋友马承恩介绍，王文元步入工作的第一站——出任湖北省黄陂县私营企业胡乾顺油饼米厂（简称乾顺油厂）主办会计。该厂由当地富商胡道同（俊山）于祁家湾创办。

那时，祁家湾火车站旁建有铁榨、土榨与木榨的榨坊达 12 个，其中当时较为先进的木榨坊就有胡乾顺、余德记、祁全盛等 4 个。在 12 个榨坊中，余记占 3 个，以数量居多；胡家则规模最大，拥有柴油与汽油机各 1 台，雇榨油工人 8 人，厨师与会计各 1 人。胡道同可谓家大业大，子孙满堂。中华人民共和国成立前后，乾顺油厂由胡道同的二儿子胡传寿（字次尘）经理。胡传寿为人和易，善于经营，而且子女成群。王文元工作一段时间后，因协助税务局核算，先后受到黄陂税务局、县总工会在《湖北日报》上通报表彰，并获县人民政府劳动模范。胡传寿见王文元人才难得，有意以女妻之。于是就安排长女胡家卿到油厂当出纳。两个情窦初开的青年日久生情，自由恋爱。这时，郑州铁路局和中国人民银行武汉分行公开招考员工，王文元先后以优异成绩一举中鹄，只因胡老板慰留而未果。

到了 1952 年底，经黄陂县总工会推荐王到湖北省总工会，报考设在湖北省黄石市的大型国有企业——华中钢铁公司大冶钢厂会计，被录用。次年 1 月 29 日，他正式到大冶钢厂总务科报到上班，主要负责管理低值及易耗品核算、差旅费借支与报销，以及备用金等。

1953 年盛夏，国家重工业部决定：从全国所属企业中选拔招收工业统计、工业会计各一个班，进入冶金工业部设在长春的高校——东北会计统计专门学校，培养经营管理人才。大冶钢厂推荐王文元应试，王文元不负众望，一举考入东北会计统计专门学校财政信贷系。入学后，王文元学习用功，大学几年的考试与考查，除英语四分外，其余课程都是优等。而且他一直担任生活班长（副班长），并于 1954 年 5 月 1 日加入共青团，6 月国家高校调整，东北会计统计专门学校并入在沈阳的东北财经学院。王文元于同年 8 月随学校搬迁沈阳，并任班团支部宣传教育委员、科学研究小组副组长。

为人师表

1958 年 9 月，东北财经学院与沈阳师范学院、沈阳俄语专科学校合并组建辽宁大学。王文元进入辽宁大学任助教。1961 年 11 月，李光灿从中科院哲学研究所调任辽宁大学副校长，他开始关注王文元的自觉进修与备、教、改、导。鉴于王文元坚持业余自修，并形成了一套切实可行的章法。李光灿将王文元作为全校青年教师进修典型，将其进修规则在全校推广。随后，王文元由助教、讲师、副教授、教授，民主选举为工业会计教研室主任，到被任命为辽宁大学首任经济管理学院院长兼经济系主任，长达33年。

1968年8月27日，由沈阳冶炼厂派出的工人宣传队进驻辽宁大学，领导学校的“斗批改”运动。10月28日，王文元会同全校师生员工，组成一个“辽宁大学政治野营长征队”与八个连队，沿着当年“辽沈战役”的路线，向锦县石山镇方向行进。最后折返厉家，住在农村搞“斗批改”。

有一天，一位老师在抄大字报时，因过度疲劳，把“万寿无疆”误写为“无寿无疆”。这本来是正常的笔误，可在当时草木皆兵的政治大环境下，这可是杀头的死罪！当晚值班的王文元发现这个重大错误后，他顿时感到事态严重，他的第一个动作就是不声不响地立即把抄大字报的同志叫起来迅速改掉。以当时的政治背景，作为值班人员不仅不去报告，反而迅速“灭火”，这不是“失职”就是“窝藏”，无疑是要承担风险的，但他没有丝毫犹豫，他所作的这一切皆出于宽厚、良善的本性。

在“文化大革命”中，王文元曾多次被人“动员”：“放下家庭出身包袱，轻装上阵，打击阶级敌人。”但他始终顶住压力，不说一句不实之词，不做一件害人的事。他说，从小我父亲总教育我：“火要空心，人要忠心。‘文化大革命’中要我确认某某是特务，某某是反革命分子，没有一点证据的事，怎么能瞎说呢?”在那个时代背景下，由于他恪守这艰难的“证据”原则，以致军宣队无奈地说：“他这个人心慈手软，无法使用。”

那个年代，“心慈手软”是个缺乏斗争性的贬义词。所以，军宣队交给他的任务就是种大地、看庄稼、种菜园、守仓库、做饭、喂猪、赶牛车、抄大字报、值夜班。除此之外，就是天天坐着学毛著，被人称为“老常委”。

王文元曾被多次调查，结论是：中华人民共和国成立前一直在学校学习，历史清白，家庭无政治背景。有一次找他外调的人，听到有人叫他“老常委”，不解地问：他是哪一级、什么时候的常委？接待的人告诉那人说：他连个党员都不是，是毛著学习小组中无其他任务，出席次数最多的人。

改革开放后，王文元重新焕发青春，辛勤耕耘，桃李芬芳，师生情谊甚笃。一位弟子深情地回忆，那时他们调干班的同学大都已婚，家里上有老、下有小，负担重。在东北，秋菜上市时，一般家庭均须将冬季吃的蔬菜买回家储存起来。但学校并没有为买秋菜放假的先例，为了节省每个同学的家庭开支，这位身为班长的学生就擅自给全班放了三天假。事后，学校拟作出将该生勒令退学的处理。关键时刻，身为辽宁大学经济管理学院院长兼系主任的王文元主动站出来说：这批学生都已为人夫、为人父，收入微薄，生活困难。发生这种事，他们并不是有意违反校规。况且他们能有这个学习的机会很不容易，如果处理过重，就会影响其一生一世。一番话，入情入理，深中肯綮，最后，校领导一致同意从轻发落。

教授省长

1988 年 1 月，王文元教授当选为辽宁省人民政府副省长。就任后，他分管文、教、体、卫与计划生育等工作。上任伊始，他首先以一个教育家的责任，针对高教专业划分过细的弊端，提出了“厚基础，宽口径”的原则，以此培养学生的适应能力，增强其发展后劲。为提高师资水平，经过多方努力，与国外知名高校建立联系，派出访问学者，参加国际学术会议，开阔眼界，活跃学术气氛。

王对农村学校发展太阳能取暖、洗澡，拨土地养猪、种菜，发展校园经济，缓解教育经费困难，改善住校生的生活等，都倾注了大量的心血。当他得知，使用太阳能取暖的学校，放学后学生不是急忙回家，而是愿意留在比家里暖和的教室里做作业时，心里感到由衷的高兴。对人们过去重视不够的职业技术教育、以聋哑盲儿童为对象的特殊教育，王均不遗余力抓经常、经常抓，收到了较好的效果。

对于体育工作，他反复强调要正确处理好竞技体育与群众体育的关系，要摆正群众体育的基础地位，体育的根本目的在于提高全民健康水平和身体素质。群众体育搞好了，才会涌现出更多的体育拔尖人才。否则就是无本之木、无源之水。而竞技体育要在端正赛风上下功夫。那时，沈阳正在加紧筹备举办第二届全国青少年运动会，他大胆提出了训练和参赛的“四不准”：不准服用兴奋剂；不准贿赂裁判；不准进行有碍运动员健康的超强训练；不准假冒职业年龄。

这“四不准”对于当时刚刚进入奥林匹克俱乐部的东北来说，却一石激起千层浪——这位“教授省长”，书卷气太浓。不过，如今国际体坛上兴奋剂事件屡禁不止，海内外比赛也存在“黑哨”现象。当初那些持不同意见者，纷纷佩服这位“教授省长”的远见。

在他离任后，辽宁体育健儿由于具有雄厚的群众基础，在全国七运会上一举获得了总分第一名。辽宁省委、省政府还专门为王文元这个非运动员颁发了一个大奖杯。

体育之道，在于健身、陶冶情操。王文元因多次为外国友人钓鱼颁奖，领悟了钓鱼的超然乐趣。他从“钓翁之意不在鱼”得到启示：钓鱼之乐不在鱼，而在山水之间，享受自然，放松身心。

由于农村受养儿防老、多子多福观念的影响，对计划生育政策接受程度较差。为破解“天下第一难”，王文元多次下乡指导工作，提出要耐心细致地做好宣传工作，搞好典型示范，对执行政策中出现的偏差，则坚决制止和纠正。

一次，王文元到法库县实地调查农村医疗卫生状况，因在返程路上发生车祸，造成王文元右臂粉碎性骨折。肇事的司机是个个体户，当公安部门依法将其拘留时，有人对司机说：你知道吗？被你撞伤的是个副省长！司机不信：“副省长出来怎么会只有一台车？你别吓唬我了。”话虽这么说，但司机心里还是敲起了小鼓。

王文元回沈阳治疗期间，反复叮嘱有关部门按法规办事，千万不要因为被撞的是他而加重处罚。肇事的司机听了这件事后感动地说：“他被我撞伤了，却反过来关心我，有这样的官是咱老百姓的福气呀！”“福省长”的故事不胫而走。

辽宁山区，地方病较多，其重要根源之一就出在饮用水上。防病要治本。王文元多方奔走，争取更多资金，用于打井改水。对职业病，他与主管部门密切配合，也取得了较大进展。特别是推动重点医院下乡巡回医疗，对基层医院定点帮扶，基层医院派人到重点医院挂职学习等措施，立竿见影。由于领导重视，建立和健全了机制，上下互动，从而促进了整个医疗水平的提高。

检调高官

1992 年 3 月，王文元被全国人大常委会任命为最高人民检察院副检察长，他也是新中国成立以来第一位来自民主党派的最高检副检察长。当时，他分管监所检察厅、干部教育局、国家检察官学院、中央高级检察官培训中心等方面的工作，同时兼任第八届全国政协法制委员会副主任。

检察院是国家的法律监督机关，检察官必须认真行使国家的检察权。对监狱和看守所行使检察权，是他任最高检副检察长期间分管的领域。初次接触囚犯，他对这样一个特殊群体心中不无憎恨之感，但他深知打击罪犯只是社会主义刑罚的手段之一，把罪犯改造成有益于社会的新人，避免重新犯罪的恶性循环才是根本目的。他在调查中发现，过去为了方便监管，往往习惯于把犯人尤其是重罪犯人弄到偏远的地方去服刑。可是，这样一来，造成这些地区关押的罪犯数量大，重新犯罪率提高，犯人家属探视也多有不便。他坚持主张：罪犯的服刑地，原则上在原籍与发案地。

他在新疆视察工作后，对北京、上海的犯人到新疆服刑，从保障犯人合法权益、保障正确执法的角度提出了意见："对犯人的管理也应该体现人性化关怀，这有助于他们家庭的维系，否则，家庭破裂对子女和社会都不利。也有利于犯人服刑。"

这位检察长，不仅把他所了解到的问题提出来，还与当地监狱管理人员一起商量，如何对罪犯实施人性化管理。新的管理办法出台后，犯人不仅可以和前来探视的家属一块儿吃饭、交流，夫妻还可以同居。接下来，他又注重信息反馈，结果这些措施实施后，不仅得到了犯人及其家属的欢迎，也得到了社会的认可。

与此同时，王文元对监管改造场所发生的贪污、贿赂案件，监狱里罪犯再犯罪以及牢头狱霸的打击，对判决、裁定执行和监管改造机关的执法活动是否公正合法的监督等，也常抓不懈。他在调研后形成的《关于秦城监狱的几点意见》的报告，也受到中央领导的高度重视。

事后，他深有感触地说：强调对罪犯管理的人性化并不妨碍公正执法。战场上的敌人，放下武器后也不能伤害呀。应该让这些犯罪人员的正当权益得到保护，这有利于推动他们改恶从善。

王文元为了鼓励群众监督、检举腐败现象的积极性，对所有写给他的群众来信，他都是亲自拆阅，批给有关部门办理。6 年间，他亲自批阅的群众来信已记不清有多少。

对于执法干警徇私枉法，亦严格履行法律监督权，严惩不贷。2002 年 5 月，湖北黄梅发生“教授嫖娼致死案”，死者程树良是武汉理工大学年轻教授、九三学社武汉理工大学副主委、国家科技进步奖三等奖得主。王文元接到家属申诉后，即与检察机关交涉，希望认真行使法律监督权，还当事人法律公正。其后，湖北省组织了一个联合调查小组对该案展开调查，司法部门对黄梅镇派出所副所长陈新华徇私枉法，判处有期徒刑 12 年，终于使延宕 3 年的人命案结案。

深谋远虑

王文元自 1982 年加入九三学社起，曾蝉联三届九三学社中央副主席与常务副主席。作为长期在辽宁大学从事教学与管理工作，又具有在辽宁省政府工作行政经验的王文元，他出任九三学社副主席后，充分发挥九三学社的人才和智力优势，成立了九三学社中央参政议政研究中心，就重大课题进行调研，向中共中央提出建议案，实施科教兴国、可持续发展战略。

1995年，王文元在云南西畴壮族苗族扶贫点蹲点期间，共筹资1000多万元捐建成一个水电站、每个农户打一个水井、一村建一个沼气池。还动员高检机关干部捐资20万元建成了西畴县希望小学，解决了边民吃水、上学与用电问题。1998年夏，他到内蒙古休假期间，多次深入到牧民家中，到企业考察，与干部交谈、了解他们的想法，回来后亲自撰写了一篇5000多字的文章，受到当地政府的高度评价和重视。而1999年，王文元外出调研就达10余次，共100多天。

在全国政协工作期间，王老考虑更多的是西部大开发与关注“三农”问题。2000年5月10—24日，他会同全国人大常委会副委员长、民进中央主席许嘉璐，率专家学者，就西部大开发战略的实施情况，先后到云南文山、德宏等地，考察了云南边境地区建设和贸易情况、农村产业结构调整等与民族地区经济发展息息相关的问题，调查了解了云南少数民族教育、农民增收、西南大通道建设等多项实施西部大开发战略措施的进展情况。随后，又对贵州普定县、安顺市、黔东南苗族侗族自治州等地，调查了解了扶贫攻坚、生态建设、民族教育、农民增收、西电东送及小城镇建设的情况。其中，他还代表九三学社向云南省三台山德昂族乡中学和贵州省普定县果陇小学各捐款10万元，建希望小学。回京后，中共中央听取了王文元一行的专题报告，并接受了央视专题片专访。

同是2000年，针对汾河太原城区段河道杂草丛生、泥沙淤积、污水横流、垃圾成堆的现象，王文元变自己专列为知名专家专列，一同前往山西会诊，提出治理对策。随后，山西省依良策实施，投资5.6亿元，在汾河太原城区河段建设了占地300公顷的汾河景区。这一河段设计为人工复式河漕，分成东西两渠，排泄上游洪水和水库灌溉输水。东西两岸各布置一条箱形排污暗涵，接纳沿线城市排污管道和边山支沟来水，送至下游污水处理厂进行净化处理。治理后的汾河景区继获得建设部“中国人居环境最佳范例奖”之后，又荣获“2002联合国迪拜国际改善人居环境最佳范例奖”。

曾几何时，他前往西北与广东沿海调查研究，提出环保与垃圾处理等问题。当时有人不理解，认为他是“杞人忧天”。但他明确指出，实施垃圾填埋法虽然较为简便，但并不是一种很好的处理办法。诸如占用大量土地、可能造成二次污染，如果处置不当，产生的可燃气体还会引起爆炸。如今，全国部分地区笼罩着雾霾，以及深圳发生的垃圾重大事故，人们这才深知王文元的远见卓识。

余晖照人

王文元属马，晚年时，人们常称他老骥伏枥，壮心不已。即使进入耄耋之年，他依然精神矍铄，继续在“后过渡期”喜作“黄昏颂”。一次，他去西藏考察时，坚持入乡随俗，按常量进餐。他认为，一个地区饮食习惯的形成是有其历史文化渊源的。到任何地方，都尽可能去适应包括餐饮习俗在内的当地风土人情，这不仅是对当地人的尊重，也是一种不可多得的生活经历。

他对物质生活，崇尚俭朴，不求奢华。在职时，虽然每天忙于工作，但他一有空不是与书本打交道：读书、写书、藏书，就是练书法、听音乐等。离开繁忙的领导岗位后，他开始有时间按自己的爱好，看一些书和著书立说。他阅读范围涉猎甚广，尤其喜欢政经文史。这种生活方式看来有点单调，而他却自得其乐。他勤于笔耕，著作颇丰，撰写、编著、主编、审定及翻译出版了专业学术著作、教材、工具书等30余种。

对于体育锻炼，他别有领悟。他非常欣赏游泳时那种身心放松的感觉，尤其赞赏毛泽东诗词中“不管风吹浪打，胜似闲庭信步”的豪迈意境。而退休后，用他自己的话说是“以散步居多。游泳则是三天打鱼两天晒网。晒网多，打鱼少。如果有机会，还喜欢去钓鱼”。

他为人遵循“君子坦荡荡，小人长戚戚”的古训，总要求自己遇事多些理解与大度。他认为，人生中多些宽容与豁达是身心健康的一大法宝，不过真正做起来并不容易，要有很高的修养。难怪与他交流毫无拘束，话题广泛。同时，他竭力反对蝇营狗苟，尤其重视自己的人格尊严，即便有时要为此付出代价也在所不惜。

“退下来后，我主要还是作一些考察，写一些政策性的建议。中央有什么要求，我就去作一些什么样的调研。”他身兼中国和平统一促进会名誉会长，于2005年8月20日，专程前往日本东京，出席中国同盟会成立100周年大会。会议期间，他频繁会见海内外爱国人士，呼吁全球中华儿女秉承孙中山先生的遗愿，实现“振兴中华”的伟业。

王文元（2002年于北京）

笔者与王老相识于2002年岁末，赴京请他为拙作《田长霖传奇》《首义大都督黎元洪》作序、题名之时。自此，我们书函往来十余载，又在东湖重逢，并留下了永远的定格。2013年春，王老得知拙作《田长霖新传》行将再版，他特地重拟了序言。王老病重期间，中央领导曾表示要为其出版传记和文集，王老告知其秘书支国群，希望由我执笔。于是，就有了全国政协立项、九三学社负责出版，黄陂负责采写、编纂《王文元传》《王文元文集》方案，并列为国家重大题材项目。

王文元（右）在北京家中接受裴高才采访

（原载《红岩春秋》2016 年 1 月，裴高才文《布衣高官王文元》）

许建国：中共公安保卫战线的先驱

杜理卿是中共公安保卫与情报工作卓越的领导者、开拓者之一，也是资深的外交家。周恩来曾给他改名“杜智文”，并应邀出任张学良的警卫团秘书长；抗战期间，他自己改名为“许建国”，意即“以身许国”。毛泽东曾三次颁令嘉奖他。

安源煤矿受洗礼

杜理卿1903年9月出生于木兰山东麓的杜家嘴（今属王家河街道中嘴村）。因家境贫寒，小理卿幼年就跟随伯父到河南及汉口等地当学徒。1916年初，杜理卿到安源煤矿修理工厂当学徒。1922年1月进入李立三在安源煤矿创办的工人补习学校补习，从此走上革命道路。同年5月，安源路矿工人俱乐部正式成立，他又是这里的常客，并带领工人激情满怀地高歌《安源路矿工人俱乐部之歌》，激发大家的革命热情。

安源工人运动的星星之火，终成燎原之势，故有“小莫斯科”之誉。杜理卿于1922年9月14日凌晨，高喊着“从前是牛马，现在要做人”的口号，参加了李立三任罢工总指挥的第一次安源路矿工人大罢工。罢工进入第五天，路矿当局迫于社会舆论的压力，不得不在罢工条件上签字，答应了工人提出的13项条件。罢工取得了完全的胜利。由于杜理卿在罢工中表现突出，经陈昌仁、胡多谋介绍，他光荣地加入了中国社会主义青年团，同年转为中共党员。

劫后余生干保卫

安源第三次罢工失败后，杜理卿历任湘潭县南区联合工会委员长，县工会委员兼纠察部部长。1926 年冬被派往长沙总工会纠察队训练班集训。随后，他回到湘潭担任工人纠察队队长，领导四个武装纠察分队，配合农会打击土豪劣绅。12 月 19 日，杜理卿会同县总工会一班人，组织两万余工农群众集会于学坪，公审并处决了当地罪恶昭彰的劣绅晏容秋，工农群众为之扬眉吐气。次年 1 月，为呼应汉口各界集会要求废除不平等条约、收回英租界活动，他参与领导数万群众烧毁河东太平街英商洋油池。从而，促进了湘潭工农运动迅猛发展，工会会员增至 3 万人，农会会员达 20 余万人。

“马日事变”发生，杜理卿冒着生命危险，先后潜往长沙、武汉等地寻找中共组织。次年 4 月，他来到武昌粤汉铁路局机务段，一面做工，一面与党组织取得联系。不料，因叛徒出卖，他被关进长沙陆军监狱。一年后，红三军团一举攻克长沙，杜理卿和所有在押的同志被解救出狱，加入了红军，他被分配到红三军团一师三团任副官长兼任团保卫员。此后不久，在部队开展清理“AB 团”的斗争中，正要对“AB 团分子”杜理卿逮捕处置的危急关头，是团政委江华出面力保，杜理卿才幸免于难。

长征路上护“五老”

1932 年，杜理卿出任红三团参谋长和代理团长，第三次反“围剿”后又被任命为三团特派员，多次出色地完成了艰险的保卫任务。在红三军团攻打赣州时，拂晓前他外出巡查，突然发现驻地被敌人包围了。他迅速操枪，打倒了几个敌人后，立即赶回留守处，为护送一师政委黄克诚和六师参谋长唐近仁，他当开路先锋，冲出了敌人的包围圈。在部队整编时，他被调任红三军团一师特派员，负责全师的保卫工作。第四次反“围剿”时，他担任红三军团政治保卫分局侦察部部长。

1934 年 8 月，红军整编后成立了八军团，罗荣桓为政治部主任，耿飚为参谋长，杜理卿为军团党委常委兼政治保卫分局局长。10 月，他开始了万里长征。进入贵州后，他被调往中央保卫局，负责保卫中央的年老同志。董必武、徐特立、谢觉哉等就是在他悉心护卫下安全到达遵义的。1935 年 1 月遵义会议召开后，毛泽东曾专门下令嘉奖杜理卿。

1935 年 4 月，杜理卿调任红三军团政治保卫分局局长。这年 6 月，红一、红四方面军在川北懋功地区会师后，杜理卿奉三军团代政委李富春的命令，带领一个手枪队担任中共中央会议警卫，圆满完成了任务。事后，毛泽东下令再次嘉奖杜理卿。红军长征到达陕北后，恢复红一方面军，以原第二纵队为基础组成红一军团第四师，他调任第四师特派员。

到了 1936 年 2 月，毛泽东又亲点杜理卿出任红一军团保卫局长，随红一军团渡河东征。四个月后东征结束，杜理卿与林彪、罗荣桓等一起，被调到保安红军大学学习，并担任中共红军大学一科支部书记。

张学良的联络官

震惊中外的“西安事变”发生后，中共中央决定派以周恩来为团长的中共代表团前往西安，与张学良、杨虎城共商解决西安事变大计。杜理卿被遴选为中共代表团的工作人员，跟随周恩来副主席前往西安。

1936 年 12 月 17 日，杜理卿随代表团抵达西安，他见证了张学良与周恩来相聚西安的历史时刻。张学良兴奋地问周恩来：“周公哟，我总算把你们盼来了！不过，老兄的美髯怎么不见了？”周恩来答道：

“汉卿如此惊天义举，我当然要剃掉胡须，以示祝贺了！”张说：“那样长的美髯剪掉，实在太可惜了！”当晚，张学良在公馆的中楼设宴招待中共代表团和随行人员。宴会后，张学良与周恩来进行了长谈。当时中共代表团的内部分工是：周恩来侧重于政治方面，负责上层统战和群众团体的工作；叶剑英主要负责军事工作；秦邦宪则侧重党组织内部工作以及群众工作；李克农为代表团的秘书长，统管代表团内部事务。根据周恩来与张学良的商定，由杜理卿负责代表团与张学良的联络保卫工作。为便于工作，张学良安排杜理卿出任其警卫团的秘书长兼军警督察处三科上校科长，周恩来则给杜理卿改名为“杜智文”。

12 月 18 日早上，杜理卿随周恩来首先礼节性地前往杨公馆拜会了杨虎城将军，随即转往张公馆的中楼，负责周恩来与东北军张学良、十七路军杨虎城三方首次会谈的内线警戒，确保三方达成和平解决“西安事变”的六点共识：双方停战，中央军撤至潼关以东；改组南京政府，肃清亲日派，加入抗战分子；释放政治犯，保障民主权利；停止“剿共”，联合红军抗日，共产党公开活动；召开各党、各派、各界、各军救国会议；与同情抗日的国家合作。史称“三位一体”抗日同盟。

到了 12 月 23 日，杜理卿作为会务现场保卫人员，见证了三方代表与蒋介石的代表宋美龄、宋子文在张公馆中楼举行谈判。经各方协商形成一份共识文件，文件的大意是：蒋委员长同意宣布并开始武装抗击日本侵略者，容纳共产党共同抗日，把亲日派官员从国民政府中请出去。由宋氏兄妹代表蒋介石签了字，蒋介石的顾问、美籍澳大利亚人端纳作为见证人，也在文件上签了字。蒋介石口头答应以“领袖人格作保”。

此间，杜理卿按照周恩来的指示，协助友军在清查特务间谍、维护社会治安、巩固友军部队等方面做了大量工作，并完成了保卫中共代表团的使命。

1937 年 5 月，杜理卿调回延安，担任陕甘宁边区政府保卫处副处长。次年初，杜理卿任中共中央保卫委员会委员。同年，他任中央成立的中央社会部保卫部部长。1939 年 3 月，他率中央考察团赴华北敌后考察，6 月到达了晋察冀边区，因锄奸工作的需要，杜理卿改名为许建国，意即“以身许国”。1944 年，许建国兼任晋察冀边区政府公安管理处处长和边区政府党团书记。

“福尔摩斯”破“铁案”

抗战胜利后，许建国相继任晋察冀中央局、中共中央华北局委员、常委、社会部部长兼华北人民政府公安部部长等职。1947 年夏秋时节，中共中央工作委员会正在西柏坡村召开全国土地会议，中央首长全部出席，许建国负责会议安全保卫工作。一天夜间，突然一声枪响，震惊了西柏坡村。许建国立刻招呼警卫员一起朝着枪响处奔去。经向外围警卫员查实，原来是毛泽东主席的秘书、组织部副部长陈伯达的警卫员李子云被人打伤了。陈伯达的另一位警卫员孙伟也出面作证。

刚刚赶到的中央保卫委员会主任康生武断地做出定论：这是国民党特务打的枪，令全村全县戒严盘查。许建国却皱眉不语。许建国根据自己调查的情况提出了案情的四大疑点：首先，伤员的伤口从里向外斜进，进口竟在大腿内侧，伤口小，外口比内进口高一寸；如果如伤者所说，敌人是从外面开枪，那么伤口不可能在大腿内侧，而是在外侧。其次，现场有一颗七九式步枪子弹壳，距李的血迹左前方二尺三寸远，而李的用枪正是七九式步枪。再次，院内的南房是村副大队长的住房，枪响时他正在室内拿东西，并未听到房子附近及房上有任何响声。最后，孙伟以枪法好、反应快著称，并且有 14 年警卫员的经验，当他听到枪响之后冲出来，看到南房上有人影一闪，他竟然没有开枪，此举十分反常。许建国强调指出，从上述疑点综合考虑，基本上可排除是特务打的枪，而很大可能是李子云自伤，而且孙伟说了假话。

可是，康生却仍然坚持己见，他甚至拒绝许建国调查李子云、孙伟及要陈伯达配合工作的建议。就在许建国十分焦急之时，后勤部所在地的大伙房竟然发生了一起投毒案！而直接责任人就是炊事员王河。而同为炊事员的李方林当即把情况报告给保卫委员会，康生立刻下令逮捕王河，声称这两起案件都是想谋害中央首长！

在对王河的审讯中，王一直大呼冤枉，拒不认罪。许建国认为，康生的结论证据不足，当务之急就是查出确凿的证据，证明王河有罪或没罪。于是，他亲自来到了后勤部炊事组，对炊事组每个人逐个谈话，了解情况。据炊事员老谢透露，原来王河与李方林曾为一个姓王的寡妇争风吃醋。不过，老谢认为，王河人本分，手脚也勤快，感觉他不像是国民党特务。接着，许建国顺藤摸瓜找到了王寡妇。王寡妇顿时吓得直打哆嗦，立刻把实情说了出来。原来是王寡妇买了两大包砒霜交给李方林，李方林乘检查时将药倒入了王河炒菜的锅里，以此坐实王河是国民党特务与枪击案的开枪者。许建国在讯问李方林时，李看了王寡妇的交代，又有老谢这个人证，他只有供认不讳了。

哪知，康生那边竟传出国民党特务王河已经招供的消息！同时，王河又交代了一大批人，这些人都是党政机关重要干部。于是，康生下令抓人，一大批人受到牵连。

为了查清案情真相，许建国立刻找到康生，将李方林招供的情况向康生作了汇报，并肯定地说："王河是被冤枉的，是屈打成招！"康生顿时恼羞成怒地指责道："我是中央保卫委员会主任，你是委员，你要听我的，许建国同志！这是党的纪律所规定的，如果你再一意孤行下去，你将会站在党的对立面，成为反党分子！案子就这么定性了，我现在就去向毛主席汇报。"而后，拂袖而去。

许建国一听康生要去见主席，他觉得再也没有任何退路了，他当即决定：我也要面呈毛主席，一五一十地汇报案情！我相信毛主席会秉公处理的。

那天许建国前去求见，毛泽东立刻站了起来，亲切地向他伸出手

许建国与方林合影（1952 年 10 月 22 日）

去，笑着说："我们的杜大胡子如今变成许大胡子了，是什么风把你吹来了？"许建国坐下后，便仔仔细细地把他对两起案件的调查情况讲了一遍，毛一边吸着烟一边专心听着，时不时地还插入两个问题。等许建国讲完，他皱起眉头道："你讲的和康生讲的完全不同啊，不过听起来，好像你的分析对头些，证据充分些，这两起案件看来要好好地分析、研究一下。"

其后，由于毛主席对这两个案件的关注，陈伯达不得不积极配合许建国做李子云的思想工作，此案终于被许扳回了。

含冤而去终昭雪

两起案件真相大白，毛泽东再次给许建国颁发了嘉奖令，而康生则受到了严肃批评，康生因此怀恨在心。

中华人民共和国成立后，许建国先后出任中共中央政法委员会委员、天津市副市长兼公安局长，中央公安部副部长，华东军政委员会公安部部长，中共上海市委常委、上海市副市长兼公安局长，市委书记处书记等职。1959 年，经陈毅推荐、毛泽东点名，许建国肩任中国驻罗马尼亚和阿尔巴尼亚大使。

“文化大革命”期间，一直对许建国耿耿于怀的康生积极地支持江青，诬陷许建国为叛徒，将他关进秦城监狱长达7 年。1977 年10月4 日，许建国含冤离世。1980 年3 月，中共中央正式为许建国平反昭雪，告慰先贤的在天之灵。

（原载《党史纵横》2014 年第11 期，裴高才文，
参考了杜安棣、杜安陆提供的资料）

辜胜阻：经世济民赤子心

辜胜阻是一位背靠理论、直面现实而最接地气的经济学家。“接地气”正源于他坚持调查研究与实事求是的本色。几十年来，无论经济阴晴，他始终保持高频率深入一线调研的工作习惯，亲自撰写调研报告，通过调查研究这座桥梁，将经济学、管理学和社会学等学科的理论认识，同中国改革开放30多年来深刻变革紧密结合，并不断升华为一份份参政议政提案、一本本学术巨著以及一条条施政方略。时至今日，他依然坚定而热忱地走在基于实地调研的参政议政道路上，“察政观商，经世济民”。

行万里路，用脚步感受中国经济的温度

在辜胜阻的日程安排中，基层调研是最多的一项。作为一名经济学家，他明白，想要深入了解中国经济的运行情况，应当从实际问题出发，寻求解决办法。中国幅员辽阔，各地情况迥异，一个具体政策出台后在各地贯彻落实的程度也可能会大不相同，因此实地调研显得尤为重要。几乎每年，他的脚步所到之处，有十多个省区市、几十个城市之多。难怪有人说，他在用脚步感受中国经济的温度。

辜胜阻不是一个只埋首书斋、在资料中皓首穷经的经济学家。他愿意也擅长步入热气腾腾的生活中，去感受、去触摸当下中国经济的跃动。仔细翻看他的调研路线，从南至北，由东到西，行程所至，几

乎涵盖了整个中国版图。他的调研方式，也不是仅仅坐在办公桌前听当地负责人的汇报，更多的是深入一线，去工厂、去市场、去声音最真实的地方，去感受经济生活的现场。但凡与他一起做过调研的人都会说，他的调研没有花架子、过场和形式，都是务实的考察和一针见血的问题。为了多跑多了解一些情况，他经常不顾身体劳顿，一日驱车奔波多地。

丰硕的调研成果背后，是辜胜阻长期不懈的努力。系统的经济学理论基础、国际化的视野、多岗位的历练、躬身实地的考察、翔实一手资料的支持，使得他的诸多调研报告都成为国家决策的重要参考。他清晰地知道，个人的研究成果，应该与民族的命运、国家的需要结合起来。如是，个体的力量才能更好地汇入中国发展的历史洪流中。

依托大量调查研究和坚实的学术基础，他曾多次参加中央高层的经济形势、五年规划和政府工作报告的征求意见座谈会，针对经济热点问题与国家发展规划的制定发表自己的真知灼见。2016 年，他呈报的多项调研建议受到中央领导的指示，一些建议被采纳。

建言献策，努力服务高层决策

1988 年，辜胜阻从美国回国后，加入了密切联系经济界的民主党派——中国民主建国会。他最早的参政议政实践是在 1991 年三峡工程上马前，作为民建成员赴长江上游实地考察水土流失问题。1992 年，全国“两会”的一项重要议题就是讨论与表决兴建三峡工程的建议案。三峡工程对航运、发电和防洪等领域有重要意义，同时也会带来环境保护、大量移民搬迁等问题，因此它从筹建的开始就伴随着一些争议。他基于多次的调查研究，对长江上游水土流失问题的重要性及治理战略进行了系统性的思考，执笔起草了《民建中央关于治理长江上游水土流失的建议》，明确提出长江上游水土流失问题存在极大的隐蔽性与破坏性、治理工程量大、所属区域滑坡和泥石流灾害严重、环境容量低、防治工作起步晚和任务重等特点，应予以高度重视。并建议，要根据受益情况多方筹集资金，努力增加长江上游重点防治水土流失的资金，实现投资主体的多元化，确保资金投入逐年增加；需要国家对长江上游重点防治区的水保专业队伍和网络建设采取特殊政策，实行区别对待，确保防治网络的健全；在重点防治区要坚持“两手抓”，在抓治理的同时，切实加强预防工作，真正做到“预防为主，防治结合”，确保法律手段在水保工程中的作用；要采取各种利益诱导机制，广泛而持久地调动广大农村剩余劳动力投入水土保持工程，确保水保工程高质量、高标准地完成；因地制宜，根据不同情况建立不同类型的水土保持示范户、示范村、示范乡，用榜样的力量推进点面结合；加强水土保持科学的多学科研究，实现治理水土流失与农业综合开发利用相结合。建议呈报国务院后，得到了时任国务院副总理邹家华同志的高度重视。

1998 年全国政协九届一次会议上，辜胜阻在《总结东亚金融危机教训，确保国家经济安全》的提案中提出，要适应民间借贷等自生金融形态由地下转向规范化的需要，发展真正的民营中小银行。他结合在美国访学及调研社区银行所了解到的情况指出，美国社区银行是稳定美国经济的基石和银行业的重要组成部分，对小微企业发展作用巨大。对于我国而言，让民间资本设立更多的民营银行有利于发挥民间资本在金融改革中的“鲇鱼”效应，构建竞争有效的多层次金融体系，有利于缓解小微企业融资难和民间资本投资难“两难”问题，使金融更好地服务实体经济特别是小微企业。2013 年，党的十八届三中全会通过的《中共中央关于全面深化改革若干重大问题的决定》提出，在加强监管前提下，允许具备条件的民间资本依法发起设立中小银行等金融机构。民间资本的“银行梦”近在眼前。看到决定后，他激动地说，鼓励民间资本发展更多的民营银行，我们呼吁了 15 年，今年看到了积极进展。

2012 年，由民建中央、农工党中央、全国工商联联名提交的《关于强本固基维护实体经济坚实基础的提案》，被列为全国政协十一届五次会议一号提案，这是全国政协史上第一次由多家党派团体共同合作提交的提案。为负责该项提案调研和起草，他九去浙江，三次专程调研我国中小企业发展的前沿地温州，先后调查过数百家实体型中小企业，获取了大量数据和直观感受。他指出，实体经济的增速下滑正逐步成为影响经济可持续发展的重大潜在风险。大量企业家感叹道：实业真难做、做实业真苦、实体经济真危险。基于广泛调研与深入思考，为巩固实体经济基础，防范产业“空心化”风险，提案从拓宽融资渠道、营造良好市场环境、降低企业成本、规范民间金融、完善支持创新的制度体系五方面提出具体建议。提案一出，即刻引起多方注意，时任国务院总理温家宝同志做出重要批示：“请发改委会同财政部、人民银行等部门研究，做出支持实体型中小企业发展的总体方案。”

2014年以来，他多次进行扶贫的实地调研。通过对湖南武陵山区贫困家庭的调研发现，因患先天性遗传病造成的贫困代际传递是当地贫困最为突出和严重的问题。根据这一现实情况，他大声疾呼要“切断贫困代际传递”。他强调，扶贫工作重点要由过去单纯重物质资本开发建设转向更重人力资本投资开发，要高度重视贫困家庭人口优生优育和教育问题，切断贫困的代际传递。在张家口市调研中，当得知崇礼县依靠冰雪相关产业已经率先脱贫，他建议，扶贫要通过产业发展，用市场手段实现贫困地区的脱贫减贫。要避免过度依赖财政投入与社会救助的“输血”式被动扶贫，提高产业扶贫等“造血”式扶贫水平……在一系列、多区域的实地调研基础上，他提出了系统具体的“十三五”扶贫工作思路，包括加大扶贫开发投入，整合各类扶贫资金；以教育发展和就业帮扶促进减贫脱贫，切断贫困的“代际传递”；健全扶贫信息服务平台，精准识别贫困人口，完善扶贫瞄准机制；大力推进产业扶贫；改进贫困地区的“软件”和“硬件”设施；疏通扶贫开发金融血脉，完善金融扶贫机制；构建并完善扶贫退出机制；切实提高贫困地区基层干部和教师、医护人员等人才的待遇等。正是基于这些大量翔实的调研，他的真知和洞见往往鞭辟入里，入木三分，真正契合中国发展的实际。2015年11月，《中共中央国务院关于打赢脱贫攻坚战的决定》也将“健全精准扶贫工作机制”“发展特色产业”“加快实施教育扶贫工程，阻断贫困代际传递”“加大财政扶贫投入力度”“加大金融扶贫力度”“发挥科技、人才支撑作用”等作为“十三五”扶贫的具体要求和举措。

多年来，辜胜阻依托学术优势、立足调查研究、围绕经济社会热点问题建言献策，提出的多条建议都被采纳。低调、务实、严谨是他一贯的风格。他将大量的精力投入于中国经济发展问题的研究中，并针对发现的问题提出有的放矢、有理有据的解决方法。除每年“两会”中有分量的提案和建议，他还撰写了大量学术分量很重的研究文章。

辜胜阻的学术研究主要集中在城镇化与经济发展、宏观经济与产业升级、中小企业与民营经济、创新经济学与金融创新等领域，丰富的调研和实践经历促使其一系列学术成果的形成和完善。仅在城镇化领域就出版了《城镇化转型的轨迹与路径》《新型城镇化与经济转型》《城镇化与经济发展热点问题探索》等学术专著，形成了诸多与城镇化相关的理论成果。

在长期的城镇化问题研究中，辜胜阻一直力推“城镇化”战略，主张以“城镇化”而非“城市化”理论指导中国经济发展的实践，成为中国最早力推“城镇化”的专家之一。“二元城镇化发展理论”是辜胜阻自20世纪80年代着手研究、90年代初期正式提出、后来又不断完善发展的一种城镇化理论。在“二元城镇化发展理论”等研究成果的指导下，辜胜阻提出了有现实意义和可操作性的城镇化推进战略，并为其参政议政、开展施政实践等奠定了坚实的基础。

经邦济世，跨界谱写丰富人生

多年的海外研修、8年的地方政府工作、8年的国家立法机关工作、10多年的民主党派机关和全国工商联工作、三届全国政协委员、长期的大学教授生涯，使辜胜阻具有跨政界、学界、经济界的优势。

回望过去，除了惊叹于他多年耕耘成就的累累硕果，更感叹于他丰富的人生履历。多年来，他一直活跃在参政议政和学术研究的大舞台上，也许正是他这些不同的身份和经历，才形成了他兼具学术理论视野、国际视野、战略视野的鲜明特点，并最终实现了“政”“学”的互动与双赢。

辜胜阻出生于武汉黄陂。黄陂古文化源远流长，世代人才辈出。中学毕业后，他做过民办教师，但一直怀揣求知求学的理想。恢复高考制度第一年，他便考入武汉大学经济系。在武大求学期间，他就跟随老师去农村调查研究人口问题，从此形成了勤于调查研究的习惯，也奠定了自己学术生涯的基础。1982 年，他选择留校工作，在开展教学工作的同时全力投入到学术研究之中。那段时期，他数十次与同事们背起书包，跋山涉水，深入到湖北省 40 多个市县，以及其他 10 多个省市，对各类家庭、学校、企业、机关进行了大量的调查，总计完成大中型社会调查项目 30 多个、调查问卷 5 万多份。仅“人口流动与经济发展”一个课题，问卷调研的计算机处理数据，摞起来有一尺多高。凭着这份勤奋和努力，他先后发表、出版了一系列研究论文和重要论著，于 1989 年开始担任武汉大学教授，并在 1992 年破格担任博士生导师。

他是改革开放后较早赴国外留学和研修的学者，先后在美国密歇根大学、夏威夷大学东西方中心、日本东京大学、德国杜伊斯堡大学、美国哈佛大学做访问学者。此外，还多次赴美国、法国、德国、印度、韩国、加拿大等国家做短期访问或参加国际会议。在海外的留学经历对他产生了重要影响，极大地开阔了他的视野，拓宽了他为学的思路，使他受益良多。回国主持武汉大学人口研究所工作后，经过与同人的努力，他把研究从人口学扩展到应用社会经济学整个领域，并于 1997 年组建武汉大学战略管理研究院并担任院长，先后主持承担多项科研项目，获得国家和部省级科研成果 30 多项。

1993 年初，远在美国密歇根大学进行双边合作研究工作的辜胜阻，收到了一份他被推选为八届全国政协委员的电传。从那时起，他历任第八届全国政协委员、第九届全国政协常委、第十届全国政协委员，并先后9次以专家个人身份就自主创新问题、农村剩余劳动力问题、治理通货膨胀问题、就业问题、城市扶贫问题、国有企业改革问题、素质教育问题、农村教育问题等登上全国政协大会和政协常委会讲坛发表政见。

辜胜阻是政学相长的学者型官员。1998年1月，他当选为武汉市副市长，后又出任湖北省副省长。“多学习，少应酬；多协商，少独谋；多调查，慎开口；多干事，少出头。”这是他给自己制定的从政哲学。新的领导工作岗位，一方面对他提出了全新的考验，如何运用经济理论指导当地发展、如何实现学者与官员双重角色的磨合，成为摆在他面前的一个课题；另一方面又为他的学术研究提供了一个难得的“社会实验室”，使他的研究能够更紧密地与实践结合在一起。自1998年从政以来，他坚持理论联系实际的学风，每年都结合自己的分管工作，深入企业、城乡社区、学校、全国各类开发园区和海内外城市进行考察调研，亲自撰写调查报告。他在接受媒体采访，被问及政府官员和学者区别时说，“作为学者，需要标新立异，不断创新；作为政府官员，需要求同存异，不断使政府的决策共识最大化”。

2005年，他离开湖北武汉，赴北京工作，之后他先后担任第九届全国工商联副主席，第九届民建中央副主席，第十一届全国人大常委、内务司法委员会副主任委员，第十届民建中央副主席，第十二届全国人大常委会委员、人大财经委员会副主任委员。作为立法机关组成人员和党派负责人，北京的工作平台不仅为他的学术研究提供了更有利的条件，而且使他能够依托学术研究成果更好地围绕国家社会经济热点建言立论。

2016年是辜胜阻大学执教第35年。他认为这35年来，自己主要做了三件事：一是学术研究，形成了宏观经济与产业升级、城镇化与经济发展、民营经济与中小企业、风险投资与创新经济学四大研究板块；二是教学育人，先后培养研究生近百人；三是参政议政，依托学术研究成果，以全国人大和全国政协为平台，围绕国家社会经济热点问题参政议政，提出百余项政策建议，许多政策建议被政府决策部门采纳，实现“政”“学”相长。他先后获评第三届中国十大杰出青年，被授予国家有突出贡献的回国留学人员、国家有突出贡献中青年专家，入选国家百千万人才工程与跨世纪优秀人才培养计划。

辜胜阻在武汉大学（周大春摄）

从基层一线教育工作者、研究学者到出国留学，再至回国从政，任职武汉副市长、湖北省副省长，再至全国工商联副主席、民建中央副主席、全国人大内务司法委员会和财经委副主任委员，辜胜阻在各个角色中自如转换，并始终坚持“背靠理论、面向现实”，为我国经济发展与改革问题建言献策。多年来，他在经济领域深耕之余，也将关注的目光投到管理学、社会学等领域。因他深知，凡事都不是孤立存在的，他注视并参与到中国当下的发展中，既有宏观视野，也不忘一点一滴具体行动。他目光所及，有国家宏观经济战略，有活跃在生产一线的劳动者，彼此经纬交织成一个复杂而生机勃勃的世界；他双脚所至，为的是更深入地了解他脚下的这片土地；他对于新事物了解的速度与包容的宽度，很多年轻人也自叹弗如。

辜胜阻的一颗赤子心、澎湃的家国情怀、如炬的目光，始终在关注着当下，时刻与中国经济发展脉搏共振，未有丝毫懈怠，保有着一位学者官员的责任担当！

（原载《中华儿女》2016 年第 12 期，王海珍文）

陈济民："九二共识"见证人

陈济民（1914—2011 年），生于湖北省黄陂县城东鲁台山麓，笔名梅隐，历任台湾"行政院"设计会资料室主任，中国国民党文化工作会编审、总干事、专任委员、执行长。台湾政治大学国际关系研究所研究员、台北市师范学院教授等。

早年，陈济民之父陈朗超从长沙高等实业学堂毕业，先入湖南邮政局工作，后调回湖北邮区工作。九一八事变发生，陈济民进入武昌育杰中学就读，后考入武汉大学。西安事变后，他作为武汉学联代表团的代表之一，赴西安劝谏，当代表团于 12 月 25 日抵达洛阳时，被释放的蒋介石专机正好降落洛阳。他们被安排前往机场欢送，见证了西安事变和平解决这一历史时刻。

1938 年夏，日寇占领武汉前夕，武汉大学西迁，陈济民放弃武大学籍，留在武汉投身救亡运动。在青干班一期结业，即转赴河南南阳、洛阳创办青年团招待所，组织训练流亡青年达 12000 人。1940 年调任宜昌分团主任，转战三斗坪、鄂南一带，为第一、第六、第九战区输送人才。

日寇宣布投降之时，他在重庆见证了全城狂欢，各茶馆竞相摔茶杯庆祝，老板非但不制止，反而拍手称快。此后，他回到汉口创办《汉口报》，主持文化分团部工作，并在首次普选中当选为汉口特别市议员。

1949 年赴台，陈济民在国民党文化工作会工作，从事两岸关系研究达40余年。20世纪70年代参与策划在高校开设“中国大陆研究”课程。先在台湾大学、“中国政治大学”、台湾师范大学、“中国文化大学”与东海大学五校试行，后扩展到成功、辅仁、东吴、中兴、清华等大学。

陈济民向家乡学子颁发奖学金

20世纪90年代初，应国务院台办与中国社科院之邀，陈济民以专家学者身份，先后在广州、北京、上海、苏州与杭州等地参观、座谈，就两岸关系进行研讨。正是包括他在内的两岸有识之士的共同努力，终于达成了“九二共识”。他认为，这个共识虽然不是最好，但却是正确的方向。他在弥留之际说，祖国宝岛台湾，是考验中国人智慧的活教材，希望两岸要客观、理性而明智地处理它的未来。不可短视，更不可鲁莽、意气和盲动；不能再浪费时间，使我们的经济消耗了潜力，政治失去了方向。

2005年秋，陈济民以93岁高龄偕同妻女一同返乡进行教育文化交流，在为黄陂一中绩优学子颁奖之后，欣然提笔写下了“一流人才出自一流的学校，中兴任务必备中兴精神”寄语。同时，还坐着轿子畅游了木兰山、木兰湖与盘龙城等名胜。

陈济民自幼爱好文学，成年后在工作之余一直笔耕不辍，其作品散见于海峡两岸多家报刊。出版《橘皮集》《打自己嘴巴的人》《暮鼓晨钟集》以及政论专辑8册。个人传略收入海峡两岸编《旅台湖北人物志》《无陂不成镇》等。

1947年，陈济民与萧忠侠在汉口结婚，婚后育四女二子。膝下的陈光陆于1955年1月生于台北，台湾艺术大学应用媒体艺术研究所硕士。先后执掌台湾青少年多元发展协会、台北市青少年育乐中心、台北市小学生家长会联合会总会、台北市政府亲子剧场、台湾文创媒体艺术推广协会、台湾艺术大学校友会、台北市湖北省黄陂县同乡会、台湾武汉同乡会等，也是中国国民党第十七届代表大会党代表，台湾电视公司“军在前哨——邓丽君劳军专辑”、大学城等电视节目制作人。现任卓越互动营销股份有限公司董事长、青春达康文化事业股份有限公司总经理、北京中央电视台书画频道台湾新闻中心执行长，中国国民党台北市党部委员、台北市中正运动中心召集人、台北市小学生家长会联合会荣誉总会长、工商建设研究会建青团辅导长、工商建设研究会运动休闲委员会主任委员、《新新娘》杂志发行人。

近年来，陈光陆接过父亲的接力棒，致力于两岸青少年双向交流。2013年，他在台北举办了裴高才著《“铸剑”先驱蔡以忱》首发与研讨，并首次邀请黄陂中学生组团赴台北大中学交流与竞赛。接着，促成木兰山与阿里山结为姊妹山，2016年秋又在台湾创办木兰研究会，还联袂两岸木兰文化研究会在黄陂成功举行交流会，在两岸产生积极反响。

（本文系飞翼、凤霞采写）

杏坛巨匠

刘凤章："朴诚耘心"的教育家

刘凤章

近现代知名心学教育家与国学大师刘凤章，历任民国总统府咨议，湖北学务公所科长，中华大学学长、湖北省立第一师范学校校长、湖北省立国学馆教授等，还远赴日本实地考察教育，并著《东游纪略》传世。生平桃李满天下，培育了享誉中外的名家恽代英、蔡以忱、余家菊、陈启天、徐复观等。

塾师起步，服膺张公

刘凤章（1865—1935 年），字文卿，亦名耘心，派名华铨，晚号岱樵。清同治四年（1865 年）二月十五日生于湖北省黄陂县刘新集林家田湾。他是明初黄陂县令刘拱宸（守中）直系第十八世孙。他幼年启蒙于叔祖、举人馥廷，岁贡采臣，后受业于蕲春进士黄云鹄（黄侃之父）而中举。

晚清，刘凤章因服膺张之洞“中学为体，西学为用”的主张，而投身教育。先应好友徐惠卿塾馆礼聘，教授幼子徐行可（名恕，字行可），复任职于湖北学务公所，负责编印《湖北教育官报》《湖北学报》，管理全省教职员的人事工作。民初，湖北都督黎元洪曾属意刘出任湖北教育司长，刘却之，黎遂改聘为顾问。中华大学筹建之初，陈时父子亦邀其任校长，他只接受学长兼校常务董事，以及国学教授职。

刘凤章矢志讲阳明之学。在中华大学，他每周授课两三小时，并率先垂范，知行合一，人称“刘阳明”。教育家余家菊回忆说：“我在十四岁的时候离开家塾到武昌念书，遇到刘凤章先生……我受他很大的影响。……在大学同班中有恽代英者，受刘先生的影响也不浅，提倡即知即行，走路不坐人力车，暑天不戴帽，思想充沛，行动矫捷，在同辈中不可多得。”弟子陈启天亦云：依我看来，刘先生可算是晚近的一个人师而兼经师，具有中国传统文化的精神。

“朴诚”治校，“耘心”育人

刘凤章的治校传奇，是执掌湖北省立第一师范学校（简称“一师”）的1914—1921年。他特给自己取名“耘心”，旨在潜心治学、治校，以心学育人。

“一师”源于1904年张之洞创办的两湖总师范学堂，1913年3月正式在原址创办“一师”。次年7月，刘凤章成为“一师”的第四任校长，而前三任校长每人短则两个月，最长不足半年。所以，刘走马上任后，首先制订了“朴诚、勇敢、勤苦、耐劳”的校训，谱写了校歌，明确办学宗旨，而且通过整顿校务，清理派系，招贤纳士，初现生机。

“一师”实行免费教育，生源大都是贫寒子弟。每年开学，由学校统一给学生发放两套粗布灰色制服，被外校学生戏称为“杠子队”，教会学校文华书院的女生甚至说：“文华文而雅，一师穷而鄙。"

刘凤章力推"求真唯实"的校风。他反复告诫弟子牢记"真实"二字。而且，他身先士卒践行"朴诚"，对人周到恳笃，生活清严，实行王阳明致良知、知行合一之教。他来往总是步行，冬天只穿棉袍，哪怕背上脱了缝，绝不穿皮袄。烟酒不沾，甚而连茶都很少饮，在他的衣、食、住、行任何一方面，都找不出丝毫浮华之习。尊敬他的人，称他为"刘阳明"；排挤他的人，说他是"作伪"。

因该校招生对象是小学毕业生，学生一律住校独立自理，由学校实行封闭式管理。每周一次的修身课，由刘凤章在学校礼堂亲自给大家上"大课"。他常告诫弟子们：读书人要能"站"得起来，不走升官发财的老路。只要相信是对的便去做，不怕有人骂为作伪；守之终生不改，不就是真的吗？

延聘名师，开门办学

"一师"包括本部和附小两个校区。本部实行五年学制，即预科一年，本科四年；刘于1916—1920年还每年招收一个英文班，亦为五年制，给有志、有力升学的学子以升学的便利。附小则是实习基地，学生毕业前须到附小实习一年。同时，还要赴京津浙等地参观教育，返校作毕业论文。

刘氏利用自己的影响力，想方设法四处延揽名师。他从广州请来留美专家李斯新从事英文教学，请当时武汉地区驰名的经学大师开讲《易经》，聘杨守敬的高足于泽润担任地理教员等。仅1916年，在40名教师中，留学日本早稻田大学、弘文师范归来者就有7人。还有一批教育经历丰富的教师，如张继煦、陈培桦、黄乾元、张濂、吴保珩等，都是原两湖师范总学堂的资深教习。有不少教师不是担任过大学教授，就是出任过中央和地方师范学校校长。此外，黄侃、蔡元培、章太炎、梁启超、黄炎培、陶行知、余日章、晏阳初、黎锦熙、黎锦晖、李汉俊等名家，均是他聘请的任课教员或讲座专家。如国文教师黄侃，是集汉学家乾嘉学派之大成的“章黄文学”的代表，讲述精致透彻、声调铿锵，常给人以精神上的鼓舞和知识上的启发，被学生称为“泰山北斗”。

一般说来，每个星期天上午自10时起，由刘校长在大礼堂给全校学生上“修身”课。他上课时，常是把书本上的道理和当时的情形相对照，痛斥针砭。他教学极端认真，学生一面听课，一面笔录，不敢掉以轻心。他深入浅出地讲授从黄陂走出的理学鼻祖程颐（伊川）的代表作《伊川易传》，连续三小时，毫无倦色。他常对弟子说“开卷有益，勤能补拙”，并通过实证分析，临场发挥，阐明修齐治平的道理。

有时候，他还不定期邀请各界名人前来讲演。凡有外校嘉宾来校讲演，他总是毕恭毕敬地站在一旁，认真聆听，直至讲演完毕。如中共创始人之一李汉俊曾向学生讲要建设、必先破坏等。不过，这类演讲，学校未作硬性规定，同学们大都是自由听讲。此外，体操与练兵操课也是学校的必修课。

“一师”的职业教育，刘氏借鉴欧美与日本的经验，提出“欲提高职业教育，必自师范学校始”。注重培养学生的实践能力与生活能力。他提倡工业应由个人做起的主张，并通过设立艺术科，专司其职。同时，他还将编写乡土志作为学生暑期练习之目，寓爱国爱家、救亡图存于师范教学之中，以期乡土知识启迪教化民众。学校创办的校刊《文选拔萃》，除刊登学生佳作外，还论述史地，起到鼓励上进、开阔视野的作用。

对于学生的学业考核，采取笔试与面试相结合，毕业生的考试、考查需一周时间，每个科目为三小时。此外，还组织学生到外地考察。如1919年11月，蔡以忱所在班级44人，分南北两组考察。北组考察北京、山东、江苏各处，南组考察江浙一带。返校后，撰写毕业论文。12月毕业论文答辩时，蔡以忱一举夺冠。刘凤章爱才心切，特将他留在附小任教。后来，蔡在中华大学任教期间，正式走上了革命道路，成为中共中央首任监察委员。

教学相长，文以载道

刘凤章执掌"一师"时，学校馆藏的线装书就达20多万册，师生到图书馆借书看书的风气很盛。专家们称，那时"一师"的国文程度，可与大学的中文系学子媲美。

文以载道。刘凤章尤其注重学生的作文训练，新生入学考作文均由他亲自命题。侄婿周谦冲在《师门五年记》中写道：我在"一师"附小毕业班以优才生送考"一师"时，由伯岳亲自出作文题："破山中贼易，破心中贼难，其故安在，试申论之。"

"一师"平时的作文课则配备专职教师负责。有一位作文老师是对周秦诸子很有研究，但一说话脸便红的李希如。李先生所出作文题，大都富有学术上的启发性。一般两星期作一次文，星期六下午出题，下星期一交卷，让学生有充分的构思时间。

据徐复观回忆，他的同班同学周德本，是一个写作天才，大家称他为"周大头"，一篇文章总是两三千字，总是得第一。只可惜天不假年，他毕业后不久就英年早逝了。徐入校前两年，作文一直不开窍，成绩名次总是排到末尾。直到第三学年，李先生有一次发作文，突然把徐复观的文章发第一；此后，一发不可收，徐氏的作文成绩不是第一就是第二。

随着五四运动新风气吹到了武汉，新人物要破旧立新，打倒孔家店成为时兴口号。作为新儒学的传播者，刘凤章自然被当作旧的大目标，由校外的攻击，渗入校内。刚开始，有人说刘校长排斥新知之士，其后又说他对学生管得太紧，妨碍了自由发展。刘在这种压力之下，曾聘请了几位北京大学、武昌高等师范毕业者当教员，但却被学生瞧不起。攘扰渐次代替了和谐，刘校长愤而辞职，却被大多数学生热烈欢迎回来。

刚直不阿，反对帝制

1915 年秋，袁世凯称帝进入倒计时，“湖北筹安分会”劝进，教育界亦有阿谀响应者。刘凤章则痛陈要害，力拒之。斯时，各校纷纷唯刘马首是瞻。顿时为当局所恨，亲友们纷纷为刘捏一把汗。一向尊师重道的弟子徐行可，于是年 9 月初陪同刘氏前往东鲁，拜谒孔府、孔庙与孔林。刘在虔诚地完成祭礼后，还应邀登场讲经，讲授周易大义，颇获衍圣公、孔子的第 76 代嫡孙孔令贻的赞许。回鄂后，刘凤章力辞校长之职，并在“一师”大礼堂召集全校师生开会，慷慨陈词，誓死反对复辟，而后拂袖而去。在场的师生纷纷抱头痛哭，声震校园，继而又噙着热泪，列队恭送校长走出校门。

几个月后，袁世凯暴毙的消息传到湖北，刘凤章又被“一师”师生隆重地迎回学校视事。不久，当刘凤章获悉黄兴、蔡锷相继仙逝，他情不自禁地写下了一副挽联悼念。联云：“我哭英雄，又哭英雄，英雄有几，英雄有几；创造民国，再造民国，民国在兹，民国在兹。”

潜心治《易》，享誉中外

1916 年盛夏，新任大总统黎元洪特聘刘凤章为总统府咨议，月薪 300 块银圆，刘却之，但其薪资总统府仍照寄不误。刘只好把汇款存入银行，作为创办小学资金。黎得知后即捐赠校舍，终于在武昌南楼创办了私立蒙正小学，刘晚年在此治校。

1923 年，湖北省立国学馆聘刘为教授、王葆心为馆长。是年以第一名的成绩考入国学馆的徐复观回忆说：“刘先生在省立国学馆讲授《周易》时，将数十年研究积累所得，写成《周易集注》一书。”不失为“编辑教科书暨讲义”的一大成果。

这时，研究易理的德国汉学家卫礼贤博士，慕名赴鄂拜访刘先生，刘热情为其答疑解惑，终于促成卫氏完成《周易译解》。卫氏之子卫德明后执教于美国华盛顿大学，遂将其父的手稿带到美国，并亲自校正，使《周易译解》英文版三版订正本，于1968年6月由普林斯顿大学印行，为中西合璧之儒林平添了一段佳话。

两年后，湖北国学馆停止了招生。北伐军占领武昌后，国民政府迁都武汉，国学却被视为消极力量。刘凤章处境严峻，幸得已是知名藏书家的徐行可悉心关照。由于积劳成疾，刘氏晚年辞归故里，潜心整理校订《周易集注》，并于1934年由"一师"的弟子在武昌印行。至今，在武汉、北京几所大学图书馆发现民国线装本四卷《周易集注》，湖北省图书馆亦有旧籍复本收藏。

弘扬国粹，两岸薪传

1935年刘凤章病逝后，弟子徐行可将恩师著述《伦理学》《修身讲义》《东游纪略》《刘凤章全集》等，收藏或批注。并于20世纪50年代分赠给中科院武汉分院图书馆藏与湖北省图书馆珍藏。而省图现藏之刘凤章1919年率团赴日考察报告《东游纪略》，内附刘氏《七十自叙》，弥足珍贵。

到了1966年，旅住美国的刘氏侄女敦勤，将所存《周易集注》影印本寄给台湾的同学陈启天，促成《周易集注》于1982年在台北校正重印。刘敦勤在后记中写道："先伯著此书，博览有关易经之著述达百数十种，深思熟虑，取菁撷华，而以孔传为宗，还儒家易学之本来面目，其弘扬儒教，保存国粹，嘉惠后学，实非浅鲜。"

不仅如此，刘氏裔孙刘松余行走各地搜集的《刘凤章集》，已列入《荆楚文库》书目。而黄陂正在重修的二程书院，拟列"刘凤章馆"，纪念一代宗师、传承国学精义。

（原载《湖北文化》2016年第6期，裴高才文，
参考了刘松余提供的资料）

陈时：中国私立大学先驱

陈时

陈时留日时加入同盟会，回国后参加了武昌起义，民初创办了中国第一所私立大学——中华大学，他毕生秉持“教育独立”“兼容并包”的教育理念，历经磨难仍矢志不渝，被周恩来誉为“清苦的教育家”。

“教育魔”毁产办学

陈时，号叔澄，1891年生于湖北黄陂城郊陈家中湾，其父陈宣恺与张謇为同年进士，官至蕲州府学官。1907年，16岁的陈时东渡扶桑留学，先后就读于庆应大学、中央大学、早稻田大学、东京弘文学院。两年后，经黄兴介绍在东京加入了同盟会。1911年，回国参加武昌起义，并出任军政府财政秘书。后弃政从教，效法日本教育家福泽谕吉和大限重信，筹建中国第一所私立大学。

为筹措办学经费，陈时回家争取父母的支持。其父陈宣恺、陈朴生兄弟慷慨捐田 200 石（约 1300 亩）和武湖湖域产业，白银 3000 两，官票 5000 串，家藏书籍 3000 余部，支持陈时创立私立大学。

1912 年 5 月 13 日，中国第一所私立大学——中华学校正式挂牌了。8 月正式招生，男女兼收，开湖北女子高等教育的先河。复鄂督黎元洪拨发湖北督粮道旧署（今武昌市粮道街）作为“中华”永久校舍，1913 年 4 月学校正式迁入。随后，陈时以“中华大学”呈报教育部立案，并由黎元洪电告国务院说明中华大学在长江流域的影响。1914 年 3 月获教育部正式认可。

自 1915 年 9 月起，两年间学校陆续开设文科本科、中国哲学门、法科本科、经济学门、商科本科、交通学等。学校的校训为：成德、达材、独立、进取。在教育部首次举行全国公、私立大学选拔留学生统考中，中华大学有 5 名学生金榜题名，一举夺得了全国亚军。其中夏维海同学还获得个人总分第二名。

秉持“独立原则”治校

陈时坚持独立办学，同时敞开心胸。陈时广交各界人士，利用社会力量办学，于 1921 年 4 月正式成立校董事会，自己任常务董事长。但对政治势力介入，他坚决说“不”！如黎元洪、萧耀南拟将“中华”由民办改官办，“民社”力邀其加盟，他均婉拒。

陈时聘请萧耀南担任校董后，萧慷慨地捐了一大笔钱给中华大学，在粮道街校址修建了一栋学生宿舍。就是这样，陈时通过清苦办学的实际行动，取得各界人士的同情和支持，同时拿出办学育才的具体成绩得到社会的重视。

抗战胜利后，民国教育部曾批拨 30 亿元用于西南联大搬迁，其中北大 10 亿元、清华 12 亿元、南开 8 亿元。没有政府补助的中华大学濒临关门的窘境。两任教育部长的陈立夫得知后，即派其亲信钱云阶持亲笔信来汉，向陈时传达交出中华大学的“三个条件”：第一条，让陈时担任中华大学终身名誉校长；第二条，让陈时在行政院任选一部长；如果这两条都不行，则第三条为给陈时补偿50万光洋。陈时看完信函，当面训斥弟子钱云阶，指责陈立夫侮辱了他的人格。

不仅如此，中华大学几度因政治局势的动荡和经济拮据等原因而濒临绝境。大革命后教育部沿袭美国的教育制度，“大学”必须有性质不同的三个学院。于是，陈时就将中华大学原有的系合并为文、理、商三个学院，共辖中文、外文、数学、化学、经济、工商管理6个系。面对经济困难，他坚定不移地说：“哪怕遇到天大的困难，也要把中华大学办下去。”

“兼容并包”育人

中共早期领导人恽代英，考入中华大学文学系中国哲学门。陈时见其品学兼优，毅然让其担任中华大学学报《光华学报》主编。恽代英不负众望，短短几期《学报》，他独自发表了中文及译文20多篇。1918年，恽代英与余家菊、冼震（百言）以前三名的成绩毕业时，又分别被陈时聘请为中学部主任、学监与教员。

针对学生中对老师不恭的不良苗头，他循循善诱，长善救失。当时有的学生对黄侃的个性小有微词，他就开导说：“我们要学的是黄先生的学问，不学他的脾气。”而个别学生拿梁启超的“口吃”取乐，陈时及时教导学生说：“我听梁先生的课，发现有个特点，就是别人讲过的他不讲，他讲的都是别人没有讲的。所以，听梁先生的课，要‘用心’去听。”让学生深受教益。

1925年6月10日，英军制造了震惊中外的“汉口惨案”。英国伦敦教会所办汉口博学书院，将参加游行学生关在校门外。有的教会学校还开除了不少学生，陈时迅速将这些被开除学生收入中华大学。次年，中国国家主义青年团首领陈启天到“中华”讲演，当场引起学生冲突。军警逮捕了5名进步学生，陈时又亲自出面斡旋，让学生交保获释。

北伐军攻克武汉后，陈时鼓励学生报考军政学校，后来这批学生在恽代英与邓演达的率领下，成为“宁汉分裂”中镇压叛军的中流砥柱。

中外名流开讲

“中华”教师的工资虽然比一般国立大学低，但陈时对他们“以诚相见，以礼相待”，尽量设法使他们在校外兼职。如邹昌炽老师在汉口自由报社、成序庠老师在汉阳兵工厂等兼职，他们每月的实际收入不低于其他学校。

对于知名教授，他特事特办。著名训诂学家黄侃，是个“夜猫子”，常常通宵看书、下午睡觉，以至于上课不能按时到校，讲起课来往往忘记了下课时间。陈时掌握这个特点后，就尽量把黄侃的课安排在上午，后面不再排课。而且黄一般是坐人力车来校，常因时间紧忘记付车费。陈时就预先把车钱放在门卫手上，让门卫代付。

陈时待人以爱，却严于律己。有一次，负责中华大学修建校舍的承建商，很想盖两座楼房送给陈时以表谢意，却遭到陈时严词拒绝。陈时说：“我是一个办教育的人，有时候身无分文，有时候腰缠万贯，如果为了自己的奢侈享受，把办学校的钱中饱私囊，我这个校长还当得下去吗？住差一点不要紧，只要学校办得下去就行了。否则是会被社会人士所唾弃。”

众人拾柴火焰高。中华大学在鼎盛时期，大学、附中与附小的学生数共达千余人，但教职工数从未超过20人，而且每人都要做好分内的工作。门卫老师傅郑文启从“中华大学”的招牌挂起，一直到最后摘下，与中华大学共始终。即使抗战时学校西迁重庆，他仍坚守岗位，保护学校的一草一木。

与此同时，陈时还利用其影响力，聘请了康有为、梁启超、章太炎、蔡元培、胡适、陈独秀、李四光、泰戈尔、杜威等中外专家、学者到学校讲学，从而，使中华大学一度出现了“印泰戈尔，华蔡孑民，军蒋百里，政顾维钧，杜威哲学，康梁史经，一时鸿博，靡不莅临”的盛况。

1932年5月28日，中华大学迎来建校20周年纪念日。这天，学贯中西的教育家蔡元培，以及王世杰、李四光等名流咸集，宾客如云。蔡元培在为师生进行的演讲中，充分肯定陈时“在武汉办了一个中华大学，并设有大学、中学、小学三部，像这样完善的学校，在中国确是罕见”。

同年冬，著名学者胡适走上中华大学讲坛。胡适以“少年人应该抱的基本态度是什么”开题，通过孔子“古之学者为己，今之学者为人”的言语，道出了自己的见解，之后又引用挪威戏剧家易卜生作品中的故事及名言：“你的最大责任，就是要把你这块材料铸造成一个有用的东西。”勉励大家从中国智人的古训和西方哲人的真知灼见中吸取教益。

拒绝倭寇利诱

1938年初，日寇把战火烧到了武汉外围，而时任侵华总司令的冈村宁次，是陈时留日期间的朋友，彼此曾诗词唱和。而先后出任日本首相的岸信介、佐藤荣作，也和陈时有一定的私交。日本外交官重光葵致信给陈时，他以老同学的身份，要求陈时不要离开武汉，甚至他代表日本政府承诺，给其高官厚禄。陈时义正词严地电复重光葵：“中国人是有骨气的，决不会以个人的私交叛国投敌，一定要抗战到底，直到收复失地！”

武汉会战期间，国民政府机关、工厂纷纷忙于西迁重庆，往返汉渝的民生公司船只几乎被政府部门包完了，几乎到了一票难求的地步。但陈时以其非凡的组织能力，率学校师生员工携带图书仪器等教学用具，历经艰险将学校迁至宜昌小溪塔。而后，再把这些东西装箱用木筏子分批往长江上游运，快到重庆时，木船上不去，只有用人来拉纤，师生员工有的坐木船，有的坐汽车，有的下来步行，辗转到了重庆。就这样，他带领全校师生来到了大后方重庆，继续为国家培养高等教育人才。

甘愿“行乞兴学”

在20世纪20年代，武汉地区形成三类大学鼎立的格局。武汉大学系国立，由政府拨款；华中大学是美国教会所办，有洋人扶持；唯有中华大学是私立，全靠陈家毁产创立。正是陈时的人格魅力和在教育界的崇高威望，1923年，他代表中国出席了在旧金山举行的世界教育会议，并当选为世界教育会议委员。1925年，他又当选为湖北教育会理事长，而且一任就是25年。1938年聘为国民参政会参政员。

中华大学迁往重庆南岸米市街继续办学，真可谓“粮道街无粮，米市街亦无米”。为此，他俯首甘愿效法武训“行乞兴学”，拿着一个募捐簿子，到处“化缘”，借以支撑危局。

到了抗战后期，环境更为艰苦，笔墨纸张匮乏，青菜豆腐当珍肴。加上日军飞机的轮番轰炸，生命在此时显得多么脆弱，死亡时刻威胁着每一个人。有的朋友劝他“以学养学”，即在学生身上打主意。他却不以为然，他宁肯将中华大学附中改为国立十二中，也不搞所谓的“以学养学”。而是低收学费或对贫寒学子免收学费，让其顺利完成学业。

当时的陪都重庆，是全国人才集中的地方，原有的重庆大学以工科为主，主要的高等学校只有西迁的国立中央大学和私立中华大学。鉴于陈时的崇高威望，他先后担任教育部特种教育委员、中国教育学会理事、湖北省议会议员，后来还当选为国大代表。

有一次出席参政会，周恩来有感于陈时为国育才的精神，握着陈时的手说：“我从你的学生恽代英那里知道，你是一位清苦的教育家啊！”

不仅如此，陈时还充分利用这些社会资源，极力邀请名人来校任教和讲学，其中一代文豪郭沫若教甲骨文，作家、学者卢前教中国文学史，太虚法师教佛学，学者张君劢教魏晋玄学。还特邀邹韬奋、邓初民、陶行知、杨杰、冯玉祥、邵力子、范长江、李公朴、顾维钧、胡适、张群、陈立夫等著名人物先后来校讲学和演讲。

“中华”桃李芬芳

在近现代中国，由国人创办的私立大学主要有两所：即南有中华大学，北有南开大学。南开大学张伯苓校长演讲时说：“我和陈校长相比，自愧不如。办南开，我只是出了点力；陈校长办中华，既出力，又出钱。……中华大学有恽代英，南开大学有周恩来，这都是杰出的人才，是我们两校的光荣！”

中华大学在重庆度过了艰难的7年办学历程之后复员武昌，由于日寇的破坏，武昌的校舍60%以上被毁，图书资料损失过半，校园里到处是残垣断壁，满目疮痍。为尽快复学，遂将房间地板拆下，用砖头支起来当课桌用以应急，一切从头开始。所以陈时说他一生办了“三个大学”：一是1912年在武昌创办的中华大学，二是在重庆办的流寓式的中华大学，三是复员重建的中华大学。办学的过程一次比一次困难，但陈时都一次又一次坚定不移地走了过来，如果没有坚定的信念做支撑是不能做到的。

在解放战争进入反攻阶段，饱受内忧外患的陈时，决心站到迎接光明的行列。他积极参加了“湖北省和平运动”，并担任了和平促进会理事。

1949年初，陈时的留日同学张群从南京来到武汉，张群要陈时为学校计，早作安排，希望陈时仿效抗战时期举校西迁，把中华大学迁到台湾去。陈时说：“那时是日本人打进来了，不能不走；现在的形势不同了，人各有志，岂可相强，岳军兄好自为之吧！”白崇禧则向陈时转达了蒋介石欢迎陈时到台湾去的指令，还说“如有需要，愿意提供车船方便”。陈时说：“我是办教育的，国民党里面有我的学生和朋友，共产党里面也有我的学生和朋友。”

1949 年 5 月 16 日，汉口解放，武昌暂处于真空状态，陈时伴随熊秉坤、张难先、李书城、喻育之、耿伯钊、李春萱等辛亥志士，当夜坐镇，以防意外事件发生。陈时抽调中华大学的同学熊辉、孙自律、甘于行、蓝建国、邹昌盛、袁仲熊、黄杰、张助武、耿宗干等百余人，整夜在司门口、粮道街、积玉桥一带巡视，以便及时掌握一手资料。当解放军渡江登岸，中华学子又与社会各界群众一道振臂欢迎。

这时，陈时苦心经营近 40 年的私立中华大学设有三个学院八个系一个专修科。即文学院设中国文学系、外国语文学系、教育学系；理学院设数学系、化学系；商学院设经济学系、工商管理学系、国际贸易系、会计专修科。在校学生 696 人（其中本科 632 人、专科 64 人），教职工 271 人。随后，他完整地把学校交给了党和政府，并将自己亲手撰写的《中华大学沿革》寄给了周恩来总理。周总理收到后立即复电：“愿你校沿着新民主主义教育方针前进!”

中华大学无愧于“中国第一”的称号，一批批的英才志士在这里脱颖而出，诸如政治与社会活动家恽代英、李汉俊、施洋、刘仁静、林育南、陈昌浩以及文学家、《黄河大合唱》的词作者张光年，教育家余家菊、陈启天，诗人沙欧，哲学家冯友兰，经济学家、《资本论》的首译者、厦门大学前校长王亚南等，都是从这里走出的杰出代表。

1951 年，陈时参加了湖北省各界人民代表会议，出任湖北省人民政府委员、政治协商委员会委员等。颇具讽刺意义的是，陈时竟在这场运动中被黄陂县人民法院，以“抗交清算果实罪”判刑 12 年（缓刑 2 年）。1953 年陈时病故于武昌，1984 年 6 月平反昭雪。辛亥百岁老人喻育之欣闻陈时错案平反后，特赋挽联云：

末代有斯人，不当官，不营利，兴学毁家，作育楚才输国用；

盛世多善政，言必信，行必果，雪冤平狱，高悬秦镜比河清。

（根据裴高才《辛亥首义百人传·陈时》整理，
中国社会科学出版社2011年版）

余家菊：国家主义教育家

余家菊学贯中西，是近代中国“乡村教育”的首倡者，“国家主义教育”的理论构建者与践行者之一。曾赴伦敦大学、爱丁堡大学留学，先后在黄陂自进小学、中华大学附中、武昌师范大学、北京大学等校任教。1938 年当选为中央研究院院士。曾连任四届国民政府参政会参议员，历任国民党政府制宪国民大会代表、国府委员、第一届国民大会代表、行宪国民大会主席团成员、“总统”府国策顾问等职。生平著述达 1000 余万字。1997 年由台湾迁葬黄陂老家。

余家菊

理学渊源出黄陂

余家菊（1898—1976 年）出生于湖北省黄陂县大余家湾的一个书香世家，字景陶、子渊。6 岁在家塾发蒙，六年后进入黄陂县立道明高等小学堂学习。

“我的性格原来是很严正的，受理学家的影响过分控制自己的心情。”余家菊少年就读的道明小学，创立于1907年（黄陂三中前身），该校与县城的县立望鲁高等小学堂（其前身为明代景泰年间创立的二程书院），是为纪念程颢、程颐（世称“二程”）而命名的。该校堂长雷尊吾是当时名宿，学宗二程夫子。余家菊亦然。他读小学三年级的开笔作文就是《人皆可以为尧舜》。他回忆说：“这两个（学校）名字的来源，是因为北宋大儒程明道、程伊川两先生都是生长于黄陂，关于他们的遗迹很多。黄陂城河（滠水）对岸，有一个望鲁书院，望鲁学校用此校址。北乡长轩岭（街南坡下田恒福支祠，分上下两堂，每堂各60名学生），则取道明以为名。……当时两校学风，望鲁较多经世气味，道明较多志士气味。‘各敛精神肩大难，书生愿作纪功篇’。”

1912年，他赴武昌深造，1918年毕业于中华大学哲学系。1920年考取北京高师研究生，1922年赴伦敦大学主攻心理学，次年转入爱丁堡大学学习哲学。学成后相继在黄陂自进小学、中华大学附中、武昌师范大学、北京大学等校任教。

余家菊留英归来后，通过对中外教育的理性思考，成为在近代中国产生过重要影响的“国家主义教育”的理论构建者与实践者和近代中国“乡村教育”的首倡者之一。

“少年中国”见证人

余家菊与恽代英是中华大学同学好友，毕业后又被校长陈时分别聘为中华大学中学部学监与主任。他参加的第一个政治团体，就是经由李大钊、王光祈等酝酿发起，于1919年7月1日在北京正式成立了“少年中国学会”。

1919年秋天，王光祈自京到沪路经武汉，经恽代英介绍会见了余家菊，余则陪同王游览了黄鹤楼，相谈甚欢。于是，王便对余家菊一行介绍说，“少年中国学会”的宗旨是：“本科学精神，为社会的活动，以创造少年中国。”还有四条信约：奋斗、实践、坚忍、俭朴。总会设在北京，南京、成都和巴黎设有分会。会务活动以出版刊物、讲演、学术讨论等。出版刊物有由李大钊主编的《少年中国》和邓中夏任负责人的《少年世界》等。同时引用北大校长蔡元培的现身说法：“现在各种集会中，我觉得最有希望的是少年中国学会。因为他的言论，他的行动，都质实得很，没有一点浮动与夸张的态度。”就这样，余家菊加入少年中国学会。

1920 年春，余家菊考入北京高等师范学校教育研究科第一班，攻读研究生，适逢美国学者杜威（John Dewey，1859—1952 年）来华，而受教于杜威；同时亦受教于蔡元培、胡适、邓萃英、陈宝泉等人。课余，余家菊翻译英国哲学家罗素（Bertrand Russell，1872—1970 年）的《社会改造原理》，经李大钊介绍由《北京晨报》发表。接着，又翻译了德国唯心主义哲学家倭铿（Rudolf Eucken，1846—1926 年）的《人生之意义与价值》，结果一石激起千层浪，在学术界泛起了阵阵涟漪。郁达夫在《创造》季刊第二期上发表《夕阳楼日记》一文，指责余家菊自英文转译的《人生之意义与价值》，所表现出的草率和不负责任的态度。胡适看了后，随即在《努力周报》上以《骂人》为题撰文，为余家菊辩护。于是，郁达夫以《答胡适之先生》、郭沫若以《反响之反响》、成仿吾以《学者的态度》，纷纷向胡适开炮。吴敬恒则力挺胡适。从传播学的角度看，这场论战的本质，其实是两种不同的编辑出版观念的冲突和碰撞。

1925 年，少年中国学会于东南大学开会，共产主义派与国家主义派争论不和，共产主义派代表恽代英、张闻天等主张中国问题是世界问题的一部分，中国问题必须在世界问题内解决。国家主义派曾琦、余家菊、陈启天、左舜生等主张中国事应由中国自己解决……从此以后，少年中国学会便告消沉，但除去有政治歧见以外，会员之间都有亲切的感情。

践行"国家主义教育"

余家菊构建的"国家主义教育"学说的思想资源，包括中国传统的儒家思想与西方近代的哲学和社会政治理论两个方面。他指出，教育应由国家办理或监督；教育应保卫国权完整；教育应奠定国基；教育应发扬国风；教育应陶铸国魂，表彰与鼓舞传统的国民精神，爱国之情，自尊之概。

在长期的教育实践中，他强化民族性的教育、国耻的教育、爱国教育、国庆日教育、军事教育、反对教会教育等。他认为学校中实施爱国教育，其内容包括启发学生的爱国知识、培植学生的爱国习惯、树立学生的爱国理想三方面。在《国庆日之教育》中，他明确指出，国庆日之教育，至少当包括伸张民权，完成共和；五族一家，同生共荣；拥护国权，发扬国光；崇德报功，纪念先烈等内容。

在他看来，中国要强盛起来，教育是立国之本。各国均有其立国之精神，如独立自由之于英，民治主义之于美，平等博爱之于法。既有立国之精神，则教育的职责就是传播这种精神。

余家菊在传道授业期间，在主张收回教育权方面贡献良多。诸如倡导组织收回教育权促进会，对教会学校之立案采取严格态度；制定教会立案法，设公立学校以收容教会学校退学之学生等。经他呼号，在全国掀起了一场收回教育权运动。最后洋人不得不妥协：所有教会学校均向中国教育部备案，并受中国法律的约束和教育部的监督，而且校长必须由中国人担任。后来，他回忆说："在金陵军校，我曾经说过：'与国家主义共存亡！'八年抗战，打出了一个'国家至上'！"

首倡"乡村教育运动"

"不是在乡村生长的人，不知道乡间事的难办。"这位从乡村走出来的教育家，成为近代中国"乡村教育"的首倡者之一。

他在对乡村教育进行深入调查研究后，发表了《乡村教育的实际问题》《乡村教育运动的含义和方向》《乡村教育的危机》和《农村生活彻底之观察》等作品，对振兴乡村教育起到了积极的作用。他在阐发乡村教育的含义时指出：“一、乡村教育运动，乃所以救济社会的，直接是救济乡村的危机，间接是救济全社会的危机；二、乡村教育运动，乃所以改进教育。”

早在 1919 年，他明确指出了困扰乡村教育的 5 种原因：薪俸太薄、无高升的希望、无志同道合的乐趣、无应付社会的困难、缺少增进知识的兴味。同时，他还明确指出了乡村运动的方向：“向师范学校去运动、向乡村学校去运动、向一般社会去运动。”至今仍有借鉴意义。

他曾主编《东三省民报》副刊，为乡村教育运动呐喊。在北大、北师大及中国大学任教，亦将其寓于教育学与心理学之中。同时，他亲任乡村教育教授，并根据讲义写成《乡村教育通论》《教育与人生》等专著。1935 年，湖北教育厅主办中小学教师暑期讲习会，特聘请余家菊演讲乡村教育。人们原以为他著作颇丰，定是一个老夫子。当一睹尊容后方知乃一英俊青年，而且脱稿演讲，口若悬河，入情入理，以至于他的每次讲座总是座无虚席，掌声阵阵。

与人为善仁为本

余家菊生平坚持与人为善的信条。他说：“人与人相处，要忠厚一点，尤其是对于已死的人要忠厚一点。只听说‘忠厚传家’，从来没有‘刻薄立国’。”而且言必信，行必果，颇具亲和力。一代国学大师章太炎曾叮嘱曾琦“要和余家菊友善，和别人闹翻了都无所谓，和余家菊却闹翻不得”。

余家菊自 1920 年起与胡适如师如友。1931 年，由于《华北日报》事件，有人向教育部告密，教育部就密令北师大解除余家菊的教授聘约。胡适得知后，立即写万言书致兼理教育部长蒋介石，抗议教育部的不公正做法。经胡等多方斡旋，北师大方收回解约。次年，余应聘到上海中华书局工作，干了两年后，他又想回北京任教，就把这一想法告诉了胡。因当时教授职位已满员，胡就利用其影响力聘他为兼职教授。

1955年，余家菊因患眼病到美国治疗。曾任驻美大使的胡适获悉后，立即前往看望。同时，利用其人缘关系，亲自为余请医生。当时，按规定一般人动手术需医疗费3000美元。胡对院方说："余先生是中国的著名学者，一生清廉，没有多少钱，请你们作为特例关照。"结果他的手术费只用了1000美元。

胡适返台出任"中央研究院"院长后，亦竭尽全力关照余。1958年，余在台大医院住院，胡也在此住院，胡出院时专门为余送去了鲜花。余家菊回忆说："他对我殷勤备至，数十年如一日，在我平生维护我的人，他是一个很有力量的，我每每从旁面得到他关顾我的情形，殊深感佩。"

余家菊在著作中反复强调，立国要有第一级原理，即发扬国人的善意。他虽然早年勉强加入了青年党，但他始终坚持国家利益高于一切，从不搞党同伐异，而是以中庸之道的善意待人。

一代独行侠大师梁漱溟是乡村建设学派的领袖，余家菊赞赏其主张。尽管当时梁的理想没能实现，但梁不论在什么场合总是坦陈自己的见解，坚持说真话。

余家菊著作有多种，先后编辑出版了《英国史》，翻译了《教育哲学史》《道德学》，还撰写了《国家主义概论》《中国教育史要》《孔子教育学说》《孟子教育学说》《荀子教育学说》《陆象山教育学说》《教育与人生》《人生对话》《中国伦理思想》《大学通解》，以及《余家菊教育思想论文集》（七辑）、《余家菊（景陶）先生回忆录》传世。2006年8月17—20日，在武汉召开了"余家菊与近代中国学术研讨会"，华中师范大学于2007年出版《余家菊与近代中国》一书，为目前大陆余家菊研究的最前沿。

余家菊十分重视对子女的教育，子女们也不负众望，个个功成名就。长女余传弥1948年曾以教员身份，当选为国民党政府首届国大代表；长子余传骃，留美获得学位后，考入联合国任翻译；次子余传弘，曾在上海化工局、黄石煤炭矿务局工作；次女余传强博士，系美国新墨西哥大学教授，其夫婿孙明善则是在美国从事太空研究的科学家。幺儿子余传韬，则是闻名海峡两岸的教育家与社会活动家。

（摘自裴高才《余家菊学品与人品》，华中师范大学出版社2007年版）

余传韬：台湾职教开拓者

“海归”教育家余传韬学贯中西，获伯克莱加州大学生化博士学位后，历任加州大学、哈佛大学和耶鲁大学研究员，波士顿大学与台湾大学教授，台湾嘉义农专与“中央大学”校长、“教育部”常务次长、“考试院”委员、亚太科技协会理事长等；两岸解冻后，他频繁地穿梭于两岸大中小学，开展教育文化交流、举办“唐宋诗词研习班”；同时，他二十余载致力于余家菊文集与陈诚手稿的整理与“登陆”出版。

海归嘉义育桃李

余传韬祖籍湖北黄陂，1928 年 8 月 12 日出生于北京帅府胡同，曾就读于国立中央大学附中、北京大学，后赴美留学。他从美国圣佛兰学院毕业后，于 1955 年获南卡罗来纳州州立大学畜牧系硕士，1959 年获伯克莱加州大学生化博士。此后，一度任加州大学、哈佛大学和耶鲁大学等美国名牌大学研究员，波士顿大学副教授、台湾大学客座教授等。

旅美期间，余传韬不仅治学有成，而且寻觅到了知心爱人陈幸小姐。陈父是当年台湾的第二号人物陈诚（字辞修），国民党副总裁，因陈诚是蒋中正的亲信，也是自黄埔成立后蒋中正执政的心腹之一，有“小委员长”之称。

余传韬虽然在美国有一个温馨美满的小家庭，可是，当台湾方面让他回台服务时，他以“老吾老，以及人之老；幼吾幼，以及人之幼”的胸襟，义无反顾地放弃高薪职位与小“安乐窝”，返回台湾开拓职业技术教育事业。

此前，嘉义在余传韬心中是一个陌生的地名，他只知道是一个偏僻的农村。自从决定返台兴教之后，余传韬开始查阅相关资料，发现嘉义蕴含丰富的人文资源与自然资源，不失为农业职业教育的理想之所。资料显示：嘉义市古名“诸罗山”，亦名桃城，以其古城形如桃而名，桃之尾尖，在今中央七彩喷水一带，市民惯称桃仔尾。直到乾隆五十二年（1787 年）十一月初三日，清政府本着“嘉其死守城池之忠义”的宗旨，下诏改称“诸罗”为“嘉义”。

嘉义农校则是一所藏在深闺人未识的历史悠久的职业学校。它创立于民国八年，校名为“台湾公立嘉义农林学校”，旨在培养台湾农业及林业人才。1921 年 4 月易名为“台南州立嘉义农林学校”，1945 年 11 月易名为“台湾省立嘉义农业职业学校”，1951 年 7 月易名为“台湾省立嘉义高级农业职业学校”。

1972 年 2 月，余传韬正式受命执掌嘉义农业专科学校。他走马上任之时，正逢嘉义农专转型期。除了经费短缺、校舍陈旧、教学设备不足外，师资力量与研究水平都很低。正是他全身心地投入，在短短的七年半（1972—1979 年）时间内，搬迁新校址、添置图书与仪器、对师生实行激励机制等。为满足社会需求，继 1971 年设立二年制夜间部之后，1975 年增设二年制日间部。为提升学校的办学水平，余传韬结合自然、科学和产业的领域，和美国、日本、韩国、菲律宾等国家进行学术及技术交流，使学校成为台湾地区培育农业科技精英人才的摇篮。当年嘉农棒球队更曾扬威甲子园，风靡东瀛，开启台湾棒球运动风气，全岛至今犹津津乐道。

“嘉农”兰潭新校区是余传韬的杰作。该校创校校址在山仔顶（即嘉义高商现址），因空间窄小，1938 年迁至新民校区，仍显不足。余传韬接手后，立足长远，另辟兰潭新址，经过几年努力，于 1985

年行政中心迁至兰潭校区现址，给学校发展以巨大空间。

即使是余传韬调入“教育部”后，他仍然继续给力农校，促成1981年7月升格为“国立”，易校名为“国立嘉义农业专科学校”，1997年7月升格改制为“国立嘉义技术学院”，现为嘉义大学。时任嘉义大学副校长李明仁先生在《瞬间与永恒——余校长传韬博士返台服务三十周年》一书中说：“没有当年余校长的睿智奖励，就没有今日优秀的年青一代；没有当年余校长高瞻远瞩的迁校计划，就没有今日之嘉大。这是每个嘉农人不可忘记的恩泽！”

职教“中大”再给力

因地制宜，因材施教。1979—1982年，余传韬出任台湾“教育部”技职司司长、常务次长期间，他结合台湾的实际和自己在嘉义的实践经历，大力发展台湾职业技术教育，使之占全台大学数量的七成，为台湾经济腾飞插上了金翅膀。台湾前“立委”邱毅如是说：“三十年前，台湾的职业教育（台湾称技职教育）与普通大学的占比是7∶3，非常合理，得益于从湖北黄陂走出的台湾地区教育部门负责人余传韬对技职教育的重视。”

自1982年8月起，余传韬重返校园，担任台湾“中央大学”校长。8年间，他克尽厥职，承袭中大诚朴雄伟的校风，于科学本行外，更进而致力于人文与社会诸学科的拓展，开启了学校的兴盛时期：大学部学生数增加了97%，硕士班增加了3.8倍，博士班增加了18倍；在师资方面，讲师以上职称者增加了94%，副教授者增加了133%，具有博士学位者增加了212%；在建筑方面，新建了管理学院大楼、科学二馆、文学二馆、机电系馆、机械系馆、体育馆、大讲堂与新图书馆等设施。他因此成为海内外瞩目的教育家和化学家。

到了1990年9月1日，他转任台湾“考试院”委员。独立的考试权是台湾地区政治制度的特色，其职能是负责掌理考试、公务人员之铨叙、保障、抚恤、退休事项及公务人员任免、考绩、级俸、升迁、褒奖之法制事项，依当年孙中山提出的“五权分立”之精神，“考试院”与“行政院”“立法院”“司法院”“监察院”等一样独立行使职权。在6年任期内，他参与了1994年的“修正组织法”，于1996年6月1日成立的公务人员保障暨培训委员会等，直到1996年9月1日荣休。

余传韬在“考试院”任职前的1989年，就兼任“亚太科学技术协会”理事长，主要负责台湾地区与日本的科技交流。荣休后，继续执掌该会。

情系两岸续诗缘

“左边青龙游，右边白虎守。前面双龟朝北斗，后面金线钓葫芦，中间如意太极图。”当我们来到中国历史文化名村的大余湾，看到修葺一新的学校，新建的水塔、公厕等，这些都凝聚着余传韬的心血。

两岸解冻后，尤其是余先生出任台北市黄陂同乡会理事长期间，每年频繁地往返于海峡两岸，为促进两岸的教育文化交流、为家乡办实事而努力工作。他一方面慷慨解囊拿出30多万元人民币为家乡中小学解决“一无两有”、改水，资助大余湾村所有在高中和大学深造的学子。另一方面他会同旅台同乡，在黄陂一中等重点高中设立奖学金，奖励优秀学子和资助贫困学子；在华中师范大学设立了“余家菊教育思想研究”奖学金，自1996年至今，他共为该校颁发了18000美元奖学金。迄今已有100多名学生接受他的捐赠或奖励。

与此同时，他不顾年事已高多次到大陆考察与进行学术交流，足迹遍及祖国大陆的16个城市和地区，并亲自拍摄了160多个胶卷的摄影作品或光盘，随后与“中央大学”张梦机教授合编了《古唐宋诗选》（上、下集）、《床前明月光·古唐宋诗选》（注音版），编著了《余家菊教育思想论文集》（七辑）、《余家菊先生回忆录》等专著，并将这些图书捐赠给海峡两岸的大学、中学、小学。还在华中师范大学开设《中华文化》的讲座，被同人们誉为两岸文化教育交流的友好使者。

余传韬在文化交流上的另一亮点，即是创办两岸唐宋诗词研习班。2003 年 9 月 3 日上午，两岸唐宋诗词研习班开班仪式在黄陂一中阶梯教室举行。首先，余先生来该校作了融声、情、图于一炉的中国诗歌演讲。台上声情并茂，台下时而鸦雀无声，时而朗朗吟咏。接着，他率领台湾教育代表团，与黄陂一中的师生代表就诗言志、情景教学等进行了面对面的交流，并决定台湾私立嘉华中学与黄陂一中开展诗歌教学的首期合作研习。结果参加研习班的 122 名学生有 21 名获背诵奖，14 名获论文奖，20 人获纪念奖，有一批成果还被选入校编教材。

第二届研习班，则百尺竿头，更进一步。不仅参加人数达到 246 人，而且学校还将师生研习成果汇编成册——《天涯共怀唐宋情》，并被列入黄陂“十一五”规划课题《校本课程开发的研究与探索》。研习班的老师还出版了《黄花集》《教育感言》《辙印》和《十七八岁有道坎》四本文学专著，有 50 多名学生在黄陂作协与教育局联合举办的“盘龙根，海峡情”中小学生征文比赛中获奖。在黄陂举行的王士毅与张品正诗文集的作品研讨会，来自海峡两岸的数十名专家学者出席。笔者当时也口占了四句：诗人喜作黄花颂，一枝一叶总关情；黄陂代有才人出，万紫千红满园春。

余先生见黄陂一中取得如此丰硕的成果，他心里非常高兴，决定进一步扩大交流范围。已是耄耋高龄的余先生于 2005 年 5 月在台北动了手术，可是他刚刚康复又联袂台湾教育界知名人士和美国同乡，数次回到“月之故乡”讲学，从事文化教育交流。随后，他将唐宋诗词研习班的规模由原来的一所学校扩大到华中师范大学一附中、省实验中学、武汉中学、三十九女子中学、武汉市十四中等6 所学校 10 个班。其中黄陂一中连续搞了 10 届。同时，经他牵线搭桥，黄陂一中与台北金鸥中学又结为双向交流学校。

在谈到为何如此钟情于唐诗宋词时，余先生回忆说，那是他只身在美国留学时，看到秋天落叶，不禁思念起家国亲人，随即他朗朗上口，吟诵起唐宋诗词。而所有这些，得益于他少年时期接受的唐宋诗词教育。所以，他退休后，一方面继续担任台湾亚太科学技术协会理事长，为促进中日科技交流与合作贡献心力，另一方面创立清诚教育事务基金会，资助大专院校组织学生志工服务队，办理安养院服务队、医院志工队、中小学课外唐诗辅导班、“9·11”赈灾服务队及乡村志工服务队等，启发青少年自觉继承与弘扬中华民族的优秀传统。所以，他常常与太太频繁地穿梭于海峡两岸，致力于两岸中小学唐宋诗词的学习和推广活动，希望能够为青年学子打下深厚的唐诗宋词等人文功底。笔者目睹了此情此景，不禁口占打油诗纪事：天涯共怀唐宋情，海峡两岸闻歌声；少长咸集结诗缘，校园吟诵鲁台春。

《石叟丛书》“登陆”当推手

到了20世纪90年代，在公务之余，余传韬开始致力于整理其父、著名教育家余家菊（景陶），以及岳父、著名政治家陈诚（辞修）的遗稿。

余传韬在整理陈诚文集时发现，岳父虽然是一位军人，但却非常重视个人资料的保留与整理，20世纪50年代他在台湾特设“石叟资料室”，整理治军从政数十年间所搜集的珍贵资料。收藏大批历史文献，其中既有国民政府高层人物的来往文书，也有军事机密文件。“石叟资料室”与蒋中正的《大溪档案》被近代史学者称为台湾岛内两大秘密档案。

有一次，余传韬向华中师范大学捐赠《余家菊（景陶）文集》时，与著名史学家章开沅谈及《石叟丛书》一事。二人一见如故，他们年龄相仿，都当过大学校长，余传韬对整理历史文献非常有兴趣，旧学功底很好。章开沅如是说：“我最早听闻《石叟丛书》，是在1979年他首度访问美国时，有台湾旅美学者向我透露，遂心向往之，为其公私文献收藏之丰富深感惊羡。”

时到2008年，在纪念武汉保卫战70周年之际，章开沅通过自己

余传韬（左）与章开沅在纪念武汉会战活动上

的学生李良明教授，找到了人民出版社的一位校友，提出出版《陈诚回忆录——抗日战争》事宜。那位校友拿到台湾版的书稿后，以人民出版社的名义很快报到国家新闻出版总署。经中共中央统战部审批后，最终敲定由人民出版社旗下的东方出版社出版。2009 年 10 月与 2011 年 4 月，该社分别出版了《陈诚回忆录——抗日战争》与《陈诚回忆录——建设台湾》。

如今，笔者手捧海峡两岸出版的两个不同版本《陈诚回忆录——抗日战争》：一个是繁体竖排版，由时任台北“国史馆”馆长张炎宪作序；一个是简体字横排版，由享誉国际的史学家章开沅作序。满足了两岸读者的阅读习惯，可谓史料共享，相得益彰。

（摘自飞翼、梦林《余传韬助推陈诚回忆录在大陆出版》，
《文史精华》2015 年第 21 期）

童启祥：践行博爱育桃李

童启祥教授是从黄陂黄花涝走出的台北“国父纪念馆”首任馆长。国立浙江大学文学院毕业、美国密苏里州州立大学文学硕士、尼布拉斯加州州立大学哲学博士。历任两岸中小学、师范学校教师，大学教授，报社或通讯社记者、主任与社长，以及台湾“考试院”襄试与典试委员等。尤其是他在任“国父纪念馆”馆长期间，举办孙中山逝世60周年纪念展、七七抗战胜利40周年纪念特展等，轰动台岛。

慈善荫庇

那是1997年，作为驰名海峡两岸的教育家，童老前来武汉大学与黄陂一中讲学，他伟岸的身躯，操一口地道的黄陂话，充满激情的演讲，至今仍让人记忆犹新。

我们同乘一台车，用乡音话乡情。尤其是由笔者导引先生半个世纪后重游黄陂老县城时，童老非常兴奋。顿时，勾起了老人的回忆——

1921年11月16日（农历十月十七日），童启祥生于湖北黄陂千年古镇黄花涝之童家湾一个殷实之家。祖父童厚安早年在汉经商致富，历任汉口市商会会长、黄陂旅汉同乡会会长。同时创设汉口市济生善堂，夏令时节施药奉茶，春节赠米送衣，救助贫苦老弱民众，资助贫寒学子求学。父亲童丽生是汉上知名的建筑师，兼营新闻事业。

童启祥生活在这样的家庭，自幼深受熏陶。

不幸的是，童启祥3岁时就痛失怙恃，只有与祖父母一起生活。1926年秋，不满5岁的他，在大革命的热潮下，进入汉口市立第八小学接受启蒙。

1931年夏，武汉遭受特大洪灾，汉口丹水池铁路堤等堤坝溃口，汉口、汉阳顿成泽国，造成70多万人流离失所。其祖父童厚安特地赶制大型救灾船（时称“红船”）救助难民，捐赠棺木安葬遇难者。还带着年仅11岁的童启祥前往赈灾，体察民情。小启祥耳濡目染，自幼萌发了勤奋求学，书生报国爱乡之志。

小学毕业后，童启祥考入湖北省立第一中学。当日寇把战火烧到武汉外围时，童启祥成为流亡学生，随学校西迁鄂西建始（易名为省立联合中学建始高中分校，后为省立第六高级中学）。当时虽说是公费，其实是勤工俭学。他每天爬上15里地的高山，背木柴下山交给学校，而吃的却是变质的玉米，时称“吃不饱、饿不死”。十年寒窗后，他以优异成绩被保送到迁至贵州的国立浙江大学文学院。毕业后，历任重庆广益中小学与湖北省立第四师范学校教师，《湖北日报》与《大同日报》记者兼特派员，汉口导言新闻通讯社记者、主任与社长等。

1951年，他经香港辗转赴台。而后，他凭借来的千元美金作担保，远涉重洋留学，在获得美国密苏里州州立大学文学硕士之后，又以全额奖学金夺得尼布拉斯加州州立大学哲学博士。

践行“博爱”

在美国获得博士学位后，童启祥一度留任美国州立大学与师范学院讲师、教授、成人教育辅导中心副主任，待遇优厚。当他接到岛内邀请，便毅然回到台湾从事青年教育工作，并执教于中国文化大学、淡江大学与政治大学，相继任教授、系主任暨出版部主任。后任“考试院”襄试与典试委员，台北市教育局高教科长、处长等。

为纪念孙中山百年诞辰，台北市政府于1964年开始筹建“国父纪念馆”，1972年5月16日举行落成典礼。童启祥自幼生活在武昌首义之区，十分崇敬孙中山先生，一直在教育教学中践行中山先生的博爱精神，也曾梦想能到这里服务。

1978年10月5日，童启祥梦想成真，成为“国父纪念馆”第二任处长。由于他在任内以弘扬中山先生“博爱”“天下为公”“人生以服务为目的”为努力方向，他不仅亲自担任台湾中山文化讲座总召集人推介博爱理念，还举办了在海内外产生过深远影响的大型活动。1979年1月1日，蒋经国先生在此主持了纪念孙中山大会。这里还举办了1979年的金马奖、1981年的金钟奖、1982年金鼎奖、1983年孝行奖颁奖典礼以及第一届艺文金狮奖颁奖典礼等各种大型文化盛典。1980年9月14日，他与同人又促成台北中山公园翠亨亭破土建亭，后又并入中山公园管理室产权，形成馆内与馆外两大阵地。

与此同时，在他的策划下，在此成功举办了海峡两岸展、四海同心展、孙中山画纪特展、孙中山逝世60周年纪念展、七七抗战胜利40周年纪念特展、同盟会成立80周年特展等展览，加深了世人对孙中山先生的景仰之情。

1986年7月1日，该馆正式更名为“国立国父纪念馆”，还纳并阳明山中山楼管理所，首长改称馆长。他因此成为该馆第一任馆长。

情系桑梓

1987年11月1日，童老从馆长位置上退下来，专门从事大学教育教学工作。这时，正值两岸解冻，先生凭借其影响力，不遗余力地推动两岸文化教育交流。1997年，年近八旬的他到黄陂一中与武汉大学讲学，精神饱满，声如洪钟，妙语连珠，纵横捭阖，赢得了师生的阵阵掌声。

不久，黄陂一中搬迁新址，童老不顾年迈多病再度返乡，笔者陪他重游老县城，家乡半个世纪的沧桑巨变，让他感触良多。

晚上，家乡以楚剧为媒答谢旅台同胞，我们陪同童老观看了楚剧专场演出。当楚剧团演员演出了《白日缘》《讨学钱》和《葛麻》之后，已近耄耋之年的他竟不能自已地话乡音、解乡愁，哼上了一曲楚剧。他一口地道的黄陂方言，字正腔圆，十分有趣。

1998年，经童老穿针引线，由湖北海外联谊会朱正明筹划的“湖北关帝文化摄影展”在国父纪念馆举行，童老亲自主持开幕式，并发表热情洋溢的讲话。他说：“关帝文化摄影展，是艺术的结晶，历史的写照，代表着中华文化。这次展出，可以让更多的台湾民众了解祖国源远流长的文化，认识故乡。”

在纪念辛亥革命95周年前夕，他得知《首义都督黎元洪》行将出版，专门打来越洋电话，以严谨的治学态度，提出了许多中肯的意见。拙作出版后，他又进行点评，被《香港作家》等多家报刊转载。而笔者在撰写《胡秋原全传》后期，因胡先生行动不便，童老竟拖着病体充当笔者的信使，将一封封传真徒步送到胡家。

为激励家乡学子攀登科学高峰，童老不仅自己在武汉大学设立奖学金，还力促台北市黄陂同乡会奖学金由中考扩大到高考绩优学子。

童先生晚年患眼疾并多种疾病，行动不便，他便让其女公子童中仪出任台北市湖北同乡会理事。童中仪现为台北市黄陂同乡会理事，代表他充当起与家乡交流的友好使者。

童先生与夫人刘勉文女士原是湖北省立联合中学校友，同在三尺讲台耕耘。1948年刘女士在汉口当选南京国民政府第一届国民代表大会代表（简称“国代”），赴台后，先后在台中与彰化中学，以及台北的大学任教，历任台北女子师范专科学校、商业专科学校、海事专科学校教授，“中国文化大学”教授、系主任，台中树德工业专科学校教授、副校长等，1990年当选为“国代”主席团主席。他们伉俪情深，婚后育子经中、女中仪二人。其中女儿童中仪也是台湾知名教育家。

童启祥及夫人在台北住宅合影（1986 年）

（摘自裴高才《践行博爱育桃李》，《炎黄文化》2013 年夏季号）

刘绪贻：黄陂走出的“美国通”

刘绪贻是一位年逾百岁的社会学家、历史学家与教育家，武汉大学最长寿的著名教授。他早年留美后回国效力，生平桃李芬芳，著作等身。美国前总统乔治·布什曾致函盛赞他“为增进中美两国之间的了解所作了努力”。

百岁学者“求索斋”

“我外公外婆家是黄陂姚集喻家畈的，我们是正宗的老乡啊。”刘绪贻将自己的15平方米的书房称为“求索斋”，中间一台电脑桌，墙壁三面都是书，甚至直顶天花板。其中一面墙是别人的书，另一面墙有一部分是他的著作。

刘绪贻几年前就用汉王手写法写作，大约每分钟可写30个字。凭借“汉王手写法”，他从97岁写到101岁，将40多万字的《箫声剑影：刘绪贻口述自传》（上、下卷）完稿。他说：“我平生颇仰慕龚自珍的为人，他忧国忧民，力图匡济，仨却受到保守派压抑排挤。所以他有诗句云：来何汹涌须挥剑，去尚缠绵可付箫。”这是他将书名加上“箫声剑影”四字的原因。

“停车坐爱枫林晚，霜叶红于二月花。”著名书法家费新我生前赠给刘绪贻的条幅，成了离休后刘绪贻的真实写照。刘氏透露，过去没电脑的时候，都是夫人帮忙整理资料，抄写书、文定稿，自从2000

年配置电脑后，就没有让她抄写文稿了。

爱情长跑 75 年

刘绪贻 1913 年 5 月 13 日出生于湖北黄陂木兰乡，幼年在家乡启蒙，1929 年，15 岁时他从黄陂道明小学考入省立汉阳第十二中学，复升入武昌高级中学。湖北省当时有一个规定，高中毕业要全省会考，要考三年学到的东西。临近毕业的时候，毕业班的同学们自动组织了一个“湖北省高中毕业同学联合会”，目的就是向湖北省教育厅申请，只考几门主要的功课。各有关中学都选出了功课比较好的同学为代表，刘被选为省立武昌高级中学的代表，周世英当时是湖北省女子高级中学的代表，两人就此产生了感情。

高中二年级时，刘绪贻的父亲去世，家中顿时没有了经济来源。1935 年他考取了北京大学，但是没有钱去，只得进了南京国民党办的一个军需学校。进校一段时间以后，周世英便传话过来说她家的人都不喜欢“二尺五”（国民党军衣都是二尺五，意为不喜欢当兵的）。刘绪贻当时很矛盾，但最终还是不顾国民党政府下令通缉的危险，决心逃学。1935 年冬的一个星期天，他乘假期到南京中央大学，在原高中同学帮助下，脱掉军服，换上便装，潜回武汉，躲进一个中学同学家里做家教，并补习功课，准备投考每年只有 10 个名额的清华大学公费生。

躲过通缉风头后，刘绪贻再次高考，考取了清华大学的公费生，同时被武汉大学录取，周世英当时也考取了武汉大学。“武大发榜时，我们的名字排在一起，有的同学说是天作之合。”

1936 年 9 月，刘绪贻进了清华大学，周世英留在了武汉大学。“没想到周世英不和我通信，让我害了相思病，一天到晚包括做梦都想到她，结果化学和微积分不及格，把公费也丢了。”刘绪贻称，老伴当年偏于理智，因家道中落，觉得自己有责任帮弟弟妹妹，应好好学习，不要光谈什么爱情；但是自己却很浪漫，对感情很看重。

西南联大受“点化”

七七事变发生后，清华、北大、南开由长沙迁昆明组成西南联合大学。1938 年经初中老师陈范九帮助，刘绪贻才挣足了去西南联大的路费。进入西南联大历史社会学系后，他师从陈达、吴文藻、潘光旦、费孝通等。

“我选费先生的课程时，他刚从英国回来不久，比我大不了几岁。师生间无拘无束，既是师生，也像朋友。”刘氏称费孝通先生的开明豪爽，给他很深的印象。他上费孝通先生的课，考试总是全班第一，每门功课都在 90 分以上。

费先生讲课自成一格，和现在某些让学生“上课记笔记、下课背笔记、考试抄笔记”的大学教师的讲课比起来，恰恰形成鲜明的对照。他不用教科书，也没有讲稿；用中文，有时也用英文；讲的内容海阔天空，旁征博引。如果你知识面太窄，听课时又不注意思考，也许你一门课听完，对所学内容印象不深，甚至不知道学了些什么。

1940 年初，刘绪贻在费孝通借给他看的一本书的扉页上，无意中发现他摘录清人龚自珍一首《金缕曲》词中的一句话：“愿得黄金三百万，交尽美人名士。”当时他猜想，费先生在摘录这句名句时，一定是心潮澎湃，不能自已。

又因为刘绪贻选读吴文藻教授的人类文化学，有幸结识了师母谢冰心，刘绪贻至今还记得 1939 年底第一次看望谢冰心的情景。“她很有生活情趣。有一次周末，当时西南联大负责人梅贻琦等到她家作客，她写了一首打趣吴先生的‘宝塔诗’，责怪吴先生‘傻气’是清华培养出来的。梅先生在诗后续了两句：‘冰心女士眼力不佳，书呆子怎配得上交际花’。当场的其他清华校友拍手称快，冰心只好承认‘作法自毙’。”

打桥牌靠拢地下党

1943 年底，刘绪贻通过考试获得留美资格，进入执美国社会学牛耳的芝加哥大学社会学系学习。1947 年，刘放弃了美国优越的生活条件和攻读博士学位的打算，毅然回到了处于战火之中的祖国，在武汉大学开辟了社会学的阵地，教授社会学与文化人类学两门课程。

他冒着极大的风险，把李达的《社会学大纲》指定为社会学课程必读参考书，并列入考试内容。为此，曾引起一场由右派学生发动的罢考风波，但在进步学生的协助下，刘绪贻严肃而坚决地走进了考场，右派学生认输，他最终取得了胜利。

刘绪贻的教学工作和发表的文章，引起了当时中共武汉地下市委对他的关注。1948 年暑假，武汉大学工学院讲师蔡心耜，突然偕武大另两位老师到他住的单身宿舍，说要找他打桥牌。“我觉得很奇怪，虽都是中学校友，但彼此并不相识，亦素无来往，怎么突然来找我打桥牌呢?”但是，刘绪贻还是很有礼貌地接待了他们。原来，蔡心耜是当时武大教师中唯一的中共地下党员，他是受中共武汉地下市委之命来做刘绪贻工作的。

在解放军即将渡江之际，蔡心耜再次找到刘绪贻，亮明了自己的地下党员身份，并表示希望刘绪贻参加“武汉市新民主主义教育协会（简称新教协）武大分会”，它其实是中共武汉地下市委在教育战线的正式外围组织。刘很高兴地同意了，并立即被任命为新教协武大分会教授支部书记。刘加入新教协后，发展了不少新会员，包括唐长孺、孙祥钟、吴廷璆、张培刚、韩德培、张瑞瑾、刘涤源、陈修斋、石俊等很多武大著名教授。

有一天，蔡心耜将一位西装革履的“张先生”带到刘绪贻家里——这位“张先生”，其实是中共武汉地下市委组织部部长江浩然。他负责领导武大教授支部，每周来刘家一次，布置和检查工作。

60 岁后发力史学

刘绪贻百岁时，不仅声如洪钟，思维敏捷，甚至脸上皱纹也很少，走起路来腰不弯背不驼，很有力量。

刘绪贻 98 岁照

如此宝刀不老，他有什么健身长寿秘诀？概括起来大抵有三：工作不息，思想不止；调整心态，谋求心理平衡；学会自我按摩。他 1987 年离休后，每天仍然工作 10 小时以上。

盘点刘绪贻一生的主要著作，基本上都是他 60 岁以后出版的。诸如，他合编并主撰的代表作六卷本《美国通史》，被誉为“具有独到见解的美国史专家”。还有专著《20 世纪 30 年代以来美国史论丛》，合编《美国研究词典》，主编主撰《当代美国总统与社会》《改革开放的社会学研究》，以及主持、参与或审校的《一九〇〇年以来的美国史》《美国社会发展趋势（1960—1990）》《罗斯福与新政》

《多难的旅程》等 11 种译著，而且多半是在离休之后的 20 年中完成的。

“生命在于运动，生命在于思想。人永远不能当闲人。”刘绪贻认为，如果他在离休后像一些老人一样，真的终止工作享清福，他恐怕早就病倒了。对于心态的调整，他笑称，一个人如果像林黛玉那样，老想到自己家道中落，寄人篱下，谈何心理平衡？心理平衡方面主要是明理和开朗。而学会自我按摩，则是刘绪贻重要的养生之道之一。1936 年考清华那一年，他在《中学生》杂志上看到一篇文章，说洗了脸以后，就摩擦脸部，很简单，就这样摩擦 50—80 次，80 年来从未间断过。我们衷心祝愿刘老的养生之道，再创传奇！

（本文由杨佳峰采写）

童中仪：台北问鼎“木铎奖”

童中仪博士一直从事台湾职业技术教育，历任台湾康宁大学副董事长、金瓯女中校长、台北商业大学系主任等，曾荣膺台湾教育“木铎奖”与“菁师奖”。

马英九（左）会见童中仪校长

投身职教

童中仪1951年3月23日生于台湾，其父童启祥是台湾“国父纪念馆”首任馆长，其母刘勉之也是教育名家，曾任台湾“国代”主席。受父母的影响，童中仪于1973年从淡江大学毕业后，就投身百年树人工程。接着，又获台湾大学国际贸易硕士、美国俄克拉何马大学企业管理硕士与菲律宾比立勤国立大学博士等学位。

那时，国际贸易专业很抢手，面对不少外商伸出的橄榄枝，高薪聘请其担任重要职位，童中仪均婉拒。她继承父母的事业，乐在杏坛育桃李。历任台北商业专科学校副教授、训导主任、国际贸易系主任，致理技术学院国际贸易系教授，“中国文化大学”会计系与国防管理学院企管系兼职教授。还是美国佛罗里达州杰克逊学院交换教授、南非金山大学管理研究所研究员。

童中仪在教学之余，学术研究成果丰硕，曾获颁杰出学术成就奖。其学术成果：国际贸易实务流程中涉及贸易纠纷之个案探讨、中国大陆与南非经贸关系之探讨、贸易纠纷之解决机制、国际贸易情报信息架构之研究等，至今仍产生余响。

童中仪教学相长，尤其在品德教育方面独树一帜。如她所开设的“与钱共舞”理财观念讲座，在哈佛、在岛内业界均引起共鸣。而且她在讲座中灌输的中华优秀传统文化“孝道”的理念，让学子在如何做人方面颇受教益。

金瓯奇葩

2005年5月，童中仪受聘担任金瓯女子高级中学第九任校长后，她结合“诚、朴、勤、毅”的校训，又赋予孝德教育新的内容。该校是湖北旅台人士创办于1946年春的私立名校，取“金瓯无缺”之意。始为私立金瓯小学与金瓯女子商业职业学校，于1990年2月改为招收普通科学生，并更名台北市私立金瓯女子高级中学，仍附设商业职业类科，拥有台北大安和新北永和两个校区。

童中仪上任伊始，就在教师节的周会上亲手向每位教师送上一张精美的贺卡。学生们见校长如此礼遇老师，也纷纷效法，以不同方式表达对师长的敬意，从而在全校师生中形成了敬师、谢师的氛围。执掌“金瓯”10年间，她提出了“防微杜渐、和谐环境、求新求变”的治校目标。她不遗余力设立多项游学奖助学金，鼓励优秀学子暑假出国游学，提供全英语、日语情境环境，以利于学生与国际接轨。近年来，她派出两个学生队参加全岛高职英语比赛，分别夺得了冠军与季军。而且很多同学的英语与日语听说读写能力，远远凌驾于一般大学生之上。她致力于课程规划符合多元社会需求，开设应用外语科、电子商务科、普通科与职业科精英班等，让学子们的个性得到发展。该校的女篮，不仅保持岛内高中联赛八强，还代表台湾中学赴日交流。她实行有教无类，因材施教。为了给一个智障学生创造良好的氛围，在一次重要考试中，特地为该生单独印制大幅考卷，并派一名专职老师监考。她注重以品格教育与境教环境陶冶学生，让她们学会自重、自省、自学与自律，从而奠定了厚实的升学与就业基石。正所谓“琅琅书声盈盈笑语，腾腾活力款款真情”。

她实施教师教学评鉴制度后，办学绩效大幅提升，金瓯女中一跃成为岛内同类学校的品牌：荣获台湾高级中等职业类科总评优等、综合高中访视优等、普通高级中等学校校务评鉴八大向度全数优等；2010 学年及 2011 学年度，成为台北市唯一获台湾“教育部”通过审查的高级中等职业学校与科技大学、产业界之产学携手合作计划案的高中职学校；2013 年度获台北市教育局、“教育部”认证为优质高中职业学校。她本人则担任台北市政府私立学校咨询会委员与家庭教育咨询委员，台湾高级中等学校体育总会监事长，台北市大安区社区大学校长等社会职务。

不仅如此，童中仪十分注重“走出去、请进来”的校际交流。在“台北市—上海市中学校长教育论坛”上，她介绍了金瓯女中“诚朴勤毅”的品德教育特色。还率领师生到北京、湖北等地交流，并与黄陂一中实现了双向交流。中国大陆地区以及新加坡、日本等地的教育代表团也纷纷前往金瓯取经。鉴于她的卓越贡献及成效，2011 年与 2012 年，她分别荣膺台湾教育“木铎奖”与“菁师奖”。

针对两岸教育面临“少子化”（大陆多为独生子女）的挑战，童中仪始终坚持“六心向上”（心甘情愿、心情愉快、心胸开阔、心平气和、心安理得与心想事成）的人格特质，潜心打造职业技术教育的摇篮。

养老服务

孔子曰：“弟子，入则孝，出则悌，谨而信，泛爱众，而亲仁。行有余力，则以学文。”品德的重要性可见一斑，而且不管时代如何变迁，“好品德”是恒常的金科玉律。辞去金瓯女中校长后，童中仪出任康宁大学副董事长，仍然频繁地穿梭于海峡两岸进行教育交流。她认为，面对少子化的社会，学校所培育出来的学生不一定要才华出众，但一定要能成为对社会有贡献的一分子；面对高龄化的来袭，教师更是责无旁贷地去培养中学生具备服侍与陪护老人的基本素养。

为了弘扬我国的敬老传统，童中仪通过深入调查研究，就养老服务教育提出了五点前瞻性的思考：第一，关于养老服务的专业化与全民化。照顾老人如同照顾婴儿，必须具备专业的知识与技能方能驾轻就熟胜任愉快，没有足够的专业培训或是训练不够扎实，无法让老者得到舒适的照顾。同时，一般民众亦应有基本的老人照顾知识，对于身边的老人能够给予适当的帮助与扶持。如何将养老教育中的知识与技能转化为中学生的基础课程？让学校教育教导学生对家庭多一份责任感与付出，实为当务之急。第二，养老服务需符合国际标准与质量。第三，建立国家政策与需求的养老评估制度。以同国家“十二五”到“十三五”规划中对于养老与安老政策相适应。第四，进行符合社会发展与期待的专业培训。需要有一套与社会相对应的工作制度来配合养老机构人员，提供自我成长的机制，以使人才留住并得到适当的发展。第五，积极开发潜在人力。老年照护人力的缺口十分巨大，以15%估计失能人口，武汉市将有23万人左右；以一个人力照顾3位失能老人，缺口在8万人左右。如何补足人力，解决家庭负担？例如中年失业劳工之转业训练、偏乡地区剩余劳工之培训、用人单位与培训单位合一、增加科技产品的使用。

总之，在现代教育场域中，我们不应求浮华，而是从日常生活的各面向落实做起，让教育的潜移默化功能在学校生根且茁壮成长。学生们不但专心于学业，也能够致力学习营造群体生活，学会人与人之间的彼此尊重，提升内外在的品格与气质涵养，进而积极向善向上。

最后，还是以童中仪话语作为结语吧。她说，教育不仅是教学生基本能力，而是要提升学生面临国际竞争的挑战，具备新的特质和能力，建构肯定自我、关怀社会、珍惜自然的新价值观。

（原载《炎黄文化》2013年夏季号，裴高才文）

首 义 功 臣

李鹏升：点燃首义“第一把火”

“揭竿一呼究谁始，陇西华胄名鹏升!”李鹏升先后加入文学社与共进会，曾力促两大革命组织联合，并出任城外炮营、工程、辎重各队总代表；武昌首义，他率军点燃了第一把火，继而招募新兵参加阳夏与拱卫武昌战。

辎重队革命总代表

李鹏升字选皋，19 世纪 80 年代生于湖北黄陂滠口向店村，曾寄籍湖北天门。1904 年投入陆军第二镇炮兵甲营当兵，不久被提升为正目（班长）。1908 年，他曾到南京与安徽军队串联革命，因熊成基起义失败返鄂。次年，入第二十一混成协辎重队任班长。此时，湖北两大革命组织文学社与共进会风头正劲，他迅速联络到党人章裕昆，参加文学社。又经党人胡祖舜、杨玉如力邀，加入了共进会，并出任第二十一混成协辎重、炮、工各队共进会总代表。在武昌首义前夕，他被推任为炮营、工程、辎重各队起义军总代表。

1911 年 9 月 24 日，共进会、文学社会议推举联合领导机构，制订首义计划。李鹏升、蔡鹏来等 60 余人到会。会议确定“八月十五日杀鞑子”即 10 月 6 日起义。会议制定的起义计划的第一项云：由地处长江南岸的第二十一混成协辎重、工程、炮队总代表李鹏升放火为号……

哪知，当天突然发生南湖炮队意外事件，又因“八月十五杀鞑子”传遍江城三镇，当局防范甚严，起义指挥部遂将举义日期推迟到10月16日。孰料，10月9日孙武在汉口宝善里机关试制炸弹失慎爆炸，机关部被破坏。是日夜，军警倾巢而出，大肆搜捕革命党人。李鹏升沉着以对，说：“若任意暴动，则大事去矣！”

点燃首义第一把火

10月10日下午3时许，传来彭、刘、杨三烈士就义的噩耗。4时，辎重队党人蔡鹏来的母亲，以给蔡送衣服之机，在衣内藏一张举义指令的小纸条：“今晚决动。”蔡即报告总代表李鹏升。李于当日下午会同炮十一营代表蔡鹏来、工程队代表黄恢亚秘密协商，决定当晚10时举事。届时由罗金玉支队长首发一枪，辎重队将马草房点燃，举火起义。参加首义的党人胡祖舜如是说：“李鹏升、黄恢亚等集合各队分代表再三密议，一致决定即晚十时由辎重队发难，炮工响应。……议定，即派人通信城内各营，届时以塘角火起为号。”

下午6时许，天将黑，炮队十一营与辎重、工程各队队官以上长官，均前往炮队营署召开秘密会议，研究如何镇压革命党。李鹏升得知后，当机立断，即时召集党人各支队长秘密碰头，研究应变之策。他对大家说，当下官长均不在部队，正是我们举义的天赐良机，我们不如马上举事。而其时正值辎重队第三排接班查街，各位唯恐兵分力薄，遂一致赞成炮、工、辎一起乘机发难。于是，李鹏升当即以总代表身份通知炮、工、辎各队代表提前动作，又密令罗金玉首向排长郭某发击一枪为号，时为下午6时05分。辎重队革命同志闻声奋起，李鹏升首先闯入军械库抢子弹一箱，当场分发。继而，令蔡鹏来以煤油燃烧蚊帐和衣被响应，到马场以马草举火。随后整队出发，攻克了工程队。

正在开会的清军炮营管带张正基，突然听见人声嘈杂，枪声不断，顿时惊恐万状。他不敢贸然率人镇压，就急忙带着开会的军官们逃往青山躲避，并在山上观察军营动态。而炮营旧军官杜瑞镕及守卫司令官王季鹏等，则各执手枪负隅顽抗。李鹏升迅速带领6名敢死队员，撞开炮队营门，冲入该营中队排长室内，将棉被堆集一处，淋以煤油，取号内挂灯付之一炬，顿时烟火蔽空，一举吓退敌军。

熊熊的大火就是信号，清脆的枪声就是命令。辎重队发难后，相邻的炮营工程队立刻沸腾了！黄恢亚立即跑到营房，燃起大火响应。顿时，辎重队马房、炮队排长室、工程队营房三处火场浓烟滚滚，火光冲天。党人乘乱起义，加入辎重队行列。《张季子年谱》披露了张謇当年以首义目击者的身份现身说法，文中说：“辛亥八月去鄂……十九日（10月10日），（晚）八时登舟，见武昌草湖门工程营火作，横亘数十丈不已，火光中恒见三角白光激射……二十日至安庆，知武昌即以十九夜失守。”

附近不明真相的居民看到营房失火，纷纷赶来救火，有的起义士兵以为是敌军前来镇压……李鹏升便鸣枪示警，救火队伍顿时散尽，军心稳定。

助攻督署显威力

随即，李鹏升集合队伍百余人，简要下达行动方案：炮队攻占黄鹤楼、凤凰山制高点，工程队掩护炮队的行动；罗金玉、钟继武、张瑞廷、冷文梅、晏柏青率领的五个支队合编为两支队：一队攻打督署，一队攻打军械库。李鹏升率革命士兵冲出营房后，一路上，由支队长钟继武和罗金玉任前锋，李鹏升殿后，向枪械所、炮台、制高点冲去。

当他们途经彭杨公祠时，遇到一伙警察武装阻截。李鹏升身先士卒率军猛攻，很快把那伙警察打散。接着，他们来到武胜门，见城门紧闭，连放排枪也无法打开。于是，他们就转向大东门，连续鸣枪，城门仍紧闭不开。他们不得不转而向东，绕过城墙前往忠孝门、宾阳门、通湘门、中和门……当李鹏升率队绕到南湖炮队第八标，突然听到南湖炮队的炮声，方知城内党人已经行动，于是他们立即与赶来的炮队起义士兵在中和门（今起义门）会合，往楚望台军械所方向杀去。

当李鹏升率队来到楚望台时，得知蔡济民进攻督署受阻，他迅速组织队伍前往增援，进行火攻。继而南湖炮队进城，分别在蛇山与楚望台设立炮台，借督署火光指引目标，猛烈开炮。瑞澂见势不妙，逃之夭夭。李鹏升因此被张难先誉为“举火起义，攻督署最力”。

对于前来响应起义的士兵，李鹏升负责严加甄别，才让其加入火线作战。督署攻克后，他奉命率辎重队一部分固守楚望台军械库及通湘门一带防务。直至11日上午9时，顽抗敌军才被消灭。

随后，他纠合同志举枪欢迎黎元洪出任都督，并参加了11日下午在谘议局召开的党人与立宪派人士联席会议，下午4时奉命防守武胜门，并出任该门司令。

“陇西华胄名鹏升”

从时间上看，武昌首义真正最早发难者，是李鹏升领导的位于城外的塘角辎重队，他们比城内工程第八营熊秉坤、程正瀛等人的举事时间要早一个小时左右。而且辎重队既有“第一枪”，又有“第一把火”。只是辎重队发难在城外，又是在夜晚，城内知晓有一个时间差，故影响有限，以至于当人称工程第八营熊秉坤或程正瀛打响第一枪后，首义当事人和史学界一直对此争论不休。参加辛亥首义的党人胡祖舜、知名报人胡石庵、蔡寄鸥，以及当时正在江汉关乘轮船东下的张謇，知名学者冯天瑜等，都认为是李鹏升最先发难的。蔡寄鸥在遗著《鄂州血史》中记载：“塘角混成协炮兵、工程、辎重三营队，驻于塘角旧恺字营（今泛指积玉桥与徐家棚之间临江地带）……以李鹏升为总代表。午后6时许，李鹏升（率领的辎重队）就开始动作，……因率队由中和门（今武昌起义门）入城，至楚望台军械库所。就钟点及路程计算，塘角辎重一营起义，当先于城内工程八营。

否则由塘角至中和门，几绕全城三分之二，决不能如期到达楚望台，其理明甚。因为该营离城太远，放枪与纵火，城内耳目不及，所以认定首先发难的是城内工程八营……”

而首义参战人士邓玉麟、学者黎澍等则认为，是工程营打响第一枪。黎澍说：“夜晚七点钟，工程第八营后队的一个排长巡查营房，与该排士兵程正瀛及该排副目金兆龙发生冲突，排长被猛击倒地。”影响最大的则是孙中山在日本和在《建国方略之一》中，均说“熊秉坤首先开枪发难”，“熊一枪”之说遂方广为流传。

著名报人胡石庵则为李鹏升鸣不平，他特地吟诗，将李鹏升比作秦末起义领袖陈胜、吴广，至今传为佳话。其中云：“揭竿一呼究谁始？陇西华胄名鹏升。功高大树退且隐，种瓜自顾悲东陵。”

那么，如何看待武昌首义“第一把火”“第一枪”呢？首义革命报人蔡寄鸥说得好：“余谓城内为工程八营先放枪；城外为辎重一营先放枪。两处都是自动的争先，无分乎谁先谁后。”

对于李鹏升率先在首义中发难的史实，不仅当时参与首义先贤们的著作中屡有提及，文化学者权威著述《辛亥武昌首义史》《武昌起义档案资料选编》《辛亥首义回忆录》《辛亥首义阳夏之战》《首义都督黎元洪》《无陂不成镇》《辛亥首义百人传》等，都曾介绍过他的《自述》和事略。

阳夏之战当尖兵

黎元洪正式就任首义大都督后，李鹏升于当夜奉命招兵扩军，在第五协先后担任督队官与管带，参加了悲壮的阳夏保卫战。汉口失守时，胡祖舜把军政分府遗弃的械弹、马匹等军用物品收集来，面对无船可渡的情况，李鹏升毅然赶到江边，乘小木船到江心，冒险拦截两只驳船，先行将物资运回武昌，自己则率部最后撤离。在汉阳保卫战的 11 月 17 日，他率部随湘军由琴断口渡河，反攻汉口。午后退居十里铺，接济各阵地弹药等补给。11 月 24 日，他率该营官兵至锅底山一带，血战两昼夜，退守归元寺。26 日夜，大部队开始撤退，李率部分布在马家湖各要隘把守掩护，伤亡颇重。直至次日凌晨 3 时，他才撤退。为拱卫武昌，他在藩库一带招募散兵，组成步兵第十标第一营并任营长，负责守卫两埅山，以掩护炮队。后来改编为北伐第一军，经黄冈转移到黄陂达义铺，阻击敌军。后到孝感休整，营部驻在云梦。

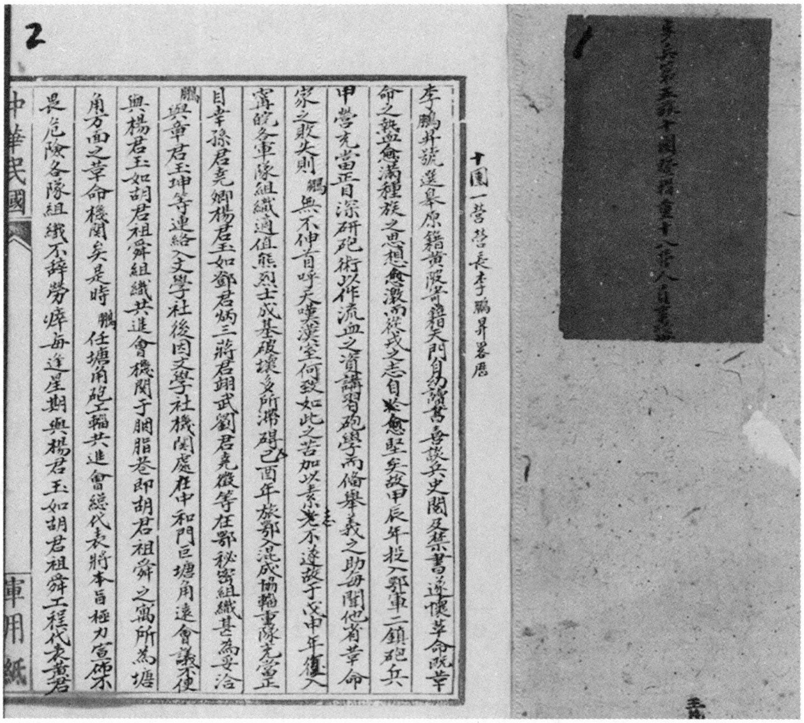
十團一營營長李鵬昇略歷

李鵬昇號逸皋原籍黃陂寄籍天門自幼讀書會談兵史閱及禁書遂懷革命改革
命之熱血倉滿種族之思想愈激而從戎之志自然愈堅矣故甲辰年投入鄂軍二鎮砲兵
甲營充當晉目深研砲術以作流血之資講習砲學而備舉義之助每聞他省革命
家之敗失則鵬無不仰首呼天嘆漢室何致如此之苦加以素志未遂故于戊申年復入
寓皖各軍隊組織適值熊烈士成基破壞多所滯礙己酉年旅鄂入混成協輜重隊充當正
目幸孫君堯卿楊君玉如鄧君炳三蔣君翊武劉君堯澂等在鄂秘密組織甚為妥洽
鵬與章君玉珅等連絡入文學社後因文學社機關處在中和門巨塘角遠會議不便
與楊君玉如胡君祖舜組織共進會機關于胭脂巷即胡君祖舜之寓所為塘
角方面之革命機關矣是時鵬任塘角砲工輜共進會總代表將本旨極力宣傳
是危險各隊組織不辭勞瘁每逢星期與楊君玉如胡君祖舜工程代表黃君

中華民國 軍用紙

首义元勋李鹏升手书略历（1912 年）

黎元洪在鄂推行“军民分治”时，裁编去职。民国成立后，授少将衔，勋二位。1919 年一度任职于孙中山领导的靖国军。大革命后，他在武昌横街头开办民生袜厂，1931 年去世。抗战军兴，黄埔四期步兵科的长子书裕率部参加了淞沪会战；次子书林因抗战致残于国军营长退伍，在首义路卖热干面谋生。

2015年3月23日，来自广州、重庆、荆州及武汉地区的专家学者与辛亥后裔，聚首黄陂区滠口街向店村，隆重举行了纪念李鹏升将军135华诞读书会、“首义元勋李鹏升书屋”揭牌暨李鹏升墓揭幕仪式。笔者撰写并宣读了祭文。文曰：

李公鹏升，首义元勋；陇西华胄，辛亥将军；黄陂滠口，向店生人；

生活奔波，寄籍天门；幼承家学，喜谈孙膑；投笔从戎，同盟革命；

钻研炮术，辎重精英；武胜门外，首义尖兵；率先发难，鸣枪撞门；

举火为号，火龙滚滚；炮工辎重，一呼百应；火攻督署，破敌底成；

镇守北门，城防司令；阳夏之战，横刀江心；拱卫武昌，北伐一军；

转战黄孝，云梦屯兵；南北统一，封将授勋；护国护法，靖国精英。

功成身退，践行民生；自强不息，荫及子孙；足钦楷模，泽被乡亲；

百三五载，叶落归根；首义精神，永励后昆！呜呼哀哉，伏惟尚飨！

（摘自裴高才著《黄陂春秋·人物卷》，2014年）

李白贞：雕刻大都督第一印

李白贞之首义同志会会员证

李白贞系武昌首义指挥部庶务处主要成员，他负责雕刻都督印章、赶制九角十八星旗，以及中华银行纸币图案的设计等；阳夏之战，他又亲临火线拍摄义军抗敌照片；南北议和时，他用一块肥皂临时雕刻都督印，应燃眉之急。中华人民共和国成立后，他供职于中南行政委员会文史馆与武汉市政府文史馆。

“摇清四友”会孙武

李白贞原名善，又名伯桢，首义后更名静，1886 年生于黄陂城郊五里墩李家塝。由于年幼时家境贫寒，又痛失父亲，寄住在舅父家中，靠母亲给人做针线活度日。舅父见他聪明懂事，便送他上私塾，还教他学习国画。小伯桢刚毅慈静，好读《南华》《道德》等书，颇受启发，遂胸怀大志。从 14 岁起，先后在“乙海春”、汉口大英医院中西药房当学徒。他一边当学徒，一边研习药物专科，不久便成为业务骨干，升任中亚、华西两药房经理。历练数载后，又被派往河南开创新业。事成后，转赴开封客籍师范深造。时同学们鼓动革命风潮，遂弃学返鄂，一边经营，一边投身革命。

颇具经营头脑的李白贞，先期集资在武昌斗级营租得一门面，开设了武昌第一家照相公司。1909 年初，照相公司搬迁到汉口歆生路（今江汉路），并更名为荣昌照相馆。一天，湖南籍同盟会员潘祖义（字鼎新），慕名来到该照相馆，见李白贞思想开明，广交朋友，即题赠一联。联云："共和难，难统一；革命苦，苦无边。"李白贞就将其装裱后挂在厅堂以铭志。这时，刚刚从日本归国的共进会领导人孙武，携带应用文件、印信和旗帜式样回到武汉筹组共进会革命机关。抵汉次日，孙武前来荣昌照相馆找同盟会员丁立中（字笏堂）。经丁介绍，李白贞与孙武一见如故。所以孙武、丁立中就一同介绍李加入共进会。李白贞因此与刘玉堂、丁立中、汪性唐、钟雨亭、刘燮卿（孙武的妹夫）、吴肖韩等人，成为孙武返汉后第一批吸收的共进会会员。

照相馆为总机关

李白贞加入共进会之初，见共进会因经费紧张，便主动在照相馆内腾出房间，作为秘密联络机关，深受共进会资深会长刘公嘉许。孙武也曾落脚于斯，在这里策划了共进会一些秘密活动。同时，还负责湖北与日本、上海革命机关保持联络。时人将他与刘玉堂、汪性唐、李赐生（又名次生）并称"摇清四友"或"摇清四杰"。

1911 年 9 月 24 日，在共进会与文学社联合会议上，李白贞被推为指挥部庶务处主要成员。不意，这天下午南湖炮队突然发生意外事件，满清湖北当局马上进行弹压。原来住在武昌雄楚楼 10 号的刘公，不得不过江下榻李白贞的照相馆，并于 25 日决定将荣昌照相馆暂时定为共进会临时总部，还交给李白贞两项任务：赶制九角十八星旗与刻制“中华民国鄂军政府大都督之印”。

李白贞接受任务前，湖北中等工业学堂的三位学生赵学魁（后更名师梅）、赵学诗与陈磊，已经受命赶制成功六面“九角十八星旗”，两面半成品。于是，李氏交由夫人陈氏缝制样旗，不日完成任务。

接着，李白贞采用酸性液烂铜方法制做印章。当都督印信一方雕刻好后，装印柄时，一不小心雕刀将手指划破，鲜血流在印章上。李白贞干脆用鲜血做印泥试印，一方鲜红的篆体“中华民国鄂军政府大都督之印”十分清晰。站在一旁的刘公兴奋地感叹道：白贞兄成印见红，此乃大吉之兆也！

由于到上海采购武器之人迟迟未归，孙武、刘公于9月26日又决定把制作炸弹的重任交由李白贞负责。李提出另派一人帮他分途采购原料，为便于工作，大家公推由李的内弟陈叔琴当助手。李、陈二人分头在各商店购回镪水、酒精、黑铅、铁片及罐头香烟空罐，储存在党人秘密机关——文艺俱乐部二楼密室，并在此进行炸药配制。

哪知，1911年10月5日，李氏照相馆深夜发生了一桩不明身份黑影闯入怪事。孙武认为，那个黑影很可能就是官府派来的密探。因为就在事发的前几天，由党人高振霄主办的武汉四大名报之一《夏报》，转载了上海某报的报道称，汉口某照相馆为革命秘密机关，当局闻风潜派侦探，分途伺隙桢馆（即李伯桢照相馆）。

于是，经李白贞以照相馆作抵押租下了汉口宝善里14号（今楚善里28号）。10月7日，共进会临时总部迁入后，孙武也住了进去，刘公夫妇则就近迁入宝善里1号居住。

首义后的金融问题事关国计民生，大家议决：由一专多能的李白贞设计中华银行钞票，方案设计好后，得到大家的肯定。后因故印钞未能实现。

阳夏前线拍写真

1911年10月9日，孙武在宝善里配制炸药时引起爆炸。俄国巡捕搜去了李白贞制作的旗帜、印信与设计的钞票等，所幸他制作的那两面样旗因临时裹着孙武送往医院而保存下来，并由共进会员李赐生连夜带过江，成为插在武昌城头的第一面九角十八星旗。而李白贞刻印的刀一直保存在身边，1956 年作为革命文物捐赠给中国历史博物馆收藏。

阳夏之战的一个多月，李白贞冒着枪林弹雨，自带照相机在前线抓摄战争镜头。尤其是汉阳雨淋山双方争战的照片最为珍贵，可惜后来大部分底片均毁于战火。不过，他拍摄的驻汉英俄法德日五国领事，于 1911 年 10 月 18 日发布的关于严守中立的布告，奇迹般地保存下来，现作为国家一级文物珍藏于辛亥革命博物馆。照片衬板右下角有“荣昌照相”字样及李白贞印章。

湖北军政府成立后，经军备部长孙武提议，鉴于李白贞为革命贡献巨大，军政府特派潘公复送银圆若干，慰问李白贞及其家属。李氏便将这些银圆悉数捐赠给其筹组的红十字会。

首义成功后，李被委任为湖北军政府理财部催提委员兼总监处参议。南北议和时，因都督印被黎元洪带到王家店去了，英人盘恩拿着议和协议书要盖印，孙武就找李白贞与高楚观想办法。李一听哈哈大笑，说：既然这个印只用一次，我去弄一块肥皂刻一个，十分钟就解决问题。果然，一块肥皂解决了南北议和问题，一时传为佳话。同年冬，李白贞供职于军政府财政部，曾赴江西调查财政和在汉口任提调委员。翌年 2 月，他发起创办火车货捐局，并负责收支事务。当他得知该局总理活用职权，毅然于当年 5 月辞职。复任孙武筹组的民社会计，后又筹组救国会。

学不可已矣。民国成立后，李氏功成身退，选择了继续深造，一举考入私立武昌中华大学政治经济班，在此学习了 4 年。按说，李白贞知识全面，深谙化学、药剂，擅长雕刻、绘画和制图，又是首义功勋，完全可以在政坛高就。但他性情恬淡，不慕名利，甘愿从事书记员、绘图员、测量员和文牍等具体工作，乐在其中。后皈依佛门，1945 年春被汉口佛教第一莲社推举主持社务。1949 年在汉口佛教居士林任理事兼文牍。

中华人民共和国成立后，李先后供职于中南行政委员会文史馆与武汉市政府文史馆。1954 年德国史学家贝喜发博士来汉搜集辛亥革命史料，他参与座谈。1956 年响应湖北省政协号召，他撰写了《共进会从成立到武昌起义前夕的活动》《我所参加的辛亥革命工作》《记湖北军政府的成立》《汉口佛教居士林》等忆文。1961 年，他与熊秉坤、温楚珩三人代表湖北辛亥首义老人，赴京出席纪念辛亥革命 50 周年大会，受到周恩来、董必武等党和国家领导人接见。1966 年 2 月 6 日与世长辞，享年 83 岁。其孙李昌寿中学教师退休，现居武汉。辛亥百年之际，其业绩收入《辛亥首义百人传》《首义精魂》等。

（根据裴高才《辛亥首义百人传》整理，李昌寿提供了图文资料）

蔡济民：首义“大总管”与铁血旗

蔡济民

辛亥百年祭，铁血映旗红。

当辛亥革命武昌首义迎来民主共和的第一缕阳光，有多少滚烫的心在蓬勃跃动；有多少热切的目光，凝望着那面冉冉升起的九角十八星旗。

百年后的元宵节，在一个叫蔡官田的偏远乡村，再次举行了庄严的主祭九角十八星旗仪式。这一民俗已经延续了一个世纪。

一

说起这面九角十八星旗的规格，是笔者平生所见最大的一面。笔者在黄陂蔡官田与湖北省博物馆，亲眼目睹了那高与宽均有两人多高的铁血旗，令人震撼。它是由首义“大总管”蔡济民父女珍藏传下来的。

笔者也曾在上海孙中山故居纪念馆，见过很小的一面九角旗，即在一幅孙中山肖像的四角各有一枚九角十八星旗的小图样，只不过巴掌那么大。

这面旗帜的年龄，已经年逾百岁了。作为走向共和的第一面旗帜，它比南京临时参议院通过的“五色共和旗”要早130天；比孙中山就任非常大总统时，启用的“青天白日满地红旗”，要年长10岁；在时隔38年后，中华人民共和国的“五星红旗”才正式诞生。难怪孙中山赞称道：“武汉之旗，以之为全国之首义……多有极正大之主张。”

旗帜的式样，是一个团体乃至一个国家的标志。早在1906年冬，同盟会在东京讨论将来中华民国成立时的国旗样式时，出现了五种意见。其中湖北的孙武与湖南的焦达峰，曾提议用九角十八星旗。

次年春，一批同盟会员决定以孙中山为精神领袖，以殊途同归的方式成立共进会，使之成为同盟会的“行动队”。共进会第三任会长刘公与军务部长孙武召集留日同志，负责策划设计会旗。首先，刘提出设计的总体指导思想：既要符合革命宗旨和气魄，又要具艺术意味。接着，他向大家介绍了1906年冬同盟会的五种意见，最后通过集思广益，正式确定九角十八星旗为共进会会旗，并将样旗的格式敲定下来，其含义诠释为：面底色为红色，旗徽“九角齿轮”图案为黑色，黑色是铁，红色是血，意为铁血革命；本来“十八颗星”应为黄色，寓意为炎黄子孙。旗帜上面的数字“九”，为“九州”之意，又因“九”是最大的数字，且与“久”谐音，亦可引申为巨大与“天长地久”。“十八”则代表着当时中国的18个行省，又与“始发”谐音，即“开始兴旺发达”之意；星、角构成车轮辐辏，标志着时代巨轮，滚滚向前，锐不可当。

二

时至1908年与1910年秋，孙武与刘公先后携九角十八星旗回国，主持湖北共进会。

到了1911年初夏，湖北两大革命组织文学社与共进会决定，以九角十八星旗作为两会联合起义旗帜。刘公就将赶制20面旗帜的任务交给湖北中等工业学堂的学生赵学魁（师梅）、赵学诗与陈磊。三位学生首先是将样旗按要求做成纸型，在送呈刘公认可后，再在红、黄、黑色的布片上依样放大裁剪。当时制旗所用的只有白布料，于是，刘公便派熟知化学配方的李白贞到武胜门正街刘天保药房，购买了藤黄等颜料回到公馆内秘密染色。三位学生利用课余时间到刘公处赶制，直到夜深才就寝。但由于时间紧迫，赵师梅等只做成了6面（一说为8面）旗帜，另有两面的旗裤尚未完工，所以他们先将6面大旗，送到武昌小朝街八十五号起义军总部，但这不足总数的1/3。

9月24日，两会正式敲定起义计划和人事草案，重申加快九角十八星旗进程，由刘公负总责，李白贞具体组织赶制旗帜与雕刻都督图章。

不意，这天下午南湖炮队突然发生意外事件，满清湖北当局马上进行弹压。原来住在武昌的刘公见形势紧急，就搬迁到汉口李白贞的荣昌照相馆革命机关，并将其暂定为共进会临时总部。孙武、刘公希望李白贞尽快完成上述两项任务。

由于李白贞前期参与了部分工序，他与夫人陈氏加紧缝制样旗。正在这时，李的照相馆又遭到特务暗中窥探，刘公及其革命机关被迫转移。李白贞夫妇就在地下室秘密日夜劳作，才缝制完起义所需九角十八星旗。在10月6日前，李白贞先后将其分送到了武昌和汉口机关存放。

由于旗高达296厘米、宽294厘米，举旗手的身高须有一定要求，被视为孙武的左膀右臂的共进会员李次生，被选定为旗手之一。

三

正当武昌起义在紧锣密鼓筹备之际，不料，1911年10月9日上午，孙武在汉口机关发生了炸弹爆炸事件。大家情急之下，就将两面九角旗裹着受伤的孙武，迅速送往医院治疗，其余人员仓促转移。俄国巡捕闻声赶来搜去革命党人名册、起义文告、旗帜、印信等物，并转交湖广总督署。湖广总督瑞澂立即下令，搜捕革命党人，并于10月10日凌晨，将彭、刘、杨三烈士杀害。革命党人决议当晚起事。党人李次生赶紧取出为孙武裹伤的两面九角旗密缠腰际，立即赶赴武昌。

武昌起义的战斗打响后，首义指挥部参议长蔡济民率军担任主攻督署任务。正在这时，李次生腰缠旗帜和文告赶到，蔡济民立即让李次生举着红旗走在队伍最前面。可是，督署久攻不下，蔡济民情急生智：带头脱下棉衣浇上煤油，并动员衣铺与煤油店，毁产支持民军火攻，顷刻间火光冲天。革命军炮队看到火光目标后，猛烈炮击，督署中弹起火，瑞澂吓得魂不附体，凿墙而逃。

督署土崩瓦解后，蔡济民令李次生举着旗子跑步到武昌最高峰蛇山顶。因山上石头坚硬难以插上旗杆，他转头朝着阅马场迅奔，爬上湖北省谘议局大楼上，扯下清廷的黄龙旗，将义旗插上楼顶。这就是倾覆中国封建专制王朝的第一面革命大旗，也是中国乃至亚洲走向共和的第一面旗帜。

武昌光复后，由于前三天黎元洪尚未就任大都督之职，为填补权力真空，起义军领导人成立了由蔡济民主持的过渡组织——谋略处。谋略处是首义后具有决策、指挥与执行功能、处理紧急事务的领导机构，军事、政务等许多问题均由谋略处总揽。即代行都督职权，故人称蔡济民为“大总管”。而“九角十八星旗”就是以蔡济民主持谋略处会议，正式确定为革命军军旗，并布告中外的。

1912年4月，孙中山应黎元洪之邀访问武汉时，会场上悬挂着这面九角旗与五色共和旗。5月14日经北京中华民国参议院复议，北京政府于6月8日明令将九角旗中间加缀一星，改为九角十九星，正式定为中华民国陆军军旗。

四

袁世凯帝制自为后毙命，黎元洪继任大总统，蔡济民应邀到京担任政府顾问。行前，他委托堂兄蔡正启将两面九角旗送回老家——今武汉市黄陂区蔡官田村珍藏。并嘱咐族人，在每年元宵节或首义纪念日舞龙灯时，举行祭旗仪式。

1917 年护法军兴，蔡济民就任鄂西靖国军总司令，他又让本家的蔡极忱与蔡良村带一面九角十八星旗到利川护法。

原来在鄂西靖国军成立之前，利川驻有一支川军，首领是方化南。川军明里高唱护法，暗里只为争地盘。因慑于蔡济民的威名，表面上唐克明和方化南不敢妄为，暗里却收买了川鄂交界处的土匪头子田泽云，设下了借刀杀人的毒计。

1919 年 1 月 26 日川军部署全城戒严。方化南指使代理参谋长吴清熙，由新收编土匪军田泽云向利川县城蔡部进攻。为了避免护国军之间相互残杀，蔡济民集合部队在九角十八星旗下宣誓：“宁死不开同室操戈之渐。”

岂料，田泽云的手下将蔡搜出后，将其捆绑送往方化南司令部，将其阴谋杀害。蔡官田同去的 10 人，除蔡丙田一人回家报丧外，9 人一同遇难。蔡济民胞弟化民得知噩耗后，与堂弟润民一道前往利川，为亡兄收尸入殓，灵柩上覆盖着那面九角旗，当地民众送来一只大公鸡守灵。灵柩运回武汉后，暂厝汉阳归元寺。

孙中山得知蔡济民被害后，曾派朱和中解决鄂西纠纷，朱向孙报告实情后，孙中山批示：“以着该地同志讨唐、方，以报蔡济民之仇，望协力成之。”不久，方化南在强大的舆论压力下畏罪自杀。

1922 年，黎元洪复任大总统，下令追授蔡济民为陆军上将。1927 年，湖北省政府决议将蔡济民公葬于卓刀泉左侧伏虎山，鄂西护法时曾任蔡的参谋的国学大师章太炎，亲自撰写墓志铭，文中称“军中能者以黄陂蔡君为枭，虏帅辟易，江汉以清”“后汉二十八将俦”。

五

作为陆军军旗，九角十九星旗直至1928年12月29日张学良东北易帜之后，才不再使用。但首义元勋蔡济民的老家、黄陂蔡官田村没有忘记烈士嘱托，旗帜由蔡济民的三伯父蔡崇久保管。只是随着天长日久，有一旗面破损，旗徽尚好，但颜色渐退，蔡官田人于1927年换上新旗面嵌上旧旗徽。

蔡崇久临终前，特地将蔡济民的胞姐蔡清兰叫到床头，嘱咐她将旗帜妥为保存。1958年，土改时划为官僚地主成分的蔡清兰，唯恐受到冲击，就将此旗交给贫农出身的族侄蔡大平珍藏。蔡大平为了防虫蛀，将旗帜多次浆洗，每逢三伏天，还要拿出来让太阳曝晒。由于当年有色布料大都是白色染成，悠悠数十年，那18颗黄色星因此褪为白色。

到了1975年，在汉口当工人的蔡官田族人蔡正春到东湖钓鱼，路过新建成的湖北省博物馆，在参观之余，特向博物馆工作人员谈到蔡官田的九角十八星旗。说者无意，听者有心。工作人员仔细打听其来龙去脉后，与馆长五上黄陂，最终以一匹布作为补偿，正式将两面九角十八星旗收入湖北省博物馆珍藏。同时，博物馆还特地按同样规格，为该村复制了两面九角十八星旗。

百年来，该村每年元宵节，便舞动着猎猎的铁血旗，举行庄严的祭旗仪式，随后"辛亥龙"龙腾虎跃，万众欢腾……这一沿袭百年的民俗，当地政府将其列为非物质文化遗产名录，并积极将蔡官田村申报"辛亥革命历史文化名村"。

无独有偶，台北的辛亥首义同志会，也于1987年正式将九角十八星旗作为会旗，并每年10月10日均要举行祭旗仪式。旅台的李志新则继承父亲李次生的遗志，将九角十八星旗制作成各式各样的纪念品在岛内巡展，在海峡两岸宣讲九角十八星旗的故事。

如今，这百年义旗的故事，已经收入《辛亥丰碑·首义精魂》《辛亥首义百人传》等书，以承传辛亥首义旗帜文化。

（摘自裴高才《祭旗》，《长江文艺》2011年10月专号，并获奖）

吴醒汉："首义金刚"志如钢

为撰写《辛亥首义百人传》，笔者寻访原始档案，首次在广西发现武昌起义军司令部主要成员吴醒汉百年前的几帧照片，以及照片背后鲜为人知的故事。

首义时的吴醒汉

"卖油郎"厕身军营

吴醒汉原名基培，字厚斋，1883年生于湖北黄陂。因自幼丧父，当"卖油郎"为母亲分忧。1905年，吴考入湖北陆军特别小学堂，因操课优良，不久又选入将校讲习所参谋班，肄业后提升为第三十标第一营排长。曾参加了在彰德、太湖举行的两次全国军事演习。此间，他与向海潜开始组织革命团体赤壁社。

次年，吴正式更名"醒汉"加入同盟会，复组织将校研究团，在优秀士兵中开展革命启蒙工作。接着，他会同将校团同志集体转入共进会。还与蔡济民、刘复基等一道力促共进会、文学社两大革命团体联合。两团体联合后，他被举为起义司令部领导成员之一，并在武昌分水岭七号建立党人交通联络机关。

"变形金刚"斗顽敌

武昌起义爆发时，起义指挥部的21名领导成员中，只有蔡济民与吴醒汉直接参加了当夜的战斗。

那是10月10日晚上8时许，吴醒汉忽然听到工程营内枪声大作，他一个健步跨出营房，立即吹响预先准备的警笛，大呼站队。正在这时，清军一营管带（营长）部翔宸却拿着手枪厉声喝道："第一营的弟兄们听好啦，一不许站队，二不许外出，谁要是胆敢违反命令，将军法从事！"形势霎时紧张起来。

吴醒汉立即带领召集起来的汉人队伍，迅速靠近部翔宸，说："报告长官，难道你没听到枪声吗？我们不能不整顿队伍，配上子弹，以防不测！"

"吴醒汉，我问你，是不是革命党？"部大声吼道。

"我首先是个军人，军人首先是要自保，要是别人向我们进攻，我们没有准备被打垮了，你负得起这个责任吗？"部一时语塞，便低头不再言语了。

吴于是率领革命士兵，冲入军械库，并派四个人把守大门，将库里所有子弹发给汉人士兵。

在吴醒汉的鼓动下，三个营的革命士兵会合，向营房门口冲去。哪知，营房大门口发现了一队全副武装的旗兵，阻挡了革命军出路。

吴醒汉当机立断："大路朝天，各走一边，没时间和他们纠缠。我们走！"

吴率部迅速向后转，到了营房的侧面，下令推倒围墙，朝着楚望台直奔。巧合的是，吴部在途中再次遇上了对头部翔宸。

原来听到起义枪响后，部氏率顽敌出击蛇山炮兵阵地，途中正好与吴醒汉部狭路相逢。因正值夜晚，且吴醒汉等是推倒围墙出营，部并不知道，而此时部部人多不可力敌。于是，吴密传口令，要求随员脱下左臂白毛巾，谎称是增援之清军，部居然把吴部编入队伍。

吴醒汉等休息足够，趁部不备，突然发难，打得部部措手不及，溃不成军。难怪黄兴亲笔书赠吴醒汉一联："能争汉上为先著；此复神州第一功。"

少顷，吴醒汉带领的150人，与率先到达楚望台的熊秉坤、吴兆麟、蔡济民和胡效骞等会师。

大家在推举吴兆麟为总指挥后，当即下令三路并进主攻督署。吴醒汉率三十标起义士兵参与主攻重任。在浴血奋战中，吴醒汉头部受重伤仍不下火线，直至攻克督署。

"集贤馆"变通纳士

首义成功后，革命党人将黎元洪推到前台，以号召天下。当黎来到谘议局时，吴醒汉曾以同乡之情劝告黎督鄂。

在筹组军政府之初，蔡济民、吴醒汉等16人组成的谋略处（一说参谋部），成为填补权力真空，支撑新生政权的中流砥柱，故时人称他与蔡济民、徐达民、王文锦为首义"四大金刚"。

10 月 12 日，为广罗人才，军政府成立"招纳处"机构，复更名"集贤馆"，其主要任务是：招集文武贤才，襄助军政，共图建立共和民国大业。由吴醒汉牵头，他与高振霄、蒋秉忠三人专司其职。吴负责接待军界人才，高负责政界、学界人士。次日，招纳处在报纸与街头巷尾广而告之：勿论文武员弁，有一技之长，即送府委用。

由于吴醒汉主持制定了十分宽松的选才方略，报名只需递交"说帖"，即自我推荐表。审阅后即呈送都督核实，因才得职。仅10 月 15 日这天就有 400 余人报名应聘。次日选拔的懂法语、德语三人，马上委派到汉口租界办外交。25 日招聘人员金鸿钧，受命创办将校决死团开赴前线，建功立业。11 月中旬，又招聘了 400余人。

在接下来的 50 天左右，海内外 1 万余名各类人才荟萃武昌。其中著名的劝清军海军司令反正的"黎元洪致萨镇冰信"，以及颇具感召力的"誓师文"等，均出自应招人员孙发绪之手。

继而，吴醒汉历任军政府军务司代理司长、军备司司长、战时司令部作战主任参谋、都督府参谋长兼护军司令。率军参加了汉口刘家庙之役与汉阳保卫战。民国成立后，授陆军中将，勋四位。1912 年 8月 25 日，同盟会改组为国民党，吴醒汉选为党部评议。

"吴七指"护法北伐

南北统一后，袁世凯电调吴醒汉入京就职，吴坚辞不往。面对党人被排挤出湖北军政府，党人曾策划吴所统之兵，与附逆黎元洪的蔡汉卿部下冲突，牵扯蔡部力量，并可乘混乱之机倒黎，铲除顽固派。因内部意见不一，造成"改进团"走漏风声。黎侦悉后，迅速与袁世凯联手弹压。幸亏吴未暴露，才逃过一劫。

宋教仁被刺及袁氏善后大借款后，吴醒汉对北洋政府彻底失望，愤然辞去湖北军政府本兼各职。

“二次革命”失败后，他与蔡济民遭到通缉不得不亡命日本，加入中华革命党。

1915年底，袁世凯帝制自为，吴醒汉奉孙中山之命，同蔡济民等毅然返国，潜赴武汉起兵讨袁。义军以蔡任总司令，吴为参谋长，于次年1月在武昌南湖发动了炮兵起义。失败后，他们再度流亡。

黎元洪首任大总统时，吴醒汉奉命入京就任总统府顾问。1917年张勋复辟，吴即赶赴广州参加孙中山领导的护法运动，任广州总统府参军。是年冬，以蔡济民为总司令、他为参谋长，奉命回鄂运动荆州、襄阳独立。后退据恩施、鹤峰一带。靖国军成立后，吴历任靖国军第一军第三师师长，第一军副司令、总司令，右翼指挥官等职。三年间，他按照1919年12月孙中山之“不能奋斗，即不能生存；奋斗无目的，亦不能成（功）”的指示，与北军王占元苦战，支撑危局。蔡济民殉职后，他多方奔走，力举严惩凶手，为烈士昭雪。

1920年夏秋之间，四川爆发了川、滇、黔军阀间大规模的内战。吴醒汉退兵鄂西，与敌军鏖战月余。在一次战斗中陷入重围，身受重伤六处，右手削去大半。是卫兵从死人堆里找到背回，在家昏迷了半月才苏醒。因右手被砍掉三指，仅剩拇指与食指，人称“吴七指”。他乐于此称呼，并在其书画上干脆落款为“七指”。11月28日，孙中山在广州重组护法军政府，兴师北伐，任命蓝天蔚为鄂西联军总司令，吴先后为总统府参议、鄂军总司令。后因陈炯明亲信叛变而中止。

1922年后，吴醒汉历任国民党中央军事委员会委员，黎大总统将军府将军，建国军总司令兼湖北宣抚使。

1926年，北伐军抵鄂，他应鄂西将领之邀，前往解决鄂西北兵问题。“四一二”事变后，先后任南京政府参事，整理湖北党务委员。1928年任视察西康专员。次年任国民党党史编纂委员会编纂，参与编纂了《总理年谱长编初稿》。

为撰写首义回忆录，他曾与蔡济民合撰《都督府组织与北伐军改编》，后因其右手失去三指，就由他口述、王嗣昌记录，写成《武昌起义三日记》。当同盟会会员曹亚伯著述《武昌革命真史》，于1929年由中华书局出版后，吴认为与事实有出入，对首义团体和人物叙介有失公允。同时，戴季陶、叶楚伧、邵元冲、陈果夫、陈立夫、褚辅成等，均认为曹著抹杀了同盟会、文学社与共进会的作用，而归功于日知会，且有褒黄兴、贬孙中山之嫌。于是，由戴领衔，吴与上述人员联名呈书国民党中央党部，要求对此书禁售毁版。国民党中央党部接到联名状后，迅速派10名检查员封锁中华书局大楼现场，宣传部部长叶楚伧则带领助手洪兰友坐镇指挥，将楼内所有曹书拦腰截断，而后装车运走集中焚毁。

浩歌长存白云间

九一八事变后，目睹山河破碎，吴醒汉忧郁成疾，返黄陂养疴，于1938年8月18日在老家病逝，享年55岁。其幼子吴裕民（又名云起）赋悼诗云："只慕豪杰不慕仙，几多英魂逝水前。拔剑且为忠烈舞，浩歌长存白云间。"

在吴醒汉130周年诞辰之际，黄陂区政府斥资重修吴公墓，笔者撰写了祭文，勒其碑。文曰：

吴公醒汉，黄陂厚斋；癸未生人，百三十载；辛亥革命，紫气东来；

首义金刚，中华开泰；长集贤馆，广纳人材；入谋略处，改朝换代；

阳夏之役，军备干才；拱卫武昌，护军将帅；二次革命，讨袁兵败；

护法先锋，死去活来；反对贿选，大义情怀；北伐司令，受命不怠；

编纂史料，追忆辛亥；起义三日，青史永载；国土沦丧，极度悲哀；

魂归故土，呜呼哀哉！重修荫宅，思远追怀；中外公祭，继往开来。

（根据《辛亥首义百人传·吴醒汉》整理，
中国社会科学出版社 2011 年版）

邱鸿钧：孙中山的警卫团长

邱鸿钧先后参加了太湖秋操起义、阳夏之战与南京保卫战；在护法、北伐期间，屡立战功，历任东征军旅长、广州大元帅府参军、孙中山警卫团团长、潮梅军第三路司令等职。孙中山曾亲题“金石同坚”嘉勉。

邱鸿钧

一

邱鸿钧字伯衡，1878 年出生于今黄陂李集武显庙之邱家岗。15 岁那年，一场疾病失怙，孤儿寡母，生活艰难。为了寻求生活出路，1905 年他前往省垣武昌，进入湖北新军当兵，并考入湖北陆军特别小学堂。在此结识了蔡济民、吴醒汉等革命党中坚，接受革命洗礼。他还与李世奎等组织木兰宫革命组织。次年6月，由季雨霖介绍加入日知会。先后任正目、司务长。日知会被当局查封后，邱秘密逃往南京，先考入南京炮队第九标见习，后转入江南陆军讲武堂野战炮兵科学习。毕业后任江苏第九标一营大队一排排长，并由柏文蔚介绍加入林述庆领导的同盟会扬子江支部，任军事团干部。

武昌首义一举成功后，邱鸿钧主动请缨驰援。获准后于首义后第七天回到武昌，在军政府任参议。汉阳军政分府成立后，邱被任命为军事科长，陈果夫为科员。黄兴抵汉就任战时总司令后，得知邱是炮兵专才，便任命他为炮兵指挥官，钱振亚为参谋，由程潜等率领在龟山、汉阳兵工厂一带，指挥炮兵英勇抗击清军。

二

南北停战后，邱鸿钧与陈果夫同赴上海任陈其美幕僚，不久邱执掌沪军独立炮兵营。“二次革命”爆发，黄兴在徐州之战失利，并遭到通缉。邱正在忧虑之时，党人何海鸣、韩恢等人来到南京，立即着手联络革命党人。邱即与王英、钟鼎等代表，参与策划了8月7日晚在军中起义。直到8月11日成功起义，赶走了陈之骥。于是，何海鸣又宣布南京独立，并任命邱鸿钧为临时参谋长，钱通为卫戍司令，重举讨袁大旗。

可是，冯国璋、张勋对南京义军大举进攻。邱鸿钧在南京天保城、富贵山用大炮猛击北洋军，与张勋部在紫金山、雨花台展开了争夺战。面对顽敌充足的军火和军饷，他指挥若定，敢打敢拼，使天堡城五易其手。

直到9月初北洋军占领南京城，邱鸿钧等三五成群的讨袁军残部，仍在城内与北洋军进行巷战。后因遭通缉，邱遂潜赴日本。

三

1914年，在东京加入中华革命党时，入党誓词要求每个党员必须对党、对领袖忠心不二，还要在誓词上“打手模”（即盖手印）。对孙中山的这个规定，黄兴坚决反对，说这是集权主义。孙中山激动地说：“我为什么要这样？你们知道吗？以前加入国民党只要说拥护主义，不管什么人都可以加入。结果怎么样，二次革命，十个国民党的都督就有八个不听调动，一盘散沙！”说完，孙大声问：“谁愿意打手模？”“我愿意！”一位同志立即应声按了手印。邱鸿钧等亦一一趋前按了手印。

黄兴见状，拂袖而去。走到门口，有人对他说：“善化兄，我们拥护你另组新党当领袖。”黄兴愤然作色道：“你们听着：党只有一个，就是中华革命党。领袖只有一个，就是孙中山！”

四

1922年，邱奉命率部北伐，此时因陈炯明的亲信在广州叛变，遂立即回师，血战三昼夜，重创强敌。在东征战役中，邱率警卫连冲锋陷阵，一举攻入福州督军李厚基之装备重地洪山桥兵工厂，全歼守敌，缴获机关枪200余挺，步枪6000余支，大炮36门。他因此晋升为第三旅旅长。可是，在回师广东后，军长黄大伟竟另立山头，自封为国民军总司令。邱鸿钧将这一悖逆行径，立即上报总司令许崇智。

黄大伟本是邱的顶头上司与黄陂同乡，个人关系不错。黄早年赴比利时留学时参加同盟会，后任黎元洪大总统侍从武官。护法军兴，孙中山任命黄为粤军第一路司令。随着屡立战功，权欲膨胀，导致众叛亲离。许崇智与国民党大佬纷纷向孙中山弹劾黄。为稳定军心，孙中山电令黄速回上海。黄接令后，还思恋战，当即召集会议，哪知，三个旅长和炮兵团长均附和孙中山电令。黄只好狼狈地去了上海，继而，投靠了陈炯明。有一天，黄差人送信给邱，许以“官升师级，赏银数万”。邱看信后，当即把枪往桌上一拍，向来人吼道：“邪完了！你去告诉他，我的枪不认叛逆！快滚！”吓得来人转身就跑。接着，邱与参谋长立即起草电文，向孙中山表明心迹，电文原稿经周哲过目后上报。

五

由于邱鸿钧南征北战十数年，积劳成疾，严重咯血。孙中山特发给邱医药费一万元，安排其入院治疗。邱病痊愈后，孙中山于1923年8月17日发布大元帅令，任命邱为广州大本营参军兼孙中山警卫团团长。

那时的广州形势复杂，暗流涌动，孙中山踏出大元帅府一步，都可能遭遇危险。为此，邱想了个“障眼法”：孙出行时，动用了清一色的黑色轿车近20辆，邱率领所有卫士均化装成孙中山，戴上一样的帽子，留一样的胡子，披一样的黑斗篷。果然，车队上街，敌人根本不知哪辆车是孙的专车，无从下手。由此，保证了孙中山出行的安全。

邱的智慧与忠心，让孙中山感佩，特手书“金石同坚”嘉勉。邱视若珍宝，妥为保存。只可惜，在“文化大革命”中被毁。

六

1924年，孙中山任命邱鸿钧为潮梅军第三路司令，并指示其“赶快去做”策动洪兆麟部反正。临行前，孙对邱部训示：“我们有力量了，到北方说话才生效，空谈是无用的。”邱不负众望，成功收编了洪部十二营。

因收编的官兵良莠不齐，有的甚至密谋叛乱。在邱的人格感召下，反正人员刘孟纯一举平息了叛乱。邱为刘的义举所动，先后擢刘为秘书与总务科文书股长。后经邱举荐，刘又成为张治中的得力助手。

辛亥革命元老冯亚佛得知老友邱鸿钧率部参加北伐，特吟诗一律《赠邱伯衡旅长》寄语："今日一杯黄菊酒，明朝重看岭头梅"。果然，北伐军一路势如破竹，于这年"双十节"光复武昌。1927 年 6 月以后三年间，邱鸿钧历任南京市公安局长、湖北先遣军司令、军政部军需署营造司司长、汉口特别市公安局长与湖北省水上公安局长。

九一八事变后，邱忧心忡忡。1932 年 6 月 25 日他回调南京出任中央军事参议院参议期间，充分利用自己的影响力，于 1933 年 5 月自制"国耻墨盒"赠予爱国将士，激励将士抗战斗志。其中他赠给汉中警备司令赵寿山将军的一方"国耻纪念"墨盒，其嫡孙赵武原一直保存至今。上下题款仍十分清晰："寿山志弟惠存，兄邱鸿钧自故都制赠，癸酉孟夏。"

七

1937 年的一个星期一上午，邱鸿钧带着 6 岁的长子邱耀先，前往特派员公署参加祭拜孙中山仪式。公署长方形的大厅中挂着孙中山的画像和对联："革命尚未成功，同志仍需努力。"邱进办公室不久，响起铃声，办公人员都出来面对孙中山遗像排成两行，邱站在最前面。大家三鞠躬后，又开始念孙中山遗嘱。

礼毕，邱回到办公室，长子问："为什么要向中山先生画像行礼?"邱说："中山先生是伟人，我们敬仰他。每个周一早上，都要举行纪念活动。"

翌年，长子在重庆读书，国文课本上有一课讲的就是孙中山。当同学们朗读到"名叫孙中山"时，邱耀先猛地站起来。老师问他："邱耀先，为什么站起来?"他认真地回答："中山先生是伟人，我们要尊敬他!"老师点头微笑。

八

1946年6月15日，辛亥首义同志会在武汉正式成立，时为中将的邱鸿钧被推为理事。作为大会主席团成员，邱与10万市民在武昌阅马场参加了双十国庆庆典。其撰文还收入当时的《辛亥首义史迹》专刊。

这年12月21日，适逢邱七十寿辰，辛亥首义同志会特地为其操办了一场隆重的寿庆。来宾均在一本印有“首义元勋”字样的签名册签名，首页是首义同志会的毛笔行书贺词：“先生为革命先进，军界名宿，辛亥以还，靡役不从，而秉性豪侠尤为社会所推崇。八年抗战，政府西迁，先生受命中枢参赞并办理救济事宜，长途跋涉，迹遍后方。姜桂之性，宜与山河并寿；松柏之节，有若金石同坚……”

当第一个开签人写上“居正”后，有300多位辛亥志士依次签名钤印。继而，展示签名长卷、贺词，顿时掌声齐鸣，久久不息。

（摘自裴高才《孙中山手书“金石同坚”始末》，
《湖北文史》2012年第1期）

喻育之：最长寿的辛亥首义志士

喻育之早年加入共进会，继在测绘学堂发起剪辫运动之后，参加了攻打督署与阳夏保卫战诸役。尤其是他率敢死队员火攻三道桥，为夺取刘家庙大捷揭开了帷幕。后留学东瀛，回国后成为学运领袖，曾八次面见孙中山……

喻育之

一

喻育之学名喻义，字英才，1889 年 12 月 31 日出生于湖北黄陂六指店之喻家官塘。他幼年在家师从塾师、舅父阮静亭。1902 年到汉口，先后师从拔贡李端恒、举人尤嵩甫，考入北京江汉中学。进入测绘学堂后，正式加入了共进会。在首义前夕的一天晚上下自习课后，喻育之和李翊东、戴维夏等一起在同学中宣布剪辫子活动，百余名同学都剪掉了辫子。

1911 年 10 月 10 日傍晚，武昌首义爆发。喻育之一行学生军迅速赶到楚望台，打开军械库，每人领到了快枪与子弹。他们继参加了攻打总督府战斗之后，又担任中和门至通湘门的守卫任务。在汉口保卫战期间，喻育之所部于 10 月 18 日凌晨，在民军炮火支援下，沿租界后铁路向刘家庙发起进攻。次日，喻育之一马当先，率敢死队员使用火攻，烧得清军向三道桥退却。革命军一举占领了刘家庙，夺取了民军首次大捷。

二

军政府成立后，喻育之继续到湖北法律专科学校学习。后因参加反袁护国运动遭到通缉，他被迫东渡日本留学。留日时，他被推选为留日湖北同学会评议长与会长。因与同学们一起反对日本的侵略行径，他与百余名中国学生被捕。释放后不久，他会同中国数千名留日学生毅然回国。抵沪后，他们组织了“中国留日学生救国团”。王兆荣为团长，喻任副团长。同时创办了《救国日报》，喻常以“阮恒清”为笔名，在报纸上发表抗日檄文。法国巡捕房抓走总编辑温立，并扬言要罚款封报。喻育之立即向孙中山汇报了情况。孙中山当即拿出 300 块钱给他去交罚款，并将温保释。

有一天，喻育之率 3000 名学生准备作反日演说，突然受到军警的监视与阻挠。他猛然想到军警多数是北方人，说：“北方的同胞们！国破家亡之际，你们理应支持我们的正义行动！”军警们听后，未过分阻挠。英国《泰晤士报》又载：“中国喻育之反对英国联盟的行动，引起英政府的重视，经提交国会讨论，否决三次联盟。”

五四运动爆发后，作为全国学生联合会理事长，喻育之偕上海学界、工商界代表去拜见孙中山。孙接见时，勉励大家“言必信，行必果”。随后喻育之会同各团体开展声势浩大的游行示威，外国巡捕房将喻列为搜捕的“危险分子”。他被迫再渡日本，遍历日本各地，游说、团结反日分子，直到次年返国。

三

1921年5月5日，孙中山复任非常大总统，并在韶关成立大本营，喻育之历任前敌总指挥部军法处长，福建兴化、永安、泉州自治区财政处长。由于他铁面无私，人称“黑面孔”。

1922年9月23日，著名工人运动领袖施洋，因逃避军阀的追捕来到上海找到喻育之。喻引他去拜见孙中山，孙连连称赞这位青年律师“人才难得”。喻提议介绍施洋加入国民党，孙欣然同意。像这样由孙中山当场拍板加入国民党的共产党员，是绝无仅有的。施洋牺牲后，喻与长兄公开将施洋入殓安葬于洪山，后来又为竹山县施洋烈士墓碑书写碑文志哀。

孙中山实行第一次国共合作时，喻育之出任上海国民党执行部干事。1924年5月，喻在上海与国共要人毛泽东、叶楚伧、张继等的合影照片，就是历史见证。接着，孙中山任命潘正道为鄂西靖国军总司令时，专门指派喻育之为潘正道驻沪联络员。喻会同老友董必武，一道协助潘正道工作。时“四川王”刘湘加委潘正道为师长，喻育之和董觉生担任宣传工作。

北伐军光复武昌后，国民政府也迁到武汉。经国共合作的湖北省政府研究决定，分别成立党务人员讲习所、党义研究所和文官养成所，为各级党政组织培养急需人才。喻育之任事务主任兼教员，他与董必武两家后门相通，感情甚笃。

1927年底，白色恐怖盛行。因军阀陶钧下令抓捕喻育之，喻被迫逃至上海。1929年4月2日与6月1日，喻育之分别在北京和南京参加了孙中山葬礼和遗体安葬的奉安大典。

四

1931年，喻育之接任湖北省财政厅厅长不久，湖北遭受特大水灾。徐源泉、夏斗寅等会同省政府主席何成浚策划，拟由湖北省银行发行50万元的钞票。喻育之表示坚决反对！但何成浚还是要发行新钞票，喻愤而辞职。

1932—1939年，喻育之历任湖北省党部委员、湖北省政府委员、国民参政会议参政员等职。1937年10月的一天，董必武来找喻育之，声言中共湖北省委已通知下属各级组织，与国民党组织之间，精诚团结，避免摩擦。希望喻育之通过国民党湖北省党部也采取相应措施。喻育之当即答应以私人名义，分函各县党部书记长，阐明国共合作抗战的精神，一致抗日。

参政员喻育之出任川东经济建设策进会副主任期间，常驻万县。同时被推为湖北旅川同乡会会长。当时，湖北逃往万县的难民多达20多万，他为安置难民而废寝忘食，各方奔走。在一届五次参政会会场，他坐在中共代表周恩来和国民党代表张治中后面，见证了二人“和谈”的一幕。

五

1946年底，喻育之充任国大代表，出席了国民代表（制宪）大会。次年，国民党搞立法委员选举，他参加竞选。不料，何成浚、方觉慧等人暗中包办，选出孔庚为立委。当选举事务所给喻送来一张候补立法委员的当选证时，他立即气愤地找到何成浚断然拒绝！同时，还写了拒绝声明，由上海《大公报》刊登。

随着解放战争的快速发展，要求和平已在武汉形成巨大的力量。喻育之谢绝了菲律宾的好友戴愧生的邀请，毅然留下来参加武汉和平运动。1948年夏到1949年春，反内战、争和平的地下潜流，很快形成翻腾的热浪。各界爱国人士在武昌成立了“十人座谈会”组织，这个组织的目的是积极发展和平运动，准备迎接解放。

1949年1月16日，在湖北省参议会成立“湖北省和平促进会”，参加人数百余人，通过了《宣言》和《章程》，选举了喻育之、李书诚、张难先等人为常务干事。同时，喻还秘密参与组织了一个迎接解放军进城的“武汉市民临时救济委员会”。这年5月16日上午，喻育之接待了人民解放军特派员刘泽民。刘交给了救济会一份由解放中原军区政治部于汉口本部签发的“安民”令。喻育之即送各报社发表，并赶写标语在全市张贴。顿时，全市市民沉浸在欢乐之中。

六

中华人民共和国成立后，喻育之任中南军政委员会委员。1952年6月，他赴海南岛工作。他因地制宜，组织成立了乐东黎族苗族自治县，以及白沙、保亭、琼中、东方四个自治县人民政府。他还收集了很多当地的民歌民谣。1953年返回武汉后，他在武汉开办了少数民族宗教信仰文物展览馆，馆内分设民族解放、大瑶搜山剿匪、壮族土改后新气象等馆，他任三馆的馆长，终日忙于事务性的工作，写讲解稿，拍照片。

1957年，他被错划为“右派”。平反后任武汉市参事室参事。此时，他虽已九十高龄，仍然笔耕不辍，先后撰写了《记陆军测绘学堂》《忆在武昌第一次见到孙中山先生》《从和平运动到和平解放》《百岁自述》等，十几万字的文章在各类史料书刊、杂志上发表，为历史存真。

为修复木兰山，他泼墨挥毫：“名胜古迹今铖在，辉煌成果属将军。”武昌黄鹤楼重建，他欣然题匾：“楚天极目。”而且他又将自己珍藏的于右任、居正、李西屏等吊屏，捐献给湖北省辛亥革命纪念馆。

1993年3月14日，105岁的喻育之驾鹤西归，成为参与武昌首义的最后一位老人。为纪念原前川中学的杰出校董，黄陂实验中学将教学实验楼命名为“育之楼”。

（根据《辛亥首义百人传·喻育之》整理）

李威：从首义学生军到北伐中将

李威

李威早年求学于武昌陆军第三中学堂，武昌首义时以学生军参加总预备队与敢死队，保卫湖北官钱局、藩库、造币局、电报局等，并参加在武汉三镇巡回演讲的讲演队，以及阳夏之战敢死队。民初被保送考入保定军校，毕业后在北伐中屡立战功，晋升为陆军中将。抗战军兴，重披战袍，不幸殉国。

接受启蒙，参加首义

李威于光绪十七年（1891年）生在黄陂县王家河李家大塆一个普通农户人家，从小聪明好学，发蒙于本塆祠堂私塾，后到黄陂县城望鲁书院就学，打下了扎实的国学根基。经汉阳府黄陂贤达保举推荐，16 岁的他只身到省城，考入湖北省立文普通中学堂。李威进校后开阔视野，新旧学并举。当时，该校课程设置按《钦定学堂章程》规定，设有12门，分中西两部分。中学为修身、国文、经学、历史、地理。西学有数学、外文（英、日）、理化、博物，另有图画和体操。他以众多的知名校友，如黄侃、董必武、石瑛、宋教仁等为榜样，在知识海洋遨游的同时，也在思想上追求进步。

经过新学堂新知识的熏陶，李威觉得要改变现状，必须奋发有为，于是，他考入武昌陆军第三中学堂。该校专为保定军校输送人才，校内曾有摅怀诗社、竞存社和黄汉光复党等革命小团体活动。李威毅然加入革命党，后转入共进会和文学社。辛亥起义时，李威会同党人代表席正铭、雷洪、邓汉祥，领导全校600余人在南湖本校加入起义行列。他们当天到楚望台军械所领取枪支和弹药，由兵操教官孙国际、刘国祥等率领至谘议局请军政府派遣任务，后被分到总预备队，到湖北官钱局、藩库、造币局、电报局等处负责保卫工作，以后支援前线工作。学生军还组织众多讲演队（每队3—4人），在武昌城内外（以后推广到汉口、汉阳）陈述清朝罪状，动员民众快觉悟起来，推倒清政府，起了安定人心、维持秩序、鼓舞人心与军队士气的巨大作用。军政府成立第二天，正式成立“湖北学生军”建制，新成立一个标（团），1300人，基本上是全市中小学生。陆中学生为主要骨干，李威任学生军教官。其后稽查奸细，捉拿汉奸，守卫各机关要地，维持地方秩序，都卓有成效。“街市之上，几于道不拾遗”，首义大都督黎元洪对学生军批示：“内守外攻，均关重要。”为了捍卫武昌城，李威和学生军参加敢死队，投入阳夏之战，个个勇敢杀敌，无一逃兵。

北伐劲旅，连升三级

民国肇建，湖北都督府安排湖北学生军战士进入各类学校深造，李威因此进了陆军第二预备学校。该校专门为保定军官学校培养人才，两年后，李威与这些经过辛亥革命洗礼的200余名学子，经推荐保送考入保定军校，成为步科第四期的入伍生。该校是我国近代史上首个正规军事大学。学校采用德国、日本教育法，课程分三大类：学科、本科和外文。校规极严，对学生进行世界上先进军事理论教育，军校共毕业9期，培养人才9000多人，其中将军共1800余人，可同美国西点军校比肩。李威与张治中、白崇禧、李国盛、叶挺、邓演达、傅作义、陈诚、唐生智等校友，后来成为战时风云人物。

李威毕业后，进入国民革命军第七军（桂系）所部服役，身经百战。北伐初，他出任第二路军第七旅某团团长，英雄奋战，一路大捷，由桂林打到衡阳、长沙直至湖北，攻下汀泗桥、贺胜桥后，直逼武昌。他所在的第七军会同第一军、第四军，经过浴血奋战，终于拿下了武昌城。此后，北伐军一路西行江西，攻下南昌，再分东、中、西三路军对北方军阀作战。1927年孙传芳号称五省联军，率十万之众，在南京附近龙潭镇，迎战北伐军。李威时任第十九军第二师师长，会同友军共9个师3万人马迎敌，敌我双方战况惨烈。他亲临指挥战斗七昼夜，该镇得而复失者三，方圆数十里炮火遮天，激战7日，俘虏敌军4万人，孙部几乎全军覆没。因战功卓绝，在国民党第二届四中全会上，李威被特令嘉奖，晋升为国民革命军陆军中将军衔，时年36岁。

英勇抗日，壮烈殉国

1929年蒋桂战争，桂系失败，李威解甲归田。期间，蒋介石曾召见他，许以鄂南专员之职，他仍不出山。他决心行实业救国之道，致力工商之业，先后开办了上海华德牛奶公司、汉口长江饭店、新华机器米厂、恒益服装厂、武昌新新制革厂等十余家公司。

岂料，日军铁蹄长驱直入，不久武汉沦陷，李威带全家回黄陂老家避难。可是，遭到维持会汉奸劫持，软禁于木兰川达两月之久。他们软硬兼施，企图拉李威下水，投靠日伪。李威不仅严词拒绝，反而对他们晓以大义，策反并将这批人马带到黄冈三里畈，交给李宗仁驻防的第五战区所部。李威重穿戎装，历任第五战区鄂东第二十一游击队司令、国府中将总参议、教育长、鄂东游击干部训练班中将主任等职，在敌后游击战场，与日伪周旋。黄冈抗日军队二万余人，包括中共张体学的第五大队，装备齐全，士气旺盛。1939 年上半年，驻汉口日酋池天龙，纠集 1000 余人，大炮 10 门，机枪 100 挺，妄图摧毁抗日武装。李威会同国共两党所部协同作战，两天战斗，歼日军 400 余人，活捉 6 人，缴步枪 60 余支、机枪 13 挺、军刀 30 余把、军马 5 匹及其他战利品。1941 年冬，日寇 300 余人再次来犯，李威率军设伏，歼敌 60 余人，缴步枪 60 余支、机枪 3 挺、小钢炮 1 门、子弹 5 箱。两次大捷，鼓舞人心，增强抗战到底的勇气和决心。哪知，日伪恼羞成怒，以种种卑劣手段对李威所部进行报复，李威在一次战斗中遭到突然袭击，以身殉国。第五战区在三里畈举行了隆重的追悼会，蒋介石、李宗仁、白崇禧、陈诚等都送了挽联、挽幛和挽仪，丧仪经七逾旬，谒灵者仍络绎不绝。事后，灵柩由 20 位民夫昼伏夜行兼程送往故里李家大塆，另有一排士兵沿途护送。因黄陂为沦陷区，有日伪势力，怕出意外，只好打上火把晚上赶路，经半月艰辛才到达老家，葬入李家大塆前山冈棉花地。

重修墓冢，追祭先贤

1958 年平整土地时，李威坟墓深埋地下。20 世纪 90 年代初，台胞李元丰先生出资修建“李家大塆列祖列宗陵园”作为该塆公墓。复由族人倡议修复李威将军坟冢。即由武汉六建李元祥高工设计，塔式 2. 1 米纪念墓碑，碑呈立柱四方尖塔形，麻色大理石原材。正面碑文“辛亥先驱，北伐宿将李威大人”字样，是年清明节前，全族隆重举行衣冠冢安放仪式，乡民摆出供桌，敬上供品，燃烛烧香，点燃黄表纸，放长鞭，敲锣打鼓，绕塆一周进入陵园墓地。主祭由县教研室主任李元胜主持，村主任和族长分别致辞，追祭这位从武昌首义到抵御外侮的爱国高级将军。

黄陂区长乐园中有一块辛亥革命纪念碑，上面镌刻着 2839 名辛亥志士的英名，也是2839位英灵之所。李威英名也居其中。那些鎏金的名字，闪闪发光，令人敬仰，发人深思。那是黄陂区政府、长乐陵园和辛亥裔同建的丰碑。全国侨联勒石立碑，定为“爱国主义教育基地”。全市人民永远不会忘记这些敢为人先的先行者，其精神是不朽的。

追怀李威的一生，少年，追随孙中山先生，勇往直前，碧血丹心举义旗；青年，打列强，除军阀，身经百战，建功立业；中年，为国酬，御日寇，用鲜血换来中国人民抗日战争的全面胜利！

每年清明节，一支烛光，一束鲜花，一斛汉汾，斟满夜光杯，虔诚地举过头，献给西去的乡贤。

（根据李威之子李遵厚所提供材料和有关资料整理）

学界精英

涂治：农科兴疆的开拓者

从黄陂走出的著名植物病理学家、新疆首位中科院院士涂治教授，扎根新疆、科技兴疆四十余年，把自己的一生献给了这片热土。

涂治

海归“走西口”

涂治，原名涂允治，字策三，1901 年 10 月 2 日出生于湖北黄陂涂家大湾。他刚满 5 岁，由私塾先生启蒙，7 岁进入黄陂望鲁学堂读书，毕业后一举考取了清华学校。1924 年 6 月，在获得清华大学生物系理学学士学位的同时，也考取了公费留学生，后远赴美国明尼苏达大学农学院和研究生院主攻植物病理学和作物育种学，获得博士学位。

1929 年夏，涂治学成回国受聘岭南大学农学院教授兼院长。1932 年，转任河南农学院教授兼院长。此间，涂治与中共地下党员乐天宇交往甚密。1935 年，他只身从武汉毅然来到离陕甘宁边区较近的大西北的农林专科学校，出任农艺学系主任兼教务主任。七七事变后，涂治积极组织农校师生参加抗日救亡运动。在他的鼓励下，杨捷、吴鉴群等学生相继参加了八路军。不少青年慕名来访，他都热情接待。有的青年去延安，他赠送棉衣，亲自送行。他的住处成为许多青年进入延安的中转站，导致学校当局免去了其教务长职务。

1938 年 1 月，西北农专与北平大学农学院合并，改名西北农学院。11 月，涂治突然接到新疆学院院长杜重远的聘书，聘他去筹建新疆大学农学院。乐天宇也支持他去新疆。他风雨兼程两个多月，于 1939 年 4 月到达乌鲁木齐赴任。

身残志弥坚

进疆后，涂治担任过新疆高级农业学校教务长，新疆学院农科主任并教务长。他为人忠厚，性情温和，生活俭朴，乐于助人。同时，他常随同学们一起到西公园植树，带领学生到机械修理厂实习。为了实习运用各种农业机具，他和大家行走一天，翻山越岭到谢沟农场种地。他的薪金除付伙食费和买书外，都接济了困难同学。有一位煤矿工人的儿子、回族学生尕文祥，因父母先后病故，面临辍学之困。经涂治资助与补课，使尕文祥一连三个学期学业名列第一。

与此同时，在与林基路、毛泽民、郭慎先等人的接触中，他一方面大量阅读马列主义书籍，另一方面每晚收录新华社的电讯广播，亲手编辑印发传单，揭露一小撮民族败类分裂祖国的阴谋。

1942 年，在德军进逼莫斯科的紧急关头，新疆军阀盛世才背信弃义，公开反苏反共。一时间，许多共产党员和进步人士惨遭迫害。涂治痛心疾首，他在新疆学院红楼小礼堂作时事报告，分析了当时的国际局势，指出德国法西斯必败！他因此于 1944 年 5 月 4 日被捕下狱。其“罪名”是涂治曾以英语“book”的译音作为自己的笔名，反动当局竟一口咬定说，笔名“波克”就是“布尔什维克”的缩写。特务严刑逼供，要他招供与陈潭秋、毛泽民等人的关系，但他始终沉默以对。敌人便不断变换花样施以酷刑，尽管鲜血染红了地面，但他仍然坚贞不屈。以至于在一次受刑中腿部受伤严重，从此落下残疾，行动不便。继而，警务处长引诱涂治说："只要你写个申请，加入国民党，立刻就释放你，并恢复你的工作。"他斩钉截铁地回答："我是教授，对党派不感兴趣。"

1945 年 3 月，经中共地下党营救，涂治与多位专家才被保释出狱。出狱后不久，面对当局企图加害于他的险境，地下党及时与苏联政府联系，特邀涂治赴塔什干参加中亚国立大学建校 25 年纪念大会，他才得以脱离虎口。

次年 5 月涂治回国，任新疆学院副院长，领导了地下进步组织。与"战斗社"负责人禹占林等，一起开展革命宣传活动。解放战争期间，他几乎每天夜间收录延安广播电台节目，次日清晨就把收录稿交给战斗社，在《战斗》周刊上登载，或印成传单散发到全疆各地。

农院育精英

1949 年下半年，王震挥师进疆。涂治利用自己的影响力，周旋于国民党和各民族上层人物之中，力促新疆和平解放。同时，沉着、机智地监视着英美领事馆的间谍活动。8 月，他秘密飞往伊宁，向中共中央联络员邓力群同志介绍了迪化的情况。他作为特邀代表，与赛福鼎·艾则孜等飞抵北平，出席全国政协第一次会议。经涂治、赛福鼎等爱国人士的共同努力，促成 9 月 25 日新疆和平解放。10 月，涂治荣获西北野战军颁发的"毛泽东奖章"和"人民功臣勋章"。年底，涂治被任命为新疆省人民委员会委员兼农林厅厅长，他常陪同王震到新疆各地视察，共谋屯垦戍边的大计，生产兵团的不少垦区就是他们共同确定的。徐经王震介绍加入了中国共产党。

为解决人才缺乏问题，他向王震建议在新疆创办一所高等农业学校。1952 年，党中央批准新疆军区筹建八一农学院（今新疆农业大学），涂治随王震到京、沪、宁等地，请来了王桂五、张景华、张学祖、朱懋顺、黄大文、王志培等16名专家、教授任教。4月7日，王震任命涂治为第一任院长，学校于8月1日按期开学。

随后，涂治经常带领师生深入部队与广大指战员一起，研究科学的耕作技术，并在玛纳斯河流域进行了闻名全国的大面积棉花生产。还帮助部队规划农田，设计和营造田林。王震每次到学校，都以“抗大”精神来教育激励全校师生，并且赞扬涂治的品德与才能，鼓励大家向涂治学习。

1953年5月，涂治在牧场试验地仔细观察了朱懋顺教授从华东引种的81种牧草的生长情况时，他将自己所写的文章和译作送去，朱教授深为感动，增强了在边疆从事牧草工作的信心。他还组织八一农学院、民航局、兵团司令部、农七师、农业厅、区农机厅、区农科所等单位，组织棉花航空化学综合作业试验研究委员会，协同攻关，摸索棉花作物机械化的经验。

1955年6月，涂治被授予中国科学院生物地理学部委员（院士）。次年，兼任新疆科普协会筹备委员会主任。从此他把筹建科协组织当作一项重要的任务来抓，以科普展览、学术讲座、技术服务为载体，走遍全疆13个地州，动员基层科技人员组建科协机构。

1958年，在“人有多大胆，地有多大产”的“大跃进”口号下，自治区农科所的有些人也跟风放“卫星”。他们播了几百斤麦种，扬言要创造亩产万斤的新纪录。对此，涂治组织农学院师生在“卫星田”旁边用正常措施种了8亩“生产田”。收割后核产时，“卫星田”连播种量的一半都没有收回，而“生产田”却高产小麦600斤/亩，令人心悦诚服。

1960年4月，涂治当选为新疆科协第一次代表大会主席。他依托群团自身潜力的优势，摸索开创科协发展途径。1963年，当他得知植病教研室正在研究原真菌时，他挤出时间参加研究会，强调“首先把白粉菌、锈菌、黑粉菌搞清楚”，为这一研究指明了途径。次年秋，他与细毛羊专家杨尔济等赴苏联考察，在吉尔吉斯斯坦考察当地的无籽西瓜时，在朋友的帮助下，竟意外获得了一粒瓜籽，他如获至宝似的精心保管。回国后进行科学培育，一举获得成功，从而使这个当时命名为“反修三号”的无籽西瓜在新疆得到大面积栽种。

涂治身兼全国人大代表、全国政协委员、中国科学院新疆分院副院长等20多个职务，但他仍亲自创办《新疆农业科学》杂志，并任主编。对每一篇稿件，他都认真修改，有的稿件还批转专家、教授再阅。同时，他还写了不少有价值的论文，翻译出版了英、俄、德、法等国的《植物阶段发育》《牧草田轮作制》等专著。

劳瘁荐轩辕

“文化大革命”中，涂治受到冲击，在周总理亲自关怀下，他才于1973年走出“牛棚”。重获自由后，他担任农学院主要领导。鉴于他身体不好，自治区党委曾通知农科院：老涂年事已高，可以半天工作半天休息。可是，他总是全天工作，甚至晚上和星期天也加班。

一些好心的朋友劝他说：“你精通英、俄、德、法四国语言，年岁又这么大了，不如到北京做点翻译工作，或者坐下来著书立说也行。”他却回答说：“我要为党再干十年。随后，再坐下来写点东西也不迟。”

与此同时，涂治还狠抓科协的恢复与科技人员的政策落实，充分发挥颇具学科特长专家的作用。王恒升是留学瑞士的地质学家，曾任西北地质局总工程师，因历史问题被判刑，经涂治游说王震请示周总理批准，撤销其刑罪。后来，乌鲁木齐六道湾煤矿，就是王恒升勘查决定开发的。王震曾颇有感受地说：释放王恒升做得对，受到周总理的表扬，这是涂治的功劳。

1975年春，新疆冬小麦出现大面积冻害。病重的他，以惊人的毅力行程千里，到新疆各地基层和兵团灾区进行调查研究，搜集第一手资料，提出了防止冻害的四项措施。并在《新疆农业科学》杂志上撰文，提出了“关于防止冻害，种好冬小麦的几点意见”，收到了显著成效。

这时，10个省、自治区农田防护林现场会在喀什召开，涂治抱病率植科所同人前往。会议结束后，同事要给他买返回乌鲁木齐的机票。他坚持要和大家一起坐汽车，同时沿途检查各试验站的工作。

第四届全国人大会后，农业部要新疆主持制定“探索适应我国大生产农牧结合和高度机械化水平的耕作制度”。涂治欣然担任这一研究任务的主持人，并配备了研究人员。

哪知，涂治的身体每况愈下，但他仍夜以继日地拼命工作。一次，正在开会的他突然小便失禁。没过几天，涂治在上班途中，突然腹痛难忍，大汗淋漓。同事送他进医院检查，医生说：“病情很重，需要立即住院治疗。”

涂治一听就急了，说：“不行不行，我的工作刚刚摸索到一点头绪，还有好多事要做呢。”医生没有答应涂治的要求，将他强行“扣留”。

1976年3月26日，涂治痛苦地躺在洁白的病床上，呼吸困难，鼻翼上插着两根呼吸导管，大家决定立即动手术。可是在手术后的第四天，涂治走完了他生命的最后旅程，享年75岁。

涂治虽然走了，但他留下的宝贵精神财富一直受人称道，王震将军生前常对人说：“涂治教授是我的好朋友，他很有学问，在农业生产上总是他出主意，我下决心组织实施，我们配合得很好！”

（摘自裴高才《名流百年》，长江出版社2009年版）

涂光炽：我国地球化学奠基人

涂光炽是我国著名矿床学家及地球化学家，主要身份有中国科学院学部委员（院士）、俄罗斯科学院院士、第三世界科学院院士、美国地质学会终身荣誉会员、中国矿物岩石地球化学学会名誉理事长等。生平曾获国家自然科学奖一等奖、国家科学技术进步奖二等奖等殊荣。我国矿物学家首次发现的一种新矿物，被国际矿物协会命名为“涂氏磷钙石”。

在中国科学院地球化学研究所，笔者采访了涂院士的遗孀蔡凤英女士，从这位88岁的老人口中，我了解到院士光辉灿烂的一生。

涂光炽于1920年2月14日生于黄陂。在他8岁那年，母亲就撒手人寰了。1927年，他随父在武汉求学。那时，他就喜欢听地理课与历史课，总是入迷于“徐霞客游记”和“郑和七下西洋”的故事。他还喜欢集邮，特爱收集带有地图和名胜古迹的邮票，而且总想将它们的来龙去脉追究清楚。1931年，他考入天津南开中学，入学两周即爆发了九一八事变。南开中学附近日军靶场的枪声，干扰着课堂的宁静，给他幼小的心灵蒙上了阴影。他虽然是家境富裕的“小少爷”，但并不骄矜自负，而且很有正义感。“一二·九”爱国学生运动爆发后，他积极参加天津学生的“一二·一六”示威游行，声援北平学生。全国人民团结抗日的新形势，使他受到深刻的爱国主义启蒙教育。其间，他对英文课兴趣浓厚，课外常读英文《华北明星》日报，并经常参加英文演讲比赛，总是稳拿第一。同时，对地理、历史、化学等课程也深感兴趣，也曾有过升入大学后攻读化学或外语的想法。这时，引起他对地质事业产生浓厚兴趣的是他的学长和战友——李璞。在南开中学时，李璞比他高两级，毕业后考入清华大学地质地理气象学系。

1937 年 10 月，涂光炽进入由北京大学、清华大学和南开大学在长沙设立的临时大学。1940 年，受中共党组织指派，他到四川叙永县西南联合大学地质系复课学习并做学生工作。次年，学校迁回云南昆明。他按党组织指示，“勤学、勤业、勤交友”，以优异成绩取得了学士学位。德国籍教授在评阅考卷时说：“如果可能的话，我给涂光炽的成绩将不是 100 分，而是 120 分。”这期间，他与李璞 3 年时间朝夕相处。李璞常带领他进行野外地质观察，并向他讲解地质地貌常识，让他学会了采集矿物岩石标本等。时间长了，他便逐渐产生并坚定了将来从事地质工作的想法。1945 年夏，经组织同意赴美留学，在明尼苏达大学地质系深造。1949 年 8 月涂光炽在美国加入中国共产党。同月，其论文《镁云母和镁绿泥石的热水综合实验》通过答辩，获得博士学位。9 月，被宾夕法尼亚大学地质系聘为地球化学副研究员。1950 年，美国发动了侵朝战争，党组织决定让他提前回国。涂光炽团结留美自然科学家一起回国效力。回国后，他先任清华大学副教授，是我国最早开设地球化学课程的教授。不久又被派往莫斯科大学留学，于 1955 年获苏联副博士学位。

各种光环笼罩着这位事业有成的专家，但生活中的涂光炽历经了人世间的种种磨难。他少年丧母，中年丧妻，老来又不幸失去最小的儿子；十年动乱时期，他受到很多不公正的待遇。他一身的病，切除过大部分胃，动过心脏手术，股骨头坏死、直肠息肉切除。谈到这里，蔡凤英哽咽了。她说自己与涂光炽是半路夫妻，相识于风雨如晦的“文化大革命”年代，风雨同舟 38 年，她见证了丈夫在野外工作的艰辛及对地球化学事业的热爱。蔡氏原是一名医生，1985 年涂光炽做了心脏大手术后，她就申请提前退休了，想尽一切办法为丈夫调理生活。涂外出进行地质考察时，她几乎寸步不离地陪伴在他身旁。

蔡老说，丈夫的一生都是在路上，有半个世纪是在野外考察或紧张研究中度过。

“野外考察”在现在人看来是个浪漫的字眼，其实是个特别苦的差事。用人们戏谑野外地质队员的一句话就是：远看像要饭的，近看像逃荒的，走近是采矿的。年过半百的涂光炽与同事们在大西北考察时，吃住都在帐篷里，里面的床和凳子都是木板做的。工作之余没有电视可看，伴随他们的只有天上的星星和月光。蔡女士说如果不是与丈夫一起出来，还以为他在外到处风光，好吃好喝好风景。事实上，有时候连住宿吃饭的地方都找不到，甚至能喝上一口水也是很困难的。1987 年，她随丈夫一行在新疆考察时，在大戈壁里迷了路。大家头顶火辣辣的太阳，脚踩 40 摄氏度以上滚烫的石沙，鞋底都被石沙烧穿了。他们在沙漠中前行了一天，以饼干与野菜充饥，到晚上才找到出路。然而那次新疆之行，涂光炽认为很值得，因为他在不少地方发现了黄金矿。“只要发现有价值的东西，把老骨头放在新疆也愿意!”这是涂光炽“劫后重生”的感言，听得大伙儿都笑了。还有一次，他们调查青海互助—宁掸沟一线地质，已接近尾声，正准备“打道回府”，忽然，一位藏族牧童带了两块镜铁矿矿石来报矿。在涂光炽坚持下，大家又带上干粮和帐篷，翻山越岭前往补充观察。结果，他们获得了十分宝贵的资料。有一年春节前夕，他率队考察了贵州省的一个汞矿和铁矿。寒冬腊月，铁矿区积水很深，但他还是穿靴子下水，坚持实地考察，获得了第一手的珍贵资料。他因此荣获中国科学院“竺可桢野外工作奖”。

从 20 世纪 50 年代中后期起，涂光炽先后为国家培养了近 60 名研究生，培养了几代地球化学领域的大量科技人才。有的已成为我国矿床学、地球化学等领域的学术带头人及有名望的首席科学家和管理专家。“涂先生培养人和现行的做法有很大差别。”探月工程首席科学家、中国科学院院士、涂光炽早期的弟子欧阳自远如是说。他和涂老师第一次见面，探讨的是课题，老师的一个基本出发点就是尊重学生自己的爱好和兴趣，强调自学与动手能力。“我当时想做长江中下游地区铜矿和铁矿的成因，涂先生告诉我，这个题目挺难做的。我说，本科的论文写的就是这个题目，还想继续做下去。”涂光炽当即拍板：“行，你喜欢，就干这个。”此后，导师的治学风格，也成为欧阳院士指导研究生的风格。

这位享誉海内外的科学家，一生工作严谨，生活中的他是个暖男。说到这儿，蔡老笑了。她说和老涂相处几十年，从来不会有矛盾，更不会吵架。对待保姆与司机，涂均以家庭成员相待，与他们一起用餐，有空就帮忙倒垃圾，晾晒、收叠衣服等。他还让夫人拿钱送小保姆上夜校，后来还帮保姆成家立业。让蔡凤英感怀最深的是点滴的生活细节。有一次随涂光炽去江西考察，饭后她离席看电视去了，涂亲自端来水果盘送到她手中，这件事在同事中成了佳话。平时，同事和学生来家了，他总是放下书，忙着为客人倒茶，笑容满面地陪客人聊天、话家常。如果人们有事请他帮忙，他一定会全心全意去做，而且经常出许多好的主意，于是他有个外号叫“点子经理”。

2002 年 1 月 6 日，涂光炽成为首届“贵州省最高科学技术奖”得主，他却将 50 万元奖金中自己的 20 万元捐献给六盘水市水城县，建立了可以容纳 300 多名学生的“光炽希望小学”。2006 年 5 月，他又将自己的院士津贴 20 万元赠给了水城县，用于教育事业。

2007 年 8 月 9 日，涂光炽院士走了，他又“回家”了。胡锦涛、江泽民、温家宝等国家领导人，以不同方式悼念，海内外社会各界 1500 多人分别在北京八宝山和贵阳为涂老送行。

如今，站在涂光炽当年工作的中科院地球化学研究所，目睹了这位“穿越万重山，新编矿化篇”的科学家采集的矿石标本，不禁感慨万千。后学冯新斌、张兴春说，涂老对工作的热爱，体现了一位学者的崇高。他顽强的人生，给大家留下了“什么是学者”的答案。他们总会想起涂老的话：“一个学科带头人，头脑中不能没有点新东西，不比别人走到前面，不给同行新的启迪，是说不过去的……”

在蔡氏所写的《伴你是福》一书里，笔者读到了涂院士平生最爱唱的一首歌是《满江红》，说他每次唱这首歌，都是声情并茂。“莫等闲、白了少年头，空悲切……”从这首气势磅礴的歌词里，我们同样可以感受出这位伟大的科学家对艺术的爱好。艺术与科学是相通的，因为二者的精髓都是不断创新、永不停歇。

涂光炽像他的名字一样：光辉成就千秋赞，炽热情操万古存！

（本文系张萍采访涂光炽夫人所写）

陈庆宣：构造地质与地质力学宗师

陈庆宣

陈庆宣（1916—2005 年）是我国著名地质学家李四光的四大弟子之一，也是我国的地学基础理论和地质力学的开拓者。中国科学院资深院士，中国地质科学院地质力学研究所研究员、博士生导师。

身历

湖北黄陂城郊之陈家中湾既是教育家的摇篮，也是孕育科学家的热土。1916 年 4 月 4 日陈庆宣就生于斯。1922—1926 年，他在本族自办的一所小学上学，1926—1928 年在黄陂中心小学（今前川一小）读书，1928—1931 年在武昌私立中华大学附属中学学习。1931—1934 年在湖北省武昌省立高级中学上学，1935—1936 年在中华大学攻读。1937—1941 年就读于云南省昆明国立西南联合大学地质系。1941—1945 年在资源委员会西南矿产测勘处任助理工程师，1945—1949 年在南京中央研究院地质研究所任助理研究员。1949—1956 年在中国科学院地质研究所任副研究员、研究员、构造研究室副主任；1956—1962 年在中国科学院兰州地质研究室（中国科学院兰州地质所前身）任研究员、室主任；1962 年后在中国地质科学院地质力学研究所任室主任、研究员。1956 年加入中国民主同盟，1979 年加入中国共产党。1984 年获博士生导师资格，1991 年 11 月当选为中国科学院院士，1996 年被地质矿产部聘为高级顾问，1998 年 6 月转为中国科学院资深院士。

在长达半个多世纪的学术生涯中，陈庆宣以勤奋、严谨、创新的治学态度和对地质事业无私奉献的科学精神，在其所涉及的诸多领域取得丰硕成果，尤其在构造地质、构造物理、地质力学和地壳稳定性评价等方面的研究工作，为我国的地学基础理论和地质力学的发展，做出了开拓性的贡献。

传承

陈庆宣是李四光地质力学的忠实实践者和旗手。早在 20 世纪 40 年代，在李四光指导下，他在国内首次完成了扭裂隙的泥料实验研究，揭示了扭裂隙的形成条件、形成过程及扭裂隙排列方位与受力方向之间的关系。

20 世纪 60 年代，他与孙殿卿院士合作编著了地质力学研究现状的专著，介绍了当时国内外地质力学的研究现状和发展趋势，推动了地质力学的发展；他与吴磊伯教授合作，以冰碛砾石为例，研究了岩石的非弹性变形，初步揭示了岩石在低温低压下的蠕变性能，进而提出岩石变形的极限强度问题，受到国际同行的注意和重视。70 年代，他研究了地球自转速度变化引起的地应力分布，讨论了东西向构造带的形成机制和形成的优先纬度。

早在 20 世纪 20 年代，李四光就初步形成了地质力学的理论方法。1947 年 7 月，李四光代表中国出席第 18 届国际地质大会，第一次应用他创立的地质力学理论，作了题为“新华夏海之起源”的学术报告，在世界地学界引起了强烈反响。到了20世纪60年代，他的《地质力学概论》的发表，标志着李四光地质力学理论从萌芽、壮大到成熟的发展过程。但是，就在地质力学理论日益成熟的后期，李四光还没有来得及用英文把自己创立的理论介绍到世界上，就被“文化大革命”的滚滚激流淹没。而在同一时期，由研究大洋板块运动而兴的板块构造理论开始大行其道，掀起了波及世界的地学革命，影响巨大，从而错失了一个与板块构造理论对话交流的历史机遇。

在改革开放初期，一位看到《地质力学概论》的美籍华人向国家科委提出要把书翻译介绍到美国去，未获批准。后来这一任务历史地落到了陈庆宣身上。

“陈先生胃不好，常常抱一个暖水袋翻译。”时任地质力学所所长龙长兴当时还在读研究生，辅助陈庆宣做一些翻译工作，对当时的情景记忆犹新。直到1984年，《地质力学概论》英译本才在美国出版发行。不久后龙长兴即赴加拿大留学，“到了达尔霍斯大学图书馆，第一件事就是去找这个英文本”。龙长兴发现：此时地质力学理论已经无法形成轰动了，时代毕竟前进了近30年，国际地球科学在飞速进步，地球动力学在兴起，板块学说已经盛行。但李四光地质力学内在的科学思想，为中国地质在新的历史条件下再次崛起已经做好了准备。

进入20世纪90年代，陈庆宣虽已年逾古稀，但仍活跃于地学和地质力学科研领域。在第三十届国际地质大会上，他与美国专家一起主持“地质力学在重大工程场区地壳稳定性评价、构造控矿和矿产预测研究中的应用”报告会。他还连续四届担任李四光科学奖委员会委员，为弘扬和光大李四光科学精神做出贡献。

开拓

数十年来，陈庆宣始终坚持“从现象追寻本质”的理念，研究地壳运动所产生的各种地质现象发生、发展的规律，为地质力学在国土资源开发和国家重大工程建设方面的应用做了大量工作，不仅为发展地球科学做出了重要贡献，而且为提高地质力学研究所在新构造、活动断裂、地壳稳定性和地质灾害研究领域的学术地位打下了坚实的基础。

陈庆宣是我国地震地质、区域地壳稳定性及地质灾害研究的开拓者之一。早在1952年，他参加了地质部321队由郭文魁院士主持的安徽铜陵铜官山铜矿勘探工作。通过对外围区域普查，他发现了安徽铜陵铜官山外围铁帽，扩大了铜官山铜矿储量；还找到了贵池铜山铜矿和黄山岭铅锌矿，经后续工作证实均为中型矿床，已被开发利用。自20世纪60年代中期起，他率队亲赴西南大三线等地开展地震地质调查。为中国西南地区地震地质、为攀枝花铁矿等重大工程选址，同时为北京、深圳等城市地壳稳定性评价做出了重要贡献；他为包钢找到优质耐火黏土，还首次发现西康系中含三叠纪菊石化石的海相复理石沉积，解决了其地层时代问题；发现酒泉盆地早第三纪火烧沟组与白杨河组间不整合，重新厘定了盆地第三系地层，为该区石油远景评价打下了基础；首次发现祁连山震旦系和海相三叠系，为该区以后区测找矿做出贡献。

1966年邢台地震发生后，受李四光部长委托，他不顾强烈余震的危险，亲历抗震救灾第一线调查，监测地应力变化趋势，编写了邢台地震地质调查报告，为中央掌握未来地震发展动向提供了科学依据。1976年唐山地震发生后，他积极倡导并组织、指导了北京地震地质会战，为保卫首都人民的生命财产安全做出了贡献。陈庆宣认为：重大地质灾害如地震、火山、滑坡等是地球内部或表面地质过程长期作用的结果，它们是在特定的地壳和岩石圈结构、特定的地球物理场的特定地带或地区产生的。研究它们发生的特定背景和条件以及它们的时空分布特点，进行有科学依据的危险性区划，将有助于减轻地质灾害。为此，在1986年，他提出开展“区域地壳稳定性和地质灾害”的国际性研究项目。该项目被联合国教科文组织（UNESCO）和国际地质科学联合会（IUGS）联合主持的国际地质对比计划（IGCP）列入第250项，他担任该项目国际工作组主席。由他主编的项目研究报告《区域地壳稳定性和地质灾害研究》（英文第一卷、第二卷、第三卷）的出版，推动了我国地壳稳定性和地质灾害评价研究的发展及国际化进程，并促进了地壳稳定性研究为减灾和国民经济建设与社会发展服务。

他长期担任《地质学报》英文版编辑、名誉主编，以其精湛、娴熟的英文功底，不懈地将中国地质学术的研究成果准确地推向世界，为提升我国地学研究的国际影响力做出可贵的贡献。他先后担任过《中国科学》、《地质经济》和《地质力学学报》主编，为我国地学出版和学术交流付出了心血。

他是地质力学领域的杰出导师。自20世纪80年代以来，他先后培养的硕士、博士研究生及博士后10余名。他亲手培养的学生中，很多已成为专业部门的骨干，在地质力学研究所和相关科研院校已经形成一个具有开拓创新精神和作风扎实的从事地壳稳定性评价、地质灾害勘察和防治的科研群体，为我国地震地质、工程地质与岩土工程研究的创新发展做出了重要贡献。

进入21世纪，他虽然已是耄耋之年，但依然热情不减地投入科技体制改革的事业中去，先后担任地质力学研究所创新指导委员会主任和遴选委员会主任，为科技体制改革试点工作的成功做出了重要贡献。他还担任地质力学研究所理事会的理事，为理事会的试点工作尽心竭力。

即使在重病期间，他还强忍痛苦，向前来探视的有关领导提出集中优势力量，利用前期相关项目的研究基础，有针对性地逐步研究解决地质灾害监测预警等方面的关键科学问题和支撑技术集成问题的建议，还与学生讨论科研立项和地质力学创新发展等方面的问题。

即使在弥留之际，他仍然关注着地质力学研究所的整体建设，关注地质力学的创新和发展，关心年轻同志的成长，他念念不忘为之献身的地学事业，鞠躬尽瘁，直到生命的最后一息。

（摘自裴高才《黄陂春秋·人物》）

肖培根：中草药的“活字典”

肖培根

中国工程院首批院士肖培根，创建了“药用植物亲缘学”新学科，他编写的《中药志》，被国际药学界称为中国近代本草的代表作；他领衔主编的《中国本草图录》（12卷），创下了多项世界之最，他与人合著的《南药与大南药》是“南南合作”的重要的参考书。他历任国际传统药物协会主席、国家中药攀登计划首席科学家教授，享有“全国杰出专业人才”“中草药的活辞典”等美誉。

天涯海角“尝百草”

肖培根本姓萧，因简化字运动而误作“肖”。他祖籍湖北黄陂高车畈，祖父萧延平（1860—1933年），字北承，清代举人，历任应城石膏局总办、民国国会参议院议员、武昌医学馆馆长，其代表作有校勘

《黄帝内经太素》、著述《心学平议》等。其父萧贺昌自8岁赴德国留学，大学毕业后回国在上海担任工程师。萧培根因此于1932年2月2日生于沪。1949年，小培根以优异成绩一举考取了国立厦门大学植物生理与植物生态。大学期间因家庭困难，他不得不到附近中学兼课和在校内当学生助教，且仅用了三年半时间就以优异成绩获得了学位。

1953年春，肖培根分配到中央卫生研究院（今中国医学科学院），从事药用植物研究工作。一天，著名植物化学家姜达衢教授把他带到药用植物苗圃里，指着一片开着紫色花朵的植物问他是什么。他红着脸尴尬地说不知道。姜教授告诉他，那就是大名鼎鼎的紫花洋地黄，强心苷就是从中提取出来的。从此，他成了图书馆的常客，凡是与药用植物有关的书籍他就仔细反复阅读，光读书笔记就记了几大本。

20世纪50年代初，肖氏和同事们一起跋山涉水，风餐露宿，到河北省张北、沽源和东北去调查药用植物，采集标本和药苗。他从图书馆借来了仅有的几本药用植物图谱和手册，到实地对着图谱一一核对，并向当地药农请教这些植物的土名、鉴别特征和效用。经过几个月的努力，终于完成了调查任务，并与同伴合作写出了他的第一篇学术论文《华北及东北地区野生麦角的调查》。此次调查，他发现了一种含有效成分很高的国产麦角新资源——拂子茅上寄生的麦角。解决了国内的药源问题，基本上摸清了野生麦角的分布情况及其与环境的基本关系。

1958年，中国医学科学院药物研究所成立，肖培根担任药用植物研究室负责人。他与同事们前往东北采集了5万份标本，然后对全国近500种常用中药，一种一种地进行研究，从原植物、生药、成分、炮制和效用等方面进行系统的科学总结。至1959年，他们编著的洋洋200万字的四卷本《中药志》一出版，就被国际药学界誉为中国近代本草的代表作。

20世纪60年代初，肖培根又进西藏考察。他经常露宿在牦牛帐篷中，和牧民同吃糌粑，同饮酥油茶。他和藏民一起，第一次对传统的藏医藏药进行了科学的调查整理，并出版了《藏医藏药的初步整理》一书。他还对西藏生长的莨菪类、大黄类、小檗类、雪莲花类、乌头类药物进行了较深入的研究，新发现了一种莨菪碱含量很高的托品碱原料植物：矮莨菪，先后发表了十余篇与藏药有关的论文。

三年后，他偕两名研究热带植物专家前往加纳、几内亚、马里和摩洛哥非洲四国考察。他们除考察了当地的药用植物资源以外，还为我国南方的植物园采集和收集了很多重要的药用植物种子，为我国引种热带药用植物奠定了很好的基础。他与同人从非洲引种的催吐萝芙木，不但能从中提取出利血平，其含有的萝芙木总碱也是一个很好的降压药物。

“文化大革命”期间，肖氏被下放到江西“五七”干校，他一有闲暇，仍然到附近的云山去采药，研制了一种以鹅不食草和柴胡为主要原料的热可平注射液；他还在提取小檗碱的废液里发现了一种含量非常高的物质——小檗胺。

为药用植物“安个家”

在非洲考察期间，肖培根了解到，当地一个林场里的动物，在它们迁徙前总要啃食一种树皮。肖把这种树和国内属于同一科属亲缘关系很近的植物进行对照，发现它们都具有提高机体免疫力的作用，化学成分也很相似。在长期的科研实践中，他发现不少药用植物存在着亲缘关系。譬如，人参、西洋参、竹节参、三七、珠子参等由于亲缘相近，均具有某种程度的滋补强壮作用。为此，他在乌头类、莨菪类、大黄类等类群中，发现和总结出植物亲缘关系、化学成分和疗效间存在的联系及规律性，渗透了植物分类学、植物化学、药理学、计算机技术等多门学科。

接下来，他把化学分类学这个当时的新方法，引进到自己的研究领域中。他结合毛茛科一些重要药用植物类群，开始探索化学分类学在药用植物领域中的应用。进而，他又自学药理学和计算机技术及植物数量分类学，开始将植物系统、化学成分、药理作用以及计算机整理结合在一起，先后对多类等药用植物进行了综合性研究。在国内外发表了学术论文40余篇，还为研究生开设了《药用植物亲缘学导论》的专业课，并多次应邀在国内外学术机构作“药用植物亲缘学”的专题讲座或学术报告。

1979年，他应邀在法国参加了“天然药物作为药物”的国际学术大会，其学术报告产生了强烈反响。1981年，他又在意大利“国际药用植物”会议上，作了题为“中国药用植物研究的新进展”的学术报告，提出了应用科学方法寻找新药的模式，再次引起震动，会议主持者把他的论文列为三篇最好的论文之一。通过多年的实践与探索，他提出了建立“药用植物亲缘学”这门新学科，为我国寻找新的药源找到了有效的方法。

1983年，中国医学科学院药用植物资源研究所成立，肖培根被任命为首任所长。他科学地提出了对药用植物进行“三级开发”的战略理论：即发展药材和原料（一级开发），发展药品制剂和产品（二级开发），新药开发（三级开发）。并运用“三级开发”理论对西洋参、天麻、沙棘、金荞麦、灵芝五种药物进行研究开发，不仅丰富了我国的药物资源，更成功地转化成产品，实现了过亿元的经济效益。著名药学专家、时任澳大利亚卫生部药政局局长的沃恩教授，看了肖氏的研究成果说：“假如我作为宇航员在太空遨游，问我看到中国有什么奇迹的话，我会说看到了长城和药用植物资源开发研究所。”

让中草药走向世界

自1978年始，肖培根长期担任世界卫生组织传统医学咨询团顾问，也是我国卫生界第一位到世卫组织总部瑞士工作的学者，至今仍任传统医学合作中心主任。他先后出席了药用植物选择与标准化、非洲药用植物工业化等国际学术会议，他还主持过第三届国际传统药物学术大会。同时，为世界卫生组织《世界常用药用植物手册》定稿，编制了“世界常用药用植物名录”；应邀到墨尔本进行“中国传统药物”学术讲座等。

肖培根认为，我国拥有世界上最丰富的中草药资源，但这个潜在的优势还没有得到充分发挥。如人参本来是中国的特产，但国际上的人参市场却被韩国占领。我国中药的出口仍主要集中在传统的东南亚地区，对欧美、非洲以及大洋洲广阔的潜在市场还没有很好地去开发。出口品种仍停留在传统的一些重要原药材上，例如甘草、大黄等，而再加工制成的药品、保健品和其他产品所占的比重则很小。因而中药出口金额的增长不够理想。为此，他提出了强化科学意识、加强市场调查、扩大知识传播、提高产品质量、新产品的创制及科学经营管理6项建议。

近几年来，他在国际学术刊物上发表了数十篇系统介绍中草药的学术论文。文章发表后，先后有40多个国家300多人次来信索取单行本。澳大利亚政府甚至做出规定，凡有肖培根签字的中药均可以进口。

1988年12月15日，在“中药科研进展的外向传播与交流研究”成果鉴定会上，与会专家一致认为，肖培根所开展的这项中药外向研究工作具有很高的战略眼光，为中草药走向国际市场奠定了良好的基础。

次年，肖培根应加纳科学与工业研究委员会的邀请，赴加进行了为期一个月的考察。他向加纳政府提交了一份题为“加纳传统药物制剂商品化的战略目标”的技术报告，被称为“南南合作”的典范。

1991年，美国国际文献研究所授予他“杰出领导者奖”。1994年9月在北京召开的第三届国际传统药物学大会上，他当选为国际传统药物学会主席。

推广“灵丹妙药”紫锥菊

早在1995年，他就写过介绍紫锥菊的文章。一般得了流感，自愈时间是7天，而如果在最初阶段服用紫锥菊制剂，病程就能缩短到三四天。有些老人和小孩稍微一不小心就患感冒，这些人服用紫锥菊制剂能是以后不易感冒，就是感冒了，两三天也就好了……

肖培根发现，西方植物药市场上最热的就是紫锥菊，各种各样的制剂很多，光德国就有800多种。他是在认真研读了国际上最有名的紫锥菊权威、德国的鲍尔（Bauer）教授的专著后，才对紫锥菊有了比较全面的了解。

紫锥菊大约是1871年引种到欧洲的，当时有位叫梅尔的医生，向美国的印第安人学习他们的草药疗法而引种的。在美国民间，用紫锥菊的根治疗咳嗽，用紫锥菊的根治疗咽喉痛，用紫锥菊的叶和根制成水泡剂治疗咽喉痛，用紫锥菊的叶泡水来治疗牙痛。还可用紫锥菊来治疗创伤、毒蛇咬伤、扁桃体炎、头痛和感冒，它就像我国的人参一样，很有传奇色彩。欧美等发达国家的大部分家庭，几乎都在购买紫锥菊制剂。干什么呢？抗病毒、抗菌消炎、抗肿瘤、预防感冒，提高免疫力。德国人一到冬天就吃，一吃就是几个月，主要用来预防流感；法国人一遇到身体有什么不舒服了，就吃紫锥菊。紫锥菊、黄芪是目前世界公认的抗病毒最好的两味植物药，无副作用，具有不可取代性。

1999年，世界卫生组织发布了关于紫锥菊在花开全盛时期地上部分疗效专题学术报告的消息。肖培根通过科学论证，介绍了紫锥菊是一种很好的免疫促进剂和免疫调节剂，其制剂还有抗病菌、抗炎症等多种功效，受到了国人的重视。

踏遍青山不了情

作为中国药用植物研究主要奠基人和学术带头人，肖培根为调查药用植物，足迹遍及全国各地，还出访46个国家，大量的实践使他在药用植物研究上的经验和才干不断增长，也使他的研究领域不断拓宽。他共发表了500余篇学术论文，主编或主要参与编写了《中国本草图录》（十卷）、《新华本草纲要》（三册）、《中药志》（六卷）、《中国植物志》（第二十七卷）、《人参的研究及栽培》等20多部著作。1988年，肖培根获国家科委颁发的国家星火科技奖，获5项部级成果奖。他培养博士及硕士生52名。人事部授予他国家级有突出贡献的中年专家称号。1994年12月肖培根当选为中国工程院首批院士，并任该学部常务委员。1996年6月担任中国医学科学院药用植物研究所名誉所长，国家中医药管理局中药资源利用及保护研究中心主任，北京中草药大学中药学院名誉院长。

同时，他倡导香港相关部门开展《香港中药标准》研究，支持大学开办中药学位课程，开展中药基因芯片和现代化等高科技研究等，因此被香港浸会大学、理工大学聘为客座教授，香港赛马会中药研究院顾问，还担任海峡两岸医药卫生交流协会会长。

2004年，他建议国家有关部门尽早、尽快进行中药资源普查，摸清中药资源家底，为国家有关部门进行药源保护、药材种植的宏观调控提供依据。2009年，他与同人合著的《中国药用植物种质资源迁地保护与利用》出版，荣获国家科学技术进步奖二等奖，他参与完成的大型著作《中华本草》，获中华医学科技二等奖。同时他领衔创办了中国第一家中药专业英文国际期刊 *Chinese Herbal Medicines*，并任主编。次年，他与人合著的《苦丁茶研究与开发》出版，2011年1月8日，他的著述《绿药觅踪》第二版首发式暨肖培根院士从事药用植物研究58周年学术讨论会举行，中外学者云集，盛况空前。国家药典委员会表彰肖培根为历届药典所做的贡献，国家药监局还颁发了奖励证书。他于2005年立项的“中国重要药用植物类群亲缘学研究”重点项目，由国家自然科学基金委验收，考评为“优秀”项目。他编纂的《当代药用植物典》，获第二届“中国出版政府奖”。2013年9月22日，在“庆贺药用植物研究所成立30周年暨肖培根院士从业60周年”纪念大会上，药用植物研究所授予肖培根终身成就奖及特殊贡献奖。次年，肖培根主编的《中国医学院士文库·肖培根院士集》，总结了肖培根院士学术成长经历和收集了其代表性学术著作。

他与人合著的《南药与大南药》，总结了在亚非拉热带和亚热带药用植物的调查结果，是“南南合作”的重要参考书。

中药是中医治疗疾病的物质基础，中药材种植、养殖是我国部分农村的重要副业，中药材是全国乃至全世界整体生物圈的重要组成部分。直至今日，肖培根仍然大声疾呼：进行全国中药材资源普查是关系到生态发展、我国社会长治久安以及国家经济建设的重要问题。而且已是耄耋老人的他，依然没有安心地颐养天年，仍旧向往着伟大祖国的万里山川。如果有一天，在大江南北的青山密林中，你看到一位精神矍铄的老者，拄杖尝百草，他，也许就是肖培根。

（根据裴高才著《黄陂春秋·人物卷》整理，汤国星对此文有贡献）

梁骏吾：半导体材料的“大侠”院士

中国工程院院士、半导体材料学家梁骏吾，祖籍武汉市黄陂区前川街小西门内，父亲梁光藻，母亲王剑秋。梁骏吾1933年9月生于武汉，先在汉口上小学，后转学黄陂县立第一完全小学（今前川一小）。1945年考入武汉市一中，1955年毕业于武汉大学。毕业后被选派去苏联留学，1956年到达莫斯科，在苏联科学院冶金研究所读研究生，主攻半导体材料，1960年获副博士学位。回国后，投身于中国半导体事业40载。1985年被聘为研究员、博士生导师。1990年获国家级有突出贡献中青年专家称号，1997年当选为中国工程院院士，先后获国家级和省部委级科技奖10次。

三十岁摘取国家科技奖

梁骏吾是我国研究半导体材料的元老级专家，享有“真正的大侠”之誉。他学成回国时，中国科学院半导体研究所刚成立，他就进入该所，把研究半导体作为自己的终身职业。1961—1964年，根据我国“十二年科学技术发展远景规划”规定的任务，中国科学院将高纯硅单晶的制备列为重点。梁骏吾承担了此项任务。他从设备设计、制作到单晶提纯生长工艺，实现了关键技术的突破：创造性地解决了国产高频区熔炉不能长期、稳定、可靠运行的难题，不仅满足了区熔硅生产的需要，还能满足其他多种工艺的要求。这一成果被高频炉生产厂家沿用至今。用该设备完成了国家重点科研任务，得到了电阻率 10^4ohm-cm 的高纯硅单晶，是当时国际上最好结果之一。该成果因此获得了1964年国家科委全国新产品奖和国家科委颁发的国家科技成果二等奖。时年梁骏吾仅30岁。

紧接着，在1964—1965年，他又负责半导体外延工作，为砷化镓液相外延做出了开拓性工作，用这种材料首次在国内研制成功室温脉冲相干激光器。

即使在“文化大革命”中的1966—1969年，他仍然奋战在开发半导体材料第一线。诸如在“156工程”中，他负责集成电路用硅外延材料国家任务。解决了连续生长高掺杂硅外延层、介质 SiO_2 层、多晶硅层等的工艺技术，为我国第一代介质隔离集成电路提供了外延材料和设备。

率先打破外商垄断

改革开放后，中央提出“一定要把大规模集成电路搞上去”。要完成这一任务，首当其冲的是硅单晶质量要上去。为此，梁骏吾于1978—1981年，在4K和16K位DRAM研制中，负责硅单晶材料的攻关。从而一举解决了有害杂质、氧含量、缺陷的控制及后处理等技术，成功地拉制了无位错、无旋涡、低微缺陷、低碳、可控氧含量的高质硅单晶材料。该两项研究分别获中国科学院1979年、1980年重大成果一等奖。

接着，他在研究半导体材料中杂质与缺陷相互作用的基础上，首创了掺氮中子嬗变硅单晶，解决了长期困扰生产厂家的硅中位错运动和繁殖以及电阻率的均匀性等重大技术难题，获得了机械性能好、电阻率均匀的区熔硅单晶。在许多材料和器件工厂得到了广泛应用，取得了显著的经济效益，因而一举夺得1988年中国科学院科技进步一等奖。

硅中的碳，是有害杂质，硅中碳的含量是大规模集成电路用硅单晶的关键指标之一。他经过深入研究，阐明了碳沾污的来源、机理，设计了能防止碳沾污的新型热系统和气路系统，从而降低了硅中碳的含量，提高了硅单晶质量，指导硅单晶厂的生产，取得了很好的效益，并获1983年中国科学院重大科技成果二等奖。

在“七五”和“八五”攻关中，他解决了外延中气体动力学与热力学耦合计算的问题，为外延炉设计提供了理论依据。完成了新一代微机控制光加热外延炉，鉴定认为“打破了外商垄断，国内首创”，“在外延层本底电阻率、过渡区宽、掺杂电阻率、径向不均匀度等多项参数上均达到国际先进水平”，还获得中国科学院科技进步二等奖、三等奖各一次。

1992年，他“突破了我国多年来未能生长低阈值电流密度的量子阱激光器MOCVD材料的局面”，全面完成了“863”任务——MOCVD AlGaAs/GaAs量子阱超晶格材料任务。为第二代（即超晶格、量子阱）光电材料做出了贡献。鉴于他的杰出贡献，1993年被评为中国科学院优秀导师。不仅如此，他还获得了1994年中国科学院科技进步二等奖，1996年国家级科技进步三等奖，1997年当选为中国工程院院士。

同时，他还是中国电子学会理事、中国材料研究学会理事、中国电子学会电子材料分会主任。华中理工大学、武汉大学、河北工业大学、上海同济大学兼职教授。

力主创新求发展

进入21世纪，梁骏吾仍然为多晶硅呕心沥血。2000年，他代表专家组参加了中国拥有自主知识产权首条100吨多晶硅工业试验示范线的鉴定会。2001年获上海市科技进步二等奖。2006年10月22日，参加了在家乡湖北宜昌的多晶硅项目的动工仪式。2007年12月8日，他参与鉴定了河南省重大科技专项——“24对棒节能型多晶硅还原炉成套装置”成果。

2006 年 3 月 28—30 日，在香山科学会议召开的“中国太阳能利用的发展机遇与战略对策”的第 273 次学术讨论会上，他作了《世界太阳能电池材料的形势与中国的对策》的主题评述报告。他指出，太阳能电池及其材料的发展，正处在当今世界所关注的两大问题——能源和环境的交会点上，引起了世界各国的重视；中国是能源生产和消费大国，环境保护问题更是备受关注，因而也必须对太阳能电池材料予以充分关注。

梁骏吾在作学术报告

这年 4 月 11 日上午，他回到母校武汉大学，在化一教室作了题为《中国太阳能电池与材料发展》的报告。他从中国经济发展现状和能源体系构成引入，深入浅出地讲述了太阳能电池的原理、发展沿革、研究现状，并展望了太阳能电池的巨大应用前景，提出相应的高效能低成本材料的开发与制备是我国将要面临的主要问题。接着，他主要介绍了现今太阳能电池材料种类，以及主要制备方法和存在的问题，最后鼓励并希望母校的科研工作者能在此领域作出更多的科研成果。

同年8月，他接受《科技日报》记者的长篇访谈——“中国硅材料工业如何提高竞争力”，提出中国的硅片应在大尺寸上建立大规模的工厂，同时应该加强协会的作用，制定行业规范，避免恶性竞争。他虽然没有具体针对物理法还是化学法在多晶硅上做具体工作，但他提出的“中国的硅行业无法指望从国外引进技术，只能靠自主研发创新”，基本上是国内物理法的情况写照。

我国是太阳能辐射量资源大国，太阳能光伏产业有着巨大的发展潜力，而多晶硅和单晶硅是晶体硅太阳电池的基础材料。根据现有的生产技术，千吨级以上的多晶硅生产线才具有规模经济效益，而最先进的多晶硅大规模生产技术仍然掌握在美、日、德三国手中。国际化工和半导体巨头们一方面在产能扩张方面相当谨慎，另一方面集体达成了技术保密和不对第三方转让的协议。

为打破外商垄断，梁院士仍然不遗余力地呼吁，我们不能指望从国外买进技术，必须靠科研人员和企业的自主研发创新。同时指出，在我国投资者向光伏产业大幅扩张的时候，也需注意市场容量问题。

（原载《黄陂春秋·人物卷》）

冯明珠：从台北“故宫”院长到北京故宫顾问

冯明珠与两岸三地亲缘相连：祖籍湖北黄陂，生于香港，台湾学成名就，任职两岸“故宫”。自 1978 年进入台北“故宫”校注《清史稿》以来，她已在此度过了整整 38 个春秋，亲历了“故宫博物院”的四次“逢十”院庆。

冯明珠（右）向裴高才赠专著

台北五十载，勿忘盘龙城

2013年6月11日上午9时许，笔者率领的文化教育团一行来到台北“故宫博物院”，周崇光兄引导我们到会客厅刚刚坐定，一袭白底蓝花连衣裙，外套黑色春装，足穿红色皮鞋的冯明珠，风尘仆仆赶来。相互交换名片后，她自豪地告诉我：“我是黄陂冯家滂人，三点水字旁的‘滂’。我曾经回去寻根谒祖，老家离天河机场很近。家父生前告诉我：冯家的字派中有‘太祖光明，任重道远’八个字。”

冯家滂现名“冯家榜”，这与冯明珠的祖父冯元斌金榜题名有关。那时，族人为了纪念这位冯氏骄子，遂将原来的“冯家滂”更名为“冯家榜”。冯家位于商代盘龙城遗址旁，冯元斌历任河南泌阳县、伊阳（今汝阳县）知县，湖南宁远县司法处主任审判官等。冯明珠之父冯焱培（又名冯建）成人后经商，由汉口经台湾到香港定居。冯明珠因此于1950年7月27日生于香港。

她对家乡正在兴建盘龙城国家考古遗址公园，她认为，应该体现文物保护展示、科研教育、休闲旅游等功能。

业师引进门，“校注”露头角

冯明珠于1970年考入台湾大学历史系，又师从台大历史研究所的清史名家陈捷先教授攻读硕士学位。陈捷先学贯中西，尤工中国清代史、满族史、方志学、族谱学等，著述多种。陈氏十分看好冯明珠，将其学问心传口授。冯明珠不负众望，学有专精，成为清史研究的后起之秀。1978年10月，台湾“国史馆”与台北“故宫博物院”联手启动《清史稿》的校注工作。正好这一年冯明珠取得硕士学位，经陈捷先推荐，她成为台北“故宫”校注《清史稿》的一员。

《清史稿》校注分三步走。即自1978年10月正式启动，由冯明珠会同昌彼得等10位台北“故宫”同人，花了6年时间共校出47339条。

接着，交“国史馆”总集成，最后再由蒋复璁、黎东方、陈捷先等名家组成的审查委员，缜密复审，方成定稿。《校注》稿达300余万字。

冯氏正是在《清史稿》校注上崭露头角的，从此一直供职于台北“故宫”。历经约聘研究人员、助理干事、编辑、编纂、研究员、科长、处长、常务副院长与院长。还任台湾博物馆学会理事长、故宫学术季刊主编等。北京故宫博物院院长单霁翔如是说：“冯院长是文史专家，我一直以请教的心态相待……”

两岸同携手，文化显魅力

“博物院长不是收藏家。典藏是心脏，教育是灵魂。”冯明珠自2012年9月13日执掌台北“故宫”后，她将一颗感恩之心，化作与同人一道，继续努力维系台北“故宫”的国际级博物馆地位，并肩负典藏、研究、保存、展览、教育及娱乐等现代化博物馆的多种功能。

自2009年早春两岸故宫的“破冰之旅”始，双方交流日趋频繁。亲历了“黄公望与富春山居图特展”的“山水合璧”展的冯明珠认识到：“故宫特展”是两岸交流的一道亮丽风景线，须进一步精心打造。于是，她于2012年10月18日在台北“故宫”主持了“商王武丁与后妇好——殷商盛世文化艺术”特展。她说，武丁与妇好是一对“模范夫妻”，他们的故事可以说是龙和凤的故事。

她于2015年10月10日举办的“天保九如——九十年来新增文物选粹”，亦颇具创意。其中最引人注目的无疑是苏东坡的真迹《黄州寒食帖》，此卷由北宋流传至今，悠悠900余年，后人誉为苏轼存世最好的书迹。此诗作于北宋元丰二年（1079年），苏轼谪居黄州第三年四月的寒食日。此乃苏氏有感于季节更替，生活困乏和仕途挫折，而涌向笔端，一气呵成此卷。诗人将心中波澜起伏的情绪，转化成笔下纵横流转的墨沈，其书法结构敧侧错落、跌宕生姿，给人以艺术享受。此时此刻，笔者耳边仿佛回响台北“故宫”博物院老院长秦孝仪的话语：“中国之美，美在文化艺术，文化艺术之美，尽在故宫。”

清宫藏青史，还原众生相

冯明珠会同同人于辛亥百年之际结集出版的《清宫国民革命史料汇编》，再现了那段悲壮的辛亥史。

早在1985年，冯明珠就开始对清宫档案中的辛亥史料进行整理。在辛亥百年，她会同该院的研究人员用一年多时间的爬梳，整理出鲜为人知的辛亥革命史料近千件并结集出版。这些史料包括在宫中档朱批奏折、军机处档奏折录副、收发电档、上谕档、大清宣统政纪稿本等，记录了辛亥革命兴起、清廷覆亡、民国初建的历史脉络。其中，最早记载孙中山的文字是1895年的第一次武装起义。档案中还有秋瑾牺牲后戏班为追悼秋瑾的编剧与演出纪事，昭示秋瑾的革命精神，已明显影响当时的民心士气。而清宫中最早有关武昌起义的上谕是1911年10月11日，清廷给湖广总督瑞澂所发的一道电谕。电谕记载了刘复基、杨宏胜、彭楚藩等“首义三烈士”被捕受讯、牺牲的经过。电谕令湖广总督瑞澂，“一面督饬查拿在逃各匪，一面出示晓谕被胁勉从者准其首悔自新”。

另据清宫档案记载，武昌首义成功后，正当各地纷纷响应、宣布独立之际，清廷却爆发“金融危机”，各地发生严重挤兑事件。当时内阁总理大臣庆亲王奕劻一人就提取白银25万两，最终导致清廷金融破产。从而，加速了清廷的覆亡。

不仅如此，《宣统政纪稿本》还记录了末代皇太后“走向共和”的心路历程：1912年2月3日，裕隆太后无奈下旨说，“朝廷亦何忍因一姓之尊荣，贻万民以实祸”，授“袁世凯全权研究一切办法”；此后，颁“清室优待条例”；2月12日，裕隆正式下旨，由袁世凯全权组织临时共和政府，“合满蒙汉回藏五族领土为中华民国”。自此，中国数千年专制制度寿终正寝。

艺术和生活结合，观众与文物互动

“从传统中创新，让艺术和生活结合。”这是台北“故宫”将传统文化社会化的一大亮点，也是其开辟文创产业的新天地。当年，台北“故宫”十分抢手的“翠玉白菜”雨伞，竟是一个17岁的小姑娘设计的。经过30多年的不断开发，才有今天奉献给普通观光客的4000多种产品。每种产品还细分色彩、款式，可供大家选择的品类很多，比如一个纸胶带就有十几种设计。为了纪念“故宫博物院”90周年院庆，他们和金门高粱酒厂、法蓝瓷厂合作开发一种酒，限量销售，其创意就来自台北“故宫”。

在冯明珠看来，所谓文化创意产业，文化是活水的源头，必须让文化内化为真的领悟，由衷的设计才会有一种力量。为此，他们已办了六届文创产品发展研习营，使有兴趣做文创的年轻人参与进来，让博物院讲师为他们授课，年轻人研发的产品可以直接和厂商对接。

随着“微时代”的到来，台北“故宫”与台湾手机厂商合作，与时俱进，于2012年底正式开通的APP，是从69万多件院藏文物中精挑了最具代表性的百件精品，制作了20个文物互动内容与80个文物介绍界面。借由这一APP平台，人们可以利用智能手机的感应功能，与文物珍宝进行互动。诸如可随意全角度观赏“翠玉白菜”的细节，以及让宋代白瓷婴儿枕和东汉玉辟邪变幻成动漫造型。

冯明珠卸任台北“故宫”院长三个月后，又受邀担任北京故宫顾问。两岸故宫如同一对孪生姊妹，血脉相连，我们期待她们的团圆梦早日变成现实。

（原载《名人传记》《作家文摘》，作者飞翼、裴震烁）

文艺星光

胡秋原：从“自由人”到“破冰者”

胡秋原（1910—2004 年），著名爱国学者、资深作家。生平著作等身，达 100 多种 3000 余万字。1989 年，美国传记学会将其列入《国际著名领袖人名录》。2004 年 5 月 4 日，获台湾“中国文艺终身成就奖”。同年 5 月 24 日于台北逝世。

1910 年 6 月 11 日（农历端午节），胡生于黄陂长轩岭十棵松之胡家大湾。胡在黄陂私立前川中学毕业后，先后在武汉大学、复旦大学和日本早稻田大学求学。历任国民参政员、国防委员会秘书、《中央日报》副总主笔、国民政府第一届立法委员、复旦大学和暨南大学教授、台湾“中央研究院”近代史所研究员、《中华杂志》前发行人、“中国统一联盟”名誉主席。

一

“故园柳色催南客，春水桃花待北归。”胡秋原回来了！像一只北归的雁，掠过海峡，在两岸隔绝 40 年后的 1988 年 9 月，成为“台海破冰第一人”。

胡秋原出生于书香之家，派名“业崇”。进入武昌大学（现武汉大学）后，他指点江山、激扬文字之余，似乎觉得自己的原名不够文雅，便起了一个文采飞扬的笔名“秋堃”。哪知，却弄巧反拙，人们常常将其念成“秋方”。而且，他还觉得笔名缺乏一点阳刚之气。于

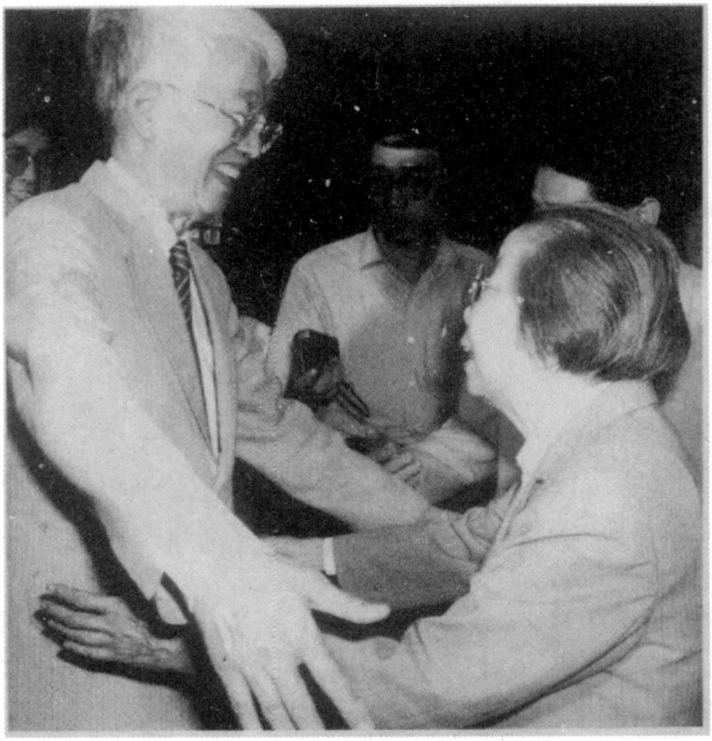

邓颖超 1988 年 9 月 15 日在京会见胡秋原（左）

是，他从唐代诗人王维的《登裴秀才迪小台作》中的“秋原人外闲”与《出塞作》中的“秋日平原好射雕”得到启示，便改“秋堃”为“秋原”。

笔者与他首次见面，就是他那次“破冰之旅”返乡重游母校黄陂一中（前川中学旧址）之时。记得在座谈会上，学校赠送了他为首届毕业生的题词：“一须有志，二须有识，三须有恒。”他除回赠其主编的《中华杂志》外，还与校友泼墨交流，欣然题写了“‘勤仁诚勇’当年训，地隔时移心自联”的诗句。诗中回顾了他在抗战胜利后，返乡恢复其父创办的前川中学并任校长，还请国民党元老、著名诗人与书法家于右任书写“勤、仁、诚、勇”校训的情景。

由于笔者曾在这幢旧楼工作过，又与胡先生同是陂邑北乡人，用先生的话说"我们是真正的同乡"。自此，我们书信、电话联系不断，直至他远行。恰逢左联成立 80 周年，又是先生百年冥诞，回忆与先生神交的旧事，至今仍记忆犹新。

二

胡秋原是一位没有大学文凭的作家、思想家与大学教授。他读武汉大学时，因加入共青团与国民党，编辑国共两党主持的《武汉评论》与《中国学生》，遭白色恐怖搜捕而中途转学到复旦大学，后又因家庭变故而辍学。接着，他好不容易取得日本早稻田大学官费资格，尚未毕业因发生九一八事变，他又毅然弃学，返沪抗日。

接下来，他以"自由人"的身份，与左、右阵营展开"文艺自由论战"，瞿秋白、鲁迅、冯雪峰等"左翼作家联盟"领军人物，曾与他"不打不相识"。有一次，笔者曾问及这事，他说："九一八后，我在上海以写作为生。在日本侵略中，我站在中国人立场主张抗日。在国共两党战争中，在民族主义文学与普罗共产主义文学之'政策'的对立中，我站在自由知识阶级立场，主张文艺、思想之自由。"

当时的中国文化中心在上海，文坛分裂为两大阵营：一是共产党领导的"左翼作家联盟"；一是国民党把持的"民族主义文学"团体。双方唇枪舌剑，让一般作家非杨即墨。

胡秋原不赞成左右两阵营言论两极的论争。他在自己创办的《文化评论》周刊的发刊词《真理之檄》，以及《勿侵略文艺》等文章中，既抨击国民党当局垄断文坛，"侵略文艺"，要求还作家以自由，又批评左联不尊重艺术规律，写作什么要由组织决定，侵犯个人创作自由。他强调，《文化评论》的宗旨是：在政治上抗日，在思想上自由。

客观上讲，胡秋原提出的"文艺自由"论，在理论上和操作上均没有错，作者写什么、怎么写不应受到教条束缚、限制，发表、出版不应受到查禁。但由于"左联"受到当时国际与党内左倾路线的影响，"左联"领导人为粉碎国民党的文化"围剿"，一直秉承非左即右的思维方式，断然否认中间作家群——“自由人”的存在。因此，“左联”作家对他进行无情攻击。经过持续一年的论战，是中共中央主管宣传工作的张闻天一锤定音，才纠正“左联”的左倾关门主义。但胡秋原仍然长期被列入“另类”，直到半个世纪以后才恢复其历史公正。

当胡秋原得知周扬在“左联”成立50周年的大会上坦承：当年在文艺与政治的关系问题上，“还常常解决得不恰当，不正确，还有简单化、庸俗化的毛病”。他感到无比欣慰，还在其创办的《中华杂志》1989年2月号上，发表了《张闻天·鲁迅·胡秋原——左联时期围绕“文艺自由”问题的一场论辩》一文。他自己也曾撰写了《关于一九三二年文艺自由论辩》，回忆那场载入中国现代文坛史册的论争。

三

那次“破冰之旅”之后，胡秋原收到了家乡后学潘安兴寄去的《黄陂文史》后，写了一封洋洋万言的回信与文稿。信中既有正面肯定，也有以史家的严谨治学精神纠正了多处错误。当时，一位政协领导曾答应，拟将此信在下一集刊载。可是，那位领导退休了，《黄陂文史》出版了四期后也改版了。胡秋原一等再等，没有消息，就趁其弟胡幼民先生自美国返乡之机，拿着他的亲笔信与文稿，专程到台办与笔者交涉，笔者这才了解到此事。随后，笔者用变通的方式，在黄陂区政府主管的《黄陂乡音》上刊载此文。

事隔不久，木兰山诗词学会成立，胡秋原寄来了近作《忆木兰山》一律致贺。因他生长于木兰山麓，自幼曾习木兰拳，读书时又专门游览过木兰山，并写下了有关木兰山的诗文。其《忆木兰山》云：

自古地灵出人杰，千秋传诵木兰诗。
奇峰耸立如锋剑，巨石嶙峋似卧狮。

朝磬声回诸圣殿，彩霞光照女神祠。
荆门遥望云山外，铁甲琵琶若个奇。

他还给笔者来电，希望提供有关木兰山文物的资料，他要从学术的角度对木兰山进行阐发。于是，笔者撰写了《胡秋原的木兰情》一文，被多家报刊采用后，还在省、市获了奖。

接着，应中国社会科学院台湾研究所主办的《台湾研究》杂志之约，笔者写了一篇胡秋原评传《人格·国格·学问》，寄去请他审定。先生不仅从字词句到标点符号进行过细的修改，还给笔者寄来他的文集与相关图片资料。而后，他的《中华心·胡秋原政治文艺哲学文选》在大陆首次出版，笔者在《团结报》上发表了一篇读后感《爱心·忧心·诚心》，民革中央副主席贾亦斌老人专门将样报传真到台，胡先生收到后即回电致谢。

胡秋原在弥留之际，嘱咐家属将他生平收藏的万册图书与善本赠给家乡，并将其骨灰安葬于木兰山麓。笔者竭力参与协调，其书籍除主要在武汉大学专馆收藏外，还部分收藏于黄陂一中、黄陂三中、实验中学，以及省市图书馆，实现了先生书归故里的遗愿。

四

在一般人看来，胡秋原似乎是一个“风吹两边倒”式的人物。我带着这一问题，深入研究了先生一贯倡导的“人格、民族与学问三大尊严”和“超越前进论”（超越传统、超越俄化、超越西化前进）的思想，以及他在国家民族的重要关头不顾个人安危挺身而出的义举：当中共主张全民抗日时，他应邀前往莫斯科参与编辑《救国时报》；当中共实行苏联式的左倾路线时，他旗帜鲜明反对；当中共提出和平统一祖国主张时，他以实际行动推动……当蒋介石消极抗日，他毅然参加了反蒋的“福建事变”；当蒋介石同意抗日时，他立即归来共赴国难；当蒋氏政权与苏联签订断送外蒙的《中苏友好同盟条约》时，他不顾一切地反对；有人主张“全盘西化”，他主动站出来反对，并提出了“超越论”；当岛内“台独”与“独台”甚嚣尘上时，他左右开弓痛斥歪理邪说……总之，他万变不离其宗：他是一位超党派的爱国学者。

据贾亦斌先生透露，胡秋原首访大陆前夕，鉴于当时台湾当局和“台独”分子进行种种恫吓，中央政府考虑到他的安全问题，曾建议他秘密来访为好，但他毅然决然地坚持公开来访。他冲破重重阻挠，成功首访大陆后，尽管当时的李登辉当局开除了胡秋原的国民党党籍，限制他两年不得离境，并扬言对他“法办”，“台独”分子甚至要对他“白刀子进，红刀子出”，但他昂首挺胸以对。当祖国大陆方面按照规定，给胡秋原报销差旅费，他立即将那笔钱捐赠给教育事业。难怪邓颖超同志生前称赞他“是一位爱国主义者，具有民族自尊心的学者”。

五

笔者通过系统研究海峡两岸出版的有关胡秋原的自述、文集、论著和传记资料之后，在同人的激励下，笔者便开始撰写了我国第一部胡秋原全传，但因种种原因出版未果，我一度准备打退堂鼓。

可是，每当我闭上眼睛，在撰写此传的过程中，海内外人士的鼎力支持不断在眼前浮现：著名科学家钱伟长教授，九届全国政协副主席王文元教授，东方学大师季羡林教授，台湾“中央大学”前校长余传韬教授等，先后泼墨题词；著名哲学家陶德麟教授还惠赐了接待胡先生的赠诗。时年 97 岁的复旦大学朱伯康教授，收到笔者请求作序函后，在一周内就寄来了序言。岂料，老人未等到拙作出版就作古了。时年 93 岁的民革中央名誉副主席贾亦斌先生不仅亲自作序，还常常与笔者进行电话联系。笔者赴京拜访他时，正值胡先生刚刚仙逝，他不禁哽咽。已是耄耋之龄的台湾“国父纪念馆”首任馆长童启祥教授，不是常常电话交流，就是为笔者充当“信使”，将一封封传真亲自送到胡家……笔者又觉得拙作不出版，难以面对各位大家名宿。

于是，笔者趁一次参加长篇小说笔会之机，专门请批评家涂怀章教授、古文学家王士毅教授等，对文稿进行审定。同时，还通读了美国盲人女作家海伦·凯勒的自传，以及传记诗学的开拓者里翁·艾德尔的经典之作《詹姆斯传》，受益匪浅。受此启发，笔者采用场面化和故事化的叙事方式，将文稿再次进行修改，《胡秋原：从抗战巨笔到两岸“破冰”人》即将与读者见面。这算是遥祭胡秋原先生的玫瑰花环吧。

（原载《中华读书报》2010 年 2 月 24 日，
裴高才文《左联八十载，书祭“自由人”》）

彭邦桢：世界诗坛的“玫瑰诗人”

风靡世界诗坛的黄陂籍“玫瑰诗人”彭邦桢，生前以《诗玫瑰的花圈》代唱战歌，以《花叫》代唱建设，以《月之故乡》代唱祖国统一，以《梦·致花神之诗》代唱爱心，在世界诗坛刮起了阵阵“玫瑰旋风”。

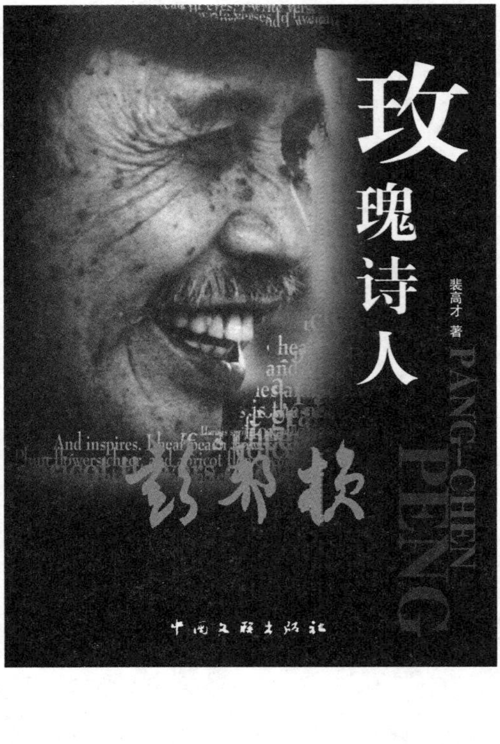

裴高才著《玫瑰诗人彭邦桢》书影

歌咏会上祭“诗魂”

自从1983年中秋之夜，他的代表作《月之故乡》谱曲后，在中国中央电视台的中秋专场晚会上闪亮登场以来，每到中秋，在内地、港澳台或海外，几乎成为世界各地华人抒乡情、解乡愁的心中之歌，几乎唱遍世界所有居住华人的地方。

在2012年6月14日的湖北、河北与台北青年联欢晚会上，笔者激情吟诵起了诗人那首名作：“天上一个月亮/水里面一个月亮//天上的月亮在水里/水里的月亮在天上//低头看水里/抬头看天上//看月亮/思故乡//一个在水里/一个在天上。”然后，笔者清唱了经刘秉义唱红的《月之故乡》，再由台北金瓯女中学生娓娓吟唱由关牧村唱红的另一曲《月之故乡》。沧桑之声与童真之音，相映成趣，台下有人不禁心动以至泪落。

中西璧合吟神韵

诗人走到哪里就把“诗玫瑰”的芳香洒向哪里，他因此荣获世界桂冠诗人奖、世界诗歌金牌奖、国际文化艺术中心“终身贡献奖”等殊荣。

笔者第一次见到“玫瑰诗人”是一个玫瑰花开的日子。当时，我正带着黄陂二中的高中学生在山乡搞社会调查。突然，一个当地学生跑得上气不接下气地告诉我：“裴老师，大彭家湾来了一对美国夫妇，我们不妨去现场采访采访。”由于我主编的《校风》报有一个《八面来风》的文学栏目，正好需要这方面的内容。于是，我就吩咐大家背着照相机，迅速来到目的地。

这时，闪入我们眼帘的是一位秃顶高鼻凹眼，从外形看是一位典型的山姆大叔的长者，正与一位穿白底蓝花的黑人女士，虔诚地跪在一个修缮一新的坟头前，手里各拿着三炷香，在插入坟头之后，又磕了三个响头。笔者当时觉得好生奇怪，这位美国人怎么对我们中国传统民间习俗这么熟悉呢？后经介绍才知，他就是轰动世界诗坛的“玫瑰诗人”彭邦桢。他不仅诗作洋溢着玫瑰的芬芳，而且他的感情世界也是独特的，把心中的一万枝红玫瑰献给了“黑珍珠”，充满了传奇色彩与诗情画意。

彭先生告诉我，他于1919年10月14日生于汉口。黄陂泡桐大彭家湾人。8岁在汉口读私塾，14岁改在故乡读书，从叔祖彭蓬邨学诗，并为“黄陂花鼓戏”戏班作一副嵌字联：“花貌足倾城，纵云寻乐一为甚；鼓声能作气，孰谓重敲再必衰？”

1937年考入楚材中学，次年抗日军兴，投笔报考中央军校十六期。1940年毕业，到重庆任国民党军少尉排长，并开始写新诗。1941—1944年，先以文书股长（上尉）为美国飞虎队服务，后以少校率青年军入印度远征作战。1945年凯旋，任国军国防部总政治部新闻局少校参谋。1949年随军去台，1950年在台发表第一首诗歌，获中国文艺创作奖。1953年曾以《载着歌的船》而名噪诗坛。随后任《中国诗选》编辑，与诗友创立“诗宗社”。1973年，在第二届世界诗人大会上，结识美国女诗人梅茵·戴丽尔博士（Dr. Marion E. Darrell），二人一见钟情。1975年与梅茵缔结连理，定居美国纽约。自1976年起，他们伉俪同任世界诗人资料中心主席5年。1977年得梅茵之助，开始写英文诗发表，并创作传世之作《月之故乡》。生平曾获巴基斯坦自由大学文学博士，世界桂冠诗人奖。1993年11月，在著名作家黄建中策划下，长江文艺出版社出版了首套华人文集《彭邦桢文集》四卷。

他与美国黑人诗人梅茵·戴丽尔因诗结缘。梅茵·戴丽尔历任美国纽约韩特学院校长、美国杰出教师，她不断从先生那里吸收中华文化的营养，先生则从夫人那学习用英文写作，并成功地在纽约颇具影响的C频道电视台专门开设了由他们主持的“电视诗歌”。

彭先生认为，诗歌的未来在青少年，为何不因势利导争取在这座联合国城召开一次世界青少年诗人大会呢？所以，在彭氏夫妇的精心策划下，于1979年在纽约甘乃迪中心召开了第十届世界青少年诗人大会，引来了世界各地万余名青少年参加。媒体形容，当时的纽约简直成为诗歌的海洋。

越洋电话犹在耳

1997年，笔者接到《中华英才》大型画报的约稿来电，让笔者写一篇“玫瑰诗人”的特稿，尤其需要诗人夫妇的精美照片十几张。可是，我手头上却只有五六张彭氏夫妇的照片。为此，笔者拨通了彭先生在纽约的电话，当时，尽管他正在病中，说话上气不接下气，但他仍表示还将在诗坛上为把中国诗歌推向世界、把世界诗况介绍给中国做一些力所能及的事。

那时，家乡武汉市黄陂区成立海外联谊会，想聘请彭先生担任会长，让笔者征求一下他的意见。当笔者拨通越洋电话时，对方却是一位女士，而且讲的是一口流利的英语。“您好！我是梅茵·戴丽尔！请问你是哪位?”，“我叫裴高才，是彭先生家乡人。你们第一次返乡扫墓，我们曾经巧遇，不知夫人记得不?”“OK，不知我能否为你做些什么?”“夫人，我找彭先生有点事，能否请他听电话?”“对不起，裴先生，彭邦桢现在正在医院住院。请您留下您的电话号码或过两天再打来，好吗?”

两天后，当笔者与彭先生通上电话时，他依然用一口地道的黄陂话告诉我，近期他身体每况愈下，这次病魔差一点把他击倒，住院长达半年之久。有一次手术竟长达6小时，休克了8次。幸亏他在夫人的精心照料下，才大难不死。笔者在寒暄之后，也说明了海外联谊会的意图，他十分爽快地答应了笔者的要求。不过，他说由于身体原因，还是担任名誉顾问为宜，以免辜负家乡父老的重托。

黄陂乡音著诗文

彭先生虽然外形酷似山姆大叔，且入美国籍，娶黑人妻，但骨子里仍然流淌着中国血，他生前一直写东方诗、唱中国歌、讲黄陂话、恋桑梓情。

1987年盛夏，当彭先生收到中国国际交流文化中心回国讲述的邀请时，这位早已归心似箭的游子，来不及同周围的友人打招呼，拉着夫人三步并作两步赶到机场踏上了归程。8月24日，彭氏夫妇一踏上故乡黄陂的热土，看到乡亲们用串串爆竹和饱蘸深情的“乡情似海”的条幅相迎。顿时，他激动得热泪盈眶，以一口地道的黄陂话对亲人说：“我在国外是多么想家啊！我一踏上归程就恨不得一步到家，今天终于感受到了家乡的温暖……”然后，他又话题一转，指着妻子说：“我俩的结合在美国登了报，几乎全世界都知道了。她既然嫁给了我，黄陂就是她的家乡。我这次是专门带她回来寻根谒祖的，也是她说要回来见‘公婆’的，你们可别嫌她长得丑啰。”顿时，把大家逗得笑逐颜开。

彭先生经常给夫人提及自己生于木兰故里，那里有一个木兰代父从军的美丽故事，夫人对此产生了浓厚的兴趣。于是，这次他们便双双登上了荆楚名岳木兰山，去一睹木兰的风采。夫妇俩站在古色古香的木兰牌坊，荡漾在烟波浩渺的木兰湖上，夫人激动得不能自已地说：“木兰胜景美不胜收，比我梦想中的景色还要美丽，真是不虚此行啊！”临行前还欣然命笔，感谢家乡对他们的一片深情。彭先生则诗兴大发，在古色古香的故乡吟咏了一首五绝古体诗《题木兰山》：“风清鸣翠竹，云淡拢青山。万壑歌流水，啸天花木兰。”

不仅如此，他还在其作品中经常反映故乡的主题，他在《故乡是传统铸成的》一文中指出：“我爱故乡的一山一水，一草一木，甚或更爱那纯朴的乡亲和父老们……”

为让中国诗歌走向世界，1993年，他与另两位黄陂籍“七月派”诗人曾卓、绿原等24位海内外诗人共同发起成立了国际华文诗人笔会。会上，他与同行切磋诗艺时说：“我在国外经常用黄陂方言写作。有人不解地对我说：‘你怎么总是那样念念不忘那些土语？’我对他们说，就中国而言，我对屈原、李白、杜甫十分推崇。而楚文化博大精深，语言内涵奥妙无穷，是中华文化的精华。而且三楚大地诗人雅士层出不穷。古时候的孟浩然，屈原也是典型代表……”在一旁的诗人田野、徐迟说：“今天到会的就有你们三位颇负盛名的黄陂籍诗人，看来这都是楚语魅力啊！”

写到这里，笔者又想起了诗人的《月之故乡》。其实，天上与水里同是一个月亮，就像海峡两岸的人都是炎黄子孙，应该像这明月一样，虽有圆有缺，但终归是圆的，而且只有圆的时候最美！

（摘自裴高才著《玫瑰诗人彭邦桢》，
中国文联出版社 2007 年版）

曾卓：率先将《江姐》搬上舞台的人

曾卓世居湖北黄陂，青少年时期在武汉、重庆与南京度过。他并非“七月派”，却是“七月”诗星；曾被胡风划为“另类”，又被硬性定为“胡风分子”；他没有做过水手，却是享誉诗坛的“老水手”，逝世后追授为“当代诗魂”。而且他是首次将《江姐》搬上舞台的人。值此纪念抗战70周年之际，笔者当年为撰写《名流百年·曾卓》，采访曾老伉俪的情景仿佛就在昨天。

曾卓

“少年雪莱”变“丑角”

笔者首次知道曾卓的名字，是“文化大革命”期间的“革命大批判专栏”。专栏里有大幅“百丑图”漫画，在漫画的右下角，是一位身材瘦弱、戴一副眼镜的书生，躺在地上洋洋自得地看书。有人甚至在一旁振振有词：曾卓者，与曾国藩同姓、董卓同名的“胡风分子”也。

笔者当时正在上中学，少不更事，就请教语文老师王希良先生，王老师私下告诉我：曾卓早年就有“少年雪莱”之誉——

那是 1939 年 1 月，曾卓送一个进步同学去延安，临别时诗兴大发，即席口占赠别诗《别》一首。此诗在重庆《国民公报》副刊《文群》发表后，一时声名鹊起。《大公报》副刊编辑谢贻征在评论抗战诗歌的一文中，称曾卓为“少年雪莱”。

当笔者要求王老师可否借到曾老诗集时，王老师即刻关上房门，从木箱底拿出一本“红皮白心”的诗集，嘱笔者看后不要外传，迅速归还。

我如获至宝，连忙把诗集塞进内衣口袋，回到家里闭门品读，但见一首《门》充满激情地写道：

> 莫正视一眼，/对那向我们哭泣而来的女郎。/曾经用美丽的谎言来哄骗我们的是她；/曾经用前进的姿态来吸引我们的是她……/让她在门外哭泣，/我们的门/不为叛逆者开！

笔者读了一遍又一遍，爱不释手，遂将《别》《门》等诗抄录下来。

在战时重庆，这位中共地下党员的诗人，除写别离（《别》《别前》《江湖》），写抛弃（《门》《断弦的琴》），写寂寞（《病中》《青春》）之外，更多地写着孤独孤单。这种孤独有着独立的沉静、高傲、反世俗，也有着热忱的献身、英勇与痛苦——“负着苦难的祖国，/又负着祖国给你的苦难”。他的诗作因此成为国统区最重要的抒情诗流派之一。

胡风将其划入“另类”

中华人民共和国成立初，作为中南地区的文艺旗手，曾卓历任武汉市委宣传部文艺处长，中共中央中南局机关报《长江日报》副社长等。可是，1955 年的一场政治风暴，他竟莫须有地成为阶下囚。

20世纪80年代初，笔者有幸识荆。曾老题赠我的第一本诗集《悬崖边的树》（四川人民出版社，1981年版），这是以一首《悬崖边的树》为名的诗集。《悬崖》一诗虽仅十数行，却颇具感染力。将诗人遇磨难而不消沉、受打压而不折腰的人格力量展现了出来。

……它的弯曲的身体/留下了风的形状/它似乎即将倾跌进深谷里/却又像是要展翅飞翔……

难怪著名诗人柯岩朗诵了《悬崖边的树》后说，她不相信写出这样诗的人就是反革命。

在笔者的印象中，曾老总是彬彬有礼，温文尔雅，真诚善待每一个人（包括有负于他的人）。他为何被列为“胡风集团”的骨干呢？曾老对笔者说：在1949年以前，我与胡风只有简单的交往。

那是曾卓在武汉与重庆读中学期间，因怀着对鲁迅的崇拜而关注鲁迅的战友与学生胡风的。尤其是鲁迅、冯雪峰、茅盾、胡风等人，同周扬等人关于“大众文学”与“国防文学”的论战，几乎成为曾卓等文学青年谈论的热门话题。

1940年夏，胡风来到重庆北碚复旦大学任教，时为该校教务处职员的曾卓，曾随好友邹获帆一起拜访过胡风。有一次，曾卓将自己的一首颇受外界好评的诗作交给胡风指教。可是，因其风格不为胡风所认同，被胡讥为“小资产阶级情调”，以致胡风在主编出版《七月诗丛》丛书时，曾卓的几位好友均出了专辑，唯独曾卓没有。年轻气盛的曾卓从此发誓：不向胡风主编的《七月》与《希望》投稿。所以，在20世纪40年代，曾卓尽管与“七月派”诗友过从甚密，但他却因被胡风划入“另类”，没人认为他是胡风派。胡风也曾写道：“我记得他从没给我投过稿，只通过几封信。”

直到1953年全国第二次文代会，曾卓和胡风的来往才渐渐多起来。不过，那也是同乡、同道的单纯交流。

然而，1955年5月16日晚上12点，随着一阵急促的敲门声，曾卓从此被当作“胡风分子”身陷囹圄，遭管制长达25年。

曾卓被逼着写揭发“同党”的材料，也给他看别人对他的揭发交代材料。当他看到阿垅写道：“他（曾卓）对文艺理论从来不感兴趣。”他从心底更感激、更怀念这些不知下落的朋友们。

在曾卓被捕半年后，公安部门没有发现他的“罪证”，只在四川国民党遗留下来的档案中发现：“运用通讯员曾卓400元。经手人：陈蓝逊。”

特务分子陈蓝逊虽与曾卓是小学同学，但在重庆从无来往。所幸后经公安部门查明，是陈蓝逊为了虚报多领，将他所知的人名曾卓、白杨、秦怡等均列为领款人。

面对自己无辜地被关押，曾卓再三要求上法院审判，为自己辩护。自然，这只是书生之见。

在狱中被单独监禁的一年多时间里，为了减轻孤独和寂寞的痛苦，曾卓决定写诗。他陆陆续续为友人、亲人与孩子写了几十首诗。其中《呵，有一只鹰……》《悬崖边的树》等生动、鲜明、独特的形象，融合着一种坚强、无私无畏、真诚、坦荡的人格力量，引起读者广泛的联想和强烈的共鸣，从而进入人们的心灵。

率先将《江姐》搬上舞台

恶劣的政治环境在摧残了诗人身心的同时，也恶化了诗人与妻子的生存环境，当诗人1957年3月27日被保外就医时，他与第一任妻子痛苦地分手了。

直至公安部从敌伪的“死档案”与“活档案”查明：曾卓及其好友绿原并非“特务”，曾卓才走出监狱，改为监督劳动改造。两年后的一个大风雪的夜晚，正在“牛棚”的诗人，看着漫天飞舞的鹅毛大雪，不禁想起了另一朵“薛”花——学生与战友薛如茵。多年之后，薛老师亲口告诉笔者：武汉刚刚解放不久，曾卓被聘为武汉大学与湖北省教育学院的客座教授，给大学生讲授革命文艺。刚刚从湖南大学转学到湖北教育学院学习的薛如茵，因此成为曾卓的学生。由于当时是上大课，他们相见不相识。

他们真正零距离接触是1951年春，在汉口召开的中南区第一次文代会上。当时薛如茵是大会宣传组的工作人员，会议期间她与代表们一起联欢，曾卓这才知道她是从湖北省教院毕业的弟子。

1952年，曾卓任《新武汉报》副社长期间，薛如茵等10人作为工作队员进驻报社，开展“三反”运动。薛利用业余时间给印刷厂工人教唱革命歌曲，曾卓为此写了一组诗赠给薛如茵，以资激励。

曾卓遭受劫难后，彼此失去了联系，直到1961年，他们才得以重逢，并终成眷属。

那是1961年10月，曾卓被分配到武汉话剧院任编剧，薛如茵为音乐编辑。在夫人的建议下，曾卓根据自己在重庆做过多年地下工作实践，以《红岩》中的江姐为主人公，投入到多幕话剧《江姐》的创作之中。

可是，剧本写成后，由于曾卓的“反革命分子”身份，是否上演曾引起了争议，争论的结果是：剧作者不能署名“曾卓”方能上演。

1962年春，《江姐》上演后，震撼了观众的心灵。因《江姐》是全国第一个根据《红岩》改编的剧本，也是向武汉人代会献礼的剧目，就连文化部部长夏衍看了剧本后，也赞不绝口。同年3月2日至26日，文化部和中国剧协还在广州召开的全国话剧、歌剧、儿童剧创作座谈会上，肯定了武汉的经验。同年底，广东、南京的另编多幕话剧《红岩》《江姐》，也借鉴了曾卓的创作成果。

曾卓夫妇为了纪念这一创作成果，给婚后出生的儿子起了一个响亮的名字：曾岩。

甘当人梯励后昆

直到1979年底曾卓才平反昭雪，享受“老红军”待遇。复出后，他不仅自己只争朝夕地创作，还利用其影响为青年作家摇旗呐喊。他送笔者一本1979年第五期《芳草》杂志，上面有他为沈虹光的小说《美人儿》所写的一篇评论《更高地飞吧》。当时文艺界有人对《美人儿》持异议，曾老主动站出来力挺，主张文艺创作要百花齐放。后来沈虹光，以及当代湖北文坛领军人物的成长，都与曾老的提携不无关系。

“长江流过我整个的生命，波涛声中震荡着我的思乡曲！”这是笔者发起成立黄陂作协时，薛老师将诗人的诗句装裱的祝贺条幅。

其实，黄陂自古以来是“诗歌之乡”，仅在当代就走出了伍禾、曾卓、绿原与彭邦桢四位著名诗人。改革开放后，曾老得知家乡的文学青年发起成立诗社，亲自为诗社会刊题名，并告诫后学要让作品在打动人上下功夫。家乡青年教师首次出版诗集，他拨冗作序激励。他动情地写道：“听到作者从黄陂打电话来时的乡音，使长年漂泊在外的我引起了怀土之恋，使我想起了为故乡莘莘学子献身的老师们，我愿借此表示一点感激之情。”

笔者生平聆听最感人的一次诗朗诵，是2001年湖北省作协迎春茶话会上。当时已经重病的曾老，是在夫人的陪伴下从医院赶来的。我坐在台下，看到聚光灯照在他脸上，神情忘我而陶醉；他那充满激情高亢的声调，抑扬顿挫……结束朗诵时，在场的诗人和作家报以热烈的掌声，有的甚至为他的诗而落泪。

正是诗人的诗歌影响了一代代人，诗人在世时频频问鼎大奖。即使在诗人逝世一年后，又获第二届国际华文诗人笔会“中国当代诗魂金奖”。笔者曾在《人民日报·海外版》上，以《三楚铸诗魂》为题，遥祭诗魂。时至今日，央视每年的新春诗会，几乎都要朗诵他的代表作。

2003年9月20日上午，笔者与武汉地区文艺界同人一道，为诗坛“老水手”送行。笔者手书“三楚铸诗魂，五洲吟神韵”为诗人安魂。

曾卓纪念碑上雕刻着体现诗人气质的肖像与“诗魂曾卓”四个鎏金大字。巨石天然而成的自然纹路，历经岁月和激流冲刷的沧桑，一如诗坛“老水手”的传奇人生。在诗人的塑像旁，则是诗人签名的手迹：“……我的诗是我的碑。我爱你们，谢谢你们!”是一部石雕手稿。

为纪念一代诗魂，笔者特将记录诗人的缪斯人生的《曾卓：当代诗魂的活雕塑》收入新著《黄陂春秋·人物传》，算是遥祭诗人的在天之灵吧!

（原载《党史纵横》2015 年第 12 期，裴高才文）

绿原：坚忍不拔的文化传承者

一

作为现当代著名诗人，绿原是获得斯特鲁加国际诗歌节金环奖的首位中国人；作为资深翻译家，其译作《浮士德》获第一届鲁迅文学奖优秀文学翻译彩虹奖；作为有建树的编辑家，他曾在国家级出版社主持外国文学出版工作多年。

在斯特鲁加国际诗歌节上，诗歌节主席向绿原（中）颁发金环奖（1998 年）

绿原（1922—2009年），本姓刘，生于湖北省黄陂县六指店之渣湖梢下刘湾。小名冬生，谱名从善，学名仁甫。其父刘玉珂是一位士人，以文牍、竹雕、摄影为业；母亲徐氏，乃教书先生之女。

黄陂《刘氏族谱》载，黄陂刘氏来自江西紫溪镇，始祖为明成化丁未科进士，历任河南开封府知府及湖北按察使，留下了“诗书抚国，忠厚传家”遗训。刘仁甫为黄陂刘氏第十七世孙。不幸，刘仁甫父母早亡，由长兄刘孝甫资助幼弟完成了初等教育。小学毕业后，仁甫考入湖北省立二中。1938年刘仁甫初中毕业，南京沦陷，武汉成为抗战文化中心，各种报刊打开了他的眼界，报告文学和新体诗歌特别吸引他。当日本兵从长江下游打到湖北边境时，16岁的他告别了家乡父老，向西开始流亡生活。

二

在恩施高中分校读了两年书，刘仁甫于高二暑假离校抵达重庆，年底进入中国兴业公司钢铁部图书馆当练习生。此间，他开始了新诗创作，使用“绿原”这个笔名，写出《夜的风景诗》《小时候》《送报者》《星的童话》等诗篇。《送报者》以纪念勇敢的《新华日报》报童，载1941年8月11日《新华日报》，是绿原最早发表的诗作。其他诗作随后发表在重庆国民公报副刊《文群》、桂林《诗创作》《文学杂志》等刊物上。同时，他结识了重庆复旦大学诗社《诗垦地》的朋友们。1942年初考入复旦大学，边读书边与邹荻帆、姚奔、曾卓、冀汸等友人合编《诗垦地》。同时在《诗创作》《诗》《现代文艺》等刊物上继续发表《在今夜》《行进，歌唱》《花朵》等诗作。

胡风在桂林筹编《七月诗丛》时，通过邹荻帆向绿原也约编了一本——绿原首部诗集代表作《童话》，于1942年底在桂林出版。《童话》清新的诗风在诗坛引起关注，之后几年对两岸特别是台湾的一些青年诗人产生过影响。著名诗人痖弦曾评论《童话》说：“何其亲切！何其质朴！五四以降，像这样天真烂漫晶莹剔透的可爱小诗，实在绝无仅有。”台湾儒家美学诗人向明评论说：“《童话》对于抗战时的知识青年，和早年的台湾青年诗人都有极大的鼓舞作用。我亦承认曾受绿原诗的影响。”

三

1944年国民党当局为来华参战美军征调大学生充任译员，在复旦大学念书的绿原借用“周树藩”之名随同学一起被征调。结业后，他先被分配到“航空委员会”，旋因未随集体参加国民党被认为“有思想问题”，被通知改去“中美合作所”。对此变故绿原很惶惑，于是他跑到胡风乡下的家里面议。胡风听闻过戴笠的恶名，认为该机构去不得，绿原就没去“中美合作所”报到，结果遭到国民党特务机关的暗令通缉。胡风托文友何剑熏帮他离开重庆，去川北岳池县新三中学教书。

抗战胜利前后是绿原新诗创作的第二个高潮，民族的苦难和批判旧世界的激情渗入他心间，化作他笔下一首首的政治抒情诗，如《终点，又是一个起点》《复仇的哲学》等。这些长诗在《希望》杂志发表后在国统区的青年中引起了广泛影响，常常在一些群众集会上被朗诵。

四

1947年绿原返回故乡武汉，第二年老友曾卓也回来了，年底绿原加入中国共产党。武汉解放那天，绿原参加了青年团团市委在金城银行楼上组织的宣传工作，写标语、编《解放新闻》副刊，忙了一个通宵。6月，由组织安排进入中共中央中南局机关报长江日报社，任文艺组负责人。7月，去北平参加了第一次全国文代会。

几年来，他陆续出版诗集《又是一个起点》《集合》《从一九四九年算起》；翻译惠特曼、桑德堡的诗作及维尔哈伦的戏剧《黎明》，刊于《大刚报》副刊。

1953年绿原调往北京，在中宣部国际宣传处工作，任组长至1955年。1955年，胡风的“三十万言”上书引发“胡风文艺思想批判”运动，胡风旧交舒芜将胡风解放前与他的私人通信作为“政治证据”交于《人民日报》记者。书信层层传递，被掐头去尾地摘编后呈报最高层，“胡风思想批判”变性为“胡风反革命集团”案件，不但胡风本人被捕，而且涉案2000多人。

五

1955年5月17日，绿原与平日上班的中南海被隔离，之后失去自由7年。因读过胡风上书的部分内容，他被定为“胡风骨干分子”。在胡风家中抄出1944年绿原写来的求助信，又被先入为主地断定绿原到过“中美合作所”，是“中美合作所特务”，未经调查核实，6月10日就在《人民日报》上被“公之于众”。

被囚禁的日子，为了不让意识流向癫狂，也为了在看不见的将来还能为社会服务，绿原选择了自学德语这块硬骨头来啃。利用家里送来的工具书和当时买得到的德、英语版马恩两卷集及多语版《和平民主报》，开始了艰苦的自学征程。从1956年到1962年，绿原自学德语达6年之久，不知不觉已能利用词典攻读比较艰深的德语原著，其中读得比较顺利而又细致的是《共产党宣言》和《费尔巴哈和德国古典哲学的终结》。

1962年，他“戴帽”离开监狱，被安排到人民文学出版社编译所，曾以“刘半九”作为笔名，翻译了若干德国古典文论，多发表在中国科学院哲学社会科学部外国文学研究所主编的《古典文艺理论译丛》上。

六

“文化大革命”开始，“横扫一切牛鬼蛇神”，绿原面临永世不得翻身的厄运。6 月他被通知参加文化部集训班，在社会主义学院集中学习了一个月。集训班一结束，马上进入人民文学出版社集训队，接受革命群众的“专政”。1969 年绿原下放到湖北咸宁文化部“五七干校”，长期驻大田工棚，是下干校时间最长的学员之一，直至文化部“干校”撤销，1974 年底押运原单位家具，才最后离开咸宁回京。让他痛心的是“胡风案件”及血统论祸及家里三代人，所谓出身问题纠缠着每一个子女：小女儿为此遭遇离婚丧子，两个儿子参加高校招生考试，笔试通过，政审因“家庭问题”不合格，被拒大学门外。

七

1977 年绿原重新回到人民文学出版社。1980 年胡风错案平反，他恢复了中共党籍。1981 年任人民文学出版社外国文学编辑室副主任，分管欧美文学的编辑工作。1983 年任人民文学出版社副总编辑，分管外国文学编辑室的全面工作。

绿原亲自组织并编发了德语国家和北欧国家的大量书稿，其中以理论著作居多，如莱辛的《拉奥孔》、海涅的《论浪漫派》《海涅选集（批评卷）》、凯勒的《绿衣亨利》《德语国家中篇小说选》等多种。

作为编辑家，绿原除致力于译稿的忠实和流畅（对一些重要理论译稿往往逐字逐句校对）外，还认真细致地修改或撰写“译本序”“出版前言”或“译后记”等，争取帮助读者更好地阅读。作为评论家，他还为人民文学出版社出版的外国文学名著撰写过风格多样化的评论。同时，他还推出了一系列具有长远价值的重大名著，如《高尔基文集》《巴尔扎克全集》等。他还和同人共同促进了人民文学出版社外国文学编辑工作的系列化，如《外国文学名著丛书》《外国文艺理论丛书》等，以及与上海译文出版社共同创编了《二十世纪外国文学丛书》。

“文化大革命”结束后，绿原翻译了大量的外国文学作品，其主要内容收入即将出版的10卷本《绿原译文集》中。1998年4月，绿原在人民大会堂领取其《浮士德》中译本所获鲁迅文学奖全国优秀文学翻译彩虹奖。2004年11月获中国翻译工作者协会颁首批“资深翻译家”证书。2007年7月，又获得首届“中坤国际诗歌奖”的诗歌翻译奖。

八

在新诗领域，绿原从1941年一直耕耘到2009年，达68年之久。前14年，他经历了抗日战争和解放战争，迎来了中华人民共和国的诞生。之后25年，他不幸遭遇了“胡风反革命集团”案件，失去了写作自由，甚至人身自由。在被迫沉默的年月里，缪斯没有与他分手，诗在他心中煎熬、浓缩，日后整理出来的作品精神密度极高，凝聚的精神能量不亚于他诗路开始的前14年。走出炼狱后，他又写了近30年的新诗，进入个人诗歌创作的第四阶段。他陆续出版了《人之诗》《〈人之诗〉续编》《另一支歌》《绿原自选诗》《向时间走去——绿原短诗新编》等诗集。

绿原诗歌创作研究专家陈丙莹认为，绿原新时期作品的人文思想融合着自己人生阅历中各种人文情思的切身感受，并自觉继承与发扬了以欧洲文艺复兴为发端的，在中国则是以鲁迅为代表的“五四”新文化、新文学引起的积极的人文精神传统；对于那些躲避崇高、矮化人性、消解理想、肢解人文精义等说辞他是坚决拒斥的。在他的诗歌中，以生动地展示“人”的艰难、奋勇的前行途程，和高扬大写的“人”的壮勇、壮美品性，表达了这些发人深省的思想。

20世纪末，绿原荣获第37届斯特鲁加国际诗歌节金环奖，2003

年又接受了国际华文诗人笔会颁发的“中国当代诗魂金奖”。绿原说：“自从我懂得一个诗人必须与人民同甘共苦，诗便日益成为我试图在苦难和斗争中探索人类精神美的途径或桥梁。这时我的一个座右铭就是‘只有人生至上主义者才能成为艺术至上主义者’。正是在这个信念的告诫下，我始终羞于以轻佻的态度接近诗……”

九

三栖文化之子绿原，他的名字正像默默耕耘的土地。他用诗歌记述了个人对历史、对人生的真诚感悟，并以翻译与出版为路径，将世界文学中的真善美介绍到中国，他自觉肩负着人类文化的传承之责。异于常人的是，绿原的成就是在困厄环境中取得的：他生于清贫之家，且父母早亡；自幼身体羸弱，曾有人预言他活不过30岁；他遭受过国民党的迫害，又当了25年囚徒与贱民。在政治、经济与身体长期处于弱势的条件下，不向命运低头，永远朝前走，这就是绿原真实的人生道路，更是他为后人留下的精神遗产。

（原载《武汉春秋》，刘若琴文）

冯今松：农民泥塑“红色经典”的推手

冯今松笔下的皎洁莲花、馥郁的幽兰、映雪的红梅……既承续了唐、宋、元的彩画语言，具有“可解，不可解，不必解”的三重境界，又从西画的现代形式上得到启迪，通过画面传达其心声；他以宽容祥和的心态，成功地创作出许多魅力四射的写意杰作，向数十个国家和地区展示了中国人的水墨世界。

冯今松在其作品《荷塘月色》前留影

冯今松（1934—2010年）是从黄陂走出的、享誉中外的中国花鸟画大师，而他助推的黄陂农民泥塑“红色经典”，曾产生了空前的轰动效应，至今仍余响绕梁。

那是1972年，刚刚由华中师范学院美术系，调任湖北美工队副队长的冯今松教授，兼任湖北省美术摄影展览办公室负责人，负责组织全省的美术创作，并向全国美展推荐作品。

1973年仲秋，冯今松与美工队画家陈立言合计，选派湖北艺术学院雕塑专业老师前往黄陂木兰山下的铁矢墩，以“三同”（同吃、同住、同劳动）的名义体验生活，并以师徒形式培训了农民泥塑人员。

冯今松见大家下乡收获不小，决定进一步因势利导。

早在清道光到光绪年间，长江发过两次大洪水，将归元寺全部淹没。归元寺的五百罗汉尽管经历了两次洪水的浸泡，却完好地保存下来。眼光独到的冯今松，从“黄陂的泥菩萨能过江”中得到启示，他根据当时的政治大环境，大胆决定改变思路，指导基层创作。即利用现实革命题材，让泥塑作品由庙堂走进陈列馆，以此抢救传统泥塑工艺。

为此，他亲自深入黄陂农村作调查研究，拜民间艺人为师，随后会同黄陂文化馆馆长曹家顺，于1973年10月底在黄陂县文化馆，举办了首批农民泥塑训练班。农民泥塑学员结业后回到各自的社队，马上动手创作。一时间各村都出现了“泥塑担”“泥塑篮”“泥塑陈列室”等不同形式的泥塑创作和展览方式。

1974年，当他在湖北省美术作品（草图）观摩展上，看到黄陂选送的两件农民泥塑小稿后，他十分自信地对大家说：“黄陂农民泥塑一定能推陈出新！”

一句成真。同年黄陂农民就有60件泥塑作品在湖北省博物馆展出。湖北电影制片厂拍摄了《泥塑担》新闻纪录片，在全国播放。

与此同时，冯今松联合专业院校，会同黄陂县在基础较好的“泥塑之乡”李集与泡桐，开办农民骨干泥塑工艺“提高班”——“社来社去试点班”。试点班于1975年5月在李集中学（今黄陂二中）开班，招雕塑、美术青年农民学员30名，学制一年。学员学习期间，一批创意精美、造型夸张、充满泥土气息的作品诞生了。

接下来，黄陂泥塑首先在全省打响了名号：湖北省委书记韩宁夫率全省各县县委书记，省文化局长及各县文化局长先后参观了黄陂农民泥塑；《湖北日报》发表了长篇调查报告，中央新闻电影制片厂来陂拍摄了《泥塑新花》和1975年29号《新闻简报》，湖北电影制片厂拍摄了纪录片《山花烂漫》；湖北人民出版社出版了《黄陂农民泥塑》与《湖北黄陂农民泥塑选》。黄陂农民泥塑更造就了项金国、傅中望、陈育村、李三汉等一批湖北专业雕塑家。

随后，冯今松又向中国美术家协会秘书长华君武推荐，希望让黄陂农民泥塑在全国巡展。当华君武看了湖北送审的“木兰从军”草图后，兴奋不已，他力邀著名美学家王朝闻、著名雕塑家刘开渠一起，亲临黄陂参观指导，并当场拍板，将黄陂农民泥塑作为特色典型在全国巡展。1977 年 10 月，黄陂选送的 100 件农民泥塑作品与重庆工人雕塑一起，在武汉展览馆参展，反响不错。时至 1978 年 8 月 10 日，黄陂泥塑首次在北京中国美术馆展出。党和国家领导人，以及国际友人观看后，给予高度赞赏。年底，文化部在成都召开了黄陂农民泥塑与重庆工人雕塑现场会。华君武笑称，这是“中国美术界的又一颗‘工农联盟号’原子弹”。

继而，随着人们思想解放，包括木兰将军、关公、董永与观音等一批历史题材泥塑，又重放异彩。农民泥塑的题材可谓古今中外，异彩纷呈。所以，现在的欧洲美术界依然将中国《收租院》、工人雕塑、农民泥塑排在罗丹的作品之前。

1979 年，黄陂正式兴建了泥塑工艺厂，投入批量生产后，年产量达 400 万件，农民泥塑产品行销 29 个省市区，以及亚、欧、美等 17 个国家，享有“泥塑照相机”的美誉。

1982 年，中国人民的老朋友、著名社会活动家路易·艾黎，慕名来到黄陂泥塑厂现场体验。艾黎参观诸如木兰系列的农民泥塑后，惊叹不已。也许是他想试试农民泥塑艺人的手艺，他要求厂方现场给他塑一个半身像。一位人称“泥人易”的艺人满口应承，他现场仔细端详艾黎，手托泥坯揉捏，仅 40 分钟，就为其塑制出了一尊形象逼真的半身像。集作家、诗人、社会活动家于一身的路易·艾黎老人，回去后成为黄陂泥塑的义务“形象代言人”，以图文并茂的形式在海内外推介。第二年，他又专门带来了中央新闻电影制片厂摄影师，摄制了《中国黄陂泥塑》电视纪录片，随后在央视热播，并传播到海外。此后，美国、日本、加拿大、英国等国际友人，带着对黄陂泥塑的神奇向往，相继造访黄陂泡桐这个中国内陆小镇。工厂还承接了一批批海内外订单，从而让以孝义为主题的木兰系列泥塑走向海外。

由“泥塑王”到“哥特王”的王启新，获得发明专利40多个，而且当了老板后，又返乡开发云雾山自然生态旅游区，并专门成立开发传统泥塑工艺的龙头企业——“泥人王”有限责任公司，聘请当年参加泥塑培训班的彭维楚为技术总监。时下，已开发出石膏、树脂、低温陶三类不同材质的泥塑产品，产品分为木兰系列、孝亲敬老系列等，合计80多种，每天有近千件黄陂泥塑产品进入中百仓储等大型超市。目前黄陂泥塑还被列入湖北省非物质文化遗产保护名录。

“今楚奇才画坛痛失冯夫子；松风独步莲说美媲周哲人。”如今，吟诵着诗人罗向阳吊唁冯今松远行的挽联，更加怀念冯老重振黄陂农民泥塑雄风，弘扬孝义文化的“红色经典”创举。

（原载《孝义感动中国》，湖北教育出版社2014年版）

傅炯业：舞文弄墨两相宜

中国作协会员傅炯业，长期在洪山耕耘，在他已出版的约450万字作品中，以报告文学与散文见长，其代表作《月牙为证》曾荣膺文化助残“沃土奖”。同时，他的书画也在各地参展并获奖，他还发起创办了洪山区文联与作协，并兼任两会主席。

傅炯业在作代会上

1939年8月，傅炯业出生在湖北省黄陂县研子岗傅家大湾。由于家境贫寒，幼年就当放牛娃。1945年9月，他被父亲一根扁担挑到了汉口单洞门的一个低矮的芦席棚里落脚。由于勤奋好学，他小学毕业后考入武汉市第一师范。此间，他阅读了第一部长篇小说《钢铁是怎样炼成的》，从而萌发了写作的愿望。他开始创作的长诗《战斗在潜江》、童话《乌龟的命运》曾在学校征文中获奖。毕业后，被分配到位于市郊的武汉市蔡家湾中学任教。在繁重的教学之余，他办校刊、画板报，写标语，写诗，他有多幅美术作品参展和发表，也有诗作见诸报刊。

自30岁起，他先后在洪山区文教局、宣传部与文化局工作，他写下了大量的调研报告和通讯报道，也尝试写下不少报告文学作品与针砭时弊的杂文，还编导拍摄了洪山区第一部电视专题片《今日洪山》（上下集）。他的第一部报告文学集《来自特一号的报告》，由长江文艺出版社1992年出版。

在任文化局局长期间，他于1990年筹建了武汉市第一家区级文联与作协——洪山区文联与作协，创办了区级文学刊物《洪山花》。1993年退居二线后，开始了20余年的文学耕耘，并以73岁的高龄被中国作家协会吸收为会员。

傅炯业的笔耕生涯，以报告文学为主打作品。这与他对社会的关注、对英雄模范人物的关注、对弱势群体的关注不无关系。在他的报告文学作品中，《月牙为证》是以讴歌残疾人自强不息精神为主旨的专著，他因此获得了武汉市政府颁发的文化助残“沃土奖”，还享有为残疾人树碑立传中国作家“第一人”之誉。之后，他又创作了两部与残疾人事业有关的报告文学《太阳为证》和《鼓舞交响曲》，同样引起反响。

与此同时，他还创作了数百万字的散文、杂文、诗歌、电视专题片脚本等作品。每当夜深人寂，他独坐灯下，梳理生活的阡陌，咀嚼人生的甘辛，喜怒哀乐皆成文章。其中，他的散文因文字优美、逻辑严谨，拥有众多“粉丝”。《湖北日报》曾专门为他开辟了“人生感悟”专栏，他连续发表了《进与退》《忧与乐》《荣与辱》《爱与恨》《恩与仇》《雅与俗》等系列哲理杂文，受到湖北杂文界和读者的好评。在“行万里路，读万卷书”的理念驱动下，他曾行走于祖国各地的名山大川，去感悟山水、亲近大自然。他还远赴亚非欧十几个国家，每到一处他都激情难收，然后将所见所感变成美妙的散文。这些散文主要集中在他的散文集《夜阑听雨》和《高飞远走》之中，也散见于多种报刊。

不仅如此，傅炯业在书法、美术、摄影上也可圈可点。他的书法以隶书为主，兼修篆体。其作品笔力遒劲，颇有神韵，独具个人的风格和风骨，除多次在多地参展外，还被一些寺庙收藏。其书画作品曾获第四届全国重阳书画奖、2014 年“全国书画 500 强”等称号。

对于故乡黄陂，傅炯业一直留存于其心灵深处。2015 年，他将自己 70 年的人生经历写成的 50 万字的自传体文本《蓦然回首》出版后，主动向黄陂图书馆、档案馆赠书，还在“傅炯业故乡情《蓦然回首》赠书会”上，给家乡每位获赠书者撰写励志楹联一副。

作为古稀老人，傅炯业依然关注社会，近年来他先后完成了《足迹》《鼓舞交响曲》两部“雕塑大武汉”的写作。他还通过给“武汉印象”撰文，表达了一个老市民对武汉变化的讴歌。

（此文系胡兴武采写，原载《湖北作家》）

赵金禾：小石头的身份

走进文学园地，要说到一个人：我的小学老师、诗人鲁合。他的诗作上过《诗刊》，上过《人民文学》，上过周扬和郭沫若主编的《红旗歌谣》，我崇拜不已。

赵金禾（右）、裴高才在作代会上

鲁老师教我写诗，作文，还送我一本书，叫《钢铁是怎样炼成的》——书中保尔·柯察金那段回忆往事的著名独白“不因虚度年华而悔恨，不因碌碌无为而羞耻……”一直营养着我的人生。保尔的心灵超越国界，超越时空，与一个中国乡村少年的心灵幽会。

我初中开始了写作。刘绍堂是我的榜样，只是我的写作屡屡遭遇退稿。我不以为耻，想着失败是成功之母——以至将这话写在手心上、刻在课桌上、贴在床头上。我不知这碍着哪一个，也不知我们班的班长代表谁，他不该站在教室讲台上，举起我的一包退稿，像董存瑞举起炸药包，面对全班同学说，赵金禾要是能够写出文章来，我拿脑袋给他垫坐。

在相当长的一个历史时期，我的奋斗目标就是要拿他的脑袋垫坐。我要让班长的判言失误，让鲁老师的期望没错。

1962 年我从孝感师范专科学校毕业，自愿到安陆乡下教书。那时候的口号是“到艰苦的地方去”，“到祖国最需要的地方去”。我真的去了一个叫长岗小学的地方，教六年级，只有六个学生。我很敬业，也很敬诗神：业余写诗。

校长是反对我写诗的。他的理论是：人的精力有限，写诗占去一定的百分比，就不能百分之百忠诚党的教育事业。

校长要我保证不再写诗，我假保证。

校长实行了灯火管制，夜里不能有灯光。我把白纸折叠成条形，摸着黑，顺着折叠处，一折折写。写了一夜，第二天一看，字咬字、字压字，难以辨认。夜里接着再写，结果是写了跟没写一样：钢笔里没有墨水。

第三个夜晚，胜利终是属于我。这首不算短的诗在《武汉晚报》文艺副刊发表出来。那天邮递员把样报送来，我在操场上体育课，有老师朝我扬着手里的报纸，像扬着胜利的旗帜。

下了课，校长把我叫到他办公室，敲着报纸说，这就是你的保证？大约是我没能掩饰住自己的胜利，校长拍桌说，屡教不改！

我“不务正业”，名声坏了。

1964 年恰逢县里成立毛泽东思想文艺宣传队，领导从报上看到我的名字，问，这是不是我们县里的那个赵金禾啊？有人说是。县里要调我，校长不放人。县里说，他在你那里不务正业，到了我们这里正派上用场。校长拗不过县里，我终是被调到宣传队，既当演员，又搞曲艺创作（算是专业创作啦）。

“文化大革命”宣传队解散，我调到了安陆报社，后来到宣传部搞通讯报道，再后来借调到中央人民广播电台湖北记者站当记者。此时算是完成了我当教师、当演员、当记者的三个愿望，不能不说是奠定了我写作的基础。

那三个时期我写过不少东西，评论、散文、杂文、通讯、报告文学，统计起来总有千余件吧。我也写过为数不少的小小说，在上海《小说界》杂志获过像样的奖，得到过评委茹志鹃的盛赞。《自己报告自己》的报告文学，获得过文化部举办的全国征文一等奖。小通讯《她她他》，获得过全国第二届好新闻奖（1980 年。至今是全国高校新闻系教材）。

但这些文坛不认账。进入文坛的入场券，好像只有小说，有分量的小说。我也努力想写出有分量的小说，我想进入文坛呀，我想加入作协呀，想要那个名分呀。请原谅我的动机不对。人的行为动力，一开始并不都是纯洁的呀！

有一年我写了篇自鸣得意的小说，所谓有分量吧，寄给一位熟悉我的女编辑。她曾专门来到安陆，带着我的稿子，对我说，我劝你不要写小说，你看你的杂文写得多好，你的《毛遂不避嫌疑》，我在《人民文学》上看到的，后来入选高中语文课本，又入选中专语文教材，这是了不得呀金禾。我多么想编发你的小说啊，我是恨铁不成钢呀，你为什么一定要写小说呢？

女编辑的真诚让我感动，从此我 10 年没写小说。直到 10 年之后，也就是我 53 岁的时候，我对朋友说，我要重新写小说啦，而且要写中篇。我的第一部中篇叫《先生耐寒不耐热》，发表在《长江文艺》，引起热议。有长篇评论评《〈先生耐寒不耐热〉现象探究》，探究作品的艺术、思想、传承——传承了《红楼梦》的语言与张力。我佩服评论者的独到眼光。我是读过五遍《红楼梦》的呀！

至今我已经有70余部中篇问世。1996年是个话题。那一年我发表了《学习》《宣传》《请你吃咸菜》《朝朝暮暮》等11部中篇，6部是刊物头条，其中《人民文学》两个头条。有评论认为“赵金禾火了”，出现了“赵金禾现象”“赵金禾年”。

其实我还是我。退休前我在安陆市文联供职，做着我的文学艺术工作。我只是觉得写作者的生活是没有多余的。我生活着，我感动着，便进入了我的小说，所以我的小说总有一种温情的感动，尽管也尖锐，我总是寻求感动。

说起来有趣，我的小说《宋老的感慨》、杂文《毛遂不避嫌疑》、散文《陪客赋》曾先后被安陆市政府、安陆市纪委当文件转发过，这在中国作家当中是绝无仅有的，也应当是空前绝后的，我遇上了，我并不视为荣誉，视为我多了些党政干部读者。我在安陆的知名度让我有更多的朋友，他们是我写作的素材库。有时我的写作卡了壳，只要到大街上去走一走，遇到一位朋友或熟人，我就能从素材库里取之用之，我的写作顿时通透起来。

我在一个大学去讲文学的时候，有学生提问，你能说说你是哪类作家吗？我记得我是这样回答的：我属于运气不佳、才气不大的那种。我不是走红作家。老天造就了我这样一个人，我就服从上帝分配吧。我是“这一个”吧。没有“这一个”是单调的，这也是我这个作家存在的理由，被忽略可以，被抹去没理由。寻乐境乃学仙，避苦境乃学佛。我活在自己的境界里寻乐，也叫“诗意地栖居”吧。我们黄陂有句老话，石头砌墙，大石头还要小石头塞呢。做个小石头也不坏。

我给自己定位：小石头身份。自重，不自弃。

我今天75岁啦，我不能说是我生命的倒计时。人活着就要干活。我极为佩服金圣叹的“消遣法”理论。他说“水逝云卷，风驰电掣”，我们都会“去而已矣”。我们先听其生，后听其去，没有什么可惜的，这其间幸而犹尚暂在，随意自作消遣批《西厢记》而已矣。他说诸葛公之躬耕南阳，是消遣法。陶先生之不愿折腰，飘然归来，亦消遣法。天子约为婚姻，百官出其门下，堂下建牙吹角，堂后品竹弹丝，又一消遣法。日中麻麦一餐，树下冰霜一宿，说经四万八千，度人恒河沙数，亦一消遣法。我想以前写了那么多文字，现在又应乡贤裴高才兄之邀写此文，何尝不是消遣法呢。

我们都逃不脱“水逝云卷，风驰电掣”，也就随时准备听从上帝的召唤吧。前几年，我见富道兄给一位去世作家的挽联写得好极，便想请他为我事先写一副。我说，趁我活得好好的，也能好好地欣赏你写给我的挽联，不然你写得再好，也只能给鬼看。

于是他写了，的确不错，活人看到写给自己的挽联，也是消遣法之乐。作为此文的结尾，抄录在这里，也供读者一乐。现在加上标点，便于断句：

> 前年宣传，去年宣传宣传，哪知道在这里宣传又宣传，早知道哪个敢来；
>
> 今日学习，来日学习学习，谁晓得到那边学习不学习，要晓得谁人想去。

（本文系赵金禾应邀为本书所写专稿）

傅中望：雕塑家的艺术人生

著名雕塑家傅中望，历任湖北美术院副院长、湖北美术馆馆长、中国雕塑协会副会长等，是国家一级美术师，享受国务院特殊津贴。

傅中望（右）、傅炯业

根在黄陂

追溯傅中望的艺术人生不能不从湖北黄陂说起。他 1956 年 1 月 2 日生于汉口，祖籍黄陂罗汉街研子岗傅家大湾。他的祖父傅世泰是乡里木工的“掌墨”师傅，其父傅昌鹏是汉口服装厂的工人，也是工厂服装设计、技术改造等方面的能手。由于耳濡目染，小中望对木工和绘画特别感兴趣，读小学五年级时，他已经协助祖父能为家里和邻居做柜子、凳子。此外，还喜欢纸上涂鸦，连环画、国画，无师自通。“文化大革命”期间，学校推荐他到青少年宫办的美术班参加培训，他如饥似渴地画石膏像、静物、人像素描、速写，这次基础学习对他日后学泥塑和考大学都起了重要作用。

作为下放知识青年，傅中望、傅中亮兄弟于1974年回到黄陂老家——研子公社联丰大队杨家垱生产队。次年，生产队长听说傅中望能写会画，就把办大批判板报的事交给他。接受任务后，他粉刷墙壁，用美术字写大标语，办了一个图文并茂的板报。一天公社党委书记张文波到杨家垱检查工作时，看到了这个板报，眼睛一亮：没想到这个不起眼的小山村还有高水平人才。张书记一锤定音：这个办板报的小青年跟我走。傅中望到了公社后，画板报，画学大寨远景规划图，修农具，修桌椅板凳，样样干。这一年，正好是湖北美工队在黄陂县文化馆举办农民泥塑培训班，公社推荐傅中望前往参加。当时辅导泥塑班的有我国著名雕塑家钱绍武、司徒杰、王福臻等。在学习班中，大家除了学习泥塑技法外，就是命题创作，即向《收租院》学习，用泥塑展示村史、家史。在学习班，傅中望的美术功底最扎实，他的素描、设计、制作就像学过多年美术的老手。钱绍武预言：傅中望是棵雕塑苗子，但愿有朝一日能进京深造。

回到公社后，傅中望也办了一个农民泥塑培训班，并在联丰大队办起了泥塑展。一个小小村湾能办起泥塑展，成为当年一大新闻。傅中望创作的泥塑作品《木兰山下的怒吼》《不干喝西北风吗》等，不仅参加了在武汉、重庆、北京办的“黄陂泥塑、重庆工人雕塑展”，还在《人民日报》《湖北日报》上发表。

1977年，傅中望离开故乡，返回武汉。经湖北美院刘艺海老师的推荐，进了湖北省博物馆，主要从事文物复制工作。

艺苑求索

博物馆是个文化底蕴非常丰厚、文化氛围特别浓郁的地方，特别是历史知识、考古知识让傅中望受益匪浅。他的雕塑作品《千秋不朽匠人心》，就是此间的见证。1980年，他以优异成绩考取中央工艺美术学院，这是他人生的重要转折点。

进了中央工艺美术学院装饰艺术系雕塑专业，傅中望在造型艺术、文学、哲学、戏剧、音乐等多方面，不断丰富自己。当年文艺界思想解放的大潮涌动，不同流派的讲座、展览、演出层出不穷，傅中望一般都不放过这些学习的机会。在这些课外学习中，他对各类知识兼收并蓄，尤其对德国包豪斯学院的创新设计精神，对现代艺术大师马塞尔·杜尚的革命观念，对雕塑家布朗库西、阿普尔、亨利·摩尔等人抽象的艺术式样等，潜心研究。加上学院教育，使他对艺术造型的多样性、设计的哲理性、视觉元素的选择性，均有更深的感悟。他曾利用毕业实习的机会对不同雕塑材料进行摸索，如石材、木材、陶土等，他都进行过创作尝试。他的毕业创作《少女》荣幸入选《全国高等艺术院校师生作品选》。

1983年，傅中望毕业回到武汉，回到了曾经工作过的湖北省博物馆。为了进一步提高自己对民族雕塑的认识与理解，他曾历时三个月到敦煌、麦积山、云岗、龙门、大足等石窟进行考察与临摹。他还借鉴阿尔普的创作手法进行自己的创作实践，有《跳》《生命的使者》《慧眼》《鸡的王国》等4件作品入选全国美展。时任湖北美术院院长的著名画家唐小禾注意到这颗艺术新星，将傅中望调到省美术院雕塑创作研究室任副主任。

此间，傅中望对城市雕塑有一种使命感。首先，他牵头策划了美术院“四人雕塑群体”，担起了城市雕塑的重任，仅在武汉他们就留下了磨山楚城的《祝融观星》、黄鹤楼公园的《岳飞》、楚才园的诸多雕塑等系列作品。一时间，湖北雕塑界的“四条汉子”驰名遐迩。

1984 年，他提出的《城市雕塑方案》，参加了当年全国城市雕塑方案展，引起了业界的高度重视。从此，他跻身城雕专家行列，被选为全国城市雕塑指导委员会艺委会委员。接着，他创作的《天地间》《回归》等 11 件作品参加了 1986 年的湖北青年美术节作品展，并在中国美术馆展出。他撰写的论文《环境中的雕塑形态》入选第二次全国城市雕塑研讨会。

傅中望的城市雕塑作品还在全国大放光彩。12 米高的《天地间》成为青岛城雕的力作，深圳的《地门》、北京的《远望紫禁城》、威海的《画中画》等，均在全国获奖。

突破自我

在中外艺术变革思潮的冲击下，傅中望也要找到一种自己独有的雕塑语言，以阐发他对世界的理解。他曾尝试过金属焊接的雕塑实践，他的《金属焊接作品 A_1—A_{13}》，入选 1989 年的《中国现代化艺术大展》。

不过，在傅中望看来，这些尝试还有“嚼人家嚼过的馍”之嫌。他要追求的是完全属于自己的原创性的东西，这原创性的东西在哪里呢？他陷入了苦苦的思索。是武汉大学召开的“中国文化研讨会”启发了他。会上有位专家说：原创性的追求应该从中国文化中去寻找。在另一次建筑研讨会上，一位建筑家的话更让他茅塞顿开。这话是：中国的斗拱就是最好的立体构成。由此，他想到中国建筑中榫卯结构的分割与契合性，继而想到出土文物中的棺椁、木器，想到自己少年时代从事木工时对榫卯的关注与运作……榫与卯，一凸一凹，一阴一阳，这不正是对中国文化最简洁的表达吗？1988 年，他用中国木匠常用的手法制作了一件题为《蝉》的作品，在审视这一作品时，他突然觉得，榫卯就是自己要寻找的东西。

1989 年，傅中望首次推出《榫卯结构系列》，其作品全部入选第七届全国美展，《艺术与时代》《中国美术报》、中央电视台分别发表了评论与介绍。这对傅中望的“榫卯艺术”追求无疑是极大的激励。

在榫卯艺术的初创阶段，傅中望着力把榫卯结构运用于具体的创作，如1989年创作的《老桩》《合》《拱》《祭》《道》等，1990年创作的《阴宅》《阳宅》《龙骨》等，都体现了他“挪用”与“转化”榫卯的特点。当时他创作的材料多选用木质，突出木质的古朴与沧桑。

1994年以后，傅中望进一步拓展他的视野，从无序性（如《无序的结构》《世纪末的人文图景》等）、整体性（如《母体》《被介入的母体》等）、综合化（如《天柱》《地门》《操纵器》等）、新材料介入（如《异物连接体》《异物同构》等）方面进行探索。他的目标是，突破“雕塑”概念的边界，拓展雕塑艺术的空间，用“榫卯语言”，表达人与自然、人与人、人与社会等各种关系。由于他的作品具有视觉冲击力，具有鲜明的艺术个性，深得中外艺术家的好评，许多评论家撰文指出：傅中望的雕塑语言是独一无二的。

进入21世纪后，傅中望一方面用新的理念为城市雕塑推出力作，如北京延庆的《榫与卯》、威海市的《画中画》、深圳的《地门》等，都给人思考的空间。此外，他还加深了对榫卯艺术的掘进，他的作品不仅参加了国内许多的重要展出，如2000年的“中国当代雕塑精品展”“中国当代雕塑展”“人文山水地景艺术展”“2000年西湖国际塑雕邀请展”“与亨利·摩尔对话——当代中国雕塑展”，2001年的“中国当代雕塑与陶艺展”“艺术与科学国际作品展”“人·生命·自然——延庆国际雕塑艺术主题公园展示会”“重新洗牌——当代艺术展”“国际校长论坛雕塑艺术邀请展”……他的作品还在加拿大、法国、新加坡、日本、澳大利亚、法国等国家和台湾地区展出。2003年，他在德国彼得堡市国际雕塑创作营活动中，现场操锯、操刀，用一块巨石创作了带有他独特艺术理念的《自然》，受到参营各国艺术家的一致好评。2013年，他的作品《长寿椅》，作为礼物赠送给了马耳他总统，成为马耳他国家雕塑公园的永久展品。

追求卓越

正当傅中望的雕塑创作如日中天之际，一纸任命改变了他的人生角色。

2006 年 5 月，傅中望被任命为新落成的湖北美术馆的馆长，从个体创作者一跃成为艺术殿堂的管理者，这无疑是人生新的挑战。

上任伊始，经过调研，他给展馆定下了“追求卓越”的目标，确立了美术馆的三大功能：“收藏是立馆之本；展览是兴馆之策；教育是强馆之路。”他的办馆理念是：“立足本土，面向世界；兼顾历史，重在当代。”为此，他策划了“回顾与展望”系列展，对湖北当代的雕塑、版画、水彩、中国画、油画分门别类地进行整理式考察，同时成立了“百年纵横——20 世纪湖北美术文献展”的专题课题组。近年来，湖北美术馆先后与法国、意大利、俄罗斯、挪威、美国、西班牙、塞尔维亚、韩国、日本等国家的艺术博物馆合作，引进了诸如“触·觉——卢浮宫雕塑触摸艺术展”等一系列介绍外国艺术作品的展览，也将湖北的优秀作品向国外推介。

2011 年湖北美术馆被文化部评为“国家重点美术馆”，全国排名第六位，是全国最年轻的重点美术馆。此后，湖北美术馆还先后获得“全国文化系统先进集体”“全国文化系统优质服务窗口”等荣誉称号，傅中望本人也成为湖北省劳模、湖北省政协常委。

傅中望坦言，转换角色以后，个人的创作时间是少了一些，但却在进行一个更大的雕塑创作：以美术馆为依托，与中外同人合作进行的社会文化工程作品。

（本文由傅炯业采写）

彭青莲：当代楚剧表演艺术名家

楚剧是荆楚大地土生土长的一朵艺术奇葩，而作为当年“楚剧的看家女”，彭青莲则是浇灌这朵奇葩的辛勤园丁。她凭着“一步一个性空世界，一脚一个水月道场”的演技，成为首位问鼎“梅花奖”“文华表演奖”的楚剧表演艺术家，也是楚剧史上的第一位大学生。

彭青莲戏称，她与楚剧结缘是“上天的安排”。她生长于著名的“楚剧之乡”——湖北黄陂李集街彭新湾，自幼受传统楚剧熏陶，读小学就在学校一试身手。记得1971年某日湖北省楚剧团来李集招生，读小学五年级的她放学后和小伙伴便好奇地去“围观”。不料，她竟被招生老师“盯上”了！老师说：“小姑娘，你过来唱一段试试。”于是，她来了一段京剧《红灯记》的《都有一颗红亮的心》，又大大方方地唱了一首歌曲《太阳出来照四方》。老师听后频频点头，夸奖她嗓子极好，也长得水灵。就这样，她轻而易举被楚剧团录取了。

进入楚剧团学员训练班后，她每天早上五点半起床，听到班长的“哨子”声一响，就蒙眬着睡眼来到练功场练功，一个小时练习完，鞋子通常都会湿透，即使是隆冬，也练得满头大汗。接着就是文化课、声乐、击乐、剧目课的学习。一年365天，天天如此。五年下来，她练就了扎实的基本功，各门功课都是优良，成为楚剧团的一名正式演员。每当回忆起那段青春岁月，她觉得每天都过得充实、开心。

机会是留给有准备的人。1979年，省楚剧团上演移植创作现代

彭青莲剧照

戏《不准出生的人》，有一次主角因病不能上场，彭青莲被领导安排顶替。仅仅一周之后，她果真“顶”上舞台，将“达娃”的形象表演得惟妙惟肖，颇受观众青睐。著名楚剧艺术家熊剑啸看后连声称赞：真是一棵好苗子，楚剧又多了一个好演员！从此，她成为楚剧团的新秀，短短几年接二连三塑造了栩栩如生、性格迥异的人物形象。文静如水的赵玉贞、纯情活泼的秀女、懦弱内向的曹芳儿、美丽而刁钻的崔氏……一个个人物都闪烁着性格的光彩，给人留下了深刻的印象。她在挑战不同角色的同时，越来越感到艺术表演需要不断地创新。她觉得唱戏，不光要唱声传情，还要讲究韵味。

在多年的实践过程中，彭青莲摸索出了一套“老腔新唱，新腔老唱”的演唱方法。简单地说就是：演唱传统唱腔时，多用科学的发声方法，对音色加以修饰，加强了旋律美与时代气息；演唱新编唱腔时，注意保持戏曲的韵味。这种唱法果然有效，她的演唱在新、老观众中“两头讨好”，她的“粉丝”越来越多了，她的作品被电台录音，成为电台热播的节目。著名话剧导演鲍昭寿还情不自禁地提笔撰文《楚剧新唱折杨柳，艺坛又添一枝梅》，盛赞其艺术特色。著名导演艺术家余笑予执导的两部大戏，也全由彭青莲一人担纲。她不负众望，“唱做俱佳，表演细腻传神，对人物内心理解得深透，表现得准确到位”。

彭青莲27岁那年，成为她艺术人生的一个转折点。这一年，她与同行辛国运组成了幸福的小家庭。女儿的降生，给这个幸福的小家庭又添一抹绚丽的色彩。在女儿半岁的时候，得知中国戏曲学院表演系招生的消息，她不禁跃跃欲试，而那时距离考试只有短短四十几天的时间。丈夫得知后，理性地劝她说：当初你进剧团，只有小学的底子。这么短的时间内，四门课五本书，你匆匆看一遍都很吃力啊！怎么能参加全国统一考试？她却淡淡地回答六个字：有志者事竟成！见妻子态度坚决，善解人意的丈夫义不容辞地担起了辅导老师的责任。晚上，彭青莲怀抱着孩子一边喂奶，眼睛一边盯着书本，同时一边听老公讲课。由于她文化底子薄，学起来有些吃力，辛国运讲着讲着，难免有不耐烦的情绪，动不动就把“学生”吼一气，气得她委屈得直掉眼泪。“老师”又想方设法地“哄”她继续“听讲”，就这样争分夺秒地学习，每天奋战到凌晨一两点才休息。眼看离考试的时间越来越近了，女儿却突然发起了高烧，彭青莲急得自己也病倒了。丈夫当机立断，给女儿强行断奶，好让妻子专心复习。10天后，彭青莲病情并没有完全好转，却依然拖着病体赴京考试……功夫不负有心人，彭青莲如愿地考上了“中戏”。知道了这个消息，夫妻俩喜极而泣，接着就是面对千山万水的分离。她把女儿交给了婆婆和老公，只身去北京求学。

在中国戏曲的最高学府，她受到了系统、严格的训练，并得到了京昆大家蔡瑶铣、洪雪飞、沈世华等名家的亲授，两年后她以优异的成绩毕业。回到家中，已会走路的女儿看到她吓得直往爸爸身后躲，她已不认识自己的妈妈了。说起这段经历，彭青莲抹了一把眼泪，说那是一段“笑中有泪，泪中含笑”的甜蜜和愧疚。

毕业回团后，彭青莲不断博采众长、求实创新。《洪湖赤卫队》韩英的扮演者、著名歌唱家王玉珍，她崇拜已久却无缘相识。在中戏学习期间，她打听到王玉珍家的地址，立即登门求教。王玉珍见到这个小老乡，十分热情，不吝赐教，并对她的嗓音大加赞赏。

“台上一分钟，台下十年功。”主演《赵玉贞装疯》时，导演要求彭青莲做几个罗汉的造型。她特地去归元寺体验生活，面对造型迥异的五百罗汉，细细揣摩。为了装疯装得神形毕肖，她还多次去大街上观察疯人的言谈举止。回家后模仿给老公看，老公笑道：你呀！三分像疯子，七分像戏痴！那时，剧团没有排练场地，她只好在自己的家里练功。水袖一甩，把家里的花瓶摔倒在地打得粉碎；乌龙绞柱，脑袋不小心碰在桌子角上撞成大包；水泥地上练跪步，总是磨得双膝鲜血淋漓。

曾几何时，剧团推彭青莲申报“梅花奖”，按说，此时是剧院困难时期，加上女儿正在备战高考，她根本不具备角逐大奖的环境。但是，为了给楚剧争得一席之地，她从找排练老师、选剧目、拉赞助等，经历了一个艰难的过程。天气炎热，每天早上她夹着几件干衣服到排练场，下午又夹着一堆汗湿的衣服回家，看着因备考而疲惫的女儿，她几次犹豫着放弃，但在家人与领导的支持鼓励下，她几番擦干泪水重回排练场，最终脱颖而出，为楚剧捧回了“梅花奖”桂冠。

2004 年，彭青莲在大型新创历史故事剧《娘娘千岁》中演主角秀女，她成功将小花旦和闺旦融合得浑然天成，又获得文化部的“文华表演奖”。2006 年，她在大型楚剧《首义人家》中饰演素英，将温良贤惠、知书达理、忍辱负重的素英表现得栩栩如生。在中共建党 90 周年之际，她将毛泽东诗词《咏梅》改编成楚剧唱段，其唱腔大气磅礴、细腻优雅，既有楚剧味道，又有时代美感，很多专业人士为她竖起大拇指，誉之为“为楚剧量身打造了一件漂亮衣”，更是“楚剧声腔道路上的里程碑”。之后，此剧成为楚剧经典广泛流传，唱遍全国。在这一年，她获得国务院特殊津贴，被评为湖北省首批“五个一批”人才，获得省“五一劳动奖章”。

作为楚剧的非物质文化遗产传承人，彭青莲从未因为这些荣誉而摆架子。她说，和自己喜爱的广大观众在一起，心情总是愉悦的，好像有无穷动力。近年来，在参加大量演出的同时，她还肩负着推广普及传承地方戏曲的重任，除了对本院青年演员的教学，还经常受邀辅导各地县剧团的青年演员。她历任武汉大学艺术学院、江汉大学艺术学院特聘教授，并受邀华中师范大学，为音乐学院的学生上戏曲课，推广普及戏曲理论知识，并指导舞台基本功训练。此间，她不慎左手骨折，受伤的几个月里，为了不耽误学生上课，她一只手打着石膏，忍着伤痛，用另一只手传授《葛麻》的全部戏曲舞蹈、水袖动作和男女声的楚剧唱段。不久，陈伯华大舞台揭牌仪式，汉阳县蔡甸区邀请彭青莲演出，她二话不说，找了件大袖演出服，遮住绑着石膏的手臂，就走上了舞台。她还受邀主持孝感地区中青年楚剧演员培训班。在培训的10天里，她不仅对每个演员耐心辅导，中途还要赶到江汉大学上楚剧课，课后又赶回孝感排练。在结业汇报中，她亲手帮学员化妆、梳头、扮戏服，演出人员不够，她又在幕后充当合唱，就这样一身兼任多职，帮助学员们在汇报演出中取得了良好成绩。

法国文学大师狄德罗说过：“真理和美德是艺术的两个密友。你想当艺术家吗？请你首先做一个有德行的人。”彭青莲热爱艺术，却始终把做人放在比从艺更高的境界。不善言辞、不爱张扬的她，在关键时刻，她总是以无声的行动诠释一切。她常常替人家补台，却不计较个人的小利益。

在彭青莲看来，楚剧来源于农村，楚剧的观众在基层。正是观众的宠爱，在戏剧这个清贫而又艰辛的田园里，才能使她坚守下来。记得有一年春节，她因为小产准备在家静养一个月，可观众迷却点了她的戏。她不顾家里人再三劝阻，大年初三就裹紧厚围巾、穿上棉大衣、拎起行李来到新洲张渡湖农场，一天演两场。露天草台难躲寒风，雪花吹打在她的脸上，她穿着单薄的戏服，看着台下千万双朴实而渴望的眼睛，忘记了身体的不适，一丝不苟地演出，唱做念打、翻腾跌扑，是那样鲜活精神！正戏演完了，不知内情的观众不愿离去，坚持要她清唱一段《蝴蝶杯》，她毫无怨言，只说了一声："唱!"由于过度疲劳，转点到汉口人民剧场时，终于引起大出血，昏倒在车上。

40多年的艺术生涯，彭青莲凭着"傻"与"痴"一路走来，数不清的荣誉不断向她拥来。那些金灿灿的奖杯、银闪闪的奖牌，向人们诠释着她含辛茹苦的艺术人生。如今，她作为楚剧非物质文化遗产传承人，又走上了楚剧传承之路。在义务教授青年演员的同时，她依然常去农村、乡镇、社区演出，在为当地百姓带来精神食粮，撒播着艺术的种子。让她欣慰的是，她的弟子夏芬、胡雅雯、田肖肖、刘小雪、何菲在她的培养下，都先后荣获省级戏剧牡丹奖等奖项。在戏曲艺术受到各种冲击的今天，她还时常看到很多20多岁热爱楚剧的观众，将她主演的专辑光碟拿着，一句一句地模仿、学唱，成为她的铁杆戏迷。看到这些美丽可爱的年轻人对楚剧兴致盎然，她对楚剧走向复兴、后继有人更有信心了。

如今，只要在网络搜寻楚剧视频，即可欣赏彭青莲的《娘娘千岁》《蝴蝶杯》等剧目，其扮相俊美的形象、珠落玉盘的吐词、优美圆润的音色、声情并茂的表演，令人叫绝。此时此刻，不禁让人想起了周敦颐的《爱莲说》，彭青莲就是荆楚艺苑盛开的那朵奇葩。

（本文由张萍采写）

华人翘楚

田长霖：首闯白宫的华人奇才

田长霖是当代著名科学家、教育家和社会活动家。美国名牌大学的首位华人与亚裔校长，美国国家科学委员会首位华裔委员，美国亚洲基金会首位亚裔主席，中国科学院与工程院外籍院士，香港创新科技委员会首任主席，台湾“中央研究院”院士……1999年10月，经国际小行星命名委员会批准，中国科学院将紫金山天文台发现的国际编号为3643号小行星命名为“田长霖星”。

冲破“玻璃天花板”

田长霖

田长霖祖籍湖北黄陂，1935年7月24日生于汉口，幼年在上海启蒙，中学与后来的北京大学校长陈佳洱为同学。1949年去台，先后在建国高中与台湾大学毕业。1956年赴美国留学，1957年获美国路易维尔大学硕士学位，1959年5月获普林斯顿大学博士学位。除在尔湾加州大学担任两年执行副校长外，毕生一直在世界名牌大学——伯克莱加州大学工作，历任助教、副教授、教授、系主任、副校长、校长。

田长霖也是我国早期留学生中最成功的典型和最杰出的代表。他只用两年半时间就获得硕士和博士学位；年仅26岁成为加州大学历史上最年轻的“杰出教授奖”得主；41岁被选为美国工程科学院院士……相继获得美国科学院金质奖、航天奖，日本、德国政府授予的高级科学家奖，世界传热会议最高奖等30多项殊荣，成为世界杰出的工程热物理科学家。

20世纪的美国社会，对华人等美国少数族裔群，有一种不成文的世俗偏见：在一般的科技领域可以自由发展，但若是往行政阶梯爬行，就会遇到重重障碍。田长霖形象地称为“无形的玻璃天花板”，意思是说，看上去没有什么阻挡，但你往上冲刺时，就会被玻璃碰得头破血流。

1990年2月15日，加州大学的历史被改写了。田长霖一路过关斩将，从258名候选人中脱颖而出，被加州大学董事会任命为伯克莱加州大学第七任校长，于7月1日正式走马上任。至此，他成为该校历史上、也是美国历史上第一位担任一流研究大学校长的华人和亚裔人士。

得知田长霖出任校长的消息，美国国会资深参议员威尔逊专门在国会大礼堂，为田长霖举办了一场热烈而隆重的庆祝宴会。美国国会的众议员、参议员，社会各界名流纷纷前来，为这位美国历史上的第一位亚裔大学校长田长霖道贺。其规格之高、人员之多，并且是在国会大礼堂举行国宴，这在美国历史上也是罕见的。

田长霖不负众望，在任七年，历经种族歧视、火灾、足球风波、暗杀事件以及平权危机，在他的努力下均化险为夷，而且创造了许多加州大学、美国和世界教坛奇迹。让伯克莱加州大学进入全面发展的鼎盛时期，即“多元而卓越”的治校特色之花，结出了齐头并进的丰硕之果。该校研究水平扶摇直上，先由全美第五名攀升到第一名，而后又当上了世界名牌大学的盟主，把老牌常春藤哈佛甩在后面。

在美国，像伯克莱加州大学这样由州政府管理的公立研究型大学，经费主要仰赖于校长募捐。田长霖以其人格魅力，长空善舞舒广袖，屡次打破全美公、私立大学募款纪录，从而使学校在州政府大量削减经费的艰难条件下，科研经费却稳步增长。

克林顿的致敬信

1996年7月9日，当田长霖宣布辞去伯克莱加州大学校长职务时，立即引起了美国社会各界的关注，人们纷纷表示震惊与惋惜！

在来自世界各地的众多致敬信中，一封来自美国白宫的克林顿总统的致意信热情洋溢。全文如下：

尊敬的田校长：

在您即将离开伯克莱加州大学校长职务之时，我很高兴能和您的朋友、同事与景仰您的社会各界人士一道，共同对您及夫人表示衷心的祝福与崇高的敬意。

在即将进入21世纪前夕，我们体认到，无论是个人或是国家的未来，都依赖教育的品质而定！在这个举世勠力的重要目标中，您无疑是一名当之无愧的领袖与导师。……

在过去的七个年头里，您身为伯克莱加州大学校长，对加大与加州社区乃至美国科教界作出了卓越的贡献。在您力促多元化与对外发展下，伯克莱加州大学奇迹般地由一花独放发展到万紫千红。为了迎接新世纪，您长袖善舞，在加大领衔主演了“群英会”……在此，我谨代表这群因您的远见卓识与杰出贡献而受惠的人，感谢您在提升教育品质上的创举与无私奉献。您的成就是美国的珍贵资源，您的壮举将永远载入史册，您的名声将流芳百世……希拉里和我对您及夫人致上最诚挚的祝福，预祝您未来的事业百尺竿头，更进一步！

到了1997年2月19日，克林顿又亲自派副总统戈尔一行，专程前往伯克莱加大，代表总统向田校长致以亲切的慰问。

克林顿的非常举动也同样引起了媒体的极大兴趣，外界纷纷猜测：克林顿总统如此关注一名大学校长，这在美国是罕见的，是不是田长霖要入阁白宫了？

各方举荐闯白宫

早年应朋友之邀，田长霖加入了美国民主党，但他个人党派色彩并不十分明显，颇具亲和力，常常在民主党与共和党之间游刃有余，以至于他在辞职前后均收到了两党高层的邀请函。

在里根就任总统期间，国会参议员威尔逊曾向里根积极进言，希望白宫委派田长霖入阁白宫。就在威尔逊紧锣密鼓地进行游说时，一些戴有色眼镜的人横生枝节，说什么田长霖在总统竞选投票时，不仅没有投里根的票，反而把票投到民主党那里，导致威尔逊的计划流产……

田长霖宣布辞职后，一些白宫高官对田长霖曾试探说："这个职务你有没有可能担任，你会不会完全拒绝？""什么职务你比较感兴趣，例如……"其中最令人瞩目的则是白宫的一位高级顾问，受总统委托亲口对田长霖说："克林顿总统和戈尔副总统都希望你到白宫就职。"共和党人士也给他送来了橄榄枝："如果说是多尔当选总统的话，我们也一定会请你入阁的。"

田长霖辞职的消息传到台湾，记者便纷纷去采访与他曾经在加州大学谋旧的诺贝尔奖得主李远哲教授与"中央大学"前校长余传韬教授。他们均认为，田长霖会选择颇具挑战性又与他的专业相关的能源部长一职。

希望田长霖闯入白宫，更是美国亚裔社区尤其是华裔知名人士的共同心声。美国华人精英团体"百人会"、美华工程师协会、美洲航太工程师协会等团体四处为争取田长霖入阁游说奔波。其中美国第一位华裔女市长陈李琬若可谓是站在最前线摇旗呐喊，她曾当面向克林顿进言："田长霖是亚裔社区的鲍威尔将军，希望总统唯才是举，纳田入阁，以显示总统及民主党对亚裔社区的重视。”

在芝加哥召开民主党大会时，亚裔委员会则达成空前共识，一致支持田长霖角逐白宫能源部长。一位老党员激动地说：“这在亚裔委员会的历史上是绝无仅有的。”

不仅如此，田长霖的亲和力与超群的才能还令白宫要员高山仰止，克林顿的亲信、非洲裔国会议员乔登，亲自将田长霖的履历表递交给克林顿；前房屋部长、克林顿的西裔好友亨利·克斯勒斯不断在克林顿面前极力举荐；加州日裔国会议员松井和其他14名加州国会议员则形成空前团结，联合签名写信给克林顿，要求他任命田长霖为能源部长……

1996年11月，骆家辉以华人的背景一举当选为美国历史上的首位华裔州长，媒体纷纷采访田长霖，请他谈谈华人在美国从政的感想。

田长霖如数家珍地说：“现在全美各地华裔均在积极投入选举，大有风起云涌之势，且已初步获得了一些成果，这显示了华裔在美国从政时机的成熟。概括起来，表现有三：首先，华裔第二、第三代移民受过良好教育，他们比以往更有资格步入政坛。其次，华裔在美国是少数族裔，向来很不容易立足，经过几代人的努力，情况已逐步发生变化。美国社会在事实面前，已逐步成熟到可以接受更多的亚裔候选人。最后，亚裔在美国一直是各种候选人筹款的主要对象。我想，亚裔如此辛苦地‘抬轿’多年，该是到了‘坐轿’的时候了。事实上，自从1963年陈香梅女士到白宫工作，成为首位步入白宫华裔与亚裔以来，目前已由原来的‘一花独放’迅速发展到‘遍地开花’，诸如赵小兰出任白宫交通部副部长、刘美莲当选为共和党全国委员会主席……”

当然，媒体此时采访田长霖的弦外之音是，对田长霖角逐克林顿政府能源部长一职寄予了厚望。

在各方面人士的积极斡旋下，田长霖的良好形象一路过关斩将，脱颖而出成为最后的两名候选人之一。

美国科委首任华裔委员

就在克林顿计划于1996年12月14日宣布新内阁官员名单前夕，《华盛顿邮报》抛出一颗重磅炸弹，掀起了一场指责民主党所谓的“献金风波”。面对共和党大放厥词频频发难，克林顿只有丢卒保车，忍痛割爱了，就这样不明不白地让田长霖失去一次进入白宫的机会。不过，克林顿连任后，又觉得对不起田长霖，更不忍心浪费人才，希望田能考虑在白宫担任其他职务，诸如总统府的科技顾问等，却被田长霖婉拒了。

直至1998年9月24日，克林顿总统再次青睐田长霖，提名田长霖出任美国科学技术委员会委员。时至1999年7月26日，田长霖才正式出任美国国家科学委员会委员，他因此成为美国历史上第一位华裔与亚裔国家科学委员会委员。

（摘自裴高才著《田长霖新传》，湖北教育出版社2015年版）

万子美："东方的马可·波罗"

一

“万卷丛书育子美，一枝独秀出群英。”猴年新春，笔者赴京专访意大利首位外侨加勋爵士万子美先生，不禁想起了王士毅教授生前口占的一副嵌名联。交谈中，万公首先展示其少年时期诗作。诗云：“滠水河畔两凤凰，双凤亭恩惠四乡。祖牧黄陂食皇俸，母怀双胞梦朝阳。宋代大儒界理欲，程朱理学定八方。统领人伦八百载，成就中华礼仪邦。”顿时，把笔者引入千古流传的“鲁台望道”的境界里。

那是1961年秋，家乡黄陂刚刚遭受三年自然灾害，但县政府为了保护文物古迹，仍然挤出资金修复了纪念程颢、程颐的双凤亭，当代文豪郭沫若获悉后欣然泼墨题名。当时在黄陂二中就读高中的万子美，在语文老师王士毅的带领下专程前往双凤亭参观。王老师在激情朗诵了程颢的《春日偶成》之后，又结合自己创作的《双凤亭赋》，激励学子们赏析古典诗词的诗情画意，追求程颢诗中所描述的“孔颜之乐”的崇高境界。正是这一堂生动的秋游语文课，在万子美心里打下了深刻的烙印。他从此爱上了文史，他的作文常常是老师讲评的范文。王老师在悉心指导之余，又将自己珍藏的中外文学名著借给万子美阅读。其中，万子美如饥似渴地阅读了一本《马可·波罗游记》后，不仅大开眼界，甚至让他怦然心动：如果自己有那么一天，能像马可·波罗那样周游世界，激扬文字，那该是多么惬意啊！

二

1963年夏，临近高考，万子美在填报高考大学志愿时，他的语文老师王士毅、许月娟，同外语老师钟道芳意见相左，双方甚至争得脸红脖子粗。

王、许二位老师一致认为，万子美古汉语功底扎实，想象力丰富，且悟性高，文笔隽永。在过去的作文中，谋篇布局，如扣连环；铺张排比，勾勒提掇，颇得要领；遣词造句，准确生动，情景交融，颇有境界；古体诗词，对仗工整，音韵和谐。所以，他们主张万子美的第一志愿应将北京大学中文系作为首选。钟老师则另有一番高论，他说，万子美在外语上有独到的天分，又鉴于新中国与越来越多的国家建立了外交关系，尤其是与欧洲的一些国家打交道，急需外语人才。所以，他主张万子美第一志愿理应报考北京外国语学院，并且第一专业应该选择曾对西欧国家语言产生过深刻影响的意大利语。

三位平时关系不错的老师，都希望自己的爱徒将来出人头地。由于双方谁也说服不了谁，最后只好交由万子美独立思考，自作决定。万子美以崇敬的目光看着两科师长充满热望的眼神，鼓足勇气讲出自己想报考北京外国语学院（以下简称“北外”）的愿望：自己曾立志要做当代的马可·波罗……

开明的王老师与许老师交换了一下眼色后，喜悦地拍拍万子美的肩膀：“子美，好样的！应该有鸿鹄之志，展翅九霄。”万子美激动地向三位老师深鞠一躬。

高考结束，万子美成为当年黄陂县的高考状元，如愿以偿地被北外录取。当他满怀激情地进入该校学习时，不禁深情地以诗明志。诗云：“糠菜麻鞋二十年，布衿一卷上京燕。未敢悬梁锥刺股，确曾面壁铧磨钱。贫贱无移天下志，富贵岂忘桑梓田。坐井只知井口大，临岳方识天外天。”

三

万子美是幸运的。他所在的北外当时隶属于外交部，设有6个系27个语种，是语种最多的中国高校。他们意大利语班虽然只有15个学生，可是学院却给他们选配了5名教授，其中外籍教授两名。这可是中国外汇奇缺的年代！学校的目标很明确，就是要把他们培养成外交官。一位老师告诉万子美，1949年10月1日开国大典那天，毛泽东主席在天安门城楼上看到北外的千余名师生高举着横幅走到检阅台前时，竟然振臂高呼："外国语学校的同志万岁！"万子美听后，倍感兴奋，他暗暗发誓，一定要努力拼搏，抵达成功的彼岸。

良好的学习环境，是学有所成的基础；而健壮的身体，又是提高学习效率的保证。为此，他将体育锻炼与刻苦学习有机结合。几年间，几乎每天黄昏，都能看到他的身影，从学校西门一直跑到运河，来回的总长度大约10公里，哪怕是三伏数九，均风雨无阻地持之以恒。同时，他心无旁骛，埋头苦读，果然事半功倍，学习成绩一路飙升。特别是古汉语、现代汉语、意大利语、世界历史和世界地理等功课，更是名列前茅。由于他品学兼优，还当选为班团支部书记。

两年下来，原本瘦弱矮小的万子美，发育得挺拔健壮，加之他玉树临风，成为很多女生眼里的白马王子。不久，他的同班同学、班长肖晓明与他心心相印。他们不仅在学业上比翼双飞，而且憧憬着毕业后如何为国效力。

四

正当万子美奋力拼搏之际，"文化大革命"爆发了。那时，北外分成了两派：以"造反团"为首的造反派，叫嚣要打倒外交部长陈毅元帅；以"六一六"为首的极"左"派，甚至要打倒周恩来总理；万子美所属的"红旗大队"则是保周总理与陈老总的"保皇派"，被称为“外事口最大的保皇组织”“陈老总的骆驼大队”。万子美曾以诗纪事，诗云：“校园一夜北风狂，你在掀瓦他上房。反声如雷震破耳，大字成报书满墙。哪棵大树不落叶，何方君子也跳梁……”

随着“文化大革命”的甚嚣尘上，北外的67届、68届两届外语毕业生面临分配，当时正是“知识分子到农村去，接受贫下中农再教育”的高潮。周恩来总理认为，这两届毕业生是新中国自己培养出来的第一批外语人才，一旦分配到农村，等到外交局面打开，届时到哪里去寻找外交人才？为了保护和储备外语人才，周总理作出指示：将这两届毕业生由外交部统一组织到唐山部队农场劳动锻炼，作为外事工作人员“储备”起来。万子美因此成为唐山地区的4584部队军垦农场的一员，同时学校派出外语教师进行教学和辅导。后来正是这批人，成为我国外交战线上的生力军。如曾任联合国副秘书长的陈健、至今仍一直主持朝鲜问题六方会谈的外交部副部长武大伟等就是明证。

五

1970年春，万子美被分配到了人民画报社从事编译工作。其间，他发现：中华人民共和国成立以来，从意大利文直译过来的文学作品几乎是空白。他深感责任重大，认为自己作为北外新中国开设的首届意大利语专业人员，就应充当意文直译的马前卒，让中国读者分享意文版的优秀文学作品。一天，他获悉意大利著名女作家艾尔沙·莫兰黛创作的长篇小说《历史》，成为风靡世界的畅销书。他立刻托朋友购买了意大利文的原版书，读后兴奋不已，不禁欣然提笔。为了让长达50多万字的《历史》尽快与国内读者见面，万子美除自己全力以赴外，还请了两个朋友帮忙。因为翻译外国文学作品，等于二度创作，水平不同，理解就不一样，落在稿纸上的文字差别也比较大。因此，万子美在翻译上，从忠于原著出发，每个词，每句话，他都反复斟酌，再三推敲，直到再也找不到更合适的词句为止。

天道酬勤，当凝聚其心血的鸿篇巨制《历史》于1980年面世后，洛阳纸贵，印数竟达10万册。中、意专家学者称，万子美主译的长篇小说《历史》，文字精准优美，气韵舒展流畅，实为上乘译作。在这前后，万子美又相继翻译出版了意大利小说《天使岛》、中短篇小说集《佩斯卡拉的故事》，中篇小说《安娜姑娘》和《少女奥尔索拉》等，以及意大利喜剧《老顽固》和《女店主》，这些都被列入"外国文学名著丛书"。此外，他还负责编译了《外国文学家大辞典》中的意大利条目。他的译作深受读者青睐，其《哥尔多尼喜剧三种》（1989年5月版），一本的网上销售价竟被商家炒作到2999—3600元。1993年，《老顽固》又被北京人民艺术剧院搬上了舞台，成为中、意两国纪念哥尔多尼逝世200周年而联合举办的活动之一。

六

弱者消极等待机会，强者善于抓住机会，智者积极创造机会，万子美无疑是智者。正当他在译坛崭露头角之时，恰逢《光明日报》决定在意大利建立记者站。1980年，他技压群芳，成为《光明日报》驻意大利的第一任首席记者。

万子美走马上任后，一次应意大利文化环境部的邀请，他去采访该国考古工作者对罗马帝国时代的行政中心古城——埃尔科拉诺的重大发现。通过实地参观，他怀着对人类及人性的深刻认识，以及祭奠般的凭吊，心灵感受到了震撼，便一蹴而就写成了一篇通讯，并将文稿送给新华社驻意资深首席记者谭岱生过目。谭看后说："文章写得很好！条理清晰，行文流畅、洗练，事情的原委也交代得很清楚。"同时建议文章开头加上一段话：传说中的埃尔科拉诺城的居民们到哪里去了？这个两千年的谜底现在终于揭开。如此"画龙点睛"，让万子美茅塞顿开。继而，他反复揣摸，举一反三，深得写作通讯的"个中三昧"。之后，他采写了一系列诸如《重归苏连托——访美人鱼和塔索的故乡》《比萨——伽利略的故乡》《斯卡拉 ——"歌剧之麦加”》《犹太人变迁史》《两尊古希腊铜像的发现与研究》《埃特纳火山爆发后》《又一个庞贝》《二零零零年的世界》等颇具影响的通讯，一颗驻外记者的新星升起了。

万子美在意大利

早年，万子美因阅读《马可·波罗游记》，曾让他怀揣梦想。他来到意大利后，充分发挥自己大学时的“长跑”优势，他的足迹几乎踏遍了意大利30万平方公里的土地，追寻马可·波罗的足迹，体验某种现场感。另外，他又与时俱进，在采写的过程中，既以诗人的激情与智慧，又以学者的慎思与领悟，谋篇布局，构成了他非同一般的写作风格和境界，成为一个把西方文明介绍给中国、把中国文明介绍给意大利的和平与友谊的使者。1981 年，中意两国合拍电视剧《马可·波罗》。由于他此前曾到马可·波罗的故乡水城威尼斯，探寻过这位探险家横渡茫茫大海，翻越“世界之顶”，走出死亡沙漠，终于来到元世祖忽必烈的身边，一待就是 17 年的原动力。所以，他在采访了编剧、导演、制片主任、美工与服装师，以及历史学者、普通百姓之后，他根据自己的所见所闻，从中西文化交融为切入点，通过《沿着马可·波罗的道路》一文，从不同视角全方位地解读马可·波罗——克服人们的狭隘与偏见，跋山涉水，历尽艰辛来到中国，和中国人民建立了深厚友谊，高度赞扬其不畏艰险寻求真理和探索人类未来的精神。继而，他在博览群书和深入采访中得知，继马可·波罗之后，还有一位在中意两国科学文化交流方面做出重要贡献的汉学家马尔蒂诺·马尔蒂尼。他以丰富的史料，写成的《中意两国科学文化交流的先行者》等文章，让人们认识了这位"欧洲中国地理学之父"——马尔蒂诺·马尔蒂尼鲜为人知的人生。其中马氏最有意义的著述《中国新地图册》，曾译成多种欧洲文字，影响极为深远。

历史人物如此，现实又是如何呢？万子美抓住人们关注的热门话题，及时抓取受众可亲、可感的鲜活镜头，展现在读者面前。诸如，他走笔《丝路花雨》在米兰、专访意大利电影制片人佛朗科焦瓦莱、巡礼意大利"中国电影回顾展"，以及全方位报道李先念等中共与国家首脑访问意大利等当代人物与事件，向人们展示了中意两国官民互动的深情厚谊。又如，他以"我是中国人的朋友"为题，介绍中国冰球队参加世界锦标赛期间，一个由意大利玫瑰旅店员工组成的拉拉队，每场比赛均挥舞着五星红旗，有节奏地呐喊："中国，中国!"颇受读者称赞。

在10年驻外记者生涯中，万子美以脑勤、腿勤、手勤著称，在境内外数十家报纸杂志发表了上千篇各类文章，以及上百幅新闻图片。笔者亲眼看见，他的手稿摞起来有一人多高。

七

有一天，万子美参加一次意中友协文化采风活动得知，意大利邮电部前部长维托利奥·科隆博著述的《意大利人眼中的中国》，成为意大利走笔新中国第一人。他一口气读完该书后深受启发，决定将自己10年撰写的千余篇文稿中，整理出百余篇结集为《透视意大利》一书。该书以一个中国记者、学者与诗人的眼光，对意大利历史、文化、教育、科技与经济等方面，进行了图文并茂的叙介与评说。图书于1989年元旦出版后洛阳纸贵，多次再版，引起了海内外读者的广泛关注。意大利媒体将《透视意大利》书名译为《一个中国人眼中的意大利》，进行系列报道。专家们称："万子美是系统介绍意大利人文风情的第一位中国人，他的新近出版的巨著，其价值不亚于历史上的《马可·波罗游记》。"意大利全国摄影家协会认为，万子美镜头下的意大利，视角独特，让人们直观意大利的人文风情，故决定授予他"功勋摄影师"的称号。接着，意大利国中之国——圣马力诺共和国元首泰伦奇，特邀请万子美参加自己的就职仪式，并在就职典礼后专门接见了这位文化使者。

消息传到意大利总统科西嘉耳际，科西嘉决定在奎利纳莱宫总统府举行万子美赠书仪式。那天，万子美一走进总统府，年近七旬的科西嘉总统即春风满面地迎上去，与他热情拥抱、握手，亲切交谈一个多小时。万子美激动地说："十分感谢总统阁下在百忙之中为我举办赠书仪式，真让我受宠若惊！"科西嘉总统一边翻阅着《透视意大利》，一边说："你以其如椽之巨笔和异彩纷呈的镜头，把美丽而友好的意大利，介绍给具有五千年文明的古老而伟大的中国，你是意大利人民的友好使者，意大利政府完全应该感谢你！"

需要指出的是，此次赠书仪式正值北京刚刚发生政治风波不久，一些西方国家纷纷对华说三道四。因此，意大利政府给万子美举办赠书仪式的意义远远超过其本身。不仅如此，万子美于1990年任职期满即将回国之前，科西嘉总统还专门为他在总统府举行了一次告别仪式。这在所有外国驻意大利记者中，也是绝无仅有的。

10年的驻意生涯，让万子美对这个文艺复兴的古国难舍难分。于是，他告别新闻工作领域后，仍留在意大利从事商旅。从此，他又走上了中意经贸交流与合作的成功之路。鉴于万子美为中意交流做出的杰出贡献，意大利总统斯卡尔法罗与时任意大利政府总理的钱皮于

1993 年共同签署了授予万子美意大利“共和国功勋骑士”的证书。一个普通的中国学人能够荣获意大利国家授予的最高荣誉，让万子美深感荣幸与骄傲。

意大利的爵位可追溯到意大利王国时期，即 1861 年 3 月意大利王国建都于都灵，以及 1870 年 9 月完成统一迁都罗马期间。国王对皇族及对王国有功的人员加封骑士、爵士等多种贵族爵位。1946 年 6 月 2 日，意大利废除王位，实行议会共和制，称意大利共和国，并将 6 月 2 日定为国庆节。共和国成立后，封建王国时期的各种贵族爵位大部被废除，只保留了骑士、爵士、加勋爵士、勋爵 4 个爵位，作为对共和国做出过特殊贡献的人士的荣誉和奖赏。万子美获此殊荣，足见他在意大利人民心中的分量。

八

万子美在撰写意大利华侨史时发现：改革开放后的 10 年间，意大利的华人华侨由不足 3000 人发展到 30 万人，仅居住在罗马市的就有两三万。一般来说，初来乍到的华人华侨，大都是从事餐饮业和服装加工业，且文化水平较低，看不懂意大利文的报纸，相当一部分人只能听懂基本的意大利生活用语。这样一来，不少华人同胞由于不能全面而及时地掌握意大利的法律和地方的法规，常常受到歧视和不公平的待遇。万子美心想：如果办一份华文报纸，发挥其“收音机”和“扬声器”的功能，将得到的消息及时传达给广大华人华侨，不仅能够起到保护华侨华人利益的作用，而且可以通过刊登国内的政治动态和经济发展等消息，使他们更了解祖国的形势，提高其对祖国的关爱程度。所以，他联袂侨领倡议办一份华人报纸，立刻得到了大家的响应和支持。于是，万子美领衔出资出力，耗费了整整 3 个月的时间，一张反映侨声的《新华时报》，于 1999 年 3 月 18 日中国国家主席江泽民访问意大利的第一天面世了。顿时，在中外产生了强烈反响。这份华文报纸，从发刊词的撰写，到报纸板块栏目的设置，都由身为总编辑的万子美亲自操刀。

报纸创刊后不久，意大利政府颁布了一项为解决非欧盟国家移民身份合法化的特殊法律。其中明确规定，只要有证明，证实在此法律颁布之前有人雇用你，就可以取得居留身份。《新华时报》以最快的速度将意大利政府的这个法律刊登出来后，帮助不少过去曾“黑”着的侨胞实现了安居乐业的愿望。同时，万子美还担任意大利《欧华时报》的总顾问，为办好该报出谋划策。由于他的人品和个人威望，他先后被意大利侨界推选为欧洲华侨华人社团联合总会顾问，意大利罗马华侨华人联合总会名誉会长，意大利华商总会常务副会长，欧洲中国和平统一促进会总顾问，意大利中国和平统一促进会常务副会长、顾问等社会职务。万子美担任这些华侨华人社团的职务，每年至少要拿出三分之一的时间来做侨团方面的工作，有一次他还差点搭上了性命。

在意大利，他常常与华人华侨一起吃中国菜，讲黄陂乡音，解乡愁。一旦国内发生大事件，他即满腔热情支持。1998 年中国发生特大洪水袭击，万子美与罗马的华侨华人一起，迅速捐资 3 亿多里拉。2008 年 5 月 12 日汶川发生地震，他又组织罗马侨领捐赠 150 万元兴建了苍溪县罗马侨爱学校。为了组织在京乡亲抱团创业，他与乡贤叶海廷一道发起成立北京武汉商会，如今商会已经发展得红红火火。其中商会的贫困学子奖学金，被人们称为功德无量的树人工程。在谈到他的故乡情结时，他又朗朗上口吟诗一首。诗云：“西辞黄鹤今朝回，桑梓长空任情飞。汉阳树下祭先祖，鹦鹉洲畔添新晖。一楼三水催人泪，乡音楚语醉心扉。敢问深清何如此？只缘碧血浓于水。”

九

“廊桥挥别达芬奇，白云黄鹤两依依。”30 多年来，万子美不遗余力地促进中意两国交流与合作，又受到意大利共和国总统钱皮的青睐，再次为万子美加勋，授予他意大利共和国加勋爵士并颁发了勋章和证书。2002 年 7 月 29 日，在中国驻意大利大使馆举行的八一招待会上，应邀莅临参加招待会的意大利共和国众议院外事委员会主席古斯塔沃·塞尔瓦，将其亲自签发的电报交给万子美，并说授予万子美"加勋爵士"的加勋仪式，将于 10 月 23 日在意大利议会大厦举行。

在加勋仪式上，古斯塔沃·塞尔瓦主席高度赞扬他作为作家、诗人、翻译家和摄影家，为促进意中两国的文化交流和友好交往所做出的杰出贡献，并代表钱皮总统将"加勋爵士"勋章挂在万子美的胸前，颁发了由总统钱皮和总理贝鲁斯科尼亲笔会签的"意大利共和国加勋爵士"证书。至此，万子美成为意大利建国以来第一位分别获得两任意大利总统两度授勋的外国侨民。

十

作为一位在意大利侨居 30 年的作家，万子美译作与著作达数百万字。2012 年，他 150 万字的《意大利，意大利——万子美文集》出版后，好评如潮，《光明日报》《中华读书报》《文汇读书周报》《书屋》《欧华时报》等中外报刊纷纷热评，称赞其厚重的文学与翻译功力，享有"把意大利介绍到新中国的第一人""中意两国友好交流的民间大使"和"东方的马可·波罗"之誉。2012 年 6 月 25 日，意大利驻中国大使（Attilio Massimo Iannucci）专门致函向万子美致意。函中云："尊敬的加勋爵士：您的巨著让您的同胞了解了我们的国家。您为意大利文化在中国的传播做出了巨大的贡献，您所做的这些工作也给我提供了极大的帮助，请接受我本人对您表达的崇高敬意与敬仰之情！"

如果说《万子美文集》是展现其资深翻译家与学者风采，丙申夏付梓的《蹄花似锦梦犹存——万子美诗词选集》，则可窥见诗人的诗心光风。有诗为证：

云雾杜鹃映日红，叠紫堆赤闹春风。霞飞彩舞未炫贵，蜂围蝶绕不露荣。

山花土种任评说，楼台亭阁自从容。蓄芳一年迎春到，笑对酷暑与严冬。

裴高才向万子美（右）赠《高振霄三部曲》

（原载《百年潮》，飞翼、震烁、凤霞文）

田长焯：著名侨领的“知行观”

美国著名侨领、《美华论坛》发行人田长焯先生，历任美华航天工程师协会及中国工程师协会发起人、会长与理事长，华盛顿州长委员会委员与西雅图抗战史实维护会发起人，享有美国波音公司“设计巨匠”之誉。

战乱求学

田长焯的曾祖田树森是县城乡绅，祖父田庆芬乃清末举人、京师“状元”。其父田永谦北京大学毕业后，历任汉口市税捐稽征处长、上海市财政局长兼银行董事长、台湾省政府主任秘书，以及台湾银行董事长（未上任）。其母李润棣则是名师之后。

宁汉分裂后，白色恐怖笼罩着武汉，田永谦受牵连离家避难。在1928年1月的一个深夜，寓住汉口福星里的李润棣突然分娩了一个男婴，因身旁无人，她断然自己接生，而后才叫醒母亲。这个男婴就是田长焯，在田家排行老三。

日军侵华，武汉沦陷前夕，作为汉口市政府税捐稽征处长，田永谦随政府撤往重庆；其长子绍曾、长女荫兰随武汉中学师生搬往广西。李润棣带着年幼的长焯、次南、长辉、长霖、长炤、长炜六个儿女，留住汉口法租界。因为那时法国是轴心国盟友，日军没有进入租界。南京大屠杀之后，人人都惧怕日军兽行，田家的姑嫂们及幼儿园的两位女老师等，都逃住田家避难。

由于物价飞涨，物资匮乏，田永谦在重庆，无法接济汉口的一家七口。于是，他带着长子、长女经广西、过越南、转香港，前往上海法租界谋生。随后，李润棣经与日伪特务斗智斗勇，带了六个幼儿，最小的孩子长炜只有几个月大，坐了几天轮船统舱才抵沪。

全家到上海团圆后，过着贫困生活。所幸，田永谦的同乡好友甘助于伸出援手，介绍他到上海金城银行的附属机构工作。这样，田家的生活才渐趋稳定。当时，汪精卫在南京成立伪政府。汪伪政府的几位高官曾是田氏武汉旧识，他们多次邀田入阁伪政府。田氏予以断然拒绝。田长焯兄弟耳濡目染，深受教益。

田长焯就读的是上海著名的南洋模范中学，1945 年高中毕业后，他试图去后方念大学。此时哥哥田绍曾刚刚复旦大学毕业，也打算去重庆工作。于是，田氏兄弟便前往南京登船西上。他们乘坐的拖船是一只小火轮，只能晚上航行，因为在白天，为防止日军暗度陈仓，中国和美国的飞机还有两岸游击队，都会袭击江上航船。这次航行花了 10 多天。一天夜间航行时，多次被两岸的枪火袭击。他们到武汉不久，得知日本投降，他们便返回上海去上学、发展。

田长焯回到上海后，考进了著名的教会学校——圣约翰大学土木工程系。学校讲课和书本用英文，为他后来赴美打拼打下语言基础。

家道中落

随着淮海战役结束，田绍曾伉俪及年幼弟妹等 10 人，已迁往广西柳州，田永谦先去台湾打前站。田长焯回忆：“留在上海五人包括母亲、我与五弟长辉、姐姐荫兰及其女儿王允明。1949 年 4 月下旬，我们离开上海时，坐的是运输机。没有座位，只是金属靠边的长凳。我可以听到来自上海郊外的炮声。在飞往台湾途中，飞机出现故障，只得改降汕头，经连夜修理，次晨飞台。”

到台湾后，田长焯经过两次严格考试，在 10% 的录取率中，他考入了台湾大学土木系四年级。他1950年的毕业证书上盖有校长傅斯年的大印。

田永谦与吴国桢是长达20多年的黄金搭档：吴任汉口市长时，田是税捐稽征处长；吴任上海市长，又聘他出任上海市财政局长兼银行董事长；吴到台湾任省政府主席后，又任田为省政府主任秘书与台湾银行董事长。只是天不假年，田永谦于1952年猝然去世，享年54岁，从此家道中落。

田长焯叹称：“当时新闻界登文推崇家父为人，呼吁社会捐款接济田家，渡此难关。家母知悉此事后，便嘱四妹次南写信给杂志社谢绝。大意是‘谢谢杂志社的关怀深情！田家子孙定会靠自己勤奋工作来继续求学上进，诚请将捐赠之款送给社会上清寒无依人家’。杂志社收信后，依信处理。母亲如此，我等能不发奋?”

田长焯大学毕业后，先在政府工程单位工作，后转任台湾大学土木系助教。1953年婚后，田长焯考取了赴美留学的资格。

异域打拼

在家人和朋友资助下，田长焯怀揣梦想，于1954年来到美国印第安纳州的普渡大学。通过废寝忘食的刻苦攻读，他终于把通常为两年左右的课程，两学期便完成了。当时，美国政府允许外国学生有18个月的工作实习期。普渡毕业后，他先在堪萨斯城（Kansas City）找到工作，在一家工程顾问公司设计桥梁。“1955年6月，我在美国的第一份正式工作，按小时2.2美元计酬，缴纳税款之后，便省吃住，我每个月寄100美元给台湾的母亲。”所以，在不太长的时间，他还清了出国时的债务。

不久，经田长焯申请，他调往纽约总公司。总公司位于商业区华尔街附近，此时美国经济萧条，公司进行大裁员。他以实绩被留下，这归功于在上海求学时的英语训练。当年，美国人很不了解中国。一个美国工程师同事曾对他说：“我不知道中国有工程师。我以为他们都是苦力、厨师、洗衣工。”

在纽约期间，举目无亲的田长焯不免涌起思家之愁。是故18个月的工作实习结束前夕，他便正式面告公司主管：“我的居留期即将届满，我必须回台湾。”由于他已能在公司独当一面了，所以公司极力挽留他。他回答道：“我不能。我的妻子和孩子都在台湾，我们经历了近四年的分离之苦了。”公司负责人当即表示：“等我们跟移民局联系后，再行决定可否?”

正巧，那时苏俄成功发射人造卫星后，美国感到恐慌了！很快，美国国会通过了称为“第一优先移民”的紧急法案。法案要求：具有高学位工程或科学的外籍人士，都可以申请美国永久居留权。1958年，田长焯因此成为首批申请获准的永久居留者：“我已经没有离开的借口，便留了下来。稍后，我的妻子陆丽华和女儿田安黎，也有了永久居留身份来美。”

波音达人

田长焯始终保持着黄陂人“敢为人先”的禀性，比较喜欢进取冒险。数年后，土木工程对他渐失挑战性，正好波音商用飞机公司在纽约登报招聘工程师，他不禁跃跃欲试。其实，当时他对飞机一无所知，只是深感未来航空的重要以及国家的需要。“当时我33岁，决定从安稳的桥梁工作转入西雅图波音商用飞机公司，只是以试试看的心态去申请，想不到波音公司接受了。”

波音公司求贤若渴，他们为田家四口提供了包括纽约去西雅图的机票、搬运和住宿费用，田长焯于1961年9月来到西雅图安家落户。“到西雅图时，田长霖的同学夫妇金文雄及张玮玲来接机，并帮我们在华盛顿大学附近租一小屋。现在我还有时会去看看那小小的房子（每月80美元租金），充满了美好的回忆！”

由于隔行如隔山，不少学科都要从头学起。此时此刻，田长焯不禁想起了波音公司成立时的第一位（也是唯一的）工程师——中国航空界前辈王助。王助原是海军学校学子，后来是兴趣所在而半路出家学航空，1916 年 6 月成为麻省理工学院航空工程第二期毕业生。稍后，他被聘为波音飞机公司第一任工程师。经过多次改进销售不佳的 B&W 水上飞机，王助设计出双浮筒双翼的 Model C 水上飞机，成功地通过了试飞。该机作为波音公司制造成功的第一架飞机和开辟美国第一条航空邮政试验航线的飞机而载入史册。而波音飞机公司的创办人威廉·波音（William E. Boeing），原来竟是一位木材商人，也是兴趣使然而做飞机。

为尽快进入角色，工余时间，田长焯就去华盛顿大学研究院补课，选修飞机设计课程。经过系统学习与在实践中不断摸索、创新，他很快进入角色，终于在飞机颤振设计方面异军突起，成为首席工程师。“在我的技术领域中，我升到顶尖，评为公司中#1”。

在波音公司工作期间，田长焯先后从事过波音 707、727、737、747、757、767、777 及新型飞机的研究、分析，风洞、地面及飞行实验。其中，在 767 机型发展及设计的时间最长，从定型开始，初步设计、设计模型、风洞试验、全机分析、地面及飞行实验到取得适航证结束。“我的专长技术是颤振——研讨飞机振动相关的飞行安全。被公司评为‘颤振工程首席专家’。因颤振是一重要又难懂的项目，故常应邀向波音结构、气动及重量等部门人员，讲解颤振理论及要诀。1987 年，我还被波音派往印尼飞机公司，审查新机设计和授课。”他因此享有波音公司的“活字典”和“设计巨匠”之誉。

为人和易的田长焯成为技术权威后，公司主管曾有意让他从事管理工作，但他却不假思索地回答：“我感谢公司给我这个选择。但我不想去，我想继续留在技术领域。”他认为自己的专长是技术，而且公司给了他在技术类别中的最高待遇，从未受到过不合理的评价。直到 1995 年退休，他在波音商用飞机公司工作了 34 年。

回馈祖国

学术无国界，学者有祖国。田长焯长期生活在美国，他始终以华人为傲，自1962年起，他相继在美国参与发起成立了华美航天工程师学会、中国工程师协会、全球华人航空协会、美洲中国工程师协会等华人社团。1974年和1994年，他两度担任西雅图中国工程师学会会长。1974年，他领衔邀请台湾皮影戏团到华盛顿州立大学、历史工业博物馆、中华会馆进行表演，深受各界人士欣赞，乃当年西雅图之盛事。改革开放初期，他的府邸几乎成为中国工程技术人员的接待站，为中美的技术交流与合作提供一切便利。自20世纪80年代以来，他多次应航空工业部和家乡政府的邀请回国讲学、考察，进行技术交流。在北京、上海、西安、武汉、云南，以及台湾等地，到处留下了他科技报国的足迹。

改革开放之初，田长焯就明确指出，中国不能满足于买飞机，而应该制造飞机。1992年6月，在中美人士的共同努力下，西安飞机公司与波音首次签约，开始生产波音737后部机身。

1994年，他在西雅图主持了350人参加的全美工程师学会学术年会，其六弟、伯克莱加州大学校长田长霖亲临主讲，海峡两岸的航空工业部部长朱育礼与“经济部”次长杨世缄出席。1996年，他发起成立了美国华盛顿州西雅图抗日战争史实维护会（简称“史实会”），1998年又在西雅图合办纪念“飞虎队”活动。次年10月，他与中外专家一道，亲赴北京参加中美工程技术研讨会。进入21世纪后，他于2001—2009年担任美华航天工程师协会全美总会会长及理事长。此间，经他积极斡旋，促成大陆、台湾及美华三个航空学会，多次在海峡两岸成功联合举行全球华人航空科技研讨会。

2009年3月4日，81岁高龄的他亲自跨洋过海，前往北京航空航天大学，为大飞机高级人才培训班做了关于飞机制造、飞机分析等方面的报告。他以在波音公司的工作经验为依托，通过形象的飞机构造图片和影视资料展示，向大家介绍了影响飞机安全因素和飞机性能的试验检测方法。他提出了广泛收集飞机试飞失败的因素，要多角度、多方面地考虑等问题。同时，他也曾到上海大飞机公司现场指导。他荣膺美国加利福尼亚州喜瑞都市政府（Cerritos，California）及“航天协会”的终身成就奖、武汉市政府颁发的黄鹤友谊奖，西雅图中国工程师学会与美华协会荣誉奖等。

维护史实

2002年，田长焯代表“史实会”前往滇西保山、腾冲地区，参加“消灭日军、收回失地六十年纪念大会”。他声情并茂地报告了华侨抗日爱国活动，出席者为之动容。与会者纷纷对他说，真没想到华侨爱国之情，如此之深厚！宴会中有许多少数民族及台湾代表，相聚甚欢。

2004年9月18—20日，田长焯与世界抗战史实维护会同人在北京卢沟桥博物馆举行纪念活动。中国国家领导人还在人民大会堂亲切接见与会者时，一一握手寒暄。他不禁感慨万端：“会后，明月下，夜景如画，在桥上徘徊沉思，万分感叹；不能忘记百多年来，国家民族所遭受的灾难浩劫。今天唯有国家强盛，才不会让悲剧重演。这必须人人都要有民族复兴的认识，这也是‘史实会’在海外的愿望：尊重历史，开创未来！”

次年，在抗日战争胜利60周年之际，他与七弟自美国回到武汉祭拜在武汉会战中英勇牺牲的中国空军英烈，并参加六弟田长霖的铜像揭幕式。银幕上，当一群老者手捧蜡烛唱响《松花江上》时，他也是泪流满面，不能自持。

与此同时，田长焯还在华盛顿州兴办“郑和学会”“时事研讨会”等电视节目，将抗日战争史实与中国实情直观地告诉美国普通民众。在西雅图，他积极参加义工协助耆老组织，加入民间团体问政，并受聘两任华盛顿州长委员会委员，服务当地社会。

主编杂志

老骥伏枥，志在千里。田长焯晚年还主编了一本《美华论坛》英文杂志，并分赠给美国联邦参议员、众议员和州长，让他们倾听华人与中国的声音。同时，美国加州大学图书馆、法国巴黎国家图书馆等地皆有订阅。

早在1984年，一批在华盛顿特区的华籍科学家和工程师创办了这份英文季刊杂志，非营利、非政治、纯义工，推李圣炎为社长。因李年事已高，该杂志于1997年由彭滋成接办。当得知彭健康不佳，田长焯于2005年毅然接办。

10余年来，他充分利用自己的人脉和每年穿梭于中美之间、海峡两岸的优势，《美华论坛》先后刊载了有关中华文化、揭露日军侵华暴行、旅美华人血泪史和时事政治等文章。意在促进中国与美国，以及美国各阶层、各地区之间的了解。他说："2013年，长子田之立因公去美国加利福尼亚州长办公室，见到会客室桌上陈列有我编纂的《美华论坛》，就摄像传给我。据我所知，海外类此英文论坛仅靠读者捐助的杂志极少，没有广告。每期印发1000本。目前，我和湖北襄阳籍的彭之光兄为发行此刊负责人。"

知而后行

自1984年应邀访问祖国大陆起，田长焯此后经常回中国开会、讲学，并受聘为五所国内知名工程大学的教授。他感慨道："我极想看到中国与美国之间的和平相处。如果两国能有共识及了解，便能共同建立和谐世界。这是个崇高目标。我深信：只要双方努力，便能成功！"

田长焯非常关心年轻的一代，他每次回国均会到大中小学参观或演讲。他希望孩子们有较大的视野，不只是想自己生活得好便行了。

前不久，他在中国讲学时，曾告诉一批大学毕业生，你可以追求取得财富和地位，但你也要关怀与帮助别人。这是中华文化的真谛。在美国社交场合，他经常引用80年前在武汉六小读书时所唱的“礼记大同篇”歌，来宣达中华的大同思想。

田长焯夫妇共生育了三子一女。他常提及，最小的儿子田之京不到10岁时曾问他：“我有一个姐姐和两个哥哥，你为什么还要生我呢?”他若有所思地说：“让我告诉你，如果有人只有一个孩子，而这孩子是危害社会的人，那样的一个好吗？如果我的四个孩子知道上进又反馈社会，使社会变得更好，那四个并不多。只要你努力，贡献社会与国家，你就很重要!”他希望孩子一直记着这段话。

田长焯经常告诫子女，他们兄弟姐妹之所以能够在异域自强不息，功成名就，反馈社会，报效祖国，皆为父母教诲所赐。正是所谓的“家风”，也就是优秀中华文化的传承!

田长焯在田长霖论坛暨《田长霖新传》研讨会上致辞

最后，还是以田长焯在《田长霖新传》研讨会上的演讲词作为结语吧。他说：“田家素以儒家‘寒士之风’传家，父母的言传身教和当年的小学教育，形成了我们终身的观念及性格。那就是：重视知识与责任，知而后行！”

（原载《文史精华》2017 年第 1 期，王凤霞文）

蔡大生：瑞典皇家的黄陂“歌王”

蔡大生是瑞典皇家歌剧院的首位华人“终身歌剧歌唱家”。他通晓英、瑞、挪、丹、意、德6国语言，至今已在欧洲20多个国家演出40部左右歌剧、音乐剧等，是在世界舞台上登台最多的华人歌剧歌唱家之一。现为挪威皇家歌剧院终身演员。

蔡大生祖籍湖北黄陂蔡官田，因其父在地质队工作调入杭州，蔡大生因此生长于斯。由于他自幼怀揣音乐梦想，不懈地追求，终于在1982年以全省第一名的声乐成绩，考入杭州师范学院音乐系。几年后，他又从9000多名报考者中脱颖而出，成为7名幸运儿之一进入上海音乐学院深造，师从卞敬祖教授。1988年，他仅凭200美元和一本《英语900句》，前往瑞典参加国际歌剧歌唱家大师班入学考试，他技压群芳荣获瑞典最高艺术基金奖而留学瑞典。师从欧洲著名男高音歌唱家、声乐教育家E. X. Halard，并进入著名歌唱家尼科莱·盖达（跻身世界十大男高音）的大师班学习。

留学之初，蔡大生只会唱一首《冰凉的小手》。那时，国际艺术节正在斯德哥尔摩国际大剧院举行，上演经典歌剧《艺术家生涯》。可是，两名主角突然因病不能上场，导师就推荐了蔡大生，蔡以“替补队员”身份在这里首次登台亮相。结果，他以东方人的特质去诠释西方经典，征服了观众，顿时全场沸腾了！总监索性把他推向前台单独谢幕，台下再一次高潮迭起。当他看到台下是一片金发碧眼的海洋时，便迅速摘去戴在头上的金黄色假头套，情不自禁地朝着观众席用力抛去。观众这才明白了，原来他是一位黑头发黄皮肤的中国青年。顷刻间，整个国际剧院再一次欢呼雀跃：Chinese，Bravo！自此，抛头套成为他谢幕的习惯动作，享有“抛绣球的歌唱家”之誉。

1991年，尚未毕业的蔡大生一举考入瑞典国家大剧院。此间，他的演技得到了充分的发挥，频频被邀请出席各种庆典活动。有一天，他应邀参加国王生日庆典，他为了表达自己对国王的敬意，就即席献上了一首中国民歌《想亲娘》。当他唱到“娘想儿来想断肠，儿想娘来哭一场”时，他控制不住自己激动的心情，不禁热泪盈眶，哭出声来……善解人意的瑞典王后被他的歌声与真情所动，称赞他是一位情感丰富细腻、当之无愧的一流歌唱家。

每年12月，瑞典人除了欢度欧洲人同庆的圣诞节与新年外，还有两个重大活动：一是12月10日举行的诺贝尔奖颁奖仪式，一是瑞典传统的露西亚选美节。蔡大生成为新宠，常常应邀在盛典上引吭高歌。

在世纪之交，欧洲歌剧院进入新一轮发展期。蔡大生抓住机遇，又于1994年、2000年先后考入瑞典哥德堡歌剧院与挪威国家歌剧院，并成为以上剧院的终身演员。他曾应邀到意大利、法国、匈牙利、德国、荷兰、丹麦、波兰、英国等20多个国家出演过近40多部世界著名歌剧、轻歌剧、音乐剧，参加了各种音乐节、音乐会和重大庆典活动，成为华人艺术家在世界舞台上最活跃的歌唱家之一。

长期在国外生活，出入上流社会，蔡大生一直没起一个外国名字。不管在哪个国家，他都要求别人叫他蔡大生或大生。即使在北欧皇室演出场合，他也一直坚持戴上紧紧的头套，拒绝将头发染成金黄色。他说：我天生黑发，希望保持中国人的本色。

功成名就后，蔡大生频繁地穿梭于中欧之间，他没有带回“一掷千金”的投资项目，但带来了一颗诚挚的心。1998年湖北发生特大洪灾，他专程回到家乡防汛前线义演，慰问抗洪官兵。笔者与他见面时，他讲一口地道的黄陂话，一下子拉近了我们之间的距离。他强调说：“黄陂话是我心中的‘官方语言’！”

蔡大生是央视的常客。1994 年和 1998 年春节，他两次登台央视春节晚会，并演唱了《黎明》《我的中国心》。唱完一曲《我的中国心》后，当主持人问他有何感受时，他的眼泪竟然一下流了出来，说：想家！2010 年，《小崔说事》对蔡大生的专访，成为央视收视率最高的节目。次年，CCTV4 套《文明之旅》对蔡大生长达 45 分钟的专访在全球播出后，再次引起强烈反响。

蔡大生近影

与此同时，他还受聘担任杭州师范大学特聘教授、浙江传媒学院实验歌舞剧院名誉院长等，2008 年北京奥运会火炬传递杭州站的火炬手，也是国内外多项重大音乐赛事评委。

蔡大生的成功之路告诉人们：人生需要有梦想，而只有不懈努力追梦，才能梦想成真！

（原载《中华英才》画报，裴高才文）

杜金成：世界材料科学的一颗新星

美国北得克萨斯大学终身教授杜金成博士，是国际知名材料研究学者，北得克萨斯大学科技创新奖得主，现为国际玻璃协会玻璃计算机技术委员会主席、北得克萨斯华人教授协会主席，意大利摩德纳大学和日本明治大学访问教授。

2004 年杜金成获得博士学位，和家人合影

少年梦想

杜金成虽然跻身于国际材料科学研究领域，但他始终忘不了养育他的巍峨木兰山和悠悠仙河水。1970年，杜金成出生于黄陂木兰乡杨家田一个中医世家。在这个山清水秀的黄陂小村庄，他度过了美好的童年，在柿子树店小学完成了小学教育。接着，其父杜献琛在湖北省中医提高班毕业，被分配到黄陂县城医院工作。所以，小金成随父进城并在城关二中读完中学。这次的搬迁，让他走出小山村，有机会接触外面的世界和接受到更好的教育。进城后，由于其父的工资也不高，其母没有正式工作，为了家里三个孩子能受到良好的教育，其母就做些小生意，补贴家用。父母的辛勤劳作让他懂得生活的不易，自己只有通过努力奋斗，才能实现自己的梦想和过上美好的生活。初中毕业后，他一举考入黄陂一中。高中期间，让他印象深刻的是，高三化学刘高运老师常把化学各个方面的知识讲得栩栩如生，经常编些歌诀和故事让枯燥的记忆变得生动有趣。毕业二三十年后，同学们仍提起这段有趣教学，可见一个优秀老师对学生深远的影响。当时，他的文科成绩如语文、英语、地理等也很突出，但家乡文化的熏陶和老师的启发，让他立志攻读更具挑战性的理工科。所以，高二分科时，他选择了理科。高中的时光紧张而充实，闲暇时间前往县城滠水河畔拜谒双凤亭，不禁浮想联翩：家乡宋代走出了著名思想家、教育家程颢、程颐，当代又飞出了金凤凰田长霖兄弟……他开始思考着自己如何追寻先贤的足迹。

1988年高考结束，杜金成在填报高考志愿时，曾想到在他读小学期间，作为中医世家的父亲曾让他背诵中医药方——“汤头歌诀”，意在让儿子继承家族行医的传统。可是，杜金成此时的兴趣是理工科院校，而非医科院校。当他把自己的想法向父亲一吐为快时，父亲并没有强求儿子继承其衣钵，而是满腔热情地支持儿子的选择，使儿子高高兴兴进入武汉工业大学（现武汉理工大学）学习。

巧遇伯乐

千里马常有，而伯乐不常有。杜金成至今记得，在他进入大学不久，我国杰出材料科学家、时任武汉工业大学校长袁润章，大胆地在学校试办了实验班，让他有幸进入实验班，接触到材料科学的前沿。实验班在全校新生中考试与考查筛选，在材料科学、工业与民用建筑两个专业各挑选9名学生。作为材料科学专业学生，杜金成以优异成绩入选了这个实验班。在他入学前，该校就始建材料复合新技术国家重点实验室，无机非金属材料学科系国家重点学科，1989年该学科获准设立博士后流动站。所以，四年的大学，让他有机会系统学习材料科学这个较新学科，接受了比普通大学生在数学、计算机和英语方面更多更深入的训练。

大学毕业后，杜金成考取了硕士研究生，师从刚刚从日本留学回国的赵修建博士，从事非氧化物玻璃红外材料方面的研究工作。1997年底，武汉工业大学成为国家“211工程”重点建设大学。因成绩优异，杜金成毕业后成为少数几个留校任教的硕士研究生，并进入该校材料复合国家重点实验室从事科研和教学工作。在这个时期，他有机会接触到来访的国外学者和在材料方面前沿的研究，这让他有到国外留学读博士进一步充实自己的想法。他用业余时间准备了英语考试，并顺利拿到美国纽约州阿尔弗瑞德大学的全额奖学金。在武汉的几年，让他在专业和学术上有了长足的进步，他也在这里遇到知心爱人曾艳。

留美名师

1999年9月，杜金成告别家人和朋友，漂洋过海，来到美国纽约州开始他的留学生涯。大学所在的阿尔弗瑞德镇坐落在纽约上州西部罗切斯特南70英里的地方，是一个只有几百户居民的小镇。与想象中纽约高楼大厦鳞次栉比的景象相反，这里完全是一幅美国乡村景象。镇上有两所大学，宁静的乡村氛围也创造了良好的学习和研究环境。这里不乏从中国及世界各地最好的大学和研究机构来求学的学生，他们来这里学习先进的陶瓷科技和陶瓷艺术。离阿尔弗瑞德不远是有名的康宁市，这里是世界有名的康宁公司的总部。康宁公司在玻璃、光纤、陶瓷技术等领域世界领先，并有很好的产品。正是这种大学和公司的紧密合作模式，促使美国的大学在很多领域保持在世界的前沿。

阿尔弗瑞德大学是世界著名的陶瓷材料教学和研究中心，也是世界上少有的几个授予陶瓷和玻璃学博士学位的大学。杜金成的导师 Alastair Cormack 博士，是世界知名的材料计算机模拟专家。他在这里接触到最先进的模拟手段和技术，为日后事业发展打下了扎实的基础。美国大学有严格的博士教育，是典型的宽进严出。每年的博士生资格考试都有学生不能通过，而在失败两次后这些学生不能继续博士学业，只能取得硕士学位毕业。得益于之前材料科学领域的良好基础，杜金成在第二年顺利通过资格考试。在课业上，除了上本专业在玻璃和陶瓷方面的课程之外，他还尽量到其他科系如电子工程去旁听研究生课程，以拓展眼界。在科研上，他的导师给予他很多自由和发展的空间。在基本课题之外，他可以自己探索和了解前沿，并结合兴趣确定博士论文课题的方向。

在生活方面，阿尔弗瑞德没有中餐馆，也没有卖中国或亚洲食品的商店。最近的店要到 70 英里外的罗切斯特。刚到达阿尔弗瑞德的时候，他选择住在离学校比较近的一个家庭公寓。这是一个私人住宅改成的学生公寓，主人史密斯女士住在一楼，楼上几个房间出租给留学生。刚到的第一个星期，由于不能做饭，每天只有牛奶、面包和西式的食品。只有到了周末，才能到师兄家吃到一顿米饭，让他觉得这是世界上最好吃的东西。半年后，杜金成的夫人从中国过来，他们才搬到离阿尔弗瑞德 10 英里的一个小镇，因为那里的房租更便宜，在那里他们租了一个两居室，开始了在美国的生活。两年后，他们有了爱情的结晶——第一个孩子凯文（Kevin）出生。

崭露头角

为了进一步拓宽研究领域和眼界，杜金成博士毕业后于2004年来到太平洋西北实验室从事博士后研究。这个隶属于美国能源部的太平洋国家实验室，是一个世界领先的研究机构，它在很多领域特别是能源和环境方面有着雄厚的研究实力。太平洋西北和纽约有着非常不同的地形地貌和自然环境，在这里生活也丰富了他的人生阅历。

作为博士后研究人员，杜金成在这里接触到计算材料科学和材料研究的最前沿，他有机会与资深研究人员合作，接触和使用世界一流的计算和实验设备。两年半的研究经历，让他专注研究并发表了一批高水平的论文，在科研上有了进一步的发展。在国家实验室的两年多，也让他确定自己希望在大学发展，大学可以教书育人并给予研究工作更大的自由度。

当杜金成了解到弗吉尼亚大学化工系的一位教授在计算催化领域颇有成就时，他认为这一领域前景广阔，遂决定将此领域作为自己研究的方向之一。于是，在太平洋西北国家实验室两年半后，他转入弗吉尼亚大学。弗吉尼亚在美国东海岸，这一次搬家从西到东又是几千英里。在外面的生活似乎在不停地搬家之中，颇有浮萍的感觉，这是在美国的很多中国人都有的一个共同感受。弗吉尼亚大学坐落在优美的夏洛茨维尔市，离美国首都华盛顿特区两个小时车程。弗吉尼亚大学由美国第三任总统托马斯·杰斐逊创立，是最早8所公立常春藤成员，也是全美最好的公立大学之一。夏洛茨维尔的生活宁静而又丰富，他每天从公寓坐学校的公共汽车到系里上班，周末则开车到华盛顿博物馆或者周边的景点游玩。弗吉尼亚人文和自然风光资源丰富，仿佛有无穷多的去处。在弗吉尼亚大学的生活很闲适，但他知道这不是他的久留之地。他的履历已经完整，研究经历已经成熟，他渴望有一个职位让他更独立，从事他想要的研究工作。从这时起，他开始关注大学教授职位并进行申请。

机会总是眷顾有准备的人。在弗吉尼亚大学还不到一年，北得克萨斯大学有一个教授职位并和他的研究方向吻合，他马上申请并不久就收到邀请去学校面试。多年的学术积累，在这里得到了回报。美国的大学教职申请竞争激烈，通常是全国公开招聘，在几十到几百人中挑选一个。在面试后不久的一天，他收到了北得克萨斯大学材料科学与工程系系主任的电话，告诉他他得到了这个助理教授职位。除了工资之外，美国的教授职位通常有一笔启动资金，以便教授们成立一个新的实验室。这样他可以独立地成立一个研究小组，开始他的研究。就这样，赴美8年后，他的学术生涯和研究开始起航，他和家人一起搬家到离弗吉尼亚南方1000英里外的得克萨斯。

科坛新星

北得克萨斯大学坐落在达拉斯附近的丹顿市，属于达拉斯—福斯堡城市圈，这也是继纽约、芝加哥和洛杉矶之后的全美第四大城市圈。丹顿是一个名副其实的大学城，除了北得克萨斯大学外还有得州女子大学。北得克萨斯大学有120多年的历史和3.7万名学生，是得州第三大大学。它在教育、音乐、管理、物流等方面全美有名。在最近的卡耐基大学排名上，它也排名为第一类研究型大学。它的工学院比较新但发展很快。杜金成在这里的研究迅速开展并取得一定成果。他在到达北得克萨斯后的第二年就赢得一项美国科学基金的资助，去研究新型的生物活性玻璃材料。丹顿市的主要报刊（*Denton Record Chronicle*）采访了杜金成的实验室，并在头条报道了这个项目。几年时间过去了，杜金成的科研和教学都稳步进展。他和同事合作，又获得几项由美国科学基金委和能源部等机构的资助。同时，他和弟子有很多的论文在知名学术刊物上发表。其中，2011年，他和加州大学洛杉矶分校物理系一位教授合作的在非晶态材料表征的创新性工作，在世界著名的《自然》杂志上发表。由于他的这些成就，他在2012

年获得北得克萨斯大学科技创新奖。同年，他获得晋升并被聘为终身教授。杜金成在计算材料科学，特别是玻璃和非晶态材料计算机模拟和先进陶瓷，玻璃和纳米材料在能源、环境、电子和生物医学应用方面的研究颇有建树。他多次参与组织和主持国际会议，并担任国际组织国际玻璃协会计算机模拟技术委员会主席等职务。同时，他频繁出访英国、法国、德国、意大利、丹麦、巴西、日本、中国等国家进行学术演讲和交流。他被邀请为意大利摩德纳大学和日本明治大学的访问教授。

身为华人背景，除了学术研究外，杜金成也积极参与华人社团和其他社会活动。在纽约阿尔弗瑞德大学读书期间，他曾是中国学生学者联谊会主席。后来，他也曾担任北得克萨斯华人教授协会主席，还担任北得克萨斯大学中国指导委员会的主席，为大学和中国发展学术交流和科研合作提供建议。

如今，杜金成在大洋彼岸的学术道路上，踏着执着而坚实的步伐，不断进击，跻身于美国乃至世界的学术之林！

（本文系裴震烁、王凤霞网上采访传主后根据相关资料整理写成）

匠心筑梦

李明：中国歼击机总设计师

他为中国航空工业奋斗了半个世纪，他领导的主动控制技术研究成果，让中国与发达国家的差距缩小了10年；他积极筹划和主导战斗机综合火控系统研究，使歼8Ⅱ完成跨越，让歼11威武蓝天……他就是中国工程院院士、国产歼击机总设计师李明。

剃头匠当上了领航员

李明的祖父李宝卿原是黄陂长轩岭的一个剃头匠。他靠挑着剃头挑子浪迹于汉口码头、市井、陆地和商船之间，勉强维持生计。因常年与水手、舵手打交道，颇有悟性的李宝卿逐渐掌握了操舵和领航的相关知识，成为一名精明的领航员。

有了稳定而优厚的工作后，李宝卿在上海浦东买房、置地、成家。当子女到了入学年龄，李宝卿就让他们接受良好的教育。其子李知白，也就是李明之父，在上海海关专科学校学成后在上海与九龙海关工作。

抗战期间香港沦陷，李知白带着全家从香港逃难到广州，李明因此于1936年12月30日生于今广东佛山市三水区，并在广州开始接受启蒙教育。其后，李明全家又随父亲迁到澳门与复返上海生活。

在祖父与父亲的潜移默化下，李明曾萌发了当航海家或海军的梦想。抗美援朝期间，初中毕业的他响应号召，于1951年7月应征入伍。次年11月，又迈进长春第九航空专科学校，攻读航校仪表专业。1953年9月，他以优异成绩提前毕业，被分到齐齐哈尔空军第十师机场工作。

母亲授予他“猎枪”

为迎接新中国成立五周年，1954年上半年部队承担受阅任务，当时空军第十师的航空兵修理厂人员不足，李明因此抽调于此，专司飞机仪表修理工作。在维修飞机仪表的实践中，他刻苦钻研，研制成功了加速度表试验器和陀螺磁罗盘效验仪、自动驾驶仪地面联试台等仪器，并很快用于部队的战备训练。他因此荣获了一级技术能手和一级优秀机务工作者称号，还出席了军区空军积极分子代表大会，受到通令嘉奖，并光荣地加入了中国共产党。

李明的母亲原是文盲，在儿子入伍几年后，时年46岁的母亲，通过业余扫盲后居然能给儿子写信了，并在信中谈了自己学文化的感受，这让李明的心灵受到了强烈震撼。于是，他下定决心，在潜心飞机维修和技术革新的同时，挤出时间坚持业余自学，直到对高中的数、理、化课程，以及飞机维修上的前沿技术读物融会贯通。

1958年，他考取了哈尔滨军事工程学院空军工程系。在大学学习的5年间，考试课程几十门，他除一门功课良好外，其余全是优秀。

1963年毕业后，他被择优选送到新中国第一个飞机设计所——国防部第六研究院第一研究所（今航空部第六〇一所），俗称沈阳飞机研究所工作。他开始从事飞机自动化、空气动力、飞机总体设计等专业的研究设计工作。服役的第四个年头，由于工作成绩突出，李明先后被任命为特设师、总体室主任，还被评为先进机务工作者和一级技术能手。1965年国防部第六研究院所属单位集体转业，李明从此脱下了军装。

江泽民嘉勉“争气机”

20世纪60年代，美国高空侦察机经常侵扰我国领空，进行侦察挑衅。为了改进我空军飞机攻击高空目标的作战使用性能，刚出校门的李明进行了歼7飞机加装纵向阻尼器的研究论证。

在歼8飞机的设计研制中，李明主持进行了“歼8飞机自动增稳系统”的方案论证和研制，首次将电液伺服复合舵机方案用于该系统，对国内飞机助力器研制行业开展电液伺服舵机的设计研究起到了很大的促进作用。当时苏制米格-23飞机还在采用性能比较落后的电动舵机。

20世纪80年代，在歼8Ⅱ型飞机的研制中，李明作为“飞机自动控制与操纵”这一分系统的总设计师，主持进行了飞行控制系统控制律的研究与仿真，制定自动飞行控制系统方案，组织领导了系统设计、系统试验与系统鉴定的全过程。这是我国自行研制的第一种装机使用的歼击机自动飞行控制系统。时至1996年11月9日，中国自行设计生产的歼8ⅡM型飞机，在首届中国国际航空航天（珠海）博览会亮相，李明脸上这才露出欣慰的笑容。

1982年，李明在广泛搜集与消化国外研究资料的基础上，提出了主动控制技术研制计划。主动控制技术预研项目，就是按着他的这一思路进行管理的，既有利于保证研制质量、飞行安全和研制进度，又为以后转入正式型号研制生产积累了经验，打好了工作基础。

他执掌“帅印”，负责指导、协调有关厂、所、院、校的近百名科技人员，进行这一课题的理论研究和试验论证。他亲自参加设计、试验、评审、分析，重要环节、主要曲线、关键数据他都精心核对把关。在他和同事们的共同努力下，这一重大预研项目取得了突破性成果，缩短了我国在这一技术领域同先进国家的差距。他的卓越贡献，使他成为国家科技进步二等奖和部科技进步一等奖的头名获奖者。

他主持设计研制了我国第一套航空电子综合火控系统，标志着我国航空电子综合技术有了重大突破，打破了西方对我国的技术封锁，填补了我国航空技术的一项空白，使我国的第二代歼击机，具备了第三代歼击机的某些重要性能，江泽民主席称之为“争气机”。

强硬的谈判对手

改革开放后，航空交流频繁。李明认为，要想和欧美发达国家的专家平起平坐，中国专家必须依靠真才实学，跻身于世界之林，才能真正维护中华民族的尊严。有一次，他受命参加一项重要国际合作项目谈判，为了准备供领导谈判签约使用的技术文件，在异国他乡的宾馆，他每天连续工作十七八个小时，一口气校阅整理了上百页中外文两种文本的技术文件，出色地完成了任务。

李明作为中方技术总负责人，主持一项重大的对美航空技术合作项目谈判。开始谈技术问题时，美国人漫不经心，嘴里嚼着口香糖，侧身而坐，摆起了“洋”架子。李明不卑不亢，阐述我方的技术观点，据理指出美方技术方案的缺陷，语露锋芒，才溢言中，傲慢的美国同行不得不洗耳恭听，刮目相看，称他为“强硬的谈判对手，一位令人肃然起敬的中国专家”。

又一次，他参加一项对外技术合作的谈判。刚开始时，外方专家自恃技术先进，态度敷衍，傲视我方专家。李明作为中方主谈专家，就一些关键技术问题，成竹在胸地一一回敬对方，几个回合交锋下来，对方不得不低下了高傲的头，认真对待和回答李明提出的意见。

1992 年，正是李明给中央军委副主席刘华清写信，促成我国引进俄罗斯苏 -27 飞机许可证与发动机。又是他负责整个技术资料的翻译，并按中方的发图标准和要求转化成中国化图样，发往生产线，应用于打通生产线。继而，首批飞机组装试飞，交付使用。在该机型批量生产期间，李明又组织科技攻关，通过消化吸收掌握核心技术，从而实现国产化。

如今，展望我国新一代战机，李明充满信心地说，我国未来的战机应能与世界最先进的战机抗衡，能够有效抗击敌轰炸机、无人作战飞机和巡航导弹，以及同期可能出现的新式武器。

老骥伏枥励后昆

一分耕耘，一分收获。自1987年9月起，李明研究员出任北京航空航天大学与南京航空航天大学、西北工业大学等高校的兼职教授与博士生导师，被授予国家级中青年有突出贡献的专家。1995年5月，他当选为中国工程院院士，还获航空金奖。先后当选为中共十五大代表、全国政协委员，被任命为国务院第四届学位委员会委员，荣获全国“五一”劳动奖章。

李明院士近照

李明从总设计师的位置上退居二线后，仍担任研究所首席科学家。他既要将年轻人扶上马再送一程，还有较重的预研工作和培养研究生任务，继续在航空科技领域辛勤耕耘。比如采用新型雷达，可同时跟踪多个目标，同时制导多枚导弹攻击目标，综合系统具有多种能力等。

在本文收笔时，李明对后学的寄语仿佛仍在耳边回响："年轻的航空设计师和工程师们，让我们淡泊名利，刻苦钻研，勤奋工作，自主创新；为中国，也为世界，为实现我国航空科技事业与世界先进水平'并驾齐驱'和'引领发展'而创造自己的业绩吧！"

（原载《红岩春秋》2016 年第 4 期，王凤霞文）

杜献琛：碧血丹心映杏林

那天下午笔者去黄陂中医院“名医堂”采访，忙于接诊的杜献琛主任医师这才回过神来，为自己“失约”半小时而面露歉意。

1943 年 7 月，杜献琛出生于黄陂木兰乡的一个中医世家，他的祖父是一位闻名乡里、悬壶济世的老中医。在他年幼时，祖父就教他背一些中医汤头歌诀，并带他上山采药，这样的环境让他从小对医学有了浓厚的兴趣。稍大一些后，他就读一些古书，如《唐诗三百首》《古文观止》等，逐渐对古典文学也产生了兴趣，再来读祖父传下来的上百本医书，才没感到吃力，反而觉得是一种愉悦的精神享受。十几岁时，他就能像当年的祖父一样，背着药箱上山采中药，还能像模像样为乡里乡邻看病。在那个物质极为匮乏的年代，朴实的乡亲没有什么感谢他，就把自种的瓜果、鸡蛋送给他以表心意。接着那些沉甸甸的“礼物”，他既高兴又难过，高兴的是他的病人恢复了健康，难过的是他明白“这些礼物”对于农村家庭来说都是“奢侈品”，他没办法拒绝这份心意。那时，他就立志成为一名医术精湛的医生，为更多的乡里乡亲免费治病。白天，他外出干农活，还兼当“赤脚医生”；夜晚，他就在煤油灯下苦攻中医经典，他明白中医是一门高深的学问，只有刻苦钻研才会一步步入门。

杜献琛潜心钻研医学七八年，也迎来改革开放的春天。是时，当地卫生部门要从民间招收一批医生上岗，杜献琛被择优录取到塔耳卫生院坐诊。1979 年，他又参加了全省中医提高重点班的招生考试，在500名考生中脱颖而出，成为60名优胜者之一。两年修业结业后，1982年2月被分配到黄陂县中医院工作。

从成为医生的那天起，杜献琛就不断地从临床工作中总结经验，认真地做临床笔记。从实践过程中他一步一步领悟到新思维与新方法，逐渐形成了自己独特的、扎实的本领。短短3年时间，他凭着过硬的医术升为内科主任。1989年，他以第二主编、会同名医张介眉合著了《人体排出物异常证诊断治疗学》，此书由中国医药科技出版社出版，是中医发展史上第一部论述人体排出物在病理状态下，作为诊疗疾病重要手段的专著。1994年，他又独立著述了《内丹探秘》，由中医古籍出版社出版。此书通俗易懂，旁征博引，为人们从多角度来认识和理解内丹术提供范例。

杜献琛认为，中医药是一个巨大的宝库，有着无穷无尽的宝藏。只要用心钻研，就会挖掘出很多物美价廉的宝物。他在临床中，用很多只需几元钱的中草药，便可解决很多患者的痛苦。而这些中草药，很多就生长在我们的身边。他说眩晕症是一个常见的病，发作时感到天旋地转，甚至产生恶心、呕吐等症状。在他的临床中有一味简单的药叫仙鹤草，只需60克加瘦肉50克煎服，一个疗程6天便能治愈。还有一种中草药看起来不起眼，却是天然的安眠药。它就是我们农家种的花生叶，花生叶用于治疗失眠、神经衰弱、头痛、心悸健忘有很好的疗效。只需煎服，一日两次，服三天便可得到有效控制。

“读方三年，便谓天下无病可治。及至治病三年，乃知天下无方可用。”刚开始，面对临床上遇到的一些疑难问题，无能力解决时，杜献琛不是望而却步，就是推荐给西医治疗。后来，他通过系统学习了中药药理，将传统的四气五味和现代中草药理对照学习，取得了更新、更深的认识和突破。他所讲的这些最简单、最便宜的天然草药，都是他临床多年研究的成果。作为一名医生，他希望所有的病人买得起药，看得起病，花最少的钱能治好病。我不禁为这位德艺双馨的医者感叹！

在“勤求古训、博采众方”的基础上，杜献琛不断挖掘古人的经验，以此指导着中医的临床。他指着右边屏风上挂着的一面锦旗，告诉笔者这是一位叫刘华生的病人送来的。他从4月就开始低烧，三个月来先后在汉口协和及北京治疗，花费十多万元，均没有查出明显病因，也没有见到治疗效果。于是，病人就求助于杜献琛。他接诊后，经过仔细地为病人辨证，观其舌苔，白黄厚腻，小便短少。按照传统辨证，属湿温，于是他选用甘露消毒丹合三仁汤，取药7服。谁知刘华生服药后，第五天体温降到正常，头昏、头痛、倦怠等症状也随之好转。服了10服后，病情没有反复，体温也正常了。刘华生的家人给杜医生送来“大红包”感谢，被杜医生坚拒。于是，刘家就以这面“白衣天使、医术精湛”的锦旗致意。这个病例说明了运用传统的中医理论、辨证施治的重要性。

这位年过古稀的老人，每天工作8小时，像流水线上的工人一样，接诊七八十位患者。他为何不能停下来休息一下？他说，这些病人大部分是从乡镇坐车过来的，大多数的家庭经济都不宽裕，如果不抓紧时间为他们治疗，下班时间到了，他们又白白排了队。碰到他们没带足钱的情况下，他还得想办法修改药方，去掉一些不是很重要的药，尽力减轻他们的经济负担。听到这儿，我再一次对他肃然起敬。

不久前他又完成了一部50万字的著作《中西医结合内科证治》。他到底是怎样完成的呢？原来，他一不打牌，二不外出，每天下班后，吃完晚饭就和老伴外出散步半小时，回来就开始写作，通常要写到深夜十一二点。就这样日积月累，他用了近5年的时间，整理材料，进行校对，再在电脑上敲打而成。多少个深夜，他还在灯光下奋笔疾书，有时忙到凌晨1点还没有休息的意思，急得老伴一直抱怨他：你以为自己还是年轻人啊，这么大岁数怎么还不会照顾自己呢？他只得放下来，连声道歉打呵呵。原来老伴非常细心，知道他心脏不是很好，在他上班的时候都会抽空来医院看他，提醒他喝茶，担心他忙碌过头而忘记照顾自己。

杜献琛在新著研讨会上致辞

生命不息，笔耕不止。杜献琛要趁自己身体还健康，抓紧时间把几十年的临床经验作一个全面的总结，让后来人学习与借鉴。他的新著就是以西医病名为主线，再简要地介绍病因、临床表现与治疗。重点叙介的是中医中药的治疗方法。他根据每一种病例的发病特征，科学地筛选有效中药并说明中药现代药理；运用传统的辨证论治，拟定首选方剂。同时，利用现代研究及理法方药，再进行深入浅出的详细阐释。

杜献琛退休10多年了，为什么还要这么辛苦地工作呢？他呵呵一笑：人活着还是做事舒服啊。我曾经有段时间尝试着不去工作，结果天天在家里转来转去，不知道做什么，感觉度日如年。一来到医院为病人治病，立刻就精神抖擞。听到病人说病好了、舒服了之类的话，就感觉到无比高兴，这种成就感是用再多的钱也买不到的。说到他的三个儿女，他非常欣慰。大儿子杜金成是留美博士，现任美国北得克萨斯大学终身教授。二女儿继承了他的事业，和他同在一个医院工作，是妇产科的一名优秀大夫。小女儿在湖南长沙工作，是一家外企的高级白领，待遇非常不错。在杜金成为父亲写的《挖掘杏林宝藏，探索中西医结合》这篇文章里，我读到了他的心声："在我幼年的记忆中，最美好的回忆之一是分享乡邻为感谢父亲治好病给家里送来的自产瓜果和鸡蛋。""《中西医结合内科证治》这本书结合中医的传统治疗方法和西医的诊断理念，是父亲对中西医融会贯通，毕生经验的总结。遗憾的是我大学选专业的时候，选择了更感兴趣的理工科。不过，父亲的求索精神，几乎影响了我们一家。哪怕是我到美国留学和在美国大学当教授，均是如此。"看到杜金成对父亲这番发自肺腑的评价，我由衷地为这位医术高超的医生的一生深深感动。在教育子女的问题上，他崇尚梁启超说的"不可骄盈自慢，又不可怯弱自馁，尽自己能力做去，做到哪里是哪里，如此则可以无入而不自得，而于社会亦总有多少贡献"，因此他的孩子都像他那样踏实做人、认真做事，个个都成为这个社会的精英。

临近杜医生下班时分，我当了最后一名"患者"。因为我一直非常瘦，想让杜医生帮我看看，是不是脾胃不好，需要开几服中药作调理？他为我把了脉，很快做出诊断：身体非常好，不需要吃中药。你的瘦不是病，只需要多吃甜食、多吃面包、多喝牛奶，长胖一点不是问题。然后又笑着说瘦其实比胖好，瘦的人得高血压、糖尿病的可能性很小。聆听这位气色红润的老医生谈养生，谈正常的生活规律，谈宁静淡泊的生活，我明白了好的心态与好的生活习惯对一个人的健康才是最重要的。随后，他打开手机加我的微信，并用手机为我拍照及合影。看着这位老人玩手机时的娴熟动作，以及健步如飞的身影，我脑中很快地蹦出"时尚""青春"之类的字眼，觉得73岁的杜老真的与"老"字无关，是个永远青春的老人！

那天的夕阳非常灿烂，红彤彤地照亮了一片天，像一串七彩的梦。心随思绪一起飞，我在电脑前敲下“碧血丹心映杏林”这行字，我想它概括的就是杜献琛的一生！

（本文由张萍采写）

张介眉：从“三壶学徒”到“中医大师”

张介眉为中医世家，从事中医临床、教学与科研五十余载，享有国家师带徒指导老师、全国名老中医传承工作室专家、国家中西医结合临床重点学科学术带头人、国家重点研究室主任，湖北省中医名师、武汉市中医大师、二级教授、博士生导师等头衔。先后主持了国家级及省市科研课题13项，获国家发明专利7项，主编出版专著13部，荣膺首届中医药传承特别贡献奖、中国中西医结合优秀个人奖等，享受国务院特殊津贴。

一

张介眉1947年出生于黄陂祁家湾张店张后湾，为张氏第七代中医传人。他自幼受祖父、老中医张汗臣，及伯父百川、父亲巨川悬壶济世的耳濡目染。先辈常给他讲“从穿鞋看出身”的扶危济困方法：对于鞋子穿得好无露泥带污者，往往是坐轿或坐车来的求医者，多半是富人，其医药费照收不误；而穿破旧鞋子或没鞋穿，或满是露泥带污者，大都是步行贫苦人，药费就少收钱或不要钱，甚至还要送钱买药引子。1963年，他从黄陂古潭寺第二十三中毕业后，正式开始行医。他从“三壶学徒”（为医师提茶壶、酒壶与夜壶）干起，每天清晨起床，诵读大小四部经典半小时后，他就挑起水桶到水溏挑水，直至把大水缸装满，而后就是生炉子、买菜做饭、清扫卫生、发药、研药，日复一日，从不厌倦。后来，主管诊所的公社卫生院领导见他颇有悟性，便安排他到武汉中医院进修儿科临床，结业后返乡从事农村合作医疗工作，一盏油灯读书，一个药箱辗转多地，几度春秋。

二

1973 年，经层层推荐，张介眉考入湖北中医学院进修。三年间，他跟名师、读名著、习西学，中西兼习，学有所成。毕业后分配到黄陂县人民医院中医科工作。他由一名医生一步一个脚印，干到医务部主任、黄陂中医院院长。连续三年被评为黄陂拔尖人才和武汉市有突出贡献的专家。通过长期的临床观察，他发现人的五脏六腑的排出物，鲜有专著论述。于是，他会同杜献琛等中医同行，编著了首部中医专著《人体排出物异常证诊断治疗学》。这部处女作于 1993 年由中国医药科技出版社出版后，立即引起医学界的关注，经专家检索论证，该书是中医学发展史上第一部论述人体排出物在病理状态下作为诊疗疾病重要手段的专著。从此，他一发不可收，不断求索，勇于创新，建树颇多。他的临证特点主要表现在：崇尚经典善用经方，兼习百家之长起沉疴；辨证施治讲究技巧，坚持辨病辨证相结合；重视理论勤于实践，擅长化裁通变克顽疾；善用兵法遣方用药，巧施用兵之策建奇功等。诸如，他编写出版了《用药如用兵今译》《三十六计与中医学》，还负责国家大型医学丛书《兵法医学》的编写。用通俗易懂的语言和经典的医案阐述用兵计谋与用药之奥妙，成为临床医家所喜爱的读本。

三

早在担任武汉市第一医院院长期间，张介眉就提出并实行中西医结合临床运用方法学研究，成立了武汉市中西医结合临床研究基地。

他在国内较早提出中西结合优势病种的思路，并组织各临床科室制定优势病种诊疗方案，积极开展中西医结合优势病种临床研究。他受李时珍用葱白治疗胸痹的启发，提出通阳理论，并对阳气不通导致疾病的病因、病机、临床表现以及通阳法、通阳方剂和中药进行了系统整理，出版专著《通阳论》，初步建立了通阳法理论体系。同时，他重点对辛温通阳中药葱白进行了十余年的系列研究，取得了阶段性的成果。“辛温通阳治疗冠心病”被列为国家重点研究室科目。他编纂出版了《华夏小葱研究》一书，成为全国系统研究小葱的创始人之一。他还主持了包括国家自然基金、国家科技支撑计划在内的国家及省市科研课题13项，取得国家发明专利6项，研发院内制剂三种，取得较好的经济和社会效益，开创了中医药理论创新的最新领域。

四

作为从农村走出的中医大师，他不忘初心，力求用最少的药物、最有效的药、最便宜的药为患者治病，查看处方费用，很少有超过200元的。有时医院药房没有处方用药，他总是打电话找关系想办法为患者买药。对病情较重，需要住院的病人，他总是热心地为患者联系病床，直到把病人安顿妥当他才放心，而且还特意安排学生到病房探视病人，或者打电话询问患者的治疗情况。他对临床遇到的疑难病，总是回家翻阅资料，并与同行一起讨论对策，力求取得最好疗效。他重视患者的用药安全，曾经有一位外地患者，药房在配药时把剂量搞错了，他知道后就派人专门到患者的家乡寻找病人，由于当时只知道患者所在的乡镇，不知道具体的居住地，大家就挨村挨户打听，整整跑了一天，总算把病人找到了。找他看病的有很多外地患者，每次门诊都要加很多号，每天要看到中午1—3点以后。医院想给他限号，他坚决不同意，他说病人大老远赶来看病不容易，就是再晚也要为他们看病。他对所有患者一视同仁，常常告诫助手或学生：越是穷苦老百姓越是不能慢待，越是要真诚相待，因为他们最怕大医院的医生不认真给他们看病，你的认真负责、以诚相待是一剂良药。他看病总是不厌其烦，很多老年患者喜欢唠唠叨叨，有时候学生嫌患者啰唆就提醒患者，他就告诉学生不要干扰患者叙述病情。他说，患者所说的每一个过程都是我们诊疗过程中要重视的内容，我们对疾病的认识往往随着患者的叙述而改变，甚至是得出颠覆性的结论。

张介眉患有糖尿病，平时到11点多就必须要吃东西。但每次门诊，助手担心他身体不适，为他准备一点小点心吃时，他都谢绝了！他说病人和我一样，也在饿肚子，我们不能当着他们的面吃东西，要在意患者的感受。不仅如此，平时爱喝茶的他，每次门诊尽量不喝水，担心老是上厕所影响看病。随着病人数量的增加，他发现很多病人起早排队的越来越多，就将早上看病的时间提前到7点半，这样患者就可以早一点看完病回家。其大医风范，赢得了患者的尊敬。

五

在探索中医药传承模式方面，他搜集、整理和探索古今成功案例多种，综合设计了传承教育路径图。他通过以湖北中医药大学教学基地为依托，以武汉雨之堂中医门诊部为师承平台，以湖北中医药大学中医类专业学生及有志于从事中医事业者为培养对象，探索出武汉传承中医药研究院两年师承学习、三年师承出师、五年重点培养，将现代院校教育和传统师承教育有机结合的新路子，打造出中医药适用性人才、未来名医的最佳培养模式。迄今，他已培养博士与硕士研究生43名。作为全国第三、四、五批名老中医药专家学术经验继承指导老师，已培养出师或即将出师学生6名。他是学生的良师益友，通过博采众长主编的《大医心悟》一书，对后学者大有裨益。他主张中医人才的培养要实行开放的人才培养模式，他结合自己多年跟师学习的体会，为学生制定学习书目，他自己出钱为每个学生购买了一套小四部经典，让学生认真学习，每次讲课或者临床，遇到典型病案和经典用药，他总是能够娓娓道来其中的奥秘，学生临床技能提高很快。

张介眉（中）在中医讲堂

他安排学生在他的工作室里参加学习和工作，将研究生带教和师承带教相结合，以培养良好的中医素质。他喜欢把枯燥的中医学习融合到轻松的讨论中，每周一上午，他主持的专题讲座或医案讨论，由老师、学生轮流发言，共同研究探讨，使大家在愉悦的气氛中学到很多平时难以学到的东西。为了研究中医外治疗法，他专门派人到上海岳阳医院参观学习。有一次，武汉市古田街卫生服务中心领导请他为该院中医药发展把脉，他根据该院后备人才不足的情况，当场答应为该院 4 个研究生提供学习进修机会。同时，他还促成湖北中医药大学海外学院的留学生到该院实习，收到良好的效果。正所谓：彩虹总在风雨后，学徒斩获大师名！

（本文由张传东、王凤霞采写）

吴年生：载人航天副着陆场首任总指挥

从山村放牛娃到航天发射前线指挥长，他给共和国留下了许多传奇佳话；从“东方红一号”到“神舟系列”，都凝聚着这位技术专家的辛勤汗水。他，就是历任酒泉卫星发射中心参谋长、副着陆场的总指挥吴年生将军。

吴年生近影

从黄陂到酒泉

1950 年 2 月 16 日是农历大年三十，在湖北黄陂王家河栖凤山村吴家林口的小山村，一个男婴呱呱坠地了。新年、添丁的双重喜庆，让这个家庭充满了欢乐笑声。为了纪念这个难忘的日子，他们给孩子取名“年生”。

由于家境清贫，小小的年生 5 岁不到就当放牛娃，直到 9 岁时，吴年生才实现了自己的愿望，背着书包进了小学。从小学到初中，吴年生的学业成绩总是名列前茅。然而，随着“文化大革命”风暴席卷而至，学校全面停课。无书可念的吴年生，从学生变成了一个生产队的社员。那一年吴年生 16 岁。

1968 年春节刚过，18 岁的吴年生身穿一身橄榄绿，胸戴大红花，在生产队员敲锣打鼓的热烈欢送下，踏上了他的从军之路。他参军的地方，位于内蒙古额济纳旗境内，叫作酒泉卫星发射中心，是我国最早建成的运载火箭发射试验基地，是一处非常神秘的军事禁区。他初到酒泉基地，眼前还是“地上不长草，天上无飞鸟，风吹石头跑”的茫茫戈壁。当吴年生听说，早在 1960 年 11 月 5 日，中国第一枚地对地导弹在这里成功地发射；1966 年 10 月 27 日，中国第一次导弹核武器试验在这里试验成功。他心里就暗下决心，一定要成为一名合格的军人。从此，他怀着“生在戈壁滩、埋在青山头”的豪情，住帐篷、住地窝子，立志要为中国的航天事业有所作为。

吴年生到酒泉卫星发射中心不久，就赶上了中国第一颗人造卫星“东方红一号”的发射准备工作。因为“东方红一号”的顺利升空，他的人生再一次发生了重大转折。

从战士到将军

1970 年 4 月，中国第一颗人造卫星“东方红一号”发射工作准备就绪。24 日，随着“长征一号”运载火箭呼啸升空，各种数据和讯号依次反馈到指挥部，显示出一切正常，标志着“东方红一号”的发射成功。

已经服役两年的吴年生，在“东方红一号”发射有关工作环节中也担负着一项工作任务，那就是要冲洗各种测量和影像的拍摄胶片。冲洗胶片的任务看似简单，但属于反馈到“东方红一号”发射指挥部的关键资料，因而时间要求非常紧迫，质量要求也非常严格。为了及时、高质量地冲洗出这些胶片，经过紧张的工作，凭着过硬的技术，吴年生顺利地完成了任务，而且还荣立了三等功。

吴年生的这次立功并不是偶然。自从成为一名军人，他就无比珍惜这个机会。不管是平时训练还是紧急拉练，哪怕再艰苦的任务，他总是咬紧牙关完成。他还富有团队精神，总是把战友们看得比亲兄弟还亲：战友病了，他为战友端水送饭；战友遇上了烦心事，他拉上战友走上一圈，说上一通知心话，说得战友眉开眼笑。他遭遇过半途辍学，对于文化知识有着一种特别的渴望，在部队不仅自学完全部中学课程，而且掌握了不少专业知识和操作技能，成为连队小有名气的“百事通”。由于各方面表现都非常出色，吴年生连续 4 年被评为“五好战士”，并在 1971 年 5 月成为一名光荣的中共党员。

随着一次次导弹、卫星的发射升空，吴年生对酒泉基地的认识越来越深，“高科技”三个字在他的头脑里像树木疯长，“书本”“知识”几乎成为他吃饭、睡觉、训练之外的全部内容。在部队，一般人以聊天为乐趣，吴年生则以学习为乐趣：他关着门学，躲在角落里学，甚至在吃饭时，他一边咀嚼一边思考遇到的问题；睡梦中，他口中还在念叨算术算式。

1974 年，吴年生报名参加发射中心举办的文化和专业基础补习班。在为期 8 个月的学习当中，吴年生的学习内容包括初等数学、高等数学、电工基础、高低频电路、脉冲数字电路……曾经是一个辍学少年，面对这些系统化的专业知识，一般人很难完全消化。然而凭借着之前的自学功底，吴年生在结业考试时，竟然比其他“老高中生”

的考分还要高出许多。一时间，“黄陂放牛娃超过高中生”的议论不胫而走，吴年生也成了大家公认的优等生。

在“文化大革命”后期，作为重点培养对象，吴年生被保送到哈尔滨工业大学，学习控制系统。

哈尔滨工业大学（简称“哈工大”），它的前身是哈尔滨中俄工业学校，是中国近代培养工业技术人才的摇篮，是新中国学习苏联高等教育办学模式的两所大学之一。在哈工大，吴年生学的是控制系统，这也是和卫星发射、飞船控制等航天技术紧密相连的高端技术。通过名师教学，以及吴年生的勤奋钻研，他以优异的成绩毕业，成为控制系统方面脱颖而出的人才。再到后来，吴年生又被送到西北大学，学习材料保护。这些学习和深造，极大地丰富了吴年生的知识，提高了他的实际操作水平，使他很快就成为酒泉卫星发射中心的顶尖人才。

功夫不负有心人。吴年生在部队这个大学校，以出色表现，一步一个脚印地成长，历任班长、技师、营级技术室副主任、主任、团级技术室副主任、技术部副师职副总工程师、总工程师、基地副参谋长（正师职）、基地装备部部长、发射场设施设备建设总设计师。

从20世纪70年代到21世纪初，吴年生多次参加和组织战术、战略导弹武器发射试验任务，多次参加火箭、卫星、无人飞船发射试验任务。在这些极其重大、意义重要的任务中，吴年生荣立三等功4次，获全军武器装备科技一等奖1项，二等奖2项。

2001年，吴年生升任中国酒泉卫星发射中心参谋长；2003年7月，吴年生被授予共和国少将军衔。正可谓是：“一路走来一路汗，滴滴汗水凝勋章！”

从手术台到发射场

2003年10月，“神舟5号”飞船发射在即，53岁的吴年生忙得不可开交。早在4月的时候，他就经常感到头疼欲裂，去医院检查，医生发现他的脑垂体附近长了一个鸡蛋大的瘤子。经过脑瘤切除手术后，他发现自己左眼失明，一查，原来是瘤体并未切除干净，导致渗出的血液和填充物压迫了视网膜神经，不得已又进行了第二次大型手术，可是手术后，他的视神经受到永久伤害，导致他的左眼永久失明了。

他并没有被困难吓倒，而是更加积极地投入工作当中，并且担任着极其重要、极其艰巨的一项任务，那就是在“神五”的发射任务中，吴年生既是发射中心的参谋长，又是前线指挥部指挥长，可谓是全面把盘：从火箭燃料的加注点火，到每一颗螺丝是否拧紧，都要确保万无一失。担负如此重要的任务，吴年生不仅要对联合测试、检查等环节进行统筹规划，也要对航天员的各种生理体征进行测试，还要对以发射塔架为中心周围1.5公里为半径的范围内进行清场……在吴年生的指挥下，“神五”发射所有准备工作落实到位。随着一声有力的“点火”，“神五”整个发射系统启动全自动程序，一道巨大的火光喷薄而出，火箭腾空而起，如同一枚利剑刺向蓝空。不久，指挥室传来振奋人心的消息：“神舟五号飞船成功发射!”一直超负荷工作的吴年生，直到这时才长长地嘘出一口气。

时隔两年后的2005年，在“神舟六号”发射升天工作中，吴年生再次接受一项极为重要的任务：为确保“神六”安全返回着陆，酒泉卫星发射中心首次启动副着陆场，而吴年生就是这个副着陆场的总指挥。

作为内蒙古四子王旗主着陆场的后备着陆场，副着陆场位于酒泉卫星发射中心附近人烟稀少的戈壁滩，其中心范围在长34公里、宽18公里的区域内。副着陆场启用前期，吴年生指挥官兵们做了大量的准备工作，包括空中150人的搜救分队、地面10多人的医疗救护队，并且组织过很多次的搜救、医护任务的演练。

“神六”之所以启用副着陆场，是因为它要在太空飞行长达近120小时。这么长的时间，主着陆场的天气变化无法准确预测。“神六”返回着陆时，如果主着陆场遇到沙尘暴、雷雨、大风等恶劣天气，将在副着陆场进行着陆。因此，吴年生制定了一套非常完整的方案，根据突发情况不同，采取不同的应急方案。早在“神六”发射前3小时，吴年生指挥的搜救分队就在指定区域待命，直到飞船成功返回地面这一期间，作为副着陆场总指挥的吴年生都带着搜救队随时待命，用他们的精心准备确保航天员安全返回。

从18岁开始起，吴年生就将自己深深扎根于酒泉卫星发射中心这片热土。大漠风沙将这位汉子的满头青丝染成了华发，也在他脸上刻画出刚毅的皱纹。如今的吴年生将军已经从一线岗位上退了下来，然而他为中国航天事业所做的贡献，将会被永载史册。他刻苦求知、报效国家的可贵精神，也必将激励着当代青年勤奋学习，为实现“中国梦”做出应有的贡献！

（原载《名人传记》2014年第3期，王凤霞、邓运华文）

陈松林：水产生物技术的“中国星”

首届“全国创新争先奖状”得主陈松林博士，现任中国水产科学研究院水产生物技术领域首席科学家，中国水产科学研究院黄海水产研究所水产生物技术与基因组研究室主任，中国水产生物技术专业委员会主任委员，山东省海洋渔业生物技术与遗传育种重点实验室主任，国际著名刊物 *Scientific Reports* 和 *Mar Biotechnol* 编委，国家自然科学

陈松林在做实验

基金委学科评审专家。三十余年来，他填补了诸多空白，取得了多项位居世界领先水平的科技成果；他为水产企业突破了难以逾越的难关，产生了60多亿元的经济效益和社会效益。

两次留学拓视野

“他是一位对科学研究执着而又充满兴趣的人，是一位真正的学者。”陈松林身边的同事这样评价他。

1960年10月25日，陈松林生于湖北黄陂县长堰镇，1978年3月由长堰中学考入上海水产学院（现在的上海海洋大学）淡水渔业专业，1982年1月毕业，获学士学位。

20多岁，当同学们还在憧憬着自己美好的明天时，陈松林已准确定位了自己未来发展的方向。1982年，他进入中国水产科学研究院长江水产研究所，从事鱼类生殖生理和繁殖技术研究。由于他潜心课题研究，不到5年他就崭露头角：他作为主要参加者完成的“葛洲坝下中华鲟人工繁殖的研究”成果，一举荣膺湖北省科技进步一等奖。

1987年，27岁的陈松林被公派到法国农科院鱼类生理实验室和法国雷恩第一大学进修并转读了博士学位，师从国际著名鱼类内分泌学家B. Breton教授。他十分珍惜这次机会，在导师的指导下，凭着自己的聪明才智、刻苦钻研和夜以继日地工作，在一年多的时间里他圆满完成了大鳞大马哈鱼促甲状腺素分离与纯化的研究课题，他的研究成果被法国导师认为达到了法国博士学位论文的水平，并允许他回国后撰写博士论文，于1990年返回法国进行博士论文答辩。

人生有许多机遇，就看你是否能抓住它。1989年5月学成回国之后，陈松林全身心投入了国家科技攻关项目的研究。他作为骨干力量完成了淡水鱼类精液、胚胎冷冻保存的课题研究；作为主持人他完成了“草鱼垂体生长激素分离纯化、单克隆抗体制备及ELISA测定技术建立”等6个项目的研究工作，这项成果获1996年农业部科技进步二等奖。随后，在他被破格晋升为研究员之后，又于1996年师从中山大学林浩然院士，攻读在职博士学位，从事淡水鱼类分子内分泌的课题研究，以重圆他的博士梦，并在1998年12月顺利通过了中山大学的博士论文答辩，获得理学博士学位。

1997年3月，作为高级访问学者，陈松林远赴德国，开启第二次海外求学之旅。近三年的时间，他承担完成了有关鱼类干细胞培养和基因工程的课题研究，用先进的知识和技术将自己武装起来，蓄势待发。同时，他通过关注国际学界的研究新动向，思考着回国后采用基因技术培育抗病鱼类优良品种的思路和对策。

冉冉升起海归星

科学无国界，学子有祖国。2000年，陈松林得知农业部在黄海水产研究所组建了海洋渔业资源可持续利用重点开放实验室，他放弃国外良好的工作条件和优厚待遇，回国效力，被时任黄海所所长的唐启升院士聘为该重点实验室常务副主任。

同时，黄海所为他专门成立了海水鱼类细胞和基因工程学科组。中外不同研究环境的长期历练，唐启升、林浩然两位中国工程院院士的赏识与指导，以及聚集在他周围的精英团队，促使我国水产生物技术领域的一颗新星冉冉升起。

在进行胚胎干细胞原代培养的那些日子里，陈松林经过100多天的日夜奋战，成功建立了我国首个鱼类胚胎干细胞系——花鲈胚胎干细胞系。随后，他又相继申请获得了国家自然科学基金和863项目的支持，带领他的团队先后建立了真鲷、牙鲆、大菱鲆和半滑舌鳎等海水鱼类细胞系共计20个，成为国内外建立鱼类细胞系最多的学者。

在回国后13年时间里，陈松林还领衔建立了海水鱼类精子和胚胎冷冻保存的技术体系，促进了我国海水鱼类种质保存、遗传育种和苗种繁育的发展；建立了海水鱼类细胞系20多个；发明了鱼类胚胎细胞分离培养方法；克隆了鲆鲽鱼类抗病和性别相关功能基因60多个；率先提出海水鱼类抗病分子育种的技术路线，发明了牙鲆抗病基因标记辅助育种技术；培育出我国鲆鲽鱼类第一个高产抗病新品种——鲆优1号牙鲆；他还在国际上首次发现了半滑舌鳎雌性特异分子标记，开辟了鱼类分子标记辅助性别控制的新途径；建立了半滑舌鳎等5种鲆鲽鱼类雌核发育技术；在国际上率先完成了半滑舌鳎全基因组测序，使半滑舌鳎成为国际上完成了全基因组测序的第一种鲆鲽鱼类。

陈松林认为：作为一位水产科技工作者，就是要瞄准水产业中存在的重大问题，采用先进的技术手段开展创新性研究，为水产业发展提供技术支撑，为渔业科技进步提供动力。几年来，他率领团队瞄准海水鱼类养殖业中存在的缺乏基因资源、病害泛滥、缺乏抗病优良品种，以及雌雄鱼生长差异过大等重大科技问题，开展具有应用前景的前沿性应用基础和技术创新等研究，这种创新性研究成果的能量一旦释放出来，就会产生“核聚变”般的扩散效应。

顶天立地硕果丰

陈松林在他的研究领域里填补了诸多空白，取得了居世界领先水平的科技成果之后，又在实际的生产应用中，为生产企业突破了难以逾越的难关，打破了生产的瓶颈，给企业今后的发展带来无限的希望。

半滑舌鳎是我国重要名贵海水养殖鱼类，其生长快速、适应力强、味道鲜美，深受广大消费者喜爱。但是半滑舌鳎雌、雄个体生长差异巨大，雌性比雄性生长快2—4倍，经过一年多的养殖后，雌性个体可达到一斤多，而雄性个体只有2—4两，渔民看到自己辛辛苦苦养殖一年多的雄鱼如此“矮小”，没有市场，卖不出价钱，非常伤心。由于雄鱼生长过慢、比例过大也严重影响了渔民的养殖积极性、限制了半滑舌鳎苗种的推广和养殖产业的发展。

在陈松林看来，产业的需求就是研究方向，渔民的难题就是研究课题。如何采用先进的水产生物技术解决产业中存在的科技问题是他不懈追求的目标。基因资源是进行良种培育、水产养殖和病害防治的重要物质基础，谁占有了水产基因资源，谁就抓住了发展的先机。经过一番调查研究后，采用现代生物技术手段培育全雌或高雌性率的半滑舌鳎苗种，成为陈松林及其团队近些年来主攻的目标。他抢抓机遇，在国内外率先发起并联合深圳华大基因研究院，德国、法国和新加坡等国内外科学家，完成了世界上第一种比目鱼类，我国第一种鱼类——半滑舌鳎全基因组测序和精细图谱绘制，使我国在海水鱼类基因组研究中走在了国际的前列。进一步，通过全基因组测序和比较，陈松林及其团队筛选到半滑舌鳎雌性特异微卫星分子标记，发现了雄性决定基因，阐明了半滑舌鳎性别调控的分子机制，揭示了半滑舌鳎养殖业中存在的生理雄鱼比例高达70%—90%，而雌鱼比例只有均值20%的现象及其形成的原因和机理；论文发表在国际顶级刊物 *Nature Genetics* 上，实现了我国水产渔业领域在 *Nature Genetics* 发表论文零的突破；进一步，发明了分子标记辅助性别控制和高雌苗种制种技术，将半滑舌鳎生理雌性鱼苗比例从20%左右提高到40%以上，将养殖产量提高30%以上，进而解决了制约半滑舌鳎养殖业发展的雄鱼比例过高的问题，推动了半滑舌鳎养殖业的可持续发展。同时，他们还率先突破了半滑舌鳎人工雌核发育难关，发明了半滑舌鳎人工催产和异源冷冻精子诱导雌核发育等一系列方法，培育了半滑舌鳎雌核发育群体，从而为半滑舌鳎良种选育提供了技术手段。他一边进行创新性研究，一边进行成果推广，主持承担了农业科技成果转化资金项目“半滑舌鳎高雌性化苗种规模化培育技术中试与示范”。在他的积极努力下，这些技术成果目前已在山东莱州明波水产有限公司和山东海阳黄海水产有限公司等多家公司进行了推广应用，提高了养殖产量，产生了40多亿元的经济效益和社会效益。他的研究实现了基础研究和产业应用的完美结合，实现了顶天立地做科研的目标。

陈松林深深懂得：科学技术的最终目标是造福人类；科研成果只

有在推动经济发展中发挥作用，才能开花、结果，枝繁叶茂。于是，他通过系列攻关，批量发掘海水鱼类抗病、生长和性别相关基因和分子标记，共发掘了30多种海水鱼类的多态性微卫星标记4000多个，为海水鱼类种质鉴定、性别控制和良种培育提供了丰富的基因资源。

牙鲆是我国另一个重要的海水养殖鱼类，但牙鲆在养殖过程中病害非常严重。针对牙鲆养殖业病害泛滥，缺乏抗病、高产优良品种少的问题，陈松林率领他的团队开展了牙鲆抗病分子育种新技术的研究，并取得重要进展，采用功能基因组、分子标记、群体选育、家系选育和种内杂交等多项技术，培育出我国鲆鲽鱼类第一个高产抗病新品种——鲆优1号牙鲆，并在山东、福建、天津、河北和辽宁的一些水产养殖公司进行了产业化示范养殖，推动了我国牙鲆种业的发展，表现出良好的养殖潜力和推广前景。

基于上述研究成果，陈松林主持完成的“海水鲆鲽鱼类基因资源发掘及种质创制技术的建立与应用”成果获2014年度国家技术发明二等奖，陈松林为第一完成人。这也是我国水产渔业领域2011—2016年期间唯一获得国家技术发明奖的成果。

其实，陈松林已经是黄海水产研究所的一张知名品牌。他迄今以第一完成人获国家技术发明奖二等奖2项、以第二主持人获国家科技进步二等奖1项，此外还获省部级一等奖3项、二等奖4项等。他共发表研究论文350多篇，其中第一或通讯作者SCI论文140多篇，主编出版专著3部；获授权发明专利36项，而第一发明人成果就达30项。培养博士生33名，硕士60名。2012年，陈松林荣获第四届中华农业英才奖和全国优秀科技工作者的光荣称号；2017年5月27日，他又在全国科技工作者暨创新争先奖励大会上，荣膺首届“全国创新争先奖状”。

不仅如此，他还频繁地穿梭于海内外，在国际性学术会议上作学术报告30多次，任国际著名学术刊物 *Scientific Reports* 和 *Marine Biotechnology* 编委。在国内高校与科研院所讲学更是家常便饭。2013年9月，他应邀赴挪威参加第三届国际水产基因组大会并在大会上作特邀报告；2012 年 11 月 6 日上午，他应邀回到家乡武汉，在华中农业大学水产学院，给师生们作了名为《鲆鲽鱼类基因组和遗传育种研究进展和展望》的专题学术报告。

陈松林，像行进在科学道路上的开拓者和清道夫，将渔业科技创新与水产养殖实践紧密结合，不断攀登新的科学高峰。

（原载《武汉春秋》2014 年第 3 期，裴震烁文）

叶聪：中国“载人深潜英雄”

集“蛟龙”号的设计师、质量师、建造师和试航员于一身的叶聪，因屡创“中国深度”，荣膺中共中央、国务院授予“载人深潜英雄”称号，在海内外享有盛誉。

最年轻的主任设计师

自称“深海的哥”的叶聪1979年11月7日出生于湖北黄陂县城关。小叶聪自幼兴趣广泛，在小学热衷于画图与设计，对兵器和舰船之类的知识非常感兴趣。上中学时又迷上了理工科，《舰船知识》杂志是他当时最喜欢的读物之一。同时，他创作的一篇以“枪”为题材的小说，曾在报刊征文中获过奖。

兴趣是最好的老师。1997年高考填报志愿时，叶聪将哈尔滨工程大学的船舶工程专业列为第一志愿。在大学期间，他系统学习掌握了现代船舶工程学理论。其中，他把自己大部分课余时间用在动手设计上。当别人在背专业课知识的时候，他在画图设计；当别人在教室上自习的时候，他还在画图设计；当别人周末放松，他一头扎进图书馆，翻阅画图设计。读大四时，他设计了一条内河船得到指导老师的嘉许。

大学毕业后，他选择了去船舶理论研究与应用都很强的、设在江苏无锡的中船重工702所工作。2002年，当他得知我国开始研制第一艘自行设计、自主集成的载人深海潜水器，并列入国家“863”计划重大专项时，他心情无比激动。于是，一俟工程启动，他就主动请缨参战。

在“蛟龙”号载人潜水器项目团队，当时的叶聪只是初出茅庐的牛犊，且是一个跑龙套的小角色。但他通过对项目的初步了解后，他对做船舶的时间线和空间线基本摸清，便着手进行潜水器的效果设计。受到了“蛟龙”号总设计师徐芑南的首肯。2003 年，刚刚工作两年的叶聪被任命为总布置主任设计师。他因此成为该项目最年轻的主任设计师。

叶聪在设计团队中谦虚谨慎，能够主动诚恳与人沟通，技术上又能坚持自己的原则，在参与“蛟龙”号设计、研制的过程中，他也深谙其结构和各部分的性能，为后来成为潜航员打下了坚实基础。

“蛟龙”主驾领头羊

2005 年，中美两国开展联合深潜活动，叶聪是中国 5 人组成员之一。他利用美国的载人潜水器 Alvin，完成了两次 2200 米深度的下潜任务，成为参与 Alvin 工程下潜和驾驶员培训下潜的第一个中国人。这是我国首次组团出征载人深潜，也是中美首次联合开展的深潜科考。媒体评价这次任务与载人航天殊途同归，堪称我国大深度载人深潜科考的一次“淬火”。

作为中国“深潜”旅程的工具“蛟龙”号潜水器，对驾驶员（主驾驶）和“乘客”（副手）都有特殊要求，即选手须 35 周岁以下、大学以上学历、船舶机械等专业背景等；身体不能有异味，不能有心脏病、传染病、幽闭恐惧症等；体重不超过 80 公斤，身高不超过 1.75 米。还要有多次的实习操作，包括独立执行 1000 米以上深度的下潜任务等。

“蛟龙”里面的空间并不大。稍胖的叶聪坐在中间，如果他需要站立的话，另两人得紧紧地靠在舱壁上配合才行。为何不找一位身材瘦小的人呢？这是因为叶聪有稳定的心理素质。而且作为设计师，他对深潜事业有很强的奉献精神，尽管他胖了一点，但仍是首选。

叶聪是“蛟龙”号驾驶团队的负责人，他还有另一个角色：潜航员培训师。按照国外的标准，培养一个潜航员需要4年时间，花费在四五百万元以上，且须经过层层选拔考核和特训。而培养一名合格的主驾，起码要5年时间。叶聪给潜航员的选材标准总结了三点：专业、身体、心理。为此，他与“蛟龙”号其他设计建造团队成员一起，为新招募的潜航员学员付文韬和唐嘉陵量身定做了培训方案，使他们顺利通过专家考评，成为合格的潜航员。

从2009年7月开始，叶聪作为现场指挥部成员、深潜部门长、潜水器的主驾驶员，“蛟龙”号载人潜水器在3年中先后完成了50米级、300米级、1000米级、3000米级、4000米级、5000米级与7000米级海上试验。2011年7月26日，他再次作为主驾驶，驾驶“蛟龙”号载人潜水器突破5000米水深，创造了我国载人深潜新纪录。从此，我国成为继美、法、俄、日之后，第五个掌握3500米以上大深度载人深潜技术的国家。

目前，世界上有四大载人潜水器，即美国“阿尔文”号、日本“深海”号、法国的“鹦鹉螺”号和俄罗斯的“和平”号。中国“蛟龙”下潜7000米的海试成功，引起了西方媒体的极大关注。英国《每日电讯报》认为，“蛟龙”号代表着中国“打响了征服海洋的战斗”。美国《华尔街日报》担心，中国将在一场勘探世界大洋最深处的矿产资源竞赛中超越美国，这场竞赛具有堪比太空探索的商业、科学和军事意义。

深海毋忘告乃公

叶聪既是深海大闹“龙宫”的英雄，也是一位心系家人的大孝子。每次下潜前夕，都会通过电邮与家人鸿雁传书报平安。

2012年6月12日那天，其父叶大群看了“蛟龙”号的新闻后，立即给叶聪发了封邮件："今天在电视上看到你了，你要挤时间休息，注意身体！"叶聪就给他回复道："怎么？看到我脸色不好？"看了这封邮件，老叶怔住了！他担心给儿子增加心理负担，就没再回复。

由于前年老叶中风过，虽然恢复得不错，但叶聪还是担心父母的身体不好。在深潜前一天，叶聪见父亲没有回复邮件，就给妻子发去了邮件，让身在无锡的妻子给家里打电话，电话中妻子听到公婆的声音有些沙哑，便风尘仆仆地赶回黄陂，看望二老。直到确定二老没事后，她给叶聪报了平安才返程。

其实，叶聪自幼就尊老爱幼，早在读高中时，他奶奶猝然中风。那时，父母都要上班，没有时间照顾奶奶。叶聪便自告奋勇一人在家伺候老人，从做饭、喂饭、帮老人按摩，到倒便盆，把老人照顾得十分周到。老人对前来探视的人，总是笑眯眯地夸赞这个小胖孙子。

告别"蛟龙"再"腾龙"

2012 年 6 月，"蛟龙"号深海邮局挂牌仪式在青岛举行，叶聪被聘为首任名誉局长。

作为我国首席潜航员，叶聪不仅具有船舶和电器专业等背景基础，还有着丰富的海洋作业经验，能够在深海环境下保证载人潜水器的正常运行，熟练操作潜水器在指定的海域巡航和作业，同时肩负起导航、通信、轮机、摄影、生命保障、故障修理与维护、医疗急救等工作。他写道："明天会依然忙碌，因为更多的技术挑战、更多的应用需求在等待着我们。"

7000 米级海试成功后，"蛟龙"号将离开其主研制单位中船重工 702 所，交付给国家深海基地正式进入为期 5 年的试验性应用阶段。叶聪感慨万端地说，经过艰苦努力，"蛟龙"号从我们手中诞生，各项性能都通过严格的海试，已经成为我们生活的一部分。但我们所有努力目标只有一个，那就是要使“蛟龙”号成为我国载人深潜事业的里程碑，期待它早一天投入深海科研应用，为提高我国海洋科技实力，增进人类对大洋的认知做出贡献。

2013 年 6 月 17 日—2015 年 3 月 17 日，叶聪率领“蛟龙”号团队，先后在南海和东北太平洋及西北太平洋执行试验性应用航次；在西北太平洋、在西印度洋执行试验性应用航次等试验性应用的大洋科考。2015 年 12 月，由他担任总设计师研制的世界最大型全通透载客潜水器在海南三亚投入试运营，该潜水器为国内首个获得中国船级社认证的载客潜水器。他现任中国船舶重工集团公司第 702 研究所水下工程研究开发室副主任、研究员，还是党支部书记。

叶聪凯旋，接受少先队员献花

叶聪的杰出贡献，为他赢得了多项崇高的荣誉。2013 年 5 月 23 日，中共中央、国务院授予他“载人深潜英雄”称号，他也是全国五一劳动奖章、第十六届中国青年五四奖章得主。2015 年 1 月，叶聪被评为享受国务院政府特殊津贴的专家、“中华儿女年度人物”，7月当选为全国青联常委。期待着叶聪百尺竿头，更进一步！

（摘自上海《文汇报》，飞翼、震烁文）

将星闪烁

陈庆先：襄助刘伯承治院的名将

陈庆先是新中国开国中将，身经长征、抗战，以及淮海、渡江、上海等战役；中华人民共和国成立后历任南京军事学院训练部长、教育长与副院长，协助刘伯承元帅治校，成为军队的现代化与正规化建设的中坚。

“陈拐子”身经百战

陈庆先（1908—1984 年），原名陈长发，出生于湖北省黄陂县研子岗陈排湾。其父是地主家的轿夫，母亲是佣人，自己 6 岁时成了地主家的放牛娃，12 岁独自去汉阳当学徒、卖水、拉人力车，15 岁到日本人开办的武昌裕华纱厂当苦力。后因参加工人运动而被开除，在武汉三镇流浪、做工。1926 年 2 月，北洋军阀周荫人部在汉口招兵，陈庆先应征谋生，后不堪凌辱，与同伴乘机逃跑。一年后，他跟随大伯父去四川万源县竹裕关肩挑小卖，遇上中国工农红军总部便衣队、工作队在此打土豪、分田地，他毅然投奔红军，并于 1933 年加入中国共产党。此后，他历任红四军第十二师三十五团排长、四川万源县独立营代营长兼城区党委书记，阆中、梓潼两县县委书记及哈德铺、卓司甲、卓克基、阿坝等藏、羌少数民族地区特委书记等职，参加了举世闻名的二万五千里长征。

抗日战争时期，陈庆先任中共中央党校大队长兼军事教员，以及新四军江北游击纵队第五支队第八团政委兼路东联防司令部政委等职。他率部在淮南浴血奋战8年，一次战斗中陈庆先的左大腿被子弹打断。因为缺医少药，伤口化脓后长出很多白蛆，卫生员只能用镊子一条条往外夹，然后用盐水清洗伤口，再将煮熟的南瓜敷上。这样直到两个多月后陈庆先的伤口才逐渐愈合，不过伤病让他左腿短了一截，他坚持拄着拐杖指挥作战，并多次打得敌人落花流水。日伪军称他为"陈拐子"。一听到"陈拐子"来了，敌军就闻风丧胆。抗战胜利后，他参加了淮海、渡江、解放上海等重大战役，在解放战争史上留下了光辉的一笔。

军事学院"二传手"

1950年11月30日，中共中央军委任命刘伯承为中国人民解放军军事学院（又称南京军事学院）院长，陈庆先奉命带职到该院高级系学习，并任战役战术教授会主任，主要职责是领导各级教员编写关于战役战术内容的教材，组织教员备课、试讲、按照教学计划给各个系上课。为了给陈庆先"开小灶"，刘伯承院长送给他8本古今中外书籍，让其边学边教，做好教学工作。陈庆先不负所望，为了能多看点书及审查教材，他常常清晨四五点起床，步行到办公室，晚上别人都下班了，他还在办公室里审阅一天的教学日记。身旁的工作人员提醒他，这样长久下去身体会承受不了的，陈庆先说："形势逼人，自己得抓紧时间学习和工作。"在陈庆先的影响下，许多教员也是"三更灯火五更鸡"地学习、工作，就此蔚然成风。

南京是有名的"火炉城"，晚上成堆的蚊子绕着身体、缠着头顶像飞机似的"嗡嗡"作响。陈庆先采取了对付敌人的办法：每到夜深人静时，他将双脚踩在冷水盆中，湿毛巾顶在头上、搭在肩上，叫来了读初中的大女儿帮他抄笔记、查字典、解释某些词语的词义。就这样苦读三年，1958年迎来了国家考试。19门功课，全部抽签考试，陈庆先过五关斩六将，各门功课都得了满分，拿到了响当当的军事学院文凭。

陈庆先在军事学院工作10年间，从战役战术教授会副主任、主任到训练部部长、教育长，直至主管教学、训练的副院长，他就是一边工作，一边学习走过来的。在建院初期，南京军事学院的自编教材，是先由苏军顾问们根据刘伯承院长的指导写出初稿，翻译后再由陈庆先等教授会主任审查，最后由院长修改定稿。一代儒帅刘伯承经常亲自检查教员的授课情况，要求严格按教材授课，并要求准时准点。为了进一步做好从严治院工作，陈庆先非常重视搞好和苏联顾问的关系。每当遇到节假日或是我国传统节日、顾问们的生日，他都会按照两国人民的习俗及学院要求，热情、诚恳，礼仪相待，或邀约他们郊游，或请他们品尝中国饭。训练顾问的夫人及子女来南京休假时，陈庆先把他们请到家里来喝茶、嗑瓜子、吃麦芽糖、一起唱中苏歌曲、一块跳中外舞蹈，关系处理得十分融洽。对于个别顾问不考虑中国国情、军情进行主观臆断而产生争论时，陈庆先总是耐心介绍我军在各个时期的发展状况，谦虚而慎重地探索各类问题，使得教材内容既吸取了苏联红军的成功经验，又切合我军的实际情况，既照顾了大局，又避免了教条主义、生搬硬套。有的教材则需要陈庆先亲自编写，因为他有智慧，很勤奋，深谙作战之道，而且注重教材的精辟实用。由于他文化程度受限，需要边写边翻查字典和词典，因此在他的办公桌上除了堆放书籍、资料之外，还常常放着一本字典、一本词典。他对大家说："别小看这两本书，它们对我来讲，作用不亚于一个文化教员。"

1951年5月，在淮河安徽临淮关段的水面上，由刘伯承院长、苏军总顾问指导，陈庆先具体组织实施了我军第一次陆、海、空三军联合实战演习，一举获得了成功，探索了从实战出发搞好教学的路子。

为了研究现代战争的战略战术，探讨指挥诸兵种合同作战课题，1952年大年初二，陈庆先率学院军事组亲临朝鲜战场进行调查研究。他和军事组的教员们经常吃住在坑道，深入前沿阵地观察敌、我双方情况。半年时间内，他不仅修改、实践了部分教材，还写出了一批有价值、具有现代军事理论水平的教材。这些教材在抗美援朝及日后的西藏平叛、中印边界及中苏边界自卫反击战、援越抗美等作战中均发挥了指导作用，也为组织部队实战演习等方面，提供了精确的科学依据。

勤勉治院立新功

作为分管教学与训练的副院长，陈庆先协助刘帅治校，兢兢业业。他不说大话，工作、学习起来脚踏实地，处处率先垂范。在学术问题上，他平等待人，不以领导自居，虚心听取师生意见。尤其是对国民党起义将领及原国民党陆军大学教员，他大胆使用，积极鼓励其发挥所长。他性格朴实自然，经常利用休息时间去宿舍看望教员们，关心照顾他们，解决生活中的难题。他更善于做耐心细致的思想工作，推心置腹谈心、交心，鼓励教员们为祖国的国防事业努力工作。陈庆先因此受到了全体教员的称赞，大家感到，和这样的领导相处，工作起来心情舒畅，精神愉快。

为做到教学相长，陈庆先还经常到课堂听教员们讲课，倾听学员们的反映，与学员们一块讨论问题，不断修正、充实教学内容，使之既不违反教学大纲内容，又能根据未来战争需要灵活运用。不论是平时的野外作业，还是组织指挥演习，他总是和教员们在一起，生活上从不计较，更没有向领导提出过特殊要求。带领教员们去野外作业，对他来说困难很大，他和大家一样爬山头、钻树林、走小路，同志们看他行走不便，劝他少去几个作业点。他认真地讲："我是教学主官，不亲自去实践，研究问题发现问题，那怎么行呢?"他总是坚持跑完所有的作业点，这对于一位伤残者来说，他要比别人付出更多的体力和精力。他的顽强意志和坚忍不拔的精神，铸就了军事学院训练系统的铜墙铁壁。

1955 年 7 月，陈庆先在北京怀仁堂接受了周恩来总理亲授的中将军衔，以及二级独立自由勋章、一级八一勋章、一级解放勋章。1956

陈庆先在训练飞机上

年南京军事学院建院5周年之际，毛泽东主席亲临学院视察，在庆功会上，刘伯承元帅亲自给陈庆先颁发了一等奖。1960年11月，陈庆先调任济南军区副司令员兼参谋长。其后，许多教员或探家或公务外出，都要绕道济南，来看望这位老院长。1984年1月19日，陈庆先因病与世长辞，《人民日报》发表悼文，盛赞他在抗日战争、解放战争中建立的不朽功勋，以及他长期从事军事教研工作，为我军的革命化、现代化、正规化建设奉献了毕生的精力。

为了纪念这位新中国开国中将，家乡人民特在黄陂长乐园陵园竖立了陈庆先塑像，供世人凭吊。

（本文由飞翼、运华整理）

刘冬冬：戍边救灾“上将军”

作为普通士兵成长起来的中华人民共和国上将，刘冬冬（1945—2015 年）历任某集团军政治部主任、副政委，兰州军区政治部主任、政委，济南军区政委，中共第十六、十七届中央委员，第十一、十二届全国人大代表，全国人大外事委员会副主任委员。尤其是在对越自卫还击战与汶川抢险救灾中，战功赫赫。

刘冬冬上将

老山前线立殊功

刘冬冬1945年10月生于黄陂滠口。1961年7月投笔从戎，历任解放军某部宣传科干事、科长，政治处主任、处长、副政委、政委。1986年3月，时任中国人民解放军陆军第四十七集团军步兵第一三九师政委兼党委书记的刘冬冬，接到上级作战命令：令你部参与对越自卫还击战，开赴老山前线。

在战火纷飞的老山一线，刘冬冬认为，身处残酷的作战前线，政治工作是所有指战员敢打必胜的思想之根。他在全师动员会上说："部队打胜仗，雄风锐气不可少；官兵能打仗，思想保障是前提。"同时，刘冬冬在前沿阵地领衔创办了《战时党支部工作通讯》，定期召开党支部座谈会，积极引导广大官兵在政治思想上和军事行动上高度统一。

干部带了头，战士争上游。刘冬冬经常带领各级干部深入基层和深入前线，把思想政治工作渗透到每个阵地、每个岗哨、每个猫耳洞和每名士兵，在最前沿的战场积极开展一场为祖国而战、为正义而战的思想工作。有一次，刘冬冬准备到一个一线阵地哨所去视察。这个哨所距离敌军的前沿阵地很近，不仅处于敌方的火力打击范围之内，甚至连敌人讲话的声音都能听得清清楚楚。该哨位所在营的营长考虑到首长的安全，执意不让刘冬冬前往，说："报告首长，敌人的枪弹随时可能射向那里，您担负着整个师部的政治工作和作战指挥任务，请您不要到那个地方去！"刘冬冬眉毛一扬，非常严肃地说道："我本身就是作战队伍中的一员，战士们能去的地方，我为什么不能去？"营长一时语塞。当刘冬冬出现在前沿阵地时，全师官兵无不又惊又喜又感动……就这样，刘冬冬走遍了全师所有的一线阵地，而且有些重要阵地他多次前往。通过与广大指战员交心谈心、研究敌情、总结经验、决策工作，极大地提振了前线官兵的士气。他饱含着对国家的深情，经常对官兵们说："人民军队，守土有责，这是共和国军人义不容辞的事情。”此次作战期间，刘冬冬所部担负三次作战任务，都出色地完成，并且做到了没丢一个人、没丢一块阵地、没丢一个哨位、没丢一份文件资料、没丢一件武器装备，打出了军威国威，在该师的发展史乃至戍边史上留下了浓墨重彩的一笔。

汶川救灾当尖兵

1990年后，刘冬冬先后任中国人民解放军陆军第四十七集团军政治部主任、副政委，兰州军区政治部主任、政委，1992年7月晋升为少将，1999年7月晋升为中将。2002年调任济南军区政委，2004年6月20日晋升为上将。

时间定格在2008年5月12日14时28分，四川汶川发生里氏8.0级强力地震。次日，济南军区接到了中央军委的紧急命令：率部进入四川灾区抗震救灾。军区政委刘冬冬和司令员范长龙紧急部署，参加抗震救灾部队紧急行动，有序集结。从5月13日到25日，先后三批出动45000余名官兵，通过飞机、火车、摩托化等输送方式千里驰援，开赴四川灾区。

因这场巨震而遭到破坏的程度，远远超出了官兵们的想象范围。在他们面前，城镇变成了一片废墟，道路被扭曲拧断，山体完全坍塌，随处可见的滑坡和落石像定时炸弹……面对异常复杂和危机四伏的形势，刘冬冬迅速指挥救灾部队，修订了向汶川、彭州、青川、平武方向的突击方案。由于汶川县城正处于地震中心，原有的道路遭到毁灭性破坏，大部队根本不可能通过，刘冬冬要求部队充分发挥灵活机动的优势，采取穿插迂回的行动，使大部队按时到达了目的地。

当时，济南军区部队担负着全部5个救灾责任区中3个责任区的救援任务，任务艰巨，险情频发。身在指挥部的刘冬冬昼夜工作，寝食不安。他手下四五万人的救灾部队分散在10多个市、县，很多单位属于临时抽调，在协调、组织、指挥等方面有大量的工作需要去做。为此，刘冬冬及时周密部署，在全军区迅速成立了599个建制党委（支部）和106个临时党组织，在军区党委和军区前指临时党委的集中统一领导下，充分发挥了领导核心和战斗堡垒作用。同时，他还不顾余震的威胁，经常走出指挥部，走进当地的人民群众，实地查看救灾情况。由于休息得很少，他的眼里布满了血丝，嗓子也变得沙哑，但是这一切都不能影响他更加勤奋地工作。在都江堰军区前线指挥上，他与其他指挥员详细研究救灾方案，对“进村入户”有关工作进行具体部署，指挥部队竭尽全力搜救被困民众；在茂县，他看到因道路中断，大山深处的救灾官兵和人民群众生活得不到保障，他及时协调四川省救灾指挥部，想方设法把保障物资送到官兵和群众手中……他还多次深入青川、平武、彭州、洧川、映秀、茂县、理县等重灾区查看灾情，看望和慰问部队官兵和受灾群众，现场指挥救援工作。在青川查看灾情时，头上是不断滚落的山石，脚下是汹涌澎湃的河流，身旁是刀削斧劈的峭壁，这种险恶的条件甚至超过了真实战场。可是，他不顾随队人员的极力劝阻，坚持徒步穿越了这条“死亡大峡谷”。他告诫救灾官兵：“我们是人民的军队，不管有多少艰难险阻，都要坚持敢于打仗和勇于打胜仗的决心，去克服和战胜一切困难，只要前面有受灾的群众，我们就是爬也要爬过去，把党中央的温暖送到老百姓身边！”

凭借着过硬的政治思想和克难奋进的战斗精神，济南军区部队累计从废墟中挖出3315人，其中生还者352人，解救遇险群众9513人，转移受灾群众34万余人，医治受伤群众35万余人，运送救灾物资50余万吨，抢修道路8500余公里，搭设帐篷、过渡房27万余间，清理废墟1224万立方米，洗消面积840平方千米，充分展示了军区部队应对危机和处置突发事件的能力。中共中央总书记、中央军委主席胡锦涛对这支部队给予了高度评价：“济南军区广大官兵辛苦了！在这次抗震救灾中，济南军区出动的兵力多，完成任务好，做出了很大贡献，为人民立了功，我代表党中央感谢你们！”

进入21世纪，刘冬冬先后当选中共第十六、十七届中央委员，第十一、十二届全国人大代表。2010年10月28日下午，十一届全国人大常委会第十七次会议表决通过，任命刘冬冬为全国人大外事委员会副主任委员。2015 年 2 月 25 日，刘冬冬在北京逝世，享年 70 岁。

（本文由邓运华根据刘冬冬生前提供资料整理）

彭光谦：当代中国军事战略名家

彭光谦少将是我国著名的军事战略问题专家、战略学博士生导师。他主持和承担过多项军队重大战略课题研究，曾多次参与国际军事对话与军事磋商，并屡次立功受奖。他主编出版的《战略学》是新时期我军战略理论创新的代表作。其寓所所挂“横扫千军笔作枪”的条幅，既是他军事战略理论思维价值的生动概括，也是他军旅生涯精神风貌的真实写照。

宝剑锋从磨砺出

抗战后期的 1943 年 11 月，在鄂西山区房县，伴随着几声清脆的啼哭，一个新生儿来到了世间。这个小生命不到满月就被装进箩筐，由父母挑着一路跋山涉水回到湖北黄陂老家彭家楼。这个男婴名叫彭光谦。6 岁那年，他走进本村祠堂启蒙，后在汉口惠康里小学毕业，保送进入武汉市第五中学。在 1962 年的全国统考中，他以几乎满分的英语成绩及一篇纵论《说不怕鬼》的优秀作文，被北京大学历史系提前录取。1964 年，他作为写作小组组长，和同学一起到北京市平谷县许家务村调查编写村史。在随后的两年里，他以社教工作团成员的身份，深入北京周边农村，了解中国北方农村现状，倾听当代农民的呼声，足迹遍及燕山南北和长城内外。大学毕业时，彭光谦又赶上“史无前例”的日子，他告别未名湖，来到微山湖畔，在坦克二师军垦农场当上了一名“庄稼兵”。一年半后的1970年2月，他被军队干部部门相中，出任装甲兵排长，从一名“庄稼兵”变成了“装甲兵”。

在近40年的军旅生涯中，彭光谦从装甲兵到工程兵，从野战部队到科研机构，从基层连队到高级机关，经历济南、武汉、广州三大军区，跨越两大军种。在徽北的坦克综合训练场，他和战士们一起摸爬滚打；在鲁南山区，他作为坦克师进攻作战实兵演习导演组成员，在蒙山沂水间留下点点足迹；在大学的讲台与学术研讨会上，在部队正规化建设的阅兵式上，在全军重大科技成果鉴定会上，都留下他的道道身影。正是这段部队基层生活的历练，为他后来专门从事军事理论研究奠定了坚实的基础。

彭光谦接受人民网专访

战略理论谱新篇

1986年底，时任广州军区工程科研设计所政委的彭光谦，接到一纸调令，到军事科学院从事军事理论研究工作。他内心深处埋藏多年的立德、立功、立言，此时一起化作了报效国家的愿望和志趣。

其实，彭光谦早在基层工作期间，就以特有的军事敏感性，对当代军事超级大国美国的军事思想和军事理论动态给予了密切关注，并在组织野外军事训练间隙先后写作了《论美国大规模报复战略》《70年代美国对中国在其战略结构中地位的调整》《“星球大战计划”及其对国际战略格局的影响》等论文，在全国报刊发表后引起广泛反响。他还领衔与地方学者一起翻译出版了40万字的《美国军事战略与政策史》一书，这是我国翻译出版的第一部系统介绍美国军事战略理论的学术专著。而成为一名专业军事理论工作者后，他深感身上肩负的责任与使命的重大，为了国家的安危、兴衰、荣辱，他开始了新的理论思考与探索。

与全国其他领域的思想解放程度相比，20世纪80年代的军事研究领域处于相对滞后状态。彭光谦认为军事理论最忌因陈守旧，军事战略思想尤其要站在全球角度统筹思考，以前瞻性的思维去提前预判，这样才能做到“知己知彼，百战不殆”。为此，他经过反复思考，系统地提出了“突破传统战略模式，确立新的战略思维”的十大问题：从单纯筹划实施战争到首先重视筹划预防与制止战争；从关注军事安全到关注综合安全；从着眼一国安全到着眼共同安全；突出国家根本利益，不简单地以意识形态划线；克服战略上的短期行为，强化军事战略的未来意识；由大陆平面型战略向多维空间战略拓展；由应付单一高强度威胁到注重应付多元的中、低强度威胁；既重视用兵艺术的较量，也注重武装力量建设的战略效益；发展军事高技术，提高军事战略的有机构成；以及更紧密地把军事战略纳入国家战略体系等。

彭光谦提出的上述论点，在1988年军事科学院学术年会大会上首次发表后，一石激起千层浪：欢呼认可者有之，抨击反对者亦有之。然而，时至今日，彭光谦的许多论点仍不失其生命力和现实意义。

高瞻远瞩硕果丰

在30年的理论研究中，彭光谦潜心钻研，在全球复杂局势下对热点事件的分析透彻有力，并且以其丰富的见识拨云见日，对热点事件下一步的发展做出精确预判。在20世纪80年代末至90年代初，彭光谦撰写报告，敏锐地预见了苏联党、国家、军队三大解体的可能性。同时，公开撰文指出：由于国际战略格局巨变，全面战争将日益让位于区域性军事冲突，绝对战争将出现向可控性战争的历史性转变，并预言资源密集区、领土争议区、宗教重叠区、民族对立区、利益交汇区、战略枢纽区将是未来军事冲突的多发地带。后来，他对“苏联”的预见已经变成现实，冷战后20多年的世界军事冲突史，也完全证实了他判断的准确性。

1988年，彭光谦参加了军事科学院重大课题《2000年中国国防》系列研究，并主笔撰写了《确立新时期军事战略方针》的战略研究报告，提出适时调整战略方针：“稳北强南、稳陆强海、稳内强外。”这在战略研究诞生于近乎被视为“学术研究的禁区”和“最高统帅的专利”的年代，实属难能可贵。他的“十二字”方针受到有关部门的高度重视，而且也与我国近些年来的对外战略高度吻合。1989年，彭光谦主编出版《军事战略学》，较早对国家利益准则、强边固防、经略海洋、战略威慑等战略思想进行了系统的理论阐述。2001年，他直面新形势下的新问题、新特点，再次主编出版新版《战略学》，构建和完善了我军当代军事战略理论体系，对世纪之交的一系列新的重大战略问题，进行了系统的理论回答。诸如：首次对战争控制这一时代性课题进行了深入探讨，使战略学走在了当代军事学术前沿；首次将国际法纳入军事战略理论范畴，丰富了战略学的理论内涵；首次以马克思主义的人文观和地理观为指导，揭示了地缘要素对战略的制定与实施的巨大影响；首次系统地提出了我国未来可能面临的高技术局部战争的十大战略指导原则等。新版《战略学》被军事理论界认为是“新时期我军战略理论创新的标志性著作”，其理论创新对高层战略决策产生了积极的影响。同时，《中国国防》以中、英、俄、法、德、日、西班牙、阿拉伯 8 种文字出版。《战略学》英文版于 2005 年在国内外公开发行，在国际军事理论界引起共鸣。

2003 年 3 月 23 日，美国发动伊拉克战争后的第三天，彭光谦在中央电视台的现场直播节目中预言：由于美伊军事实力相差悬殊，这场战争从军事上讲可以说是一场没有悬念的战争，但美国能赢得战争，却难以赢得和平、难以征服人心。后来事实完全证明这一预言的准确性。2009 年初，当以色列开动先进的坦克和装甲车，攻占加沙城，各界都担心这场战争进一步升级而面临失控的危险时，彭光谦综合分析国际战略动向，透过表象，洞察以色列的战略意图，明确指出这场战争将在 1 月 20 日奥巴马就任美国总统前结束。果然，1 月 19 日以色列宣布停火撤军。

在研究理论的同时，彭光谦满怀高度的责任感，广泛进行学术交流，积极宣传中国和平崛起和合作发展之路。他先后多次受命参与中美、中德、中韩、中日、中蒙安全对话与军事磋商，他秉持中国军人的特有品格，折冲樽俎，不亢不卑，不辱使命，为国家和军队赢得了荣誉。在台海风云激荡的日子，他以中国军事学者的身份发表谈话，旗帜鲜明地反对任何分裂国土的罪恶行径，为台海问题的和平解决贡献心力。他还面向世界、面向社会、面向部队阐释国家军事政策，传播国防知识，培养军事人才，并被聘任为中央电视台特邀评论员，就重大国际军事问题发表评论。由于他在战略理论上的深厚造诣与理论贡献，1998 年彭光谦被评为国家有突出贡献专家，1999 年 9 月获全军专业技术重大贡献奖，荣立二等功。

彭光谦先后指导的十余名战略学硕士研究生和博士研究生，如今

彭光谦（中）接受裴高才、高中自赠书

都已成为国家栋梁之材，在各自岗位上发挥着骨干作用。他认为这是他对国家最有价值的贡献，也是对他最大的安慰。退役后，他仍然活跃于军事战略研究领域，历任国家社科基金项目评审组（国际组）专家、中华美国学会高级顾问、中国军控与裁军学会高级顾问与中国国家安全论坛副会长兼秘书长。而作为普通观众，则可在央视或凤凰卫视上，一睹他纵横捭阖的风采。

（本文系陈齐专访彭光谦所写，原载《武汉春秋》2006 年第 3 期）

袁伟：军博专家的“掌上风云”

袁伟将军历任中国军事博物馆（以下简称“军博”）馆长、八一书画院院长、中国红色文化书画家协会主席等，曾主编专著和画册20余部，其中8部荣获国家图书奖、中宣部“五个一”工程奖和全军学术成果优秀奖。又被授予“中国十大公益艺术家”荣誉称号，并获和平鸽奖杯。他书赠美国总统奥巴马之“观海听涛”条幅，则声噪海外，享有“红色书法家”之誉。

耳濡目染自成“体”

袁伟1945年出生于黄陂王家河袁家店一个贫苦农家。他很小就喜欢书法，描红写仿都特别认真，也写得比较流利。1960年，年仅16岁的袁伟应征入伍，由团司令部参谋一步一个脚印干到军事科学院副师职研究员、军博馆长兼书画院院长、党委书记等。1994年被授予少将军衔。

20世纪80年代，他担任解放军军事科学院办公室主任时，有幸请教“马背书法家”、中国书协首任主席舒同和著名书法家郭化若，到军博工作后，又与启功、欧阳中石、沈鹏、李铎、刘炳森等书法大家来往较多，经常得到他们的指点，受益匪浅。接下来，由于工作上的便利，他接触的珍品珍迹很多，耳濡目染，受到很大影响。在多次组织的书画家创作、交流活动中，与众多书画家相识，交上朋友，让他对书画有了新的认识。为了练习书法，他长期坚持用毛笔写日记，通过日积月累勤学苦练，博采众长，自成风格。

在袁伟的努力下，军博书画研究院于1998年成立，袁亲任院长。书画院聘请了当今书画界前辈人物梁树年、启功、关山月等60多位名人当顾问，指导书画院的工作，还特邀了50多名书画家加盟。从而，为广大书法家提供一片舒展才华的天地，并与众“家”一道热心公益事业。十年间，他多次组织书画家到西北慰问基层官兵、建设兵团战士，组织赈灾书画义卖，向希望工程、爱心工程、母亲工程等捐献字画，做了许多对社会有益的工作。

军博馆长开先河

1993年，袁伟接任中国军事博物馆馆长。该馆是一个文物荟萃、文史并茂的大型综合博物馆。以珍藏文物、崇尚学术、博藏典籍著称。他接手军博时账面上只有24万元，而每年全馆的事业费就需要1500万元，连吃饭都可能成问题。为此，他带领军博一班人，采取一系列适应市场经济环境的措施：抓主业，集中全馆力量进行基本陈列的调整，使每年观众增加到300万人次，门票收入大幅提高；利用军博地理位置的优势，先后协办了反贪展、反走私展、青少年预防犯罪展、崇尚科学反对迷信展、国家专利15周年成就展等。由于这些展览抓住了社会热点，指导性强，江泽民同志曾9次到军博看展览。

与此同时，他在军博成立了外展办，先后为总参等20多个单位设计制作了军史馆等，帮助地方完成了平津战役纪念馆等30多个陈列展览。还与全国各大中城市的200余家旅行社建立了业务联系，军博成了全国各地游客旅途中必看的一个景点。

《中国战典》是一部以中国战争史为纲，上溯公元前3000年，下至20世纪80年代的中国军战史，凡是在中国境内外与中华民族有关的战争、战役、战斗，都收录其间。作为全书的总编，袁伟按照历史先后顺序和条块结合的编排原则，定纲立目，并率先写出不同类型的范文，组织200多位馆内外专业骨干、学者、教授，干了整整4年，于1995年由解放军出版社出版，全书560万字。该书面世后，军内外专家学者和中国军事科学学会都给予高度评价，并荣获全军“八五”学术科研成果奖。中央军委原副主席张震上将亲自为《中国战典》作序，并出席了首发式。

与此同时，袁伟主编了毛泽东军事生涯大型画册，帮助红一、红二、红四方面军的十多位老首长整理革命回忆录，与许多老前辈结下了深厚的革命情谊。十年间，他还与军博同人编著了30多部军事专著和画册，8部荣膺国家图书奖、中宣部“五个一”工程奖和全军图书优秀奖。他拥有军事历史学者、国家文博专家、资深研究员、著名书法家等多项头衔。

不仅如此，他经过缜密的思考，提出走陈列展览和学术研究相结合的路子。1993年，军博在举办《纪念毛泽东诞辰100周年》展览的同时，他又主持编撰了《毛泽东军事生涯》《毛泽东军事活动纪事》等画册与专著。这样，将毛泽东光辉军事业绩，分别以展览、画册和文字三种不同方式呈献给观众和读者，提高了军博的知名度，扩大了展览的宣传效果。

红色文化传播者

长期的军旅生涯，让袁伟始终充满着“红色”情怀，他对毛泽东诗词情有独钟，公开发表的毛泽东诗词，他无数次地书写过，并数十次参加全国全军大型书画展览，作品屡见报刊荧屏，被众多博物馆、纪念馆展藏。2007年，《袁伟敬书毛泽东诗词67首》由解放军出版社出版发行后，书评家评论说：“袁伟的书法，以行草见长，书风典雅，柔和自然，自成格局……”他还被评为第三届最具社会责任感艺术家。2009年11月18日，他应邀书赠首次访华的美国总统奥巴马“观海听涛”，声噪中外。

他还是一位情系桑梓的赤子，常常返乡参加各项文化交流活动。

2016年4月9日，他出资200万元筹办的“袁伟将军的红色文化展”在其老家王家河袁家店故居开幕，成为毗邻木兰草原的一道文化风景。作为中国红色文化书画家协会的一员，袁伟曾在全国各地举办过多次红色文化展，此次在自己故居举办，主要是想为家乡增加一个红色文化旅游景点，弘扬和传承的内涵别有意义。

袁伟为裴高才泼墨挥毫

观袁伟运笔，墨落气来，玩味其掌上风云，如操琴舞剑，意向开豁，给人以美的享受。

（本文根据裴高才《名流百年·袁伟》整理，长江出版社2009年版）

余明海：海军少将走龙蛇

余明海

余明海是军旅书画家，海军少将。系中国书法家协会与中国美术家协会会员，其书画作品曾多次参加全国、全军以及国际交流展，有“军中儒将”之誉。

1945 年 5 月，余明海生于湖北黄陂研子岗的一个贫寒家庭。他自幼对书画有着特别偏爱，其才华并没有被贫困所湮没：没有笔，他削树枝作笔；没有墨，他以稻草灰作墨；没有纸，就在河滩上、水田里练习，或对着门前的高山大河随意涂鸦。久而久之，还真弄出了点小名堂。从小学到中学，不但是老师出墙报、刻蜡纸钢板的好帮手，每逢四邻八舍贴春联、写寿禧、画窗花，甚至刻碑文，都少不了他。他成了乡亲们眼中的“笔杆子”。

18岁那年，父亲眼瞅着家中已经捉襟见肘了，就对长子说：“明海，你就给父亲松松担子，当兵去吧！”余明海带着父亲的期盼，来到了军营。当时部队驻扎在燕山脚下，他被分配学习无线电专业，当上了特种兵。他如饥似渴地钻研无线电知识，很快在200多人中脱颖而出，不久就当上了学员副区队长与教员。

此时此刻，他把仅有的津贴用来买书画资料和笔墨纸砚，一有空就研习书画。他遍学诸帖，特别是对魏碑主帖，王羲之《兰亭序》，米芾、王铎等行书诗卷偏爱有加。绘画方面，主要研习油画、水粉画，为部队画了大量宣传画，不少制作成电影幻灯片。1968年，海军政治部创作室几位书画家来到他所在部队体验生活。当书画家们在营区内看到他的书画作品后，就将他借调到海政创作室工作。

在海政创作室四年间，他开始系统地研习书画，包括书画理论。得到了著名书画家吕恩谊、吴敏、李宝林等诸师的指点，走上了书画创作之路，并开始在京城书画界崭露头角。

1970年提干后，20年间，历任海军直属政治部宣传处干事、副处长、处长，海军直属政治部副主任、主任，东海舰队航空兵副政委，并授少将衔。随着职务的提升，能够自由支配的时间实在太少。然而，他数十年如一日，每当夜深人静时，他都忘不了每天必做的功课，或画一幅水墨山水，或临一张古书帖，效果不好再来一遍，直至满意为止。正所谓：“不分日日夜夜，哪怕千难万难。”

20世纪80年代初，他先后加入了中国书法家协会与中国美术家协会，其书法作品多次参加了全国中青年展与全国书法篆刻展，中韩、中日、中新以及亚洲和国际联展。美术作品《听秋图》《春意初浓》《可上九天揽月》等被多种刊物采用，以及被国家、地区美术馆、博物馆收藏。

余明海崇尚“书画同源”，几十年来，他在书法和绘画上相互精进，各有千秋。他作画时，对于墨色、线条的把握老到，惜墨如金。画面干净，浑然天成。对于书法，他早期研习魏碑，练隶书，后主攻行书，行走在二王（羲之、献之）之间，取法乎米（芾）、王（铎）

之势，兼藏魏碑神韵，渐成自己的风格。

“忽然大叫三五声，满壁纵横千万字。”每逢下部队检查工作，他总不忘带上笔墨纸砚，见到士兵格外亲切，欣然泼墨挥毫。战士们见到首长时，往往是惴惴而来，高兴而归。

自20世纪80年代始，他师从当代著名画家和美术教育家孙其峰教授，得其真传，孙先生告诫他“学画先做人”，他时时铭记在心，虚心地把自己置于小学生的位置，“希求得其万一”。多年来，他都要远上津门，虔诚求教，孙先生则不藏不掩，耐心指点。时至今日，他的书画作品，多是以文会友，或捐献于希望工程，或捐助于社会文明建设。

孙老师尤工花鸟画，他把写意花鸟画概括为：“不求形似、不离神似、貌离神合、似非而是。”余明海悟其精髓，得其要领，在写意花鸟画方面渐入佳境。他独爱画鹰，一只老鹰立于磐石之上，脚下是连绵群山，舍弃了常人眼中老鹰抓小鸡的凶残之相，而取其傲视群山、临危不惧的雄姿。正所谓“人不可有傲气，但不可无傲骨”。他坦言自己悟性不算高，一只老鹰何止画上数十上百遍，仍去不掉其凶残之相，曾苦拟宋人，烦不得其要领。及至当面聆听孙先生教诲，绝弃对老鹰的憎恶之情，用怜爱之心构建内心的和谐，重新构建老鹰的形象，将素雅与雄浑融为一体。如此反复磨砺，终于使画出的老鹰去其凶残而显其雄姿，神态逼真，生动可爱，让人感到一种深沉与纯厚的美感。

艺术的禀赋，大体是先天的；艺术的学养，当然是后天的；而艺术的识见，则来源于前两者。读书、感悟，然后凭借惊人的意志和毅力“上士闻道，勤而行之”。他从“武战场”转到“文天地”后，“一张一弛”，他感到怡然自得。近年，他不知疲倦地吮吸着书画艺术的养料，佳作迭出。

“谈笑有鸿儒，往来无白丁。”余明海身退后，多居甬城。他在甬上的书房兼工作室取名“求是斋”，寓意“有实事求是之意，无哗众取宠之心”。这是他对待工作和对待艺术的信条，也是他的人生信条。

在“求是斋”里，没有将军和士兵、领导与部属之分，唯有两三位真诚的智者，感悟着人生，探寻着艺术的真谛。

几十年来，余明海对“领导”和“艺术”有着独到的见解：“领导”的优势在于站得高看得远，驾驭全局能力强，善于“弹钢琴”。这对书画艺术的谋篇布局、宏旨立意十分重要；“艺术”的优势在于执着的追求，诗意的才情和奔放的激情。这对于处理复杂问题、强化领导能力同样重要。“领导”本身就是一门艺术，而“艺术”反过来又提升了领导的层次，两者相辅相成，相得益彰。

品读他的书画作品，不囿于一山一水、一情一物，而是立意高远，全局在胸。如国画作品《睥睨群山》《一览众山小》《湖边小景》，书法作品《观沧海》《沁园春》系列，就像将军在列兵布阵，一笔画、一线条，都带着一种思想，一种首长意图，在其笔下挥洒着、灵动着，而作品的深邃感、穿透力和文化品位则随之而生。在他的身上，是艺术成就了他的领导才能，而领导才能又促进了他艺术上的日臻成熟。但他觉得自己做得远远不够。

如今，他每天集中几小时研习、创作书画，雷打不动。他欣喜于赶上了锤炼书画的黄金期，重要的是要多一点时间来思考，来感悟。他感言，现在不仅要使笔法更加娴熟，同时要在思想上、心智上、境界上上层次。“熟练之后没有新的追求，便会熟而甜、熟而腻、熟而俗”，便会成为“死亡之徒”；“由生而熟不容易，由熟而生则更难”。因此贵在创新，“苟日新，日日新，又日新”。如何创新，走出属于自己的一片新天地？他在思考着、摸索着、践行着……

品质、意志、艺术，是对余明海艺术之路的高度概括。品质是其内核，意志是一种精神的支撑。而艺术则是品质、意志的结晶，是品质、意志的外化。只有可贵的品质和坚强的意志，才会结出丰硕的艺术之果。他的艺术之路如此，他的军旅之路又何尝不是如此！

余明海曾戏言，离职犹如“软着陆”，“着陆”之后又要向艺术的天空起飞。年逾古稀，对大多数人来说，在家享受天伦之乐，也未尝不美，然而对于有艺术追求的他来说，却正是艺术的壮年时期。

品读余明海，不难发现，他是一个真实的人，一个生动的人，一个让人十分感佩的人！

（原载《名流百年·余明海》，长江出版社2009年版）

李汉文：从农家走出的儒将

李汉文出身贫寒，却把人生苦难当作砥砺前行的原动力，实现了由初中生到军校高才生、由战士到将军、由书法爱好者到书法家的人生飞跃。他的书法作品曾搭载“神舟十号”飞船上天，也曾到联合国展览。

辍学少年从戎志

李汉文1946年出生于湖北省黄陂县李集仁和集村桥头李湾农家。因读书品学兼优，小学毕业时被保送升入初中。14岁时，厄运降临，父亲病故、母亲病危、兄弟分家，困境中的他不得不辍学务农赡养母亲和养活自己。但他从没中断过对知识的追求，不仅在煤油灯下复习和自学初中课程，而且对其他书籍也如获至宝，甚至看到一张残缺的报纸，都要捡起来反复阅读。知识的积累拓宽了他的眼界，他急切地渴望走得更远、飞得更高。

由于读书这条路已经半途止步，而当兵必须年满18岁。当了4年农民后的1965年，李汉文终于有资格报名参军。可是，因为体检不合格，他被无情地淘汰了。这样的打击，接二连三，但李汉文没有心灰意冷，矢志不渝。1968年冬季征兵开始了，正在离家70里之外修筑水库的他获知消息，立马请假，冒着百年不遇的鹅毛大雪，经过一整天的翻山越岭，带着满身的雪水和泥土，回到家乡报名参军。功夫不负有心人，这一次终于圆了他多年的从军梦，他成为河北省军区独立师步兵第四团的一名新兵。

守卫北陲献青春

刚进入石家庄军营，李汉文有点不适应北方气候。但由于在农村摸爬滚打了多年，不管是体质还是精神，他都磨砺得无比坚硬。不久，他被分配到团电影组当放映员。随后三年间，他一方面翻山越岭为广大官兵和驻地群众放映电影，另一方面充分利用机会学习各种知识，他自学成为一名无线电修理能手，义务为战士们修理收音机等小电器。不仅如此，他还利用有利条件，涉猎书法领域。他因此连年被评为“五好战士”和学雷锋积极分子，并加入中国共产党。

1972 年，李汉文被选调到团政治处当干事。当时，苏联在中苏、中蒙边境陈兵百万，威胁我国安全。中央军委决定组建守备第四师，利用燕山有利地形对首都北京打造安全防卫屏障。1974 年 4 月，李汉文奉命调到守备四师。那时，守备四师刚刚组建，师干部科只有李汉文一个人到燕山脚下打前站。没有专用的办公场所，他就借用民房；没有办公桌椅，他就去学校筹措；没有睡觉的床铺，他找来木板拼搭而成。一句话，只要是有利于工作尽快开展，什么事情他都可以去干。同时，由于他倾心尽力，很快就对连以上干部情况了如指掌，为干部调整和后来战备扩编以及战时扩充部队做好了充分准备。为此，1976 年，他被破格提拔为干部科副科长（正营职），并且代理科长主持科里工作。两年之后，他为科长。自 1982 年起，又由代理团政委到团政委，成为当时全师进步最快的年轻干部。就这样，他从省会城市来到偏远的塞外深山，一干就是 16 年。

学海无涯苦作舟

改革开放后，军队的现代化进程加快。中央军委于 1983 年决定，选送一批像李汉文那样不具备高中文化的优秀团政委进入文化学校补习高中课程，成绩合格后再选送到政治学院培养深造。这对于连初中一年级都没有读完的人来说，是一道难以越过的门槛。但李汉文选择了埋头复习和积极准备，结果他很顺利地通过了入学考试，成为解放军长沙文化学校的一名学员。可是，入学后面对高中数、理、化一大堆难懂的课题，文化功底有限的他犹如听天书一般。为此，他“夜半灯火五更鸡”，把每一天的时间都用好用足，生怕浪费了一点一滴：凌晨，当同学们还沉睡在甜美的梦乡，他已经提前一两个小时起床自学和预习，并且把最难懂的地方做上记号，老师上课讲到这些问题时他聚精会神，生怕错过每一个字每一个词；中午，当同学们在操场上打球或者在寝室午休，他一个人在教室里补习之前没有弄懂的难题；晚上，同学们的鼾声已经此起彼伏，他还在微弱的灯光下背定理公式……

正在李汉文发愤苦读时，传来了母亲病危的噩耗，又让他陷入两难境地。此前，在调任守备四师战备训练紧张之时，他乡下的妻子临产，初为人父，他真想回去照料妻子。然而因为他身处战备前沿，未向组织开口，直到女儿出生一年后父女才相见，他因此一直对妻女心怀歉疚。此次得知老母病危，顿时，眼前浮现出老人家恋恋不舍送他当兵的情景，他仿佛听到母亲呼喊着自己的乳名，以及母亲盼儿早归的泪水……他恨不得立刻插上翅膀，飞回老家跪在母亲床前为老人送终。可是，自己文化功底本来很差，一回家至少得十天半月，中途一旦缺课势必一退千里！此时，他又想到老母亲平时希望自己以事业为重的叮咛，想到自己的报国梦想……他就跑到操场上最偏僻的角落，双手捂脸痛哭。心中压抑的情感宣泄完后，他对着家乡的方向磕了三个响头，擦干眼泪，重新回到课堂。

不久，得知母亲仙逝，他又托付胞兄全权处理后事。经过整整一年的刻苦攻读，他以优秀学员身份取得了文化学校毕业文凭，其中“秉烛夜读未为迟”的议论文，还被学校选为优秀作文并编辑成书。接下来，李汉文顺利地考入解放军政治学院深造，再次以优异成绩毕业，还被评为优秀党员。

返乡探亲时，李汉文拿着毕业文凭来到母亲坟头致祭。他泪流满面围绕母亲的墓地转了三圈，向母亲坟上添了一捧新土，然后向慈母阴宅行了一个标准的军礼后，踏上了归队的行程。

武警将军忘我情

1990 年，李汉文所在师改编为武警北京市第二总队，他先后担任支队政委，总队政治部主任、政委，黄金指挥部（正军级）政治部主任等职。他曾被武警部队党委评为先进党务工作者。他主持的支队党委机关理论学习经验，则在《解放军报》头版刊登，上级还在支队召开现场会推广。他任北京二总队政治部主任两年后晋升为该总队政委，期间，该总队连续两年被武警部队党委列为先进党委。同时，他先后组织和参加了香港、澳门回归庆典，迎接新世纪庆典和庆祝建国 50 周年天安门广场安全保卫任务，受到上级嘉许。

2000 年 12 月，李汉文被调任黑龙江省总队任政治委员和党委书记，并于次年晋升为武警少将。职务高了，但他始终不忘组织托付和职责使命，适逢大年夜，为了让当班战士吃上一餐团圆饭，他亲自代替战士站岗放哨，成为北陲武警战线上的一段佳话。作为党委书记，他团结“一班人”奋力拼搏享有盛誉。在武警部队党委扩大会上，他介绍了自己如何当好党委书记的经验，所属的一个中队和支队，分别评为全国武警标兵中队、全国武警十大标兵支队。2002 年 11 月，他光荣地出席了中国共产党第十六次全国代表大会，参加了修改政治工作报告和全会公报等盛事。

墨海泛舟再扬帆

李汉文从少年时就酷爱书法艺术。当年做放映员时，他利用野营拉练和开大会之机书写大会标语。走上领导岗位后，戎马倥偬，他仍能挤时间习书不辍。退休后，自己能支配的时间宽裕了，便潜心钻研书艺，尤其对隶篆情有独钟。他长期临写汉碑和清代名帖，也不断汲取今人之长。他临《石门颂》用功最久，同时也兼临张迁碑、乙瑛碑和封龙山碑等名碑。继而，他又用心临习秦篆和邓石如、吴让之篆书，并上溯临石鼓文和金文。自1990年以来的26年中，他坚持把书法报上刊登的优秀作品剪裁下来，分别按照隶书、篆书、行草和理论文章粘贴成册，供其学习鉴赏。由于他对书法艺术的礼敬和膜拜，每

李汉文

天习书都在三小时以上，年复一年从未间断。当别人打牌搓麻将、对酒当歌、探亲访友之时，他默默地泛舟墨海、躬耕砚田、清灯碑帖、对话古人，终于使他的书艺大进，跻身全国书坛，名噪中外。其作品先后在《新华电讯》《解放军画报》《人民武警报》等刊物发表，被

30 多部专著收录。也曾在全国 25 个省市参加了中国文联、中国书协、中央电视台书画频道等单位组织的书画展览和书法笔会。有的作品被选为搭载神舟十号飞船飞上太空，有的被选为将军书法精品参加联合国展览，均为其颁发了荣誉证书。他现为中国书法家协会会员、中国榜书研究会会员等。先后出版了李汉文军旅书法集、李汉文将军书法诗词选、李汉文将军书法作品鉴赏等专辑，在百度百科开设了个人书法网页。

（本文由飞翼、运华采写）

黄金元："榜书"将军第一人

黄金元

黄金元是我国首部榜书理论专著《榜书概论》的著述者，历任总参谋部兵种部正师职副局长，总装备部局长，中国人民解放军军械工程学院副院长、教授、硕士生导师等，少将军衔。主编专著多种，先后获军队科技进步一、二、三等奖多项。

老山战场试锋芒

1947 年 4 月，黄金元出生于今武汉市黄陂区祁家湾街胜利村黄家湾的一个农民家庭。1968 年 2 月，他应征入伍，一步一个脚印地从排长一直干到步兵师军械科科长。1984 年 7 月，军械科科长黄金元正在紧张地执行南京军区赋予的部队军械工作正规化建设任务，突然接到开赴中越边境作战的命令，他立即开赴云南老山前线。

为了取得军械装备保障的主动权，黄金元奉命提前进入前沿阵地熟悉地形、敌情、气候、环境。他几十次背着相机，冒着炮火隐蔽地拍摄敌方阵地，了解地形、敌情，研究制定对策。一线情况比预想复杂得多：热带雨林莽莽苍苍，高大的乔木下面，灌木、古藤、蔓草丛生，难以下脚。潮湿阴暗中，蚊子、蚂蟥、蛇或别的什么毒虫，随时袭击，防不胜防。石林、溶洞犬牙交错，隐藏在繁茂的植被下面，高深莫测。上山后，如果不做出明显的标志，要走下山也极为困难。由于部队转换频繁，阵地上布满了层层叠叠的地雷，且无标志。稍不留神，一脚踩响了美国造地雷会炸掉脚板；若踩到中国造地雷，小腿也就保不住了。通往一线阵地的交通线更是脚下地雷密布，头上弹片横飞，部队称之为"死亡线"。一旦踩上地雷，未战先伤不说，暴露目标，还会造成更大的牺牲……当时，谁也没有注意改善、建设这条运输线，致使在这条运输线上军工分队的伤亡甚至大于一线作战部队，弹药损失也相当严重。为此，黄金元彻夜难眠。他想到了"地道战"，想到了"置之死地而后生"。他深思熟虑后向师首长建议：在前沿军工运输线上实行岗位责任制，搞"分段接力运输"，一个军工分队承包100多米。这个措施的结果是：军工分队不分昼夜积极挖战壕，在战壕上面铺木头、波纹钢，再铺上厚厚的石头、泥土，作好伪装。从此，"死亡线"变成了安全线，变成了炸不烂的"地下长城"。

当时作战弹药消耗量大，若储备少了供不上会贻误战机，但储备多了又成了身边的定时炸弹，怎么办？黄金元深入一线阵地调查研究，对症下药，总结并实施了"分级储备、多点存放，适时加大、靠前保障"的弹药保障机制。例如他带领技术人员革新了山地轨道弹药输送车，安装到前沿炮兵阵地后，运输效率提高数十倍。由于组织运筹指挥得当，在轮战的近一年时间内，经过了大小百余次战斗，军械装备供应及时，全师军械保障人员和运输弹药的汽车分队无一伤亡。昆明军区前线指挥部授予该师阵地军械装备管理先进单位，军械科因此荣立集体三等功一次。

军事理论尖刀兵

黄金元凭着熟练的业务和一手漂亮的钢笔字被军后勤部长选中，从团机关直接调到军后勤部装备处，负责内勤和军械装备管理工作。其间，他在军以上报刊发表了20余篇学术文章。其中《陆军师野战阵地防御作战弹药消耗初探》获优秀论文一等奖。因技术革新成果突出，还荣立三等功一次。任步兵师后勤部军械科科长期间，他圆满地完成了总后勤部赋予的《陆军师野战阵地防御战斗后方防卫研究性演习》总导演任务，其研究成果在全军后勤系统推广并立三等功一次。

在总部机关工作期间，他提出了一系列改革措施，在《现代兵种》杂志发表后被录入《中国军事文库》。他参与编修新一代作战条令，提出的意见和建议被采纳并列入编写目录。他负责教学和科研工作后，注重资料积累，在组织汇编中融会提炼，升华出新的有创见性的理论与行动。他组织编辑的《部队军械装备工作文件汇编》，成为军械工作的“教科书”。他组织了军械保障工作理论体系、法规体系、标准体系、维修体系、储供体系、保障装备体系“六个体系”的论证研究，使军械工作的思路更加清晰。在办学指导思想上，他提出了“坚持为部队服务的方向，强化第一任职能力，与新装备接轨，与部队实际需要接轨”的办学方向；在武器维修器材保障上，他实行武器维修器材统管统供，大幅度提高了物资的周转效率和经费利用率；在科研上，他1993年整合“八五”以来军械系统取得的科研成果，组织开发了军械保障指挥自动化系统原型，被专家和同行们誉为是军械工作的凝聚剂和倍增器。在军事教育生涯中，他是一位成功的学科带头人，带出了一批装备管理人才。

榜书理论专著第一人

时间定格在2007年4月22日，在中国军事博物馆“黄金元将军

《榜书概论》首发式暨书法艺术展”上，中国榜书艺术研究会主席李力生如是说："黄金元撰写出的这部图文并茂的《榜书概论》，是中国榜书有史以来第一部专著。我对于第一个敢于吃螃蟹的人倍加敬重。"

黄金元风趣地说，我们这一代人命不济，长个儿的时候赶上了三年自然灾害，吃不饱饭；上大学的年龄赶上了十年"文化大革命"，没学上。有道是：香历三冬方透骨，才非九死不盈怀。在快节奏的军旅生涯中，他渴望学习，以致在上调军区机关工作和上大学的选择上，他毫不犹豫地选择了上大学。遇到学习机会，他就像一棵久旱的幼苗，拼命地汲取阳光雨露，获得硕士学位，直至做中国艺术研究院书法艺术访问学者。

在游弋翰墨中，他尤工榜书。古人称榜书为"署书""擘窠大字"。他认为，榜书不能单纯从"大字"这个概念去诠释。把字写大并不十分难，要在"大"中既保持书艺的"八法"，又体现榜书那种大气磅礴的神韵和雄浑气势，那种直指天界、与天地和合的文化内涵和气象却不容易。

即使在老山前线作战的日子里，他也没撂下他为之痴迷的笔墨。作战间隙，他仍以指代笔，以地作纸，揣摩"二王"行草、"永字八法"、神仙犯难的"飞凤家"。在战地，他为战友们写下了"军魂""兰韵"……随着学识阅历的增长，他的目光向着更加高远的传统与创新扫描。从中华民族的书法艺术宝库西安碑林、泰山摩崖、武夷石刻及历代帝王与名家的丰富遗赠中寻根，并写出自己的风格。从线条的摹画到理论的探索，可谓得道者，道在其心，苦心人，天不负。

黄金元的书法创作以入古为旨归，恪守传统，不趋时尚，锐意精进，从"二王"一路，兼习诸家。榜书方圆兼备，大气磅礴；行书古韵新风，清和简远。书法作品多次在全国书法大赛中获奖，并被《艺术评论》《中国榜书艺术》《书法报》等十多家报纸杂志发表和被社会团体、企业收藏。时下，他拥有军械工程学院书画院院长、教授、硕士研究生导师、中国书法家协会会员等身份，他还受聘为中国榜书艺术研究会顾问，国家机关紫光阁画院院士，中国将军书画研究院院士，西泠印社、中国书画名人榜特约书法家等。

他是文人，但首先是军人，自然应有军人的情怀。其专著《全球化时代大国的安全》纵论天下，从纵向对大国兴衰的历史回顾，到横向安全理论的比较研究中，以雄辩的史实，以活泼凝练的笔触，洋洋几十万言，对国家安全进行了全新的探索，并阐述了“以人为本”“以邻为友”“合作共生共存共赢”“持续和平发展”的国家系统安全理论体系。从中不难发现，一位军人对世界和平的无比热爱和对共和国的无比忠诚，也反映了他多学科的学识修养，更是对“将军书法家”最好的诠释。

（原载《黄陂春秋·人物传》，长江文艺出版社 2004 年版）

荆楚名师

刘少成：双肩挑起“耘心”任

湖北省中学数学特级教师刘少成，长期担任黄陂一中数学教学、教导主任与区（县）中学数学教研会会长，曾任武汉市中学教师职务评委多年。十多次荣膺全国优秀教师、武汉市优秀教师，以及县级劳模、先进工作者、优秀教师与优秀共产党员。享有黄陂县专业技术拔尖人才称号，1990 年被评为省特级教师。

浴火重生

刘少成 1937 年 2 月出生于湖北黄陂县城，1958 年毕业于华中师范学院数学系，毕业后任教于湖北宜都师范，因错划为“右派”曾下放到黄陂大常湾务农 8 年。“右派”改正后，任教于黄陂县教师进修学校。自 1983 年起一直在黄陂一中耕耘，直至退休。

刚进黄陂一中时，他担任文、理科各一个补习班的数学教学。他重新焕发青春，潜心耕耘，异放奇香。在教学中，他对教学过程中的各个环节都从严要求，年年教高三，每接一个新班，就有的放矢地精心设计教案。每备一节课，他往往是三番五次推敲，即书中初备一次，备课本中详写一次，课前又在纸上设计板书一次。讲课时，他总有一个精巧、玲珑的开头，引发学生的好奇心，制造兴奋点；又有一个结构紧凑、内容充实、重点突出的主体结构，在环环相扣、师生间反复质疑中，在看、讲、练有机结合的过程中完成教学设计；最后，概括全课以画龙点睛处留下悬念，引而有发，兴味无穷。1983 年 10 月，他为全校 60 多名教师，在高三（1）班开讲了一堂“定积分”示范课。大家认为，整个教学过程显示出洗练、明快、充实、紧凑的特点，充分体现了教法上的严谨与创新。该班毕业生刘光明考入天津大学后，至今仍对那节课记忆犹新。

开放教学

在教学改革方面，刘少成发挥了自己教学功底扎实、解题能力强、头脑反应快等优势，创造了“开放式教学”的教学方法——“我的开放式教学，就是无论在课堂上还是在课下，学生随时提问我能随时作答，似乎从没有当场解决不了的问题”。是的，他每节课少而精，重点突出，讲练结合，师生频繁互动：教师可以问你们怎么看，学生可以问为什么。学生可举手问，也可以坐着问，可以站着答，也可以齐答。师生之间畅所欲言，形式不拘一格。每一节课都求精、求新、求奇。或演板或答问，或作业，学生学得主动、学得开心。他还鼓励学生自选自练未布置的甚至尚未复习到的数学题。1986 届高三（5）班的夏勋成同学，读高二时数学成绩总是在 60 分左右，比全班平均分要低 6 分。到高三时，刘少成让夏勋成可根据自身需要自选一些题目在作业本中解答，他一一批改，还给予鼓励的评语。从而增强了该生学习信心，提高了学习兴趣，成绩迅速提高，高考数学成绩达 101 分。对于已经是全班数学第一的李光辉同学，刘少成允许可不全做平时的基本训练题，鼓励钻研高尖题，后来该生在 1986 年武汉市中学生百科知识竞赛中获数学一等奖，高考数学成绩满分 120 分，考入上海复旦大学。该生进大学后还将自己对一类数列问题的钻研心得写信寄给刘老师，用这一特别方式表达对老师的谢意。

除课堂教学外，刘少成还为数学尖子生开辟第二课堂，成为全校第一个对学生进行竞赛培训的老师。那时，每周定期在一个晚自习对各年级中数学好的学生系统训练。他告诫同学们，竞赛培训并非人人会获奖，但一定会使人人受益，学数学不仅是掌握数学知识，更重要的是提高思维能力。在他的指导下，1987 级的周劲松和 1988 级的邱张华均获全国竞赛三等奖，实现了黄陂一中学生奥数获奖零的突破。由于获奖者可以在高考中加分，周、邱两人均被清华大学录取。

双肩重任

1985 年，刘少成出任黄陂一中教导处主任，也教数学，可谓“双肩挑”。那时，学校没有办公室、政教处、教科处等机构，他除了要抓自身的教学及竞赛培训外，还要抓教导处以及学校的常规管理工作，且后者花的时间更多，既要落实教师岗位责任制，又要完善对教师教学常规的考核调控。除上课、听课、外出开会外，只要有学生在教室，他就一定在教导处，时刻关注各班教学动态。

此间，学校为了调动教师的积极性，由刘少成主持制定了教师课时津贴方案。方案初稿在教师会上一经宣布，一石激起千层浪。最突出的是有的语文老师说：作文批改费时，新定工作量应该比数学少。其他科教师中也有所异议。在分组讨论初稿中，有数学老师说，语、数每周每班都是 5 节，数学作业天天有、天天都要批改，而语文每两周才一次作文，难道在两周中批改 10 次数学作业的时间会比只改一次作文的时间少吗？曾经有个老师问：“课时津贴方案是您制定的，每月的津贴又是您算出的，您会不会给自己多算一些呢?”他平心静气地说：“每月津贴都是教导处组长按各人授课实数算出来的，然后由我审批签字，你可以查询，津贴表格都是公开透明的。”经过全校教师反复讨论，最后通过并实施了课时津贴方案。由于津贴方案体现了公平、公正原则，实行一段时间后，得到全校老师的理解与支持。有老师说：“刘主任不愧是认认真真做事，清清白白做人的好主任。”从而，极大地调动了教师从事教学的积极性，有不少教师愿意加担子多上课，多代课，津贴方案的实施改变了原来“教多教少一个样”的局面，完善了教师教学档案，使学校档案管理严格化、制度化。

老骥伏枥

作为黄陂教育界的数学教学领军人物，刘少成形成了一批有深度、重育人、再创新的理论成果，颇具指导性。其中《空间点集重心性质的探讨》《中学数学教学中对学生进行思想教育方法初探》等论文，在华中师范大学主办的《数学通讯》杂志上发表，并在湖北省第一届中学数学大会上交流，受到学界关注。关于中国传统的干支纪年与现今世界通用公元纪年如何换算，既是对中华传统文化的一种解读，也是数学在生活中的应用。为此，刘少成写了《试探公元年与干支年的换算》的科普论文。专家称，他的“换算法”新颖、简洁，连小学生都可以接受，富有现实意义。

刘少成

如今，年近八旬的刘少成，对教育的痴情依然不减。一方面，他继续发挥余热，与同行一同支教于蔡店中学，每学期去专题讲座一次，及时解决了基层年轻老师的困惑。同时，他将自己的恩师耿普德的师德与教学经验，写成《耿普德老师及其精彩教学案例拾遗》，意在弘扬教师的敬业精神、开拓精神与创新精神，用前人的智慧品格和魅力滋养今天的教育工作者。正所谓“桃李不言，下自成蹊”。

（本文由魏三、王梦林采写）

樊孝农：数学“牛人”的能量场

湖北省中学特级教师樊孝农，从教40年来，素以“牛人”著称，桃李满天下。历任武汉市中学数学高级教师、特级教师职称评委，《数学通讯》编委，湖北省教育学院、江汉大学等特聘教授，主编、参编教学专著10部，享受武汉市人民政府专项津贴。

育人润物细无声

“自闭桃园称太古，欲栽大树拉长天。”樊孝农一直将杨昌济的这句诗作为自己的座右铭。他1943年10月生于湖北省汉阳县（今武汉蔡甸），1965年华中师范学院数学系毕业后，在黄陂一中耕耘了39年。其中，担任班主任20年。他将班主任工作方法浓缩为“爱、勤、引、针”。即热爱学生是前提；勤于洞察、了解学生是关键；循循善诱，引导学生是主体；针对实际，教育学生是诀窍。曾就读于湖北大学的学生栾继清的一封来信，这样写道：“樊老师，我已被批准为中共预备党员，在我取得的成绩里面凝聚着您的心血。”樊孝农凝视着这封信，露出了慈祥的笑容，并讲述了他们的师生情谊——

那是1981年秋，孤儿栾继清考取了黄陂一中，因无钱上学读书而没有报到，樊老师及时向学校反映，免了其学费，还给他申请了特困生助学金。春节期间，又把栾接到自己家里吃年饭，并给了他压岁钱。栾继清激动地说：“樊老师，这是我吃得最开心、最美味的一顿年饭，您，我永远记在心中！”从此，栾继清不仅努力学习，还毛遂自荐当班长，以给老师分忧。樊孝农觉得这可以锻炼其能力，就放手让他大胆去干，班上的一切活动都由他们班干部组织。如班上开展的“比纪律、比学习、比体育、比劳动，看谁红旗多”活动，就是由栾率先提出来，樊再加以补充完善的。活动实行后，良好的班风逐渐形成。接下来，这个班连续三年被评为“黄陂县优秀班集体”，高考升学率为90%，樊也因此荣获“武汉市中学优秀班主任”称号。该班的学生胡英俊事业有成后，从珠海专程开车回来看望樊老师，并请他与师母共赴广州、深圳、珠海、港澳旅游。

数学牛人的“三把火”

樊孝农长期担任数学教学并兼任数学教研组长，他身体力行，每堂课必须做到“三教”（教分析、教规律、教样板）、“四给”（给学生以想、看、说与练的机会）。在“知考点、懂考法、会解题”中，体会发现学习的乐趣。2012 年 6 月 12 日，黄陂一中 1988 级三（1）班学生聚会，一位同学这样描述道：“我们的樊老师，总是笑眯眯的。一道难题，经他深入浅出的讲解，简单易懂。”他的教学总是能够把握住重点。1988 年 7 月5 日晚，在高考考前指导会上，樊氏给两个班的学生讲了一道“直线与抛物线”的解答题，恰好是这年高考数学的一个重要考点。次年，他梅开二度。他选用的一套高考数学模拟训练题，于高考前一周在全年级训练，并组织各班认真批改，详细讲评，其中有一道也是当年高考的一个重要考点。1998 年，他在武汉市高考数学研讨会上作“高考代数的复习”专题讲座时，强调“数学归纳法”的重要性。在武汉市教育电视台作“高考数学备考”学术报告时，他再次旧话重提。当年的高考理科数学考查了这个知识点。牛人放了“三把火”，烧红了黄陂教育的一片天。一次，黄陂一中的毕业晚会，同学们借助《冬天里的一把火》的曲调，献给樊老师一首歌。歌词云：“您就是那黄陂一中的一把火，熊熊火焰燃烧了我心窝，谁都佩服您的机智活泼，教艺精湛，累累硕果……”在1981届，他任教的班高考数学人均得85分（满分100分）。其中，该班学生张学斌取得了100分，吴声权考了99分被清华大学录取。1998届，他所任的六班理科，数学上省线有效分率达100%。

教研硕果树风标

20世纪80年代初，教育部提出“注重在教学中培养学生能力”，樊孝农选择在解析几何中进行研究和实验，探究培养学生能力的可操作性方法，写成《在解析几何教学中注重能力的培养》一文，在湖北省第二届数学大会上交流并获奖。此后，他的论文《高考数学试题中的开放型题》《如何上好评讲课》，分获第六、第九届武汉市中学教研会论文一等奖。1994年，他在黄陂一中主持了国家级“高中数学MTM课题组”教改实验课题。其实验成果于1999年12月在全国MTM研讨会（天津会议）上被评为一等奖。在1994年第4期《数学通讯》封面上，醒目地印着《一道题的错误解答的改正》，这是他的处女作，其灵感就是源于对学生的答疑解惑。自此，他应聘担任这家由华中师范大学、湖北省数学会等主办的《数学通讯》杂志的编委，一任就是11年。

2002年，樊孝农在吴家山中学主持开展了“抢渡长江最优路线”的研究性学习，组织该校高一学生带着这一研究课题，先后5次到武汉体育馆、武昌水果湖和长江边开展实地调查和测量，绘制草图十余张。在此基础上，运用平面向量和三角知识建立数学模型，还编制了计算机程序，解决了复杂的计算问题，写出了4000字的研究报告。该报告在《数学通讯》上发表后，武汉中学教学研究室召开了“研究性学习”经验交流会，向全市高中各校推广，《湖北日报》还进行了专题报道。

培养教师功绩高

作为数学名师，樊孝农为提高教师素质做出了积极奉献。1977年恢复高考，数学教师青黄不接，黄陂县教育局举办了“高中数学骨干教师培训班”，聘请他担任主讲教师。他系统讲授高中数学教材教法，并组织编写高中数学典型示范教案。平时则对相关教师传帮带，起到了“雪中送炭”的作用。1981年元月，他又应孝感地区教育局之邀，在地区高中数学复习报告会上，作了“高中代数复习”的专题讲座，也立竿见影。1998年4月，武汉市中学教学研究室聘请他作了“高中数学法系”讲座，武汉教育电视台聘请他在电视台做了“高考数学复习备考”专题报告，颇受观众欢迎。

2000—2002年，教育部启动骨干教师培训工程，樊氏被江汉大学、武汉市中学师职培训中心聘为兼职教授，担任武汉市市级骨干教师培训的任课教师。后又被湖北省教育学院聘为兼职教授，担任省级、地（市）级骨干教师培训的任课教师等，均收到了显著效果。

接着，湖北省教育学院又特聘他为“中学数学国家级骨干教师培训班”的导师，除进行学术讲座外，还负责带7名骨干教师为徒弟开展课题研究，指导完成结业论文——“自主探究式课堂教学”。为此，他首先为7名骨干教师作了“开题报告”，然后对7名教师进行分工，并制定流程图与时间表。在研究过程中，他又进行答疑指导。最后，取得了课题研究的初步成果：“自主探究式课堂教学”应遵循主体化、主导化、可操作化原则，构建出启动、导学与反馈的“三阶段”以及“五环节”教学模式。当年，这一成果被湖北省教育学院评为“优秀课题成果”，7名教师的结业论文全部通过答辩。后来，这7名教师中有4人成长为特级教师。

此外，他被湖北省教育厅、江汉大学聘为“农村教师素质提高工程——中、小学教师、校长培训”的授课导师，华中师范大学“中南师资培训中心”请他做学术报告。

在培养青年教师方面，他充分发挥其引领作用。1981—1993年，身为黄陂一中数学教研组长的他，通过开展青年教师优秀教案评比与优质课评比，提高青年教师的教学水平；通过向青年教师上示范课，开展评课传授教学经验。这些青年教师在他的传、帮、带下，后来已有一人为省特级教师，二人为市学科带头人，六人为区学科带头人。

鉴于他在指导培养青年教师方面取得的成功经验和良好效果，吴家山一中聘请他兼职指导培养了6名青年教师。在他的精心培养下，其中两名教师分别被评为武汉市学科带头人与优秀青年教师。后来，又为吴家山二中指导培养了7名青年教师。如今，已有一名教师成长为省特级教师，三人评为区学科带头人。

“良好素质，依托平台，执着追求，必有贡献。”这可以说是对樊孝农教学生涯的总结。如今，退休多年的他，书房的书桌上仍堆满了

樊孝农在演讲

厚厚的复习资料，各类考题试卷布满了他密密麻麻红蓝相间的笔迹。他将每天坚持做高考数学试题当作思维体操。已是73岁高龄的他，仍然奉献着光与热，义务到老区蔡店中学支教，每个月作一场专题讲座。

樊孝农的能量磁场是平稳、纯净而自然的，端坐于人生的能量场里，稳稳的，淡淡的，静静的……他，才是人生最好的老师！

（本文由魏三、王梦林合写）

杨双彦：创造高考实绩的教育达人

湖北省中学特级教师杨双彦，是武汉市首批中学学科带头人、享受市政府专项津贴的教育专家。多次担任武汉市中学高级教师、市学科带头人、省骨干教师及特级教师的评审工作，分别任省、市、区历史教研会会员、理事与会长。30 多年来，在探索多元一体的历史教学中，取得了丰硕的成果，桃李满天下。

一

杨双彦 1945 年 3 月出生于孝感闵集一个贫穷乡村。1961 年以优异的成绩考入孝感高中，三年后考入华中师范学院历史系。他与夫人沈海英是大学同学，1970 年，双双分配到了黄陂贫困山区泡桐公社中学任教。

刚刚恢复高考时的泡桐冯河中学，条件简陋，师资奇缺，眼看就要文理分班，政、史、地三科教师仍无着落。校长黄水金一筹莫展，时任语文课的杨双彦毅然站出来为学校排忧解难，担起了文科班语、政、史、地四门课程的教学。这是前所未有的教学重担啊！他深知肩上担子的分量，山区学生英语、数学基础太差，高考主要靠自己所带的四科得分。文史不分家，语文、历史两门课他不在话下。而地理、政治两科得从头学起。为此，他利用假期连续转战云梦、大悟，参加孝感地区地理、政治教师培训班。已调入黄陂一中的夫人沈海英则寄来政治、地理参考书籍，助丈夫一臂之力。功夫不负有心人，他的辛勤付出换来了1979年高考震惊全县的成绩。他因此被评为县先进工作者，工资晋升一级。

作为武汉市高中三年级指导小组成员，杨双彦有一次来到武汉二中文科班听课，一走进教室，黑板上方醒目的八个大字“大忍大耐，无愧无悔”，映入眼帘。他立马记下了这八个字。

杨双彦接任黄陂一中1987级文科班班主任后发现，受到上届文科班升学率低的影响，不少学生学习劲头不足，失去信心，纪律也涣散。为此，他借用上述八字班训，作为全班的座右铭。同时建立启周格言制度，即由班干部轮流值周，针对班级存在的突出问题，选出启周格言励志。团支书裴永刚担任值周干部时，把伏尔泰的名言“命运的主宰是自己，而自己的主宰是意志”写在黑板的右上角，初见效果。此后，随着一串串小小的启周格言的推出，逐步点燃了同学们进取的火花。一年多的耕耘，这个班面貌焕然一新，良好的班风学风形成了。1987年高考喜获全面丰收，为北京大学、吉林大学、四川大学等院校输送了50多名新生。

二

在长期的教学实践中，杨双彦从课堂教学、训练教学、复习教学的三个环节上，不断探索和总结，形成了自己独特的多元一体的教学风格。首先，他潜心在教师、教材、学生三个方面选准最佳教学契合点，营造生动活泼的课堂氛围，让学生感知历史课的趣味。时而自己讲述展开历史，给学生以广阔的思维空间；时而由学生朗读重点段落，然后作出透彻分析，让学生把准知识重难点；时而让学生口述事件经过，再由老师分析前因后果，甚至师生共同讨论；时而有意安插乡土内容，增添历史课的趣味，激发学生的乡土情感，同样可以收到真切的课堂效果。他在讲述黄麻起义和鄂豫皖革命根据地建立时，意味深长地补充道：“1928年元月1日，中国工农革命军第七军，就是在木兰山的雷祖殿创建的。”学生们听后，脸上闪现出无比自豪的光彩。他还利用自己的地理知识，在课堂上随手勾画出区域地图，让学生体验历史的空间性。在探索课堂教学的多元教法中，他总结出连贯法、比较法、引证法、疏导法等，甚至对课堂板书也要进行精心设计。他撰写的《历史课板书八法》一文发表在《教学研究》上，被中国人民大学《中学历史教学》全文转载，还获得省第三届历史年会优秀论文奖。

杨双彦十分重视训练教学，并力图在教材的关节点、学生认知的疑惑点、能力的薄弱点以及社会热点诸方面，捕捉训练的最佳契机，探索出一系列多元训练方法。诸如，多角度训练，重在培养学生的立体思维；套套题训练，重在全方位检测和巩固学生所学知识；一册一赛促读训练，重在促进和培养学生学用结合，回归课本的良好习惯；定时开卷训练，重在检测学生的知识定位及灵活应用能力。这些多元化的训练，既能激发学生学习兴趣，开拓思维，又能提高学生高考应试能力。他不仅善于教学，也善于总结。他撰写的《复习阶段的命题训练必须有的放矢》一文，发表在华南师大的《中学历史教学》上。

在复习教学上，他于1982年开始试验“线、史、题”历史复习方法。“线”即指归类拉线，以教材内容，按历史分段进行知识归类，从中拉出若干条基本的历史线索；“史”即基本史实；“题”即重点训练题。故“线、史、题”就是归类拉线、以线串史、以史连题，紧紧地把三者连成一体，形成一个完整的复习过程。这种复习方法适合高考实际和学生的实际，操作得心应手，效果十分显著。他的《“线、史、题”历史复习方法》一文在《湖北招生》发表，为全省的历史教育同人提供了可借鉴的复习模式。

杨双彦的教学效果可用一组数据链接：1982年，他的学生刘向耘夺得省文科状元，其后刘向东、周燕分别获得省文科第三名、市文科状元；1987年高考，他带的班高考历史90分以上者9人（满分为100分），一个班的高分人数竟然超过了整个孝感地区（7人），创下全省同类学校之冠；1990 年，武汉市举行了纪念鸦片战争 150 周年历史知识竞赛，全市一等奖 7 人，他的学生就占了 5 人，且 18 人参赛 17 人获奖。专家们称，杨老师创下的“一个省状元，两个省探花”佳绩，确立了黄陂文科高考在全省的重要地位。

三

杨双彦精湛的教学艺术和丰硕的教学成果，赢得了省内外同人的信赖和尊重，他相继应邀参加了省内外一系列重要的教研活动。1983 年受托编写了“全国冶金系统职工文化考试历史复习提纲”，同年还参加了赵恒烈教授主编的《初中历史优秀教案课堂实录选评》一书的撰稿。1987 年，应孝感地区教研室之邀，做了题为《试探历史课的课堂教学、训练教学、复习教学》的专题报告。1988 年，应邀前往上海参加全国首届历史期刊编辑年会；同年还应武汉教院历史系之

裴高才向湖北省特级教师杨双彦（右）赠《高振霄三部曲》《田长霖新传》

邀，参加国家教委下达的《全国成人在职专科函授历史教学大纲》的讨论与审稿工作。

坚实的知识功底，不息的自强意识，严谨的探索精神，伴随胸中不灭的希望，构成杨双彦三尺讲台生涯的主旋律。采访结束，目送这位教坛前辈高大的身影，我的耳畔仍然响起了他的耘心妙语：视教育为事业，就要勇于献身；视教育为科学，就要勤于求真；视教育为艺术，就要勇于创新。

（本文由梦林、魏三采写）

刘溥生：山乡红梅傲风雪

花白的头发，饱经风霜的脸，炯炯有神的眼睛充满了柔和的光芒；红灰相间的双格子围脖随意地系在黑色棉衣里，让他浑身充满一种儒雅的气质。这是我对湖北省特级教师刘溥生的第一印象。

这位从教30多年的语文教师，当年是个“半边户”：一头当“教师”，另一头还要当“农民”。当年26岁的他，仅仅是初中学历，是以“代课教师”的身份去南新小学教书的。初登讲台前，他经常去听老师们讲课，虚心请教教学方法，有时还主动邀请老师们来听自己的课，提出整改意见。经过不断的学习与钻研，他教学相长，在一次期末调研考试中，他的班级获得了全公社（即今乡镇）第四名。这一下让他倍感欣慰，他深信通过自己的努力他一定可以当一名好教师。

第二年，刘溥生被调到梳店小学，并带毕业班。这对他来说，是一个巨大的挑战。白天，他步行几公里去学校上课，晚上得披星戴月赶回家。后来，学校安排毕业班的学生住校，他也主动搬到学校住了下来。他一边担任教学工作，一边当孩子们的“保姆”，为孩子们做饭、洗衣，晚上替孩子们盖被子……功夫不负有心人，那一年，梳店小学的小考成绩一举获得了全公社第一名。他因此被评为先进教育工作者。

熟悉刘溥生的人，都说他是个“超人”。自1983年开始，他即教语文又当班主任，“差班”经他调教一年后，竟能被评为区、市级先进班集体。再“差”的孩子，他都能捕捉到孩子的闪光点，让孩子们找回自信。在他的眼里，所谓的“超人”，不一定就要有超人的天赋，但一定要有超出常人的付出与耐心。那些年，他是一边教书，一边自学，还要种好自家的责任田——一家人全年的口粮。夏天农忙时节，正值天气异常酷热，他白天干了一天的农活，已是疲惫不堪，可是，他还每天晚上都在学习大专的课程。他常拿着自己的作业对儿子说：“来，看你爸哪个地方错了。”然后从头至尾进行复述。背完了，儿子兴奋地说：“爸爸，你真厉害，你都是对的！”就这样，他凭着顽强的毅力自学完了中师、大专的课程。

不仅如此，刘溥生还常年自费订阅了十几种与教育教学有关的报纸杂志，不断拓展自己的视野。有机会外出时他经常在书店流连忘返，搜罗自己心仪的教育教学书籍。在充实自己的同时，向教科研进击。从1991年在《武汉教研》上发表处女作开始，他先后发表论文50多篇，主编、参编教育类教学专著，学生读物40多本，达200多万字，他因此荣获市小学语文会“最佳写作奖”。继在教学比武中获得全县一等奖之后，他开始承担全县课题研究。后陆续被评为市级学科带头人、市级师德先进教师、优秀教师与劳动模范，省特级教师、优秀名师，享受市政府专项津贴。

刘溥生天生是个情感丰富的人。学生的一张贺年卡，可以让他激动得久久难以入眠。上级给他的各种荣誉，让他心里时刻充满着感恩。他把所有的精力投入到自己热爱的语文教学中去，将情感体验渗透于阅读教学的各个环节和各个层面，使“文章情、教师情、学生情和文路、教路、学路”有机结合，巧妙地安排在阅读训练之中：有时“创设条件，激扬情趣”；有时“品析语言，体会情理”；有时“巧引妙拨，升华情感”；有时“知行统一，陶冶情操”，形成了“以情感体验训练为主”的语文阅读教学风格。他认为，情感是人智的不竭之源，“缘情”不仅是我国文学创作的基本原理，也是我国语文教学的优良传统……专家们称，他的语文教学达到了一种诗的境界！

他把这份诗意情怀感染身边所有的人。与刘溥生共事的老师们都说：只要有刘老师在学校，他们就有底气。“当你真正学会了读课文，你也就会教课文了！”这是刘老师教语文的总结语。受过他帮助的老师们都说，很多课文只要听刘老师一读、一点，他们心里就有底了。而且刘老师教他们非常有耐心，不光教他们如何教课本，还教他们如何管理班级，如何吸引孩子们的注意力，如何培养和发展孩子们的思维能力。在他的指导下，不少老师成为武汉市学科带头人、武汉市优秀教师。看到同事们取得了好成绩，他比谁都开心。目前已是广东深圳一家公司老板的余勇兵，就是刘溥生的学生。至今他还记得当年在刘老师班上读书的情景：“我们那个班调皮捣乱闹事的多，情绪悲观不思进步的多，各科考试不及格的多。我就是其中特别调皮的一个。刘老师接手后的第一个星期里，我就与班内外同学打了三次架，可是刘老师并没有厌弃我，相反还十分热情友善。他发现我对书法有浓厚的兴趣，就买了一本柳体字帖相赠，并且每天陪我练习一个小时书法。不到一年的时间，我的书法取得了很大的进步，在市里举行的

刘溥生与学生

青少年书画比赛中荣获铜奖。后来我的思想慢慢进步，学习成绩也提高了，还当上了学校少先队的大队长。是我的老师让我走上了一条积极向上的人生道路。”这里面该是种瓜得瓜、种豆得豆的效应吧？

从当年的初中毕业生，到如今的省特级教师，刘溥生身上有太多的光环笼罩，《湖北日报》、《长江日报》、武汉教育电视台等媒体曾多次报道他的事迹。市委宣传部组织专家到黄陂调研，探讨“刘溥生现象”。面对这些他表现得非常平静。很多年前，市区就有很多条件极好的学校纷纷开出优厚的条件邀请他前往。2000 年东西湖区有一所条件很好的学校，给他 10 万元安家费与每月加薪千元的优惠条件，并且已经办理好了调动手续。可是，他最终还是选择了留在黄陂他坚守了 30 多年的研子小学。由于他像一只不知疲倦的老牛，体力的大量透支，使他的身体每况愈下，早年就落下了病根，被医院诊断为肝硬化。很多人因此劝他，不要再工作了，好好在家调养身体。他却说：“我还要与病魔作斗争，看它能把我怎么样?”于是，身体一有好转，他就主动要求工作。说到他的病情，刘老师很乐观地说，病魔就像个顽皮的孩子，你越在意他、依顺他，他越变本加厉得逞。这不，医生说他最多活不了 5 年，他都超过 12 年了！

如今已退休两年多的刘溥生，又学会了微信，还开通了博客，写些小文字。乡里乡亲都很喜欢他，每天晚上都邀他去跳广场舞。每当放歌《小白杨》时，那豪迈的气场让所有的观众为之动容。大家都说刘溥生是黄陂人的骄傲！

在夕阳映照下的研子小学，就像一幅丹青水墨画。我们在校园中间的梅花前与刘老师合影。在凛冽寒风中翩翩起舞的梅花，此刻就像小孩们灿烂的笑脸一样，馨香四溢，令人心旷神怡！我突然觉得这所小学到处充满了诗意，抑或是梅花的缘故？不，因为有刘溥生，这个学校处处充满了生机！在他的身上，我看到了教师的气质！在他那儿，我读懂了梅花的品质！

（本文由张萍采写）

明道华：历史名师誉荆楚

湖北省特级教师明道华，享有湖北省优秀历史教研员、武汉市学科带头人、武汉市优秀教师、武汉市“黄鹤英才”教育名师等称号。系湖北大学和华师大硕士生导师。主编专著20多部，多次应邀赴全国各地作教育教学专场报告。

厚积苦中乐，智识永求新

明道华1961年7月生于黄陂县五岭公社半边寨的“缺粮户”。初入学因交不起书费，买不起纸笔，呆呆地坐在教室的土砖“凳”上“旁听”了两年课。读高中无钱买灯油，在放学后常借夕阳和月光读书，留下“明月当空挂，琼书手中拿”的诗句。读大学后，靠国家生活补助和助学金生活。看到别人有钱买新书，常常羡慕不已，便借来抄，三年下来抄了五六册。他喜欢用孙中山“我一天不读书就不能够生活”自况。从做学生到当教师，从年轻到年长，求知热情始终未变。作为教师，对教育改革十分敏锐，写下大量让同行和课改专家肯认的学习感言。2010年，参加华东师大承办的教育部国培计划培训者培训，成为唯一的明星学员、最佳博文、最佳培训方案等四个奖项的得主。当被问及每次教研活动讲话为何都那样精彩时，他说：“欧阳修的文章来自‘三上’即‘马上、厕上、枕上’，我无‘马上’有‘路上’。还是枕上构思最有效，睡前把纸笔放到枕边，在关灯后静静思考，一有奇思妙想，就在黑暗中记下，文章提纲的产生，精巧诗句联语的形成，都得益于此。”其实，习惯固然重要，中文背景和不懈的历史自修才是关键。

教书尚启智，育人重导行

明道华以从教为乐，先后在省内外多所中学讲过示范课，以富于思辨的问题串解、富于文采的语言传递、直观媒体的机巧运用、知识板块的简约展示、开放通达的师生互动、灵活便捷的流程建构赢得普遍赞誉。他在武汉市政府支持的爱学网网上课堂主讲的课程深受欢迎。专家评价说他在课堂教学方面最大的特点是“活讲解，巧启思，精板书”。

他本着“面向全体重启智，点拨差生重‘补能’，激励后进重‘补心’”的策略施教，以育德为根，以培能为本。在黄陂二中任教期间，创下多项纪录：1983 年，他所带首届毕业生学科优秀率全县第一；1987 年，他所教的学生张金铭高考历史获 96 分，创历史百分制高考省市两级最高纪录；1995 年，在该校首次教学效果书面调查中，实验班 90% 以上学生在“最受欢迎的教师”“最喜欢听的课”两栏中填上“明老师”和“历史”。

明道华习惯在博采众长的基础上确定每一个教学环节。他习惯将听到、看到或想到的有关某段历史的细节或阐释会集到特定教本，真正做到厚积薄发。如用对联概括各大洲变迁史，既提纲挈领，又横生妙趣。欧洲联：“辉煌上代，黑暗中古，近现世一振再振，欧罗巴是大丈夫；西荷百年，俄法数载，两三遭英强德霸，西洋鬼尽刁豪雄。”44 字将西欧历史涵盖无余，一“刁”字道出西欧列强争强斗狠的是非曲直。亚洲联：“千载文明，儒释回三教争荣，辉煌谁比我亚洲？百年迂滞，欧美日九鬼竞啮，振拔还待他世纪。”赞古亚洲文明多元，叹近现代亚洲饱受侵凌，盼民族国家振兴。非洲联：“控地争肥，人面兽风姿作古；称王斗艳，黑牡丹傲气犹存。”感埃及文明没落，颂黑非洲顽强斗志。他醉心于课堂，视“课堂是医治百病的良药”。

他注重以德言嘉行为学生示范，每学年精心准备面向学生的大型讲座。讲座的主要内容有思想教育专题，如《理想·机遇·奋斗》《民族魂》；有历史教育专题，如《壮举空前，激励永存——纪念长征》《凝眸港岛沦落耻，喜庆失地回归潮》等；有历史学习专题，如《整体·理论·创新——浅议历史高考与历史学习》《文科综合学科渗透ABC》《合纵连横大时序，贯中通外小专题》；有应考技巧专题，如《备里苦过去，考中乐自来》《踏石留印书山矮，抓铁有痕考题轻》；等等。许多报告成为影响高中历史教学备考话语模式的经典，在网络上广为流传。

当新接手一届学生，他都要介绍自己说：“正值青春年少，我有一个梦，与进步为伍，做一个推动社会发展的公民；与知识为伍，做一个学问丰厚的书生；与学生为伍，做一个求知者十分爱戴的老师。”他努力了，也真正做到了。一篇介绍明道华事迹的报道这样写道：“他总是兴致勃勃，用典故逸事催发学生求知热情，用诗话联语拨旺学生理想火焰；他总是风尘仆仆，用敬业乐业之心赢来师德高尚教师美名，以勤业精业之行博得最受欢迎教师殊荣！”他坚守“书从活时教好，艺自爱中成名”的信念，对学生常念四句真经：“助学是师，交心是友，体贴如己，关爱如亲。”在黄陂二中，他成功地以现身说法帮助患神经衰弱准备辍学的两名学生和已辍学半年的一名学生走出困境，完成学业并考上大学。在汉铁高中，他担当新疆内高班多名学生的“代理家长”，春节请到家吃“团圆饭”，发“压岁钱”；暑期离校前送本地特产以备学生返疆孝敬亲生父母；平时常常细致入微地关心学业、生活、思想和身体健康。真心兑真情，30多年来，往届学生年节拜望老师从未间断。一名男生在大学里先后寄来了70封书信，一直令他感慨。

研教勇排头，支教赴勤精

“教而不研，浅；研而不教，空。”他非常重视以教立研，勤于笔耕，先后在文科及历史核心刊物《历史教学》《中学历史教学参考》上发表《做高效教学程式的建构者》《文明史观指导下的历史学习视角》《谈谈历史复习教学的“四化”方法》等文章。在《考试指南报》连载《古今堪互补，文史两相益——历史文化常识例谈》等30余篇文章。他主持市级实验课题《历史教学板书设计“四化”“三美”研究》，倡导语言美、结构美、韵律美“三美”板书，并根据电教发展需要推出简短化、图像化、动态化、部件化“四化”模式，实验成果获得市级一等奖。他还具体帮助和切实指导青年教师参加全国及本区各类教学竞技获得一等奖多达20人以上。全国课程改革启动后，他一直是课改理论宣讲者与实践的先行者，《高擎智慧灵光，照彻教育殿堂——浅议新形势下的教师专业发展》《凤凰涅槃，浴火重生——全国高效课堂“课博会”观感》等讲座每每让听者惊奇，“学案播撒成长种，小组绽放快乐花”作为经验之谈，通过学科基地讲坛给全武汉市历史同人以强烈的观念冲击。近年，他的“名师导学”事迹、评考评教活动被湖北主流媒体多次报道。

不仅如此，明道华多次参加人民教育出版社历史室策划的历史教学设计、教师教学用书的编写。参与策划并主编湖北长江出版集团《优质课堂·高中历史》全套书籍，受聘湖北人民出版社主编《高中历史用表》。在系列讲座和报刊连载的基础上，2011年编撰《中国历史文化常识》并由海南出版社出版，作为“一本为高中生编写的中国文史常识教材，一种提高中学生综合素质的趣味性读物，一个搭建校本课程教学研究互促共进的平台”，为教师解困，为学生指津，为教育献策，填补高中教学必备文本空白。2012年，他主持的历史教育与学校文化墙设计研究成果获中国教育学会学校文化研究会一等奖，所撰四言为主的199句798字韵文《中国教育志》，受到来自全国政协、教育部的领导和专家称赞。2015 年，他在主持江岸、江夏和武昌多个名师工作室活动的基础上，开辟历史学科首个市级教育云名师工作室，并代表武汉市在湖北省教育信息化应用现场观摩培训会上展示工作室建设成果。

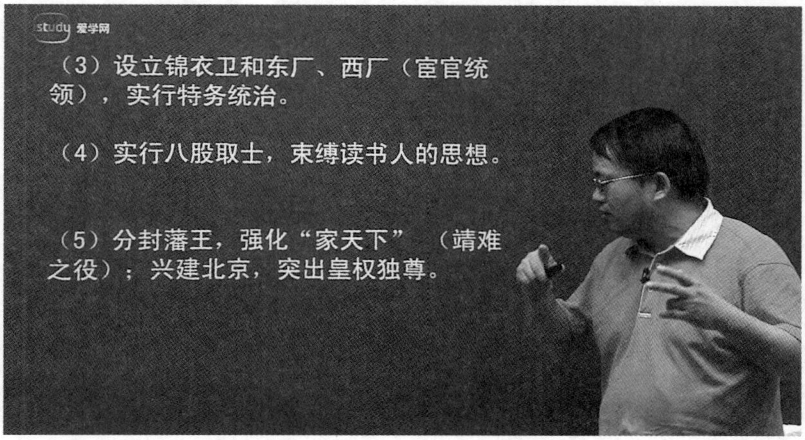

明道华在武外在线网络课堂执教（2012 年）

客传四方道，永怀乡梓情

作为荆楚名师，明道华多次在湖北省及全国各地主持课标教材教法和骨干历史教师专业研修。1998 年以来，应人民教育出版社、北京清华大学师德教育研究院、湖北省教育厅等多个单位的邀请，在省内及北京、重庆等全国数十个省级行政区 30 多座城市作专场报告，场场赢得厚赞。所到之处，每每自称来自木兰故里、“二程”出生地，与民国总统黎元洪是同乡。2004 年调离黄陂后，十分关注家乡发展。曾应黄陂区委区政府邀请，做了《人才打造理想图，管理焕发生产力》演讲，为振兴黄陂教育建言；坚持每年回黄陂主持教师专业成长讲座和高考备考指导，连续 18 年未间断，被知情者赞为“学界仅有之奇”。

明道华对黄陂文化发展的关注远远超出教育领域。他多次应邀参加黎元洪研究会、木兰文化研究会等组织的学术活动，2013—2015年，帮助黄陂李家集彭博翔父子创办黎元洪文化博物馆，并以博物馆的名义策划在武昌红楼举办为期20天的纪念黎元洪诞辰150周年文物图片展及黄陂政界学界纪念黎元洪诞辰书画展，在武汉市城乡机关、学校与旅游区举行为期四个多月的纪念抗日战争胜利70周年文物图片展，在全国产生一定影响。

青青子衿，悠悠乡魂，但愿明道华的感恩心花，常开常新。

（本文由陈齐、传东采写）

卢琼："带头大哥"名师范

他对学生的呵护，如其名字一样温柔；他颇富幽默感，常常将枯燥的数学课讲得妙趣横生；他急流勇退，重返课堂传道授业解惑……他就是湖北省特级教师卢琼。

"我当老师纯属意外"

卢琼幼年丧父，家境贫寒，也许是排行老幺，家人都宠着他，让他养成十分贪玩、调皮的习惯，结果小学升初中考试，他的数学仅得了4分。是其母向老师求情，学校才勉强接受了这位"试读生"。

卢琼在英国剑桥大学

进入中学后，卢琼似乎一夜之间"长大"了。他说自己遇到了生命中的贵人——初中时的班主任吴隆焱老师。与他同村的吴老师知道，卢琼虽然数学只考了4分，但他头脑灵光，是个"孩子王"。于是，吴就让他担任班长。这让卢琼感到很"意外"，他突然一下子"醒事"了，觉得再不认真学习，就不配当“班长”了。从此，他成为全班最刻苦的学生。尽管小学底子差，可他的记忆力相当惊人，能在最短的时间内消化老师所讲的内容。他把所有的空余时间用来学习，那时村里包一场“露天电影”，是一件不容易的事情，村里的老老少少都欢天喜地看电影去了，只有卢琼一个人在家里的煤油灯下苦攻难题。功夫不负有心人，中考他以第一名的成绩进入省级重点高中——孝感高中。

可是，读高三那年，他竟染上了肺结核，学校让他休学。在家休学期间，他依然争分夺秒自学各门功课。高考时他以黄陂一中的考生身份参加考试，后被师范类的武汉大学分校录取。考虑到家里实在太困难，读师范不交学费，又包分配，他最终去读了师范。

大学毕业后，卢琼分配到黄陂一中执教，在三尺讲台，一站就是26年。

回头率高的“带头大哥”

初进一中，卢琼对工作充满激情，也非常爱赶时髦，把头发烫成了小卷卷，样子酷极了。但他的“酷”形象让老教师看不惯，觉得他的课虽然讲得好，但头发有“问题”。他只得赶紧去理发店将头发拉直。由于他讲课不落俗套，又能与学生打成一片，他因此成为学生的偶像，领导与同事都很欣赏他。工作仅两年，他就被破格评为中学一级教师；工作第七个年头，又破格晋升为武汉市当时最年轻的中学高级教师。

“我适合当教师，尤其适合教数学。每天只要走上讲台，我就有如鱼得水的感觉。”卢琼喜欢用生活化的语言讲习题，很多枯燥的难题经过他妙语连珠的解说，而变得妙趣横生。当学生在课堂上呈现“疲惫”状态时，他立即停了下来，很幽默地用黄陂方言说：下面听我用英语来讲题？学子们顿时哄堂大笑，课堂氛围一下子被他激活了。然后他再以讲故事的方式讲下去，把学生带到奇妙的数学王国中去。

对待这些比自己小不了几岁的学生，他走的是“亲情路线”，把每位学生看作还是要人哄的孩子。每天早上他第一个来到教室，对每个学生点头微笑。每晚查学生寝室是必修课，直到所有的学生安静入睡，他才回宿舍。有时候，他会来个“撒手锏”，回头搞一次“突然袭击”，担心有些“叛逆”的孩子会趁他不在时，逃出校园。

“这个年龄阶段的孩子，打不得骂不得，只能以情感化。”当学生们随手丢垃圾时，卢琼从不当面批评，而是跟在学生后面不动声响地捡起来，丢往垃圾箱。学生们看在眼里，记在心中，从此再也不乱扔垃圾了。在学子们心里，卢老师是师长，如长兄，更多的时候像是朋友。他们肚子饿的时候，就会到卢老师的宿舍找东西吃，实在找不到好吃的，就在他那儿煮方便面打牙祭。那时候，很多学生不喊他老师，而是直接喊他的名字。每当学生们在教学楼上看到他在楼下的身影，都会不约而同地齐声高喊：卢琼！——这响亮的呼喊成为校园最动听的声音，也是校园一道亮丽的风景。因此，卢琼走到哪儿，回头率总是很高。这让他感到很自豪，觉得自己在享受“带头大哥”的待遇。

校长任上聚人心

在学生们的眼里，卢琼是个非常细致的人。他的案头每年都要增加一个厚厚的错题簿，里面记载着各个学生知识上的“病灶和病因”，还为他们做了学习档案。每个学生的能力层次、知识缺陷，他都了如指掌。因此每堂课答问演板人选他都刻意安排，让学生先陷后拨，做到创设最佳问题情景，来激励、唤醒、鼓舞他们的学习兴趣。在同事们的眼里，卢琼是个急性子人。他们给他起了个别名：小毛驴。他有一个特点：遇到难解的数学题，必须在第一时间给学生一个准确、迅速、满意的答案。如果被哪道难题困住了，他急得像热锅上的蚂蚁，坐立不安。这时候，他会放下手上的杂事，沉浸在思考当中。就是在做别的事，他也是“心事重重”。就连吃饭，他都觉得索然无味。那刻，他的世界只有自己和题目，没有任何人可以打扰他，甚至在梦中他都在冥思苦想。直到难题被他破解的那刻，他才会兴奋得像个孩子一样，然后急不可待地分享给同事和学生，手舞足蹈地讲解给他们听。同事们将他这种感受形容成王国维的三种“境界”：衣带渐宽终不悔，为“题”消得独憔悴；众里寻她千百度，蓦然回首，那人却在灯火阑珊处。——正因为有如此高的境界，他的教学也取得了常人难以想象的成绩。每年高考的升学率，他所带的班级都是名列前茅，还总有学生被清华、北大录取。他光荣入选“武汉市黄鹤英才（教育）计划”；他先后获得全国优秀教师、湖北省特级教师、武汉市首届十佳班主任等称号。

2001 年，卢琼被公推为黄陂一中分管教学的副校长，他依然带实验班的数学并兼任高三毕业班的班主任。同时，他常常不动声色地在窗外听老师们讲课。当他发觉某位老师的讲题方式令学生困惑时，立刻在下课后与其交流，共同商讨更加合适的方法。

2007 年，他公开竞聘为一中校长。他接手时，教师们向他抱怨待遇不能落实，社会上对学校也多有指责、抱怨，学校的债务也不堪重负。为此，他会同一班人，始终以教育质量作为学校的生命线，狠抓收人心、聚人气，优化校风学风，学校的精神面貌发生了可喜的转变。而社会上对一中衡量的标准就是高考升学率，他在任几年表现不俗：2009 年该校向清华、北大输送了 5 名大学生，居全省同类高中前茅；2010 年，一中学生柳洁勇夺武汉市文科状元，为该校 20 多年来第一例……

在各种光环笼罩在自己头上时，卢琼却有了前所未有的失落。因为作为一校之长，他的时间不由自己支配。各种各样的会议与应酬，让他没有办法再回到学生们的中间。离开三尺讲台后的他，时常有一种迷茫的感觉，这种感觉就像鱼儿离开了水一样，时常让他感到窒息。他说，生活中的自己其实是个非常喜欢安静的人，喜欢过一种简单的生活。校长的工作杂事实在太多，时常弄得他焦头烂额、疲惫不堪。他怀念当普通老师的生活，觉得自己离不开三尺讲台，离不开那些数学题，离不开时刻牵挂的学生们。如果把三尺讲台比作一条河流，他说自己其实就是一条小鱼，鱼儿离开了水，时间久了怎么活得下去呢？思考了很长时间，他向区教育局递交了辞去校长职务的报告。知道这个消息，很多人都骂他脑子有问题，就连教育局的领导，也骂他脑子进了水。不过，领导们都夸奖他"辞职报告"写得不错，就像是一篇声情并茂的散文。领导语重心长地找他谈心，希望他到教育局工作。他还是婉言谢绝了，回到那个让他念念不忘的三尺讲台中去。

重返讲台桃李芳

重回三尺讲台的卢琼，如同扒开云雾的迷路者找到了家一样，面对他的学生他又找到了从前那个妙语连珠、口若悬河讲解数学题的卢琼。他说，走上讲台，又重拾自信。只要一头扎进数学，所有的烦恼都不算是烦恼。他先后在市、区教学舞台上主讲了一系列公开课、示范课，受到了教育同人们的首肯。同时，他把教学心得与经验写成数百篇教学论文，发表在国家级刊物上。如论文《均值法求解一类多元复合最值问题》《一道动态立体几何考题的解法分析与探究》《向量问题的几何解法》等分别发表于华中师范大学《数学通讯》与中国科协《数理天地》等期刊。他还成立了名师工作室，所收弟子遍布黄陂每所高中，他的工作室以"培养有理想信念、有道德情操、有扎实学识、有仁爱之心"的骨干教师为己任，按计划、分步骤、有针对性地开展课程研究。只要有时间，他都去各个校区听课，亲自指导老师们上课，互相切磋教学方案。他的魅力教学影响了教育界的同人们，大家只要提起卢琼，都会不由自主地竖起大拇指。

作为湖北省的特级教师，卢琼的教学事迹多次被省市主流媒体作过报道。可他自己却说，一切名利都是过眼烟云。自己从一个山区的农家孩子，一步一步走到今天，除了个人的努力之外，更多得益于所有支持他的领导及同人们。作为一名教师，他只想凭良心好好教书育人，对得住“为人师表”四个字就行。

在黄陂补习学校的三楼会议室，聆听卢琼的讲述，真的像在品读一本五彩斑斓的书。他的口才非常好，回首往事，提到学生、说起数学，便滔滔不绝如同江河的水，让人深深感受到他的教学魅力、人格魅力。当他沉默的时候，我感觉眼前这位博学的专家，正在回忆他的艺术人生。他说生活中的自己还是个名副其实的宅男，只要研究数学，两眼立刻发亮。

行走在芳草萋萋的校园，心情如沐和煦的春风。我的脑海不由得想起《沁园春·长沙》里的诗句：漫江碧透，百舸争流。如果说卢琼是教育长河中的一条小鱼，我更愿说他是漫江百舸中的一叶高帆，不断摆渡学生到达成功的彼岸……

（本文由张萍采写）

邓格枝：师生心中的“110”

说起特级教师邓格枝，人们大都说她为人低调，甚至有点“闷”（即不爱说话）。阳春三月的一天，在一个温暖的斗室里，我们像朋友聊天一样，有一句没一句地谈起她的过去。

“为了在学生面前点燃一星知识的火花，教师本身就要吸取光的海洋。”她1966年出生于黄陂李集街的一个小山村。师范毕业后分配到李集小学任教，十年后调入前川一小。自参加工作的那天起，她就在李集小学那间“斗室”里，以校为家。记得1994年那年冬天，全国小语会在武汉市举行青年教师优质课大赛，历时三天。已有四个月身孕的她，每天天不亮就冒着严寒乘车去汉口，晚上7点多钟才拖着疲惫的身子回到家。几天下来，她的腿脚浮肿、疼痛难忍。但她仍然坚持每天晚上整理笔记，撰写心得，阅读相关论文，查找理论依据。那一年，作为孕妇，又担任毕业班班主任及语文教学工作。临近生产，她腿脚浮肿，可她每天午饭后都陪着孩子们趴在课桌上午睡，从不间断，直到学生毕业。她的辛苦付出，换来的是每学期孩子们的成绩，总在同类学校年级中名列前茅。

邓格枝有一个特别的习惯：喜欢照镜子，尤其喜欢站在镜子前练习讲课。她说这样做是为了看清自己的面部表情是否亲切，同时还把自己讲的课全部录音，过后再反复回放试听。这样，可以听出自己的声音是否柔和，有哪些地方讲得不恰当。她每天出门前也必须照镜子，检查自己的衣服是否整洁，头发是否零乱，她说，作为老师，每天应该以演员的风采面对天真无邪的孩子们。对于一个优秀的师范毕业生，她对课堂的教学工作游刃有余。但为了练就精湛的教学技艺，形成自己独有的教学风格，她付出了超出常人的艰辛劳动。每备一课，她都要潜心钻研教材，读了又读，圈了又圈，为了弄透一个词义，她查完字典，再查《辞海》。哪怕读语气词“啊”“呀”时，她都琢磨着用什么样的表情、语调来读，才能让学生们听出感觉，品出感情来。至今，很多学生还记得她教《十里长街送总理》那课的情景——

那天，天公有情，天色灰暗。她穿着比平日更朴素的衣服，以平时少有的严肃态度走进教室，登上讲台。讲课伊始，她满怀深情的寥寥数语，催人泪下，一下子把学生引入了文章的情景。师生在情感上产生了共鸣，课堂气氛凝重、肃穆。接着，她用一口标准的普通话朗读课文。声音时而低沉、缓慢，时而高昂、激越。字字含泪，句句传情。一节课下来，孩子们泪眼汪汪地看着她，而她自己早就热泪盈眶了！

2003 年 9 月开学前夕，她在学校忙碌了一个暑假，正准备投入紧张的开学工作时，突然，她的女儿发生了意外：左眼被啤酒瓶炸伤，造成了严重的视力障碍，她悲恸欲绝！可是在孩子做完眼球缝合手术后，她就把陪护的工作交给了丈夫。每天清早，她含泪离开呼喊“妈妈”的孩子，从协和医院赶回学校上班。晚上，当万家灯火之时，她又拖着疲惫的身子回到医院陪伴孩子。在痛苦的煎熬中她度过了一个月，女儿做了两次手术，她却没有耽误学校工作。学校的领导和同事都看不过去了，纷纷劝她回家好好照顾孩子，但她固执地摇摇头，继续埋头工作。

屋漏偏遭连阴雨。2006 年 6 月 9 日夜晚，她在加班回家的小路上，遭到了歹徒的袭击。凶狠的歹徒将毫无防备的她重重摔在地上，她的嘴唇被撕裂了好几道口子，门牙也磕掉了，腿多处摔伤。由于伤势严重，医生建议她住院治疗。可是，还有一周时间六年级学生就要毕业了，她哪里放得下自己的工作？她仍然每天早早来到学校，安排好工作后，再赶往医院打针，拔下针头就又回到学校……

一个把全身心精力投入到工作的人，无论走到哪儿别人都能感受到火热的激情。她多次参加市区级课堂教学比武，也多次站在教学的领奖台上；撰写论文50多篇，均荣获国家、省、市区级一、二等奖；她组织参与的多个课题研究成果在市区推广，其中《小学“互动式”教学策略研究》课题成果荣获武汉市人民政府科技进步三等奖，市级规划重点课题《小学班主任专业化发展策略研究》《小学文化管理的理念与策略研究》等被评为A等课题研究成果。她个人获得多项荣誉：全国优秀教师、武汉市劳动模范、市区级学科带头人、优秀共产党员、优秀班主任等。她的先进事迹不仅被媒体广为报道，还收入《跨世纪教育之星》《木兰山下园丁曲》等书。2009年，她被评选为湖北省特级教师。

2000年11月，在公开选拔中青年校级干部中，邓格枝被票选为前川一小常务副校长，分管教学工作。为此，她把大量精力用在培养青年教师的业务上。张芸老师回忆：自己第一次参加教学比武，邓老师担心她刚参加工作不久，教学经验不足影响临场发挥，在赛课前的一个星期六邀请她到自己家中，帮助她设计教案。晚饭后，张老师觉得打扰了一天，天色也不早便准备回家。不料邓老师说：“你今晚就在我家休息吧，这份教案我们再仔细斟酌斟酌。”于是，张芸静下心来和邓格枝逐一预设教学中的种种可能，反复推敲一个又一个环节。在邓老师的指导下，张芸在那次比武中荣获区级一等奖，并获得“黄陂区教学能手”称号。在一小师生心中，邓格枝是个“爱管闲事”的主，大家都亲昵地称她是“学校110”，随叫随到、无比用心！

“我呀，同事们说我除了会教书，什么也不会，不会应酬……”末了，她甜蜜地朝我一笑，说自己运气真的不错，遇到了好丈夫，下班回到家里就是“暖男”，家里什么家务活都是他抢着干……听了她的话，印证了一句名言：一个成功女人的背后，有个无私的男人付出。

邓格枝在学校职工书屋

最后，邓格枝送我出校门。那一刻正是下课时分，校园到处是一派生机勃勃的景象：孩子们玩乐嬉戏，好不热闹；四周的树木，在春日阳光照射下，闪耀着绿色的光芒；教学楼前的玉兰花，洁白如雪。在清风吹拂下，抹过一丁忽远忽近的淡淡的清香。而我眼前的邓格枝，“素面粉黛浓，玉盏擎碧空”，不正像这高高绽放在枝头上的玉兰花吗？此情斯景，我挥手对她说再见，带走这明媚的春天！

（本文由张萍采写）

董文学：数学教师“文学范”

宽厚柔和的目光，温文尔雅的谈吐，谦和内敛的笑容，举手投足之间透着浓浓的书卷气，让人倍感亲切！我对董文学第一感觉应是教语文的，谁知他笑着说：别看我的名字叫文学，我是数学老师，我特别喜欢数学！

董文学自幼养成不喜欢张扬的个性。读书期间，同学们送给他一个“身边的陈景润”雅号。有一位老师甚至说：这个董文学只适合读书，但一定不适合教书！这话传到董文学的耳里，他表面上笑而不语，内心却在暗暗较劲。

1986年，刚刚走上教师岗位的董文学认为：只要自己有扎实的教学知识，就不怕教不好学生。可是，当他在窗外听张灿老师讲思想品德课时，吃惊地发现所有的孩子都在聚精会神地听讲。而自己上课的时候，课堂的纪律总是乱糟糟的。他马上意识到：课堂管理是一门大学问。于是，他决定为课堂纪律策划“三十六计”，与学生订立了“一对二”、忙碌法等“契约”。通过动脑思考、动手操作、动口说理、动笔演算等，让学生在课堂上总有事可做……“契约”实行，他的课堂是静中有动、紧中有闲、情景交融、生动有趣、活而不乱。有时候，别的老师被他们班上的“雷鸣掌声”吸引过来，以为他们是在开“联欢会”，其实他是在为某一小组颁发“进步奖”。一分耕耘，一分收获。到了第二年，他所教的班评上了“武汉市先进班集体”。

在孩子们的眼中，温文尔雅的董老师的脑子里，似乎装满了讲不完的“小故事”。讲“循环小数”时，董老师就以“从前有座山，山上有座庙，庙里有两个和尚……”这个耳熟能详的小故事，把孩子们带到有趣的数学王国中去。在一次批改“改写成以‘万’作单位的数”的作业时，他发现有不少的学生疏忽了这个“万”字。为了让学生们记忆这个“万”字的重要性，他又讲起了自编故事：有个老板每天忙着做生意，请来一个小工帮他记账，一个月5万元的销售收入被小工记成了5元。因为小工忘记后面加“万”字了。听到这里，全班同学哄堂大笑，都笑这个小伙计真蠢。他继续说，那你们就不要犯同样低级的错误哦！随着天长日久，孩子们最爱说的一句话就是：董老师让我爱上了数学！

董文学的“文学范”，表现在他以灵活的文字来展示数学本身的魅力，其结论简明扼要。如减法性质：$A-B-C=A-(B+C)$，为了让学生好理解意思，他干脆以“连减变减和”五个字来概括，以便加强学生的记忆。他鼓励孩子们按自己喜欢的方式来“创新”，如某学生把“加法交换律”表示成“笑脸（符号）”加“哭脸（符号）”等于“哭脸”加“笑脸”，他非常开心地夸奖：表示得太妙了！从此就以“学生的名字”为题名，将此类方法定为“张三大法”“李四大法”……这些“以名为名”的奇怪“大法”让孩子们笑弯了腰。他通过“实”“活”“趣”“融”的教学风格，将孩子们的智慧发挥得淋漓尽致。

为了上好一节生动的课，董文学往往是反复地练习、操作、示范、总结，课前的每晚睡觉前，他都会像放电影一样，把所要讲的内容从头到尾在脑子里演示几遍，包括哪个环节用什么样的表情、动作等。平时，他通常在校园里找一个偏僻、安静的地方，一个人像“演员”一样兴致勃勃地讲课。回到家里他再让爱人来当他的学生，认真地听他讲课，让她指出他的教态如何，纠正他的不足之处。在展示“才艺比拼”期间，他在家练习了几个月的“快板”，让爱人、孩子当他的观众，那几个月是他最辛苦却是最快乐的时光，所有的邻居都免费欣赏了他的才艺，还成为他最忠实的粉丝。

在评选省特级教师的论文考辩中，他很轻松地用不到三小时的时间，洋洋洒洒写了几千字的论文，为自己交了最完美的答卷。

董文学一直恪守“有教无类”原则，从不偏袒成绩好的学生，也不贬低成绩差的学生。他所教的学生喻天琪是个弱智孩子，读四年级了还不知道自己的出生年月，讲话吐词不清，连10以内的加减法都不会做。不少学生说喻天琪是个“苕”，不能算是班上的人数。可董文学却从来没有放弃他。他说，我没有想过一夜之间能在这个孩子身上看到奇迹，只想在他原有的基础上，能看到他有一丁点儿进步。有一天，在讲到直角、锐角与钝角时，他发现喻天琪画出了一个形似“直角”的角，他感到非常高兴。于是，他当堂夸奖了喻天琪的进步。在接下来几天里，喻天琪一直不停地画“角”，最后居然能熟练地画出锐角、直角与钝角了。孩子的妈妈感激地说，董老师在任何时候见到她都是笑脸相迎，从来没有因为她的孩子是弱智而看不起她。至于学生评优，董文学同样一视同仁，从不搞特殊化，而是让所有任课老师与全班学生共同评选、公正评选。

不仅如此，他善于将平时积累起来的教学经验，提炼升华为教学论文。他所撰写的《关于“除”和“除以”的思考》《灵活改编例题，促进学生发展》等50余篇论文、案例或数学设计先后发表在《小学教学设计》《中小学教学研究》等教育教学刊物上。他编写的综合与实践活动设计，入编由湖北科学技术出版社出版的《小学数学综合与实践活动设计》一书中。

从教30年来，董文学摸索出了一套行之有效的“激导并举、乐学活用”小学高效课堂教学模式。该模式被武汉市教科院评为优秀课堂教学模式。这些年，他先后被评为黄陂区“十大名师”、武汉市中小学“高效课堂建设工程”先进个人、武汉市师德建设先进教师、武汉市学科带头人、武汉市政府专项津贴获得者、湖北省特级教师等。他的文学范里没有诗歌、散文、小说里的意境，但他谱写出了一曲最生动的教育教学之歌，并用它汇成了一句让人兴奋的话：董老师让我爱上了数学！

董文学上展示课

2015 年教师节，47 岁的董文学手里拿着一个晶莹剔透的水晶奖杯，原来这是 21 年前的毕业生为他颁发的“终身成就奖”。他乐呵呵地说：“毕业这么多年，当时他们都是小孩子，现在见面很多都不记得了，可他们记得我上课时所讲的很多话，还能报出自己每次考出的分数。现在还给我颁发了这个奖杯，我心里真是无比感激！”他兴奋得就像一个刚刚入职的年轻小伙子。

（本文由张萍采写）

胡金玲：三尺讲坛一精灵

“初听你的姓名，就立马想起了一句歌词：山的那边，海的那边，有一群蓝精灵……”“从未遇到过像你一样的老师——玩得开、书又教得好！”“你会把你的热情带到新疆，我们会延续你的热情对待学习！”这些都是十五六岁的少年学生，献给他们的援疆老师胡金玲的“爱的字条”。

谈起她的学生，胡金玲的喜悦与自豪溢于言表，说得最多的一句话就是：当老师真好！

20世纪70年代初胡金玲出生于黄陂横店一个贫困的农家。直到9岁那年，她才开始入学读书。后来，她以优异的成绩考入黄陂一中。为了节省家庭开支，她带的一瓶腐乳要吃很多天。在她读高二的那一年，得知家里的耕牛病死的消息，她坐在林荫下放声号哭。耕牛是农民的命根子，家里为了供她读书，几乎到了吃咸菜稀饭的地步。她为此产生了弃学的念头。老师得知后告诉她，班上有不少贫困同学，只有发奋读书才能真正帮助家里。她牢记老师的嘱咐，学习更加用功了。1989年，她一举考上了华中师范大学地理系！

大学期间，胡金玲因学业成绩年年夺第一而获得奖学金，她竟挤出一部分贴补家用。毕业后，她分配到省重点武钢六中任教。结婚生子后，方调回母校黄陂一中教书。

高考一度不考地理了，还有学生学地理吗？作为冷门小科的地理教师，胡金玲想方设法调动学生的学习激情，她因此赢得了“可爱的地理老师”之誉。每天，她都会提前5分钟来到教室，她并不急着上课，而是让学生打开所有窗户，再让学生扭扭脖子、深吸气，然后带领全班学生做眼保健操，或者唱唱歌，做一场游戏进行互动，整个教室气氛热烈。随后，她像魔术师一样，把学子带到一个神奇的世界。她讲地球所处宇宙环境时，给孩子们讲天球的概念，还告诉孩子们星座的来源；在讲地球运动时，她亲自反复用肢体语言和地图为孩子们讲解；在讲到俄罗斯还是我国东北地区的时候，她居然拿着从东北带回的俄罗斯产的腊肠给孩子们品尝；在讲成土过程、土壤系列时，她会突然停下来用电脑搜索图片给学生看。有时她似乎跑了题，在“闲扯”一些课本以外的东西，可实际上是她善于抓住学生的心，调动他们的思维方式，让他们思考之余有回味的空间，而不是以填鸭式的方式向学生强行灌输教条，并且交给学生在理解的基础上记忆。用她的话说，她喜欢带着孩子们一边玩一边学习。即使到了高三，她也不是让学生做那些没完没了的复习试卷，而是让学生只挑喜欢的题来做，不喜欢做的题先放一边，另找时间专门“突破”。后来，那些“突破”题慢慢也成为“小菜一碟”。当孩子们戏称她为“胡大妈”时，她红着脸佯装生气。然而，当她重新改变一下发型，然后再穿上那件绿色的碎花短袖裙子时，孩子们明白了这个爱美的“胡大妈”其实是天下最萌、最美的“胡大姐”。

“让学生自主学习”的教学方式曾一度遭到过非议，但她教出的学生所取得的骄人成绩却让人心悦诚服。她任多届高三把关教师，所指导的学生参加地理奥林匹克竞赛屡创佳绩：2005年，张鹏荣获湖北省第七名；2006年、2008年，周晓薇与陈飞分别夺得湖北省第一名。胡金玲以团体获奖总人次多、奖项高，而被聘为武汉市地理奥林匹克竞赛指导教练。在她的指导下，2006届学生程敏以总分630分（其中地理97分），成为武汉市文科榜眼。程敏与陈飞等还考上了北京大学。她所带班级历年成绩在学校名列前茅，均完成或超额完成升学任务。其中2007届三（1）班，过重点线超过指标任务 4 个，周晓薇以 611 分获黄陂文科状元，分数超过北大录取分数线。

在教科研方面，胡金玲也是硕果累累。她的论文《利用地域人文资源　开展人文素质教育》《促进学生发展的评价》均在《现代教育报》发表，分别获省级优秀论文一等奖、中央教科所征文二等奖；《论地理教育与学生创新素质培养》编入《华师地理研究生课程班论文集》并获省优秀成果三等奖，《盘龙城的古地理环境》一文作为黄陂一中《教本教材》，《长江日报》予以报道。

一个偶然的机会，胡金玲得知，武汉有援疆支教的名额。作为一名地理老师，新疆与内地有着完全不一样的自然和人文环境，充满激情的她当机立断，于 2012 年 7 月正式申请援疆。随即，她打起背包奔赴博乐市进行为期三年的支教生活。那时，她所面临的困难可想而知，路途遥远、气候恶劣、水土不服。更要命的是她的腰椎问题，先后动了两次手术。最严重的时候，她起不了床，连穿袜子的力气也没有。“这个时候，我觉得自己非常对不起女儿。”想家的时候，她经常看着窗外那条公路掉眼泪，因为那是一条通往武汉的路。然而，她坚持过来了。

同样，她把内地先进的教学模式带到天山脚下博乐的校园，把“让学生快乐学习”的教学风格带过去，与那边的师生打成一片。博乐市副市长李剑峰喜欢去听她讲课，说她让他明白了地理学科也是世界上最有趣的科目之一。连续三年，她都被博乐市政府和湖北省援疆前方指挥部评为“优秀援疆人才”和“优秀援疆干部”。

采访结束后，笔者联系了胡金玲援疆支教三年的学生王浩。王浩如今已是中国人民大学新闻系学生，谈起他的胡老师，他这样写道：“刚上高中时，第一次测验我的地理成绩 46 分，全班倒数第一，我几乎丧失了学习信心。后来，在胡老师的耐心启迪下，我的地理成绩在全年级一直遥遥领先。在高三学习紧张的时候，胡老师会在宿舍给我们做好吃的打牙祭，她做的热干面特别好吃！”

在那些“爱的书信”里，让我读到了很多新疆孩子的心声——

胡金玲（左一）接受裴高才、张萍采访

“您给我们上第一节课的时候，我就觉得您是一个开心快乐的老师。每当你搂着我们，让我们感到很温暖。做您的学生真幸福！”

“听说您要走，我们整个宿舍的人都在给您写信。您知道吗？我听到每个人的泪打在纸上的声音。”

“我最大的愿望是希望您不要走，您上次带来的茶叶我都没有喝上，今天张蓓还说没来得及喝上您熬的绿豆汤，您怎么能走？”

教育是心灵与心灵的沟通。唯有教师人格的高尚，才有可能让学生的心灵更加纯洁。胡金玲从一个极为贫困的家庭走出，成为一名地理教育硕士，她一路从黄陂区“三八红旗手”、“师德先进个人”、地理学科带头人，到武汉市地理学科带头人、武汉市优秀地理教师、湖北省优秀地理教师与湖北省特级教师，是用她的坚强、自信、热情、实力获得的。她名叫“金玲”，我觉得她其实就是木兰山飞出的一只精灵，无论走到哪儿都那么光彩照人！

（本文由张萍采写）

黄崇飞：天山脚下“黄教头”

黄崇飞，这个名字仿佛注定与远方有缘。10 年前，当他在电视里看到援疆教师的报道，就萌发了去新疆支教的愿望，并去教育局咨询，答复是援疆没有小学老师。直到 2014 年 6 月，武汉市选派优秀小学教师到新疆任教，黄崇飞第一个报了名。可是，他的决定却遭到了全家人的反对。父亲说支教可以，你可以选择在省内，去新疆那么远绝对不行！妻子说，不仅新疆气候恶劣，而且父亲年逾古稀，一旦有个三长两短，如何尽孝？最终，他通过耐心的交心谈心，终于做通了家人的工作，来到新疆博乐市锦绣小学任副校长，开始了为期三年的援疆生涯。

初来乍到，博乐一切对于他来说是那么的陌生。首先对这里干旱少雨的气候不适应。夏季气候炎热，冬季寒冷漫长。一年四季干燥的空气，让他总有一种透不过气来的感觉。更让他尴尬的是，作为内地省级特级教师，却在这儿坐“冷板凳”。

一个偶然的机会，一位老师讲公开课，避开学校让黄崇飞来指导。他全心拿出指导方案，让那位老师十分惊讶！过后教导主任请他去教研会评课，他通过案例的形式来点评。意见中肯、条条简洁而实用，让所有的老师为之动容。校长得知后，就让他去听全校数学老师的课，而后拿出整改方案。通过一个月的观察、了解与分析，他一针见血地指出了教参研读的深入性、教学方法的多样性等“十大问题”。校长在全体教师大会上说：“老师们要将黄校长的问诊十条，作为改进教学的指南。”接下来，他继续随堂听课，课后他通过研读教师用书和教材，翻看听课记录，回顾课堂教学，然后进行诊断，给出评价意见。老师们说：“像黄校长这样的评课方式，以前从来没有见过。他的意见能给我们灵感、启迪与启发！”

黄崇飞逐渐忙碌起来了。一次，他亲自指导祁迎春老师执教了复习示范课《复习解决问题》，然后作了题为《如何提高小学数学复习的有效性》的专题讲座，重点讲到在复习时要做到“抓点、拓面、结网”三要点。为解决老师教学方法单一的问题，他结合王江等四个老师的课堂实例，作了题为《在成语中探寻数学教学方法》的讲座。为了提高课堂效率，他结合学校数学大赛课课例，作了题为《利用教学技巧　提高课堂效率》的讲座，指出课堂教学中要学会巧妙导入，巧妙讲解，巧妙练习，设下令人回味的陷阱，设计引发深思的问题，设置引起兴趣的情境。一年下来，他有的放矢地作了八次数学专题讲座，促进了教师教育教学观念的转变，效果显著。同时，他还指导教师开展组内练兵与集体备课，促进老师教学水平整体提升。一时间，学校师生都亲昵地称他为“黄教头”！

在校园文化建设上，“黄教头”也打造得有声有色。他策划并创办了校报《锦园春》、校刊《锦园印迹》之《教学版》《德育版》《管理版》。一共出版了9期，被博州教育局作为样报、样刊发行到博州所有学校。他把学校几个小园子命名为怡情园、怡智园、怡行园、怡心园，把几条道路命名为和乐路、和谐路、和睦路、和美路，让校园的每个地方都能说话，成为无声的德育。为了实现资源共享，促进两地交流，他两次带领博乐老师赴武汉进行访学活动。促成锦绣小学的领导、教师、学生与武汉学校领导、教师、学生结成对子。同时，他指导王鹏执教的《可能性》，赵彩凤执教的《推理》在自治区教学大赛中均获得一等奖。在全国“一师一优课，一课一名师”活动中，他指导的吴晓琴执教的《有余数的除法》、李莉执教的《三角形三边的关系》、滕新莉的《连除问题》等，均获得省优质课，被推荐参评部优课。

黄崇飞（中）与学生在一起

由于黄崇飞2016年春节没回家，我微信上问他，你想家吗？他给我发来了一篇他写的《想家》："日子就这么滚动，一天又一天。走在大街上，看着悠闲漫步的人群，我想家；坐在公交车里，看着窗外移动的大厦，我想家；起风的日子，看着随风摇曳的杨柳，我想家。月明月暗的日子，我想家；花开花落的日子，我想家……"读着黄崇飞的《想家》，我一次次流下感动的泪水。接着，他告诉我，曾有一段时间他真的忘记了想家，因为工作太忙了，忙到他将故乡遗忘……

写到这里，我的心情久久不能平静。我给他留言：你是否有一颗不安本分的心？他的回答是，也许因为他名字中有一个"飞"字，就注定要远行。在博乐一年多的日子里，他最爱去的地方就是天山，在那里不仅领略到了绿洲、大漠戈壁、草原、森林和雪峰五大自然景观，还欣赏了沿途的牧场毡房、羊群马群，可谓融丝路风情于一线、集西域特色于一体。最难忘的是他时常能在那儿看到雄鹰展翅飞翔的场景。在清晨里，那些雏鹰经过万重高山，在空中盘旋；在黄昏中，有些老鹰也在半空徘徊，显出孤独与疲惫，但是它们依然坚持飞翔。这些生动的画面，就像电影中最难忘的镜头，令他久久地回味！他说在这儿，他的心胸变得很宽阔，人显得很平静。

我想，黄崇飞不正是展翅在天山的一只雄鹰吗？他正在用青春、热血、激情做翅膀，为援疆事业而腾飞翱翔！祝愿他飞得更高、更远！

（本文由张萍采写）

胡建华：校园静开“爱之花”

胡建华，一个娇小玲珑的女子，却起了一个男性化的名字，竟还是一名湖北省特级教师！

“70后”的她，出生于黄陂横店，7岁时，父亲因病去世，母亲带着她和两个弟弟相依为命，是身为教师的伯父、伯母毅然伸出援手支撑起了这个家。童年时代，伯母简陋的办公室成了她成长的乐园。自那时起，她就向往着：长大后一定要像伯母那样当一名语文老师。

1991年，毕业于黄陂职高幼师班的胡建华终于如愿以偿，她接过父辈手中的教鞭和粉笔，回到横店小学从事音乐教学。可她日思夜想的还是她从小就在伯母的教室里编织的语文教学之梦。每年开学，学校都想方设法想把她留在音乐教学岗位上，可“拧”不过她一再地申请与坚持，终于在6年后批准她走上了梦寐以求的语文课堂。她利用自己的音乐专长，创设的课堂气氛活跃，个性鲜明，吸引了一批又一批的学生。在她的引领下，孩子们如同在春日暖阳中漫步，好似在童话乐园里神游，又像在科幻世界里探秘……领导与同行听了她的公开课，直夸她天生是块教语文的料！

“台上三分钟，台下十年功。”工作之余，她参加了诸多的职后进修学习，不仅获得了高学历的文凭，收获更多的是教师专业知识的提升。为创造乐学氛围，她将音乐、律动、课本剧与阅读教学巧妙结合；她自学多媒体课件制作，大大拓展了学生的学习空间……她精心制作的多媒体课件多次获得市区级一等奖，她的“名师工作室”博客获得区级一等奖，她的“网络工作室”主页作为全市18个优秀案例之一，于2016年11月在全国基础教育信息化展示会上交流。

课堂上，她灵活运用多种方式的自读、听读、评读、合作读、角色读、表演读、配乐读等，使学生入境、动情；教学过程中，她善于调动学生的积极性，激发学生的兴趣和热情，以巧妙的切入、动情的渲染、灵活的方法、机智的点拨、恰当的评价等引领学生在书海遨游。1998年，她第一次参加教学比武活动，就获得了区级第一名的好成绩，很多老师记住了她的《初冬》，由此她也迎来了自己教学生涯的春天。其后，随着一次次被推上各种讲台交流展示，她的教学艺术也日益成熟。她把先进的教育理念和现代教学技术引进课堂，形成了“以情激情、条理清晰、妙趣横生、开放互动”的教学特色，在黄陂区低段语文课堂教学领域影响深远。上完《请星星》一课，她创设的“月亮姐姐”的形象深入人心，老师们不住地感慨：原来小学语文课还可以这样教！上完《大自然的声音》一课，专家们形容“这节课简直可以和欣赏施特劳斯的圆舞曲相媲美”！讲完《小草的生命》一课，特级教师刘溥生盛赞她“生命的激情在课堂上飞扬”！

青春韶华时，她是学生眼里的“可爱姐姐”；人到中年时，她是学生心目中的“可亲妈妈”。她用激情演绎教学，用激情感染学生，用激情来演绎自己的粉笔人生。她潜心教学，也深钻教研，曾先后80余次获得国家级、省、市、区级奖项，其中论文《文本解读，细节入手》《坚守语文本真，构建高效课堂》《写字教学中的问题与对策》先后获得国家级一等奖，不少论文收入《湖北教育》《成才》《中外教坛》等书刊杂志中。

从教26年来，胡建华在教育的征途中靠“韧”劲学习，靠“傻”劲耕耘，靠“闯”劲实践，靠“痴”劲积累，终于从一名她当年自认的“丑小鸭”成功蜕变为一名“特级教师”，实现了她人生旅途中的一次华丽转身。面对纷至沓来的光环与荣誉，她也经受住了很多人生的诱惑。她的家在硚口，却以校为家。屈指算来，她每年仅仅是寒暑假与家人团聚，一家三口常年过着聚少离多的生活。因为对教学工作的酷爱，她的工作时间超过了休息时间，她与学生在一起的时间也远远多于自己的亲人与孩子，这成为她心中永远的痛。曾几何时，武汉中心城区有学校向她伸出橄榄枝，她却始终固执地坚守在农村小学，一守就是26年，而且会是一辈子。为了支援乡村小学教学，她主动报名参加了支教活动，那一年，她的孩子才4岁。

胡建华（左）与张萍在校园

从黄陂"十大名师"、敬业爱岗道德模范、武汉市学科带头人，到湖北省特级老师，乃至全国"五一"巾帼标兵；从参加省内培训到跨出国门远赴新加坡学习交流；从三尺讲台到成立个人的"名师工作室”，胡建华的人生因为一次无悔的选择而璀璨！如今，在这方爱的花园里，她就像一朵静静开放的花，吐着沁人的清香，芬芳了每一个充满爱的人！

（本文由张萍采写）

道德模范

孙水林、孙东林：信义兄弟，感动中国

“信义兄弟”孙水林、孙东林，享有全国“五一”劳动奖章和省劳动模范称号，入选“中国好人榜”“2010 年度感动中国十大人物”，信义兄弟建设集团 2015 年获得湖北省著名商标，2016 年入选全国首批“诚信之星”企业……

孙东林（右一）接受裴高才签赠《孝义感动中国》

传承信义，永不欠薪

2010年2月9日是农历腊月廿六，在京、津做建筑工程的孙水林，驾车带着妻子、三个儿女和26万元现金，从天津出发，准备赶回老家过年。次日凌晨行至河南开封路段时，由于路面结冰，发生重大车祸，20多辆车连环追尾，孙水林一家五口遇难。孙东林为了完成哥哥的遗愿，顾不上安慰年迈的父母，在腊月二十九将工钱送到60多名农民工手中。由于哥哥的去世，账单多已找不到，他让农民工们凭着良心报领工钱，还贴上了自己的6.6万元。孙氏兄弟20年信守承诺，被人们誉为“信义兄弟”。

2011年2月14日晚上8时，“2010年度感动中国人物”颁奖典礼在中央电视台举行，全国亿万观众见证了央视著名主持人白岩松对话“信义兄弟”孙东林的全过程——

白：2010年的大年三十，家里是怎么过的？

孙：想起来我都不愿意回首。我一家人都是在痛苦、在哭声中度过的。

白：2011年春节呢？

孙：对我们来说，这是永远的痛。但一年来，我们的事经媒体报道后，全国各地许许多多人，都向我们伸出了温暖的手：从精神上鼓励我们，从物质上支持我们，我想日子会一天比一天好起来的。

白：最重要的是父母岁数大了，有没有给父母琢磨琢磨，怎么样让他们这个年过得好一点？

孙：父母都70多岁了，失去哥哥一家，对两位老人来说是灭顶之灾！想让老人在这么短的时间从悲伤之中解脱出来不容易，我会尽自己的孝心，尽量让父母一天比一天好起来。

白：我猜想，有没有很多人知道你的故事后，想跟你去当工人？

孙：有，而且特别多，去年100多人，今年400多人，还有好些人给我打电话。

白：2011年春节依然是不会拖欠任何一分钱工资？

孙：20年来，最晚不过农历腊月二十九，我们没有拖欠过农民工一分钱工资。今年不会，以后永远也不会！

白：20年来不欠一分钱工资的滋味，是一种什么样的滋味？

孙：我们本身就是千千万万农民工的一员，其中的酸甜苦辣，我们经历过、承受过、担当过。曾记得有一年，也到年底了，准备回家团聚时，我们又没拿到钱，哥哥就跟我说："东林，到时候如果我们当了老板，我们就是砸锅卖铁，也不能欠那个良心债！"

白：刚才你说到"良心"，你是怎么看待这两个字的？

孙：我们20年来不欠工人的良心债，是应该的。因为他们挣钱不是拿出去挥霍，不是拿出去买奢侈品，是为了养家糊口，为了孩子上学，为了父母能够安享晚年……

白：最后再问东林一个问题。一会儿你将走上红色匝道，发的奖杯是你们兄弟一起得的，你想对哥哥说些什么？

孙：我遥祭哥哥时会对他说：你二十多年的坚守，已经得到全国人民的肯定；而我做弟弟的，一定要把信义精神保护好、传承好！

诚行天下，义以待人

从1989年在外承包工程开始，无论遇到多大的困难，孙水林、孙东林都要在年前把工资足额发到工友手里，从没违背过这个承诺。

"这么多年，孙水林从不拖欠手下农民工的工钱。"大龙顺发建筑工程有限公司会计如是说："多年来，只要公司往孙水林的账户汇入工程款，他总是首先把钱发给工人们。我曾好奇地问过他，你这个老板怎么不拖欠人工钱啊?”水林回答:“这些兄弟跟着我背井离乡,我怎么能拖欠他们的血汗钱呢?”

10 年前,孙水林在北京顺义区承揽一项工程,另一工地上的一名安徽工友,突然从楼上摔得不省人事。危急时刻,孙水林二话没说,带人把伤者送到医院抢救,并把自己的寻呼机和驾照抵押给医院,要求医院赶快救人,取出 2 万元给伤者治病。这位安徽人至今还念叨着孙水林的救命之恩。

有一年,孝感市农民工邹十斤到孙水林工地上打工,还没干三个月,突然得了急性阑尾炎,孙水林亲自送他到医院做手术,2000 元的医药费,全部为其代缴,还找人专门护理。到年底邹十斤结算的工钱不慎丢失,孙水林得知后,为他购买了回家的车票,又送给他 500 元钱的过年费,让其能回家安心过年。

孙氏兄弟明大道守根本,以赤诚之心待人,在纷繁的小事中体现人格的伟大,闪烁信义的光芒。

秉承家训,创业“秘方”

“信义兄弟”用生命履诺,接力送薪的义举并非偶然。他们虽然读书不多,但学校老师所讲的“说老实话,做老实人,欺骗别人,就是欺骗自己”的良言警句,他们都永远铭刻在心。

孙水林出生于黄陂李集的贫寒农家,而作为长子的他,很小就为父母分忧,上学的学费都是靠自己砍柴挣得的。别人一次砍四五十斤,他每次砍七八十斤。他初中还未毕业就去打工,学手艺。他当学徒很尊重师傅,积极好学,勤劳朴实,终于学得了一身过硬的木工手艺,能外出打工挣钱,养家糊口。

“吃人一碗饭,送人一套家具。”那是 30 年前的一天,黄陂刘店村刘爱国和工友们在一家小餐馆吃饭,他对门外徘徊的孙水林说:“小伙子,你是不是肚子饿了?”水林点点头。原来,水林在外由于找不到工作,一天没有吃饭。刘爱国花两毛钱请孙水林吃了一顿饭。

哪知，一年后的一天，孙水林提着两瓶酒来到刘家道谢时，看到他家新盖的房子，二话没说，回家后花了四天时间，给刘爱国打了一套桌椅家具。打那以后，每逢春节孙水林都会拎两瓶好酒来拜年。

见物思人，知恩图报。提起这事，刘爱国就禁不住念叨孙水林的实诚，泪水常常湿润眼眶。

1989 年春节，孙水林在北京打工时，工程项目的开发商一时拿不出工钱，承包项目的工头带着工人撂挑子不干了。开发商情急之下，向孙水林求助。孙水林在农民工中有较高威信，他立即召集工友商议。40 多名工人在短短的 40 多天时间内把活干完了。不久，开发商支付给孙水林 40 多万元工程款。发完工人们的工钱后，他个人赚了 10 多万元。这成为他人生的第一桶金，使他开始有资本承包工程。

2010 年 2 月 21 日，《楚天都市报》以《为了哥哥的遗愿，弟弟代哥哥发工钱》为题，头版头条刊发了孙家兄弟的事迹，并在第二版、第三版以整版的形式予以深度报道，在全社会引起强烈反响。

时代标杆，情义铿锵

壮哉良心可敬，悲哉事迹动人！2 月 22 日—3 月 1 日，央视《新闻联播》三度聚焦“信义兄弟”。央视《共同关注》《24 小时》《新闻 1 + 1》《新闻 30 分》等多档栏目密集报道，再现“信义兄弟”接力送薪的心路历程。

同时，湖北省、武汉市主要领导分别批示，盛赞“信义兄弟”的感人事迹，希望深入挖掘和拓展，再展荆楚儿女的时代风貌。随后，孙氏兄弟先后荣膺“湖北省道德模范特别奖”、全国“五一劳动奖章”。黄陂区还组织孙水林、孙东林先进事迹报告团，在武汉城乡巡回演讲。3 月 4 日，湖北省话剧院创作人员深入黄陂体验生活，4 月底将“信义兄弟”搬上了舞台……

中科院院士、华中科大原校长杨叔子说：“‘信义兄弟’的精神是传统道德精华再现。一个人在社会上如没信誉得不到周围人的认同，你这个人就无立身之地。”《光明日报》发表《“信义兄弟”应成为社会行为的坐标》的时评：“孙东林含泪之语的背后，是他们兄弟以严格伦理自律的生动体现。正是在严格的自我约束下，孙家兄弟开展了感人的道德接力，‘信义兄弟’用道德接力的形式诠释了他们的人生哲学——诚信。在农民工屡屡遭遇讨薪困苦的语境下，‘信义兄弟’的行为更具有示范意义。”在“2010年度感动中国人物”颁奖仪式上，给“信义兄弟”的颁奖词亦云：“这是一面镜子，这面镜子值得我们每个人照，值得我们这个社会照，值得我们掏出心来照。”

为了薪传“信义精神”，从2010年至2016年，“信义兄弟”孙东林发起成立的“信义兄弟”农民工帮扶基金会，共接受各类捐款900多万元。为让基金会能帮助更多需要帮助的人，黄陂区从2013年起在5年时间内，每年向基金会注入100万元。

诚信义举撼人心，传统美德育良民。“信义兄弟”美好的品质具有巨大的感召力和凝聚力，释放出辐射社会的正能量，它引导人们见贤思齐、择善而从。

（胡育华文，原载《孝义感动中国》，湖北教育出版社2014年版）

刘培、刘洋：孝义兄弟割皮救父情

2013 年 9 月 26 日，在“圆梦中国，德耀中华——第四届全国道德模范”授奖仪式上，割皮救父的刘培、刘洋荣膺“孝老爱亲”道德模范光荣称号，并受到国家主席、中共中央总书记习近平的亲切接见。次年 12 月 27 日，他们再次荣膺“中华孝亲敬老十大楷模”。

刘培、刘洋在湖北省道德模范颁奖仪式上

“留守”童年，孝俗熏陶

阡陌桑田间，一道蜿蜒的村路，一汪清浅的池塘，一座绵延的小山，一个静谧的村庄。这就是武汉市黄陂区李家集街郑林湾村刘家槽湾，孝义兄弟刘培、刘洋于1986年、1987年分别生于斯。

两个孩子的降生使刘盛均、戴亚兰非常高兴，接下来，他们就把原先居住的土屋拆掉，翻建成一座连三间水泥红砖平房，花掉了多年的打工积蓄，还欠下些材料钱。为尽快还清外债和维持家庭生计，妻子不得已留下年幼的两个儿子，随丈夫一起外出打工。这样，刘培、刘洋兄弟和村里多数同龄孩子一样，成为“留守儿童”群体的一员，跟随爷爷奶奶生活。

黄孝河畔传承着重孝道的淳厚民风，年俗、婚俗、丧俗、节俗等都体现了这种精神。因此，逢年过节，爷爷奶奶常常对孙子进行传统孝俗教化。如清明节祭祖、重阳节敬老；春节拜年，在家先要向祖先、向长辈、向父母拜年，然后再出门；初二向舅父拜年等。在日常生活中，爷爷给孙子讲述堂屋正中的“天地君亲师”牌位的含义，以及民间的“上有天大，下有父尊”“跑到南海拜佛，不如堂前孝母”的谚语，让孙子幼小的心灵接受孝道的熏陶。

就是这样，刘培、刘洋没有受过棍棒鞭打，也没有受过刻板说教，他们在爷爷、奶奶言传身教的感染下，在孝道故事的陶冶熏陶、潜移默化中，健康成长。

爷爷训导，家书熏陶

在20世纪90年代初，农村孩子基本没有培优班，也没有兴趣班，学校课程安排也较少。而且刘培、刘洋就读的爱国小学离村子只有一二里路，算是比较近的了，所以课余时间充裕。

在爷爷奶奶的训导下，刘培、刘洋放学一回家，第一件事就是搬凳子做家庭作业，而且会比赛，看谁先做完。作业做完，时间还很早，刘培、刘洋就会帮爷爷奶奶干些活儿。天长日久，后来就习惯成自然了。

之后，爷爷还给俩孙子布置了一项特殊的任务：给父母写信，而且是每半月一封，爷爷自己也写。当时刘培才读三年级，刘洋二年级，有很多的字和词句，刘培、刘洋还不会写，爷爷就让他们查字典。毕竟是初通文墨的孩子，信的格式和内容，爷爷倒没有怎么特别要求，多是些学习与生活之类的流水账和对父母的思念文字。刘培、刘洋写好后交给爷爷，然后爷爷把它们连同自己写的信一起装入信封，邮寄给远方的父母。同样牵挂着一双儿子的刘盛均夫妇，总是在第一时间回信。信中讲述他们在东北艰苦的铸造工作与紧张的生活，介绍北国的天寒地冻的气候特征，同时告诫孩子好好学习、孝敬爷爷奶奶，就是对父母的最好思念。

一封封的家书，维系着亲情，锻炼了刘培、刘洋的书写能力，也提高了他们体恤孝道的感知力。刘培、刘洋感受着来自父母的温暖，同时，也感知着父母打工的艰辛和不易。慢慢地，刘培、刘洋变得越发乖巧懂事了，学习也更自觉勤奋了。

这期间，由于爷爷、奶奶年迈体弱，刘培、刘洋兄弟早上总是很自觉地早起，在灶台前分工配合，做好爷爷、奶奶和自己的早饭，吃了早饭再去上学。刘培、刘洋还学着自己洗衣服洗鞋，后来，这些事就完全由他们自己做了，再没要奶奶操心。

小学毕业，刘培、刘洋以优异成绩考入离家较远的黄陂区泡桐二中上学。刘洋读初二那年，班上一个同学突然查出得了白血病，急需救助治疗。曾经活蹦乱跳、朝夕相处的同学，突然住进了医院，生命垂危，刘洋心里很难过。突然间想起小时候在村子里，只要哪家有困难，爷爷都是第一时间跑去帮忙处理解决。于是，刘培、刘洋决定，把父母留给他们的生活费差不多300元，都捐给同学。刘培、刘洋的义举，一下带动了全校师生，大家纷纷都向患病同学捐款。

刘培在高中三年时，有件事让当时的班主任刘启明老师至今难忘——

那是一个周末返校途中，快到学校门口时，刘培遇到一位老奶奶，拎着个沉重的大袋子，颤巍巍地吃力行走着。刘培上前问明情况，原来老人上街买米，刚走路不小心把脚崴了。眼下离家还有好几里路呢，真不知道要走到什么时候。刘培二话没说，当即让同学帮忙把书包带回学校，就一手接过老奶奶的米袋，一手搀扶着老奶奶，硬是把老奶奶送到家。

接下来，兄弟俩双双考取了大学。毕业后，都找到了工作。2013年初，刘洋顺利通过操纵鉴定，拿到司机单独行车资格，成为武汉铁路局武昌南机务段车队中最年轻的动车机车司机。

割皮救父，情动荆楚

天有不测风云。2013年6月18日凌晨4时，刘培、刘洋的父亲刘盛均在襄阳一家汽配厂锻造钢球时出现意外，高达1600℃的铁水蒸汽朝着他喷涌而出，他的身体大面积被高温蒸汽烧伤。于6月19日夜里1点40分，送到武汉市第三医院烧伤科抢救。

医生告诉家属，刘盛均烧伤面积达96%，属于极度危重病人，随时都有生命危险！顿时，妻子戴亚兰，两个儿子刘培、刘洋当场无措、茫然……在病危通知单上签字时，刘洋的手一直颤抖，一家三口在病房门外失声痛哭。

次日，医生找来刘培、刘洋两兄弟说，其父仅有少量的头部正常皮肤可以利用，远远不够手术所需。医院有从亲属身上取皮救治成功的案例，如果直系亲属供皮，效果更好，也能节约医疗费用。兄弟俩听后没有迟疑，异口同声地说："没问题，要多少取多少！"

7月22日，刘培第一次给父亲捐皮。背部捐完皮第二天，医生看望了正趴在病床上的刘培，关心地问他："取皮的地方还疼不疼？还有没有其他的不舒服？"刘培立即艰难地坐了起来，说："还好，不疼了，爸爸为了我们吃了太多苦，为了爸爸我什么都愿意，只要我爸能好。”说着，刘培泪水涌出。

8月9日，弟弟刘洋乘哥哥去献血的时间，抢先在捐皮手术同意书上签字。刘洋对医生说，哥哥刘培此前已经瞒着大家做出了牺牲，一直让他内心不安。这次，一定要由自己顶上。就这样，8月10日，刘洋如愿躺上了手术台为父亲第二次割皮。

8月30日上午，是兄弟俩为父亲第三次割皮，这次，哥哥刘培再一次上了手术台。在他被推进手术室的时间里，弟弟刘洋目光直愣愣的……上午9点40分，哥哥出来了，看着哥哥取过皮的头包裹着厚厚的纱布，嘴唇苍白，10分钟后，在弟弟和妈妈的呼唤中，刘培才渐渐苏醒。他在弟弟耳边轻轻说道：“叫妈妈别哭了……爸爸进手术室了吗？”一直强撑着的刘洋，再也忍不住痛哭出声。

刘培、刘洋兄弟三度接力割皮救父，用103天的坚持与坚守换来这家人共赴劫难以来最幸福的一刻——父亲终于脱离生命危险！

京城授奖，德耀中华

一场飞来横祸，让一个家庭背负了沉重的医疗费用，让一家人备受生理心理疼痛折磨煎熬，同时也考验了这一家人患难与共情比金坚的亲情，更见证了一对兄弟知恩图报、勇于担当的孝悌两全之爱。

《武汉晨报》率先报道了刘培、刘洋割皮救父的感人事迹，随后引发全国各媒体及家乡湖北黄陂的广泛关注，各级政府和社会爱心人士捐款纷至沓来，为刘盛均的生命搭建了一条绿色通道。

2013年8月28日，《人民日报》《光明日报》头版分别发评论报道了他们的光荣事迹。9月22日，刘培、刘洋应邀进京参加“圆梦中国，德耀中华——第四届全国道德模范座谈会和授奖仪式”。9月26日，国家主席、中共中央总书记习近平下午3点要接见他们。刘培、刘洋简短作了自我介绍后，总书记不停地对他们说“好、好”！总书记的手掌宽厚有力，让他们仿佛感觉有股股暖流，汩汩注入身体里，沸腾着，澎湃着。

2014年1月30日，“孝义兄弟”刘培又作为全国道德模范代表之一，出席了央视现场直播的马年春节联欢会。12月27日，刘培、刘洋又荣膺“中华孝亲敬老十大楷模”。

（本文由刘芳采写，原载《孝义感动中国》）

董明：轮椅上的天使

一位坐在轮椅上的青年教师董明，一年365天都在用她的爱心，书写着无悔的奉献。她荣膺全国道德模范，中共中央、国务院颁发的奥运会与残奥会先进个人，中国青年五四奖章得主，享有“轮椅上的天使志愿者”“全国助残阳光使者”“全国百名优秀志愿者”之誉。

一

董明于1986年4月出生，黄陂李集人，现为武汉软件工程职业学院（武汉广播电视大学）青年教师。她凭借着崇高的教书育人职业，以及为他人服务的志愿精神，发起创办了“董明爱心志愿者团队”“武汉青联董明爱心基金”。

她的微笑就像冬日的一缕阳光，驱走严寒，带来温暖；像夏日的一汪清泉，消除烦热，迎来宁静。当你面对她时，就算环境再恶劣也不会再抱怨命运的不公；当你面对她时，你会觉得人生没有失败，希望永远存在。

你可曾知道，她的人生早已在9岁时就写满了挫折和苦难。那时作为跳水运动员的董明，在一次比赛中，为保护队友，不幸造成高位截瘫，造成四肢瘫痪。医生给她下了三次病危通知，断定没有生的希望。更残酷的是，因为伤势的严重，只有9岁的董明从那以后，脖子以下全部失去知觉，四肢完全瘫痪，丧失语言能力，除了能眨眨眼

董明

睛，就只有大脑在痛苦煎熬，一瞬间，一个健康、漂亮的女孩，成为一个全身瘫痪的人……无尽的痛苦夺走了董明快乐而幸福的童年！父母为了给女儿筹集高昂的医疗费，倾尽家里的所有。

突如其来的打击，改变了董明和父母永远的命运，但董明在病床上开始了艰难而漫长的自学。学习过程中，她读不出课文，就一字一句地在心里默默地念；手握不了笔写字，就一笔一画地在心里默默地写……就这样，她用10年时间，完成了从小学到高中的一些课程，还自学了英语、日语，并考取国家最高级的心理咨询师资格证。

2001年，父母四处奔波打工、借钱，为董明买了一台便宜的二手电脑，她开始在网上写稿，资助农村失学的学生，并用自己写的文章感化服刑人员。由此，董明开始走上志愿者之路。有人问她，你自己都那么难，为什么还要帮助别人？董明说："我是一个渴望爱的人，不管是生活的困难，还是身体的不便，都不是我拒绝奉献的理由。爱不是等待！爱是奉献！"

二

好人有好报，后来董明的身体有所好转了，她又投身成为聋哑学校的志愿者老师、禁烟大使、文明过马路劝导员等。

2008年，汶川发生特大地震后，当看到电视里报道灾区急需专业心理危机干预志愿者时，董明努力说服父母拿出了积攒三年的1万多元治疗费捐给灾区。紧接着，她又和父母一同前往北川、什邡、都江堰等重灾区一线，一家人在灾区经历了余震、暴雨、山体滑坡等种种危险。她那钢铁做的轮椅也因为抵挡不了灾区崎岖的道路，一度断成了三节。可是，这些困难并没有让她在志愿服务的路上退缩，志愿之花，反而开得愈加绚烂！他们一家前往了北川、什邡、都江堰、绵阳、绵竹等重灾区。先前反对董明来灾区的父母，在灾区也成了志愿者，父亲负责抱伤员、搬物资，母亲负责给伤员换药、擦洗身体，董明负责心理辅导。

在灾区的一个多月里，她成功地让5位父母双亡的孩子开口说话，让40多位因为地震造成的重度残疾人重树生活的信心，帮助1000多位士兵走出阴影。

三

接下来，在北京奥运会、国庆60周年阅兵、上海世博会、广州亚运以及深圳大运会等盛大活动中，董明都作为翻译志愿者参与服务，并主动要求在更辛苦的室外高温岗位工作。

一分耕耘，一分收获。董明的努力先后得到国际奥组委前终身名誉主席萨马兰奇、国际奥组委主席罗格、泰国公主诗琳通等国际名流的高度评价。胡锦涛总书记、温家宝总理多次亲切接见过她。其中，温总理还亲笔为她题词，并握着董明的手说："我为中国能有你这样一位女孩感到骄傲和自豪!"除赢得国家级荣誉外，还荣膺"北京市青年五四奖章十大标兵""四川省抗震救灾英雄模范""广东省志愿者金奖"等称号。

面对这些殊荣，董明想得更多的是，奉献永远没有终点！为了帮助更多需要帮助的人，2008 年，董明成立了"董明爱心志愿者团队"，白天，她和志愿者们一起投身志愿服务；晚上，董明在网上写稿，赚取稿费用于日常开支。她常年顶着烈日、冒着风雨，帮助困难群体联系医院；为他们进行义诊和心理辅导；拿出自己微薄的生活费为孤寡老人送药送棉衣；为困难残疾朋友购买过冬物品；为农民工小学筹集资金建图书馆；并且参加了团中央关爱农民工子女志愿服务行动专项计划。

四

"学习董明，我们在行动"的活动开展得如火如荼，全国高校、政府机关部门多次举办董明先进事迹报告会，鼓励大家学习她的先进事迹、践行她的精神理念。

董明拒绝了北京多家外企的优厚待遇，选择在校工作，现在她所工作的学校 80% 都是来自农村和留守家庭的学生，他们没有自信，但却也有着属于自己的梦想和追求。于是，董明立足本职岗位，整合资源。在习近平总书记提出中国梦的伟大梦想后，在政府的大力支持下，成立了"武汉青联董明爱心基金"，为留守儿童、农村大学生、残疾青年助学、圆梦。并结合学校特点，带动学生们一同开展关爱流动花朵、微公益、助圆梦、城市你我他等志愿服务；用奉献，以德立人，以德育人，为学生成就梦想，共享人生出彩，搭建一架圆梦桥梁。让历史责任感、使命感深入青年内心，让广大青年，心中有国家，心中有社会，心中有人民。让更多青年敢于有梦、勇于追梦、勤于圆梦，让每个青少年都为实现中国梦增添强大青春能量。

在董明的感召下，以她的名字命名的“董明爱心志愿团队”已帮助了6000多位困难群体，挽回了200多条绝望的生命，使他们走出阴影。她拒绝大家金钱的酬谢，鼓励用志愿服务作为感谢方式！现在，在董明的感召下已有更多人和她的学生加入到志愿者队伍中来。如今，董明爱心志愿者团队已有50000多人。董明说：“虽然如今我不能作为运动员在赛场上拼搏，但我能够成为一名志愿者、成为一位人民教师，用奉献完成为国争光的梦想！共享人生出彩机会。”

2012年7月6日，董明作为中国的七位受邀火炬手之一，在英国剑桥参加了伦敦奥运会火炬传递，董明将武汉城市精神传递到世界的舞台上。

董明说：“其实作为一位普通公民，新一代青年教师，我只想用行动去爱我的祖国，爱我的家乡，爱我的学生。而作为一名共产党员，我所做的一切都只是在履行党旗下的那份誓言！每个人都承载着家庭的希望、城市的发展，承载着祖国的未来！我希望，能够因为我们每个人的努力和改变，让我们的国家更加幸福，让每个人更加幸福！而这，也是我们所有人的梦想。”

这些还不足以显示董明的可贵。在经受了比一般人更多的磨难后，她仍然是光明的、快乐的、赤诚的。她把克服艰难的过程留给了我们想象，却用爱和微笑呼唤着——把希望和美好传递给他人、把公民的责任承担起来！

（本文由陈齐采写）

商旅光彩

陈世清：百岁台胞“遗嘱”助学情

旅住台湾桃园的百岁老人陈世清，每年金秋时节，他总会给在武汉的孙子陈永明打电话，问他是否办好自己在10年前预立“遗嘱”的助学事。

裴高才与陈世清（中）、陈利明（右）祖孙

进士后裔

陈世清，字吉辉，1918年生于今湖北黄陂王家河街道陈家畈。陈家本系书香世家，其太祖伯父陈道坦系前清进士，太祖父陈道阶亦为饱学之士，祖父陈贤俊以教私塾为生。于是，陈家将家乡先贤程颢程颐留下的“鲁台望道”、“如坐春风”和“程门立雪”等千古佳话作为家训，代代相传。无奈战乱，陈氏家道中落，无法度日，其父14岁便被迫到黄陂铜器店当学徒。陈世清因此也在汉口做干货生意。1949年春，30岁的陈世清跟着老板去了台湾。从此，与妻子天各一方。

陈世清抵台后，先在桃园县与人合伙开了个塑料制品作坊，这个作坊后来逐渐发展为台湾行业内数一数二的上市公司。

在台湾打拼了10年后，陈世清意识到，可能再难回归故土了，于是他便重新组织了家庭。不过，他心中永远铭记，在海峡那头的武汉黄陂他还有个家。只是，他与那个家之间却隔着个怎么也跨不过去的一湾滔滔海峡。

煨汤求学

在陈氏离开大陆的年代，由于思乡心切，在台的黄陂同乡自发地相互联络，也想方设法尽可能地与大陆亲人取得联系。因常与日本商人做生意，陈世清为自己弄到个日本华侨的身份。1982年，他终于以此身份返乡寻根谒祖。两岸解冻后，他多次返乡考察，为家乡赈灾、助学、办实事。

“爷爷回来后，奶奶能理解他，那个年代总有很多无奈。”陈永明说，此后，爷爷每隔四五年便回一次黄陂。那时起，他就开始资助当地贫困学生。

陈世清重视教育，在他给陈永明的信中也可见一斑。陈永明曾听过爷爷当年煨汤求学的故事。

年幼时陈世清好读书，但家贫，私塾师傅不爱搭理他。于是他母亲就煨了一罐汤送给师傅，这样师傅才开始好好教他读书。不过，最终陈世清也只读了几年后就不得不从商养家了。

自此以后，陈世清将自己的求学梦寄托到孙子头上，尽管那时两岸书信不通，他就通过日本友人转发到老家，用书信的形式教育幼小的孙子好好学习。其中孙子陈永明至今还保存着自己1995年读高中时，爷爷寄来的一封家书。信中说：

“永明吾孙：现在你是高中二年级学生了，我平时喜欢看书，一旦看到有好的文章，我会留心寄给你参考用。这篇《读书的方法》内容很好，盼望你多多看看，有不懂的可请教老师。”

预立“遗嘱”

早在1994年，台湾广告鼻祖、著名报人、台北市黄陂同乡会理事长张我风，与时任黄陂台胞台属联谊会秘书长裴高才商定，决定以常态化形式在黄陂一中设立旅台黄陂同乡会奖（助）学金。陈世清获悉后，率先慷慨捐资。张我风中风后，行动不便辞去理事长，由台湾“中央大学”前校长余传韬继任。余传韬不仅接过张我风的接力棒，还将奖（助）学金由高中生扩大到大学生，陈世清继续支持。

黄陂学子在包括陈世清等一批热心人士的感召下，升学率不断提高，尤其是进入北大、清华等名牌大学的人数不断增加，陈世清更是兴奋不已。为了把捐助学子的善举让子子孙孙一直延续下去，陈世清于2005年5月30日，立下了一份具有法律效力的“遗嘱”助学书。因一位好友觉得“遗嘱”两字不妥，后便改称“志愿书”。陈老也觉得无不可，志愿书比遗嘱更显严肃正式。他在志愿书中这样写道：

> 现我已年届88岁，为了将此项捐赠能在我身后仍能长期继续坚持下去，故将平日生活中节俭之少量余钱，在武汉市买妥一间门面房屋出租，以此作为今后捐赠助学金之经济来源。此事由我的长子陈义方、长孙陈利明、次孙陈永明等，在我去世后负责继续长期执行，将该房屋出租所收租金的大部分，作为助学金捐赠给黄陂一中的15名至20名贫困学生，于每年10月份将捐赠款送到或汇至黄陂一中，由黄陂一中并同台北市黄陂同乡会的捐

赠款一起发放。我的此项捐款是永久性质。此志愿书分呈黄陂区政府台办、区教育局、区一中各一份，交执行人陈义方、陈利明、陈永明及鉴证人陈汉洲、陈梅英、陈慎翔各一份。此志愿书等视同于本人的遗嘱，执行人愿当认真履行，不得违背。

立志愿书者　陈世清（字吉辉）于台北

孙子接力

2006年10月12日，89岁的陈世清在孙子的搀扶下，颤巍巍地走上黄陂一中颁奖台，向黄陂优秀学子颁奖。

在颁奖仪式上，陈世清激动地说，黄陂自古以来是一个尊师重教、人才辈出的礼仪之邦，继宋代走出了名传千古的哲学家、教育家“二程”（程颢、程颐）兄弟之后，明代又走出了“二裴”（榜眼裴宗范、裴宗德兄弟），在清代，更有“二金”（进士金光杰与榜眼金国均父子）和“文武三榜眼”（曾大观、刘彬士、金国均）。创立我国第一所私立大学——中华大学的陈时父子，当代美国首位华人与亚裔大学校长田长霖等，都是黄陂人。我是读到《幼学琼林》时辍学的，深知少年失学之苦。今天，能为黄陂学子尽快成材当一块铺路石，我感到无比自豪。同时，他向师生们庄严承诺：所立“遗嘱”志愿书中所捐赠的助学金，今后每年10月份均由孙子陈义明，将捐赠款送到或汇至黄陂一中。

“希望吾家后辈子孙有能力时，多帮助贫困学生读书上进……”十余年来，陈永明严格遵循爷爷预立“遗嘱”，每年亲自将捐赠资金送到黄陂，资助黄陂一中的20名贫困学生求学。迄今，他已经代爷爷送了捐款13万元人民币。

不仅如此，陈永明常给5岁的儿子瑞瑞讲述祖父的助学故事，一旦自己老到走不动了，就轮到他执行了。

（王凤霞文，原载华夏经纬网）

张我风：台湾广告业的“活字典”

从黄陂走出的台湾《世界论坛报》前社长张我风，曾应邀出席祖国首都北京国庆观礼，又曾参加美国总统布什的就职仪式，还代表台湾参加国际广告协会会议……享有“台湾蜡像鼻祖”“广告巨人”“传奇报人”“杰出的设计家”之誉。

张我风

张我风1919年出生于湖北省黄陂县城东城街（今民主街），原名寿慈，江南学院毕业。张氏自幼家境寒微，但他聪颖过人，意志坚强。中学时由其舅爷彭步青负担学资，大学时靠半工半读维持生计完成学业。他步入新闻界则得力于其姑丈易雪泥。易是当时颇负盛名的小说家，由于张求学时寄宿在他家，替他抄抄写写，一方面解决了吃住问题，另一方面则受到了文墨的熏陶。因爱好文艺，大学期间曾与友人创办了文艺月刊《紫风》，当时颇有文名的谢忱取名“东风”、夏伯民取名“天风”，张则以“我风”为笔名。随着“我风”

文名远扬，张就以笔名取代本名了。

由于他颇富文名，自1944年始，他历任《朝宗日报》《华中日报》记者，《民风报》创办者、总编辑和发行人。1949年去台，相继任《中华日报》广告课长、业务组长、副总经理、总经理，台中《新中国日报》、台南《成功晚报》特派员。1988年7月4日，他与台湾知名人士段宏俊一道，在台创办主张祖国统一的《世界论坛报》，先后任社长和副董事长。

“标准的设计家，杰出的广告人。”在业界，张我风以“台湾广告史的活字典”著称。他自1951年担任《中华日报》广告课长始，即创办国际工商传播、国艺传播与国福传播公司长达33年，历任台北广告同业公会、国际广告协会台北分会、亚洲广告协会重要职务，还为蒋介石起草了致第五届亚洲广告协会贺词。在广告实践上，他举行了台湾第一届广告训练班、第一届广告摄影游园会。创下了万人空巷的纪录。他因此成为台湾广告界第一位有如此完整经历、从业时间最长的广告人。1978年，借《中国时报》发行1万份之机，他联袂该报成功策划了第一届时报广告设计奖，第三届改名为“时报广告金像奖”，第五届增设公益广告奖，继而设立时报亚太广告奖，1992年以来陆续举办金犊奖，鼓励学生广告创作；以及世界华文广告奖。1997年奖项合并，只保留时报广告金像奖与金犊奖。将广告金像奖打造为台湾最受广告界重视的奖项之一。

随后，经张我风联袂同人发起与赞助，台湾“中国文化大学”于1975年设立广告研究所，张出任研究所副理事长与广告专修班主任。1986年，他又襄助文化大学设立广告学系，此为台湾第一所广告系。继而，催生了台湾政治大学、辅仁大学等亦先后设立大众传播系广告系或设立广告学系硕士点，开启了研究所层级的广告教育。

不仅如此，为促进两岸广告教育的交流与合作，他多次到武汉大学讲学与访问，为该校成立广告系献计出力。1994年，他联袂台湾教育家余传韬、童启祥与彭运生、蔡勋将军在武大设立奖学金，奖励绩优广告学子。同时，他还向武大捐赠了200多册广告类书籍。

两岸解冻后，他借助《世界论坛报》平台，联袂台湾知名爱国人士一道，在报纸上发表主张祖国统一的文章与公益广告。1992 年接任台北市黄陂同乡会理事长后，除率三个儿子返乡投资外，还慷慨解囊匡扶弱势群体，在武汉大学、黄陂一中设立了三个奖学金。尤其是他在家乡创设的“旅台黄陂同乡会奖学金”，历任理事长接力发放，迄今已经发放了 23 年，成为同乡会的一大特色。

李登辉之流抛出“两国论”之后，他奋然数十次组团，频繁地穿梭于海峡两岸，充当两岸“三通四流”的促进者与实践者。他因此应邀赴京参加国庆观礼。1999 年虽然因病行动不便而辞去台北黄陂同乡会理事长职务，但仍然由长子张若麟代其资助家乡绩优与贫困学子。笔者曾在《今日中国》《台湾研究》《长江日报》等报刊上，以《报人 · 巨匠 · 使者》《“张家军”的故园情》为题，介绍了张氏父子在海峡两岸奋力打拼与造福桑梓的义行善举。

（摘自《台湾研究》1996 年第 3 期，裴高才文）

潘仁志：闯荡新疆的黄陂“铁军”

在湖北黄陂十万外出务工经商的大军中，有一支闯荡新疆的“铁军”——“潘家军”，“铁军”长老潘仁志现任乌鲁木齐疆汉仁和钢工贸有限公司董事长。自1980年进疆创业以来，他率“铁军”活跃在大西北。同时，还捐款500多万元赞助社会公益事业。享有武汉市人民政府“五一”劳动模范与“突出贡献奖”称号。

视民如伤，勇于担当

1932年5月6日，潘仁志降生于一个贫寒农家，家里田无一亩，地无一垄，祖孙三代挤在半间破茅屋里栖身。晚上，在地上摊开几捆稻草，铺上破棉絮，爹孙三窝在上面，就是最柔软的床。天不亮就要卷起稻草铺盖，怕挡了过道，堵住早起干活的大伯家。

到了入学年龄，他一手拿着半块糠谷饼，一手抓起破布包往私塾跑，坚持着读了两年夜校。10岁那年就到姥姥家当放牛郎。为了温习功课，他以放牛鞭当笔，大地当纸，练习私塾先生教的诗文，日积月累，肚子里蓄积了些墨水。新中国成立初，苦大仇深、为人厚道的他，又初通文脉，被乡亲们举荐为村干部，任过黄陂劳动乡财粮、乡长、驻河乡党支部书记，并加入了中共党组织。崭新的生活给了他无穷的动力，他出色的工作，赢得了上级领导的青睐。1956年，他成为黄陂县罗汉寺区土改复查工作组成员，随后调县农业局工作，他历任管理站站长与农业股长。接着，又被县政府选送到湖北省农业大学学习。学成结业归来后，他相继任良种站站长和上官公社社长。

“当官不为民做主，不如回家种红薯。”在三年自然灾害期间，潘仁志目睹社员饿死的惨景，而有的干部却推卸责任，他内心在流血！于是，他毅然决定：放弃官职，回到了河边潘当农民，带领村民脱贫。回乡后，他与乡亲们商量：一边搞好种植业，一边利用当地的能工巧匠在大队创办综合铸造翻砂厂，以工补农。而且他一头扎进企业，带头刻苦钻研木工技艺。不久，他不仅成了一名木匠师傅，还带领村民农忙时务农，农闲时务工，以工副业弥补农业歉收，初见成效。

走南闯北，享誉新疆

“我是木匠，又有翻砂铸件的经验，为何不换方天地，出去闯荡一番呢？”有了想法，说干就干。1984 年 50 多岁的潘仁志，以月息 4 分的高息借了 1000 元钱，带上自己的儿子、女儿女婿及贫困村民 16 人等的专班和一盘红炉，外出闯世界了。他们从家乡出发，沿途揽活，途经河南、山东、东北三省，陕西、甘肃、青海等地，一路闯荡到新疆。有时在一处落脚后，为了接到活路，不得不步行，或租自行车，或坐毛驴车，或拖拉机到 100 多里外，即使如此，火炉有时还歇着。如果只铸犁铧，产品单一，活路肯定是不多，困窘的现状逼得他们不得不另谋出路。

潘仁志想到，自己和儿子都会木工手艺，决定发挥特长，学做铸件的木模，边学边做，一般的翻砂件他们都能搞了。一天，他们来到了乌鲁木齐市砖厂，得知该厂急需一批水泥厂机械翻砂铸件。潘仁志觉得这正好是个契机，他想接这批活。可是，对方看他们设备简陋，连连摇摇头说：“你们搞不了！”潘仁志打量了一下那些铸件，凭自己的手艺完全能做出来，便机智地说：“我们这几个人是打前站的，技术人员和大班子随后就到。”砖厂厂长半信半疑，又急需这批货，就与其签订合同，并答应让他们住下来现场加工。

潘仁志喜出望外，连夜和两个儿子动手赶做木模，几天几夜未合眼，木模终于做好了。接着，又赶铸了第一炉铸件，比交货日期提前了两天。当厂长看到这批合格的铸件后，不禁露出了惊喜的神色。精诚所至，金石为开。凭借着技术与信誉，该厂终于同意与潘仁志建立长期合作关系。从此，乌鲁木齐便成了“潘家军”的第一个根据地。

淘到了第一桶金的潘仁志一直保持着清醒的头脑，他给企业定下了规矩：坚持走健康致富之路，决不搞“旁门左道”。接下来，他把主要精力放在更新设备，加强科学管理，提高员工技能，以及诚信经营上。几年间，他以南方人的灵活，北方人的大气，精巧的工艺和诚实守信的精神，使潘家军的事业越做越大，先后创办起星光锻造铸造加工厂、四达高锰钢厂、乌鲁木齐新武钢耐磨材料厂与乌鲁木齐疆汉仁和工贸有限公司等，从铸铁到铸铜、铸铝，从铸造件到高锰钢件、耐磨耐热钢等加工件，从红炉、电弧炉到中频电炉，还从吉林中式机械研究所引进高级工程师2人，从沈阳引进高科技真空负压泡沫消失模具及真空泵切割机和振动台等设备，不断改进，年实现税利百万元。就这样凭借敬业、诚信与创新，潘家军在边疆安营扎寨了。如今，他的二儿子又在甘肃开疆拓土，成为当地的一支突起的异军。这些年来，他还拿出30多万元资助夏代吉、唐春生、刘永辉、吕治良、窦世建等上十人在省内外创业，大多数已成为百万富翁。

济困助学，责无旁贷

潘仁志膝下的四子三女都成家，现在是四世同堂。刚开始，家人对他慷慨捐资扶贫助学办实事不理解，认为他对自己及其子女很“抠门”，生活十分简单，没有不良嗜好，出差在外也是一个馒头或一碗方便面，人称他是“土老板”；而对外人却一掷万金。偌大年纪了，图的什么呢？老潘总是语重心长地对他们说：“古人说，穷不倒志，富莫癫狂。做人绝不能只是为了自己，目光要看远些，心胸要开阔，要知恩图报，乐善好施。我们先富起来，虽说是努力拼搏诚信经营的结果，但是如果没有好政策，我们再怎么努力都不行。拿出一些资金做好事，这是积善成德。”而且逢年过节，他就带着年幼的孙子到福利院，为孤寡老人拜年、排忧解难。对于遭受天灾人祸者，他总是及时相助，解人之急。1998 年家乡遭受特大水灾，他向黄陂救灾办公室汇款一万元赈灾，并在汇款单附言栏上写道：“远在新疆，甚念家乡，捐款万元，略表寸心，支援灾区，重建家园！”匡扶弱势群体，更是不遗余力。村里的五保户潘明胜生前一直由他赡养，91 岁去世后，他又承担起全部安葬费用；盲人潘明州、潘金州长期由潘仁志照料，后被福利院收养。2010 年春，他从新疆特意带回 108 件皮背心，分别送给敬老院、同村老人、学校等，同时给李集街道百名孤寡老人发压岁钱 1 万多元。新疆下岗职工王三和是湖北籍黄石人，他突然瘫痪亟须住院，潘一次资助 1 万元，让王三和得以转危为安。还为当年赴新疆支边 50 周年的乡亲捐资两万元等。

潘仁志数十年如一日捐资助学，有口皆碑。1991 年家乡修建李集中学，他捐资 15000 元。三个困难户的孩子先后考上大学，无法上学，潘仁志送去 13000 元。他还将家乡的 5 个困难户孩子接到新疆读高中，从转学、转户口、路费、住宿和学费等，他为每人承担了 2 万多元。这几个孩子都很成器，高中毕业后，肖辉考取理工大学后出国留学，潘国兵在宁夏当了飞行员，潘爱军、喻辉分别在北京地质勘察所与新疆矿务局工作。这些曾受惠的学子，大都亲昵地称他为“潘爸”。有一人来信说：“潘爸，我今天领到了第一份薪水，您想吃些什么，我买了寄给您！”有的写道：“潘爸，我今年期末考试获得了全校第三名，学校发给我了 20 元的奖学金，您开心吗？”“潘爸爸，今天收到您寄来的棉鞋，舒适温暖，今年脚后跟不会再生冻疮了……”一声声的“潘爸”，喊得潘仁志的心里软绵绵、暖洋洋的。

仁爱为民，功崇惟志

功崇惟志，业广惟勤。潘仁志的老家位于河宽300多米、岸床深15米的龙须河旁，故名河边潘自然村。村里500多人种田种地，上街赶集，学生读书，出门就下河，过河就爬坡，特别是每年汛期，只好脱光脚蹚过河，下暴雨，发洪水，学生不能上学，只能待在家等水退去。生长于斯的潘仁志，深受其苦。致富后，他一直琢磨着如何治河。2000年返乡过春节，他就召集乡亲商讨治河方案，方案定妥之后，他率先捐资2万元作为启动资金，五一前夕，他再度返乡查看进度，又追加了4万元。而该村的工程，也是政府的“村村通”工程。所以，区政府也扶持了专款4万元。修路建桥工程于当年8月20日竣工通过了验收后，乡亲们有感于老潘共捐8万元修桥补路，如是说：“这修的是致富路，过去几代人想办办不成的事，几代人的夙愿如今由老潘这个大善人实现了！修桥补路，定会给他添福添寿！”同时，他还慷慨解囊为家乡建起了米面加工厂。驻河村建立中心村，老潘也捐款1万元。

不仅如此，潘仁志还率领祖孙三代9人，投工投劳并捐资30万元，把昔日村子里的脏乱泥沟、窝鸡当，修建成了两口“当家塘”；重修了村子的堰堤，架设了两座长十余米、宽3米的便民桥；平整耕地面积约10亩，铺垫公路1公里等；襄助修建福利院、中学、小学、幼儿园、装电改线等，在三乡四邻传为佳话！

30多年来，潘仁志父子经营的公司共安排下岗工人、无业游民千余人，向社会捐款500多万元，帮助千余人脱贫致富，11名贫困学生圆了大学梦。他因此历任黄陂区政协常委，湖北省暨武汉市潘氏文化研究会名誉会长等，荣膺武汉市人民政府“五一”劳动模范称号与“突出贡献奖”。

潘仁志由一个普通农民成长为城市企业家，由一名乡土匠人成为高级工程师后，缘何始终不渝地致力于光彩事业呢？我们可从他自己

潘仁志近影

所编的“奉献歌”中找到答案。歌词云：“家大业强不如民富国强，吃喝玩乐不如助人为乐，福心禄心不如奉献爱心，金杯银杯不如老百姓的口碑。”

（本文由陈齐、三味采写）

白正亮：深耕宝岛桑梓情

白正亮是一位成功的企业家，历任中国国民党中央委员、台北市黄陂同乡会理事长、台北湖北文献社财务委员会主任、海峡两岸商务协调会常务委员等，在推进两岸交流、造福桑梓方面享有盛誉。

白正亮（右）在湖北武汉台湾周上向省台办主任尤习贵赠纪念品

白正亮（1933—2015 年），派名德诚，生于湖北省黄陂县横店镇白家大湾。他 7 岁在原籍发蒙，1946 年考入滠口信义中学。1948 年因家贫辍学，赴南京从军。次年随军到台，历任台军炮兵连长、营长、炮兵学校队长、教官等职。1966 年，他与台中市府出纳云明敏小姐走上红地毯。婚后，他们约定：他退役、她离职，共同创业。由于白正亮不畏艰险、敢冒险犯难，白夫人精于擘画、个性柔和与精打细算，他们首先在苗栗创办欣欣塑胶制品有限公司，业绩卓著，四年有成，旋在竹南购地建厂，扩大营业，再创正亮纺织企业股份有限公司（后改名正量企业股份有限公司），行销海内外。1983 年，自欧洲进口喷水织布机，与世界进步趋势接轨。两年后，他与同乡高仲强、杨云清、陈世清、刘汉杰等，在台北市联合创建立乾贸易股份有限公司，白历任总经理、董事长，几经改组，赚钱增资。1993 年增设香港伟务有限公司，并成立包装仓储公司，还在北京、广州设立分公司。

我第一次知道白正亮的名字，是旅台黄陂同乡会创始人杨云清介绍。1995 年盛夏，我陪同白氏伉俪一同畅游了木兰山。一路上赏美景、话乡音、叙乡情，彼此莫逆于心。他出任旅台黄陂同乡会理事长后，为促成国民党苗栗县与中共黄陂区委进行党际交流、苗栗大湖乡与黄陂武湖结为姊妹乡镇，立下了汗马功劳。

同时，白先生十分热爱中华优秀传统文化，并不遗余力地推进内地、香港、台湾地区的交流与合作。在台湾，他作为“金主”一直资助《湖北文献》的出版；回大陆，他关心家乡的楚剧传统剧目的推广与教育事业的发展。尤其令人难忘的是，2009 年 7 月 28 日，我携《无陂不成镇》三部曲偕武汉作协主席董宏猷一行访问台湾，他与同乡会总干事张诚学、湖北文献社社长汪大华诸公，联袂主持了《无陂不成镇》作品首发式与研讨会，在文艺界、学术界与出版界产生积极反响。

我们最后一次在台湾见面是 2013 年夏，我率团赴台交流之时。此间，白先生专门选择在端午节那天，邀请我们在其苗栗官邸欢度端午节。那天清晨，我们乘坐的大巴在台湾“五扬”高架桥上奔驰，约十点半抵达苗栗白府。白家三代联袂出来相迎。他们为我们摆了三桌，内地、香港、台湾的大中学生一起相聚，吃粽子、话乡音，倍感温馨。白先生还兴奋地翻箱倒柜，找出他伯父、资深“立委”白如初为其企业题名，以及国民党文建会元老陈济民时年98岁的书法手迹。

白氏热心公益，乐善好施，在湖北省同乡会、海峡两岸商务协调会、国际狮子会、国民党十七全党代表联谊会等20余个社团中任职。尤其是2008年初接任旅台黄陂同乡会理事长后，为促进两岸经贸交流与基层党际交流，以及为家乡捐资助教办实事不遗余力。2012年10月，他偕次子毅明在黄陂一中庄严承诺，他们资助30名家乡绩优学子将父子相承，世代永续，留下一段佳话。

白氏夫妇十分重视子女教育，子孝孙贤，长子惠明在获得美国布朗大学数学博士后，现任台北大学教授，台湾“中央研究院”数学研究所博士后研究员。幼女珮秋育达科技大学毕业，现任正量公司总务主管。次子毅明于实践大学毕业，1994年退伍后接手正量企业，短短5年时间带领公司业绩成长至3000万美元，并获国贸局评选为外销绩优厂商。2009年又于广东省虎门成立启世有限公司，拓展大陆市场。同时，他接过父亲的接力棒，竭力为家乡捐资助学办实事。膝下二子的学业也名列前茅，其中长子白传瀚，现为浙江大学的高才生。

2015年10月，得知白先生驾鹤西归，家乡以不同形式志哀。省市区人民政府台办、台联会等先后向白夫人发去了唁电。称赞白正亮先生毕生心系家乡，造福桑梓，尤其是在捐资助学、推进两岸交流方面，厥功甚伟，两岸流芳！

（裴高才文，摘自华夏经纬网）

王启新：“哥特王”开启生态旅游之门

集企业家、发明家、策划师和工艺师于一身的王启新，华丽转身旅游业，一举成为国家级5A景区——武汉木兰云雾山的掌门人，还是非物质文化遗产泥塑传承人。

“泥人王”变身“哥特王”

初见王启新，他黑黝的脸庞，给人以憨厚的感觉；但他那双深邃而炯炯有神的明眸，又给人以充满睿智的印象。王启新1962出生于“泥塑之乡”——武汉市黄陂区泡桐店陡坡王农家，自幼耳濡目染，对泥塑产生了偏好。

年少时，他常到当地泥塑老艺人那里去唠家常，反复揣摩归元寺先贤、五百罗汉的塑师王煜父子的制作技艺。高中毕业后，他从“百艺好藏身”中得到启示，决心要把泥塑工艺优势转化成为经济优势。对了，就往甘肃去，既可出去闯市场，还可瞻仰一下莫高窟的泥塑艺术！于是，他挑着货郎担行走天下，一边博采众长，一边根据顾客的要求设计不同的塑品，研发出数千种符合市场需要的畅销产品。他尤其擅长利用泥塑工艺烧制低温陶母模、翻新制作软模，将泥塑概念进行了颠覆性的创新。先后创下了40多项国家专利，并全部转化成畅销产品。他先后研发了系列泥塑艺术品、装饰材料、欧式家具、环保工艺品等，徒弟也遍布全国，产品行销20多个国家和地区。

20世纪80年代中后期，他继研制生产圣诞系列泥塑作品出口创汇之后，又把泥塑工艺用于装饰材料，用泥塑做模坯，加入时尚、文化内涵等元素，成功地开发出多个系列产品。继而，他用同样的原理开发出欧式家具和外装构件，亦成功推向市场。他旗下的哥特公司，创造性地将中华文化精髓与欧洲建筑艺术文化完美结合，积极参与城市改造的“形象工程”。从武汉徐东欧式花园、湖北省交通厅、省农业厅办公楼欧装改造，到松海苑小区、铁四院住宅小区、木兰湖中天山庄、湖北三五醇酒店、北京的珠江帝景、天津火车站、水果湖欧式一条街等处的欧装工程，集中体现了哥特房屋时装的艺术特色。

王启新（左）向裴高才介绍泥塑工艺（傅炯业摄）

杜鹃笑对"5A"开

十几年前，已经在商场功成名就的王启新响应故乡的召唤，华丽转身开发木兰云雾山旅游业。云雾山原名矿山，是一片天然禀赋优异的山川，但起初的旅游设施却是一片空白。为此，他通过考察海内外的著名景区之后，结合当地实际提出了以游客为中心、以市场为准绳、以文化为内核、以山水为依托发展理念，首先重点把云雾山打造成全国最大的"花果山"：四季鲜花怒放，旺季花样百出，淡季异放奇香。

在景点设计上，王启新坚持"勤动脑而不拍脑、借他山之石而不乱开山石、多栽花而不挖草"的原则，请来国内最好的景区策划规划机构谨慎规划、精心设计，寓景于山，寓景于林，寓景于水，寓景于花，力图将景区描绘十年不过时、百年不落后的旅游景观。就这样，一个个强调差异和区隔的景点集群被设计并建造起来了。接下来，他通过聘请文化名人将云雾山数千年来积淀下来的古朴醇厚的民间文化挖掘整理出来了，为景区插上了文化的翅膀；他邀请民歌高手和民间舞蹈名人上山，将云雾山打造成编排民俗歌舞的天然基地；他成功策划在海内外寻找"花仙子"，五大洲的世界小姐纷至沓来……这样一来，云雾山不仅打造起了梦幻般的美景，还留住了本土的根文化与乡愁。自2009年4月3日武汉木兰云雾山景区盛大开园，到2014年被授予国家5A景区，仅仅花了不到5年时间。

人间四月天，云雾山看杜鹃。王启新的第一个大手笔就是主办云雾山杜鹃节，迄今已经连续办了8届。经过几年的打造，云雾山的群芳观览区现已成为全国驰名的"花果山"：春有杜鹃，夏有玫瑰，秋有紫薇，冬有茶花。意大利首位外侨加勋爵士万子美来此吟咏一律《云雾山杜鹃》，声播海内外。诗云："云雾杜鹃映日红，叠紫堆赤闹春风。霞飞彩舞未炫贵，蜂围蝶绕不露荣。山花土种任评说，楼台亭阁自从容。蓄芳一年迎春到，笑对酷暑与严冬。"作家裴高才邀请台湾同行到此采风，并写下了一篇脍炙人口的散文《四月天里说"杜鹃"》，经上海《文汇报》“笔会”发表后，引来了众多海内外的游客。

文化源头活水来

文化是旅游的灵魂，景区是文化的载体。作为一个人流如潮的景点，云雾山有其独特的价值。这个价值可以称之为景区“灵魂”——景区文化，而“见有所感、闻有所得”，则是景区文化内涵的最直接体现方式。

“我就是要让游客来到云雾山，迈不动脚，走不动路。”王启新谈起景区文化建设时如是说。云雾山景区分作群芳观览区、宗教文化区、生态景观区、恐龙科普区、猕猴互动区等多个板块，每个板块均具有其特色文化。比如，杜鹃花、杜鹃鸟与杜鹃诗的杜鹃文化，玫瑰花与启蒙于斯的“玫瑰诗人”彭邦桢的“诗歌之乡”，佛道合一与木兰文化传承，黄陂民俗与农民泥塑的“红色经典”文化等魅力四射，让游客目不暇接。

一般的景区，往往是季节性的，有淡季与旺季之分，而王启新立意高远，风格时尚，将云雾山打造成一年四季均有景可赏，使其成为全国一绝的“花卉观赏基地”。从景区山路一直到山顶，经过周密规划后，形成四季有花可赏的巨大景观带：既有杜鹃花海、玫瑰花园、金银花园等百花园区，又有中部最大的紫薇花观赏带，并有楼台亭榭各种造型。同时，结合中医文化中的自然疗法，首倡花疗，让游客在花中游，在花中休闲，在花中享受闲情逸致，让上班族在花海中彻底放松，洗涤亚健康，吸收正能量，将花文化表现得淋漓尽致。这在全国的景区中，极为罕见。

作为武汉“火炉”旁的后花园，云雾山的夏天拥有中南地区最大的冰雕馆和室外水上乐园。这里不仅建造了房车营地、帐篷营地、野营营地、自行车营地，而且还打造成垂钓基地、汽车越野基地、登山探险基地和花疗基地。同时，王启新通过对食住行游购娱各方面进行针对性的梳理和完善，突出了人性化，将云雾山景区打造成适合个人游玩、情侣浪漫、家庭度假和单位集体出游的风胜名景；通过对软硬件和公共设施的大量投入，将云雾山景区打造成集会议、拓展、观光、休闲度假于一体的综合性旅游目的地；通过对中华传统医学经典文化的挖掘，结合云雾山独特的地形地势和动植物资源，将景区打造成森林吸氧、美食、养生、健身、养老的健康谷。此外，云雾山风景区还有绿谷、溪谷、花谷、恐龙谷、婚谷，以及野山、野水、野花、野果、野菜、野鱼、野营与野炊等。

这里的恐龙园的景观，更显王启新的非凡气魄和眼光独具。恐龙园采用了现代最新的声光电技术，每一条恐龙都制造得活灵活现，栩栩如生。不仅为景区增添了新鲜的玩点，丰富了游客游乐内容，还填补了中部旅游产品的空缺。这个项目的推出，立即受到了社会和游客的广泛赞誉。

擅长打节庆牌、融合中华情结，则是王启新又一新招。他通过在景区举办选美活动、相亲节、时装节和夏季狂欢节等，把云雾山景区打造成时尚浪漫之地，满足不同层次游客的需要。常年来，这里的节庆活动平均每周至少一次，多的时候一周有好几次。节庆活动最为游客称道，也为云雾山赢得了声誉。

云雾山景区是如何拓展湖北以外的市场？王启新的做法是：利用地区差异和季节差异来营销。河北、山西、京津地区乃至遥远的东北，他把地理上的不利因素转化为吸引力。云雾山上芳草萋萋之时，上述地方往往是冰天雪地；云雾山花开之日，上述地区的树草还在冒绿芽。谁不向往绿色，谁不喜欢繁花似锦？王启新把美丽的现场花开盛况做成 PPT，在这些地方进行演播，当地旅行社高兴得不得了，说云雾山帮他们找到了新路子，帮他们走出了淡季，成为合作双赢的伙伴。如今，景区内可以经常看到来自长城内外、大河上下等地的旅游大巴。

王启新常说，他喜欢与文化人交朋友。我们期待他不断开辟文化旅游的新天地。

（本文由陈齐采写）

龚虹嘉："中国最优秀的天使投资人"

龚虹嘉创办的"富年科技"被《福布斯》杂志评为"2004 电子先锋"，"握奇数据"跻身全球排名前十位的智能卡应用开发商。在 2015 年福布斯华人富豪榜上，他排名第 59 名；在《2016 胡润 IT 富豪榜》中，他位列第 12 名。

龚虹嘉

一

龚虹嘉祖籍湖北黄陂王家河街道龚家大湾，其父龚光文生于斯，后在广西柳州工作，小虹嘉因此于1965年生于柳州。受父母的言传身教，他始终感恩于母校华中工学院（今华中科技大学，简称"华工"）。其实，他考入华工计算机专业，纯属偶然。本来，他读中学时爱好文学，1982年的高考作文，他夺得了全省唯一的满分。只是因为他是国家标枪三级运动员和优秀学生干部的"加分"因素，被华工择优录取。

那时，华工酷爱足球的学生很多，各院系的官方足球队，是最受学生欢迎的社团组织。理工科成绩并无优势的龚虹嘉不甘平庸，决定要干出一番特别的事情——筹建足球俱乐部。为了筹集球队日常训练和开办俱乐部联赛的经费，他想了不少办法，从校外租来历届世界杯的录像带，然后在学校播放，并收取费用，来赚取活动资金。在不断的学习、训练、实战中，俱乐部队水平迅速提升，最后甚至可以和一些专业球队同场竞技。这项民间足球俱乐部联赛成为学校重要的体育赛事，龚虹嘉也因此留校做了辅导员。

"平凡的人可以成就不平凡的事情。"筹建足球俱乐部对他日后做事及投资风格，都产生了巨大的影响。为回馈母校，他于2012年4月向母校捐赠1000万元人民币，用以设立支持师生创新创业的种子基金。

二

龚虹嘉刚到深圳工作时，一些到深圳闯荡的朋友纷纷找他，到他宿舍借宿。这些人中有的他并不很熟，但他都会尽力相助。后来他的热心肠在朋友圈子里有口皆碑，并让他接触到了很多好的创业项目。那些曾经在深圳找他借宿过的朋友，现在很多都成了企业家，甚至是上市公司的董事长，有的成了他的合作伙伴。

记得 1995 年，龚虹嘉在杭州投资德康，同一批退休的技术专家合作。老专家们在研究所干了半辈子，从未做过公司。第二年，因为年轻人不能接受老人们的管理方式和发展理念而出了问题。那时，包括摩托罗拉在内的跨国公司前来谈合作，因老专家们经历过“文化大革命”的浩劫，心有余悸，觉得这是“狼来了”。但青年员工却希望有更好的舞台，结果导致第一次分裂。这次分裂几乎毁掉德康，但龚虹嘉没有轻言放弃对原班底的支持，经过他动之以情的耐心斡旋，终于将危险化为转机。

在十几个创业公司里，他都扮演天使投资人和引路人的角色，一旦公司走上正轨，他就会把管理位置让给别人。

三

龚虹嘉的首次创业是 1994 年。那时，在电子技术出口公司工作的他，花了 600 元买过一款索尼收音机。此间，全国有几十家做收音机的，最便宜的不过七八块钱。可是，谁都没想到要去做一个国产品牌收音机。他利用几年来做产品代理积累的 300 万元资金，和梁伟等一道做起了德生收音机。没想到，此后在国内单价 50 元以上的收音机市场，他们占了 70%。德生收音机一跃成为国内行业老大。

接着，他和合作伙伴在杭州成立了中国第一家开发手机即时计费系统的浙江德康通信技术有限公司。1998 年与亚信进行股权置换，并于 2000 年使亚信成为第一家到纳斯达克上市的中国概念股。两年后，他用在美国股市上市后淘得的第二桶金，引进风险投资，进军移动互联网。而他创办的富年科技公司，则成为他创业生涯的高峰：作为唯一一家亚洲公司，它被《福布斯》评为“2004 电子先锋”，跻身全球七强之列，并入选《财富》“2005 酷公司”。

在龚虹嘉看来，风险投资人首先要有天使一般的心情，慈悲、仁慈、感动、感性。即使看到赚钱的可能性为 10%，赔钱的可能性为

90%，也愿意帮别人实现梦想。有了这样的心态，才能有正常的投资。

四

2001年11月，由央企控股的浙江海康信息技术股份有限公司，和香港自然人龚虹嘉共同投资设立杭州"海康威视"。其中龚虹嘉出资245万元，持股49%。那时，创业团队认为对股东就是"交些管理费"，而不应该按照股权分享利润。龚虹嘉觉得这样不行，于是，他每个月要到杭州"蹲点"10天，不厌其烦地给团队洗脑："不能因为到了18岁可以自食其力，就不要父母了，要养他们一辈子！股东就是你们的父母啊！"经过一段时间的磨合，他会同创业团队化解了重重危机，终于在行业内做到了非常优秀甚至领头羊的位置。其中，海康威视在国内视频监控领域占三分之二以上份额。

在"海康威视"上市前，龚氏夫妇持有1.41亿股。该股上市开盘价为78元，龚氏身价当时就超过百亿元，其投资回报率超过4000倍。到了2016年，其身价升到290亿元，12年暴涨1.7万倍，此乃名副其实的一本万利。

五

龚虹嘉的海康威视创业团队的创始人陈宗年、胡扬忠等都是华工校友。那时，他并不知道这就叫"天使投资"——美国人将它定义成"3F"：创业者的家人、创业者的朋友和比较"傻B"的人。

龚虹嘉创立富年公司时，他看中了一个在编解码技术上非常有潜质的年轻人王刚，但王刚提出三条件：不上班，只在家里干活；要先给一笔钱保证下半辈子，以冲减掉风险；只签一年合同。龚虹嘉一口气全答应了。结果，王刚在"富年"一干就是四年，并会同张涛一帮兄弟，把H.264编解码技术的应用做到了世界前沿。2016年6月

16 日，王刚与龚虹嘉被评为“中国投资行业 100 位顶级投资人”，还是投资回报过千近万倍的 10 位天使投资人。为此，龚虹嘉不无感慨地说：“丁磊不精通管理、陈天桥没出过国、马化腾没读过 MBA，中国最成功的网络公司都是这些土鳖做出来的。”

六

2002 年创立“富年”时，2.5G 上的流媒体应用还几乎不被人提起，那时缺乏环境为富年的编解码技术提供演示的平台。龚虹嘉一口气围绕这个产业链设立了五家关联公司，从技术研发的“富年”，到作为手机门户的“富信掌景”、从事芯片设计的“富瀚微”、做内容整合的“富美视”，还参与一家与国内最强势电视媒体有合作的 SP。“别人不相信这个前景，那我们就自己把它做出来，把产业链打通给人家看”。

进入 2005 年，当 3G 牌照的发放提上日程、业界巨头竞相入场的时候，“富年”的移动流媒体技术忽然间得到追捧。而当时技术的突破和产品的创新缺乏展示的环境，“富年”只是中国的一个小公司，既然做了国外很多大公司都没有做的东西，如果不能给别人完整地看到，别人可能就不会相信。于是，龚虹嘉并没有将“富年”技术垄为私有，而是在极大范围内寻找合作伙伴。针对有人不理解，龚虹嘉说：“我们是水啊！水就应该去承载更多的东西，而不是回避和拒绝什么。能够承载越多的东西，你就越能成为黄金水道，成为事实上的标准。”

（本文由王凤霞整理）

王利芬：央视名嘴转身“优米女王”

一

齐耳的短发、睿智的眼神，加上敏锐的洞察力，荧屏上的王利芬常以干练形象示人。这位黄陂武湖姑娘生于1965年5月。在横店读初中时，其父常给她读徐迟的《哥德巴赫猜想》。所以，在黄陂一中读书时她给自己定了一个目标：报考北京大学，拿文学博士。可是，1982年高考时，她却阴错阳差地被华中师范学院政教系录取。大学二年级时，她随大学生夏令营来到北京，终于有机会走进北京大学，她钟情校园中在阳光下金光闪闪的银杏树，也更

王利芬

加坚定了自己的文学目标。从此，她开始自学中文系课程。本科读完，她以第一名的成绩考入本校当代文学批评专业的硕士研究生。毕业分配到武汉大学中文系任教两年后，她考上了自己向往的北京大学博士研究生，银杏树成了她最熟悉的朋友。

读完博士后，正值中央电视台招聘主持人，王利芬觉得这倒是一个展示自己所学的平台，就从容报名应招。结果，她从 2000 多名应聘者中脱颖而出，成为央视的第一个女博士。

二

在央视 15 年间，王利芬于《东方时空》《焦点访谈》《新闻调查》做了 5 年的调查记者。在主持《新闻调查》节目期间，她曾多次随国家领导人出访，以其渊博的学识和敏锐的洞察力著称。其代表作有反映中美双边关系发展的《跨世纪的握手》一书。

刚为人母的 1999 年，王利芬得知当时央视二套正在筹备改版一个全新的栏目《对话》，制片人尚未敲定。她毛遂自荐，成为这个栏目“双高”（高学历、高身材）女制片兼主持。经过一年时间的精心打造，《对话》成为央视的王牌栏目之一。

2004 年 9 月，王利芬访学美国耶鲁大学和布鲁金斯学会，次年秋回国后，出版了《对话美国电视》，创办了《赢在中国》《我们》栏目，并任总制片人兼主持人，也是该栏目主题曲《在路上》《2008 序曲》的词作者。这一年她被达沃斯世界经济论坛评选为“全球青年领袖”。此后 5 年间，她两次受美国哈佛大学肯尼迪政府管理学院邀请，参加管理精英培训。受美国一档叫《学徒》的电视节目的启示，她在央视打造出了一款创业励志选秀节目《赢在中国》，不仅赢了 TV，也赢了创业经验。当她赢得影响中国管理的十大女性之一后，她发现做电视对她变得没有挑战了，于是她又开始酝酿改变人生发展方向。

三

2009年秋，王利芬毅然辞去了公职，创办了北京优视米网络科技有限公司（简称“优米网”）。优米网的标志是银杏叶——北大银杏树情结。她在新浪博客的公开信中这样写道：“今天是2010年3月17号……就在您读着我这封信的同时，我创办的网络电视平台优米网已经顺利上线了，这就是我过去半年多所做的以及未来很长时间要做的事情。”

王利芬在央视主持《赢在中国》栏目三年间，点燃了数百万青年创业者的激情，马云、史玉柱、俞敏洪、熊晓鸽等明星企业家评委的经典点评受到追捧。敏锐的王利芬从美国的拍卖“巴菲特午餐时间”得到启示，在她创办优米网伊始，第一个大手笔就是拍卖史玉柱的时间。结果以200万元成交，上海商人苏彦彬最终拍得。紧接着，创新工场CEO李开复、北极光创投董事总经理邓锋、易凯资本CEO王冉、敦煌网总裁王树彤、思科中国副董事长林正刚等纷纷做客优米网，一时吸引业界众多目光。优米网被史坦国际专业评选机构凭为《2011中国最具投资潜力媒体》。三年后，跻身网络电视行业网站综合影响力前六名。

四

“优米”上线首日，受到网友追捧。当日直播完后，王利芬马上进行调整，重点打造每晚的《在路上》。终于，《在路上》在35个电视台播出。

一次，王利芬向网络营销最在行的马云请教C2C生意说，每个人在人生中都会遇到各种各样的难题，需要有经验、阅历的人来指导。所以她想做一个卖“经验”的网站，按咨询时间收费。马云委婉地回答说：10年前的阿里巴巴和10年后的很不一样。

实践让王利芬明白，在“互联网+”时代之前，很少人愿为“经验”付费，而普通人的经验更没有吸引力。这是她创办的“C2C”电子商务网站，放了“哑炮”的原因所在。于是，她就把“C2C”改成“B2C”，即将消费者对消费者的交易模式改成企业对消费者营销模式。她以访问各界知名人士——特别是富有创新精神的人士等，让他们说出“经验”的精神产品，“为企业及知识群体服务”。随着移动互联网基础设施的完善，带有“人”的共享性质的C2C平台终于着手搭建。2016年7月，她的行行APP正式上线了。

五

王利芬身材高，穿上高跟鞋就可以采访姚明，她又是博士后，在她看来，只有“永远要做自己人生的主人的女性最适合创业”。

从开始以网络电视台为出发点，到渐渐地摸索出付费盈利模式，再到一年近2000万元的盈利，王利芬用了5年时间。她打造了一个新的盈利模式——付费视频，成单量日益增长。2013年5月，优米网拥有100万注册用户，15万付费用户……

作为《2016赢在中国》制片人与主持人，王利芬向世人宣示：十年前，“以励志照亮人生，创业改变命运”的《赢在中国》拉开了中国创业大赛的序幕；十年后的今天，我们已经置身在一个“大众创业，万众创新”的热潮中。

（本文由裴震烁采写）

体坛明星

陈静：首个乒坛女单奥运冠军博士

黄陂泡桐女孩陈静，是奥运史上第一个乒乓球女单冠军；定居台湾后，又在奥运会上分摘银、铜牌。陈静坦言：“不喜欢一成不变的生活，对生活一定要充满激情，没有激情的人生是黑白的人生，要过彩色的生活。”

毛遂自荐

1988 年，乒乓球首次成为奥运会比赛项目，而女子单打比赛，中国女队只有 3 个名额。当时焦志敏是中国队核心，戴丽丽为 2 号，谁是 3 号呢？赛前，女乒组织了一次民意选举，陈静与大多数人一样选了 3 名老队员，之后又加上了几句话：这么多年一直用老将，早已经被人家摸透了！新手技术水平不比老队员差，也经受过考验，为什么不起用？

没想到，陈静最终与焦志敏、李惠芬一道入选。客观地说，陈静入选奥运阵容，很多队员是不服气的：陈静比她们无非是多了 39 届团体冠军，单打战胜玄静，成绩并不骄人！面对闲言，心气很高的陈静按捺不住了，有天中午大家都走进食堂吃中午饭，她“噌”地一下跳到桌子上，大声对队友说：“我要是还在这个队里待，就是我认为自己还有这个能力，不然我绝对不会多待一天！”然后扬长而去，回到了武汉的家中。

1984 年，中国重回奥运会，一举拿了 15 块金牌。到了 1988 年汉城奥运会，中国代表团却是全线哑火，除了游泳队的金花们给人带来惊喜之外，乒乓球成了中国兵团死守的底线。

陈静淘汰赛第一个对手是保加利亚的戈契娃。弋契娃以发球抢攻见长，按常规，不能给对方发“长球”，陈静却以其人之道，还治其人之身，“以长打长”，每个球都给她往正手送，就是给对手“长球”，打乱对方阵脚。对苏联的布拉托娃陈静也是如法炮制，对方什么球拿手就专送对方那种球，彻底打乱了对手的节奏，陈静狂赢对手，两局的比分是 21∶2，21∶4。

陈静获奥运冠军

半决赛陈静对阵霍拉霍娃，霍拉霍娃在此之前，战胜了中国的大姐大焦志敏。为此，中国队极其重视这场球，教练组决定：陈静改正打法，找对手的弱点打。陈静却置教练员的布置于不顾，继续打对方的强项，没想到霍拉霍娃根本不吃那一套，越打越兴奋，10∶4 领先，这个时候陈静才放弃了自己的“主见”，修改战术，最终以 2∶0 完胜，为中国队提前锁定金牌。

决赛是陈静对阵李惠芬，前 4 局双方打成平手。到了第五局，李惠芬怎么打怎么没有，陈静比分一路领先最后 21∶15 拿下，成为奥运会历史上第一个女子乒乓球单打冠军。

2008 年 10 月 1 日，是中国的国庆，三面五星红旗同时升起，捍卫了国球的尊严，9 月 20 日刚过完 20 岁生日的陈静也收获了迟到的但是最好的生日礼物。

走向传奇

奥运会后，焦志敏退役，陈静成了头号主力。不过，当陈静成为头号主力时，一批人已经成长起来了，其中就包括陈静湖北队的队友，同样也是武汉人的乔红。中国女乒这个时候，厚度非常扎实，陈静的天才和个性，邓亚萍的杀性，陈子荷的怪板相比，乔红则是实力球。

第四十届世锦赛之后李惠芬离队，乔红一夜成名，晋升主力，邓亚萍也晋级。陈静这个时候成绩不是太好，但她心高气傲，极力想在赛场上证明自己。1989 年中国公开赛陈静对阵邓亚萍，完败；访欧比赛输得也多，再次对阵李粉姬，输，连新秀俞顺福也在陈静身上尝到了爆冷的滋味。

1990 年上半年的全国锦标赛，邓亚萍一口气拿下了团体、单打、双打 3 个冠军，陈静又是两手空空。在开会宣布名单的时候，陈静再次不辞而别。直到 16 年之后她以运动心理学博士和国家队心理辅导老师的身份，才再次踏入国家队大门。

曲线赴台打球

陈静离队后，先是去了日本半年，在台湾宏基公司日本分公司学计算机。由于当时两岸关系紧张，陈静走了一条曲线，办的是某个中美国家的签证后，绕道洪都拉斯去的台湾。在宏基总部，她一方面学计算机，一方面给公司的球队当教练。

1994 年的一天，笔者在陈静打球的发源地桥口业余体校问她，在台湾省训练条件如何。陈静说：“不能跟桥口业校比，我们在一个地下室打球，地下室的挡风玻璃是破的，水泥地坪。”当问及谁当她的教练员时，她笑道："没有人当啊，他们没有人打得过我啊。"说得大家都笑了起来。采访完进餐时，大家吃鱼时，陈静还说了个笑话，说是土匪抓到人以后，看那人如何吃鱼，如果是先吃头的，就放了，如果先吃肚子的，证明是富人，就要高倍的赎金。在那次采访中，陈静还谈到她想写自传，也想尝试一下进军文艺界的一些想法，当然，最想做的，还是做两岸的桥梁。

1996年奥运会，陈静重返擂台。在女子乒乓球决赛中，陈静对阵邓亚萍，这场奥运会冠军之争，吸引了无数的目光，也引发了无数的话题。且陈静是战胜了同为武汉人的乔红后，站到邓亚萍面前的。前两局陈静基本上没有什么可打的，丢了。第三局陈静进入了状态，比分打到15平，这个时候，看台上出现了状态，有几个"台独"分子闹场，比赛被迫中断了好几分钟。重新开战，陈静再扳回一局。第四局，陈静照方拿药，再下一城。决胜局前5个还算正常，陈静的发球轮后，邓亚萍3∶2领先，之后形势急转直下，陈静怎么打怎么没有，最终输掉第五局。

陈静在决赛中，先输两局然后扳回来两局，证明了自己的实力。邓亚萍通过奥运会的胜利，达到了她乒乓球生涯的至高顶峰。对陈静来说，一枚奥运会银牌，证明了自己的价值，也给中华台北代表团无限荣光。

首位女乒博士

2000年，陈静又打了一次奥运会，获得一枚铜牌，然后淡出乒坛，进入学界，陈静于2003年考入华南师范大学教育科学院攻读发展与教育心理学专业，经过三年的苦读终于在2006年毕业，成为我国乒乓球运动员中第一位博士毕业生。

在此期间，陈静也步入商场，成立了乒乓球俱乐部，凭着自己的"喜欢"，靠感觉去做，"我既没有学过经营，也不懂得做生意，当时顶多就是一个前奥运冠军。别人听我说自己的经营思路都感到惊讶，但后来朋友对我说，虽然陈静你没有刻意想要什么，但在不经意间其实已经具备了取得成功的条件，也许就是这个道理吧。”

陈静喜欢读书，也希望员工都有高素质，毕竟好多教练以前并没有上过大学，陈静说：“现在我鼓励他们尽量去学习，不然迟早都会因为没有文化被淘汰的。”

有一次，陈静开奔驰车去办事，出来后发现车不见了，后来报了警。可是她没想到车忘了上保险。她还是按照计划和朋友打高尔夫去了，后来朋友们都说她自己不着急别人却反而着急，陈静笑着对朋友说：“有些东西就顺其自然吧，失去的就让它失去吧，未必是坏事啊。”

这番话，无法引申，如果引申，她当初离开国家队时，也未必是坏事啊。

2006 年，陈静以博士的身份，进入了中国乒乓球球队，她主管的工作是心理。16 年前，她离开的时候，杨柳依依；此次再来之时，花也正红。

（本文由余国华采写）

潘兵：中国男子网坛第一人

2010年，亚运会在广州召开。远远看见一个人在抽烟，我定睛一看，抽烟人就是黄陂李集青年潘兵。他曾是中国男子网坛第一人。曾连续摘得两届亚运会男单金牌，包揽了两届全运会男单和男双冠军；在ATP世界排名中创造中国男球员的排名最佳纪录。

从武汉到日本

武汉中山公园从前是集游玩与体育为一体。那时大多数人不知道这些人打的球是网球。而一批世界级网球精英潘兵、李娜都是从这片网球场走出来的。

1981年暑假，父亲给11岁的潘兵报了网球班，教练是刘绍芬，就这样一拿起球拍就再也没放下来。只练了4年，潘兵就拿到了1985年全国青少年14—16岁组冠军。

16岁那年，正值中日交流热络期。当时，日本一个财团来中国访问，想找一个网球希望之星，潘兵被选中。潘兵在日本的一个俱乐部练了一年，经常独自一人四处参赛。莫看他年纪小，日语英语都不怎么样，但他照样参赛，成绩也不错，除了网球上的收获以外，他竟然奇迹般长高了8厘米，身高达到1.83米。发球和底线正反手攻击的威力，已经日趋成型。说是日本财团相助，但是也需要自己打工，潘兵上午都要去上班，算是勤工俭学。

两度亚运夺冠

回国一年后，18 岁的潘兵作为新秀顺利进入国家队。为备战 1990 年在北京举办的亚运会，国家网球队在 1988 年正式成立，国手们经过一段时间苦练，信誓旦旦要在家门口的亚运会上实现男子网球金牌零的突破。

网球，欧美强势，在亚洲日韩受美风之熏，网球水平是高于中国人，是以，赛前有媒体预测本届亚运会网球的 7 块金牌，日本 4 枚，韩国 3 枚，没有中国什么事。可是，在网球男团比赛中，潘兵在自己出战的所有单打场次保持不败。结果男团中国队旗开得胜，一举夺冠。男单半决赛就上演了潘兵对阵韩国金载堤的恶仗，第一分不多拍回合，当时看台上有人从十几板开始数，打了 56 板，那场鏖战打满了 3 盘，决胜盘 4—5 时潘兵几乎抽筋了，最终以 8：6 获胜。继男团决赛之后，潘兵又一次驯服了金载堤。

男单决赛在两位湖北人之间进行，潘兵说："单双打决赛阵容都是中国运动员，金牌已经落袋了，我就感觉气一下子就松了，整个人就感觉特别疲劳，结果我的双打一上来就稀里糊涂输了。到了单打打张九华时也差不多，第一盘 1—6 输，第 2 盘 2—5 落后，他 40—30 拿到了赛点！你猜怎么着？"潘兵回忆道，"当时吕正操（中国网协主席）、万里（中国网协名誉主席）、李瑞环等很多领导都在主席台上看我们打。李瑞环说，这球不好看，应该来点激烈的。万里说，要不我们给加加油？于是吕老开始喊——潘兵！大家跟着喊加油，我一听立马精神大作，挽救了 4 个赛点，第 2 盘抢 7 拿下，第 3 盘 6—1，把张九华打崩溃了！"

到了 1994 年广岛亚运会，中国男子网球队压力巨大，团体、男双接连卫冕失利，潘兵力挽狂澜杀进决赛，并击败韩国的尹勇义，成功卫冕。不过，两人在开赛的前 3 局就耗费了整场比赛的一半时间，每一分都咬得很紧，潘兵 3—0 让对手提前泄了气。潘兵说："我这人性格稍稍有些内向，但是上了赛场，我劲头就来了。比赛就是这样，有人说是两军相遇勇者胜，不过，从我们的网球术语讲，对手进攻狠，你比他更狠，直挫他的勇气，自然比赛的赢面就大。如果对手防守比较好，你则应该耐心一点，你进攻比对手好，防守耐心不输给对手，同样赢面也大。”如今已是知名教练的潘兵谈起网球来，自然有他独到的见解。

网坛“教头”

潘兵于1997年上海全运会后退役。这些年来，他在国家队和湖北队“上上下下”，一直担任着女队的教练，找寻和培养网球的后备人才。

2010年，20年后亚运重回中国，对于两度夺金的潘兵而言，感受颇深。他说：“北京亚运，网球在中国还属于非奥项目，能够跻身北京亚运会，我们这个项目的所有选手都非常兴奋。还有就是，谁要是能够成为一名亚运会选手，不仅仅是他一个人的荣耀，家人、亲戚包括朋友，都觉得特别有面子，一说起来，就是那个谁谁谁，马上要参加亚运会了。”

“当年我们把亚运会当成‘高考’来对待，如今年轻选手可能视这项赛事，仅仅是‘中考’，她们的终极目标还是奥运会。”虽然是中考，但是潘兵认为，对于运动员来说是一样的，毕竟不想当冠军就不是一名好选手。他表示，其实这批队员都有实力，关键就是如何把赛前的心态调整好。“北京亚运会，我一直是斗志昂扬，每天早上从亚运村到赛场，一直到晚上比赛回村，连轴转，根本不去想胜负，只是力争打好每一场球，直到男单、男双最后都是自己人会师决赛，这才松了劲，结果男双丢了，男单最后时刻才‘觉醒’。”潘兵说，“或许我的亚运经历，也是国家队调我来执教的一个考虑。”潘兵同时也为亚运网球赛事“吆喝”道：“现在蛮多人喜欢在电视上看转播，其实现场看网球赛是一种不错的享受，我们的选手比赛时劲头会更足。

打球是需要观众的，人越多，打得越精神，那种看见观众多了，打不好球的人，是没有出息的。”

潘兵指点小队友

赢了2001年广州全运会，潘兵在湖北女队做教练员，协助余丽桥，这一年全运会，湖北女队取得极大的成功，女团，女双，女单，混双金牌都拿了。2005年，潘兵已经是湖北女队的主教练，他在南京带领湖北队征战时，妻子向菲在武汉临产，由于电视里一直没有转播十运会的比赛，所以每天晚上潘兵都会和向菲通话。半决赛，湖北队碰上劲敌天津队，为了啃下这块硬骨头，潘兵和网管中心的领导一起，在赛前就开始进行周密的部署。湖北队与四川队争夺女网团体的金牌的这场比赛，牵动着潘兵全家人的心。到了下午3：30，比赛一结束，潘兵第一时间打电话通知家人：我们赢了！

助李娜复出

2011年在法网决赛前，并不是所有的人都看好李娜。不过，潘兵做出准确的预测，是年6月2日晚，李娜在法网半决赛以2：0战胜莎拉波娃，第二次进入大满贯赛决赛。潘兵在赛后表示，李娜这场球无论是实力、经验还是临场发挥，都完胜莎拉波娃。她已打出超级明星的风采。

在李娜的网球生涯中，潘兵无疑占据一个重要位置，2003年正是在潘兵的指导和帮助下，李娜才战胜伤病困扰再次复出网坛。潘兵曾评价李娜打法网说，李娜的进步神速，技术上更成熟了，最关键是临场经验更丰富了。以前李娜总是在比赛中输给大满贯赛冠军，其实并不是实力不行，而是经验不够。李娜随着实力和成绩的提升，在场上显得非常自信，她打莎拉波娃，一点都不慌。虽然对方经验丰富，给了一些中路的很别扭的球，但李娜并不急。

一个汉子的标准是什么？中国古人的标准，大约是这样的，上对得起国，下对得起家。潘兵很符合这个标准，打网球为国家出力，为国家获得荣誉。对家人、妻子好。当然，对自己也不错，他用自己的多姿的经历，丰富了自己的人生。

（本文由余国华采写）

下册后记

这是一部合著的群像传作品。全书由笔者初拟提纲、样章，提供资料或组织采访，有十多位作者合作：既有老作家赵金禾、胡育华、傅炯业、胡兴武操刀，又有中青年作家邓运华、张萍、刘芳、魏三、程浩华、张传东等撰稿，还有青年学者裴震烁、王凤霞、陈齐执笔，又有报刊名笔杨佳峰、余国华、柯文翔采写。他们完成初稿后，由笔者统稿，经提炼、打磨，并经传主或亲属审阅才定稿。其中，青年作家张萍不辞辛劳，行走于三个省市采写了十多位人物。其灵性的文字颇受翻译家、艺术家们的首肯。而武汉作协签约作家周娟，以及张传东、陈齐等参加了审校工作。笔者统稿终审即闻金鸡报晓，丁酉年正好是笔者的花甲之年，所以，是作的创作，可视为旧雨新知一起闻鸡起舞的合奏曲。

“聪明秀出谓之英，胆识过人谓之雄。”本书传主可谓群英荟萃，其中正传97人、副传10余人。值得一提的是，资深翻译家、意大利加勋爵士万子美先贤生前得知编纂此书，专门邀请笔者赴京面谈，因他不能坐立，就躺卧在沙发上接受专访并亲自修改稿件。此书面世算是遥祭万公的在天之灵了！田长焯、潘仁志、肖培根、辜胜阻、彭光谦、李汉文、陈松林、童中仪、杜金成等海内外名家倾力支持，海峡两岸的传主亲属刘若琴、黎锦鸿、刘松余、陈永安、白毅明等密切配合。更有中科院地球化学研究所书记冯新斌一行，以及段刚峰、郝建军、李登田诸君的协助。尤其是旅台黄陂同乡会理事长陈达康兄得知拙作行将付梓后，特别征订100套，拟作为旅台同乡的人文寻根读本。在此一并致谢！

当然，由于篇幅所限，尚有一批名人俊彦，如笔者曾编纂的《无陂不成镇·名流百年》《黄陂春秋·人物卷》中收录的冯铸、吴光浩、蒋在谱、谢芳、蔡红生，还有旅台同乡会首位理事长陈绍平等，本书均未收入，不能不说是一大遗憾。

这部书的出版，得到了湖北省暨武汉社科联诸君，吴祖云、曾晟、董丹红、陈国良、周少敏、罗向阳等区领导，老领导雷震、胡炳基诸公，以及统战部、台办同人的大力支持，尤其是中国社会科学出版社郭沂纹、刘志兵等诸君的辛勤劳作，才是本书顺利出版的保证。

在拙作付梓前夕，喜闻辜胜阻当选为第十三届全国政协副主席，这是新中国成立70年间继王文元之后，从黄陂普通农家走出的第二位国家领导人，令家乡人骄傲！特此补记。

当然，由于主客观原因，本书难免存在疏漏之处，真诚地欢迎读者不吝雅正。

裴高才定稿于丁酉小阳春，补记于戊戌季春月